U0518879

本书由文化名家暨“四个一批”人才项目经费等资助出版

知识产权法律制度反思与完善

——法理·立法·司法

冯晓青／著

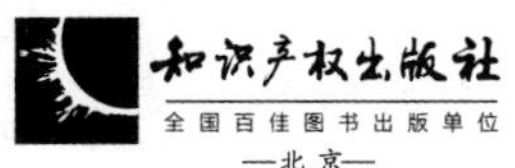

图书在版编目（CIP）数据

知识产权法律制度反思与完善：法理·立法·司法/冯晓青著. —北京：知识产权出版社，2021.5

ISBN 978-7-5130-7484-1

Ⅰ.①知… Ⅱ.①冯… Ⅲ.①知识产权制度—研究—中国 Ⅳ.①D923.404

中国版本图书馆 CIP 数据核字（2021）第061019号

内容提要

本书立足于知识产权在经济社会生活中的地位日益提高的现实，对当代我国知识产权法律制度的基本理论、立法和司法保护等重要问题，紧密结合知识产权法基本原理和我国知识产权司法实践，进行了较为全面的研究与探讨。本书还针对当代我国知识产权法理论与实践问题，提出了作者个人创新的见解、对策与思路，对于推动我国知识产权法理论研究和实践运用具有重要的参考价值。本书适合于高校法律院系师生、知识产权法官、律师、企业知识产权工作者及对知识产权法感兴趣的人士阅读。

责任编辑：龚　卫　　　　**责任印制**：刘译文

执行编辑：吴　烁　　　　**封面设计**：博华创意·张冀

知识产权法律制度反思与完善——法理·立法·司法

ZHISHI CHANQUAN FALÜ ZHIDU FANSI YU WANSHAN——FALI·LIFA·SIFA

冯晓青　著

出版发行：知识产权出版社有限责任公司　　**网　　址**：http：//www.ipph.cn

电　　话：010-82004826　　http：//www.laichushu.com

社　　址：北京市海淀区气象路50号院　　**邮　　编**：100081

责编电话：010-82000860转8120　　**责编邮箱**：laichushu@cnipr.com

发行电话：010-82000860转8101　　**发行传真**：010-82000893

印　　刷：三河市国英印务有限公司　　**经　　销**：各大网上书店、新华书店及相关专业书店

开　　本：787mm×1092mm　1/16　　**印　　张**：28.25

版　　次：2021年5月第1版　　**印　　次**：2021年5月第1次印刷

字　　数：565千字　　**定　　价**：140.00元

ISBN 978-7-5130-7484-1

前　言

在当代社会，知识产权不仅是一种受法律保护的私权，或称之民事权利，同时也是市场经济主体享有的一种重要的无形财产权。对于国家和企业来说，知识产权是一种竞争战略武器。随着科学技术的迅猛发展和我国经济转型升级，知识产权在我国经济社会生活中的地位越来越高，知识产权法律保护制度作为激励创新、保护创新成果、协调利益关系的重要法律制度和激励机制，是我国深入实施创新驱动发展战略、建设创新型国家的重要法律保障机制。

知识产权是一种由民事主体对其智力成果和工商业标记享有的专有权利，在我国2021年1月1日前施行的《民法通则》《民法总则》以及自2021年1月1日起施行的《民法典》中都有明确规定[1]。知识产权法则是以知识产权保护为基础和核心，调整因知识产权的创造、保护、利用、管理而产生的社会关系的法律规范的总称。在当代社会，随着知识产权国际化趋势日益增强，知识产权保护在国际经济贸易和科技文化交流与合作中具有十分重要的作用。[2] 这既是近年来在中美经贸摩擦中美国对中国知识产权保护提出了非常严格的要求的重要原因，也是中美第一阶段经贸协议达成并规定了大量知识产权保护条款的重要原因。

当前我国正在向创新型国家迈进，正在调整产业结构和经济发展方式，由要素驱动向创新驱动转型，知识产权保护对我国经济发展、科技文化进步将具有更加重要的作用。2008年6月5日，国务院发布《国家知识产权战略纲要》，将知识产权问题上升为国家战略。我国国家知识产权战略经过十余年的实施，取得了重大成效。当前我国知识产权战略正在向知识产权强国战略转型，最终目标是使我国由知识产权大国变为知识产权强国，使我国技术创新能力和国家竞争能力得以实质性大幅度

---

[1] 我国在《民法总则》实施之前，颁行了《民法通则》；《民法总则》颁行后，《民法通则》继续有效。2021年1月1日施行的《民法典》则整合了《民法通则》和《民法总则》的内容。《民法典》施行后，《民法通则》和《民法总则》即行废止。本书探讨的我国知识产权立法制定与修改完成于实施《民法典》之前，必然会涉及当时仍然有效的《民法通则》或《民法总则》，因此在涉及有关问题的探讨时，需要论及《民法通则》或《民法总则》问题。

[2] 刘春田．知识产权法［M］．北京：中国人民大学出版社，2014：25－35．

提升。在新的历史条件下，知识产权保护具有更加不可替代的重要作用。习近平总书记在“博鳌亚洲论坛”2018 年年会开幕式上指出：“加强知识产权保护是完善产权保护制度最重要的内容，也是提高中国经济竞争力最大的激励。”2019 年年底，中共中央办公厅和国务院办公厅联合颁发了《关于强化知识产权保护的意见》，对于新形势下我国如何强化知识产权保护提出了一系列的措施和策略。这是我国新时代知识产权保护的重要纲领性文件。在 2020 年 11 月 30 日中央政治局第 25 次集体学习时，习总书记进一步指出，知识产权保护工作关系国家治理体系和治理能力现代化，关系高质量发展，关系人民生活幸福，关系国家对外开放大局，关系国家安全。随着我国经济社会发展，知识产权法律制度在我国经济社会生活中的重要地位和作用已经不仅体现为充分有效地保护知识产权，而且体现为如何充分地运用知识产权，使其产生更多的经济社会价值，为我国企业市场竞争力、产业竞争力和国际竞争能力提升作出独到的贡献。党的十九大报告中就提出要强化知识产权创造、保护和运用。可以预见，知识产权法律保护制度将在新时代我国建设社会主义现代化强国进程中发挥更加重要的不可替代的作用。

我国知识产权保护制度的迅猛发展以及国家知识产权战略的深入实施，为我国知识产权法的理论研究提供了广阔的舞台。理论是实践的先导，知识产权法理论能够为我国知识产权立法、司法实践和知识产权各类问题的解决提供具有操作性的指导意见和理论指引。近年来，随着我国改革开放与知识产权法治建设的加强，知识产权法理论研究水平不断提升。与此同时，知识产权保护司法实践中也产生了各种各样的疑难、复杂问题，如知识产权民事纠纷案件与行政纠纷案件、知识产权行政纠纷案件与刑事案件及知识产权民事纠纷案件和刑事案件的衔接与协调，知识产权授权确权案件与侵权案件的衔接与协调，知识产权诉讼特别程序法的构建、知识产权案件“三审合一”模式、知识产权诉讼证据规则体系等，需要在总结我国现有知识产权司法实践的经验基础上进行更加深入系统的研究和探讨。同时，知识产权法理论本身博大精深。由于我国知识产权法律制度是西方舶来品，知识产权法律制度实施的时间不长，在知识产权法基础理论研究方面，仍有很多空白点需要加强研究。不仅如此，随着新时代我国社会主义市场经济体制和创新型国家建设的发展，立足于本土化的具有中国特色的知识产权法理论也需要总结和提炼。此外，当今我国已经是世界上第二大经济体，作为人口最多的、世界上最大的发展中国家，我国在国际知识产权保护领域需要不断提高自身的话语权和影响力，形成在知识产权国际保护领域负责任的大国形象。并且，当今知识产权国际保护规则制定主要由发达国家把持，我国在知识产权法理论研究方面需要提出具有自身特色的、影响国际知识产权保护的新理念和方法论。在这方面，我国知识产权法理论研究也大有可为。

上述我国知识产权法律保护制度的构建和知识产权法理论研究的基础，显然立足于我国现有的知识产权专门法律体系。从我国知识产权法律制度发展历程来看，我国知识产权法律制度的春天起始于20世纪70年代末。20世纪80年代初以及90年代初我国先后颁布实施了《商标法》《专利法》和《著作权法》。随着我国社会主义市场经济体制的建立和完善、国际知识产权保护及当代科学技术的迅猛发展，我国知识产权专门法律分别经过了多次修改。如果说早期的修改主要是基于与国际知识产权保护公约的接轨，以及一定程度上来自以美国为代表的发达国家的压力，最近我国几部知识产权专门立法的进一步修改，则更主要的是来自我国经济社会发展内在的需求。在新时代我国知识产权法律保护制度具有更加广阔的舞台。2014年8月18日，习近平总书记主持召开中央财经领导小组第七次会议时，即强调要抓紧修改完善相关法律法规，其中包括知识产权保护等方面的法律法规修订工作，研究制定商业秘密保护法、职务发明条例等。2017年7月17日，习近平总书记主持召开中央财经领导小组第十六次会议时再次强调，要完善知识产权保护相关法律法规，提高知识产权审查质量和审查效率，要加快新兴领域和新业态知识产权保护制度建设。基于上述形势，有必要立足于我国知识产权立法实践的现状和存在的各种问题，总结我国知识产权司法实践经验，并适当借鉴国外先进国家知识产权立法及实践的经验和做法，通过进一步系统修订，使我国现行知识产权专门立法提高知识产权保护水平，更好地发挥其激励创新、保护创新成果、协调社会关系的功能和作用。无疑，立法修改的必要性也决定了针对现行立法修改进行深入研究的紧迫性和重要意义。

我国知识产权立法目的的实现，以及在实践中加强知识产权保护，离不开充分有效的知识产权司法保护。从世界各国和地区的知识产权保护来看，知识产权司法保护是知识产权保护最主要的形式和最有力的手段，因为其是以国家强制力为后盾的。诚然，在我国知识产权保护途径和方式是知识产权行政执法和知识产权司法保护并行的“两条途径、优势互补、有机衔接”模式，这一模式是具有中国特色的知识产权保护制度的内涵之一。然而，在我国知识产权保护体系中知识产权司法保护仍然是处于主导地位的保护模式。因此，为了加强我国知识产权保护，必须实行严格的知识产权司法保护。只有强化知识产权司法保护，我国知识产权保护水平才能得以实质性提高，知识产权立法的目的才能最终实现。2013年9月30日，习近平总书记在主持十八届中共中央政治局第九次集体学习时就强调要加强知识产权保护工作，依法惩治侵犯知识产权和科技成果的违法犯罪行为。习总书记在2017年7月17日主持召开中央财经领导小组第十六次会议时则指出，要加大知识产权侵权违法行为惩治力度，让侵权者付出沉重代价。要调动拥有知识产权的自然人和法人的积极性和主动性，提升知识产权意识，自觉运用法律武器依法维权。基于知识产权司法保护在实现我国知识产权立法目的、提高知识产权保护水平、有效实施国家知识产权战略、建设创新型国家方面的重要作用，近年来，最高人民法院通过改革我国知识产权司法保护体制机制，颁行《中国知识产权司法保护纲要（2016—2020）》等重要知识产权司法保护政策，以及加强知识产权法官队伍建设等多种措施和途径，推动了我国整体的知识产权司法保护水平和司法能力的提升。基于知识产权案件的专业性、复杂性和技术性，知识产权司法实践中存在大量的疑难、复杂问题，需要从理论上加以思考和解决。我国以知识产权审判为中心的知识产权司法体制机制改革提出了很多前所未有的新问题，需要从理论的角度深入思考和探讨。

正是基于如上考虑，本书立足于我国知识产权保护的成就与现有研究成果，通过剖析我国知识产权保护实践中存在的各种现实问题，从知识产权法理论、知识产权立法修改与完善及知识产权司法保护与完善三方面，试图对当代我国知识产权法理论与实践问题进行深入的研究与思考，并提出具有建设性的对策。本书分上、中、下三篇，其中上篇侧重于知识产权法的理论分析，旨在推进我国知识产权基础领域的研究，尤其是关于新时代中国特色的知识产权法理分析；中篇侧重于对我国现行知识产权专门法律尤其是《著作权法》和《专利法》的再一次修订进行深度剖析并提出笔者的个人建议和修法思路，以便为我国知识产权专门法律的进一步完善贡献绵薄之力；下篇侧重于我国知识产权司法保护及其完善，通过对近年来具有代表性的我国知识产权司法保护政策内容的解读与分析，立足于我国知识产权司法保护的现状及问题，从提高我国知识产权保护的公平性、效率性以及提高知识产权保护水平等方面提出了完善我国知识产权司法保护制度的各种建议与对策。需要指出的是，这三部分的内容有一定的、必要的交叉性，如理论分析部分也有针对实际问题的探讨，立法部分也有针对来自司法实践提出的立法完善的需求，而司法保护部分则也有很多基于理论分析和立法完善的观点与建议。收入本书的各篇文章的顺序根据上述内容和结构加以确定。

需要指出的是，其中当页脚注标注的大量参考文献，除了极个别注释外，并非通常的在写作过程中参考了这些文献的观点后在相应部分标注文献出处的做法，而是笔者在成书后，为了方便广大读者对书中相应的内容有更深刻的理解和思考而从现有研究成果中精选出来的。故读者可以视为延伸研究与思考的研究性文献。笔者研究时间及研究水平有限，虽然尽可能选择有代表性的现有研究成果帮助读者针对书中相应内容作拓展性阅读，但仍难以达到理想境界，请读者和没有被选入相应参考文献的作者理解。笔者之所以这样尝试，也是希望通过本书的阅读和延伸成果的研读，读者们融会贯通，能够更好地掌握和领会书中涉及的相关专业知识和原理。基于此，建议读者在阅读本书时，在可能的条件下，对本书中添加的大量拓展性研究文献认真对待。相信读者在系统阅读本书和相应的延伸性研究成果后，会对知识产权法理论与实践问题有更加深刻的理解。

还需要指出，本书在写作和完善过程中，我国相关法律正处于修改、完善之中。为此，笔者在完稿后，陆续对相关文章进行了修改和完善。其中，最终统一修改定稿的日期为：2021 年 3 月 31 日。

本书的出版得到了文化名家暨“四个一批”人才研究课题等的鼎力支持。本书在出版过程中还得到了知识产权出版社的大力支持，特别是知识产权出版社副总编辑李启章先生、编审龚卫博士、编辑吴烁女士为本书的出版付出了很多辛劳。在此一并表示衷心的感谢!

由于作者水平有限,加之时间紧迫,难免存在各种错漏之处,敬请读者给予批评指正。

冯晓青
2021 年 4 月 20 日

目　录

下篇 我国知识产权司法保护及其完善研究

上篇

知识产权法专题探析

新时代中国特色知识产权法理思考*

当前，随着国家知识产权战略和创新驱动发展战略的深入实施，知识产权法律制度在我国经济社会生活中的地位越来越高。特别是在当前知识产权国际化乃至全球化时代，知识产权已成为影响国际政治经济贸易关系的重要因素。我国知识产权制度的发展为知识产权法的理论研究提供了广阔的舞台。我国知识产权法研究也需要与时俱进，不断提高理论水平。从法理学的角度来看，部门法的成熟最终需要进入部门法理学的境界。就我国知识产权法理论研究而言，同样如此。笔者不揣疏浅，对新时代中国特色知识产权法理基本问题进行探讨。

一、问题的提出

从法理学的角度来说，法律作为调整社会关系的法律规范的总称，应面向社会现实需要。作为部门法理学研究，也需要立足于现实国情并为解决现实问题提供方法论和理论指导。知识产权法理学研究，亦不例外。我国知识产权法理研究应当立足于中国特色，在立足本国国情的基础上充分地借鉴其他国家知识产权制度建设的经验，及时把握知识产权国际化、全球化的新进展。同时，我国知识产权法理应当为新时代我国经济社会发展、科技创新、产业发展和国际竞争力的提高提出逻辑自洽、具有自身特色的理论体系，为我国知识产权立法、执法、司法、法律监督及知识产权战略的有效运行提供理论指导与方法论。

新时代中国特色知识产权法理具有丰富的内涵，其涉及知识产权法方法论和多学科研究。当前适合我国国情的知识产权法基础理论尤其以利益平衡理论❶和激励理论❷富有生命力，在新时代这两种理论都有巨大的发展空间和变革动力。例如，围绕知识产权保护所产生的各种利益关系，出现了很多新的特点，尤其是随着新兴

---

* 本文初稿撰写于2020年3月24日，曾发表于《知识产权》2020年第4期。

❶ 冯晓青．知识产权法利益平衡理论［M］．北京：中国政法大学出版社，2006.

❷ 罗娇．创新激励论——对专利法激励理论的一种认知模式［M］．北京：中国政法大学出版社，2017．周贺微．著作权法激励理论研究［M］．北京：中国政法大学出版社，2017.

技术的发展，产生了诸多新的保护客体，需要重构知识产权法的利益平衡机制。又如，关于知识产权法的理论，过去更强调知识产权的专有性❶和知识产权保护，对于知识产权制度中的公共领域问题比较忽视，对于知识产权保护合理边界的研究也比较缺乏。在激励理论方面，在新时代伴随着我国知识产权战略、创新驱动发展战略有效实施，以及产学研高度融合的技术创新体系的构建，如何更好地发挥知识产权制度作为激励创新机制的功能和作用，在实现知识产权制度所追求的公平正义价值取向的基础之上更好地实现知识产权保护制度激励创新的目标，需要进行更深入的研究。在知识产权法多学科研究方面，迄今为止，我国知识产权法理论研究仍然大有发展空间。例如，知识产权相关的一些新兴、交叉学科领域研究还不够，以知识产权法的政治学分析、国际政治分析、国际政治经济学分析为例，国外在这些方面已经有多年的研究和关注❷，而我国在这方面的研究成果非常少。又如，知识产权的价值评估理论、知识产权管理理论、国际知识产权战略、知识产权政策学、知识产权法制史、知识产权纯粹法理学、知识产权哲学、知识产权伦理学、知识产权社会学、知识产权经济学、西方知识产权思想史等方面研究，也需要大力加强。实际上，中国特色知识产权法理的研究意义，不仅是在多学科研究方面，在新时代我国建设创新型国家和社会主义现代化建设过程中，知识产权制度越来越重要，也越来越需要构建符合我国自身特色的知识产权理论体系。这不仅对于提高我国整体的知识产权理论水平具有极重要的意义，而且对于更好地运用知识产权制度促进我国科技文化创新以及经济社会发展具有重要的作用。以下笔者将从多个层面就新时代中国特色知识产权法理的研究内容进行初步探讨，以就教于同人。

二、新时代中国特色知识产权法理的内涵与定位

关于新时代中国特色知识产权法理，首先需要明确其基本内涵和定位。笔者认为，新时代中国特色知识产权法理，是指在我国处于新时代环境下，立足于中国特色社会主义和社会主义市场经济发展的政治经济和文化发展现实，就知识产权立法、司法、守法、法律监督、法律文化，以及知识产权政策和法律、知识产权法律制度实施与运行等问题从理论层面进行深入研究而最终形成的关于知识产权法的基本精

❶ 郑成思. 知识产权论［M］. 北京：法律出版社，1998：80－84.

❷ BANKIA P. Policy and Politics Behind Intellectual Property Laws［J］. Fordham International Law Journal 1997. KAPCZYNSK I，AMY. The Access to Knowledge Mobilization and the New Politics of Intellectual Property［J］. Yale Law Journal，2008，117（5）：804－885. RYAN M P. Knowledge Diplomacy：Global Competition and the Politics of Intellectual Property［M］. Washington DC：Brookings Institution Press，1998.

神与学理。从逻辑上说，知识产权法理属于广义的法理学范畴，具有部门法理学性质。[1] 但其具有特定的研究对象，立足于我国知识产权法律制度及其运行，在知识产权国际化环境下兼及知识产权国际保护与全球治理，为知识产权国际保护和全球治理提供中国方案及其理论依据。同时，新时代中国特色知识产权法理也属于广义的知识产权法理学的范畴，因此一般意义上的关于知识产权法理研究的学术观点和思想也能够为新时代中国特色知识产权法理提供理论素养和启发。当然，新时代中国特色知识产权法理研究也能够丰富和发展一般意义上的知识产权法理。从这个角度而言，深入研究新时代中国特色知识产权法理，能够为世界知识产权法理研究贡献独特的中国力量。

从新时代中国特色知识产权法理的基本概念出发，笔者认为，应当把握以下基本内涵和定位。

其一，立足于中国特色。相较于具有悠久历史的民法制度而言，知识产权法律制度历史并不长，不过也有数百年之久。我国知识产权法律制度是西方的舶来品，清末以来最初制定的《大清著作权律》等知识产权法律具有特定的历史背景。从知识产权法律制度建立和发展历史看，我国知识产权法律制度真正的春天肇始于20世纪70年代末改革开放之初。近年来随着我国经济社会的发展、科技创新能力的提升，知识产权法制建设也日臻完善。[2] 在当代知识产权保护国际环境之下，我国知识产权法律制度的建立和发展固然需要遵循共同的国际规则，但必须在立足于本国国情的基础上，妥善处理好本土化和国际化的关系。其中，本土化是前提和基础，国际化是在本土化基础上的进一步延伸和发展，是我国为加入国际知识产权保护“大家庭”、提高知识产权保护水平和为改革开放提供良好的法律环境与制度环境之所需。所谓本土化，其关键之处就在于中国特色。当然，中国特色可以从不同层面、不同学科、不同视野进行解构。从政治角度而言，中国特色的根本在于中国共产党领导下的社会主义制度。从本书所探讨的知识产权法理而言，就是指中国特色社会主义知识产权法学理论与基本精神。中国特色社会主义知识产权法学理论与基本精神并不排除几百年来形成的关于知识产权法律制度的基本理论、原理的适用，如关于知识产权是私权的概念、关于知识产权法律制度追求公共利益目标的原理。不仅如此，中国特色知识产权法理需要利用这些成果创造性地运用于中国知识产权法律

---

[1] 与知识产权法理相关的概念还有知识产权法哲学或者知识产权哲学概念。严格地说，这两个概念不是等同的概念，研究的内容和定位也不完全相同。从一般意义上的法理学或者法哲学的概念来说也是如此。当然，这一问题即使在法理学界也存在一定争议，因为也有将两者等同的观点。不列颠百科全书即将法哲学解释为系统研究法律的概念和理论，旨在帮助人们理解法律的概念、渊源以及法律在社会生活中的作用。关于知识产权法哲学或者知识产权哲学问题的研究，参见：德霍斯．知识财产法哲学［M］．周林，译．北京：商务印书馆，2008．冯晓青．知识产权法哲学［M］．北京：中国人民公安大学出版社，2003．

[2] 吴汉东．中国知识产权法律变迁的基本面向［J］．中国社会科学，2018（8）：108－125，206－207．冯晓青．中国70年知识产权制度回顾及理论思考［J］．社会科学战线，2019（6）：25－37．

制度的实践中。

在新时代中国特色知识产权法理研究方面，如何把握立足于中国特色，则是需要进一步深入思考的问题。笔者认为，以下几点具有十分重要的意义：（1）我国知识产权保护水平和具体制度的构建，应当在兼顾知识产权国际保护要求的前提下，与我国经济、科技、文化发展的要求相适应。与我国改革开放的政策背景相适应，我国近年来参加了几乎所有的重要国际知识产权保护公约。总体上，国际知识产权保护具有较高的水平，尤其是世界贸易组织《与贸易有关的知识产权协定》是一个高标准、高水平的知识产权国际公约。但即使这样，在知识产权保护方面，我国仍然存在一定的自主决策的空间。（2）知识产权保护在具体策略和方式方面，与中国现实国情相适应。自20世纪70年代末我国逐步建立知识产权法律制度以来，在知识产权保护方面一直实行行政处理与司法保护并行的保护模式，其中知识产权行政处理就是非常具有中国特色的知识产权保护的具体策略和方式。近年来，我国知识产权专门法律制度的修改对知识产权行政执法问题均有重要改革。基于我国人口众多、地域广阔、知识产权案件数量日益飙升以及传统文化观念的影响等现实，知识产权行政处理制度还将在相当长时间内存在并发挥其独特的不可替代的作用。当然，随着我国社会主义法治建设的发展，在知识产权法律制度及其实施中，如何对待知识产权行政处理机制，包括如何与知识产权司法保护机制有效地衔接和协调，就是值得重视的问题。（3）在知识产权文化意识和社会观念方面，我国知识产权法律制度实施应当立足于本土文化，并根据知识产权制度的发展规律和要求，进行现代化改造。我国知识产权法律制度的建设要求社会公众具有较强的知识产权观念和意识，而知识产权观念和意识的培养，需要剔除我国几千年以来形成的私权观念淡薄的传统文化中的不利因素。（4）在指导思想方面，马克思主义理论仍然也是新时代中国特色知识产权法理研究应当遵循的基本原理。马克思理论与知识产权本身属于中国特色知识产权法理研究的重要内容之一。[1] 尽管在马克思时代并没有现代发达的知识产权制度，但这并不妨碍且我们应当用马克思主义思想和原理做指导，研究现实中的知识产权问题。[2]

其二，适应新时代要求。根据党中央的决策和部署，我国已进入社会主义发展的新时代。我们可以看到，近年来，党和政府非常重视我国知识产权法律制度的建设和知识产权战略的制定与有效实施。例如，党的十八届三中全会公报中明确提出要“加强知识产权运用和保护”。党的十九大报告提出要“倡导创新文化，强化知识产权创造、保护、运用”。当前我国正在制定知识产权强国战略纲要。知识产权

---

[1] 冯晓青. 马克思理论与知识产权——研读《知识产权哲学》之体会［J］. 电子知识产权，2003（12）：56－58.

[2] 乔磊. 基于马克思劳资关系理论的知识产权研究［D］. 沈阳：东北大学，2012.
彼得·德霍斯. 知识财产法哲学［M］. 周林，译. 北京：商务印书馆，2008：107－130.

强国战略纲要将是在《国家知识产权战略纲要》有效实施十多年基础之上进一步推动国家知识产权战略实施的战略性举措。知识产权强国战略直接服务于社会主义现代化强国建设的需要，旨在使我国由知识产权大国变为知识产权强国，在知识产权创造、运用、保护、管理和服务等方面全方位提升知识产权能力，大幅度提高我国自主创新能力和国际竞争能力，为实现“两个一百年”的伟大目标而作出重要贡献。无疑，新时代为我国知识产权制度的有效运行既提出了更高的要求，也提供了更宽广的舞台。

在新时代背景下，我国知识产权法理研究显然应当立足于新时代对我国知识产权保护以及知识产权制度的完善，知识产权战略有效实施提出的新需求、新目标和新任务。在新时代我国经济社会发展，一方面会有更多的机遇，另一方面也会遇到更多的挑战，特别是国际环境变幻莫测。新时代我国知识产权制度的构建与有效运行，同样是机遇与挑战并存。就新时代中国特色知识产权法理研究而言，也应当充分考虑我国知识产权保护的现实需求与未来变革的需要、经济社会发展中的地区之间知识产权保护水平的不平衡状况和我国知识产权制度在现代化进程中可能面临的各种困难和困境，对知识产权保护制度实施提供具有操作性的解决方案和理论指引。

其三，服务于社会主义市场经济。新时代中国特色知识产权法理应当根植于我国社会主义市场经济土壤，服务于中国特色社会主义市场经济的发展。[1] 一方面，从知识产权法律制度来看，其本身是科学技术和市场经济发展的产物，两者缺一不可。其中，科学技术的发展为知识产权制度的产生提供了现实的基础和可能。例如，当代专利权的客体有不断扩展的趋向，而专利权客体的扩大与科学技术的发展具有直接的联系，因为科学技术的发展产生了各种各样的可以受到专利权保护的新型客体。不仅如此，科学技术的发展还为知识产权的保护和实施提供了更为便利的手段。例如，人们耳熟能详的现代信息网络技术的发展，为享有著作权的作品在网络空间的利益获取提供了极大便利。另一方面，知识产权制度的建立和发展也促进了科学技术的发展，特别是知识产权保护制度中建立的激励机制和利益协调机制，大大促进了技术创新活动。再从市场经济因素来看，知识产权法律制度之所以是市场经济的产物，是因为只有在市场经济土壤中知识产权保护的知识产品才能够通过市场流转的形式充分实现其经济社会价值。作为一种无形财产权，知识产权价值的实现离不开较为成熟的市场环境，特别是当代的市场经济环境。市场经济的培育和发展，不仅使人们在观念上形成了知识产权的私权观念和市场观念，而且使知识产权人和其他相关主体真正能够借助于市场机制各取所需。可以认为，市场成熟度越高，知识产权的价值就越能体现和实现。

---

[1] 肖光，肖霈桦，刘伟元. 知识产权法的辩证法思考［M］. 广州：花城出版社，2009：114 – 118，139 – 141，205 – 212.

我国在20世纪90年代初确立了建立社会主义市场经济体制的重大决策。随着经济社会的发展和科技创新能力的提升，我国社会主义市场经济不断健全与发展。我国社会主义市场经济的培育与发展，一方面为知识产权法律制度的有效实施提供了更为广阔的舞台，另一方面也对知识产权法律制度的制定和有效实施提出了更多的要求。[1]在新时代我国大力推进社会主义市场经济体制的改革和发展的背景下，中国特色知识产权法理的研究应当深深扎根于我国社会主义市场经济体制建立与发展的实际和现实需要，倡导建立市场导向的以企业为主体的产学研深度融合的技术创新体系。在知识产权相关法律制度的构建和改革方面，充分重视当事人意思自治，利用市场机制优化配置市场资源，提升市场机制在推进我国知识产权法律制度的改革和发展、促进我国经济社会发展方面的重要作用和功能。

其四，有利于创新发展。创新发展无疑是当代我国经济社会发展的重要主题。在这方面，知识产权法律制度作为激励创新、保护创新成果以及促进创新成果有效利用的法律制度和激励机制，其发挥着不可替代的作用。[2]知识产权法律制度作为一种激励创新的机制，在当前我国深入实施创新驱动发展战略的背景之下，在驱动我国创新发展，实现经济发展方式的改变和产业转型升级，使我国摆脱由粗放型经营进入集约型经营、经济增长模式由要素驱动跃升为创新驱动的转变中将发挥极其重要的作用。虽然在知识产权法理研究中，少部分观点认为知识产权法律制度与激励创新无关，但我们不可否认，当代国内外科技创新能力的提升、经济社会的发展都是在知识产权制度的运转之下实现的。从党和国家关于知识产权法律制度的阐述与政策构建来看，知识产权法律制度逐步定位于激励创新的重要制度机制和法律保障机制。从近年来我国知识产权制度的有效实施来看，其对于我国经济社会的发展和创新能力的提升具有重要作用，这是毋庸置疑的。在当代，我国经济社会正处于转型之中，整个国家经济社会发展在极大程度上依赖我国创新能力的提升。无疑，我国国家创新体系的建设、创新能力的提升是一个巨大的系统工程，需要全社会付出艰苦的努力。在新时代，围绕我国建设创新型国家、提高创新能力，作为激励创新基本法律制度的知识产权法律制度如何有效地发挥其作用，并通过修改完善的形式适应创新型国家建设的要求，是值得认真研究的课题。相应地，中国特色知识产权法理研究也不能不关注这一问题，并应为此提供相应的理论基础和实践操作范式。

其五，面向知识产权法之现代化。从法理学的角度来说，法律的现代化问题一直是其研究的重要内容之一。在法理学上，法律现代化是伴随社会变迁与社会发展，从传统到现代的演进过程。法律现代化反映了社会发展和法律制度规范的相互作用，

[1] 从这里也可以总结与反思，为何中华人民共和国成立以来我国在相当长的时间内知识产权法律制度迟滞不前。笔者认为其中一个十分重要的原因是长期的计划经济排斥市场经济，知识产权法律制度的建设缺乏市场经济土壤。

[2] 冯晓青．技术创新与企业知识产权战略［M］．北京：知识产权出版社，2015．

特别是社会发展对法律制度的影响以及法律制定和完善对于社会关系调整、规范人们的行为方式的作用。从各国法律现代化进程看，并没有一个统一的模式，不过大致存在国家（政府）推动与社会推动两种方式。知识产权法作为法律制度的组成部分，同样存在法律现代化的问题。特别是，知识产权法和国家经济、科技、文化发展之间的联系更加密切。通过研究知识产权法的现代化问题，研究知识产权法在随着我国经济社会发展与时俱进中的变迁和规律，对于探索新时代具有中国特色的知识产权法治道路、不断完善我国知识产权法治、提高我国知识产权战略运用水平、最终服务于大幅度提高我国的创新能力和国家竞争力，具有十分重要的意义和作用。笔者认为，新时代中国特色知识产权法理在针对知识产权法的现代化方面，需要注重以下问题的研究：（1）现代技术，尤其是信息网络、生物遗传工程、大数据、云计算、人工智能等技术发展对知识产权制度的挑战与对策；（2）知识产权专门法修改与完善中，应以法律现代化为重要指针；（3）我国知识产权法现代化演进中如何与传统文化、传统社会相衔接；（4）我国知识产权法在现代化演进中如何与我国建设社会主义现代化强国的宏伟目标相契合等。

其六，面向知识产权之全球治理。新时代中国特色知识产权法理，在研究领域和范围上，并非仅限于知识产权的国内法律保护，而应当具有开放视野。这是因为，当代各国知识产权法律制度是一种高度国际化的制度。知识产权国际化趋势早在19世纪末期即显端倪，并随着20世纪以来的百余年发展而不断深入，到21世纪的今天，则向更高程度和水平发展，大有知识产权全球化趋势。当代的知识产权国际保护制度在形式上具有公平合理性，因为某一国家或地区是否参加知识产权国际保护公约，由其自愿选择。然而，基于不同国家地区之间经济、科技、文化发展水平的巨大差异，特别是发达国家与发展中国家之间，以国民待遇原则、对等保护原则为基础的知识产权国际保护的结果在不同国家地区之间并非能够获得实质性的公平。在知识产权国际保护中，发达国家与发展中国家产生的利益冲突与摩擦不断。近年中美之间基于知识产权保护所进行的双边谈判，只不过是众多例子其中的一个典型例子而已。当前知识产权国际保护仍然主要是由发达国家主导，发达国家在知识产权国际规则制定中有更大的话语权。特别值得警惕的一个现象是，以美国为代表的发达国家在知识产权国际保护领域更多地强调知识产权的高标准、高水平的保护，而对于发展中国家所希望的相对较低的知识产权保护水平并未给予足够的关注。从知识产权法理学的角度来说，知识产权法的利益平衡理论能够很好地指引知识产权国内制度的有效实施。在国际层面，至今为止，尚未形成一种广为接受的能够更好地协调国际知识产权保护中各个地区之间的利益关系的国际知识产权保护理论体系。不仅如此，在国际知识产权规则制定方面缺乏广泛的民主性，发展中国家的参与权和话语权极大地受到发达国家的限制。针对当代知识产权国际保护的现实情况和利益冲突，笔者认为特别需要构建一种平等互利、创新发展、合作共赢的知识产权国际保护新理念、新思想和新理论，彻底根除在当代知识产权国际保护中的独占主义思想、知识霸权理念，彻底改变旧有的、不公平的国际政治经济秩序在当代国际知识产权保护中的余孽。在新的历史条件下，立足于知识产权国际保护的现实，知识产权全球治理的问题如何解决显得日益重要。

众所周知，我国是拥有最多人口的、最大的发展中国家。随着我国经济、科技实力的极大提升，以及知识产权创造、运用、保护、管理、服务能力的提高，我国已经成为名副其实的知识产权大国。尽管目前我国还不是知识产权强国，但在知识产权国际保护中我国作为发展中国家的代表，在知识产权国际保护中具有举足轻重的作用。近年来，我国参加了大量的与知识产权有关的国际公约，认真履行了知识产权国际保护的义务，在国际知识产权保护中的地位日益提高，逐步形成了负责任的知识产权大国形象。作为发展中国家的代表，我国在知识产权国际保护中，同样需要以先进的理论武器为指导，探讨符合国际知识产权保护新理念的国际知识产权保护理论与原理。新时代中国特色知识产权法理自然也应当关注当代的知识产权全球治理问题，针对当代知识产权国际保护存在的问题和现实情况，提出富有建设性和适应性的先进理念、理论体系。例如，习近平总书记提出的构建人类命运共同体的先进理念就可以很好地运用于知识产权国际保护领域。[1] 无疑，引入人类命运共同体先进理念对知识产权全球治理问题的探讨，有助于我国提出具有自身特色并具有重大现实意义的国际知识产权保护新理念和实践范式。

三、知识产权政策与发展

知识产权政策与发展是知识产权法理研究的重要内容。这是因为，知识产权法律制度具有特定的政策导向。[2] 我国特定时期的知识产权法律制度，需要服务于相应阶段的经济社会发展和科技文化创新。从知识产权相关政策导向方面入手，可以对知识产权法律制度的价值功能和基本定位有更深刻的认识和理解。就当前我国的知识产权法理研究而言，在知识产权政策与发展的研究与探讨方面，需要服务于国家治理体系和国家治理现代化，从国家知识产权战略实施到知识产权强国战略的启动与实施的历史使命。知识产权政策是知识产权制度体系和法律体系中的重要内涵之一，它对于保障我国知识产权制度的有效实施，实施国家知识产权战略和创新驱动发展战略，具有十分重要的意义和作用。知识产权政策具有非常丰富的内涵，从效力层级看，可以包括中央、地方的知识产权政策；从知识产权战略运行的角度来

---

[1] 在国际法领域，国际法学者已有初步探讨。张辉. 人类命运共同体：国际法社会基础理论的当代发展［J］. 中国社会科学，2018（5）：43－68，205.

[2] 吴汉东. 中国知识产权理论体系研究［M］. 北京：商务印书馆，2018：174－179.

看，可以包括涉及知识产权创造、知识产权运用、知识产权保护、知识产权管理和知识产权服务相关政策；从其涉及的内容来看，可以体现于与知识产权有关的创新政策、文化政策、科技政策、经济贸易政策、教育政策等。近年来，为了有效地制定和实施我国知识产权制度，我国先后制定和实施了大量涉及知识产权的相关政策。其中《国家知识产权战略纲要》是我国知识产权国家政策的核心体现，它深刻地表明，知识产权在当代已经成为国家战略。随着新时代建设社会主义强国宏伟目标的提出，知识产权强国战略呼之欲出。在新的历史条件下，我国知识产权政策构建与发展具有新的定位和历史使命。其中一个非常重要的方面是，如何推进国家治理现代化、完善国家治理体系、更好地发挥知识产权制度的功能和作用。国家治理现代化需要综合利用政治、经济、文化、政策法律等方面的手段、资源和优势，以提高我国综合国力和国际竞争力为基本目标，以提高人民福祉为终级愿景。如何完善国家知识产权政策，尤其是知识产权强国战略的制定与实施，使之更好地服务于我国国家治理现代化和社会主义现代化强国的建设，就成为新时代中国特色知识产权法理研究的一个非常重要的内容。

笔者认为，在推进我国知识产权政策研究方面，至少以下方面值得重点关注：（1）我国知识产权政策如何与科技政策、创新政策、产业政策、文化教育政策、经济贸易政策衔接与协调。从推动和保障国家治理体系、推进国家治理现代化的角度来讲，我国的知识产权政策绝不是孤立的和单一的，其本身是我国政策体系的一个重要的内容和范畴，同时又与其他国内政策具有非常密切的联系。因此，应当重视和研究知识产权政策在国家政策体系中的定位及其相互作用。（2）我国知识产权政策如何通过知识产权法律制度的构建与完善加以推进实施。从法理学的角度来说，政策和法律之间具有十分密切的联系，尤其是政策需要通过一定的法律制度予以保障，并加以推行。就我国知识产权政策而言，同样如此。在我国知识产权法律制度的构建与完善中，其背后均有相应的政策导向，如何在制度的构建与完善中体现并实现这些政策导向，是值得研究的重要课题。（3）我国知识产权政策的核心运作机制。其关键点在于，充分利用知识产权制度的激励创新、保护创新成果和利益协调的功能与作用，有效促进我国知识产权的创造、运用、保护、管理和服务，最终实现我国由知识产权大国变为知识产权强国的宏伟目标。

四、知识产权法的体系化和法典化

知识产权被公认为一种私权，即一种具体的民事权利；相应地，知识产权法属于民法的范畴。[1] 在知识产权法律制度的体系构建中，涉及两个层次：第一个层次

[1] 刘春田．知识产权法［M］．北京：中国人民大学出版社，2014：23－25．

是知识产权法律内部之间的协调和体系化建设，第二个层次是知识产权法在民事法律体系中的地位，尤其是在当代民法典制定过程中知识产权法律制度在民法典中的地位，转换成立法的问题就是知识产权制度是否应在民法典中规范，以及如果规范，应当如何规范。

第一个问题，主要涉及我国知识产权法律制度体系化、现代化、本土化和国际化问题。笔者认为，我国知识产权法律制度的体系化应着重解决以下几个问题：首先，各类知识产权法律制度本身的制定和完善。如果知识产权专门法律制度本身残缺不全，就很难再谈体系化的问题。目前我国知识产权法律制度主要体现于《著作权法》《专利法》和《商标法》“三足鼎立”，其他以下一层次效力的行政法规、部门规章、司法解释等形式体现。其次，知识产权中的有些重要内容需要单独立法。例如，商业秘密是否需要单独立法，制定中华人民共和国商业秘密保护法，就很值得研究。最后，知识产权法律制度需要与时俱进，各专门法的内容也需要及时修改。现在存在的一个突出的问题是，有的法律修订时间确实太长，如《著作权法》第三次修订历时良久，在如此之长的过程中又会产生很多新的问题。

我国知识产权法律制度的现代化，重点还需要关注信息网络、高新科技发展对知识产权制度的影响以及知识产权法律制度如何更好地适应信息社会和科技发展的需要。近年来，随着信息网络和高科技迅猛发展，云计算、大数据、人工智能、生物遗传工程等技术发展，产生了大量的相关知识产权的新型客体，对知识产权的创造和运用、知识产权保护等方面都产生了深刻的影响。我国相关知识产权法律的修订和完善，不能不回应和规范高新技术发展出现的新问题。

新时代中国特色法理在知识产权法律制度现代化方面，还必须紧跟我国新时代社会主义现代化强国建设中出现的各种新的问题。知识产权制度作为商品经济和科技发展的产物，应当随着我国社会主义市场经济体制的完善而与时俱进。

第二个问题涉及知识产权法与民法典的关系及法典化的问题。法典化是当代知识产权法的一种重要立法趋势，尤其体现于法国、俄罗斯、越南、蒙古等国家。知识产权法的法典化问题是当代我国知识产权立法的一个重大研究课题，也是我国民法典制定中的一个重要问题。我国《民法典》第一百二十三条在《民法总则》第一百二十三条《民法通则》第五章第三节的基础之上，进一步确立了知识产权的民事权利法律地位。然而，在这次民法典的制定过程中，对于是否应当设立知识产权编有极大的争议。主流的民法学者似乎不主张在民法分则中设立知识产权编，而大多数知识产权法学者主张设立，特别是著名知识产权法学者、中国知识产权法学研究会会长、中国人民大学知识产权学院院长刘春田教授组织撰写的民法分则知识产权编专家建议稿已正式出版。但是，《民法典》分则部分并没有设立知识产权编。然而，这并不意味着以后我国《民法典》的修改和完善不需要规定知识产权编。知识产权作为一种十分重要的民事权利、知识产权制度作为当代一种十分重要的民事法律制度，在当代经济社会生活中的地位越来越重要。未来知识经济发展中我国《民法典》的修改，如果整体上仍不接纳知识产权制度，就很难得谈得上是一部现代化的民法典。

关于未来我国知识产权法的法典化走向，笔者认为我们不能放弃在《民法典》的未来变革和修订过程中增加对知识产权制度的规定，以及接纳知识产权编。在这期间，我国知识产权法学者所要做的事情有二。第一，继续深入研究并提炼知识产权编的专家建议稿。建议以我国主流知识产权法学者为主，广泛吸收民法等领域相关学者参与，并加强与民法学者的沟通和交流，将民法典中的知识产权编作为重大知识产权立法课题研究。希望到下次《民法典》修订时，知识产权编的构架已经非常完善。第二，需要高度重视知识产权法典化的独立性问题，加紧研究和制定独立的知识产权法典。在这方面，国外已经有先例可循。

还值得一提的是，《民法典》分则没有规定知识产权编，笔者认为并不是我国知识产权法学者对知识产权法典化问题的关注和研究不够，而主要是认识上的原因。实际上，近年来我国主流知识产权法学者对知识产权制度的法典化问题给予了高度关注并花费大量精力进行深入研究，且成果具有很高的研究水平和立法采纳价值。特别是刘春田教授主导的版本较为成熟，可以考虑作为民法分则知识产权编的范本（当然，也需要大力完善）。认识上的原因主要体现于：对于知识产权制度在我国民法典中的必要性、可行性和迫切性认识不够；过于强调知识产权作为民事权利的特殊性；过于强调知识产权法律制度随着技术发展而修改、变动的频繁。实际上，知识产权作为民事权利的特殊性不应被过分强调，民法典规定知识产权的问题实际上是提炼共同规则。从知识产权司法实践角度看，知识产权法实乃知识产权民事司法裁判法。在民法典中规定知识产权制度有利于民法现代化和在知识经济发展中更好地发挥知识产权法律制度的功能和作用。

五、知识产权法律制度理性与价值追求

知识产权法律制度理性与价值追求，这方面研究包括知识产权法的立法宗旨、知识产权法的基本精神、知识产权法的价值取向等。这方面，国内外已有一些研究成果。大体说来，可以分别做如下理解。

知识产权法的立法宗旨，是知识产权法的立法目的，也是知识产权法基本精神和价值追求的体现。我国《专利法》《著作权法》和《商标法》等知识产权专门法律第一条一般都被认为是知识产权的立法宗旨条款。从纯粹法理学的角度而论，知识产权法的立法目的主要体现为充分有效地保护知识产权人的合法权益以及实现知识产权立法所追求的社会目标，尤其是经济社会发展和科技文化创新与进步。在我国，也有学者将知识产权立法宗旨概括为直接目的和最终目的，其中前者主要体现

为有效保护知识产权人的合法权益，后者体现为激励创新、增加社会无形财富以及维护公共利益等。从知识产权法所调整的利益关系的角度而言，知识产权立法宗旨可以理解为实现充分保护知识产权人的利益与维护社会公众利益，并在调节两者利益关系基础之上实现两者的利益平衡。

知识产权法的基本精神，按照吴汉东教授的观点，体现为“私权神圣”与“利益均衡”。笔者对此有同感。同时认为，知识产权法的基本精神还深刻地体现为激励创新的意旨。如前所述，知识产权法是鼓励、保护创新成果以及促进创新成果运用的基本法律制度。不仅如此，由于当代技术创新活动深深扎根于市场经济土壤，且知识产权法律制度本身是市场机制的产物，知识产权经济和社会价值的充分实现也需要立足于市场，知识产权法律制度需要充分运用市场机制实现知识产权的经济和社会价值。从这个意义上来讲，知识产权这一专有权利本身也可以视为对市场专营权的一种体现。这种市场机制和产业发展、产业转型升级，又具有千丝万缕的联系。知识产权法律制度保护的背后，是产业的发展。在优化相应资源配置、产业转型升级和发展方面，知识产权法律制度具有独到的功能和作用。正是基于上述特点，吴汉东教授还将知识产权法称为“创新之法”和“产业之法”。由此可见，知识产权法所承载的功能和作用是多方位的。

知识产权法所追求的价值目标包括公平、正义、自由、效率和创新等。[1] 前三个典型的价值目标体现了法理上对知识产权制度所需要实现的要求，后两者则体现了知识产权制度在经济上的合理性及在国家创新体系中的重要地位和作用。就公平而言，知识产权法体现在主体资格平等、权利和义务对等、在发生纠纷时诉权平等等。正义是所有法律所追求的终极价值，也是知识产权法追求的重要价值目标。正义其实包含了公平和平等的观念，但其具有更加深刻的内涵。在法律制度上，正义包括程序正义和实体正义。同时实现程序正义和实体正义是所有法律制度实施所追求的最高的、最圆满的状态。当然，在现实生活中很难做到同时具备。追求公平和正义是立法的指导原则，更是司法中指引法官最重要的价值理念。正如习近平总书记指出的，要努力让人民群众在每一个案件中都感受到法律的公平和正义。就知识产权法而言，实现正义是知识产权制度的灵魂。[2] 效率价值也是知识产权制度的重要价值取向，在这方面无论是我国知识产权法理论、知识产权立法，还是知识产权法实践，都没有给予足够的重视。事实上，从经济学的角度来讲，知识产权法的制度安排、条文设计充满了对经济效率和效益的追求。一个不考虑法律效率的制度安排，很难最终实现实质的公平和正义。此外，制度创新和知识创新也是知识产权制

---

[1] 吴汉东．知识产权法的制度创新本质与知识创新目标［J］．法学研究，2014（3）：95－108．吴汉东．中国知识产权理论体系研究［M］．北京：商务印书馆，2018：130－131．

[2] 向波．知识产权法律制度之正义考量［J］．知识产权，2014（10）：30－36．

度的重要的价值追求。[1] 如前所述，知识产权制度本身是一种激励创新的法律制度。笔者认为，知识产权制度激励创新的概念，不仅仅是鼓励创造，还包括对创新投资的鼓励，以及对创造性成果商业化的鼓励。对于这一点，在党的十八届四中全会报告中已有体现，即通过加强知识产权的运用和保护，建立产学研深度融合的技术创新体系。当前我国正在深入实施创新驱动发展战略，知识产权制度就是一种创新驱动的法律机制。

六、知识产权法律制度之有效运行

一个符合社会发展的制度，其存在的价值在于有效的运行，包括知识产权法在内的法律制度也一样。法律制度的运行可以从狭义与广义两个层面去理解。狭义上法律制度的有效运行，主要是指立法实施、执法、司法及守法活动及其过程。广义上法律制度的有效运行还包括它和其他制度相互的协同作用，以及在国家经济社会发展中发挥的独特作用和功能。以知识产权法律制度为例，狭义的知识产权法律制度的运行是指知识产权立法、执法、司法、守法等相关的活动和过程。广义的知识产权法律制度的运行则包括更加丰富的内容，如涉及知识产权制度与技术创新融合的法律运行机制构建及运行，知识产权导向的产学研深度融合的技术创新体系的构建与实施，知识产权制度在国家治理体系和治理能力现代化进程中独特功能与作用的发挥，知识产权战略的制定与实施，尤其是当前从国家知识产权战略到知识产权强国战略的战略转型与发展，以及知识产权政策体系的构建与完善。简言之，只要着力点是充分利用知识产权法律制度，立足于激励创造、知识产权有效保护、科学管理、充分应用，都可以归入这一广义的范畴。

知识产权法律制度的有效运行，无疑是知识产权法面向社会现实需要、实现其调整社会关系的功能和作用的体现。[2] 知识产权法律制度的有效运行，以知识产权法律制度实施为内核。由于知识产权法律制度服务于特定的经济社会发展目标，其有效运行并不是孤立的，而是和其他相关制度的运行相辅相成的。在当前我国大力推进国家治理体系和治理能力现代化环境下，知识产权法律制度的有效运行以知识产权制度的法治化为根本，以知识产权制度本土化和国际化的有效结合为特色，以营造公平竞争、创新发展的社会环境为重要目的。知识产权法律制度的有效运行也是一个巨大的系统工程，其不仅涉及知识产权法律制度的构建和完善，涉及知识产

---

[1] 吴汉东．知识产权法的制度创新本质与知识创新目标［J］．法学研究，2014（3）：95－108.

[2] 胡朝阳．知识产权制度运行的有效性探析——以创新型国家建设为分析视野［J］．法学论坛，2008（2）：92－97.

朱雪忠，戚昌文．我国知识产权制度运行中的不协调现象初探［J］．华中理工大学学报（社会科学版），1998（1）：3.

权行政管理和社会管理的优化模式，而且涉及知识产权制度融入经济社会各个领域和层面，实现对国家知识产权的有效治理，并最终体现为国家和产业层面的知识产权能力与核心竞争力。无论如何，知识产权法律制度的有效运行，以充分有效地保护知识产权这一私权为基础，以协调和平衡围绕知识产品产生的各种利益关系为内容，以服务于我国经济社会发展与创新能力提升为根本。

七、知识产权制度变革与发展

知识产权制度的变革与发展，也是新时代中国特色知识产权法理的重要内涵。知识产权制度作为科学技术与商品经济发展的产物，是一个与时俱进的法律制度。知识产权制度的变革与发展，也是知识产权制度现代化进程中出现的问题。在知识产权的法理上，有学者也称之为知识产权制度的发展论。[1] 从中国的实际情况出发，笔者认为知识产权制度的变革与发展，需要着重把握以下几点。

第一，在国际知识产权制度大变革和发展的背景之下去研究中国的知识产权制度问题。当前的知识产权制度是一个高度国际化的法律制度，知识产权的国内保护和国际保护形成了知识产权保护的双边体系。近年来，我国知识产权制度的建立与发展，就是在不断国际化过程中而构建的。如前所述，当前知识产权国际保护具有新的特点，错综复杂，具有全球保护的趋向。其总的特点体现为保护范围越来越广、保护内容越来越多、保护水平越来越高，在知识产权国际规则的制定和变革方面，发达国家处于主导地位。而且围绕知识产权的国际保护，南北国家之间存在深刻的矛盾和冲突。从知识产权的国际政治经济学的角度来看，在一定程度上是旧的不平等的国际政治经济秩序在当代的延伸，因为知识产权国际保护形式上的平等保护无法实现实质上的公平保护，知识资源的分配和利用在全球范围内很难实现全球正义。[2] 无论如何，我国知识产权制度在现代化的进程中对于国际知识产权制度的变革与发展，不能不给予高度的关注和研究。

第二，把握技术发展的最新动态，顺应技术的发展而对知识产权制度进行及时的变革。知识产权制度与技术发展向来具有内在的联系。当前，随着新兴技术的发展，特别是高科技的发展，知识产权的保护客体、保护主体、权利利用、侵权表现等都具有一些新的表现形式，如涉及人工智能创作物的法律保护问题的案件，就给人启发。电子商务法的实施也对知识产权相关问题进行了规范。我国知识产权制度的变革，尤其是每一轮的知识产权专门法律的修订，必须顺应技术的发展，高度重视其对知识产权制度的影响。例如，如何规制网络环境下的著作权保护与限制的问

---

[1] 吴汉东. 中国知识产权理论体系研究［M］. 北京：商务印书馆，2018.

[2] 彼得·德霍斯. 知识财产法哲学［M］. 周林，译. 北京：商务印书馆，2008：182－208.

题，在信息网络和电商平台环境之下如何保护专利权和商标权的问题，网络环境下智慧法院建设的问题等。只有紧跟技术的发展，对技术发展出现的新问题进行有效规范，知识产权制度的变革和发展才能够实现前述的知识产权法律现代化。

第三，知识产权制度变革与发展不仅仅是一个顺应技术发展与时俱进的问题，而且知识产权制度需要随着一个国家和地区经济社会发展、产业转型升级而不断变革。同时，制度作为市场经济的产物，知识产权制度的变革与发展也体现为以市场导向引领知识产权制度的有效实施、充分利用市场机制促进知识产权的创造和保护。除此之外，知识产权制度的变革与发展还体现为知识产权保护理念的更新，知识产权保护理念的先进性和前瞻性。

八、知识产权文化

文化是一种软实力，一个国家的文化维系着民族发展的血脉。我国是一个历史悠久、文化灿烂的文明古国，中华民族的传统文化沉淀深厚，博大精深。我国文化建设由传统文化向现代文化转变，特别是在当代以构建和弘扬社会主义核心价值观为内核，以构建社会主义先进文化体系为重要手段。知识产权文化属于我国文化体系的重要范畴。在新时代，我国知识产权文化具有更加丰富的内容。[1] 知识产权文化，可以从广义和狭义的角度进行理解。知识产权文化涉及知识产权的意识培养、知识产权知识的普及实施、知识产权制度建设等多方面，是人们关于知识产权的思想、观念、态度、意识、认识等的总和。新时代中国特色知识产权文化建设，立足于社会主义核心价值观，以尊重知识，尊重和保护知识产权，崇尚创新为核心内容。

我国知识产权文化建设具有丰富的内容。[2] 笔者认为，新时代我国知识产权文化建设应着重解决以下几个问题。

第一，深入普及知识产权知识。拥有基本的知识产权常识，才能够做到既尊重他人的知识产权，又充分保护自身的知识产权。在现实生活中，相当多的知识产权纠纷案件特别是侵权纠纷案件中，当事人对于知识产权缺乏最基本的了解和认识，这是产生纠纷的重要原因。我国在普法活动中，将知识产权知识的普及作为重要内容之一也非常重要。

第二，不断提高保护知识产权的意识，培养良好的保护和尊重知识产权的观念。意识是行为的先导，缺少知识产权的意识很难做到尊重他人的知识产权和有效保护自身的知识产权。

---

[1] 王珍愚，单晓光，许娴．我国知识产权制度与知识产权文化融合问题研究［J］．科学学研究，2015（12）：821－1827，1850．

[2] 吴汉东．中国知识产权理论体系研究［M］．北京：商务印书馆，2018：461－469．

第三，引导公众正确对待知识产权纠纷案件，特别是盗版等相关行为。现实中一些人对盗版等知识产权侵权行为存在错误的观念和认识，仅从个人利益出发，甚至认为盗版有理。产生这种错误观念有多方面原因，需要从知识产权知识普及、意识培养、道德素养提高等多方面入手。包括我国在内的各国知识产权法律制度中，对于假冒、仿冒、盗版、剽窃、抄袭都是予以重点打击的侵权行为。在知识产权文化建设中，应当弘扬正能量，反对“窃书不算偷”的认识，树立盗版行为可耻的观念。

第四，加强诚信建设，构建诚信社会。诚信是我国社会主义文化建设的重要内容，一个没有诚信的社会是很可怕的。在知识产权文化建设中，诚信文化建设尤其重要。在很多知识产权侵权纠纷案件中，之所以发生侵权纠纷，有相当一部分就是因为缺乏诚信，故意采取假冒、仿冒等手段实施侵权行为。所幸的是，我国知识产权专门立法近几年在不断地修改和完善中已注意到了增加诚信条款，如《商标法》2013 年修正时就专门增加了商标注册申请和使用应当遵守诚实信用原则的条款。

第五，创新文化建设。知识产权制度的建立和发展与创新文化建设具有十分密切的联系，并且如前所述，知识产权法律制度本身是鼓励创新和保护创新成果传播的法律机制与制度激励机制。崇尚创新，弘扬创新，以创新为荣，以仿冒可耻，是构建创新文化的实质内容。当前我国在深入实施创新驱动发展战略，朝创新型国家迈进，创新型国家建设离不开知识产权制度的法律保障。创新文化建设既是我国建设创新型国家的软实力保障，也是知识产权文化建设的重要内涵，对于有效制定和实施知识产权战略具有十分积极的作用。

第六，应注意吸收我国的优秀传统文化成果。文化具有传承性，特别是我国具有悠久的历史文化传统。[1] 我国传统文化中尽管存在一些不适合于现代社会的内容，但也有很多优秀文化成果。在新时代构建中国特色知识产权文化中，离不开对我国优秀传统文化成果的吸收。对新时代中国特色知识产权法律文化的研究，本着“取其精华，去其糟粕”的理念，可以充分吸收传统文化中的优秀成分为我所用。

九、余论

知识产权法理内容的丰富性决定了新时代中国特色知识产权法理也具有十分丰富的内容。前面的探讨，只是其中比较重要的方面。

就新时代中国特色知识产权法理研究而言，以下几点仍需要强调与重视。

第一，新时代知识产权法理研究是我国部门法理学研究的重要内容，应给予高

---

[1] 李志明. 中国知识产权文化发展中的文化冲突及解决方法——以知识产权文化的历史演变为视角[J]. 江汉论坛，2013（4）：133－136.

度的关注。新时代中国特色知识产权法理的研究，应特别重视知识产权法律制度及其有效运行在新时代赋予的新的历史使命，在充分借鉴和吸收西方发达国家关于知识产权制度、知识产权理论、知识产权立法和司法相关的经验和成果基础之上，必须高度立足于中国的国情。只有这样，中国特色的知识产权法理研究成果才能够立足中国现实、解决中国现实问题。

第二，新时代中国特色知识产权法理的研究，以构建中国特色知识产权理论体系为基本内容。我国知识产权的基本理论体系既包括知识产权基本范式、范畴的构建，基本理论的构建与完善，也包括知识产权制度的构建与有效运行中涉及的各种问题的研究与探讨，涉及理论与实践问题，知识产权立法、执法、司法、守法、法律监督问题，知识产权政策和知识产权战略的制定与有效实施，以及当代国际经济贸易和知识产权国际化、全球进程中我国知识产权制度积极有效运行中的对策等。

第三，新时代中国特色知识产权法理的研究，应当紧密结合新时代赋予我国知识产权制度及其有效运行的历史使命，立足于党和国家在新时代赋予的知识产权法的政策精神和知识产权战略实施的目标和任务，在知识产权强国战略实施背景下，以大幅度提高我国知识产权创造、运用、保护、管理和服务能力，最终大幅度提升我国知识产权综合能力、技术创新能力和核心竞争力为愿景。新时代中国特色知识产权法理研究也应当为知识产权强国战略有效实施与解决知识产权法律制度运行中的各种现实问题提供全面的、充分的理论指导和实践操作范式，为我国知识产权法律制度服务于创新激励、协调社会关系及经济社会发展，为我国真正由知识产权大国跃为知识产权强国提供系统的知识产权法理论武器。

第四，当前中国特色知识产权法理研究取得了不少成果，但也存在不少问题和瓶颈。取得的成果方面，一是知识产权学术界和实务界越来越关注知识产权法理研究。[1] 二是对于知识产权法律制度的基本理性，从不同的学科和方法论的层面，已经取得了一些初步的成果。三是知识产权法理研究越来越关注实务，关注现实中需要解决的实际问题，希望知识产权法理论为知识产权实务提供指导。知识产权法学本身是一个理论和实务高度结合的学科，即使进行知识产权法理论研究，也不能不关注实务，尤其是现实中出现的各种知识产权问题，需要从理论的层面进行思考，并提出理论对策和解决的方案。但也应注意到，在知识产权法理基本研究方面还存在很多问题和瓶颈。例如，从跨学科方面对知识产权法理研究还非常不够，仍有很多空白点和待深入研究余地。此外，理论界与实务界合作研究也大有发展空间。

总之，新时代中国特色知识产权法理，是当代中国知识产权法理论研究的一个重大课题和重要内容，值得给予深入研究。

---

[1] 2019 年 5 月，笔者应中南财经政法大学邀请参加的由法理学者和知识产权学者共同出席的“知识产权及相关权利的法理”学术研讨会，就是一个非常好的导向。

国家治理体系与治理能力现代化进程中我国知识产权制度的变革与发展*

国家治理体系与治理能力现代化在党的十八届三中全会中被明确提出。党的十九届四中全会则作出了关于坚持和完善中国特色社会主义制度，推进国家治理体系与治理能力现代化的决定。在建设中国特色社会主义现代化强国进程中，国家治理体系与治理能力现代化是我国富国强民的根本保障。

在国家治理体系中，我国的国家治理和西方的国家治理有着根本不同的特点，体现于中国共产党领导人民有效地治理国家。我国的国家治理体系的内容涉及根本政治制度、国家治理体系的价值观念、国家治理体系及国家治理能力现代化等。其中我国的人民代表大会制度是国家治理体系中根本的政治制度。社会主义核心价值观则是国家治理体系核心的价值观念。国家治理体系的本质特征是国家制度。国家治理体系的现代化需要通过国家政治、经济、科技、文化、外交等各方面制度来有效构建与运行。在国家治理体系与治理能力现代化中，法治化、依法治国是国家治理体系与治理能力现代化的必然要求。在建设中国特色社会主义的新时代，依法治国的基本要求是科学立法、严格执法、公正司法和全民守法，相较于有法可依、有法必依，执法必严、违法必究，有更加丰富的内容。

国家治理体系是一个庞大的系统工程，包括治理主体、治理手段等丰富的内容，不等同于政府治理，强调全民参与。国家治理能力现代化要求充分利用现代技术（如大数据、云计算）和其他各种手段（如信息手段）推进国家治理能力和水平的提高。

在我国大力推进国家治理体系和治理能力现代化的环境下，知识产权制度作为国家制度的重要组成部分，在国家治理体系和治理能力现代化进程具有独特的不可替代的地位和作用。[1] 因此，对知识产权制度的研究也需要从国家治理体系和治理能力现代化的角度加以思考。为此，笔者在 2019 年 10 月 12 日应西南政法大学的邀请，在“中国知识产权法名家讲坛（第 29 讲）”以《国家治理体系与治理能力现代

* 本文初稿撰写于 2019 年 5 月 27 日。

[1] 申长雨．提高知识产权治理能力和治理水平［N］．学习时报，2019－11－04．

化视野下的我国知识产权制度》作为演讲的题目，就当前我国国家知识产权治理体系与治理能力现代化的问题进行了解读与探讨。适逢不久党的十九届四中全会就推进国家治理体系与治理能力现代化这一重大问题作出决定。因此，在这一新的形势下，更需要深刻和全面地思考当前我国国家知识产权治理体系与治理能力现代化的构建与推进问题。

其实，在党的十八届三中全会提出推进国家治理体系与治理能力现代化以后，2015 年国务院发布的关于知识产权强国的相关政策性规定中即明确指出：到 2020 年，要基本实现知识产权治理体系与治理能力现代化。从这一政策性规定也可以认识到，知识产权治理体系与治理能力现代化，也是我国从知识产权大国跃变为知识产权强国的必由之路。

由于知识产权是一种法定的权利，知识产权法也是我国法律体系的重要组成部分，知识产权国家治理体系与治理能力现代化的核心也在于法治化，其中知识产权制度体系的构建与完善尤为重要，具体包括知识产权立法体系、知识产权执法体系、知识产权监督体系等内容。当前我国知识产权立法体系总的来说趋于完善，但在专门立法与专门立法之间的协调方面仍存在不少问题。在知识产权执法体系方面，知识产权行政执法与司法保护之间关系的有机协调有待于完善。在知识产权监督体系方面，则需要进一步强化对知识产权的严格保护。知识产权制度的价值理念，笔者认为是知识产权国家治理体系和治理能力现代化中十分重要的内涵。根据著名知识产权学者吴汉东教授的观点，知识产权制度的价值取向包括正义价值、效率价值和创新价值。这三方面的价值确实也是推进知识产权国家治理体系和治理能力现代化的核心理念。其中特别需要指出的是，我国知识产权理论与实务界对其中的正义价值和创新价值关注较多，而对效率价值关注较少。笔者认为在推进我国知识产权国家治理体系与治理能力的现代化进程中知识产权制度构建与实施的效率价值取向亦十分重要。缺乏效率的知识产权制度的构建与运行，很难实现知识产权治理能力的现代化。从知识产权制度构建与运行的理想愿景来说，应当是实现公平与效率的有机统一和整合。

我国国家治理体系与治理能力现代化进程中，对知识产权管理体制机制的改革和发展也提出了新的要求。[1] 在当前推行实行一体化、集中化的知识产权管理体制模式下，现有的知识产权管理体制需要与时俱进，及时进行变革与发展。

总的来说，知识产权国家治理体系与治理能力现代化是我国国家治理体系与治理能力现代化中的重要组成部分。通过提高知识产权国家治理体系与治理能力现代化水平，必将十分有利于提高我国整个国家治理能力与治理能力现代化水平。尤其是考虑到当前知识产权早已成为我国的国家战略，有必要进一步深入研究如何提高我国知识产权国家治理体系与治理能力现代化水平。

---

[1] 吴汉东．论知识产权一体化的国家治理体系——关于立法模式、管理体制与司法体系的研究［J］．知识产权，2017（3）：3－12．

当前我国知识产权制度与政策实施的几个面向*

知识产权制度作为激励创新、保护创新成果的重要法律制度和激励机制，在当今我国经济社会生活中的地位越来越重要。知识产权制度的有效实施和知识产权政策构建与运行具有相辅相成的关系。当前随着我国创新驱动发展战略实施以及创新型国家建设的深入发展，知识产权强国战略也呼之欲出。我国知识产权制度和政策在新的历史环境之下具有更加重要的历史使命。

在新时代中国特色社会主义建设的背景之下，我国知识产权制度与政策实施方面需要着重解决的重要问题、关键问题和前瞻性问题值得探讨。

一、当前我国知识产权制度与政策面临的重大主题

笔者认为至少涉及以下重要主题。其一，把握重大问题。一是知识产权由数量型向质量型转换，在知识产权创造方面引导知识产权质量提升。二是推动加强知识产权保护，包括优化行政执法机制和知识产权司法保护，推进知识产权行政处理和司法保护的有效衔接。三是推动知识产权立法和政策的完善。四是有效推进知识产权的运用。五是在创新激励机制构建和运行中，如何推进知识产权导向的产学研深度融合的技术创新体系。六是知识产权公共服务，尤其是如何构建我国知识产权公共服务体系，提高知识产权公共服务的能力与水平。七是知识产权文化建设和知识产权宣传普及，重点在于强化崇尚创新和尊重知识产权的文化。八是推进知识产权各级教育，培养各类知识产权人才，服务于强国建设。九是知识产权国际交流与合作，推进知识产权国际合作，在知识产权国际保护中注重维护国家利益。

其二，把握知识产权制度的发展趋势。主要有以下几点：第一，由知识产权大国向知识产权强国迈进，强化知识产权中的创新含量。第二，由国家知识产权战略向知识产权强国战略迈进。第三，知识产权制度和政策运行，由侧重于知识产权保护向知识产权运用转化。第四，顺应技术的变化，对知识产权立法作出相应的修改

---

* 本文初稿撰写于2019年6月4日。

和完善。第五，突出对战略性新兴产业关键性技术、核心技术突破的支持。第六，知识产权制度和政策不断服务于新时代产业转型升级和经济发展方式的改变。

其三，明确当代知识产权政策和制度运行中的阶段性特点。一是渐进性。知识产权创造质量的改进、知识产权转化能力的提升有一个渐进的过程。二是服务于国家战略。随着知识产权强国战略的启动，知识产权制度和政策构建的核心服务于国家知识产权战略。三是权变性。随着知识产权制度和政策的实施，需要根据情况予以调整。四是逐步树立知识产权司法保护主导地位。

其四，明确当今知识产权政策和制度实施中的突出的短板。主要体现于以下几个方面：一是知识产权数量激增，但质量存在问题。近年来，专利申请授权和商标注册申请与核准数量飙升。这固然反映了我国相关主体的知识产权保护意识的增强，但也暴露了很多问题。二是知识产权运营和转化能力不强。三是知识产权法的体系化不够完整。在政策方面，针对性有待加强。在知识产权法律制度体系化建设方面，也需要强化。四是创新环境的改善，知识产权制度运行本质上是促进创新，提高创新能力。全社会创新环境的改善，需要在创新意识和观念上进行培养。五是全社会知识产权意识和知识仍然存在薄弱环节，需要不断提高。

二、当前我国知识产权政策和制度发展的方向

笔者认为，关于当前我国知识产权政策和制度发展的方向，主要有下面几点需要关注：一是充分利用市场力量，促进知识产权的创造、运用、保护、管理和服务。二是强化政府在知识产权方面的管理和服务职能，淡化行政色彩。三是突出服务于激励创新，为创新驱动发展战略提供巨大的制度激励机制，淡化行政管理意义上的科技管理，建立科技管理与知识产权导向的科技创新激励机制与运行机制。四是突出充分利用知识产权制度的法律保障机制和利益协调机制。知识产权制度是一种法律保障机制和利益协调机制，国家知识产权政策和制度的实施，需要充分利用知识产权制度本身的功能和特点，提高我国知识产权能力和国家竞争力。五是立足于本土化的制度，在未来推进知识产权国际化和全球化过程中，更好地使我国知识产权制度与国际制度协调，同时推进人类命运共同体建构中充分发挥我国知识产权制度的作用，提高我国知识产权制度运用在国际上的影响力。六是突出国家治理体系和国家治理现代化建设中，如何充分利用知识产权政策和制度，提高我国知识产权战略能力。

在目标定位和设置上，需要注重知识产权制度服务于创新，要兼顾长远规划和近期目标的实现。目标应具有可行性和一定的前瞻性，需要通过一定的努力才能实现。同时，目标应立足于现有的成绩。

三、当前我国知识产权保护的强化与对策

推动继续加强知识产权保护，优化知识产权行政执法环境和加强知识产权司法保护，促进知识产权行政执法与知识产权司法保护的有效衔接和协调，是当前我国知识产权保护的基本面向。

知识产权政策和制度的核心是知识产权保护。可以毫不夸张地说，论及知识产权政策和制度，"言必称保护"。原因其实很简单，因为知识产权政策和制度，是以知识产权立法作为最基本的表现形式和最重要的保障机制与措施的。任何一个国家和地区的知识产权政策和制度如果不能充分有效地保护知识产权，就不能说这一政策和制度都得到了有效实施。在我国，知识产权政策和制度的制定和实施，以充分、有效地保护知识产权作为基本手段和根本性目标。事实上，近年来我国的知识产权政策和制度的制定与实施都是立足于知识产权保护并围绕知识产权保护而进行的。从知识产权法的基本法理来说，根据吴汉东教授的观点，知识产权法的基本精神可以归纳为私权神圣与利益均衡。笔者理解，所谓私权神圣，就知识产权立法和制度而言，必须是充分有效地加强知识产权的保护。从我国知识产权政策和制度制定与实施的实际情况来看，近年来，我国在知识产权保护方面取得了巨大的成就。笔者认为，这些成就具体体现在以下几个方面：人们的知识产权保护意识和观念越来越强；知识产权政策和制度越来越健全；知识产权数量越来越多，知识产权质量越来越高；尽管随着社会发展，知识产权侵权出现了形形色色的多种形式，知识产权侵权行为仍然得到了有效的遏制；中国知识产权保护体系已经构建并不断完善，且中国还构建了符合国际标准、与国际接轨的具有中国特色的自身知识产权保护体系。

但是，我们也必须看到，当代中国知识产权保护也存在一些问题。例如，现实生活中知识产权保护存在保护不足和保护过度两种极端的现象，均需要克服。就保护不足而言，有些侵权行为没有得到及时遏制，尤其是群体性、重复性、反复的侵权，以及一些恶意的侵权。总体上，我国知识产权保护在司法保护上，尤其在知识产权侵权损害赔偿的方面，数额较低是一个老大难的问题。当然，这一问题在最近的立法中有重大改进，在司法实践中也逐渐给予了高度的重视，对此后面还将探讨。

保护过度是我国知识产权保护存在的另一个极端的问题。笔者认为，这主要体现为以下两个方面。一是权利人滥用诉权[1]，但是没得到有效的制止，甚至在知识产权司法实践中得到了维护。有的知识产权典型案例，可以说触目惊心。如何正本清源，使知识产权人在知识产权保护的合法的边界范围之内行使权利，既是知识产

[1] 张伟君，单晓光．规制知识产权权利人滥用诉权法律制度比较研究［J］．重庆工学院学报（社会科学版），2009（1）：50－54．

权法理论中一个值得研究的问题，也是知识产权司法实践中值得重视的一个问题。当然，不能走向另外一个极端：不能因为在知识产权保护实践中存在滥用知识产权诉权行为，而在知识产权保护个案中被被告人、涉嫌侵权人作为逃避侵权的口实。毕竟这里说的滥用知识产权诉权行为只是极少数。二是从我国反垄断法的角度来看，知识产权人的滥用行为构成了我国反垄断法意义上的知识产权垄断行为。这种行为的本质是超出了知识产权这一专有权合法的保护范围，构成对他人利益、公共利益的侵害，因此不仅不能得到知识产权法的保护，反而因为其违反了反垄断法的规定，而应承担相应法律责任。我国商务部等部门对国外跨国公司在中国实施知识产权垄断行为进行的行政处罚，就是典型的例子。其实国外跨国公司实施反垄断法所规制的知识产权垄断行为，远远不限于有限的几个案例。希望有关部门对此给予高度的认识，以有力地打击和制裁国外跨国公司在我国实施知识产权垄断的不合法的行为，使中外当事人获得公平的法律保护。

推进加强知识产权保护，需要优化知识产权行政执法环境，促进知识产权行政执法和知识产权司法保护的有效衔接，强化知识产权司法保护。我国通过知识产权行政执法保护知识产权，有其独特的历史原因和国情背景。改革开放之初，我国知识产权司法保护体系尚未完整建构起来，尤其是缺乏具有审判经验的知识产权法官。知识产权行政执法属于我国行政管理体系的范畴，知识产权行政执法体系，从一开始就体现了与知识产权司法保护不一样的自身的优势和特色。具体而言，中国知识产权行政执法有下面几个特点：从国家到省市，再到基层，建立了严密的组织体系，行政执法处理知识产权案件，尤其是知识产权侵权纠纷案件效率较高、处理速度快，在很多情况下能够起到立竿见影的效果，特别是针对群体侵权、反复侵权案件。当然，在当前推进社会主义法治国家建设的过程中，日益强调加强依法行政。通过行政执法途径处理知识产权侵权纠纷案件，必须依法进行，避免侵害相对人的合法权益。而且，随着我国向建设社会主义法治国家宏伟目标的迈进，相对于知识产权司法保护，知识产权行政执法地位应当逐渐削弱，并逐步树立知识产权司法保护的主导地位。

当前，我国在知识产权行政执法体系构建、知识产权行政执法环境优化方面，笔者认为应重视对以下问题的研究和探讨。

（1）知识产权行政执法机构组织体系的改革。近年来，我国对知识产权行政组织机构进行了一些改革，如近年国家知识产权局的重组就是一个非常重大的举措。但从中央到地方以及地方的知识产权组织构架体系应当进行继续的改革。改革的基本理念和出发点是，提高知识产权行政管理的效率，优化行政执法环境与知识产权行政管理组织的基本职能，逐渐由单纯的行政管理向服务型政府转化，特别是在承担政府的公共职能方面，需要大力加强。对此，本书探讨知识产权公共服务内容时也将提及。

（2）知识产权行政执法和知识产权司法保护的有效衔接。我国知识产权保护体系既然存在行政执法与司法保护两条途径优势互补、有机衔接的模式，就必然需要加强两者衔接的机制研究。例如，知识产权行政管理机关就特定的知识产权侵权纠纷案件作出行政处罚，如何与权利人主张民事赔偿相衔接。[1] 特别是近年来，我国知识产权专门法律对知识产权侵权的行政处罚大幅度提高了标准。如商标法和反不正当竞争法的修订，大幅度提高了知识产权侵权行为的行政处罚的标准。在大幅度提高侵害知识产权的行政处罚标准以后，如何保障被侵权人在民事侵权案件中获得必要的、足够的赔偿，值得进一步研究。

[1] 钟莉，刘建新，王俊毅. 知识产权司法保护与行政执法衔接策略研究——兼论知识产权“三审合一”审判机制［J］. 科技与法律，2009（5）：58-61.

此外，知识产权行政执法与知识产权司法保护方面，还存在行政执法与刑事司法保护衔接问题。周舟. 我国知识产权行政执法与刑事司法衔接机制研究［J］. 福建法学，2011（1）：46-53.

知识产权国际保护的国际政治学思考*

——从美国议员提出限制华为立法议案谈起

近年来，中美贸易摩擦问题已引起国人的广泛关注。在中美贸易摩擦中，知识产权问题也备受关注，因为美方对中国保护美国知识产权提出了无端的指责，包括所谓知识产权保护不力和强制性技术转让等问题。另外一个话题也同样值得引起人们的注意，即美国意图通过国家行为限制并企图遏制华为5G技术在全球的推广。为了阻止华为5G技术在全球的推广、挑战美国在通信等相关技术领域的优势地位，美国政府可以说是“绞尽脑汁”采取措施，包括将华为纳入实体清单，禁止美国供应商与华为进行商业合作等。从国际竞争和维持、保持本国竞争力的角度来讲，处于技术领先的国家希望继续保持技术领先的态势，这当然是可以理解的。然而，在当今和平发展、创新发展、合作共赢、互利共赢的国际经济环境之下，特别是在世界贸易组织体制下，各国之间应当是平等互利的关系，一国不能因为其他国家技术的发展挑战了其技术优势地位而采取违背公平竞争精神、违背国际公认的和平发展原则的不当措施，更不能通过国家行为对其他国家技术领先企业进行打压。[1] 这种“只许州官放火、不许百姓点灯”的做法，显然是不公平、不合理的，也违背了人类正义追求和平等互利的合作精神。

为了打压华为、阻止华为5G技术的崛起，人们注意到还有更不可思议的事件，即美国有议员居然提出立法动议，主张通过立法限制华为专利在美国专利权的保护。这一事件表面上看来只是美国有议员提出一个立法动议，其透露的信息却是令国人愤怒，是令人不可思议和不可接受的。对此，国家商务部回应称，美国这样是坚持双重标准，是自相矛盾的，因而表示十分遗憾。

笔者认为，在我国推进人类命运共同体，共建公平、平等、和谐国际社会的愿景下，在以平等保护、对等保护、国民待遇为根本性原则的知识产权国际保护环境之下，尤其是在世界贸易体制下推进全球范围知识产权高标准、高水平的国际保护

---

* 本文初稿撰写于2019年7月26日。

❶ 徐元. 知识产权贸易壁垒的实质及国际政治经济学分析［J］. 太平洋学报，2012（2）：61－73.

环境之下，以及美国长年不断指责其他国家和地区知识产权保护不力而要求其他国家和地区不断提高知识产权保护水平的背景下，这样的立法议案的提出是极其不公平、不合理的，反映了美国有少部分政客无视知识产权公平合理的国际保护，高举强权主义、单边主义、霸权主义旗帜，在知识产权国际保护方面实行不公平的双重标准。❶ 因此，这一令人匪夷所思的主张刚被提出，就遭到了国内外有识之士的强烈批评。

笔者认为，美国议员提出限制华为在美国专利保护的立法议案，是不得人心的，也应当不可能获得通过，原因与理由如下。

第一，华为在美国获得的专利，根据中国和美国共同参加并受到约束的国际知识产权保护公约的规定，应当获得充分的保护。知识产权国际保护不是在当下才形成的，而是在19世纪后期就已经形成，而且国际保护的趋势越来越强，国际保护水平越来越高。知识产权国际保护的基本原则和要求是国民待遇和对等保护原则。根据国民待遇原则，一个国家对来自另一个国家的、在本国获得的知识产权应当一视同人，也就是按照本国国民的待遇给予同等的保护。尽管基于国家主权的考虑，国民待遇保护也有极个别的例外，这种特殊情况下的例外，并不影响国民待遇原则的普遍适应性。特别是在世界贸易组织体制下，世界贸易组织《与贸易有关的知识产权协定》更是大大强化了知识产权的国际保护，提高了知识产权国际保护水平，而这一协定是以美国为代表的发达国家和发展中国家共同拟定的。“条约必须遵守”，这是国际法的基本原则。各个国家、地区共同缔结的有效的知识产权国际条约如果得不到遵守，就会使国际知识产权保护形同虚设，从而严重妨碍公平合理的国际知识产权保护秩序的构建。❷ 从中美共同参加的一系列的国际知识产权保护公约的规定来看，一方面，中国有义务和责任保护来自美国的知识产权；另一方面，美国同样有义务和责任保护来自中国的知识产权，包括华为在美国取得的大量专利权。由此可见，美国个别议员提出的限制华为专利权在美国保护的立法议案，不仅缺乏任何国际法依据，而且其本身也是对国际知识产权保护公约规定的美国应当承担的国际义务的严重违反。不难想象，如果这样的立法议案得以在美国国会通过，那么在国际知识产权保护中将创造一个极其恶劣的先例。如果这种恶劣的先例被其他国家和地区复制和仿效，那么以国民待遇、对等原则为基础的国际知识产权保护制度将遭遇灭顶之灾，以公平合理、平等互利、共同发展、合作共赢、互利共赢为基本理念的国际社会的和谐发展也将受到极大打击。

第二，通过这样的一个议案来限制华为专利在美国的保护，实际上是变相通过

❶ 斋藤优，李学英．知识产权制度的国际政治经济学——霸权的基础从资本转向科学技术［J］．世界研究与发展，1991，13（2）：35－41．

❷ 丁晓钦．知识产权保护的国际政治经济学分析［J］．马克思主义研究，2008（1）：45－50，80．

国家行为打压来自国外的竞争对手。因为议案最终需要通过美国国会通过，通过意味着反映了美国国家意志。这种做法毫无疑问地会违背美国应当履行的国际知识产权保护义务，而且会极大地损害美国的国家形象，给人以不负责任的印象，因此其最终后果可能是“搬起石头砸了自己的脚”。特别还需要指出，当前国际经济技术贸易之间具有高度的互利共赢性、互相依赖性，美国企图通过国家行为打压华为领先技术在全球的发展，特别是担心挑战美国在通信等相关技术领域的技术优势和领先地位，其采取不当措施的最终后果，不仅会损害华为的利益以及全球范围相关消费者的利益，而且也会最终损害美国企业自身的利益和美国相关消费者的利益。这也是在美国采取对华为限制的相关措施以后，为何美国的相关行业协会和企业向政府提出请求，要求解除对华为在技术和市场方面的限制的重要原因之一。

第三，从国际政治的角度来说，当前世界以和平与发展为主题，以平等互利、合作共赢、互利共赢作为发展国与国之间的关系的基本原则，单边主义、霸权主义不得人心，最终将受到全世界的唾弃。国际政治新秩序的构建，是在打破旧有的不平等、不公平的国际政治秩序基础上所发展的。[1] 单边主义、霸权主义实际上是以唯我独尊的心态，只顾追求本国利益的最大化，而漠视其他国家和地区获得平等的机会与利益。从知识产权国际保护的国际政治学分析来看，如前所述，知识产权国际保护以国民待遇、对等原则等为基础，也是在平等、互利互惠的基础上推进知识产品在全球范围内的流动，伴随着有形商品的国际贸易，通过国际保护在国际形成良好的法律秩序。知识产权国际保护从 19 世纪末初见端倪到现在的不断成熟，都是以各国之间在国民待遇和对等互惠原则的基础之上加以运转的。在相互之间需要履行国际知识产权保护义务的前提之下，一个国家单方面对另外一个国家或地区的知识产权人的知识产权予以限制或者取消，这在国际上绝对是未曾有过的，也是绝对不能允许的，因为如果这样做，将极大地挑战知识产权国际保护的根基，尤其是国民待遇原则和对等保护基础之上的互惠原则。

第四，根据国际知识产权保护的对等保护原则，如果一个国家在应当履行知识产权国际保护义务的前提下可以单方面通过立法议案对另外一个成员国的知识产权予以限制甚至取消，那么作为对等的应对策略，另外一个国家是不是也可以采取同等的措施？如果这样，就可能导致国际知识产权保护秩序的混乱，最终危及各国知识产权人在其他成员国所应当获得的国内知识产权保护。这些情况，与国际知识产权保护的宗旨背道而驰，无益于构建公平、平等、和谐、互利互惠的国际知识产权保护新秩序。

---

[1] 徐元．美国知识产权强保护政策的国际政治经济学分析——基于霸权稳定论的视角［J］．宏观经济研究，2014（4）：27 - 31，66.

熊洁．知识产权保护的国际政治经济学：一项研究评估［J］．世界经济与政治，2013（2）：134 - 154，160.

因此，基于上述考虑，任何一个国际知识产权保护的成员国，包括美国在内，都无权单独通过国内立法议案对另外一个国家的知识产权在其本国获得的保护予以限制甚至取消。这种做法不仅违背国际知识产权保护的基本理念、基本原则和实践中的做法，也会严重破坏和损害国际知识产权保护所追求的平等互利原则，造成国际知识产权保护的大倒退和国际知识产权保护秩序的混乱，严重损害当事国的知识产权在本国保护的利益，而且最终也会损害本国消费者和相关主体的利益。

需要进一步探讨的是在当前世界贸易组织体制下，在知识产权国际保护领域如何构建新型国际政治秩序，如何使当代知识产权国际保护成为维护公平、平等、互利共赢、合作共赢的国际政治新秩序的重要抓手？对此，我国提出的构建人类命运共同体理念可以很好地适应于指引当代的国际知识产权保护。因此，以下将进一步思考人类命运共同体理念下如何推进当代的国际知识产权保护。这里首先有必要对我国提出的人类命运共同体的基本理念及其产生和发展有一个基本的了解。

人类命运共同体，是人类发展的一种美好愿景，它指出了人类发展的终极命运，为人类社会发展和美好追求勾勒了一幅理想的蓝图。人类命运共同体的理念在我国古代哲学中即能够找出其渊源。例如，在《礼记》中，孔子指出："大道之行也，天下为公。"这种世界为全人类所共有的思想与理念，对于指引当前全球治理无不具有启发意义。

人类命运共同体的概念与理念，是我国首先提出并逐渐被其他国家以及联合国认可的关于人类终极命运、全球治理的美好愿景和追求的目标。例如，2012 年党的十八大报告提出了促进人类和平与发展的问题。报告明确指出："要倡导人类命运共同体意识，在追求本国利益时兼顾他国合理关切，在谋求本国发展中促进各国共同发展，建立更加平等均衡的新型全球发展伙伴关系，同舟共济，权责共担，增进人类共同利益。"此后，习近平总书记在不同的重要场合多次诠释了人类命运共同体理念及其相关原则的重要性。

值得注意的是，我国提出的人类命运共同体的概念，得到了联合国相关机构的认可与接纳。我国提出的人类命运共同体理念在国际社会的承认和发展，无疑是在当代推进全球治理和全球治理现代化的格局之下，推进构建和谐有序、公平合理、互利互惠的新型国际政治经济关系的重要思想和先进理念。

总的来说，基于人类命运共同体理念所倡导的各国地区之间平等互利、包容发展、互利共赢、合作共赢，这一思想和先进理念对于指引当代国际知识产权保护，构建平等互利、合作共赢的国际知识产权保护新秩序，推动人类和谐发展，实现全球知识资源的公平合理分配和全球正义，具有重大的理论意义和现实价值。人类命运共同体理念也是有力地规制和打击当前极个别国家奉行的单边主义、贸易保护主义，乃至知识霸权的先进思想与理念。目前这方面的研究，尤其是在知识产权领域的研究尚不够，希望引起各方面的关注和重视。

关于提高我国知识产权质量的思考*

一、从当前我国知识产权数量谈起

知识产权数量，顾名思义，是知识产权获得的保有量。在统计学意义上，知识产权数量属于定量指标，拥有一定的知识产权数量是知识产权政策和制度实施的基本目标和立足点。否则，巧妇难为无米之炊。从知识产权战略的角度讲，知识产权创造主要涉及知识产权数量的积累，即知识产权创造以积累一定数量的知识产权为基本目标。尤其在早些年，我国知识产权政策和制度实施处于初步阶段，人们的知识产权保护意识较为薄弱，企业和整个社会的创新能力不强，所以那时知识产权数量相当少。基于此，在相当长的时期内，我国知识产权政策和制度实施的基本出发点是如何尽量激励创造，获得与拥有更多的知识产权。

知识产权数量的积累，对于企业而言也非常重要。人们可能知道，当前很多国内外的大公司，尤其是跨国公司动辄拥有数万件专利，如我国华为公司就拥有好几万件专利。数量如此众多的专利形成了一个强大的技术壁垒，有利于企业提高自身的竞争能力。由于知识产权是一种对市场份额控制的专有的权利，当前国内外企业，尤其是大企业之间开展了激烈的专利竞赛、专利竞争，有实施人海战术之功效。其实对于小企业而言，保有一定数量的知识产权也非常重要。早几年，在中关村知识产权促进局举行的一次关于中小企业知识产权保护和管理的研讨会上，有代表向笔者提问："没有知识产权的中小企业要不要实施知识产权战略?"笔者当时的回答是"也有必要"。严格地讲，任何一个企业，即使是中小型企业，也都有一定的知识产权，如商业秘密、著作权。对于中小企业，尤其是创微企业而言，积累一定的知识产权数量尤为必要。因为有一定数量为支撑条件的知识产权创造，是知识产权战略的基础性环节。而知识产权数量的积累是一个循序渐进过程，也是企业不断提高自身竞争能力和技术创新能力的螺旋式上升的过程。总之，拥有一定的知识产权数量，

* 本文初稿撰写于 2019 年 5 月 6 日。

无论是对于大企业还是中小企业，也无论是我国知识产权政策和制度的制定还是实施，都是非常重要的。

从近几十年来我国知识产权政策和制度制定和实施的过程来看，知识产权数量日益增加，以致现在我国成为知识产权数量的大国。这反映了我国知识产权创造能力的不断提升，也反映了我国自主创新能力的提升。知识产权数量的大幅度提升，还体现了我国知识产权保护的意识和观念大为提升，体现了我国几十年来在知识产权保护制度有效实施上取得的巨大成就。

近年来，我国知识产权授权数量急剧增加，甚至飙升。如上所述，这固然可以从积极方面加以肯定。数量飙升意味着我国的知识产权创造者和相关单位越来越重视通过知识产权授权确权的形式保护自身的创造性成果，同时也表明我国的知识产权创造能力越来越高。至于研究开发资金的急剧提升，达到世界上第二位，则表明我国综合国力的提升，以及实施创新驱动发展战略和建设创新型国家的重要成效。另外，我们同时也应该看到存在的一些问题。数量巨大的专利申请和授权量，包括发明专利申请和授权量的极大提升[1]，并不意味着在短时间内我国的自主创新能力得到了极大提升，我们决不能因此沾沾自喜。实际上，我国在技术创新能力建设方面，尤其是在核心技术突破方面，还存在很多短板和缺失。我们在看到取得的知识产权创造和保护的巨大成绩的同时，也要看到其中存在的很多问题和不足。例如，很多专利，尤其是实用新型专利和外观设计专利，不需要经过实质审查，在专利质量上可能就存在一些问题。过去有些地方的知识产权政策，为了激励创造，规定了很多奖励申请的措施，以致在知识产权激励政策方面发生了偏差和异化。如很多企业和个人只是为了完成指标，为了获得奖励去申请，而并不在乎发明创造的市场化。

总的来说，无论是从统计学意义上，还是从知识产权政策和制度实施的评估上，仅仅强调知识产权数量是远远不够的。这样一来，就必须重视另外一个重要的指标——知识产权质量。

二、知识产权质量的重要性

知识产权质量也是当代知识产权政策和制度实施中的重要问题，因此也应当给予深入的研讨。过去我国知识产权学术界、实务界对这一话题和概念可能关注不够。随着我国知识产权数量的飙升、创新驱动发展战略的提出、经济高质量发展战略的实施，以及朝创新型国家宏伟目标迈进，如何在知识产权数量积累的基础上提高知识产权的质量日益受到重视。

单纯从统计学的角度来看，知识产权质量涉及的是定性指标。从统计学的一般

[1] 近年来，我国商标授权确权也存在同样的问题。限于篇幅，在此不予赘述。

原理看，定性指标和定量指标应当高度结合。这里需要从知识产权政策和制度实施的环境之下，去探讨知识产权数量和知识产权质量的问题。笔者认为，从知识产权制度的角度来看，知识产权质量涉及受保护客体的创新程度、增加的社会价值。知识产权质量是知识产权的“含金量”。一般来说，知识产权质量越高，其受保护客体的创新程度也越高[1]，其对社会带来的价值和意义更大。当前，我国正在由知识产权大国向知识产权强国迈进，其中最重要的是在积累知识产权数量的基础上，不断地提高知识产权质量。

三、如何提高我国知识产权质量

知识产权质量的重要性决定了在我国知识产权政策和制度中应当高度重视如何提高知识产权质量。

笔者认为，需要在制度上进行改革，在知识产权政策导向上加以改进。首先，必须从制度上对于受知识产权保护客体的条件进行更严格的规定。我国2008年《专利法》在进行第三次修正时，将受专利保护客体的新颖性条件由相对新颖性改为绝对新颖性，就是一个非常典型的例子。新颖性标准的提高，排除了那些在国内没有使用过，但在国外已经使用过的发明创造获得中国的专利。新颖性标准的提高，有利于提高我国的技术创新能力。其次，在司法实践中，应当科学合理地划定知识产权保护边界，不能侵蚀到公共领域，以免损害公众的利益和公共利益。根据最高人民法院发布的《中国知识产权司法保护纲要（2016—2020）》，在知识产权司法保护中应贯彻比例原则，即个案中知识产权保护的程度应与知识产权创新的贡献相适应，贡献越大，创新程度越大，保护水平可以更高。换言之，质量越高的知识产权可以获得更加充分的保护。司法实践中，这不仅体现在专利案件中，也体现于著作权、商标权等案件中。以著作权纠纷案件为例，原创性或者说独创性判断，尽管不需要考虑程度的高低，尤其是创造性的问题，但它仍然对于判断被告是否侵犯著作权有重要的影响。再以商标侵权纠纷为例，注册驰名商标可以获得更大的保护范围，尤其是跨类保护。这与驰名商标具有较高的声誉，其含金量较高有很大的关系。

总的来说，一方面，我国在知识产权创造、保护、运用方面取得了巨大的成就，值得给予高度肯定。当前，我国已经成为知识产权大国。另一方面，也必须看到，在数据急剧飙升的背后，存在很多的问题，希望引起各方面的关注，并提出解决的对策。

---

[1] 张瑞，以知识产权质量提升经济发展核心竞争力［J］．河南科技，2019（24）：1.

著作权保护、公共领域保留与数据库查重问题*

当前，随着信息网络技术的发展，各种类型的数据库也不断丰富。例如，中国知网已经成为利用中文版期刊不可缺少的工具。在数据库发展的基础之上，随着我国知识产权法治建设的发展、人们的知识产权保护意识的增强，依托数据库对相关成果进行“查重”应运而生。尤其是对学位论文的查重，成为各高校和科研院所培养硕士、博士等高级专门人才必不可少的质量监督手段。因为查重问题没有取得学位论文答辩资格，甚至严重者被永久取消学位论文答辩资格，已并非个例。在当前大量的期刊发表论文之前，杂志社为了防止待发表论文有剽窃、抄袭❶他人作品的风险，一般也要经过查重程序。有的杂志甚至规定，无论查重是因何种原因引起的，只要查重率超过20%就一律不予采纳。随着近几年关于学位论文剽窃问题的曝光，相当一部分高校和科研院所对于学位论文查重的要求提高。例如，有的学校甚至规定查重率应当为零，由此在准备毕业的研究生中造成了一种高度紧张、甚至夸张一点说是“恐怖”的气氛。可以认为，只要是撰写论文发表或取得学位❷，查重问题就会存在。查重问题涉及著作权保护问题，尤其是防止剽窃行为，同时也涉及保护作者自由创作、维护公共领域等重要问题，因此值得深入探讨。笔者认为，涉及数据库查重的法律问题，至少有以下几方面问题值得研究。

一、数据库查重的目的

对这一问题回答似乎很简单：充分有效地保护他人的著作权，防止剽窃行为的

---

* 本文初稿撰写时间为2019年7月28日。

❶ 我国1990年《著作权法》将剽窃、抄袭并列为一种侵害著作权的行为，2001年修改《著作权法》以后将“抄袭”两字取消，但这并不意味着抄袭就不是侵害著作权的行为，而是被整合到剽窃行为的概念中，即抄袭属于剽窃行为，是剽窃的一种具体手段。因此，以下一般以剽窃称谓。

❷ 以前，各高校一般对学士学位论文并不进行查重。随着查重问题的曝光，越来越多的高校开始对学士学位论文也进行查重，如中国政法大学就是如此。

发生。[1] 这当然是数据库查重最重要的目的。所谓查重，顾名思义，是指审查目标文献与在先文献是否在表达方面具有雷同甚至相同之处？从著作权保护的一般法理和司法实践的情况看，所谓剽窃，就是不正当地将他人作品据为己有的违法行为。如上所述，抄袭是剽窃的主要形式，特别是那种复制性的、照葫芦画瓢性质的抄袭。剽窃行为之所以构成违法行为，是因为行为人不正当地占有了被抄剽窃者的独创性成果。值得进一步关注的是，现实中的查重，不仅限于表达的雷同或者相同。以当前我国最有代表性的查重系统即中国知网查重系统为例，除了检索是否存在表达雷同或者相同之处，还存在所谓“观点剽窃”的问题。如何认识观点剽窃与思想表达二分法中的作品的思想不受保护的关系，下面还将进一步进行探讨。

笔者认为，查重的目的除了著作权保护、防止剽窃行为以外，还应当保护作者创作自由，特别是公共领域保留原则的贯彻。这一点可能恰恰是当前查重系统和查重对比所忽视的，因而值得引起关注和加强研究。这里所谓保护创作自由，当然是以尊重他人著作权，不存在剽窃行为为前提。但还需要从更深层次方面理解其中的内涵：创作自由尤其包括了对不受著作权保护的资料的正常的利用，对他人思想的借鉴，特别需要强调的是维护公共领域的自由。实际上，在《著作权法》中，著作权是一种专有权利，对这种专有权利的保护与维护公共领域以确保公共利益是一种对立统一的关系，两者不可偏废。然而，根据当前查重的实际情况看，可能存在一种过于强调著作权的保护、防止剽窃行为的发生，而在一定程度上忽视了保护作者创自自由，尤其是对不受保护的公共领域的资料利用的趋向。最近有人针对查重问题指出，与其说考虑学术规范，不如说更重要的是学术良知和学术道德。

关于数据库查重的目的，值得进一步指出的是如果纯粹从法律的角度来说，主要是著作权保护，特别是防止和禁止剽窃他人作品的行为，但数据库查重的目的还体现在倡导和形成良好的学术规范、学术道德方面。这是因为，剽窃他人作品的行为既是一种违反法律的规定、侵害著作权的行为，同时也是一种违反学术道德和学术规范的行为。学术道德和学术规范显然不是在法律层面进行的规制与评价的。为了形成良好的学风，净化学术环境，培养诚实守信、严谨治学的学风，学术道德和学术规范的要求同样重要。实际上，在当前通过数据库查重所暴露出的很多事件中，社会公众更多的是在学术道德和学术规范方面进行评价，相关机构也主要是在这两个层面进行规制和处理，很少有经过查重认定成果具有剽窃行为而采取法律行动。当然，基于本文研究的目的，对于通过数据库查重出现的各种问题，以下主要是从法律层面进行评价和分析。

---

[1] 晋浩天. 论文“查重”，能否遏制抄袭之风？［N］. 光明日报，2014 - 05 - 19. 王心禾. “查重”不是杜绝论文抄袭的万能药［J］. 检察日报，2016 - 03 - 18.

二、数据库查重的优点与局限性

当前国内数据库查重系统，仅以知网查重为例，笔者认为有以下优点和局限性。

优点在于：第一，以庞大的已发表文献为依据，尤其是期刊论文、报纸文章、学位论文、会议论文和网络公开的资料，在先对比文献有较充分的保障。第二，查询实时，很快能够出结果，保障了查询的效率。第三，总体上较为准确，尤其是对于实质性相似或完全相同的情况，能够全方位予以曝光。

当前知网查重系统已经是我国普遍采纳的数据库查重系统之一。在具备上述一些优点的同时，通过实证调查和了解也存在一些局限性。第一，对比文献较少涉及出版社出版的图书，包括电子出版和音像出版读物。这样就使查重的在先对比文献有明显缺失。第二，在查重结果精确性方面，虽然总体上值得肯定，但也存在不少问题。根据笔者对相关样本的研究，至少有以下几种类型的问题。

（1）查重系统通过文字表达的对比，在认定是否构成实质性相似方面，有些明显的甚至可以说根本不构成实质性相似，但查重系统仍然显示构成实质性相似。

（2）有些惯常表达、特别是进入公共领域的表达以及表达形式非常有限的表达，查重系统仍然显示构成实质性相似。这可以说是当前数据库自动查重系统存在的最大的问题之一。在实践中，有相当一部分学位论文的作者不得不花相当一部分精力对这些惯常的表达进行改造，浪费了宝贵的时间。

（3）查重系统无法区分著作权法中不受保护的进入公共领域范围的内容，如对比文献和在后文献所引用的法律法规，也一律显示为构成实质性相似。

（4）查重系统所认定的所谓观点剽窃问题，无法与著作权法上思想表达二分法原则中思想不受著作权保护进行有效的区分与衔接。

此外，查重系统还提供了个人对比库，由于很多个人在最初提交数据库查重的时候，只是为了纯粹的查重目的，在有些情况下根本没有署名，或者第二次查询时的署名与第一次查重时的署名不一样。在目前的数据库查重系统中，则会大规模地显示在后文献与在先文献有实质性相似，而这实际上是来源于同一作者，不明真相者可能认为后者构成对前者的剽窃。当然，当前数据库查重可能还存在其他的方面的问题，需要进一步在实践运用中加以总结。

三、在数据库查重基础上如何有效保护他人的著作权

笔者认为，如果是对未发表作品的查重，如各类学位论文的查重，对于根据《著作权法》的规定，确实属于表达方面实质性相似，而这些属于实质性相似的表达属于他人作品中具有独创性的部分，在这种情况下对实质性相似的部分，特别是

相同的部分，应当予以删除。在有的情况下不适宜直接删除，则可以根据情况改成引用并加上适当的注释。无疑，适当的、合理的引用应当符合《著作权法》的规定，引用部分不能构成引用人作品的主要部分或者实质部分。此外，根据情况，可以适当改变为对已有成果的评述，同时补充注释。总之，针对查重中出现的构成与他人作品中具有独创性的部分实质性相似，应当根据文章中利用他人作品的不同情况加以适当的处理。

在查重中如何确保《著作权法》中思想表达二分法原则下思想不受著作权保护，以及如何看待查重系统中所显示的观点剽窃，值得进一步探讨。

笔者认为，思想表达二分法原则中的“思想”，应当是基于已经发表作品的思想而言。对于未发表作品，该作品所表达的思想不能当然适用思想不受著作权保护的原则。未发表作品所表达的思想可能还存在其他相关民事权利保护的问题，如隐私权和商业秘密。姑且不再讨论未发表作品中著作权保护问题，需要进一步明确的是查重系统对实质性相似的认定，对于已发表作品所表达的思想不应该受著作权保护这一点应当是明确无误的。下面需要进一步探讨的查重与公共领域保留的关系，其实也涉及这方面的问题。其中特别重要的是所谓观点剽窃问题如何看待，如何实现既要反对观点剽窃又要保护思想自由。对此，笔者认为观点剽窃中的“观点”，不能是已发表作品中所表达的思想，因为已发表作品所表达的思想他人完全可以用不同的表达形式进行介绍分析。不过，这里应当注意区分进入公共领域的思想（如针对某一问题、某一学术思想人们形成的共识）和作者首次提出并公开的某种思想。如果能够确认某一观点或思想确实是某一作者首先提出来的，那么对这一观点、思想的介绍与分析需要指出。如笔者在《企业知识产权战略》一书（国内第一部关于企业知识产权战略专著）中，对企业知识产权战略的概念进行了独特的界定，之后相关成果在使用相关概念时，如果不是引用，而是作出一定的改造，但能明显看出改造的痕迹，也需要加上适当的注释，否则也有观点剽窃之嫌。当然，对于观点剽窃的认定不能过度，以致损害已发表作品所表达的思想不受著作权保护的原则。

四、数据库查重如何确保公共领域不受损害

需要继续研究的是关于数据库查重中如何确保《著作权法》中公共领域不受侵害，如何有效维护、保留公共领域？以及针对当前我国数据库查重中出现的各类问题，如何加以改进和完善？

根据前面的讨论，数据库查重主要是将目标文献与在先文献进行对比，看文字表达是否相同或者存在实质性相似。然而，文字相同或者实质性相似并不意味着就是剽窃行为以及学术不端行为。对此，需要从著作权保护的角度，明确哪些相同或者实质性相同的行为仍然既不构成著作权侵权行为，也不构成违反学术规范的学术

不端行为。这里就需要进一步探讨，《著作权法》中另外一个关键性的概念——“公共领域”。

公共领域，理论上又称为公有领域，其本身并非《著作权法》中的一个专门术语，早期是在政治哲学中提出的概念，由哈贝姆斯在相关著作中提出。在国际知识产权公约中，最早出现公共领域的概念见于《保护文学艺术作品伯尔尼公约》（以下简称《伯尔尼公约》），该公约对进入公共领域的作品的相关情况作了规定。后来在相关国内法以及知识产权法理论中逐渐引进了公共领域的概念。例如，在美国从20世纪80年代开始，知识产权学界开始重视对公共领域问题的研究，美国杜克大学还成立了知识产权公共领域相关的机构，举行了一系列的学术会议。相关的知识产权司法实践中，公共领域的概念和理念也不断被引入。从我国期刊研究的情况来看，笔者2007年在《知识产权》杂志发表的论文《知识产权法中的公共领域理论》是我国在期刊上发表的第一篇关于知识产权法中公共领域问题研究的文章。此后涉及公共领域问题的研究，逐渐有越来越多的论文发表。[1] 特别是到了2017年，西南政法大学黄汇教授和笔者分别独立主持了一项国家社科基金重大项目，题目均为《创新驱动发展战略下知识产权公共领域问题研究》。

目前关于知识产权法中公共领域的概念有不同的观点和具体的表述。根据笔者的研究，知识产权法的公共领域的概念可以表述为：知识产权法中不受知识产权人的专有权所控制、限制的可以自由利用的行为与方式。知识产权法中的公共领域还可以表示为，可以自由利用的公共知识财产。总的来说，知识产权法中公共领域体现的是与知识产权这一专有权相对应的、不受这一专有权所控制的、他人可以自由利用的行为与方式。公共领域实际上代表的是知识产权法中所追求的公共利益。公共领域是促进思想和信息的自由交流，促进文化教育和文化繁荣与发展所必需的。因此，在知识产权法中除了对知识产权这一专有权进行有效的保护外，还必须充分保留公共领域。可以认为，没有对公共领域的充分保留，知识产权立法的宗旨将不可能实现。知识产权法中对知识产权这一专有权的保护与公共领域保留是一种对立统一、相辅相成的关系。例如，在美国，在知识产权法尤其是在著作权法领域，早就形成了著名的所谓3p原则，其中一个原则就是促进公共领域（promotion of the public domain）。笔者注意到，近年来我国知识产权司法实践中，保留公共领域概念和理念也越来越多地在判决书中予以体现。如何实现在知识产权法中对知识产权这一专有权的保护与保留公共领域的平衡[2]，是一个值得探讨的问题。

回到数据库查重的著作权保护的相关研究主题，在注重对著作权保护的基础之

---

[1] 冯晓青，周贺微．公共领域视野下知识产权制度之正当性［J］．现代法学，2019（3）：127－137．
冯晓青．知识产权法中专有权与公共领域的平衡机制研究［J］．政法论丛，2019（3）：55－71．
王太平，杨峰．知识产权法中的公共领域［J］．法学研究，2008（1）：17－29．

[2] 冯晓青．知识产权法中专有权与公共领域的平衡机制研究［J］．政法论丛，2019（3）：55－71．

上，同样不可忽视公共领域保留问题。换句话说，在比对目标文献与在先文献是否具有相同或者实质性相似的情况时，应当将不受著作权保护、公众可以自由利用的公共领域保留部分剔除。这里需要进一步探讨的是可以自由利用的公共领域保留的部分，究竟包括哪些内容。或者说，如何判定纳入公共领域范畴，以及属于公共领域范畴与构成违反《著作权法》规定的剽窃和违反学术规范的学术不端行为的区分。笔者认为，纳入公共领域范畴的，至少包括以下三方面。

（1）以法律法规、司法解释等体现的不适用于著作权保护的对象。例如，法学研究文章无论是理论性的还是实践性的或者兼而有之的，经常需要引用法条。有时在阐述相关概念时，也必须要引用法条，因为法条对相关概念作了法定的表述。对于这些不受著作权保护的公众可以自由利用的表达，在数据库查重中即使显示相同或者实质性相似，也不应视为存在剽窃及学术不端行为。

关于不适于著作权法保护对象的法律法规、司法解释及其他对象，在实践中经常出现的一种情况是：目标文献和在先文献均予以引用，或者目标文献显示与公开的法条表述相同。在这种情况下，无疑可以排除目标文献存在的著作权问题和学术规范问题。问题是，实践中还存在至少以下两种情形，应当如何看待？一是目标文献作者不是“原汁原味”地引用法条，而是根据其对法条内涵的理解做了一定的改写，但改写后的表述与法条表述仍然构成实质性相似；二是由于很多法条对于某部法律的重要概念、术语做了法定的解释，目标文献作者在介绍、阐述某一概念时，直接根据法条规定的叙述性语言进行介绍和说明，但可能没有加注释说明来自某一法条。对于以上两种情况，笔者认为虽然不涉及剽窃这一著作权侵权行为，但从严谨的学术规范来说，需要通过注释的形式标记来源。这一做法至少有以下益处：对于读者而言，能够很清楚地知晓所涉概念、术语的来源；对于作者自身，能够区分哪些是其独立完成、哪些是其参照的立法资料或者其他文献。如果不予以标注，不熟悉相关法条的读者就可能以为是目标文献作者自创的。

（2）相关领域中惯常的表达。惯常的表达在不同的学科领域有不同的特点。无论如何，惯常表达是相关领域对特定的概念、术语进行的习惯表达或者较为规范的表达，如果不用这一表达，可能让人理解晦涩。因此，惯常表达不能由某一人专有，在利用数据库进行查重时也不能因为表达的雷同而认定构成剽窃以及学术不端行为。

这里不妨简单介绍、讨论一个案件。在这个案件中，笔者和中国政法大学被原告起诉到法院，理由是笔者指导的一位博士生的博士学位论文“引用”了其在先著作中的一句话，但引用后没有加注释。该案经法院审理后判决笔者不是适格的诉讼主体。同时，涉案博士论文所谓引用的一句话（“人的本质力量对象化”）并非出自原告独创，而是最初由马克思所提出、早就进入公共领域的。法院判决该案被告中国政法大学和该博士论文作者均不构成侵权。该案除了明确涉及各类学位论文作者的指导老师不需要对所指导的学位论文的著作权侵权承担法律责任这一问题以外，其另一个重要贡献是通过司法实践中的个案再次确认了不受著作权这一专有权保护的公共领域保留原则，因此值得给予高度肯定。

关于惯常表达问题，实践中关键是如何认定是否属于惯常表达。对此，不同学科领域具有相应的惯常表达术语、句子。由于是惯常表达，目标文献和在先对比文献雷同是极有可能的。以下不妨举例加以说明。

笔者和所指导的一位博士生合作撰写了一篇论文，涉及商标显著性相关理论与实践问题。由于在商标显著性研究领域，国内外在这些年来已经积累了很多研究成果，一些概念、观点已经被理论界与实务界公认。例如，显著性包括固有显著性与获得显著性；商标可以分为臆造商标、暗示性商标、任意性商标、描述性商标和通用名称五种类型；对于缺乏固有显著性的商标，可以通过使用具备“第二含义”而取得显著性；等等。这些早已达成共识的观点与见解，无论谁如何独立用自己的语言表达，都难免陷入数据库查重的“雷同”结果之中，因为在先文献在阐述、说明同一问题时也是采用相同或者类似的表述的。如果再追溯，数据库查重系统中显示的在先对比文献以外的更早的在先文献也是如此，直至追溯到最早提出这一观点、主张的文献。但是，基于创作效率和实际情况的考虑，任何一个人一般都不会无止境地找到源头究竟是谁提出来的。这里，不禁想起美国一位学者撰写的一篇关于独创性与公共领域方面的论文。该学者在文章中指出，由于创作离不开对他人在先成果的利用，而他人在先成果同样需要利用更早的在先成果，如果没有公共领域保留概念的引入，似乎我们每一个人都是“小偷”，因为都需要占有先前的成果，从而对自己创作和创造表示怀疑并引发个人信任危机。该学者认为引入公共领域概念后，这一担心大可不必，因为社会的发展就是在不断推陈出新、不断借鉴前人成果的基础上进步的。

笔者认为，上述所谓惯常表达，实际上是背后体现的有些表达进入了公共领域，任何人都可以用相同或者相似的语言进行重构。否则，如果不允许目标文献作者使用惯常表达，就会极大增加其表达同样内容的创作成本。有些作者为了避开数据库查重“实质性相似”的结果出现，甚至不得不来个“变劣发明”，即用更加晦涩难懂的语言表达，其后果是不难想象的。因此，对于因为惯常表达而在数据库查重中显示雷同，一般不应当轻易视为违背学术规范意义上的行为，更不应视为剽窃他人作品的行为。当然，在实践中不宜对于惯常表达做扩大解释，以免损害著作权人利益、放纵学术不端行为。

（3）有的表达尽管不是相关领域的惯常表达，但因为也是常见的表达形式，而其表现方式非常有限，很容易造成表达雷同。这种情况也是在数据库查重评价时，比较难以判断的地方。我国的汉语尽管博大精深，文字表达内涵丰富，但对于不同作者阐述同一情景下的主题，尤其是作品性质相同（如都是学术论文）的情况下，有些表达高度雷同是完全可能的。换言之，有些思想的表达形式较为有限，很容易造成目标文献和在先对比文献的雷同。在这种情况下，也需要慎重处理，不宜一刀切式地认定为剽窃在先文献。

五、现有数据库查重系统的改进

当前我国数据库查重在存在一些优点和优势的同时，也具有一些局限性或者说是不足之处。笔者认为，为了更好地促进我国作品创作和传播，在充分、有效地保护作者和其他著作权人的著作权的基础之上，也需要充分保障作者创作自由、维护公共领域不受侵害，实现对著作权这一专有权利的保护与维护公共领域的有效平衡，需要对现行的包括知网在内的各类数据库查重系统进行改革。对此，笔者提出以下对策建议。

第一，数据库在收录在先文献方面，应当建立与图书馆的合作机制，将电子化的图书和其他出版物纳入被比对的范围。如前所述，目前的数据库查重系统一般不包括图书类作品，这样就无法查实目标文献是否剽窃图书类作品的现象，而目前这种情况估计不会令人太乐观。

第二，数据库设计和查重工作，不应当被视为一个纯粹技术性问题，而需要咨询和参考包括法学专家尤其是知识产权法专家在内的专业人士的观点，避免将属于公共领域的对象纳入比对，甚至认定为构成剽窃。

第三，当前数据库查重无法考虑目标文献作者独立完成而与在先对比文献存在巧合的情况，需要建立适当的机制解决。从著作权法的原理和司法实践来看，著作权法中的独创性并不排除独立完成的相同或者类似作品的情况，但目前的查重系统根本无法甄别。笔者估计很多使用过查重系统的作者有这样的体验：自己撰写文章时根本没有看到在先对比文献，而完全是独立完成的，但查重系统依然显示雷同，有口难辩。为此，需要从根本导向上看待和解决查重问题，正如前面提到，查重问题与其作为一个学术规范问题，不如在更大的程度上视为一个学术良知问题。换句话说，只要是自己独立完成，就可以问心无愧而不需要去查重。当然，在现行的查重格局和要求下，如何解决相关问题，还需要认真研究。

第四，需要有一定的前瞻性，适时启动跨语言查重。据悉这项工作国外相关数据库查重系统已经在开始研究。为此，我国相关数据库查重系统建设应当高度重视。

翻译作品剽窃的法律认定探析*

翻译作品，简称为译作，顾名思义，是将一种语言文字的作品转换成另外一种语言文字的作品。在著作权法意义上，翻译作品属于演绎作品，而所谓演绎作品是指对已有作品进行再创作而形成的二次作品。关于演绎作品和原作品之间的关系，我国《著作权法》对此有相应的规定。首先，演绎作品创作，应当取得原作著作权人的许可。当然，如果原作著作权已不存在，则不存在取得原作著作权人许可的问题。其次，演绎作品著作权人行使著作权时，不得侵害原作品的著作权。最后，就第三者而言，使用演绎作品也应当经过演绎作品著作权人和原作品著作权人的双重许可，并支付报酬。

翻译作品作为演绎作品的一种类型，之所以受到著作权的保护，是因为其也需要作者付出独创性的劳动。一部优秀的翻译作品，其独创性程度非常高。针对很多专业性的翻译作品，其不仅要求外语水平较高，同时对相关专业水平的要求也很高。翻译作品的社会价值在于，通过以另外一种语言文字形式表达同一思想内容，可以使相关语种的读者获取原作的思想和内容，从而使得在跨文化环境之下促进各国之间的文化交流与思想传播。正因为翻译作品具有重要的社会价值，在当前文化产品市场中翻译作品已经形成一道亮丽的风景线。翻译作品的出版和发行也成为我国文化产业中的重要一环。无疑，翻译作品的独创性以及这类作品对我国文化繁荣发展的进步所发挥的独特作用，使其应当获得充分的保护。

在著作权司法实践中，翻译作品保护的一个重要方面是防止非法复制、发行翻译作品。相对而言，这类著作权侵权行为人容易判断。在著作权司法实践中，还有一种重要的侵权形式就是对在先翻译作品的剽窃、抄袭行为。❶ 如何认定翻译作品的剽窃行为?❷ 这类侵权行为相对于对原创作品的直接剽窃行为认定难度大得多。

---

* 本文初稿撰写时间为2019年7月24日。

❶ 根据著作权法理和司法实践，剽窃、抄袭在性质上是一样的，故以下仅以剽窃而论。王坤. 论反剽窃的理论依据及其对制度建构的影响［J］. 浙江学刊，2013（4）：136－142.

❷ 陈爱萍. 文学翻译作品剽窃侵权的认定与救济——已进入公共领域的外国文学作品的翻译［D］北京：对外经贸大学，2005.

苏礼. 国内翻译作品侵权第一大案——记季羡林等翻译家状告物价出版社剽窃侵权［J］. 中国翻译，2001（3）：1.

一般地说，认定剽窃的基本方法是，比对被告作品和原告作品是否构成实质性相似，并同时查明被告是否有机会接触到在先的原告作品，也就是通常所说的所谓“实质性相似+接触”。

如前所述，翻译作品也具有高度的独创性。对于同一原作翻译，完全可以有不同的表达方式。对于原告作品针对原作翻译具有个性化的表达，就是其值得特别给予法律保护的范围。[1] 所谓个性化的表达，是指原告作品对原作品特有的表达形式。个性化的表达是相对于惯常的表达形式而言的。根据知识产权司法保护的比例原则，越是个性化的表达其具有的独创性程度越高，其创新价值和对社会贡献的程度越大，因而也应该获得更大的著作权保护。在涉及翻译作品剽窃的著作权侵权纠纷案中，法官认定的难度在于如何甄别被告作品的表达，即哪些属于其独自翻译的、哪些属于其剽窃原告作品个性化表达。对此，需要通过个案进行分析。总的原则和思路是，逐一比对被告的翻译和原告的翻译，首先看原告的翻译（文字表达）是属于惯常的表达，还是其具有独特性的个性化表达，即他人通常是否会采用这种表达形式。当然，在比对和认定被告的翻译作品是否构成对在先的原告翻译作品的剽窃时，也会因不同性质的作品类型而异。以小说一类的文学作品为例，很多日常表达性质的对话，独创性本身不是很强，被告作品的雷同，认定构成剽窃的难度大一些。但是，实践中的情况可能较为复杂。有些被告正是抓住了翻译作品表达具有雷同性的这一特点，索性直接“中翻中”，其可能根本就没有看原文或者只看了一部分，而是直接将在先的翻译作品中文版的每一句逐句进行改写。这种情况比通常意义翻译作品剽窃的行为恶劣得多。

翻译作品剽窃和一般意义上的作品剽窃两者固然都具有相同的法律性质，因为都是剽窃行为，而剽窃行为是一种侵害著作权的行为，是通过直接复制或乔装打扮、偷梁换柱等变造方法非法占有在先作品的行为，但也有一些不同之处。在认定是否构成剽窃行为这一点上，两者都要求必须是被告有机会接触原告在先的作品；要求被告被控剽窃的部分与原告作品具有实质性相似。现在的问题在于在翻译作品的剽窃行为著作权侵权纠纷案件中，由于原告作品和被告作品都是对同一原作的翻译，而且原告作品和被告作品都是用同一种语言表达，如中文。基于对同一作品思想的同一种语言的表达，被告作品和原告作品整体上的雷同在一定程度上似乎具有某种必然性。也正因为于此，在相关著作权侵权纠纷案件中，被告甚至振振有词地指出，其作品和原告作品雷同，或者说具有表达的相似性是必然的。这一说辞和心理状况也使得实践中在先的翻译作品被肆意剽窃。就处理翻译作品剽窃行为著作权纠纷案

---

[1] 但笔者并不主张原告译作个性化表达以外的翻译部分就不受著作权保护、他人就可以随意照搬，而仅仅针对译作中由于被告作品和原告作品具有某种程度上的雷同性，为了区分被告作品是否构成对原告作品的抄袭而作出这一划分的。在司法实践中，如何区分这种个性化表达与非个性化表达，还需要回到个案解决。

件的法官来说，笔者认为最重要的问题就是如何区分，因为原被告作品都是翻译作品而带来的原被告作品表达某种雷同的可能性与原告作品具有独创性的个性化的表达被被告非法剽窃。解决这一问题确实具有一定的难度，在相关的涉及剽窃行为的著作权理论研究中，也较少见到这方面的研究。但根据笔者的思考和代理这类案件的体会，并非没有处理的对策。

笔者主张不同类型的作品的独创性程度不一，语言文字表达的风格也不同。作品类型的不同也影响到在翻译作品剽窃行为著作权侵权纠纷案件的处理。为了简便，下面以翻译文学作品为例，进一步探讨翻译作品剽窃行为的法律认定。文学作品翻译和一般的历史题材作品、事实性作品翻译不一样，其表达方式具有高度的灵活性，如小说。当然，在判断是否存在剽窃行为这一点上，也可能还存在另外一个障碍，即小说等文学作品很多都是通过日常的对话、描述的句子所构成，而这些句子有些本身的独创性程度不高。不过，这一情况并不能够成为被告剽窃翻译作品的挡箭牌，因为针对同一原作，毕竟有不同的表达或者说多种表达方式，只是这些不同的表达方式所涵盖、体现的思想、内容、信息是一致的。从是否构成著作权侵权的角度来说，关键在于甄别原告翻译作品中的个性化表达是否被被告非法窃取。除此之外，还可以从其他多方面进行甄别、认定，如被告作品和原告作品翻译的风格、定位、语言表达的习惯，对于原作注释的处理以及增加译者注等方面。如果这些方面也雷同甚至高度雷同，或者有些方面完全一样，结合构成实质性相似的特点，就可以认定剽窃行为存在。

其实，无论是在一般作品的剽窃行为，还是翻译作品的剽窃行为著作权侵权纠纷案件中，在认定是否构成剽窃行为时，作为原告还通常有一个甚至可以称为撒手锏性质的证据——原告作品中存在的一些平常不可能发生的错误，很巧合地在被告作品中也出现了同样的错误。特别是，如果原告作品中出现了较多的这方面的错误，在被告作品中也存在同样的较多错误。在这种情况下，被告就无论如何不能狡辩说是巧合。当然，如果是针对原告作品中通常容易出现的错误，在被告作品中也出现了同样的错误，单凭这一点可能还不足以认定被告作品构成剽窃。换言之，原告作品中出现的错误通常是不应该出现的，此时被告作品出现的错误和原告作品中出现的错误相同，根据我国民事诉讼证据高度盖然性标准，笔者认为可以依此认定被告构成了对原告作品的剽窃。

如前所述，在翻译作品剽窃行为引发的著作权侵权纠纷案件中，还有一种非常独特的形式，即所谓“中翻中”。在这种情况下，在后的被告的作品严格意义上讲，根本不足以构成翻译作品，因为它不是或者主要不是依据原作进行的翻译，而是直接将原告在先的翻译作品逐句逐段进行改写，这实际上是一种高度偷懒的、窃取他人成果的、欺世盗名的、情节更为恶劣的侵害著作权的行为。笔者认为，被告之所以敢于进行如此拙劣的侵害著作权行为，原因之一可能是其认为反正根据原作进行翻译，最后的翻译成果也会和在先的翻译作品构成相似，还不如根据在先的翻译作品直接改写“来得快”。

对于这种“中翻中”的侵害著作权的行为，如何加以认定？笔者认为，如上所述的原告作品中出现的诸多错误在被告作品完整地再现，是这一行为的铁证，可以据此认为被告作品和原告作品的实质性相似是直接基于对原告作品的改写性质的剽窃。应当注意的是，这里的改写性质的剽窃和著作权法意义上的改编不同。当然，在认定被告作品是否对原告翻译作品构成剽窃问题方面，还可以结合其他的证据加以证明。例如，原告翻译作品有独特的表达风格，尤其是对于注释、译者注的处理，被告作品也作了相应处理。这种情况可以表现为在一个著作权侵权纠纷案件中，原告将原作的部分注释纳入正文，但被告恰恰也如此；还可以表现为原告漏译了原作中的一句话或者一段话，被告作品也同样漏译了这一句话或者一段话。

总的来说，翻译作品的剽窃行为在本质上和一般意义作品的剽窃行为具有同样的法律性质。但是，在如何认定实质性相似这一方面，更需要结合翻译作品对原作的个性化表达加以界定。在涉及原告的翻译作品存在较多错误（而这些错误通常情况下是不应该出现的）的情况下，被告的翻译作品如果也存在同样的错误，只要被告作品和原告作品构成实质性相似，且根据日常生活经验法则能够证明被告有机会接触到原告的翻译作品，就可以认定被告作品构成了对原告翻译作品的剽窃。结合个案的其他相关证据，甚至还可以进一步的认定被告的作品根本不是翻译作品，而是“中翻中”，其情节更加恶劣，更要受到法律制裁。

中篇

我国知识产权法修改及其完善研究

关于当前我国知识产权专门立法与修订若干问题的探讨*

我国知识产权法治建设和知识产权制度的有效运行，都是以制定和实施相关的知识产权专门法律为前提和基础的。知识产权立法是否科学、合理，是否能及时调整围绕知识产权所产生的各种社会关系，直接关系到我国知识产权法治事业的成败。由于知识产权与当下的经济社会发展，特别是科学技术和市场经济的发展之间具有密切的联系，知识产权立法必须与时俱进，随着形势变化而应当及时修订。否则，知识产权法律就会出现一定的滞后性。

一、当前我国知识产权专门立法修订总体情况

我国知识产权法治建设始于改革开放之初，经过40多年的发展，我国已经建立了较为完整的知识产权保护体系。特别是随着改革开放和知识产权制度国际化的加强，我国知识产权法律制度不断与国际接轨。加入世界贸易组织以后，我国必须履行《与贸易有关的知识产权协定》，而该协定是一个高标准、高水平的国际知识产权公约。近年来，我国通过多次对《专利法》《商标法》《著作权法》等相关知识产权专门法律的修订，不断地提高知识产权保护水平。可以认为，经过40多年的知识产权法治建设，我国已经形成了具有中国特色且具有国际保护水平的知识产权保护体系，在服务于我国经济社会发展、充分保护知识产权人的合法权益、协调围绕知识产权产生的各种社会关系、激励创新等方面发挥了十分重要的作用。[1] 总体上看，改革开放40多年来我国知识产权专门法律的修改，在20世纪末和21世纪初的几次修改，在一定程度上是基于与知识产权国际公约的接轨，也不排除在一定程度和一定范围内国外的压力的因素。但近年来，我国知识产权专门法律的修改更多的是来自国家经济社会发展自身需求。这一自身需求总体上服务于我国创新驱动发展

---

* 本文初稿撰写时间为2019年7月29日。

[1] 冯晓青. 中国70年知识产权制度回顾及理论思考［J］. 社会科学战线，2019（6）：25－37.

战略的实施、建设创新型国家以及国家知识产权战略的需要。而国家知识产权战略作为我国国家战略，最终也是以促进我国经济社会的发展、提高我国综合国力和国际竞争力为根本目标的。当前以知识产权立法为支撑和基础的我国知识产权制度及其有效运行，在我国国家治理体系和国家治理现代化的进程中发挥着不可替代的重要作用。

笔者认为，从当前我国知识产权立法修改总体情况而言，至少需要研究以下重要问题。

其一，我国现行知识产权立法保护的基本构架和体系及其改革的思路和方向。在当前我国《民法典》对于知识产权制度缺乏系统规定，《民法典》分则也没有设立知识产权编的前提下，如何构建适合我国国情的知识产权立法保护体系问题值得深入探讨。

其二，我国知识产权相关专门立法的修改。2020 年我国《著作权法》完成第三次修改，《专利法》完成第四次修改，历时均在 8 年以上。修法周期长、效率低，成为困扰我国知识产权专门法律完善的一个重要的瓶颈。

其三，我国知识产权相关专门立法还存在一些空白，关于知识产权保护的一些重要对象或者客体，还缺乏上升到国家专门法律保护的层次，如商号和其他商业性标志、商业秘密、植物新品种、集成电路布图设计等。

其四，我国知识产权相关立法及其制度完善，如何有效地立足中国国情，构建具有中国特色社会主义的知识产权立法保护体系，同时在符合知识产权国际保护水平的前提之下，适当借鉴其他国家和地区知识产权立法的经验，也是值得重视的研究主题。

其五，我国知识产权相关立法如何与知识产权相关政策有效衔接和协调。知识产权政策和知识产权立法具有互动关系，一定时期的知识产权政策可以升级为相关的法律，相关知识产权法律的制定和完善也有助于实现国家的相关知识产权政策。

其六，我国知识产权相关立法及其完善的现代化问题。法律的现代化是法理学研究的一个重要问题。就知识产权相关法律制定和完善而言，知识产权法律制度现代化也是一个十分重要的问题。特别是知识产权制度是商品经济和科学技术发展的产物，其与科学技术发展之间具有高度的互动关系。知识产权法律制度的现代化是其更好地适应科学技术和经济社会发展所必需的。因此，知识产权相关法律现代化问题也值得研究。

二、知识产权制度的法典化问题

在民法典中规定知识产权制度是一种比较简易的办法。实际上，这也是当今一部分国家的立法例。例如，《俄罗斯民法典》对知识产权制度作了详细的规定，《越南民法典》《蒙古民法典》也有相关的知识产权制度的系统规定。从国外民法典对知识产权制度的相关规定来看，一种立法模式是将知识产权制度全面纳入民法典，还有一种模式是在民法典中对知识产权制度作出原则性的规定。❶ 如前所述，我国《民法典》对知识产权制度的规定很少，而且目前关于知识产权制度在民法典中的地位还远未达成共识。尽管如此笔者主张未来我国《民法典》在修订时❷，仍然可以考虑吸收知识产权制度。然而，在民法典中继续排斥知识产权制度的可能性也并非没有。为此对知识产权制度的法典化问题而言，还有一种重要的立法走向，即知识产权制度本身的法典化，这种模式在国际上以《法国知识产权法典》为范例。

笔者认为，法典化是我国知识产权立法的重要走向。这里所说的法典化存在两种格局：第一种格局是在民法典的框架下规定知识产权制度，即将知识产权制度作为民法典的重要组成部分；第二种格局是知识产权专门的法典化。

关于知识产权制度在民法典中的地位，我国已颁布实施的《民法典》第一百二十三条对于知识产权的民事权利地位以及知识产权的内容作出了规定。与《民法通则》第五章第三节相比，对知识产权规定的条文反而更少。《民法典》总则部分移植了《民法总则》规定，但分则部分没有设立知识产权编。官方的相关说明是知识产权制度与科学技术发展保持高度的关联性，分则设立知识产权编可能会影响到法律的稳定性。至于民法学界更多的认为知识产权是一种特殊的民事权利，不宜规定在民法典中，而应当通过制定与完善知识产权单行法律形式加以解决。对此，关于知识产权法典化的问题，笔者有以下观点。

其一，知识产权作为一种民事权利，作为一种私权，规定在民法典中顺理成章。民法典是调整民事关系、保护民事权利的基本法律，知识产权作为我国民事权利体系的重要组成部分，没有理由将其排除在民法典之中。在 1986 年，当时我国知识产权制度还很不健全的情况之下，《民法通则》制定者们以极具智慧的眼光，在第五章第三节中专门规定了知识产权问题。相比之下，在当前我国知识产权制度日益完善，知识产权制度在当今经济社会生活日益重要的情形下，《民法总则》对知识产权制度的规定反而降为一条，这与当前我国正在深入实施国家知识产权战略、知识产权制度日益重要这一重要的现实情况很不相符。在《民法总则》实施以后，我国知识产权学者寄希望于在《民法典》中对知识产权制度进行系统地规定。然而，2020 年 5 月颁布的《民法典》并没有设立知识产权编。特别是我国民法学者对知识产权制度进入民法典似乎赞成者不多，其中一个重要的理由是强调知识产权作为一种民事权利的特殊性。笔者则认为这不足以成为民法典不宜规定知识产权制度的原

---

❶ 吴汉东．民法法典化运动中的知识产权法［J］．中国法学，2016（4）：24－39.
王迁．将知识产权法纳入民法典的思考［J］．知识产权，2015（10）：16－19.

❷ 何华．《民法总则》第 123 条的功能考察——兼论知识产权法典化的未来发展［J］．社会科学，2017（10）：98－105.

因。实际上，根据刘春田教授的观点，知识产权并非一种特殊的民事权利，而是一种普通的民事权利，不能基于知识产权的有些权利需要经过专门的授权确权才能获得，以及知识产权在保护、时效等方面有一些特殊的地方就将其视为一种特殊的民事权利，并以此为理由主张不宜在民法典中规定知识产权制度。

其二，民法的现代化需要接纳知识产权制度。21 世纪的民法典和当初《法国民法典》《德国民法典》的经济社会背景不一样。21 世纪是知识经济，无形财产和有形财产一样在当代经济社会生活中具有十分重要的地位。特别是随着经济社会和科学技术的发展，知识产权在财产权中的地位日益提升。根据郑成思教授在《知识产权论》一书所指出的观点，未来知识产权很可能作为一种无形财产权在一切财产权中居于主导地位。[1] 在民法典中，如果对于如此重要的财产权制度不作系统规定，就会严重影响民法典的现代化。可以认为，接纳知识产权制度的民法典才是真正意上的具有现代化特色的民法典。

其三，尽管当前我国《民法典》没有系统规定知识产权制度，但并不意味着未来民法典在进一步的修订和完善时不存在系统规定知识产权制度的可能。我国《民法典》分则没有系统规定知识产权制度，除了认识上的原因以外，还存在其他方面的原因。笔者注意到，在这次《民法典》制定过程中，我国知识产权主流学者对于推动知识产权制度的法典化是作出了巨大贡献的。例如，由刘春田教授领衔主持的《中华人民共和国民法分则》知识产权编的专家建议稿，就是集中了各方面的知识产权学者的智慧而成的。尽管该专家建议稿最终没有被立法者所采纳，专家建议稿条文的规定本身也存在一定的争议，但笔者认为这并不妨碍在未来的进一步研究过程中对知识产权编进行大规模的完善。相信未来，随着我国知识产权法治建设的完善，知识产权在当代经济社会生活中地位的增强，人们观念的改变，以及我国知识产权立法研究水平的提高，在《民法典》颁布实施后的一定时期之内，在下一轮的法典修订中，可以将知识产权制度进行系统规定。

随着当前知识产权保护在我国经济社会生活中地位的日益增强，我国知识产权司法保护逐渐发展出独具特色的模式，如设立专门的知识产权法院，以及在各级人民法院中设立知识产权审判庭。相对于知识产权审判而言，知识产权部门法的规定实际上就相当于知识产权司法裁判法。随着我国当前知识产权专门法律的不断完善，未来我国知识产权立法保护体系将不断健全。基于知识产权保护的现实需要，我国也可以考虑未来构建知识产权专门的法典。笔者认为，我国知识产权制度本身走法典化的道路，也是一种重要的立法走势和趋向。这一模式的合理性和可行性主要体现如下。

其一，知识产权立法制度的体系化一直是该法律制度完善的重要目标。法典化

---

[1] 郑成思．知识产权论［M］．北京：法律出版社，1998：39－60.

是知识产权制度体系化的重要标志和体现。在当前我国民法典未能全面接纳知识产权制度的前提之下，知识产权制度本身的法典化问题就是一种非常重要的考虑。

其二，知识产权制度的法典化，以知识产权相关专门法律的制定和完善为前提和基础。为适应我国经济社会发展和创新型国家建设发展的需要，我国现行的知识产权相关法律制度需要不断地修改和完善。相关知识产权专门法律的不断健全和完善，也将为知识产权制度的法典化奠定坚实的基础。

其三，随着我国知识产权立法研究和理论研究水平的提高，知识产权制度法典化将具备更加现实的基础。知识产权制度法典化是一个巨大的系统工程，需要有坚实的研究基础和很高的研究水平。当前，我国对知识产权制度本身法典化的研究还存在相当大的空白点，但改革开放40多年以来我国知识产权法研究水平较之以前有了巨大的提升，知识产权法典化的研究也有一定的成果和储备。相信随着我国知识产权法律研究水平的提高，制定专门的知识产权法典的条件将逐步成熟。

当然，知识产权法典化本身也存在一定的难度。例如，立法者和相关知识产权学者在知识产权法典化问题上可能存在一定的分歧。这种认识上的分歧无疑会影响到知识产权法典化研究和法典制定的推进。再如，知识产权法典化在法典的体系安排、基本构架、内容设计方面都需要进行深入的研究，而在国际上这方面可以借鉴的经验不多。法国虽然制定了专门的知识产权法典，但主要还是带有法律编纂的性质，与规范意义的知识产权法典尚有差距。在国际立法经验借鉴不多、国内缺乏相关立法实践的前提下，要制定一部科学合理、体系严密的知识产权法典并非易事。不过，在我国当前民法典对知识产权制度缺乏全面规定的前提下，考虑到知识产权制度的体系化、现代化，制定知识产权专门法典仍然是一种现实的考虑。

此外，由于知识产权法典的制定也是一个巨大的系统工程，并非短期能够完成，作为我国知识产权制度的立法完善的现实考虑，当前我国相关部门正在研究制定一部知识产权基本法。当然，关于是否应当制定知识产权基本法，在我国相关理论和实践部门存在一定的分歧。[1] 持反对观点的学者认为，知识产权基本法由于基本上定位于公法，而不是私法，即从政策层面对相关知识产权政策进行提炼形成具有强制性的国家法律，这与当前我国制定实施的国家和地方层面的知识产权相关政策并无实质性区别。持赞成观点的学者则认为，制定我国知识产权基本法，有利于整合现行我国现行的知识产权相关政策，使国家涉及知识产权相关的行之有效的政策，上升为具有国家强制力的法律规范，从而统领我国知识产权政策从国家层面到地方层面的有效实施，因此制定我国知识产权基本方式有必要的。笔者认为，无论如何，作为一种立法模式，对之进行前瞻性研究是有必要的。

---

[1] 张鹏，赵炜楠．知识产权基本法立法目的与基本原则研究［J］．知识产权，2018（12）：45－52.

著作权制度的现代化与我国《著作权法》的完善*

随着信息网络和经济社会的发展，一个国家现行著作权制度面临变革与发展的挑战。现行著作权法律制度应当与时俱进，以不断地适应经济社会发展新的需求。在当代，一个国家的著作权制度肩负着更加重要的历史使命，尤其是通过有效地保护作者和其他著作权人以及相关权人的合法权益，协调围绕作品以及相关权客体产生的各种利益关系，鼓励和促进优秀作品的创作、传播与利用，促进国家文化创意产业等的发展。

就我国以《著作权法》为核心的著作权制度而言，在建设社会主义强国的新时代，也存在着更加重要的历史使命。特别是随着当前国家治理体系和治理能力现代化推进，我国著作权制度如何进一步现代化，更好地发挥这一法律制度的独到功能和作用，在有效保护著作权和相关权的基础之上，鼓励作品的创作、促进作品的传播和利用，从而为推进我国社会主义精神文明、物质文明建设，促进文化大发展大繁荣，促进我国版权产业的发展，并最终在推进我国经济社会发展中发挥其日益重要的作用，值得深入探讨与研究。

著作权制度的现代化，是完善我国著作权法律制度的基本走向和要求❶，也是提高我国著作权整体保护水平，更好地协调和平衡围绕作品和相关权客体产生的各种利益关系，更好地发挥其在我国经济社会发展，尤其是在推进精神文明建设、民族文化素质的提高以及文化产业发展中重要作用的必由之路。著作权制度的现代化也是一个与时俱进的概念❷，因为社会发展，尤其是信息网络技术的发展总是对一个国家和地区现行著作权制度提出挑战，著作权制度也必须通过不断的变革与发展，来适应经济社会与技术发展的新的需求与挑战。

---

* 本文初稿撰写时间为 2019 年 8 月 1 日。

❶ 胡开忠. 高新技术发展中的知识产权制度现代化 [J]. 法商研究，2005 (5)：5.
吴汉东. 国际化、现代化与法典化：中国知识产权制度的发展道路 [J]. 法商研究，2004 (3)：73 – 79.

❷ 熊琦. 中国著作权立法中的制度创新 [J]. 中国社会科学，2018 (7)：118 – 138，207.

一、著作权制度现代化的基本标准

笔者认为，所谓著作权制度的现代化，至少可以通过以下标准进行衡量。

其一，一个国家和地区著作权立法的保护水平及适应本国经济社会发展的程度。从著作权保护的法理和政策导向来说，各国、各地区著作权立法保护水平，应当与其本国、本地区的经济、科技文化发展水平相适应，特别是与文化发展水平相适应。当然，应当特别指出的是，在当代知识产权国际化乃至全球化的时代，由于包括我国在内的大多数国家和地区都参加了保护著作权的国际公约，各国和地区著作权制度与国际接轨的前提下其著作权立法保护水平还必须向国际标准看齐。不过，正如下面所指出，即使如此，仍存在著作权制度的本土化问题，也就是在遵循国际标准的前提下，尽可能根据本国经济社会发展和文化的发展需要确定合适的保护水平。总的来讲，在当代知识产权国际保护水平日益提高的形势下，一个国家和地区著作权制度也会具有较高的保护水平。这一趋势也使得大多数国家和地区著作权的立法朝向现代化目标迈进。笔者认为，就我国《著作权法》第三次修改而言，做到合理保护的定位以及适合我国当前经济社会与技术发展也是这次修法的重要指导思想。

其二，著作权制度调整围绕作品和相关权客体产生的利益关系的合理程度。著作权法律制度是一种典型的利益平衡机制，尤其体现为权利人和社会公众之间的利益平衡、著作权保护所产生的专有权利与公共领域的平衡、著作权保护与限制所产生的平衡等。从著作权制度的现代化角度来说，要求在著作权制度构建方面进行科学立法。换言之，没有著作权方面的科学立法，很难谈得上是一部具有现代化特色的著作权法律。笔者认为这方面的科学立法，特别是要合理解决围绕作品和相关权客体的创造、保护、传播与利用而产生的各种社会关系，本着实现著作权制度所追求的正义、效率与创新的目标，合理配置著作权人和相关权人的权利和义务，以做到既有效地保护著作权和相关权人合法权益，以鼓励创作、传播与利用，又能保障社会公众对作品和相关权客体使用与传播的便利。❶

其三，著作权制度的国际化程度。在当代知识产权国际化乃至全球化的背景下，包括著作权在内的知识产权国内制度也需要遵循国际标准，与国际接轨，即一个国家和地区的知识产权制度需要国际化。❷ 当代国内的知识产权保护，实际上是在国际保护和国内保护两个体系范围内所进行的。而且在一国知识产权国内立法与所参

---

❶ 冯晓青．著作权法的利益平衡理论研究［J］．湖南大学学报（社会科学版），2008（6）：113－120．

❷ 吴汉东．知识产权国际保护制度的变革与发展［J］．法学研究，2005（3）：126－140．

吴汉东．国际变革大势与中国发展大局中的知识产权制度［J］．法学研究，2009（2）：3－18．

吴汉东．国际知识产权制度的发展潮流与中国知识产权制度的发展道路［J］．法制与社会发展，2009（6）：148－149．

加的知识产权国际保护公约的规定有冲突的情况下，需要优先遵循国际条约的规定，因国际法上有一条原则，即“条约必须遵守”。就我国以著作权立法为核心的著作权制度而言，也是一样。中华人民共和国第一部《著作权法》制定于1990年9月7日，实施于1991年6月1日。在制定该法过程中，我国当时还没有参加著作权领域的两个主要的国际公约，即《伯尔尼公约》和《世界著作权公约》，其中后者的保护水平较低，前者的保护水平较高。当时我国制定的《著作权法》有部分保护规定还没有达到前者的保护水平，如没有明确针对实用艺术作品的保护进行规定。然而，值得注意的是，与有关保护著作权的国际公约接轨，也是制定该法的一条重要原则。因此，尽管当时我国还没有参加《伯尔尼公约》，但仍然参照该公约的规定进行规定。这样一来，中华人民共和国第一部《著作权法》的诞生一开始就保持了较高的保护水平，而这与其他发展中国家的情况不一样。其他很多发展中国家在开始制定著作权法时，整体保护水平较低。毫无疑问，我国著作权法在制定之初即注意遵循国际标准，为我国著作权制度的现代化迈出了坚实的一步。[1] 本着著作权制度国际化目标，我国在后来修订中也十分注意与国际公约接轨。

其四，著作权制度与技术发展的互动关系，尤其是适应技术发展的程度。众所周知，著作权是“印刷出版之子”，即印刷出版技术的发展催生了著作权制度的产生。随着技术的发展，著作权制度也处于不断的变革与发展之中。例如，在早期的著作权中，复制权仅体现为机械复制权，如传统的印刷、复印。随着录音、录像技术的发展，复制权的内容包括了录制权。当代信息网络技术的发展则催生了信息网络环境下以数字化形式复制的权利，复制权的范围大为扩大。信息网络技术的发展，不仅对复制权产生了重要的影响，而且对作品创作、作品存储方式、作品传播与利用，以及侵害著作权行为及相关的证据取得等方面都产生了深刻的影响。概括地说，现代技术对著作权制度的影响，至少可以从以下两方面认识。一是技术的发展产生了可以受著作权保护的新的客体。当然，利用技术手段所产生的结果是否符合著作权法意义上的独创性的作品，仍然需要从著作权法的角度进行评判。例如，人工智能生成物是否符合著作权法意义上作品保护的条件，就值得研究。二是技术的发展使作品以及相关权的客体的利用方式和范围大大扩展，一方面为权利人行使权利提供了更大的舞台，另一方面也使得侵权行为表现更加隐蔽和复杂。

当然，著作权制度的发展也不是被动的，因为其可以通过变革来适应技术的发展。笔者认为，从著作权制度的现代化角度而言，一个国家或地区著作权制度适应现代技术发展的程度，是衡量该制度现代化水平的重要标志。

---

[1] 冯晓青，杨利华. 我国《著作权法》与国际知识产权公约的接轨［J］. 南京社会科学，2002（8）：68－75.

其五，著作权制度适应市场经济发展的程度。[1] 如前所述，著作权制度是商品经济和技术发展的产物。除了技术因素，著作权制度的发展之所以还需要具备商品经济，尤其是市场经济土壤，笔者认为是因为只有在商品经济尤其是在市场经济土壤中著作权保护的客体这一无形商品才能在市场经济中作为无形财产流通，其财产价值也才能得到充分的实现。著作权制度的现代化要求著作权制度的构建与发展应当充分尊重市场规律，充分利用市场手段，从而实现著作权保护的价值。在著作权制度的变革中，如何改革不适用于市场经济发展的规定，也是著作权制度现代化过程中所必须考量的。

二、我国《著作权法》的现代化要求

在前述研究的基础上，有必要结合著作权制度现代化的标准，对我国《著作权法》第三次修改的情况作出整体评价。

著作权制度的现代化，显然是我国第三次修改《著作权法》的重要目标。笔者认为，这次《著作权法》的修改基本上实现了著作权制度现代化的目标，但同时仍有一些地方值得进一步改革与完善。

第一，《著作权法》修改应适应我国经济社会发展与科学文化发展水平。尽管如前所述，当代著作权制度日益国际化，但一个国家或者地区的著作权制度，最终需要通过本国或者地区有效实施。因此，本土化也是著作权制度国际化过程中必须重视的重要因素，应当以本土化作为制定和完善一个国家或者地区著作权制度的基本原则和定位。就我国著作权制度而言，著作权制度的本土化意味着与我国的国情相适应，著作权制度能够适应我国经济社会发展，特别是科技与文化发展。就与我国著作权制度相关的国情而言，最大的特色是人口众多、民族文化水平参差不齐，尤其体现在发达地区和落后地区之间。我国著作权制度要有效地服务于以上国情，就应当在充分有效保护著作权人的著作权的基础之上，保证社会公众能够便利地使用和传播作品，在《著作权法》第三次修改审送稿中体现为规定了对著作权的合理使用、法定许可等各种限制，以及增加了孤儿作品著作权保护制度、著作权集体管理中的延伸管理制度。不过，笔者认为有些规定仍然与上述目标的实现有一定差距。例如，2014 年6 月 6 日发布的《中华人民共和国著作权法（修订草案送审稿）》［以下简称“2014 年《著作权法（送审稿）》”］关于义务教育法定许可中可以使用

---

[1] 刘家瑞．论著作权法修改的市场经济导向——兼论集体管理、法定许可与孤儿作品［J］．知识产权，2016（5）：40－51．
CHARLES CLARK，Copyright and the publisher in a market economy［J］．Publishing Research Quarterly，1992，8（2）：79－85．

著作权的作品范围有些窄。❶ 又如，关于为个人学习或者研究的需要，合理使用他人作品的范围过窄，相对于2010年《著作权法》规定的“使用已经发表的他人的作品”，2020年前送审稿将其范围限定于“复制已经发表作品的片段”，这样就大大缩小了个人基于学习、研究的需要使用享有著作权的作品的方式和范围。笔者认为，这不利于我国著作权制度应当在充分保护著作权人著作权的基础之上，保障社会公众能够充分地分享、使用享有著作权的作品的自由，实现著作权保护与权利限制以及著作权人利益和社会公众利益之间平衡的立法价值目标。笔者建议该项后半部分恢复为2010年《著作权法》的规定。否则，如果该项规定被通过，将在相当大的程度上影响甚至妨碍个人基于学习和研究的目的而使用享有著作权的作品。由于广大社会公众基于个人学习和研究目的，需要以多种形式使用享有著作权的作品，既不限于复制的形式，也不限于使用作品的片段，而是可以包括复制形式以外的其他形式使用全部作品。由于社会公众广泛具有这种需求，而这种需求如果在著作权利法上没有得到肯定，就很可能造成“法不责众”的现实困境。基于个人学习、研究目的使用已经发表的作品，由于不会构成对著作权人享有著作权作品的替代品，不会对其著作权构成实质性损害，这种对著作权的限制不宜打折扣。笔者认为，著作权制度在一定情形下应充分保障社会公众对作品使用的自由和便利，否则会在著作权人利益和社会公众利益之间造成失衡。❷

第二，我国著作权制度的国际化。由于国际化代表了著作权制度的发展趋势与水平，国际化也是著作权制度现代化的重要标志。与著作权保护国际公约接轨、推动我国著作权制度的国际化，始终是我国著作权立法的重要原则和目标。我国《著作权法》已经过三次修订，可以说完全达到了国际标准，《著作权法》第三次修订故更多的是基于自身发展的需要。由此可见，从著作权制度国际化标准而言，我国《著作权法》具有现代化特色。当然，随着知识产权国际保护制度的变革，在促进知识产权全球治理的大背景下，我国著作权制度在国际保护环境之下仍有进一步发展的空间，也需要随着国际保护制度的变革而不断地完善。❸ 例如，国际上探讨的网络广播组织权问题，就值得关注。

第三，我国《著作权法》适应社会主义市场经济发展的程度。著作权制度是商品经济和科学技术发展的产物。我国《著作权法》经历了由有计划的商品经济到社会主义市场经济的过渡。以包括著作权制度在内的我国整体的知识产权制度来说，在中华人民共和国成立以后相当长时间内我国实行的是计划经济体制。由于计划经

❶ 2020年11月11日通过《全国人民代表大会常务委员会关于修改〈中华人民共和国著作权法〉的决定》，自2021年6月1日起施行，该决定对2014年《著作权法（送审稿）》的诸多规定作出了完善。

❷ 2020年《著作权法修改草案》（征求意见稿）（下称2020年《征求意见稿》）及《著作权法》（2020年修正）的，相应规定已恢复到2010年《著作权法》规定。

❸ 冯晓青. 国际知识产权制度变革与发展策略研究［J］. 人民论坛，2019（23）：110－113.

济排斥市场，知识产权制度所赖以生存与发展的市场经济土壤就不能为这一法律制度提供良好的发展空间。相当长时间的计划经济体制的存在，也可以说是中华人民共和国成立以后为何我国知识产权制度迟迟没有得到很好的建立和发展的根本原因之一。只是改革开放以后，随着向有计划的商品经济体制过渡，特别是后来随着社会主义市场经济体制的提出和建立，包括著作权制度在内的知识产权制度终于迎来了发展的舞台。[1]

这里有必要从理论上认识为何包括著作权制度在内的知识产权制度的发展需要建立在市场经济土壤之上？对此，笔者认为主要是基于著作权等知识产权作为一种无形财产权，其经济价值和社会价值实现有赖于市场，并且该权利本身是对市场份额进行控制的一种具有专有性的权利。根据英国剑桥大学知识产权法教授威廉·科尼斯（William Cornish）的观点，知识产权作为一种独占性的权利，旨在控制市场，并通过对市场的控制获取经济效益。这一对知识产权的概念解读在理念上包括了法学意义上的知识产权的概念和经济学意义上的知识产权的概念，乃至管理学上的知识产权的概念。以管理学意义上，尤其是就战略管理意义上的知识产权的概念而论，知识产权其实是企业的一种竞争武器。这也是为何在当代国外跨国公司以及我国很多企业尤其是大中型企业十分重视通过知识产权的战略运用获取市场竞争优势的重要原因。当然，从法律上的静态的专有权利到动态运用知识产权取得竞争优势，需要通过多方面努力并具备相应的条件。无论如何，特别是考虑到知识产权制度的发展历程，知识产权制度不仅是市场经济发展的产物，而且只有在市场经济充分发育的条件下才能更好地实现该制度的功能和特点，在一个国家或者地区经济社会发展与科技文化发展中发挥更加重要的作用。

笔者认为，根据著作权制度适应市场经济发展的原理和精神，我国《著作权法》第三次修改总体上遵循了这一精神和原则。然而，从相关制度的规定来看，仍然有些地方需要改革与发展，以更好地适应我国市场经济发展的需要。具体而言，尤其体现在以下三个方面。

（1）2020年《著作权法》在立法目的的条款，没有特别强调和重视促进著作权的转化和运用。对此，笔者认为由于著作权立法宗旨条款事关该法的基本精神和定位，有必要在其第一条中鲜明地表明《著作权法》促进作品的创作、传播和运用的目的。有人可能会指出，2020年《著作权法》第一条规定的“传播”已经包含了作品有效运用等内涵。不过笔者认为，这一解释有些牵强，因为传播主要是针对作品的扩散，作品的运用则主要体现为通过许可、转让、信托、投资、证券化等多种形式实现著作权的经济和社会价值，即通过实实在在地利用著作权，使其转化为物质财富，并保值增值，实现由无形到有形的转化。知识产权的转化和利用正是我

[1] 冯晓青. 中国知识产权制度70年［J］. 社会科学战线，2019（6）：25－37.

国正在深入实施的国家知识产权战略的重中之重，在知识产权战略的几个环节即知识产权创造、知识产权运用、知识产权保护和知识产权管理中，知识产权运用是目的。当前我国知识产权战略和政策的重要走向，就是大力加强知识产权的转化、运用。当前我国知识产权制度实施中的重要问题和瓶颈也是知识产权转化、运用不畅，转化运用率不高。从当前从国家层面到地方层面发布的大量涉及知识产权与技术创新的政策和制度来看，有效地促进知识产权转化和运用都是其中最重要的目标。党的十八届三中全会的报告中也特别指出要“加强知识产权运用和保护”。就我国《著作权法》而言，通过立法的规定，促进著作权的有效转化和利用，无疑也是具体落实国家知识产权战略和当前知识产权制度和政策的具体表现。

（2）以著作权立法为核心的著作权制度整体上是针对所有权意义上的著作权保护制度的构建，对于在保护著作权基础上以运用为核心的著作权制度重视和规范程度不够。此前关于《著作权法》的基本定位，是著作权保护之所有权法，还是促进市场经济发展的著作权运用之法，存在一定争议。笔者认为，在促进文化大发展大繁荣，大力加强文化创意产业发展的背景下，我国著作权制度应当立足于著作权保护，并在此基础之上以促进著作权客体和相关权客体传播与运用为核心。只有这样才能更好地运用著作权制度，促进我国社会主义精神文明、物质文明建设以及经济社会的发展，更好地适应市场经济发展的需要。但针对我国《著作权法》第三次修改送审稿以及最终通过的 2020 年《著作权法》而言，立法总体上对著作权转化、运用关注程度不够。2010 年《著作权法》修改时增加了第二十六条，即著作权人可以通过质押的形式利用其著作权，著作权法第三次修改送审稿在此基础上增加了其他利用著作权的形式。2020 年《著作权法》则取消了送审稿前述规定。笔者认为，这使得对著作权利用的相关规定仍然过于简略，是否需要借鉴专利法第四次修改草案专门增加权利的运用一章，值得探讨。

（3）在尊重市场规律、尊重当事人意思治自优先的原则方面，2020 年前送审稿相对于 2010 年《著作权法》而言有较大的改进。这尤其体现于在界定作品著作权的归属方面，送审稿比较重视意思自治优先原则，如关于职务作品、视听作品著作权归属方面的规定。2020 年《著作权法》（2020 年修正）则对送审稿内容作了调整。这方面的具体规定，还需要进一步的细化和完善。

第四，我国著作权制度适应技术发展的程度仍有待提高。如前所述，适应技术的发展是著作权制度现代化的重要标志之一。著作权制度现代化是一个与时俱进的概念，它要求现代著作权制度必须适应技术的发展，随着技术发展提出的新问题、新要求及时进行变革。就我国《著作权法》第三次修改而言，最重要的是适应信息网络技术发展的要求。尽管我国 2010 年《著作权法》对信息网络传播权的保护作了原则性的规定，国务院还专门颁布了《信息网络传播权保护条例》，但从合理平衡信息网络环境下著作权人、传播者和使用者的利益关系，促进作品在网络空间的有效保护，以及网络产业的健康发展的角度看，仍存在一些问题，这些问题至少体现为以下方面：（1）在网络环境下技术措施和权利管理信息的规范不够；（2）对网络环境下信息网络传播行为的界定和侵害信息网络传播行为的表现形式规范不够；（3）对于信息网络环境下著作权的限制，特别是著作权合理使用制度规范不够等。2020 年《著作权法》第三次修送审稿对上述问题有所改进，但针对一些重要问题仍然没有规范，如关于信息网络传播行为的定义，没有作出任何修改。实际上，信息网络传播权定义所指的在个人选定的时间和地点获取作品的权利，在两个互联网条约即《世界知识产权组织版权条约》和《世界知识产权组织表演与唱片条约》中则是作为列举性质的并非作为限定性条件。正是基于此，有学者早已建议我国《著作权法》在修改时应将信息网络传播权改为“公众传播权”。再如，关于信息网络环境下著作权的合理使用，2020 年《著作权法》关于图书馆、档案馆等公共文化服务机构著作权合理使用，规定的内容过于狭窄，不利于在信息网络环境下利用图书馆、档案馆等公共文化机构的公共服务职能，更好地为社会公众提供相关的文化服务。还如，2020 年《著作权法》对于网络环境下是否允许一定条件和范围的法定许可，也没有作出明确回应。此外，信息网络环境下出现了新型著作权侵权的形式，在2020 年《著作权法》中没有得到明确的体现。

我国《著作权法》第三次修改进程与基本定位*

我国《著作权法》第三次修改启动于2012年，其间国家版权局提出过多个修改版本。一直到2020年11月11日，第十三届全国人大常委会第二十三次会议上，才通过了《全国人民代表大会常务委员会关于修改〈中华人民共和国著作权法〉的决定》。对此，以下重要问题值得探讨：①《著作权法》修改的时间为何如此漫长？如何提高法律修改的效率？②如何认识《著作权法》第三次修改的基本定位和总体思路？

关于《著作权法》第三次修改，2012年3月《中华人民共和国著作权法（修订草案）》［以下简称“2012年《著作权法（修改草案）》”］公布以来，与著作权制度相关的信息网络技术和经济社会发展又有了新的特点和变化。如果《著作权法》迟迟得不到修改，就可能滞后于技术和经济社会的发展。这里不得不提出一个值得高度重视的问题，就是立法的效率问题。当然，这一问题不仅仅是《著作权法》修改本身的问题，也涉及《立法法》相关的问题，涉及如何优化我国法律修改程序的问题。法律修改程序的优化，提高法律修改的效率，无疑是我国法律完善中的一个重大问题。法律修改久拖不决，必然会造成法律修改的低效率，使得通过法律适应变化中的经济社会发展的目标难以实现。

笔者认为，之所以出现这种情况，一个重要的原因是《著作权法》调整的利益关系较为复杂，而这些不同主体的利益关系很难调和。例如，关于是否应当规定美术作品原件的追续权，站在著作权人和拍卖商的角度看，可能会得出完全相反的结论。又如，是否应当赋予录音制作者二次获酬权的问题，以及录音制品的法定许可问题，不同的利益主体对同一问题可能会持不同的观点。由此导致每一次征求意见过程中，代表不同利益的相关主体和组织所主张的观点总是存在分歧，而这种分歧很难通过立法的形式修订并予以解决。

立法者则应站在国家和人民的立场上，公平合理地保护相关主体利益，及时完善修正案并予以通过。《著作权法》第三次修改时间漫长的格局，不利于我国著作

---

* 本文初稿撰写时间为2019年8月2日。

权制度的完善，不利于通过及时变革著作权制度而更好地适应技术和经济社会的发展。在当前我国实现民主立法，广泛听取社会各方面的意见和建议基础之上推进立法制度完善的大格局下，《著作权法》第三次修改不断征求社会各方面的意见和建议固然应当肯定，但是也不能矫枉过正，使得法律修改过程过于缓慢，法律修改的效率大打折扣。

针对上述我国《著作权法》第三次修改过程中，因为利益主体的不同观点而延迟《著作权法》修改进程，笔者认为利益关系的错综复杂使得《著作权法》修改很难同时让不同利益主体满意。然而，《著作权法》修改不是简单地更多地满足某一方利益的问题。无论是从著作权立法的发展还是《著作权法》的基础理论来说，利益平衡是著作权制度最根本的原则和理念。应高举利益平衡的旗帜，以著作权制度所追求的正义价值、效率价值和创新价值为指针。因此，笔者认为，为了及时有效地推动著作权制度的改革和发展，不应拘泥于部分利益关系的调整，而应就当前经济社会生活和信息网络技术发展中涉及著作权法律关系的重点问题和亟待解决的问题加以规范。总的来讲，著作权立法修改的效率问题应当引起高度重视，否则无法保证通过著作权制度的改革和发展，适应当前经济社会和技术发展的需要。

关于我国《著作权法》第三次修改的基本定位，笔者认为应当置于当前国家治理体系和治理能力现代化的大背景下❶，使《著作权法》的修改作为我国国家治理体系法治化的一环，为推动我国知识产权国家治理体系和治理能力现代化作出应有的贡献。众所周知，国家治理体系和治理能力现代化是党的十八届三中全会提出来的重要主张，并在党的十九届四中全会作为主要议题。国家治理体系和治理能力现代化是我国在新时代迈向社会主义强国进程中最为重要的一环。其中就国家治理体系而言，其本质在于国家制度的构建与优化。由于法律制度是国家制度中极为重要的内容，国家治理体系和治理能力现代化必须以法治化为核心和根本的保障。当前我国正朝社会主义法治国家迈进，倡导建立法治政府、法治社会，强调科学立法、严格执法、公正司法和全民守法，法治化无疑是我国国家治理体系和治理能力现代化的制度保障，也是民主化和科学化的保障。就著作权法律制度而言，其作为我国社会主义法律制度的重要范畴和组成部分，在推动建立和完善我国知识产权治理体系与治理能力现代化进程中具有不可替代的重要作用。著作权法律制度的改革和完善，其重要目的也是要完善我国知识产权法治体系，使其更好地在促进文化创新、传播和利用优秀作品方面发挥其独特的作用。尤其是我国是拥有十四亿人口的大国，中国民族文化素质的提高和民主文化建设，与著作权法律制度的构建与完善具有十分密切的联系。因此，笔者认为我国《著作权法》第三次修改，不应仅仅从适应技术发展的这一角度来理解，还要从促进我国知识产权国家治理体系和治理能力现代

❶ 朱丹. 浅谈知识产权治理体系现代化［J］. 中国发明与专利，2017（11）：13－18.

化的更高的境界和层次加以认识。从这一高度就能够对于我国著作权法律制度完善的重要性以及制度改革措施的合乎需要性有更深刻的认识。

同时，笔者认为，考虑到著作权法律制度的基本面向与我国著作权法律制度的基本构架，《著作权法》第三次修改仍然以著作权保护为核心、以协调著作权人和相关社会公众之间的利益关系为基本内容。当然，在我国不断完善社会主义市场经济体制的格局下，我国《著作权法》第三次修改还承载着更加重要的历史使命，即通过有效地保护著作权人和其他相关利益主体的利益，更有效地鼓励创作和促进作品的传播与利用，从而促进我国科学文化事业的大发展大繁荣，服务于国家经济社会的发展。因此，在新的历史条件下，《著作权法》的基本定位不能仅限于对著作权的保护（这里的著作权保护，包括了对与著作权有关权益即相关权的保护），还应将作品视为一种无形财产，探讨如何更加充分有效地在市场经济中得到充分的传播和利用。因此，《著作权法》不仅仅是一部著作权的保护法律，在市场经济中也是如何通过有效的传播和利用作品而促进文化产业的发展，促进文化大发展大繁荣的一部著作权的运用法。笔者认为，《著作权法》这一基本定位的变化有利于更好地发挥著作权法律制度在当代我国经济社会生活中的重要作用和地位，尤其是促进文化产业的发展，以及我国文化大发展大繁荣。由单纯的强调对著作权的保护、将《著作权法》视为一种所有权法，提升为在有效保护著作权的基础之上注重作品这一无形财产的财产属性以及在市场经济中的充分传播和利用，这一基本定位的变革应当也是指导我国《著作权法》第三次修改的重要的基本定位。

当前，我国《著作权法》第三次修改已经完成。笔者认为，上述基本定位对于我国《著作权法》的进一步完善，仍然是适用的。

我国《著作权法》立法宗旨条款及其完善*

关于我国《著作权法》第三次修改，国家版权局曾颁布几个修订版本征求意见稿。原国务院法制办公室将国家版权局报请国务院审议的2014年《著作权法（送审稿）》及其修订说明全文公布，征求社会各界意见。此后，2014年《著作权法（送审稿）》又先后征询了不同部门和组织的意见。2020年4月底，全国人大网上公布了《中华人民共和国著作权法（修正案草案）》[以下简称"2020年《著作权法（修正案草案）》"]，对外公开征求意见。2020年8月8日，著作权法修正案草案第二次审议，形成了修改后的草案，即2020年8月17日发布的《中华人民共和国著作权法修正案（草案二次审议稿）》[以下简称"2020年《著作权法修正案（草案二次审议稿）》"]。❶ 2020年11月11日通过的《著作权法》则保留了2010年《著作权法》关于立法宗旨的规定。不过，基于立法宗旨条款的重要性，对著作权法立法宗旨条款修订进行探讨仍然是有必要的。

众所周知，法律的第一条是立法宗旨条款。尽管这一条比较原则和抽象，但其地位十分重要，因为它表明了立法的特定目的和基本精神。❷ 我国2010年《著作权法》也不例外，其第一条规定："为保护文学、艺术和科学作品作者的著作权，以及与著作权有关权益，鼓励有益于社会主义精神文明、物质文明建设的作品的创作和传播，促进社会主义文化、科学和经济的发展与繁荣，根据宪法制定本法。" 2014年《著作权法（送审稿）》则将上述第一条中的"与著作权有关的权益"改为"传播者的相关权"，其他地方没有作出改动。

笔者认为，2010年《著作权法》第一条及2014年《著作权法（送审稿）》第一条存在问题，值得修改。

（1）上述第一条只是强调了对于传播者权益的保护，而对于强调作品的运用方

---

* 本文初稿撰写时间为2019年8月3日。

❶ 以下对2020年著作权法修改草案的阐述，凡是2020年《著作权法修正案（草案二次审议稿）》对2020年《著作权法（修正案草案）》没有修改之处，均以后者的规定加以讨论；若有修改的内容，则将专门指出。

❷ 马忠法，孟爱华. 论我国《著作权法》立法宗旨的修改——以促进文化产业发展为视角 [J]. 同济大学学报（社会科学版），2013（3）：103-109，116.

面没有体现。如前所述，我国《著作权法》第三次修改的基本定位应当是著作权保护和运用并重，虽然传播可以认为在广义上包括了运用，但毕竟两者具有不同的内涵，作为立法宗旨条款，明确强调著作权的运用也具有必要性。因此建议将上述条款中的“鼓励有利于社会主义精神文明、物质文明建设的作品的创作和传播”，修改为“鼓励有利于社会主义精神文明、物质文明建设的作品的创作、传播和利用”。这样一来，《著作权法》所承载的促进我国文化大发展大繁荣、促进文化产业的发展，就有了更加直接明确的法律依据和导向。

（2）2014 年《著作权法（送审稿）》第一条后半部分“促进社会主义文化、科学和经济的发展与繁荣”，基于《著作权法》是国家立法的考虑，所包含的内容可以进行适当延伸。笔者建议将上述表述改为：“促进国家文化、科学和经济的发展与繁荣。”理由如下：第一，从立法语言表述简约、简练的要求看，同一条文中两次出现相似表达，似乎显得不够简约。第二，更重要的是，如上所述，《著作权法》是国家的立法，作为国家立法的第一条立法宗旨条款，更明确的导向应当是该法在国家经济社会生活中的基本定位和作用，而不是过于强调其他方面，包括我们国家的社会主义性质。众所周知，我国是社会主义国家，我国任何立法都以此为基础，这也是我国和西方资本主义国家立法的根本不同之处。但是在立法宗旨的具体表述上，由于该法第一条前面已经强调了社会主义的属性和著作权立法的重要目标，该条后半部分对于立法宗旨的表述则应当突出该法对于国家经济社会生活中的重要地位和作用，这样才能更好地体现法律的国家意志性。

因此，基于上述考虑，笔者建议，可将 2010 年《著作权法》第一条修改为以下表述。

第一条　为保护文学、艺术和科学作品作者的著作权，以及传播者的相关权，鼓励有益于社会主义精神文明、物质文明建设的作品的创作、传播和利用，促进国家文化、科学和经济的发展与繁荣，根据宪法制定本法。

值得指出的是，尽管 2020 年《著作权法》对于 2010 年《著作权法》第一条关于立法宗旨的规定并未做任何修改，在其未来进一步修正时，仍应考虑作出适当修改。

我国《著作权法》中作品定义及其完善*

作品作为著作权的客体，在著作权法中有必要对其基本内涵作出规定。2014 年《著作权法（送审稿）》第五条规定："本法所称的作品，是指文学、艺术和科学领域内具有独创性并能以某种形式固定的智力表达。"2020 年《著作权法（修正案草案）》第三条将上述规定中的"以某种形式固定的智力表达"改为"以某种有形形式复制的智力成果"。2020 年《著作权法修正案（草案二次审议稿）》第三条将上述规定进一步修改为"以一定形式表现的智力成果"。2020 年《著作权法》则保留了 2020 年《著作权法修正案（草案二次审议稿）》的规定。对此，笔者认为明确规定作品的定义，是著作权立法的一个进步，因为作品是《著作权法》中最基本的概念，作为著作权客体，作品也是著作权保护的核心概念。《著作权法》自然应当对这些基础、核心的概念作出基本的定义。❶ 至于概念本身的定义是否科学、合理，则是另外一个问题。当然，既然对法律的基本概念作出了界定，就应当力求科学、合理。关于 2014 年《著作权法（送审稿）》上述定义，笔者认为至少有以下方面需要改进。

首先，将作品定义为一种智力表达，没有揭示著作权保护的客体与其他知识产权保护客体的区分，且难以使一般公众加以理解。作品固然是一种智力表达，但这里的智力表达并非是和作品完全等同的概念。笔者建议将上述"智力表达"改为"基于创作而产生的智力成果"。具体理由如下。

（1）作品和创作活动具有必然的联系，作品是著作权的客体❷，是创作活动产生的直接结果。换言之，没有创作活动，就没有作品，而没有作品就没有著作权的产生。其实，我国《著作权法实施条例》对于创作的概念有专门的规定，即"直接产生文学、艺术和科学作品的智力活动"。创作活动产生的劳动成果就是作品。因此，无论是在著作权法理论还是著作权法司法实践中，都认为只有创作活动才能产生作品，而那些非创作活动的人就不能成为作品的作者。对此，我国《著作权法实

---

* 本文初稿撰写时间为 2019 年 8 月 4 日。

❶ 李明德，管育鹰，唐广良.《著作权法》专家建议稿说明［M］. 北京：法律出版社，2009：309－344.

❷ 吴汉东，王毅. 著作权客体论［J］. 中南政法学院学报，1990（4）：37－44.

施条例》也有相应的规定。关于这一点，也可以从著作权法的哲学层面加以理解。根据知识产权法哲学的财产权劳动理论，基于创造性劳动而产生的智力成果应当受到知识产权的保护。在著作权法领域，这里的所谓创造性劳动，主要是针对创作活动。当然，在讨论与著作权有关权益或者说邻接权的保护问题时，还会涉及作品传播者的智力劳动。由此可见，对于作品的定义绕不开创作这一基本概念。

（2）笔者之所以主张在智力成果前面加上“基于创作产生的”这一限定还有以下原因。智力成果是知识产权保护的主要客体，所谓知识产权，就是在文学、艺术、科学、工商等领域内，民事主体对智力创造性成果和工商业标记所享有的专有权利。显然，智力成果是一个较宽泛的概念，它不限于《著作权法》中作品这一智力成果，还包括发明创造等其他类型的知识产权领域的智力成果。针对《著作权法》中作品的定义，在“智力成果”前面加上“基于创作而产生的”的这一限定，至少有以下两方面的重要价值。一是明确了《著作权法》保护的作品的本质，即它是基于创作而产生的，而不是基于其他活动而获得的。这样在实践中就能够很好地将非创作活动产生的结果排除在作品的范围之外。二是加上“基于创作而产生的”这一限定，能够很好地区分《著作权法》所保护的智力成果与其他知识产权专门法律保护的智力成果，也就是说，基于创作而产生的结果与基于其他行为产生的结果，如发明创造，在知识产权保护上具有不同的性质。反之，如果取消这一限定条件，就可能造成在知识产权保护客体上著作权保护的客体与其他知识产权保护客体的混同。由此可见，“基于创作而产生的”这一限定性条件，是区分著作权保护客体与其他类型的知识产权保护客体的分水岭。

当然，有观点可能认为，从对作品的定义来看，智力表达前面的一系列限定即可以认为明确了著作权保护客体作品的本质属性，不需要再专门增加上述的限制性条件“基于创作而产生的”。对此，笔者认为，上述观点有一定道理。但是，从立法对重要概念的界定应当明确的要求来看，仍然有必要在对作品的定义中体现它是创作活动的结果。从对立法概念界定简练的角度和要求来说，基于增加了上述限制性条件“基于创作而产生的”，可能使法条的表达不够简洁，笔者主张根据上述的立法修改建议，在2010年《著作权法》第三条增加对于作品的定义。

第三条　本法所称的作品，是指文学、艺术和科学等领域内具有独创性并能以一定形式表现的智力创作成果。❶

---

❶ 与2020年《著作权法（修正案草案）》相比，2020年《著作权法修正案（草案二次审议稿）》对于作品的定义，除了将“以某种有形形式复制”修改为“以一定形式表现”外，还将“文学、艺术和科学领域”修改为“文学、艺术和科学等领域”。此外，对于作品类型的“兜底性质”的规定，将前者“法律、行政法规规定的其他作品”修改为“符合作品特征的其他智力成果”。对此，笔者认为，扩大作品所属领域具有合理性，对于兜底条款的规定也具有合理性。2010年《著作权法》因而也保留了2020年《著作权法修正案（草案二次审议稿）》关于兜底项的规定。

上述修订和前述仅增加限制性条件"基于创作而产生的"优点在于立法语言表达简洁明了，同时又指出了作品的本质属性，以及它与其他知识产权保护客体的区分，可谓实现了一箭双雕的效果。总的来说，笔者主张著作权法关于作品定义的规定，应将智力表达改为基于创作而产生的智力成果。无论何种表达方式都要体现作品是基于创作而来的，这样就可以体现作品的本质属性，也能够使著作权保护的客体和其他知识产权保护的客体加以区分。

其次，2014 年《著作权法（送审稿)》、2020 年《著作权法修正案（草案二次审议稿)》及 2020 年《著作权法》关于作品的定义，还提到了具有独创性这一关键性要件，但没有对这一极其重要的概念作出任何解释。无疑，无论是著作权法理论还是著作权司法实践，独创性都是一个关键性的概念。[1] 如在著作权司法实践中，尤其是涉及剽窃、抄袭以及实质性相似的判断，独创性判断都是十分重要的。比较而言，我国专利法对发明和实用新型的"创造性"，以及商标法对于"显著性"都有直接或者间接的界定。由于著作权立法对于独创性这一关键性概念缺乏基本定义，不仅导致著作权理论界对独创性的认识存在巨大的分歧，而且在著作权司法实践中理解有异。因此，笔者主张在我国《著作权法》第三次修改过程中，在增加关于作品定义的同时，增加一款作为第二款，专门对独创性的定义作出基本的规定。

为便于理解独创性在著作权立法和著作权法理论与实践中的重要地位，这里先对《著作权法》中独创性的基本理论作出探讨，重点是分析为何《著作权法》需要规定作品具有独创性要件。

笔者认为，独创性作为《著作权法》中的一个关键性的概念以及作品的实质性构成要件，其重要性体现为它是确保著作权立法宗旨实现的关键，是《著作权法》鼓励创作和传播，促进文化创新的根本保障。独创性的基本内涵是基于作者的独立创作。作品具有独创性，是实现文化创新、作品表达的多样性和繁荣文化科学的根本保障。具有独创性的作品才能受到《著作权法》的保护，这一点也可以从著作权法的哲学基础讨论。根据著作权法哲学的增加价值理论，之所以应当对具有独创性的作品给予著作权保护，是因为这一类作品为社会增加了价值，这种价值不仅体现为经济价值，而且可以体现为社会价值，或者是经济价值与社会价值同时具备。独创性作品对社会的贡献虽然不一定体现为思想的创新，但在思想表达方面必须是作者个人独立完成的，而不是复制，甚至剽窃、抄袭他人作品的成果。这样就可以保障即使是具有同一思想的作品也具有相应的价值。何况具有独创性作品是作者独立完成的，在作品的思想表达形式具有独特性、个性化的同时，很可能在作品的思想内容方面也同样具有独特性和创新。特别是那些选题独特甚至从来没有的作品，在思想和表达方面均具有足够的个性化特色与创新。这种情况下的作品能够给社会带

[1] 郑英龙．著作权独创性之鉴衡：基于符号学视角［J］．浙江学刊，2013（2）：153－158．

来更大的价值，其独创性程度也更高，也应给予更充分的法律保护。可以设想一下，不具备独创性的作品同样可以受到著作权保护的后果。如果这样，就会助长不劳而获、剽窃他人作品的不良风气，所谓“天下文章一大抄”就是这一情形的真实写照。由此可见，独创性是作品获得著作权保护的关键性要件。一部主张著作权保护的作品，如果没有独创性就不能获得著作权保护。或者说根据知识产权保护的比例原则，作品独创性的程度与其受到著作权保护程度也应当成正比例的关系，对于独创性程度很高的作品，其受到著作权保护的程度理应更高。

笔者认为，既然独创性是我国《著作权法》中对作品保护的关键性要件，也是司法实践中著作权侵权认定的关键性考量因素，2020 年《著作权法》第三条关于作品的定义中应对作品的独创性作进一步的规定。目前，我国著作权法律、行政法规和司法解释均没有对《著作权法》中独创性的定义作出基本的规定，北京市高级人民法院的相关著作权司法审判的指导意见中对此略有涉及。笔者认为，在《著作权法》立法上，独创性可以作如下定义。

(2020 年《著作权法》第三条增加第二款) 前款作品的独创性，是指作品是由作者独立完成的，而不是剽窃、抄袭他人作品，但根据本法规定可以适当使用他人作品的情况除外。

这里需要补充说明的是，之所以增加“但书”的规定，是考虑到和《著作权法》中关于著作权限制的相关规定相协调。因为根据 2010 年《著作权法》第二十二条的规定，在一定的情况下可以合理使用他人的作品，如适当引用。

最后，2014 年《著作权法（送审稿)》第五条、2020 年《著作权法修正案（草案二次审议稿)》及 2020 年《著作权法》第三条还对相关作品的类型作了规定，但有些类型是否合理，需要继续研究。❶ 笔者认为，随着经济社会的发展，可能出现新的作品类型，原有的作品分类也可能需要作出适当调整。值得注意的是，2014 年《著作权法（送审稿)》这次专门将实用艺术作品从美术作品中剥离出来成为一类独立的艺术作品。对此，笔者给予高度的赞同，但对于实用艺术作品的定义有不同的意见。以下将结合笔者和付继存副教授在《法学研究》上发表的一篇论文《实用艺术作品在著作权法中之独立性》的相关观点，阐述对这次关于实用艺术作品著作权保护制度完善的意见和建议。

2014 年《著作权法（送审稿)》第五条一方面将实用艺术作品作为一类独立的作品与美术作品并列，另一方面对这类作品的定义作了规定。笔者认为，将实用艺术作品独立成为一类独立的作品具有十分重要的意义，主要体现为以下四方面。

第一，从理论上讲，实用艺术作品不同于一般的美术作品，实用性和艺术性是实用艺术作品的必备条件，而一般美术作品并不强调实用性。当然，在独创性这一

❶ 杨利华. 我国著作权客体制度检讨［J］. 法学杂志，2013（8）：20－29.

点两者之间并没有本质的区别。也正是如此，在涉及实用艺术作品著作权保护的司法实践中，有的法院并不指出作品是否为实用艺术作品，而是直接指出其具有独创性故应受到著作权的保护。但是，在著作权司法实践中，这种模糊的做法也会造成司法裁判的不统一，即有的法院明确按照实用艺术作品对待，有的法院则作为普通的美术作品。如果将实用艺术作品从一般美术作品中剥离，就不会产生这一问题。

第二，将实用艺术作品从一般美术作品中剥离，使其单独成为一类受著作权保护的作品，大大有利于实用艺术产业的发展。随着我国经济社会的发展，经过 40 多年的改革开放，我国消费水平日益提高，对精神生活的追求日益提高。实用艺术作品因其既具有艺术性又具有实用性而受到消费者的青睐。实际上，当前我国实用艺术作品已经形成一个巨大的产业，这一产业和一般美术作品市场形成了不同的特色。如果将实用艺术作品包含在一般美术作品的范畴中，就难以凸显实用艺术作品市场的独特性。

第三，将实用艺术作品作为一类独立的作品，有利于鼓励实用艺术作品的创作和传播，从而也有利于促进实用艺术产业的发展。著作权法是一种激励创作和作品传播的法律制度，通过明确实用艺术作品独立的法律地位，无疑有利于鼓励实用艺术作品的创作和传播。

第四，将实用艺术作品作为一类独立的作品，在国际上也有类似的立法例，并且被证明是一种比较成功的模式。反观我国近年来立法对于实用艺术作品的保护，一直没有明确其相应的法律地位，特别是没有明确其和美术作品的关系，以致在理论上不仅造成了很大的分歧，而且对法律规定的理解也存在不同的意见，特别是涉及实用艺术作品著作权司法保护实践中也出现了很大的混乱。

综上所述，将实用艺术作品从一般美术作品中剥离、使其和美术作品并列，成为一类独立的作品势在必行。《著作权法》第三次修改的过程中，在 2020 年修改草案前的每一个版本都将实用艺术作品独立成为一类作品，笔者认为这是我国著作权立法上关于实用艺术作品著作权保护的一个巨大的进步。❶

下面需要进一步探讨的是：如何定义实用艺术作品？对此，2014 年《著作权法（送审稿）》第五条第（九）项规定："实用艺术作品，是指玩具、家具、饰品等具有实用功能并有审美意义的平面或者立体的造型艺术作品。"笔者建议将实用艺术作品界定为："玩具、家具、饰品等实用功能与审美意义整体产生的空间艺术作品。"与 2014 年《著作权法（送审稿）》相比，该定义的进步性在于强调实用性与艺术性整体产生。所谓整体产生，是指两者统一于物品形态，而不是将已经存在的美术作品作为实用艺术作品的艺术成分。如果将美术作品用于日常物品的制作，则实际上是美术作品的复制性利用，或者说这种方式只是将美术作品从一种存在载体

❶ 但是，令人遗憾的是，2020 年《著作权法》取消了实用艺术作品独立类型的规定。

转移到另一种存在载体上，不产生新的实用艺术作品。强调实用艺术作品的“实用功能”是“整体产生的”，蕴含了对实用性与艺术性的妥善处理。进一步说，实用艺术作品的整体产生是指基于整体构思创作，以致艺术部分与实用部分在物理上不可分离，而在观念上可以分离。[1]

笔者和付继存副教授研究成果的观点表明，相对于2014年《著作权法（送审稿)》对于艺术作品的定义，将平面作品排除在艺术作品之外，仅限于具有立体形状的实用艺术作品。尽管这样大大缩小了实用艺术作品的范围，但在著作权保护方面能够更好地和其他相关作品包括美术作品衔接与协调，否则仍可能造成实用艺术作品著作权保护的边界与其他作品模糊不清。当然，立法在增加了实用艺术作品这一独立的类型以后，也要注意和新规定的其他作品类型相区分，特别是2014年《著作权法（送审稿)》关于立体作品的规定。显然，立体作品不包括实用艺术作品。

无论如何，《著作权法》在第三次修改中关于作品的定义和类型的划分，应当注意作品与作品之间概念和外延的衔接与协调，特别是不能因为新增加或者调整作品的类型而造成新的问题。

---

[1] 冯晓青，付继存．实用艺术作品在著作权法中之独立性［J］．法学研究．2018（2）：136－154．

我国《著作权法》中著作权、相关权概念的完善*

我国2010年《著作权法》及2020年《著作权法》著作权和相关权的概念均未作规定。2014年《著作权法（送审稿）》第六条第一款则规定："本法所称的相关权，指出版者对其出版的图书或者期刊的版式设计享有的权利，表演者对其表演享有的权利，录音制作者对其制作的录音制品享有的权利和广播电台、电视台对其播放的广播电视节目享有的权利。"第二款规定："相关权自使用版式设计的图书或者期刊首次出版、表演发生、录音制品首次制作完成和广播电视节目首次播放之日起自动产生，无须履行任何手续。"

对此条的规定，笔者认为下列问题需要探讨：其一，对相关权概念规定的必要性。其二，如何看待相关权概念不再包含录像制作者权？其三，本条只是对于相关权的概念作了规定，而没有对《著作权法》中核心概念"著作权"作出规定，是否合理？如果需要对著作权的概念作出规定，应当如何定义？

针对上述问题，笔者的观点如下。

第一，对相关权的概念作出专门的规定非常有必要。笔者一直主张，在部门法中对基础、核心概念应当作出基本的定义，《著作权法》也不例外。这是因为，法律基础性概念是了解法律相关规定的内容和相关精神所必需的。法律的基础性概念应当在该法中予以规定，而不应当在其下位法中作出规定，特别是不应当不作任何规定。

这里不妨以相关法律的规定为例，以见一斑。例如，我国1984年和1992年《专利法》对核心概念发明、实用新型和外观设计的基本定义并没有作出专门的规定，而只是在其下位法《专利法实施细则》中作出规定。后来再进一步修改《专利法》时，将《专利法实施细则》中相应的规定移植到专利法的规定中。尽管关于发明、实用新型和外观设计的定义并没有任何变化，但提升了立法层次，其地位不一样。又如，我国《商标法》在2013年修改中将《商标法实施条例》中对于"商标使用"的概念提升到在《商标法》中进行规定。这也是因为这一概念是《商标法》

---

* 本文初稿撰写时间为2019年8月5日。

中核心概念之一，应当在《商标法》中作出规定，而不应当在其下位法中作出规定。再如，在2015年我国《促进科技成果转化法》修订过程中，中国政法大学接受全国人大法工委的委托，就该法的修订提出意见，学校具体安排知识产权法研究所认真进行研究并提出初步建议供学校参考。在笔者主导的修改建议中提出，《促进科技成果转化法》不应当仅仅对科技成果转化的概念作出规定，而首先应当对什么是科技成果在该法中明确规定。我们的修改建议蓝本还专门界定了什么是科技成果，最后学校采纳了我们的建议并转给国家相关立法机关。最终通过的《促进科技成果转化法》第二条除了对科技成果转化的概念作出规定外，还专门补充了科技成果的概念。当然，这一规定的增加，不排除还有其他单位和个人提出的建议以及立法者的观点，但无论如何像《促进科技成果转化法》这样的法律如果对什么是科技成果这一基础性概念都不规定，就不利于社会公众对于该法的理解和适用，最终也会不利于科技成果的转化。由于我国《著作权法》既保护著作权，也保护相关权，其名称虽然被称为《著作权法》，其规定的内容除了著作权以外还包括相关权。实际上，我国《著作权法》中对相关权有大量的规定。因此笔者认为，《著作权法》中对相关权的概念作出专门的规定是有必要的。

第二，对相关权概念中不包括录像制作者权如何看待？在2020年《著作权法（修正案草案）》公布前，我国《著作权法》第三次修改的一个重要特点和内容是取消了录像制作者权相关规定，因此对相关权的概念中也不再存在录像制作者权的内容。[1] 这是否意味着现行录像制作者权的保护将在修改后的法律中不再存在？对此，笔者持否定意见。取消录像制作者权的规定是基于一方面国际相关知识产权公约没有对此作出规定；另一方面现行录像制作者权的保护可以通过未来和相关权规定的协调加以解决。例如，录像制作通常也涉及录音，通过对录音制作者权的保护，在一定程度上也能够实现对录像制作者权的保护。又如，以类似摄制电影的方式制作录像，因为具有视听作品的独创性而可以构成视听作品。对此，我国1990年《著作权法》关于录像作品的规定，即可以适用。此外，录像制作者在制作录像制品的过程中必然需要和著作权人、表演者等签订合同，其相关的权利和义务可以通过合同关系加以解决。因此，即使取消录像制作者权，这绝不意味着录像制作者在我国未来修订的《著作权法》中就不能得到任何保护。值得指出的是，2020年《著作权法》并没有取消录像制作者权。

第三，2014年《著作权法（送审稿）》对《著作权法》中的核心概念之一相关

---

[1] 贺涛．融媒体时代电视新闻的著作权保护——兼评“取消录像制品”的观点［J］．知识产权，2017（3）：76－80.

姚天冲，赵维众，刘姝晶．保护录音录像制作者权的若干问题刍议［J］．知识产权，2006（5）：65－68.

曹博．论录像制品在我国著作权法中的重新定位［J］．中国版权，2011（2）：51－53.

张玉敏，曹博．录像制品性质初探［J］．清华法学，2011（1）：56－61.

权的定义作了专门的规定，是否需要对《著作权法》中一个更加基础和核心的概念“著作权”作出规定？对此，笔者持肯定的回答，特别是考虑到2014年《著作权法（送审稿）》第六条已经规定了相关权的定义，如果对比相关权更重要的概念“著作权”不予以规定，不仅将使立法的体例结构不大严谨，而且将不利于社会公众对《著作权法》规定的内容和精神的理解。

在明确了《著作权法》需要对“著作权”这一概念作出专门规定以后，下面需要进一步探讨的是，究竟如何在《著作权法》中规定著作权的定义？

这里不妨以近年来我国相关著作和教材对著作权的定义为例，分析如何在《著作权法》中对著作权的定义作出规定。

在20世纪90年代前后我国相关知识产权法的教材，在著作权法部分即有对著作权概念的定义。例如，郑成思教授主编的《知识产权法教程》[1] 中，对于著作权的定义如下：

著作权，也称版权，是指文学、艺术和科学作品的作者依法享有的权利。

在中国政法大学黄勤南教授主编的《知识产权法学》[2] 中，对于著作权的定义则如下：

著作权，也称版权，是法律赋予文学、艺术和科学作品的创作者对其创作的作品在一定期限内所享有的权利。

吴汉东教授在其主编的《知识产权法》[3] 中指出：

著作权，又称版权，是指作者或者其他著作权人依法对文学、艺术和科学作品所享有的各项专有权利的总称。

李明德、许超先生共同撰写的《著作权法》[4] 中指出：

著作权是指文学、艺术和科学作品的创作者对其所创作的作品享有的权利。

笔者主编的《知识产权法》[5] 则指出：

著作权是作者或者其他权利人基于文学、艺术和科学领域内的作品而享有的人身权利和财产权利的总称。

此外，其他相关知识产权法著作和教材对著作权的定义也作了阐述，如张今教授著述的《著作权法》，王迁教授著述的《著作权法》，以及笔者著述的《著作权法》(21世纪法学规划教材)，在此不予赘述。当然，也有相关知识产权著作并没有对著作权的定义作出明确的界定。例如，我国台湾地区著作权专家萧雄淋先生所著《著作权法论》在著作权概念的标题下，并没有对什么是著作权作出明确的界定，

---

[1] 郑成思．知识产权法教程［M］．北京：法律出版社，1993：18.
[2] 黄勤南．知识产权法学［M］．北京：中国政法大学出版社，2003：16.
[3] 吴汉东．知识产权法［M］．北京：法律出版社，2014：33.
[4] 李明德，许超．著作权法［M］．北京：法律出版社，2003：1.
[5] 冯晓青．知识产权法［M］．北京：中国政法大学出版社，2010：58.

而只是指出著作权包括人格权和财产权。

根据笔者对我国《著作权法》中著作权定义的研究，参照其他主流学者的观点，笔者认为，2020 年《著作权法》应恢复 2014 年《著作权法（送审稿）》对相关权利定义的规定。2014 年《著作权法（送审稿）》第六条可以增加一款作为第一款，规定著作权的定义。具体条文试拟如下。

第六条　本法所称的著作权，是指作者或者其他著作权人依法对文学、艺术和科学作品享有的专有的权利。

关于这条新增的规定，说明如下：①部分现有成果将著作权仅仅界定为作者对作品享有的专有权利，笔者认为这是不完整的。尽管作者是最重要的著作权主体，也是原始的、完整的著作权主体，但著作权人除了作者以外，还可以包括其他主体。也就是说，著作权不限于作者享有，还可以由其他主体享有。如果将著作权规定为仅仅由作者享有，就会排除其他主体依法获得著作权。②著作权是基于文学、艺术和科学的作品而享有的权利。因此，在界定著作权的定义时，应当予以体现。③著作权是一种专有的权利。特别是考虑到我国《民法典》第一百二十三条第二款明确规定知识产权是一种专有的权利，因此有必要在对著作权的定义中明确著作权是一种对作品享有的专有权利。

还值得指出的是，我国 2010 年《著作权法》、2014 年《著作权法（送审稿）》及 2020 年《著作权法》，针对著作权和版权的关系作出了界定，即“本法所称的著作权即版权”。之所以作出这样的规定，有一定的历史渊源。即从近现代以来，我国对于著作权的称谓始终有著作权和版权两种表达，为了避免公众对这两个概念相混淆，有必要专门规定这两个概念系同义语：著作权就是版权，版权也就是著作权，两者没有任何区分。笔者认为作出这一规定还有一个现实的意义，就是我国台湾地区“著作权法”中版权和著作权的内涵不一，著作权的内涵包括了版权，版权只是著作权的内容之一。随着两岸版权贸易和相关交流的发展，更有必要避免相关混淆的发生。

不过，从立法简明、简约的角度来看，在 2014 年《著作权法（送审稿）》第六条专门增加一款作为第一款，明确了著作权的定义的前提之下，2014 年《著作权法（送审稿）》关于著作权和版权系同义语的规定，不宜再单独规定为一条，而应整合到第六条关于著作权的定义之中。鉴于此，笔者建议在 2014 年《著作权法（送审稿）》第六条新增第一款以后在后面再继续增加一款，作为第二款，内容和 2010 年《著作权法》的规定相同，即“本法所称的著作权即版权”。

这样一来，根据笔者的观点，2014 年《著作权法（送审稿）》第六条的规定应该修改为：

第六条　本法所称的著作权，是指作者或者其他著作权人依法对文学、艺术和科学作品所享有的专有的权利。

本法所称的著作权即版权。

本法所称的相关权，指出版者对其出版的图书或者期刊的版式设计享有的权利，表演者对其表演享有的权利，录音制作者对其制作的录音制品享有的权利，广播电台、电视台对其播放的广播电视节目享有的权利。

相关权自使用版式设计的图书或者期刊首次出版、表演发生、录音制品首次制作完成和广播电视节目首次播放之日起自动产生，无须履行任何手续。

最后，应当指出，尽管《著作权法》第三次修改已完成，但未来在进一步修订《著作权法》时，仍可考虑吸收上述追议。

我国《著作权法》中维护公共利益条款的完善*

2014 年《著作权法（送审稿）》规定了著作权人行使著作权和相关权人行使相关权应当遵循的原则。具体规定如下：

第七条　著作权人行使著作权、相关权人行使相关权，不得违反宪法和法律，不得损害公共利益。

国家对作品的传播依法进行监督管理。

对此，笔者认为上述规定具有必要性，它体现了著作权人和相关权人行使权利应当遵守宪法和法律以及不得损害公共利益的原则[1]，同时也为国家相关部门依法对作品进行监督管理提供了法律依据。

其一，权利行使应当合法。这一点从法理学的角度来讲非常容易理解。但是，在著作权司法实践中，著作权人和相关权人行使权利（为便于阐述，以下仅以著作权人为研究对象）是否在其合法的权利边界范围之内，或者说是否超越其合法正当的边界范围，其判断并非易事。这是由于著作权作为一种无形财产权，其权利保护边界具有一定的模糊性。权利边界的模糊性也导致著作权侵权认定的模糊性。但无论如何，作为一条原则，著作权的行使应当合法，不得侵害他人的合法权益。

其二，著作权的行使不得损害公共利益。公共利益是不特定多数人能够享受到的利益，但它不是个人利益简单的叠加。《著作权法》中存在广泛的公共利益，维护公共利益也是《著作权法》的重要立法宗旨和价值目标。例如，促进学习，促进知识和信息的传播，促进思想的交流，以及在表达多样性基础上促进民主文化建设。另外，在《著作权法》中构建了一种维护、确保文化领域公平竞争的秩序，这也是一种重要的公共利益。当然，2014 年《著作权法（送审稿）》第七条所规定的著作权的行使不得损害公共利益，并不完全限于《著作权法》中所确保的公共利益，还包括一般意义上的公共利益。著作权的行使不得损害公共利益的原则，尤其适用于

---

* 本文初稿撰写时间为 2019 年 8 月 5 日。

[1] SPRICK D, Copyright and the public interest in China [J]. China - EU Law Journal, 2013, 2 (3 - 4): 259 - 260.

冯晓青. 著作权法中的公共利益 [J]. 人民司法, 2007 (13): 84 - 87.

著作权人行使权利与公共利益发生冲突的场合。根据著作权行使维护公共利益的原则，在著作权人行使著作权与公共利益发生冲突的时候，公共利益优先。对此，国外如美国有大量的相关判例。当然，在著作权人行使著作权与公共利益发生冲突时，并非是以损害著作权的形式去维护公共利益，而是针对著作权的行使进行了一定的限制。不过，从知识产权法的利益平衡理论来说，维护著作权人利益和公共利益的平衡是《著作权法》基本的价值构造。

需要进一步探讨的是，是否有必要规定著作权人不得滥用其著作权，以致损害国家利益、社会公共利益和他人的合法权益。从一般的法理学角度来说，权利不得滥用，这是民事权利行使的基本原则，在知识产权法中也不例外。滥用著作权行为，也称为著作权滥用，是著作权人行使著作权的行为超越了其著作权的合法边界，而构成了对他人权益乃至公共利益的损害。滥用著作权行为[1]如果达到垄断的程度，则会触犯我国《反垄断法》，应当受到《反垄断法》的规制。对此，我国《反垄断法》第五十五条已有明确规定。在我国著作权相关司法实践中，并非没有著作权滥用行为的案例。著作权人滥用著作权的行为，与著作权立法宗旨背道而驰，不仅会损害他人的合法权益，而且可能损害公共利益。因此，在著作权立法中，有必要明确该行为的不合法性。通过规定著作权人不得滥用其著作权，不仅能为著作权司法实践中规制著作权滥用行为提供更为明确的法律依据，而且能够更好地警示潜在的滥用著作权的行为人。鉴于此，2020 年《著作权法（修正案草案)》第四条规定，著作权人不得滥用权利影响作品的正常传播。

然而，2020 年《著作权法修正案（草案二次审议稿)》第四条取消了上述规定。不仅如此，如后面将探讨的，还取消了滥用著作权承担行政法律责任的规定。这在很大程度上是基于著作权立法宗旨和《著作权法》在实践中的可操作性。从 2020 年《著作权法》第四条规定看，与 2010 年《著作权法》相比，将“著作权人行使权利”改为“著作权人和与著作权有关的权利人行使权利”，使得该条的适用范围包括了相关权人，这一修改具有合理性。

---

[1] SGANGA C, SCALZINI S. From Abuse of Right to European Copyright Misuse: A New Doctrine for EU Copyright Law [J]. International Review of Intellectual Property and Competition Law, 2016, 48 (1): 1-31.

陈婷. 版权滥用原则的适用标准研究 [J]. 电子知识产权, 2013 (5): 80-86.

陈剑玲. 论版权滥用之判断标准 [J]. 新疆大学学报（哲学·人文社会科学版), 2012 (3): 55-59.

我国著作人身权制度及其完善*

一、关于著作人身权规定的修法过程

2014年《著作权法（送审稿）》第十三条第一款规定："著作权包括人身权和财产权。"第二款则规定了著作权中人身权包括的内容："（一）发表权，即决定作品是否公之于众的权利；（二）署名权，即决定是否表明作者身份以及如何表明作者身份的权利；（三）保护作品完整权，即允许他人修改作品以及禁止歪曲、篡改作品的权利。"

比照2010年《著作权法》的规定，2014年《著作权法（送审稿）》关于著作权内容的规定没有实质性的变化，特别是在权利类型方面包括人身权和财产权，这一点既与我国《著作权法》遵循了大陆法系的著作权立法模式有关，也与我国加入了《伯尔尼公约》规定有关。特别是在加入了《与贸易有关的知识产权协定》的前提下，要求遵守《伯尔尼公约》等公约的规定。除此之外，可以进一步对照2014年《著作权法（送审稿）》的规定与2010年《著作权法》相应规定的区别。在此，先就著作人身权的修改进行探讨。笔者认为，2014年《著作权法（送审稿）》关于著作人身权内容的规定整体有所进步，但依然存在一定的问题，需要进一步的完善。

2014年《著作权法（送审稿）》关于著作人身权的规定有以下特点：部分权利的定义作了修改，部分权利被整合到其他相关的权利之中，部分权利的定义维持现状。2020年《著作权法（修正案草案）》和2020年《著作权法》则维持了2010年《著作权法》的规定。不过，这并不妨碍我们以2014年《著作权法（送审稿）》规定为基础，就著作人身权制度的完善加以探讨。

---

* 本文初稿撰写时间为2019年8月6日。

二、具体人身权利的修改与完善的建议

2014年《著作权法（送审稿）》对2010年《著作权法》关于发表权的规定没有做任何修改，即发表权是指决定作品是否公之于众的权利。笔者认为，这一定义本身没有太大问题。但是，因为对署名权定义作了相应的修改，导致立法体例对于发表权和署名权存在不吻合的情况。这是一种很有趣的立法现象。为便于读者了解这一点，不妨对2010年《著作权法》和2014年《著作权法（送审稿）》关于这两种权利的修改作一对比：

2010年《著作权法》第十条规定：

发表权，即决定作品是否公之于众的权利。

署名权，即表明作者身份，在作品上署名的权利。

2010年《著作权法》第十条上述规定，存在的问题之一就是署名权的规定与发表权的规定在立法体例上存在不一致的地方，特别是对于署名权的规定没有指出是否包括决定是否在作品上署名的权利。无论是根据著作权法的法理，还是著作权法司法实践关于署名权纠纷的处理，都认为署名权包括了决定是否在作品上署名的权利。[1] 也就是说，作者可以在作品上署名，也可以不在作品上署名，还可以署假名（笔名）。即作者在作品上是否署名，以及在署名的前提之下如何署名，如署真名还是署假名，都是作者的自由，他人不得干预和妨害。至于对发表权的规定一样，著作权人有权将其作品公之于众，也有权不公之于众。同时，在决定作品公之于众的前提下，也有权利决定采取何种方式公之于众，也就是如何公之于众也是发表权的内容。2010年《著作权法》关于署名权的规定则没有体现作者享有在作品上不署名的权利。对此，2014年《著作权法（送审稿）》已经发现了这一问题，因此其规定署名权首先包括了决定是否在作品上署名的权利。笔者认为这一立法修改无疑值得肯定。同时，2014年《著作权法（送审稿）》对署名权定义中还包括如何署名的权利。这样就使署名权的内容比较完整，而不限于2010年《著作权法》中没有体现作者不署名以及如何署名的权利与自由。但是，在对署名权如此修订的前提下，对发表权的定义维持原状而不作任何修改，就产生新的问题：发表权没有体现如何公之于众的权利。实际上，这应当也是发表权的重要内容。在一个案件中，作者仅授权他人以纸质版杂志的形式发表，他人却首先通过网络的形式在网站上公开发表，虽然作品的发表得到了作者的授权，但公之于众的形式即作品发表的形式没有遵循作者的意愿，故仍然应定性为侵害作者的发表权。因此，根据上述分析，在署名权的定义作出相应修改的情况下，对发表权的定义也应作出相应的修改：发表权，即

---

[1] 修扬．署名权若干问题浅析［J］．鲁东大学学报（哲学社会科学版）．2012（2）：79－84．

决定作品是否公之于众，以及如何公之于众的权利。这样一来，才能够既和署名权定义的修改体例保持一致，也能够更加周全地定义发表权的内容。否则，就相应地存在以下两个缺陷：

作品如何公之于众，是否为作者的发表权范畴，立法规定不明，尤其是在很多案件中，他人取得了作者发表授权的前提下，对作者授权的发表方式做了改变，是否构成侵害发表权，没有明确的法律依据。当然，在著作权司法实践中可以通过扩展解释发表权的内涵加以解决。但是，如果立法给予明确的规定，就能够对发表权提供更充分的保护。

关于2014年《著作权法（送审稿）》对于署名权规定修改，如上所述，其具有合理性。但笔者认为还需要进一步指出的是，从立法语言的简洁的角度和要求来说，可以进一步将2014年《著作权法（送审稿）》的定义修改如下：

署名权，即是否以及如何表明作者身份的权利。

当然，在署名权的定义做上述修改的前提下，笔者认为发表权的定义也应作出对应性的进一步的修改。参照署名权修改建议，可对发表权的定义修改如下：

发表权，即决定是否及如何公之于众的权利。

2014年《著作权法（送审稿）》第十三条第一款第（三）项专门规定了保护作品完整权，即允许他人修改作品以及禁止歪曲、篡改作品的权利。与2010年《著作权法》的规定相比，该项规定特点是将修改权的内涵整合至保护作品完整权之中，同时对修改权的内涵本身也作了修订，将2010年《著作权法》对保护作品完整权的定义整合到修改以后的保护作品完整权的定义中。关于《著作权法》中如何对待修改权与保护作品完整权，我国知识产权界有不同的观点。[1]大致说来可以总结为以下方面：

第一种观点认为，2010年《著作权法》的规定可以不作修订，修改权和保护作品完整权是两种不同的权利，不宜将修改权的内容规定在保护作品完整权中。

第二种观点认为，修改权没有必要规定，也没有必要将其内容整合到保护作品完整权之中，尤其是考虑到我国参加的《伯尔尼公约》在对著作人身权的规定中并没有修改权的内容。

第三种观点认为，修改权仍然有必要保留，但2010年《著作权法》关于修改的权利的规定过于简略，特别是将作者自己修改自己作品的权利也规定到修改权的定义之中没有必要，因为作者修改自己的作品是其自然的权利。至于保护作品完整权的规定，2010年《著作权法》是从消极禁止权的角度作出规定的，其内涵也应作出修改。

---

[1] 李琛．论修改权［J］．知识产权．2019（11）：37－44．刘彬海．论著作权法中的修改权［J］．中国版权，2014（4）：82－85．

第四种观点认为，修改权和保护作品完整权具有十分密切的联系，可以看成同一权利的积极方面和消极方面，其中积极的方面表现为修改权，消极的方面表现为保护作品完整权，尤其是禁止他人歪曲、篡改的权利。基于此，修改权不一定单独作为一项著作人身权予以规定，而可以将其内容整合到保护作品完整权之中。

在上述观点中，第四种观点吸收了著名知识产权学者郑成思教授关于修改权和保护作品完整权的相关论述，并在《著作权法》第三次修改予以体现。笔者基本上倾向于最后一种观点，但认为对保护作品完整权的定义方面有必要进一步修改。为了深入了解《著作权法》中关于修改权和保护作品完整权规定的必要性，这里首先有必要深刻理解修改权与保护作品完整权设立的重要性。

首先，就修改权而言，如上所述，作品撰写完成后，作者修改自己的作品，这是自然而然的事情。相应地，作者当然地享有修改自己作品的权利。在作品发表之前，修改自己作品的权利受到妨碍这种情况并不多见。在司法实践中，因修改权引起的著作权纠纷，通常是作品发表以后，他人未经许可修改自己的作品，特别是超越授权范围修改自己作品或者修改未体现作者的意志，或者是修改构成了对他人作品的歪曲或篡改。修改权规范的重点在于，禁止他人未经许可随意修改自己的作品，或者说其主要表现为一种许可或者禁止权。当然，在作品发表以后，作者要修改自己的作品会遇到很多障碍。对此，北京知识产权法院副院长陈锦川法官在发表的文章中已经有相关观点。在少部分西方国家为了更加充分地保护著作权人的权利，专门规定了所谓收回权。我国 2010 年《著作权法》、2014 年《著作权法（送审稿）》和 2020 年《著作权法（修正案草案）》对此都没有规定。在《著作权法》没有规定收回权的前提下，作品发表以后作者自己修改作品就不能完全根据个人的意愿。当然，作者可以和作品的出版者进行协商。例如，图书作品的重印和再版，国家版权局提供的有关格式合同就涉及作品进一步修订的问题。笔者认为，之所以规定作品修改权，一方面考虑到这是尊重作者人格的重要体现，另一方面也是考虑到《著作权法》立法宗旨的要求，尤其是促进优秀作品的创作和传播。人们可能知道，“优秀作品是改出来的”。很多人都有深刻的体验，即作品经过多次修改以后，最后的定稿质量会比原稿大为提高。换言之，保护作品修改权，也是为了保障作者行使这一权利，而更好地提高作品的质量。笔者认为，从与保护作品完整权的关系来看，修改权还有另外一种非常重要的价值，即维护作品的原貌，防止因他人擅自修改自己的作品而变得面目全非。也正是从这一点看，修改权和保护作品完整权作为《著作权法》中的人格权，两者在价值功能方面具有很强的契合性。甚至可以认为《著作权法》第三次修订之所以将修改权的内容整合至保护作品完整权之中，就是考虑到两者共同的契合性。

其次，就保护作品完整权而言，这一权利是一种纯粹的精神权利，旨在维护作品的原貌。特别是考虑到当代作品这一未来文化遗产的传承方面，没有保护作品完整权的规制，就很难维护作品的原貌。可以设想一下古代的作品（当然，古代的作品没有著作权），如果后人可以随意进行修改、变更，当代人就很难看到这些珍贵的文化遗产了。基于保护完整权的特定的价值功能，这一权利在行使上主要也体现了一种禁止权，一种消极的权利，尤其体现为禁止他人篡改、歪曲的权利。当然，保护作品完整权的内容是否仅限于禁止他人歪曲、篡改，值得进一步探讨。[1]《九层妖塔》著作权纠纷案就涉及方面的问题。

关于修改权，笔者赞同2014年《著作权法（送审稿）》关于将修改权取消为一种独立的权利。理由如下：

（1）从我国参加的国际知识产权保护公约的规定来看。《伯尔尼公约》是世界上第一部保护著作权的国际公约，其最重要的特点之一是同时规定了著作财产权和著作人身权的保护。当然，在该公约英文版中，著作财产权被称为经济权利，著作人身权被称为精神权利。在公约规定的精神权利包括我国《著作权法》对应的署名权和保护作品完整权，而不包括发表权与修改权。由于我国是该公约的成员，根据最低限度保护原则，我国《著作权法》规定的权利范围不应小于该公约的规定。当然，权利范围也可以大于该公约的规定。但同时，根据国民待遇原则，我国《著作权法》所保护的权利同样适用于国外著作权人在中国获得的保护。依上述观点，我国《著作权法》不规定修改权，并不违反《伯尔尼公约》的规定。但如果规定修改权作为一种独立的权利，则同样地适用于外国著作权人作品在中国的保护。

（2）从修改权的实际内涵看，以作品是否发表为基准，可以分为作品发表前修改权的行使与作品发表后修改权的行使，而作品发表前作者修改自己的作品是毫无疑问的自治行为，无须法律确认为一种专有的权利，发表后作者需要行使这种权利则会遇到很多障碍。对此前面的讨论，以及北京知识产权法院副院长陈锦川法官发表的关于修改权和保护作品完整权关系的论文也有相关观点。因此，即使规定修改权，对于作品发表以后作者如何行使该权利，也是一个值得探讨的问题。

（3）从修改权的积极权能和消极权能，以及《著作权法》规定修改权的本质来看，基于修改权和保护完整权在制度价值目标的一致性，也可以认为没有必要独立设立修改权这一权利，而可以将修改权的相关权能整合至保护作品完整权之中。与下面还需要进一步探讨的保护作品完整权一样，修改权保护的重点是禁止未经许可对他人作品擅自修改的行为，以维护作品的原貌以及充分尊重作者的意愿，防止因为作品被擅自修改而有损作品的完整性。这一内涵恰恰与保护作品完整权具有殊途

---

[1] 管育鹰．保护作品完整权之歪曲篡改的理解与判定［J］．知识产权，2019（10）：25－36.；李扬，许清．侵害保护作品完整权的判断标准——兼评我国《著作权法修订草案（送审稿）》第13条第2款第3项［J］．法律科学（西北政法大学学报），2015（1）：128－137.；骆电．侵犯著作权人修改权与保护作品完整权的司法判断［J］．法律适用，2011（12）：103－106.；李雨峰．精神权利研究——以署名权和保护作品完整权为主轴［J］．现代法学，2003（2）：107－112.

同归的效果。

最后需要探讨的是关于保护作品完整权定义的修改。

2014 年《著作权法（送审稿）》明确规定，保护作品完整权是指授权他人修改以及禁止歪曲、篡改他人作品的权利。这一规定很明显已将修改权的相关内涵整合至保护作品完整权之中。根据笔者上述观点，这一修改方式具有合理性，因为其将修改权的实质内涵（授权他人修改作品的权利）体现在保护作品完整权之中。但是，笔者认为 2014 年《著作权法（送审稿）》关于保护作品完整权的定义仍然有待完善，建议参照《伯尔尼公约》关于保护作品完整权的规定，增加对作者声誉构成贬损的条件。这一主张的理由如下：

（1）我国已经参加的《伯尔尼公约》对保护作品完整权的规定中，要求对作者声誉构成贬损。由于我国是该公约的成员，公约的规定对我国具有约束力。因此，我国《著作权法》中关于保护作品完整权的定义，也应当包含该公约规定的上述条件。回顾我国《著作权法》近些年的修订，其中一个很重要的原则就是与《伯尔尼公约》等国际公约的接轨。在 1990 年 9 月 7 日颁布新中国第一部《著作权法》后，由于在该法 1991 年 6 月 1 日实施以后，我国很快加入了《伯尔尼公约》，该法的一些规定明显没有达到该公约规定的标准。在这种情况下，国务院为此专门颁布实施了《关于实施国际著作权条约的规定》。该规定的颁行又产生了新的问题，其中一个重要方面是所谓超国民待遇的问题。后来经过几轮的《著作权法》修改，与国际接轨的问题基本解决，甚至我国《著作权法》的某些规定已经超越了国际保护水平。但是，在保护作品完整权这一制度方面，我国 2010 年《著作权法》的相应规定与上述公约的规定相比还存在一定的差距。在著作权司法保护实践中，对于非涉外案件而言，《著作权法》关于保护作品完整权的规定不考虑是否造成作者声誉被贬损这一条件，倒是不会产生太多的问题。前述《九层妖塔》著作权侵权纠纷案的二审，就是一个值得探讨的案例。在该案一审过程中，笔者应法院邀请，曾经发表过独立的专家意见。此前判决的一些涉及保护作品完整权保护的著作权纠纷案件，似乎也没有因为法律没有规定造成作者声誉被贬损这一条件而造成适用法律的不便。然而，如果涉及涉外案件，对于外国著作权人在国内的保护而言，是否需要遵循《伯尔尼公约》上述规定，值得探讨。

（2）参照《伯尔尼公约》的上述规定，增加造成作者声誉被贬损这一条件，笔者认为有利于严格适用歪曲、篡改的条件，也使得保护作品完整权的规定更好地符合该制度的立法宗旨。其实，作品被他人歪曲、篡改，很有可能造成作者声誉被贬损，增加这一条件，也有利于在著作权司法保护实践中更合理地判断作品是否被歪曲和篡改。当然，有人可能指出，在司法实践中可能存在这样的情况：侵权嫌疑人确实对作品进行了歪曲、篡改，甚至有的作品被改得面目全非，但由于侵权嫌疑人有更高的创作水平，使得作品价值更大。特别是在涉及改编引起的保护作品完整权侵权纠纷中，改编以后的作品尽管对原作进行了大范围的变更，根据《著作权法》的规定，完全可以认定为构成了对他人作品的歪曲、篡改，但由于改编以后的作品更有影响，也在客观上对原作有极大的正面效果，不仅不会构成对作者声誉的贬损，可能反而会提升原作的市场价值和作者的声誉。《九层妖塔》著作权纠纷案第一审法院的判决，似乎就有这种考虑，一审法院判决被告并不构成著作权侵权。笔者并不否认著作权司法实践中确实存在上述情况。从法律更重要的追求秩序的价值而言，以及就大多数涉及保护作品完整权侵权纠纷的案件而言，歪曲、篡改他人作品通常会构成对作者声誉的贬损，因为根据著作权法人格学说，作品是作者人格的体现，对作品的歪曲、篡改，容易造成对作者声誉的贬损。还需要指出的是，司法实践中出现的超越作者授权范围内对作品进行了大规模的改动，即使修改后的作品没有对原作作者构成声誉上的损害，由于没有遵循作者的意愿，仍然应对这种行为予以否定性评价。或者反过来说，如果在涉及作品改编方面，原作者同意对作品进行大规模的改动，这种情况下改编者就作品进行了大规模的改动也就不存在侵害原作者著作权的问题。

基于上述考虑，笔者建议对 2010 年《著作权法》关于保护作品完整权规定修改如下：

保护作品完整权，是指作者授权他人修改作品的权利，以及禁止他人歪曲、篡改作品及贬损作者声誉的权利。

《著作权法》第三次修改虽已完成，但上述追议在未来进一步修订时，仍然值得考虑。

我国著作财产权制度及其完善*

关于著作财产权，2014 年《著作权法（送审稿）》第十三条第三款详细列举了著作权财产权包括的内容，即“著作权中的财产权包括：（一）复制权，即以印刷、复印、录制、翻拍以及数字化等方式将作品固定在有形载体上的权利；（二）发行权，即以出售、赠予或者其他转让所有权的方式向公众提供作品的原件或者复制件的权利；（三）出租权，即有偿许可他人临时使用视听作品、计算机程序或者包含作品的录音制品的原件或者复制件的权利，计算机程序不是出租的主要标的的除外；（四）展览权，即公开陈列美术作品、摄影作品的原件或者复制件的权利；（五）表演权，即以演唱、演奏、舞蹈、朗诵等方式公开表演作品，以及通过技术设备向公众传播作品或者作品的表演的权利；（六）播放权，即以无线或者有线方式公开播放作品或者转播该作品的播放，以及通过技术设备向公众传播该作品的播放的权利；（七）信息网络传播权，即以无线或者有线方式向公众提供作品，使公众可以在其个人选定的时间和地点获得作品的权利；（八）改编权，即将作品改变成其他体裁和种类的新作品，或者将文字、音乐、戏剧等作品制作成视听作品，以及对计算机程序进行增补、删节，改变指令、语句顺序或者其他变动的权利；（九）翻译权，即将作品从一种语言文字转换成另一种语言文字的权利；（十）应当由著作权人享有的其他权利。”第四款则规定：“信息网络传播权的保护办法由国务院另行规定。”[1] 2020 年《著作权法》关于著作财产权规定的修改不多。2014 年《著作权法（送审稿）》提出的一些修改之处仍值得探讨。

对照 2010 年《著作权法》关于著作财产权内容的规定，可以发现 2014 年《著作权法（送审稿）》规定有下列变化：其一是删除了相关著作财产权，如放映权、

* 本文初稿撰写时间为 2019 年 8 月 10 日。

[1] 2020 年《著作权法（修正案草案）》则基本上恢复了 2010 年《著作权法》的规定，其修改仅限于对出租权的定义有所变化，将软件出租权明确为原件或复制件的权利；对广播权的定义作了修改。2020 年《著作权法》的修改则还包括在复制权的定义中，借鉴了 2014 年《著作权法（送审稿）》的规定，增加了数字化复制方式；在放映权的定义中，以“视听作品”替换“电影和以摄制电影的方法创作的作品”；在摄制驻的定义中，以“以摄制视听作品的方法”替换“以摄制电影或者以类似摄制电影的方法”。

摄制权和汇编权；其二是对部分著作财产权概念的内涵作了修订，如复制权的概念被重新定义，改编权的内容作了较大的扩充；其三是有的著作财产权的名称作了修改，如以播放权替代广播权。此外，2014年《著作权法（送审稿）》取消了2010年《著作权法》关于著作权人可以行使许可权或者转让权而获得报酬的权利的规定。应当说，2014年《著作权法（送审稿）》对《著作权法》关于著作财产权规定的内容作了较大的修改。❶ 笔者认为，这些修改基本合理。但是，仍然有些权利的规定需要进一步完善。

关于2014年《著作权法（送审稿）》对著作财产权内容的规定及其完善，笔者有如下观点。

其一，对于取消的几种著作财产权的认识。如上所述，2014年《著作权法（送审稿）》取消了2010年《著作权法》关于放映权、摄制权和汇编权的规定。笔者认为，立法者之所以取消这几项权利，主要原因在于放映、摄制和汇编本质上是基于复制行为而进行的，只要《著作权法》对复制权给予充分的保护，对于作品的放映、摄制和汇编的行为，著作权人就能够进行有力的控制。由于《著作权法》中复制权是最重要的一种财产权，在著作财产权中通常是作为第一项财产权作出规定。在这种情况下，就没有必要专门规定放映权、摄制权和汇编权。这一观点自然具有合理性。如果2014年《著作权法（送审稿）》的相关规定得以通过，在今后著作权司法实践中涉及作品的放映、摄制和汇编行为的著作权纠纷，著作权人就直接可以以侵犯复制权为由主张权利。当然，严格地说，上述三种行为固然都需要以复制为基础，但还包括了其他相关行为，甚至带有创造性智力劳动的行为。仅以汇编行为为例❷，汇编他人作品无疑首先涉及对他人享有著作权作品的复制，如果未获得著作权的授权，就涉及侵犯他人的复制权。但是，汇编作品并非简单地复制作品，还需要根据一定的体例进行选择和编排，这些行为本身可能具有独创性劳动的成分，汇编以后的作品可以构成享有著作权的作品。不过，即使不规定汇编权，也不会在根本上影响对作品汇编行为的保护，因为汇编行为即使包含了一定程度的独创性，仍然必然以复制作品为基础，故以侵犯复制权为由就可以达到保护汇编行为的目的。

其二，关于相关著作财产权定义内容的进一步修改。❸ 如上所述，2014年《著作权法（送审稿）》对相关著作财产权的定义做了进一步的修订。笔者认为，其中有部分著作财产权的定义有必要进一步完善。

---

❶ 刘华，姚舜禹. 论摄制权的存废——对《著作权法》修订草案送审稿取消摄制权的讨论［J］. 知识产权，2019（12）：53－60.

❷ 王迁. 论我国《著作权法》中“汇编权”的重构［J］. 法学论坛，2008（6）：37－42.

❸ 李明德，管育鹰，唐广良. 著作权法专家建议稿说明［M］. 北京：法律出版社，2012：223－228.

（1）关于复制权的修改。[1] 2014年《著作权法（送审稿）》第十三条第三款第（一）项规定："复制权，即以印刷、复印、录制、翻拍以及数字化等方式将作品固定在有形载体上的权利。"对比2010年《著作权法》的相应规定，修改之处有：对复制行为的列举作了变更，即将"印刷、复印、拓印、录音、录像、翻录、翻拍等方式"修改为上述"印刷、复印、录制、翻拍以及数字化等方式"；将作品制作一份或者多份的权利改为将作品固定在有形载体上的权利。

笔者认为，关于第一点的修改，主要是有以下考虑：一是出于立法表述简洁、简明的需要，即将录音、录像、翻录统称为录制，随着录制技术的发展，除了录音、录像和翻录以外，以后可能还有更多其他录制形式，这一修改也便于立法随着技术的发展保持足够的弹性。至于取消拓印的列举，笔者认为并非是在2014年《著作权法（送审稿）》中将拓印排除于复制权的范畴，而是基于这一复制的形式不够典型和普遍，因为法律列举的相关行为应当具有一定的典型性和普遍性，如复制行为中的印刷、复印。因此，如2014年《著作权法（送审稿）》上述修订得以通过，这并不意味着拓印就不是著作权中复制权所控制的行为。二是随着信息网络技术迅猛发展，数字化形式的复制极为普遍，以数字化形式行使复制权，是信息网络环境下著作权人行使其著作权最重要的形式。因为在信息网络环境之下作品的存储、传播和利用，都是以作品数字化作为基础和前提的。缺乏对作品数字化形式复制的规制，在信息网络环境下著作权的保护就将落空。由此可见，《著作权法》第三次修改增加以数字化形式复制权的控制是非常重要的。增加著作权人以数字化形式复制的复制权，不仅是对著作权在信息网络环境下其著作权的根本性保障，而且在著作权司法实践中有利于著作权人制止他人的著作权侵权行为。很多知识产权学者都对我国涉及信息网络环境下著作权保护的一个重要案件即王蒙等著名作家诉某数字图书馆侵害著作权纠纷案进行过认真的研究。在该案中，原告主张尽管著作权法没有对数字化形式复制作出明确的规定，但从《著作权法》关于复制权概念的界定"等方式"，能够推导出包括了信息网络环境下的数字化形式。被告则抗辩2010年《著作权法》并没有规定数字化形式复制是属于《著作权法》所保护的行为。该案在判决中，法官采纳了原告的观点，即"等方式"包括了以数字化形式复制的方式。尽管该案的判决被有的学者定性为所谓"法官造法"，但其对于推动我国《著作权法》如何适应数字信息网络环境下的发展仍然具有十分重要的意义。当然，该案也暴露了在信息网络环境下，如果不规定数字化形式复制是复制权的范畴，在当今网络环境下，每年出现了数以万计的著作权侵权纠纷案件，对于相关著作权侵权的制裁，

---

[1] 焦和平．"异体复制"的定性与复制权规定的完善——以我国《著作权法》第三次修改为契机［J］．法律科学（西北政法大学学报），2014（4）：119－126．

冯晓青，付继存．著作权法中的复制权研究［J］．法学家，2011（3）：99－112，178．

可能就缺乏严格的法律依据。因此，2014 年《著作权法（送审稿）》将数字化形式的复制纳入复制权的范畴，不仅具有重要意义，而且是十分必要的，对于推动我国著作权法制的现代化，适应信息网络技术发展的需要，必将发挥十分重要的作用。2020 年《著作权法》保留 2014 年《著作权法（送审稿）》关于数字化形式复制的内容，显然具有合理性。

关于 2014 年《著作权法（送审稿）》对复制权修订的第二点，笔者同意增加对复制权的上述定性，但同时认为，2010 年《著作权法》关于复制权的定性“将作品制作一份或者多份”仍然需要保留。这是因为，复制行为的本质在于将作品制作一份或者多份，而 2014 年《著作权法（送审稿）》的上述修改只是强调了复制行为的行为特征“将作品固定在有形载体上”。为了便于公众理解复制权的本质，有必要保留 2010 年《著作权法》的上述规定。

基于上述考虑，建议将复制权定义为：

以印刷、复印、录制、翻拍，以及数字化等方式将作品制作一份或者多份，并固定在有形载体上的权利。

这样一来，关于复制权的内涵就非常完整。总的来说，由于复制权被公认为著作财产权中最重要的一种权利，《著作权法》对复制权的规定也应当完整，以充分加强对复制权的保护，包括在信息网络环境下著作权的保护。

（2）关于著作权人“获得报酬权”的修改。[1] 2014 年《著作权法（送审稿）》取消了 2010 年《著作权法》关于著作权人可以通过行使许可和转让权获得报酬的权利的规定。笔者认为，这一修改具有合理性，因为行使权利获得报酬这是必然的，获得报酬也并不是著作权人的一种专有权利，它是行使著作权所带来的结果。据此，无须在著作权人享有的财产权部分专门规定著作权人可以通过行使许可和转让的权利获得报酬。2020 年《著作权法》则仍然保留了 2010 年《著作权法》的规定。是否需要继续修改，值得讨论。

此外，关于《著作权法》对于著作财产权的规定，除了上述探讨的问题，我国知识产权理论与实务界对相关问题的规定仍然存在一定的争议。例如，关于信息网传播权的规定，是否需要取消在一定的时间、地点获得的限制性条件，还如对追续权的规定是否有必要？这些问题都可以进一步探讨。

---

[1] 李国泉，凌宗亮. 权能而非权利：走出著作权人获得报酬权的认识误区——兼谈我国《著作权法》的第三次修改［J］. 中国版权，2012（5）：43－45.

我国合作作品著作权归属制度及其完善*

合作作品是从著作权主体特征上对作品进行的一种分类，其特征是合作作者具有合意性，他们通过共同的独创性劳动创作了一部作品。[2] 在现实中，合作作品广为存在，这是因为基于各方面条件限制，在很多情况下智力作品的创作需要不同的合作者共同参与完成。基于此，合作作品著作权归属制度也是著作权制度中的重要内容。以下将结合2010年《著作权法》以及《著作权法》第三次修改过程中不同版本的规定，对这一问题进行探讨。

2010年《著作权法》规定如下：

第十三条　两人以上合作创作的作品，著作权由合作作者共同享有。没有参加创作的人，不能成为合作作者。

合作作品可以分割使用的，作者对各自创作的部分可以单独享有著作权，但行使著作权时不得侵犯合作作品整体的著作权。

2014年《著作权法（送审稿）》规定如下：

第十七条　两人以上合作创作的作品，其著作权由合作作者共同享有。没有参加创作的人，不能成为合作作者。

合作作品可以分割使用的，作者对各自创作的部分单独享有著作权，但行使著作权时不得妨碍合作作品的正常使用。

合作作品不可以分割使用的，其著作权由各合作作者共同享有，通过协商一致行使；不能协商一致，又无正当理由的，任何一方不得阻止他方使用或者许可他人使用，但是所得收益应当合理分配给所有合作作者。

他人侵犯合作作品著作权的，任何合作作者可以以自己的名义提起诉讼，但其所获得的赔偿应当合理分配给所有合作作者。

2020年《著作权法（修正案草案）》规定如下：

第十三条　两人以上合作创作的作品，著作权由合作作者共同享有，通过协商

---

* 本文初稿撰写时间为2019年8月11日。

[2] 冯晓青. 著作权法［M］. 北京：法律出版社，2010：124.

一致行使；不能协商一致又无正当理由的，任何一方不得阻止他方行使除转让、许可他人专有使用、出质以外的其他权利，但是所得收益应当合理分配给所有合作作者。没有参加创作的人，不能成为合作作者。

合作作品可以分割使用的，作者对各自创作的部分可以单独享有著作权，但行使著作权时不得侵犯合作作品整体的著作权。

关于合作作品著作权归属制度，结合上述不同版本规定，以下问题值得研究。

其一，合作作品整体的著作权归属。

合作作品是两个或者两个以上合作作者创作的智力成果，因而存在作品整体的著作权归属问题。由于各合作作者都对合作作品的产生作出了具有创作意义的实质性贡献，因而该作品著作权应当由全体合作作者共同享有。基于此，2020 年《著作权法》沿袭了 2010 年《著作权法》、2014 年《著作权法（送审稿）》和 2020 年《著作权法（修正案草案）》的规定。其第十四条第一款规定：两人以上合作创作的作品，著作权由合作作者共同享有。

其二，合作作品著作权行使的原则。

合作作品著作权行使需要构建相关的原则。[1] 2020 年《著作权法》第十四条第二款规定：合作作品的著作权由合作作者通过协商一致行使；不能协商一致，又无正当理由的，任何一方不得阻止他方行使除转让、许可他人专有使用、出质以外的其他权利，但是所得收益应当合理分配给所有合作作者。该规定显然是沿袭了 2014 年《著作权法（送审稿）》和 2020 年《著作权法（修正案草）》的规定，而 2014 年《著作权法（送审稿）》及 2020 年《著作权法（修正案草）》则是参照了《著作权法实施条例》第九条规定。笔者认为，上述规定的合理性在于，一方面充分尊重各合作作者之间的意思自治，便于这类作品著作权的行使，另一方面则鉴于现实中存在不能协商一致的情况，为促进合作作品的有效利用，实现这类作品的经济社会价值，需要给予合作作者行使著作权的便利。

其三，可以分割的合作作品中作者对各自创作部分的著作权归属和行使问题。

可以分割的合作作品在现实中大量存在，需要对其著作权归属加以明确。[2] 基于可以分割的合作作品的独立性，2010 年《著作权法》和上述不同版本修改草案均规定作者对各自创作的部分可以单独享有著作权。2020 年《著作权法》也不例外，其第十四条第三款中规定：合作作品可以分割使用的，作者对各自创作的部分可以单独享有著作权。不过，为了协调可以分割部分作者与全体合作作者之间的利益关系，防止这部分作者行使著作权时损害合作作品整体的著作权，需要进一步明确“行使著作权时不得侵犯合作作品整体的著作权”。对此，2020 年《著作权法》第

---

[1] 殷志刚．合作作品共有著作权行使规范解释适用与完善［J］．法学杂志，2017（11）：103－113．

[2] 左梓钰．论合作作品的著作权法规范［J］．知识产权，2020（7）：69－81．

十四条第三款也作了明确规定。

其四，合作作品中合作作者实际从事创作问题。

构成合作作品的每个合作者都必须亲自参加创作活动。不论个人的创作成果在作品中被采用多少，均不影响合作作品的成立。[1] 从前述受著作权保护的作品应当是基于创作而产生的基本原理看，不难理解为何需要强调合作作品中每位合作作者均应参加创作活动，为作品的诞生作出了实质性贡献。2020 年《著作权法》第十四条第一款即同时规定：没有参加创作的人，不能成为合作作者。这一规定也是对 2010 年《著作权法》的承继。

[1] 冯晓青. 著作权法［M］. 北京：法律出版社，2010：124. 曹新明. 合作作品法律规定的完善［J］. 中国法学. 2012（3）：39 -49.

我国视听作品著作权归属制度及其完善*

视听作品在我国2010年《著作权法》中被称为“电影作品和以类似摄制电影的方法创作的作品”。其中，“以类似摄制电影的方法创作的作品”在学术界又被称为“类电作品”。这类作品的著作权制度，事关影视产业发展和社会公众基本的文化需求，因而一直是括《著作权法》规定的受著作权保护的重要客体之一。以下将在对相关规定进行介绍的基础上，探讨我国视听作品著作权归属制度及其完善问题。

2010年《著作权法》规定如下：

第十五条　电影作品和以类似摄制电影的方法创作的作品的著作权由制片者享有，但编剧、导演、摄影、作词、作曲等作者享有署名权，并有权按照与制片者签订的合同获得报酬。

电影作品和以类似摄制电影的方法创作的作品中的剧本、音乐等可以单独使用的作品的作者有权单独行使其著作权。

2014年《著作权法（送审稿)》规定如下：

第十九条　制片者使用小说、音乐和戏剧等已有作品制作视听作品，应当取得著作权人的许可；如无相反约定，前述已有作品的著作权人根据第十六条第二款对视听作品的使用享有专有权。

电影、电视剧等视听作品的作者包括导演、编剧以及专门为视听作品创作的音乐作品的作者等。

电影、电视剧等视听作品的著作权中的财产权和利益分享由制片者和作者约定。没有约定或者约定不明的，著作权中的财产权由制片者享有，但作者享有署名权和分享收益的权利。

2020年《著作权法（修正案草案)》规定如下：

第十五条　视听作品的著作权由组织制作并承担责任的视听作品制作者享有，但编剧、导演、摄影、作词、作曲等作者享有署名权，并有权按照与视听作品制作者签订的合同获得报酬。

---

* 本文初稿撰写时间为2019年8月9日。

视听作品的剧本、音乐等可以单独使用的作品的作者有权单独行使其著作权。❶

视听作品被纳入著作权客体，是著作权法顺应现代科学技术发展的表现。视听作品与电视录像节目不同，其受著作权保护是因为其制作过程中投入了著作权法意义上的独创性劳动。如摄像机对现场表演、报告、讲座等进行录像而拍成的电视、录像节目由于没有付诸创作上的智力劳动，不能作为著作权客体。❷ 结合 2010 年《著作权法》及第三次《著作权法》修改过程中的不同版本修改草案，笔者认为以下问题值得探讨。

其一是明确视听作品的著作权归属。

从 2010 年《著作权法》、2014 年《著作权法（送审稿）》和 2020 年《著作权法（修正案草案）》的规定看，均规定视听作品著作权属于制片者享有。主要原因在于考虑这类作品中，制片者尽管不是作者，但作为投资者和对该作品承担最终责任的主体，有必要明确其享有著作权主体的资格。2020 年《著作权法修正案（草案二次审议稿）》则认为应将视听作品区分为不同情况，并分别界定其著作权归属。最终通过的 2020 年《著作权法》采纳了这一建议。其第十七条规定：视听作品中的电影作品、电视剧作品的著作权由制作者享有，但编剧、导演、摄影、作词、作曲等作者享有署名权，并有权按照与制作者签订的合同获得报酬。其第二款规定：前款规定以外的视听作品的著作权归属由当事人约定；没有约定或者约定不明确的，由制作者享有，但作者享有署名权和获得报酬的权利。

其二是明确视听作品的利益关系。

视听作品是由众多作者和表演者等通力合作的产物。因此，其必然涉及不同主体之间的利益关系和利益分配问题。❸ 为了合理平衡这些不同主体之间的利益关系，需要在制度设计上使其各得其所。从上述规定来看，总的趋向是保障这类作品的作者享有署名权，同时明确作者享有按照与制作者签订合同而获得报酬的权利。

其三是明确视听作品中可单独使用作品的著作权问题。

---

❶ 2020 年 8 月 8 日，在对 2020 年《著作权法（修正案草案）》进行审议时，对上述规定作了进一步修改，并被纳入 2020 年《著作权法修正案（草案二次审议稿）》。全国人民代表大会宪法和法律委员会对该条修改的说明如下：

有些地方、单位、专家和社会公众提出，将“电影作品和以类似摄制电影的方法创作的作品”修改为“视听作品”，扩大了此类作品范围，将电影、电视剧作品与其他视听作品的著作权归属作统一规定不妥，建议对视听作品进行区分，对各自的著作权归属作相应的规定。宪法和法律委员会经研究，建议作以下修改，原草案的著作权归属原则适用于“电影作品、电视剧作品”，另增加规定，其他视听作品“构成合作作品或者职务作品的，著作权的归属依照本法有关规定确定；不构成合作作品或者职务作品的，著作权的归属由制作者和作者约定，没有约定或者约定不明确的，由制作者享有，但作者享有署名权和获得报酬的权利。制作者使用本款规定的视听作品超出合同约定的范围或者行业惯例的，应当取得作者许可”。

❷ 冯晓青. 著作权法［M］. 北京：法律出版社，2010：64.

❸ 曾青未. 论视听作品的利益分配——以作者的公平获酬权为视角［J］. 知识产权. 2017（10）：59－65.

视听作品还涉及可以单独使用作品的著作权问题。[1]视听作品中，可单独使用作品不能因为其被纳入视听作品而被限制独立行使著作权。因此，2020年《著作权法》吸收了2010年《著作权法》和《著作权法》第三次修改过程中不同版本修改草案的意见。其第十七条第三款规定：视听作品中的剧本、音乐等可以单独使用的作品的作者有权单独行使其著作权。

[1] 李雨峰，刘名洋：视听作品的二次获酬权［J］. 湖南社会科学，2017（3）：48－57.

我国职务作品著作权归属制度及其完善*

先不妨对照一下2010年《著作权法》第十六条和2014年《著作权法（送审稿）》第二十条关于职务作品著作权归属的规定。❶

2010年《著作权法》第十六条第一款规定：公民为完成法人或者其他组织工作任务所创作的作品是职务作品，除本条第二款的规定以外，著作权由作者享有，但法人或者其他组织有权在其业务范围内优先使用。作品完成两年内，未经单位同意，作者不得许可第三人以与单位使用的相同方式使用该作品。第二款规定：有下列情形之一的职务作品，作者享有署名权，著作权的其他权利由法人或者其他组织享有，法人或者其他组织可以给予作者奖励：（一）主要是利用法人或者其他组织的物质技术条件创作，并由法人或者其他组织承担责任的工程设计图、产品设计图、地图、计算机软件等职务作品；（二）法律、行政法规规定或者合同约定著作权由法人或者其他组织享有的职务作品。

2014年《著作权法（送审稿）》第二十条第一款规定："职工在职期间为完成工作任务所创作的作品为职务作品，其著作权归属由当事人约定。"第二款规定："当事人没有约定或者约定不明的，职务作品的著作权由职工享有，但工程设计图、产品设计图、地图、计算机程序和有关文档，以及报刊社、通讯社、广播电台和电视台的职工专门为完成报道任务创作的作品的著作权由单位享有，作者享有署名权。"第三款规定："本条第二款规定，职务作品的著作权由职工享有的，单位有权在业务范围内免费使用该职务作品并对其享有两年的专有使用权。"第四款规定："依本条第二款规定，职务作品由单位享有的，单位应当根据创作作品的数量和质量对职工予以相应奖励，职工可以通过汇编方式出版其创作的作品。"

对照以上规定，可以看出2014年《著作权法（送审稿）》关于职务作品著作权归属的规定有以下变化和特点。

---

* 本文初稿撰写时间为2019年8月10日。

❶ 2020年《著作权法（修正案草案）》第十六条关于职务作品著作权归属制度的规定中，则增加了"报社、期刊社、通讯社、广播电台、电视台及所属媒体的工作人员创作的职务作品"这一特殊型职务作品类型。2020年《著作权法》则基本保留了前述规定。

一是对于职务作品作者的称谓，由2010年《著作权法》规定的“公民”，改为“职工”。笔者认为这一修改具有重要意义。具体体现为和《著作权法》修改后其他相关称谓相协调。2014年《著作权法（送审稿）》将2010年《著作权法》中公民的称谓大多数改为自然人，在此处改为职工则体现了职务作品创作的特色，即职务作品的作者是单位的职工。❶

二是对于职务作品著作权归属的规定，引进了意思自治优先的原则，即著作权的归属由当事人约定，只是在当事人没有约定或者约定不明的情况下才归属于职工，在特殊情况下归属于单位。❷ 同时，还补充了在著作权归属于单位的前提下对作者权益的保障，即作者有权根据创作作品的数量和质量从单位获得奖励，并且可以通过汇编的方式出版其作品。笔者认为和2010年《著作权法》第十六条的规定相比，2014年《著作权法（送审稿）》的规定更适合于现实情况，即职工和单位根据创作职务作品的具体情况约定约先。同时，之所以规定在没有约定或者约定不明的情况下著作权归属于单位而不是个人，是考虑到这类作品的特殊性，即作者是为了完成单位的任务而创作作品，单位利益需要得到充分的保障。❸

三是更好地贯彻了著作权保护中的利益平衡原则。职务作品涉及作为单位职工的作者与单位之间的权利义务关系，一方面应当充分保障作者的利益，以充分调动其创作积极性；另一方面也要充分维护单位的利益。从2014年《著作权法（送审稿）》的相关规定来看，在著作权属于职工时，2014年《著作权法（送审稿）》规定了单位应享有的利益，而在著作权属于单位时，也相应规定了职工应享有的权益。

四是可以在一定程度上避免在著作权实践中将特殊型职务作品与法人作品相混淆。2014年《著作权法（送审稿）》取消了2010年《著作权法》的特殊型职务作品的规定，而统一规定为意思自治优先，同时对职务作品作者和单位的权利义务关系进行了重构，完善了我国职务作品著作权保护制度。

基于上述分析，2014年《著作权法（送审稿）》关于职务作品著作权归属的规定，强调了意思自治优先原则，有利于职务作品的创作和利用尊重市场规律，更好地实现职务作品的经济社会价值。然而，2020年《著作权法》没有采纳2014年《著作权法（送审稿）》修改的规定，值得进一步研究。

---

❶ 2020年《著作权法（修正案草案）》第十六条第一款则将2010年《著作权法》中的“公民”改为“自然人”，将“其他组织”改为“非法人单位”。2020年《著作权法》第十八条保留了前述修改的内容。

❷ 王国柱. 我国媒体职务作品著作权归属制度的完善——以《著作权法》的第三次修改为契机［J］. 出版发行研究，2015（2）：71－73.

李双利，何震. 职务作品著作权归属合同效力之判定［J］. 人民司法，2010（21）：17－19.

❸ 亓蕾. 单位可免费对职务作品优先使用［J］. 人民司法，2010（10）：43－47.

我国委托作品著作权归属制度及其完善*

2014年《著作权法（送审稿）》第二十一条规定：受委托创作的作品，其著作权归属由当事人约定。当事人没有约定或者约定不明的，委托作品的著作权由受托人享有，但委托人在约定的使用范围内可以免费使用该作品；当事人没有约定使用范围的，委托人可以在委托创作的特定目的范围内免费使用该作品。[1]

2014年《著作权法（送审稿）》第二十一条与2010年《著作权法》关于委托作品著作权归属的规定相比，其增加了后面的但书。即在著作权由受托人享有的前提下，委托人可以免费使用作品的条件与范围。通过研究著作权司法解释的规定可以看出，后面的但书明显是来自2002年《最高人民法院关于审理著作权民事纠纷案件适用法律若干问题的解释》。[2] 对此，笔者认为，这是一种非常好的修法模式。也即在专门法律的修改完善过程中，将相关司法解释适用的成熟经验吸收到立法中。以委托作品的著作权保护为例，实践中出现的部分著作权案件中，根据案件的事实和相关法律的规定可以认定著作权归属于受托人所有，但委托人在某种特定的情况下使用了该作品，而受托人主张委托人侵害了其著作权。由于在委托作品中受托人和委托人存在特殊的法律关系，委托人很可能由于缺乏法律知识或者其他原因而没有通过书面合同或者其他形式明确委托作品的著作权归属关系，在法律倾向于尽量保护作者权益的前提下，委托人没有取得委托作品的著作权，如果不对其在特定的情况下可以使用该作品作出明确的规定，就可能造成受托人和委托人之间利益的失衡。最高人民法院的上述司法解释正是基于在著作权实践中出现了在明确著作权属于受托人的前提下委托人的使用权益得不到任何保障的问题而专门作出规定的。因

* 本文初稿撰写时间为2019年8月12日。

[1] 2020年《著作权法（修正案草案）》第十七条、2020年《著作权法》第十九条则对2010年《著作权法》同条规定未作任何修改。

[2] 《最高人民法院关于审理著作权民事纠纷案件适用法律若干问题的解释》，于2002年10月12日由最高人民法院审判委员会第1246次会议通过，自2002年10月15日起施行。其第十二条规定："按照著作权法第十七条规定委托作品著作权属于受托人的情形，委托人在约定的使用范围内享有使用作品的权利；双方没有约定使用作品范围的，委托人可以在委托创作的特定目的范围内免费使用该作品。"值得指出的是，该司法解释在2020年12月23日被修改，但前述第十二条规定没有变化。

此，笔者赞同将最高人民法院相关司法解释的规定吸收到委托作品著作权归属的规定中。这一规定，也体现了著作权法中的利益平衡原则。具体而言，对委托作品权利义务，委托人和受托人都应当享有相应的权利和应当承担相应的义务。由于委托人委托受托人创作，其需要支付一定的对价，如提供资金、创作场所和条件，受托人则获取一定的报酬，如果创作出来的委托作品在著作权归属于受托人的前提下，委托人在任何情况下都不能使用该作品，则可能不符合委托创作的特定目的，也不大符合公平原则。由此可见，在委托作品的著作权属于受托人的场合，给予委托人一定条件和范围内的免费使用权是十分必要的。

关于委托作品著作权的归属，还有以下几个问题值得探讨。

其一，委托作品的著作权归属，为何意思自治优先？无论是2010年《著作权法》，还是2014年《著作权法（送审稿）》、2020年《著作权法》，以及国外一些相关立法例，都规定委托作品的著作权归属由当事人约定。笔者认为，这一立法模式具有很强的合理性。理由如下：委托作品创作是作品作为一种无形财产在市场经济环境之下的体现。从著作权制度的历史来看，它是商品经济和科学技术发展的产物。在商品经济尤其是市场经济的条件下，激励作品的创作和传播应充分利用市场的力量。这就要求充分尊重当事人的意思自治，在著作权法中只要不影响著作权人的基本权益，尽量激发当事人之间的活力，以使得作品创作和传播符合市场经济规律。就委托作品而言，委托人委托受托人创作委托作品其实是一种市场行为，该作品著作权在双方之间的归属法律不宜作出强制性的规定，而应当考虑意思自治优先。换言之，委托作品的著作权归属应当由当事人约定，而不宜强制性地规定归属于委托人或者受托人或者双方共有，否则就不利于实践中形形色色的委托作品创作、传播和利用的情况。当然，法律来自实践，也需要对实践中出现的各种同类性的问题制定基本的规则。以委托作品的创作和传播为例，现实生活中委托人和受托人基于各种原因没有通过约定或者其他形式就著作权归属达成合议。[1]针对这种情况，法律就有必要专门进行规定。即在没有约定或者约定不明时，委托作品的著作权归属如何确定。在法官看来，《著作权法》作为著作权纠纷案件处理的司法裁判法，应当为著作权纠纷的定分止争提供基本的裁判规则。如果在没有约定或者约定不明的情况下不规定委托作品著作权的归属，就可能造成委托作品著作权保护实践中无法可依的被动局面。[2]由此可见，2010年《著作权法》、2014年《著作权法（送审稿）》、2020年《著作权法》均规定委托作品的著作权归属以意思自治优先为原则，并规定在委托人和受托人之间没有约定或约定不明情况之下著作权的归属，为著作

---

[1] 宋慧献，张今．作为为他作品的委托作品：目的价值与权利分配——从《大头儿子和小头爸爸》系列案件说起［J］．电子知识产权，2018（11）：43－50．

[2] 孙新强．委托作品著作权原始归属之辨析［J］．法学，2009（3）：84－93。

权司法实践中有效地解决委托作品著作权归属纠纷提供了明确的法律适用标准。

其二，在委托人和受托人之间，就著作权归属的问题没有进行约定或者约定不明的情况下，委托作品的著作权归属于受托人。2014 年《著作权法（送审稿）》、2020 年《著作权法》的上述规定和 2010 年《著作权法》的规定一致，也就是说没有进行修改。笔者认为，这里关键在于理解为何在委托人和受托人就著作权的归属没有进行约定或者约定不明的情况下《著作权法》规定著作权属于受托人。[1] 对此，笔者认为可以从以下几个方面加以理解。

（1）作品是由作者创作的，作为一项基本的原则，著作权属于作者，只是在特定的情况下例外。对此，我国 2010 年《著作权法》、2014 年《著作权法（送审稿）》、2020 年《著作权法》都有明确的规定。这一规定反映了《著作权法》中的一个基本的法理：基于作品和作者之间的人格关系，著作权应当充分保护作者的权益，一般情况下应规定将创作完成的作品归属于作者，除非存在特殊情况，作品尽管由作者完成，但不宜由其享有著作权。这种情况与创作者的特定身份或者创作的特定目的有关，本质上则源于《著作权法》中利益平衡机制。例如，前面探讨的职务作品，以及这里探讨的委托作品著作权归属。在特定情况下之所以规定著作权不属于作者，是因为需要平衡围绕特定作品而产生的相关当事人之间的利益关系，以及实现特定作品的创作、传播与利用目的。如果在任何情况下都规定著作权属于作者，就可能无法协调和平衡围绕特定作品而产生的相关当事人之间的利益关系，以及更好地促进特定作品的传播和使用。仍以本文探讨的委托作品著作权归属为例，[2] 前述分析表明，之所以法律规定委托作品的著作权归属意思自治优先，即当事人可以约定这类著作权的归属，也是为了更好地协调委托人和受托人之间的利益，因为委托人尽管没有进行创作，但通常的情况下应当为受托人的创作行为提供帮助，包括资金与其他物质条件等。还有一个重要原因是这类作品创作的特定目的。显然，委托作品既然是受托人应委托人之委托而创作完成的，作品创作的目的，包括创作完成以后作品的传播和使用，很可能需要体现和反映委托人的意志和要求。当然，法律没有必要对此作出更详细的规定，这里是从纯粹理论的角度所进行的分析。总的来讲，在一般的情况下著作权归属于作者，体现了《著作权法》主要是一部保护作者权利的法律。甚至在大陆法系国家著作权法被称为作者权法。世界上第一部著作权法 1709 年的英国安妮女王法令之所以被公认为世界上第一部著作权法，就是因为其首次在世界上宣誓了作者是作品的主人，对作品权益的保护应当首先立足于作者。我国第一部《著作权法》1909 年的《大清著作权律》之所以被认定为我国第

---

[1] 当然，从国外部分国家立法例看，也有个别国家规定，在这种情况下著作权属于委托人。只是更多的国家的规定和我国的规定类似。

[2] 陈明涛. 委托作品权利归属法律适用标准之探讨［J］. 社会科学，2015（2）：106－115.

一部《著作权法》，也是因为其在中国历史上首次肯定了作者是作品的主人。尽管在特定的情况下，包括我国在内的很多国家著作权法以及国际公约规定著作权不归属于作者，这种情况毕竟是特殊的情况。

（2）作为一般原则，著作权首先属于作者，这不仅体现了《著作权法》的基本价值取向是主要保护作者，以鼓励作者积极进行创作，促进国家文化科学事业的发展与繁荣，而且在著作权的诸项制度中对作者有特别的保障。主要体现于：①从著作权的内容看，作者享有原始的、完整的著作权，而作者以外的著作权人即使根据法律的规定享有著作权，一般来说该著作权并不包括著作权中的人身权（简称著作人身权），尤其是著作人身权中的署名权。如我国 2010 年《著作权法》关于特殊型职务作品的规定，职务作品作者的署名权仍然保留。对于委托作品而言，委托人与受托人之间就委托作品的著作权的归属进行约定，该约定是否可以明确所有著作权，尤其是包括以署名权为核心的著作人身权，归属于委托人或者受托人与委托人共有。对这一问题，下面还将进行探讨。②从著作权司法实践的情况看，大量作品的著作权人就是作者，著作权司法保护也主要是针对作者权益的保护。当然，随着经济社会的发展，作品创作形式的多元化和特定作品创作目的，作品的著作权依法定或者约定不属于作者的情况也日渐增多。③作为作者权益的最重要的部分著作人身权，即使著作财产权因为保护期届满而进入公共领域，该著作人身权也并不当然地进入公共领域，甚至是永久性地受到法律保护。这也深刻体现了作品和作者之间的人格关系，以及《著作权法》对作者权益的特别保障。

关于委托作品著作权归属的规定及其对 2010 年《著作权法》相应规定的修改，最后一个需要继续探讨的问题是：在当事人意思自治的情况下，即在当事人通过合同约定著作权归属的情况下，合同是否可以约定全部著作权归属于其中一方，特别是委托方，或者由双方共有。由于委托作品的作者是受托人，如果合同约定著作权全部归属于受托方，则无须进一步讨论，因而这里的焦点问题是：以署名权为核心的著作人身权，是否可以通过合同约定归属于委托人或者委托人与受托人共有。从 2010 年《著作权法》、2014 年《著作权法（送审稿）》、2020 年《著作权法》相关规定来看，似乎不能得出法律禁止合同约定著作人身权归属于委托人或者委托人与受托人共有的结论，因为法条中规定的著作权归属由当事人约定，并没有特别指明限于著作财产权。

然而，从著作权保护的基本法理、著作权保护实践和学术规范中禁止以钱买名、禁止替人捉刀行为，尤其是学位论文禁止他人代写等方面考虑，如果允许著作人身权也可以通过合同约定的形式由委托人享有，这样在法理上会存在相当多的障碍，如：人格权商品化、著作人身权是作者享有的不可转让的专属的权利，不能基于委托创作关系而通过约定受让给委托人。

首先，从包含署名权在内的著作人身权的属性来看，著作人身权是作者享有的专属的权利，反映了作者和作品之间的人格关系，类似于父母和子女之间的血亲关系，著作人身权不能被剥夺和被强制宣告无效。如果基于委托关系而可以改变作为作者的受托人与作品之间的这种“血肉”关系，就会动摇著作人身权保护的根基。允许通过合同约定使委托人获得委托作品的著作人身权，特别是署名权，实际上是通过法律允许的合同约定形式使著作人身权被法定转让给委托人。而著作人身权不能转让，这是大陆法系国家著作权法关于著作人身权保护的基本精神和规定。甚至在实行“一元论”的德国，其认为著作人身权和著作财产权不可分离，而由于著作人身权不可转让，因而导致著作财产权也不可转让。尽管同样是大陆法系国家，法国在著作权的保护上实行所谓“二元论”，即著作人身权和著作财产权可以分离，因为在法国著作财产均可以被转让，只是著作人身权不能被单独转让。我国在著作权保护的立法体例上，一般认为是吸收了大陆法系的做法，尤其是法国著作权法的做法，认为著作人身权和著作财产权可以分离，而著作财产权可以被转让。虽然2010年《著作权法》、2014年《著作权法（送审稿）》、2020年《著作权法》对于著作人身权是否可以转让并没有明确的规定，著作权保护理论中不允许著作人身权转让应当是没有疑问的。这里可以进一步结合2010年《著作权法》和2014年《著作权法（送审稿）》关于相关作品著作权归属的规定，特别是2010年《著作权法》关于特殊型职务作品和视听作品著作权的规定加以讨论。尽管特殊型职务作品创作需要本单位的物质技术条件，并由单位承担责任，《著作权法》仍然规定单位享有的只是署名权以外的著作权，而不包括署名权这一最重要的著作人身权。视听作品的著作权归属的规定也类似。至于2010年《著作权法》规定的法人作品是由法人或者其他组织组织创作，代表法人或者其他组织的意志并由法人或其他组织承担责任的另外一类特殊的作品。2010年《著作权法》将法人或者其他组织视为作者。所谓视为作者，在法律上就是拟制为作者。这类作品的特殊性在于作品并没有反映作者自身的意志，而是反映了法人或其他组织的意志，且这类作品的创作目的与使用方式和普通作品完全不同，不宜由执笔或者通过其他创作形式完成的自然人作者取得这类作品作者的法律地位。典型的如，单位秘书班子以单位的名义起草的具有作品属性的工作性质文件，只能以单位作为作者，执笔完成的秘书并不能取得署名权。各级领导秘书以领导名义撰写的各种具有作品属性的文件、报告，也具有类似的性质。[1] 但笔者认为，这几种情况不能类推适用于委托作品著作权的归属，即不能当然认为委托作品中委托人也可以当然取得作者身份。

其次，从著作权保护实践，以及相应的学术规范的要求来看，也不能推论出委

[1] 《最高人民法院关于审理著作权民事纠纷案件适用法律若干问题的解释》第十三条规定：“除著作权法第十一条第三款规定的情形外，由他人执笔，本人审阅定稿并以本人名义发表的报告、讲话等作品，著作权归报告人或者讲话人享有。著作权人可以支付执笔人适当的报酬。”

托作品合同约定著作权的归属时，可以约定委托人享有著作人身权，或者与受托人共同享有著作人身权。特别是从相应的学术规范来看，如果认为可以做上述推论，则意味着法律允许以钱买名、替人捉刀和代写学位论文，并使这些违规行为取得《著作权法》上的合法性。毫无疑问，当前存在一些学术不端、学术失范的行为，尤其是通过一定条件委托他人创作并以自己的名义使用的行为，不仅在学术道德上应当予以谴责，而且在法律上也应当进行规制。学位论文可能是这方面的更典型例子，因为教育部等相关部门不仅规定了相关学术行为规范，而且国务院学位条例以及授予学位的高校和其他单位也有相应的规定。退一步说，即使《著作权法》允许在委托作品创作中委托人通过合同约定取得包括署名权在内的全部著作权，但是对于学位论文而言，也是绝对不允许的。

因此，基于上述考虑，尽管2010年《著作权法》、2014年《著作权法（送审稿)》、2020年《著作权法》的相关规定并没有明确通过合同约定委托作品著作权的归属，是否可以包括著作人身权在内的全部著作权，尤其是是否可以包括署名权，从对著作人身权保护的精神以及实践中规制各类学术不端、学术失范行为等方面考虑，应当解释为并不包括署名权这一最重要的著作人身权。

作品原件所有权与著作权关系的协调及著作权继承制度研究*

涉及作品原件所有权与著作权关系的协调，特别是针对美术作品、摄影作品等艺术作品。

2014 年《著作权法（送审稿）》第二十二条第一款规定：作品原件所有权的移转，不产生著作权的移转；第二款规定：美术、摄影作品原件的所有人可以展览该原件；第三款规定：作者将未发表的美术或者摄影作品的原件转让给他人，受让人展览该原件不构成对作者发表权的侵犯；第四款规定：陈列于公共场所的美术作品的原件为该作品的唯一载体的，原件所有人对其进行拆除、损毁等事实处分前，应当在合理的期限内通知作者，作者可以通过回购、复制等方式保护其著作权，当事人另有约定的除外。和 2010 年《著作权法》的相应规定相比，2014 年《著作权法（送审稿）》上述第二十二条第一款和第二款的规定是对 2010 年《著作权法》相应规定的修改，第三款和第四款的规定则是新增加的规定。[1]

关于 2014 年《著作权法（送审稿）》、2020 年《著作权法（修正案草案）》及 2020 年《著作权法》规定，笔者认为以下问题值得研究。

其一，作品原件所有权和作品的著作权是两种不同性质的权利，其中前者属于民法上物权的范畴，后者属于《著作权法》所保护的专有权利。[2] 如前所述，作为著作权所保护的作品应当能够固定在有形载体上，仅存在于人们头脑中的思想、灵感、创意不能作为作品直接受到著作权的保护。换言之，作品具有一定的载体。在信息网络环境下这种载体表现形式具有一定的特殊性。笔者在很多年前指导的一篇学位论文作者（该作者目前已是某重点大学的教授）在关于《著作权法》中作品的

---

* 本文初稿撰写时间为 2019 年 8 月 13 日。

[1] 2020 年《著作权法（修正案草案）》第十八条第一款规定："作品原件所有权的转让，不改变作品著作权的归属，但美术、摄影作品原件的展览权由原件所有人享有。"其第二款将 2014 年《著作权法（送审稿）》上述第三款中"原件转让"改为"原件所有权转让"，其他没有变化。2020 年《著作权法》第二十条则保留了前述规定。

[2] 汪厚冬. 论知识产权与其载体物间的权利冲突［J］. 科学经济社会，2014，(1)：22－125，134.

保护论文中对作品的载体提出了一个观点，即作品载体可以分为固定作品的载体和体现作品的载体。笔者认为，该观点有一定的创新。根据笔者的理解，固定作品的载体常常是作品被创作出来以后首先以某种有形形式固定，可以认为和上述作品原件相对应，体现作品的载体则是在作品被首次固定以后进一步可以通过多种形式加以体现。例如，通过复制的形式加以固定，在信息网络环境下还可以通过数字化形式存储。随着技术的发展，体现作品的载体形式也会丰富多样，这相应地也会使作品的传播和利用更加方便。从这里也可以看出，作品的有形载体尽管并不是著作权保护的对象和客体，而属于民法物权的范畴，但它依然对著作权保护具有十分重要的作用。其内在缘由在于，作品的载体是作品著作权存在的物质基础，也是著作权保护的客观基础。否则，“皮之不存，毛将焉附”？此外，作品的载体也是受著作权保护的作品实现其经济社会价值的物质基础，因为作品的最终价值在于其传播和广泛的利用，这通常以复制作为基础，而复制的前提是将作品固定在有形载体上。对此，前面关于复制权的讨论已述及，在此不复述。

无论如何，作品原件的著作权和作品的著作权是两回事，在实践中不能混淆。尤其是在涉及文学作品手稿、美术作品原件等有形财产所有权的交易中，应当注意有形财产所有权的交易并未转移著作权。这里不妨简单介绍一个早期的案例：二十世纪八十年代，一位爱好文学的商人通过书面合同的形式花巨资购买了一位著名作家的手稿，该商人自以为取得了该作品的著作权，于是在合法取得手稿以后即通过出版社以自己的名义出版。在作品出版以后，作家认为对方并未取得该作品的著作权。交涉不成以后，作家一纸诉状将商人告到法院。本案发生于我国著作权法颁布之前，人们的著作权法律知识可能比较欠缺，但它也反映了在涉及作品原件交易事件中，不能当然地认为取得作品原件所有权就取得了该作品的著作权。基于此，我国 2010 年《著作权法》和 2014 年《著作权法（送审稿）》均规定，作品原件所有权的移转，不产生著作权的移转。当然，2010 年《著作权法》和 2014 年《著作权法（送审稿）》规定的相关措辞有所不同。这一规定，有利于明确划分作品载体的物权和作品著作权的关系，避免在著作权实践中产生混淆。值得进一步指出的是，作品著作权的移转，也不等于或者说不产生作品原件所有权的移转，尽管作品原件和作品著作权之间具有密切的联系。

关于作品原件所有权和作品著作权的关系，除了理解 2010 年《著作权法》、2014 年《著作权法（送审稿）》、2020 年《著作权法（修正案草案）》及 2020 年《著作权法》上述规定外，还应当进一步看到作品著作权的存在对固定作品载体的依赖性。也就是说，一方面，作品获得著作权保护，必须有一定的固定载体形式（对此前面已略作探讨）；另一方面，正是因为作品需要有一定的固定作品的载体形式，如果体现作品的任何载体形式都灭失，那么该著作权也将被灭失。这一点和作品原件所有权的转移不产生著作权的转移并不一样，因为固定作品的载体灭失将相应地导致该作品著作权的丧失，而这无疑对于著作权人的利益构成致命的损害。这样一来，在实践中涉及作品载体灭失的事件或者著作权纠纷，应当认真评述相关行为与涉案作品著作权关系。[1] 这里不妨以两个案例加以说明。第一个案例是，一位学者（目前也是某重点大学教授和博士生导师）早些年通过电脑打字的形式撰写了一本书，该书通过电子版数字化的形式存储在电脑中（固定和体现该作品的载体是电脑存储文档），但不幸存储该作品的电脑被盗，而到破案时该电脑已经被格式化，所有数据存储被清除。由于除了发送本给笔者的一章，该作品并没有以其他有形形式体现，最终该作品只有留下发送笔者邮件的那一章，其他部分因为作品载体灭失从而导致所有著作权灭失。这个事件当然是一个教训，说明体现作品的载体形式应当多样化，如果只存在一个唯一的固定作品的载体，则应当对该载体进行精心保护，否则很容易造成著作权灭失的风险。第二个案例是过去发生的手稿丢失引发的物权或者著作权侵权纠纷案。在这一案件中，作品的载体具有唯一性，但是被灭失或者被偷盗，以致著作权人无法行使其作品的著作权。当然，在司法实践中，对相关法律关系和定性有分歧，如在上海法院审理的一起手稿丢失引发的侵权纠纷案件中，一审法院将其定性为著作权侵权纠纷，二审上海市高级人民法院则在将其定性为物权侵权纠纷。著作权司法实践中，这些案件无疑反映了如何看待作品原件所有权和相应作品著作权的关系。从 2010 年《著作权法》、2014 年《著作权法（送审稿）》、2020 年《著作权法（修正案草案）》及 2020 年《著作权法》的上述规定看，只是明确了两者部分关系，需要通过司法实践加以完善。

其二，关于美术、摄影作品原件所有人与该原件展览权的关系。2014 年《著作权法（送审稿）》第二十二条第二款规定：美术、摄影作品原件的所有人可以展览该原件。与 2010 年《著作权法》相应规定相比，2014 年《著作权法（送审稿）》并没有直接确认美术、摄影作品原件所有人享有原件的展览权，而只是明确其可以展览该原件。笔者认为，就美术、摄影作品原件的所有人而言，2010 年《著作权法》的规定与 2014 年《著作权法（送审稿）》的规定并没有本质的区别，因为美术、摄影作品原件所有人都可以自由地展览该原件。不过，需要进一步看到的是，两者体现的立法理念和思路不一。2010 年《著作权法》是将美术作品原件的展览权直接授予原件所有人，[2] 2014 年《著作权法（送审稿）》的相应规定则并没有将其授予该美术、摄影作品原件的所有人，而只是规定其可以展览该原件。[3]

---

[1] 王青．书稿保管的义务与丢失行为的法律分析［J］．出版发行研究，2001（7）：64－65.

[2] 2010 年《著作权法》的规定，没有包括摄影作品原件。

[3] 2020 年《著作权法》第二十条第一款则沿袭 2010 年《著作权法》的规定，规定展览权由原件所有人享有。

如前所述，取得作品原件的所有权不等于取得该作品的著作权。[1] 就美术、摄影作品而言，也不例外。2010 年《著作权法》之所以规定，美术作品原件所有人取得该原件的展览权，是考虑到原件的展览权对美术作品原件所有人极为重要，因为这类艺术作品市场价值的实现和作品影响的发挥，主要是通过对原件的展览加以实现的。如果这类作品原件所有人不能够自由地展览该原件，这类作品价值的实现就会受到严重影响。而且，还应当指出，与其他作品不同，这类作品原件的价值极为重要，尤其是美术作品，原件以外的复制品市场价值大打折扣。由此可见，美术、摄影作品原件所有人自由展览其原作的重要性。但基于展览权是著作权财产权的一种，即使是基于美术、摄影作品的原作，也不宜直接规定展览权归原作所有人享有。2014 年《著作权法（送审稿)》的上述规定可以视为对原作著作权中的展览权的限制与例外，即著作权人不能以享有展览权为由禁止或者限制美术、摄影作品原件所有人展览其享有所有权的原件。

其三，关于未发表的美术或者摄影作品原件受让以后著作权中发表权的限制。对此，2014 年《著作权法（送审稿)》第二十二条第三款规定：作者将未发表的美术或者摄影作品的原件转让给他人，受让人展览该原件不构成对作者发表权的侵犯。一般情况下，著作人身权不受限制，这也是著作权保护的基本原理。然而，著作人身权也并非不是绝对不受限制的权利，即使是署名权这一著作人身权中最重要的精神权利，在特定的情况和场所也会受到一定的限制。例如，在非常特殊的情况下不便署名，此时并不能认为侵犯了作者的署名权。还如，在特定情况下未经作者许可对作品进行修改，也不能视为侵犯作者修改权或者保护作品完整权。关于著作人身权的限制问题，较早时我国著名知识产权专家郑成思教授在相关著作中就有专论，他形象地称这种情况为“精神权利部分穷竭”。笔者赞同郑成思教授的观点，认为这是对发表权这一著作人身权限制的一种表现。其实，笔者在 1993 年出版的第一部个人专著《著作权法通论》对这一问题也有初步阐述。通过分析日本等国外著作权法的规定可以进一步发现，2014 年《著作权法（送审稿)》的这一规定也具有合理性。不过，这里还需要补充的是，发表权和署名权等其他著作人身权相比具有不同的特点，即其通常是和作品的著作财产权联系在一起，并且往往伴随着著作财产权的最初行使，因为作品的复制、展览等著作财产权的行使，需要将作品公之于众，而这必然就涉及作品的发表。未发表的美术、摄影作品的原件在受让以后，受让人和通常的美术、摄影作品原件所有人一样需要通过展览的形式实现该作品原件的价值。对于未发表的这类作品原件而言，展览该作品原件即意味着该作品原件的首次发表。在这种情况下，如果不对这类作品原件的发表权予以限制，就会导致受让人无法展览该原件的局面。这无疑会相应地阻碍美术、摄影作品原件的转让，因而也

[1] 王福珍. 作品原件所有权与作品著作权的冲突及解决方案［J]. 法学，1993（9）：3.

不利于美术、摄影作品交易市场的繁荣。因此，从这一角度讲，赋予未发表美术、摄影作品原件受让人展览该原件而产生的发表权侵权的豁免权，是十分必要的。❶

其四，关于陈列于公共场所的美术作品原件拆除中的著作权保护问题。2014 年《著作权法（送审稿)》第二十二条第四款规定：陈列于公共场所的美术作品的原件为该作品的唯一载体的，原件所有人对其进行拆除、损毁等事实处分前，应当在合理的期限内通知作者，作者可以通过回购、复制等方式保护其著作权，当事人另有约定的除外。与 2010 年《著作权法》相应规定相比，2014 年《著作权法（送审稿)》的这一规定也是新增加的内容。❷ 笔者对于这一新增规定表示赞同，认为这有利于对陈列于公共场所美术作品原件著作权保护。❸ 根据前面的分析，作品的原件和其附载作品涉及著作权的保护是独立的，正常情况下作品原件所有人可以自由处置其原件。然后，美术作品原件具有独特性，其价值的实现主要是依赖于原件。如果该美术作品原件具有唯一性，且原件所有人试图以拆除等方式毁损该原件，那么附载于该原件的著作权也将灭失。这种情况下就有必要要求原件所有人事先与著作权人沟通，就原件的处置进行协商，特别是允许著作权人通过回购、复制等方式保护其著作权。否则，这类作品原件著作权就将永久性地丧失。当然，这里的沟通也包括双方另有约定，通过双方的意思自治，以合适的方式协调原件的处置与著作权保护的关系。值得一提的是，2020 年《著作权法（修正案草案)》及 2020 年《著作权法》没有采纳 2014 年《著作权法（送审稿)》上述规定。笔者认为，应当保留 2014 年《著作权法（送审稿)》上述规定。

2010 年《著作权法》第十九条及 2014 年《著作权法（送审稿)》第二十五条是关于著作权继承以及在特殊情况下著作权归国家所有的规定。这里先不妨了解一下相关法条的具体内容。

2010 年《著作权法》第十九条第一款规定："著作权属于公民的，公民死亡后，其本法第十条第一款第（五）项至第（十七）项规定的权利在本法规定的保护期内，依照继承法的规定转移。"第二款规定："著作权属于法人或者其他组织的，法人或者其他组织变更、终止后，其本法第十条第一款第（五）项至第（十七）项规定的权利在本法规定的保护期内，由承受其权利义务的法人或者其他组织享有；没有承受其权利义务的法人或者其他组织的，由国家享有。"

---

❶ 如前所述，2020 年《著作权法（修正案草案)》第十八条第二款修改了 2014 年《著作权法（送审稿)》上述规定，明确是"原件所有权转让"，而不是"原件转让"。这一修改更合理。也正因如此，2020 年《著作权法》保留了这一修改。

❷ 曹新明．作品原件所有人的告知义务研究——兼论《著作权法》第三次修订［J］．法治研究，2013 (11)：41－52.

❸ 刘敢生，覃兆平．美术作品著作权与原件所有权的关系——从一起美术作品被拆毁案的审理谈起［J］．人民司法，2006（3）：100－104.；唐昭红．论美术作品著作权对美术作品原件所有权的限制［J］．法商研究，2003（4）：114－119.

2014年《著作权法（送审稿）》第二十五条第一款规定：著作权属于自然人的，自然人死亡后，著作权中的财产权在本法规定的保护期内，依照《中华人民共和国继承法》的规定转移；第二款规定：著作权属于法人或者其他组织的，法人或者其他组织变更、终止后，著作权中的财产权在本法规定的保护期内，由承受其权利义务的法人或者其他组织享有；没有承受其权利义务的法人或者其他组织的，由国家享有。[1]

2014年《著作权法（送审稿）》的上述规定和2010年《著作权法》规定均肯定了著作权中的财产权可以作为继承的标的，宣告了著作权中财产权作为一种无形财产可继承性。2014年《著作权法（送审稿）》的上述规定没有实质变化，有所变化的只是将著作权主体由公民改为自然人。2020年《著作权法》第二十一条第一款则将2010年《著作权法》第十九条第一款中的"依照继承法的规定转移"，修改为"依法转移"。这样就扩大了法定继受的形式。此外，笔者认为在特定的情况下，应当规定著作权进入公共领域，而不是由国家享有。具体而言，关于2010年《著作权法》、2014年《著作权法（送审稿）》、2020年《著作权法（修正案草案）》的规定，笔者有如下观点与建议。

其一，著作权中财产权（著作财产权）可以作为继承的标的被继承，本质上体现了著作财产权的财产权属性。一般认为，从财产的物质性与非物质性角度来分类，可以将财产分为有形财产和无形财产。著作财产权属于无形财产的范畴，这一无形财产之所以具有财产权的基本属性，是基于其和有形财产一样能够在市场中被流转、利用，并在这种流转和利用中获得经济与社会价值。著作财产权的实现通常需要以市场为媒介和平台，通过各种形式利用，在市场中实现其价值。其实，从著作权制度的产生来看，著作权制度本身是商品经济和科学技术发展的产物，我国从古代以来形成了灿烂的中华文化，尤其是留下了很多的不朽名篇，但我国第一部《著作权法》比世界上第一部著作权法的颁布整整晚了200年，其中一个非常重要的原因就是长期以来实行自给自足的自然经济、排斥商品经济，没有形成著作财产权保护的土壤。甚至在新中国成立以后相当长的时期，由于计划经济排斥商品经济，包括著作权制度在内的知识产权制度也没有得到充分的发展。只是到了改革开放以后，随着我国经济社会的发展特别是商品经济、市场经济的初步确立，知识产权制度才真正迎来了春天。[2] 当前，随着我国社会主义市场经济体制的建立和发展，著作权的财产属性得到进一步的强化。如何通过在市场中有效地利用著作权，实现著作权的财产价值也是著作权立法的重要目的。对此，笔者在前面关于著作权立法宗旨条款

[1] 2020年《著作权法（修正案草案）》第十九条则除了相关术语有所变化，与2010年《著作权法》同条规定没有变化。

[2] 冯晓青．中国知识产权制度70年回顾与思考［J］．社会科学战线，2019（6）：25－37．

的修改部分已经指出。

无疑，明确著作财产权可以被继承，体现了对这种财产权的财产属性的充分肯定。其实此前我国颁行的继承法对此也有明确的规定，因为根据继承法的规定，知识产权中的财产权利可以成为继承的标的，著作权中的财产权即著作财产权显然应当被包含其中。[1] 当然，作为一种无形财产，著作权中的财产权的继承与有形财产的继承其实现方式不一样，因为它不能像有形财产一样被分割。著作财产权的继承通常体现为继承人之间的共同共有或者按份共有。此外，出现无人继承也没有受遗赠的情况，当著作财产权涉及继承问题时应当如何处理？2010 年《著作权法》、2014 年《著作权法（送审稿）》和 2020 年《著作权法（修正案草案）》都没有相应的规定。这有待于立法作出进一步的完善。

其二，关于特殊情况下著作权归属于国家的规定，笔者认为应规定进入公共领域，即 2014 年《著作权法（送审稿）》第二十五条第二款、2020 年《著作权法（修正案草案）》第十九条第二款、2020 年《著作权法》第二十一条第二款应修改为：

著作权属于法人或者非法人组织的，法人或者非法人组织变更、终止后，著作权中的财产权在本法规定的保护期内，由承受其权利义务的法人或者非法人组织享有；没有承受其权利义务的法人或者非法人组织的，**进入公共领域**，**任何人都可以自由使用**。

笔者主张的上述修改，理由如下：促进作品的传播和利用是《著作权法》的重要立法宗旨。针对法人或者非法人组织变更、终止后，著作权中的财产权利在《著作权法》规定的保护期内如果没有承受其权利义务的法人或者非法人组织，规定进入公共领域可以更方便地促进该作品的传播与利用。正常的情况下，从《著作权法》利益平衡机制和对价机制来说，《著作权法》赋予著作权一定期限的专有权利，是力图将保护作为激励创作和传播动力机制和保障，在特定著作权因为特定的原因而不存在特定的主体时，《著作权法》这一激励和对价机制缺乏存在的基础。如果规定著作权进入公共领域，则可以更好地促进该作品的传播和利用，不会损害任何一方的合法权益。因为所谓《著作权法》中的公共领域，实际上是将特定作品作为公共财产而可以被任何人自由地利用。相反，如果规定此时著作权归属于国家，就不利于该作品被相关公众所传播和利用，也不利于更好地发挥该作品的经济和社会价值。

---

[1] 孙学致. 应修改继承法扩大继承人范围——从溥仪著作权继承之争说起［J］. 法学，2008（2）：62－67.

我国著作权保护期限制度及其完善*

著作权的保护期是《著作权法》规定的重要内容。规定作品具有一定的保护期限，这也是现代著作权法的标志。由于著作权包括著作人身权和著作财产权，著作权法对著作权保护期限的规定应当分别针对著作人身权和著作财产权加以规定。以下将结合著作权立法宗旨以及著作权保护的法理，就2014年《著作权法（送审稿）》、2020年《著作权法（修正案草案）》及2020年《著作权法》关于著作权保护期限的规定及其对2010年《著作权法》的发展加以探讨。

一、关于著作人身权保护期

关于著作人身权的保护期限，2014年《著作权法（送审稿）》第二十八条规定："署名权、保护作品完整权的保护期不受限制。"2010年《著作权法》第二十条则规定："作者的署名权、修改权、保护作品完整权的保护期不受限制。"❶ 与2010年《著作权法》规定相比，2014年《著作权法（送审稿）》的规定有以下变化：一是没有明确著作人身权的主体限于作者，二是没有明确列举修改权。对此，笔者认为首先有必要认识《著作权法》为何需要规定著作人身权的保护期不受限制。著作人身权的保护期不受限制，这意味着其保护期限是永久性的。之所以如此，是因为作品是作者人格的体现，类似于父母与子女的血肉关系，这种血肉关系不会因为某种原因，如父母一方或双方死亡或者父母离婚而改变。就作品和作者的关系而言，也不会因为时间的推移而导致作品和作者关系的改变。具体就著作人身权的保护而言，署名权的保护意味着维护作品和作者特定的身份关系，署名权本质上也是一种确认作者身份权。毫无疑问，这种身份关系不能因为作品创作完成以后一定时间内被改变，《著作权法》应当永久性地维持作者和作品这种特定的身份关系。在著作权保护期限方面，这就体现为署名权的保护期限不受限制。就保护作品完整

* 本文初稿撰写时间为2019年8月14日。

❶ 2020年《著作权法（修正案草案）》则与2010年《著作权法》规定完全一致。

权而言，如前所述这项权利主要是确保维护作品的原貌，避免因为他人的歪曲、篡改等行为而破坏这种原貌，甚至损害作者的声誉。如在日本著作权法中，保护作品完整权被称为同一性保持权。我国《著作权法》所称的保护作品完整权，顾名思义，也是为了确保作品的完整性。正是有了保护作品完整权，不同时代的作品才能够以保持原貌的形式不断延续。如果保护作品完整权因为作品创作以后一定时间内而不再受到保护，不难想象其后果多么严重。也正是有了保护作品完整权，以作品体现的文化遗产的传承也才能得到充分的保障。甚至对于早已不存在现代意义上著作权保护的古代作品，也正是因为对保护作品完整权的尊重，我们才能够完整地获得与了解古代的优秀作品。从这里可以看出，著作权中的署名权和保护作品完整权受到永久性的保护是十分必要的。至于著作人身权中的修改权，也是一种重要的著作人身权。2014 年《著作权法（送审稿)》第二十八条没有明确列举修改权，并不意味着其不保护修改权，而是将修改权的相关内容吸收到保护作品完整权之中。对此，前面已经做了初步探讨。

关于著作人身权的保护期限，还有以下两点值得思考与研究：一是为何著作权中的发表权并没有规定永久性地受到法律保护，而是具有一定的保护期限。二是为何 2014 年《著作权法（送审稿)》取消了著作人身权的主体即作者。

关于第一个问题，笔者认为，这是因为发表权是一种特殊的著作人身权，它与著作财产权的首次行使具有密切的联系，甚至在相当多的情况下著作财产权的首次行使意味着作品的首次发表。如果像其他著作人身权一样，规定发表权的保护期限也是永久性的，那么很可能就会影响到作品著作财产权的行使。除了上述原因，笔者认为还可以从著作权保护的效率方面考虑。如前所述，作品的发表意味着作品公之于众。就大多数作品而言，作品也只有通过发表，才能够进一步实现其著作权。根据《著作权法》促进作品的传播和利用，以及著作权保护的效率价值取向，应尽可能地促进作品的发表。如果规定作品的发表权永久性地受到法律保护，则可能不利于作品及时公开，作品迟迟得不到公开则可能会影响到其经济和社会价值的实现。众所周知，作品尽管没有发表也能受到著作权保护，也就是说未发表作品同样可以获得著作权的保护。但是，作品没有发表，也就是没有公之于众，该作品经济和社会价值的实现会受到很大影响。换言之，作品通常是在发表以后才能够更好地实现其经济社会价值，也才能更好地使作者从作品的发表中获得相应的荣誉与影响。美国早年著名科学家爱因斯坦未发表手稿发表的相关著作权纠纷案，法院以公共秩序保留为由主张手稿应当发表，就是这方面的一个体现。相反，规定发表权具有一定的保护期限，作品创作完成以后一定期限不再受到法律保护，这有利于促进作者将其创作的作品尽快发表。进言之，对于著作人身权中的发表权，2010 年《著作权法》、2014 年《著作权法（送审稿)》、2020 年《著作权法（修正案草案)》及 2020 年《著作权法》对这一权利保护期限作出规定[1]，一个十分重要的原因是促使作者享有著作权的作品尽快发表，因为法条规定如果在一定期限内作品不予发表，该作品的著作财产权不再受到保护。

关于第二个问题，笔者认为在一般情况下署名权、保护作品完整权等著作人身权应当属于作者，而不是作者以外的其他著作权人。但涉及法人作品的场合，法人或者非法人组织被视为作者，实际完成作品创作的作者并不享有法律上作者的地位。上述规定就是考虑到这一特殊情况。

二、关于著作财产权保护期

关于著作财产权的保护期限，2014 年《著作权法（送审稿）》第二十九条作了如下规定："自然人的作品，其发表权、著作权中的财产权的保护期为作者终身及其死亡后五十年；如果是合作作品，其保护期计算以最后死亡的作者为准。法人或者其他组织的作品、著作权（署名权除外）由单位享有的职务作品、视听作品，其发表权的保护期为五十年，但作品自创作完成后五十年内未发表的，本法不再保护；其著作权中的财产权的保护期为首次发表后五十年，但作品自创作完成后五十年内未发表的，本法不再保护。实用艺术作品，其发表权的保护期为二十五年，但作品自创作完成后二十五年内未发表的，本法不再保护；其著作权中的财产权的保护期为首次发表后二十五年，但作品自创作完成后二十年内未发表的，本法不再保护。前三款所称的保护期，自作者死亡、相关作品首次发表或者作品创作完成后次年 1 月 1 日起算。本法施行前保护期已经届满、但依据本条第一款仍在保护期内的摄影作品，不受本法保护。本法第十四条规定的权利的保护期，适用本条第一款的规定。"

对照 2010 年《著作权法》关于著作财产权保护期限的规定，2014 年《著作权法（送审稿）》、2020 年《著作权法（修正案草案）》及 2020 年《著作权法》相应规定基本保持不变，个别地方规定则有所变化。[2]

毫无疑问，著作权有一定保护期限，这是各国及著作权国际公约通例。[3] 笔者认为，《著作权法》对著作财产权规定一定的保护期限，其合理性可以从以下几方面加以认识。

其一，从著作权立法宗旨来看。2010 年《著作权法》第一条对著作权立法宗旨作了明确的规定，其基本内涵可以概括为通过保护作者和其他著作权人以及相关权利人的合法权益，协调围绕作品创作、传播与利用产生的利益关系，鼓励和促进作

---

[1] 2020 年《著作权法》二十三条关于著作权期限的规定，对 2010 年《著作权法》的发展体现为对相关主体称谓的变化，以及将发表权和著作财产权的保护期限分开规定。

[2] 左晶，李然. 我国著作权保护期制度优化研究［J］. 出版发行研究，2019（4）：59－61.

[3] 韦之. 欧盟著作权保护期指令评介［J］. 中外法学，1999（6）：86－90.

品的创作、传播与利用，最终实现科学文化繁荣和经济社会发展的目的。实现著作权法上述立法宗旨，需要有效地协调著作权人的利益和其他相关主体的利益，其中对作品著作财产权的保护就不能是永久性的，否则最终将影响作品的传播和利用，不利于科学文化繁荣与经济社会发展。

其二，从著作权保护法理的公平正义观来看，作者投入作品创作的创造性劳动总归是有限的，如果给予著作权中财产权以永久性的保护期限，这就意味着权利人以有限的劳动换取无限的利益。这不符合著作权保护法理的公平正义观。此外，从“代际平等”的角度来讲，著作财产权永久性的保护，意味着作者和其他著作权人继承人可以永久性地从作品中获得专有利益，这对其他人也会造成一定的不公平。[1]

其三，从著作权保护的利益平衡理论来说，给予著作财产权有限的保护期限，是实现著作权人利益和社会公众利益平衡的重要制度设计。著作权法利益平衡理论要求，著作权人利益和社会公众利益都应当得到确保，给予著作财产权以有限的保护期限，是确保社会公众在一定的期限后自由使用作品的根本保障。

其四，从著作权保护的公共领域理论来说，根据美国著名著作权专家尼莫（Nimmer）的观点，具有专有性的著作权不过是最终通向公共领域的一个驿站。著作权最终需要进入公共领域，成为社会公共财富，社会才能以较低的成本获取知识和信息。给予著作财产权一定的保护期限，使其在一定期间后进入公共领域，能够使作品这一无形知识财富愈来愈丰富，从而为文化传承和社会进步提供强大的思想库。

其五，从著作权保护的经济学原理来说，著作权保护对著作权人实现的个人利益与社会成本之间存在一个理想的均衡点，这一均衡点就是确定著作权保护期限的临界点。从理论上讲，这一均衡点是存在的。但著作财产权保护期限超过这一均衡点，也就是著作财产权进一步获得保护时，著作权保护的社会成本将大于著作权保护使著作权人获得的个人利益，从而缺乏经济理性。因此，对于著作财产权，应当给予一定的保护期限。

下面需要进一步探讨的是关于著作财产权的具体规定。其中，就合作作品著作权保护期限而言，笔者认为立法的规定是充分考虑到最大限度地保护著作权人的著作权，因为合作作品著作权的保护期限是从最后一位合作作者死亡计算而不是第一位合作作者死亡以后计算。对于 2014 年《著作权法（送审稿）》第二十九条第三款关于实用艺术作品著作权保护期限的规定，一方面是基于《伯尔尼公约》的规定，另外一方面也是考虑到这类作品的特殊性，不宜像通常一样规定为 50 年。至于对于不同类型的作品在保护期限计算方面采用不同的标准，包括死亡起算主义与发表主

---

[1] 冯晓青. 著作权保护期限制之理论思考［J］. 北京科技大学学报（社会科学版），2006（5）：63－69.

义，是基于著作权主体的不同属性。

至于2014年《著作权法（送审稿）》第三十条的以下规定"作者身份不明的作品，其著作权中的财产权的保护期为五十年，自该作品首次发表后次年1月1日起算。作者身份确定后适用本法第二十九条的规定"，之所以分两种情况计算保护期限，是基于这类作者身份不明作品的实际情况考虑的。该规定同时隐含了《著作权法》对作者权益充分保障的考量，因为作者身份确定以后适用2014年《著作权法（送审稿）》第二十九条的规定，根据该条的规定著作权的保护期限比适用发表主义更长。2020年《著作权法》则没有采纳2014年《著作权法（送审稿）》上述规定。

我国《著作权法》中出版内涵及版式设计权保护的完善[*]

2010年《著作权法》第五十八条规定："本法第二条所称的出版，指作品的复制、发行。"2014年《著作权法（送审稿）》第三十一条第一款则规定："本法所称的出版，是指复制并发行。"第二款规定："本法所称的版式设计，是指对图书和期刊的版面格式的设计。"比较2014年《著作权法（送审稿）》和2010年《著作权法》的规定，可以发现有以下两点区别：其一是对出版的概念做了修正，即出版针对的对象不限于作品；其二是新增了版式设计的概念的规定。从下面关于修改草案不同版本的规定可以看出，修改草案的不同版本均明确出版不限于作品的复制、发行，版式设计概念也都被规定在修改草案中。

《著作权法（修改草案第一稿）》第二十九条第一款规定："本法所称的出版，是指复制并发行。"第二款规定："本法所称的版式设计，是指对图书和期刊的版面格式的设计，包括对版心、排式、用字、行距、标题、引文以及标点符号等版面布局因素的安排。"《著作权法（修改草案第二稿）》第三十条第一款规定："本法所称的出版，是指复制并发行。"第二款规定："本法所称的版式设计，是指对图书和期刊的版面格式的设计。"《著作权法（修改草案第三稿）》与第二稿的规定相同。[1]

关于出版及版式设计的上述规定，笔者认为以下问题值得探讨。

其一，关于出版概念的界定。出版既包括著作权保护意义上的作品的复制发行，也包括相关权意义上的复制发行，如录音、录像制品的出版。2010年《著作权法》关于出版的概念只限于作品，而没有包括录音、录像制品的出版，因此其对出版概念的界定是不够周延的。在现实生活中，录音、录像制品的复制、发行非常普遍，复制、发行权也是录音录像制作者的重要权利，对此2010年《著作权法》已有明确的规定。《著作权法》中将出版的概念延伸到作品以外的相关权客体，这样就使

---

* 本文初稿撰写时间为2019年8月15日。

[1] 2020年《著作权法（修正案草案）》第六十条关于"出版"的定义，与2010年《著作权法》相同。2020年《著作权法》第六十三条也沿袭了2010年《著作权法》的规定。

出版的概念更周延，更符合当今录音录像制品出版的现实。

应当指出，2014 年《著作权法（送审稿）》关于出版概念的修订尽管只有寥寥数字，但它体现了我国《著作权法》对于作品著作权和相关权两类权利的充分保护。尽管我国《著作权法》不像有的国家相关法律一样，将著作权和相关权并列（如俄罗斯颁布的相关法律名称为俄罗斯联邦著作权和邻接权法），其名称没有包括相关权，但从 2010 年《著作权法》、2014 年《著作权法（送审稿）》、2020 年《著作权法（修正案草案）》及 2020 年《著作权法》的相关规定来看，相关权也是我国《著作权法》规定的十分重要的内容。从原则上说，相关规定既适合于对作品著作权的保护，也适合于对相关权的保护，不宜仅限于对著作权保护的规定。因此，笔者认为 2014 年《著作权法（送审稿）》上述关于出版概念的规定，尽管只是极个别文字的修改，其体现的立法意图是值得高度肯定和关注的。比较而言，2020 年《著作权法（修正案草案）》及 2020 年《著作权法》没有采纳上述规定，值得进一步研究。

其二，关于版式设计概念的规定。如前所述，2010 年《著作权法》并没有对版式设计概念的规定。为此，2014 年《著作权法（送审稿）》专门增加了相应的概念。这里首先应该明确的是，为何应对版式设计给予保护。笔者认为，根本原因在于版式设计也是一种智力劳动成果，给予一定专有权的保护具有合理性和正当性。对版式设计给予专有权的保护，从知识产权保护的激励理论来说，有利于促进版式设计创新，防止图书、期刊版式设计的低水平重复，也有利于鼓励和促进版式设计领域的公平竞争。相反，如果不给予版式设计以专有权的保护，可能造成版式设计互相抄袭，不但损害最初完成版式设计的版式设计人的合法权益，而且会造成相关市场的紊乱，助长不劳而获的不良风气。基于此，给予版式设计以专有权保护是必要的。[1] 这里不妨通过介绍一个简单的案例，以见一斑。早些年，在一个法院审理的被告侵害版式设计专有权的案件中，被告几乎完全照搬了原告杂志《女友》的版式设计，给原告造成了不良后果和损害。法院最终判决被告赔偿原告十万元人民币。

在理解了版式设计应给予专有权保护的同时，还应明确版式设计的概念。从《著作权法》第三次修改不同版本草案规定可以看出，关于版式设计的概念，立法者的认识有一个完善的过程。在《著作权法》第三次修改草案第一稿中，版式设计的概念界定非常详细，后面两稿以及 2014 年《著作权法（送审稿）》的规定则相当简略。[2] 对此，笔者认为，法律对相关概念的界定应当简明，不宜过于烦琐，以适应日益丰富的社会生活的需要。基于这一原则，2014 年《著作权法（送审稿）》将

---

[1] 彭桂兵. 版式设计权保护的制度重构——兼论《著作权法》第 36 条的存与废［J］. 出版科学，2017（5）：10－12，16.

[2] 吕炳斌. 著作权法关于版式设计权的修改研究［J］. 中国出版，2012（19）：7－59.

版面设计界定为对图书、期刊的版面格式的设计，这是应当给予肯定的。值得指出的是，2020 年《著作权法》对版式设计权的保护，除了其第三十七条规定了出版者的版式设计专有权，还在第五十一条关于权利管理信息的保护，以及第五十二条关于侵害版式设计权的民事责任方面作了规定。

我国表演者权制度及其完善研究*

表演者权制度是我国相关权保护的重要内容，也是我国《著作权法》中的重要内容。以下将在探讨保护表演者权正当性的基础上，对 2014 年《著作权法（送审稿)》、2020 年《著作权法（修正案草案)》与 2010 年《著作权法》、《著作权法》第三次修改草案三次不同版本及 2020 年《著作权法》的相应规定进行研究。

一、保护表演者权的正当性

之所以应当赋予表演者以表演者权，关键在于表演者表演作品付出了值得知识产权保护的创造性劳动。表演者表演作品固然是以另外一种方式再现作品，但并不是简单地再现作品，更不是复制作品，而是以一种富有创意、富有创造性的方式“诠释”作品。作品通过表演者的表演，其特定的思想、内涵通过富有感染力的艺术形式再现出来。例如，人们耳熟能详的舞蹈表演、歌唱表演就是十分典型和普遍的再现作品形式。

进言之，笔者认为，包括表演者在内的作品传播者的相关权的设立之所以存在合理性与必要性，还在于表演者等传播者的行为，不仅是再现作品，而且是传播作品。仅以表演者为例，表演者表演作品不仅是以一种独特的艺术化的形式再现已有的作品❶，而且是实实在在地传播作品。从著作权保护的理论来说，作品的创作和作品的传播是一种源和流的关系，没有作品的创作当然谈不上作品的传播。这里也可以看出在著作权和相关权保护的关系方面，著作权处于主导的地位，甚至可以说相关权是一种受著作权制约的邻接权。正因如此，我国 2010 年《著作权法》第三十七条明确规定：“使用他人作品演出，表演者（演员、演出单位）应当取得著作权人许可，并支付报酬。演出组织者组织演出，由该组织者取得著作权人许可，并

---

* 本文初稿撰写时间为 2019 年 8 月 16 日。

❶ 即兴表演则具有一定的特殊性，因为即兴表演者同时也是作者，即兴表演的过程也就是作品创作的过程。

支付报酬。”但同时也应当看到，作品的传播对作品价值实现具有极为重要的意义。囿于自身条件，作者或者其他著作权人很难同时成为作者和作品传播者，即作者创作的作品通常需要由他人传播。因此，在著作权保护体系中，不仅需要鼓励作品的创作，而且需要鼓励作品的传播。根据产权激励理论的观点，赋予相关主体以财产权是激励其从事相关行为的重要制度保障。赋予表演者因其表演活动产生的相关表演者权，就是充分地调动广大表演者从事作品表演的积极性，促进通过表演的形式传播作品的一种重要法律形式。

正因为保护表演者权具有合理性，相关知识产权保护国际公约和各国著作权法都对表演者权益进行专有权保护。甚至一度在有的国家和地区立法中，将表演者表演作品的行为视为创作行为而给予更加严格的保护。当然，笔者认为创作行为和表演行为毕竟不是一种性质的行为，两者不能在著作权立法和保护中混淆。

还需要指出的是，表演者权之所以应当受到法律的保护，与录音、录像技术等传播技术的发展具有密切的关系，因为录音、录像可以将表演的活动固定下来，并加以广泛传播。如果不对表演者就其表演的成果赋予专有的权利，就会造成表演者、录音录像制作者和相关权利人之间利益的严重失衡，而这最终将不利于表演事业的发展，不利于作品以表演的形式传播和利用。

二、表演者权的内容及其立法完善

关于表演者权相关的规定，2014 年《著作权法（送审稿）》第三十三条明确了表演者的内涵，即《著作权法》所称的表演者，是指以朗诵、演唱、演奏以及其他方式表演文学艺术作品或者民间文学艺术表达的自然人。当然，2014 年《著作权法（送审稿）》的上述规定有一个发展的过程。具体而言，《著作权法（修改草案第一稿）》规定的是：“本法所称的表演者，是指以朗诵、歌唱、演奏以及其他方式表演文学艺术作品或民间文学艺术的人或者演出单位。”第二稿第三十二条则规定：“本法所称的表演者，是指以朗诵、歌唱、演奏以及其他方式表演文学艺术作品或者民间文学艺术表达的自然人。”第三稿规定和第二稿相同。[1]

从上述规定可以看出，著作权法意义上的表演者是指自然人，而不是作为自然人的表演者所在的单位。这一点和 2010 年《著作权法》的规定不一致，可以认为是对现行著作权制度的发展。因为根据 2010 年《著作权法》第三十七条规定，表演者既包括演员，也可以包括演员所在的演出单位。这一界定应当说存在一定的问题，因为通常作为权利主体意义上的表演者，应当是实际从事表演的自然人，该自

---

[1] “歌唱”和“演唱”两个词之间仍存在一定的区别。比较而言，演唱的内涵更丰富，强调动作的感染力。因此，2014 年《著作权法（送审稿）》的修改具有合理性。

然人所在的演出单位尽管通常需要为表演者提供相关的物质技术条件及相关待遇，但毕竟不能和实际从事表演活动的真正意义上的表演者相提并论。[1] 当然，2014 年《著作权法（送审稿）》并非没有考虑到演出单位应获得的相应的权利，因为如下面将要继续探讨的，2014 年《著作权法（送审稿）》提出了一个职务表演的概念，并规定了相关的职务表演法律制度。其实这一问题，笔者在 20 世纪 90 年代就进行过探讨并发表了相关论文。

关于表演者权，需要进一步对《著作权法》中的表演权和表演者权的关系进行了解，然后在对比 2014 年《著作权法（送审稿）》与 2010 年《著作权法》相关规定的基础之上，明确表演者权的具体内涵。

《著作权法》中表演权和表演者权显然是两种不同性质的权利，其中前者属于著作权人的著作财产权中的重要内容，是著作权人以表演方式使用其作品的权利，其内容可以包括著作权人以表演方式使用自己的作品、著作权人许可他人表演自己的作品以及著作权人禁止他人未经许可擅自表演自己作品的权利。表演者权则属于《著作权法》中规定的相关权的范畴，是表演者对其因作品表演而产生的成果所享有的专有性的权利。由于表演者需要对作品进行表演，如果表演者所表演的作品是享有著作权的作品，就必然在著作权人和表演者之间形成一定的法律关系。由于表演作品的权利属于著作权人，表演者表演他人的作品，需要获得著作权人的许可，尤其是对于他人没有发表的作品表演者更不得随意表演，因为以表演方式公开还涉及著作权人的发表权。通常，表演者表演他人享有著作权的作品，需要和著作权人签订表演合同，就表演的方式和获得报酬等内容进行规定。当然，如果是职务表演活动，需要由职务表演单位与著作权人就表演者表演的相关权利义务进行约定。

关于表演者权的具体内容，2014 年《著作权法（送审稿）》第三十四条第一款规定："表演者对其表演享有下列权利：（一）表明表演者身份；（二）保护表演形象不受歪曲；（三）许可他人以无线或者有线方式公开播放其现场表演；（四）许可他人录制其表演；（五）许可他人复制、发行、出租其表演的录制品或者该录制品的复制件；（六）许可他人以无线或者有线方式向公众提供其表演，使公众可以在其个人选定的时间和地点获得该表演。"第二款规定："前款第（一）项、第（二）项规定的权利的保护期不受限制；第（三）项至第（六）项规定的权利的保护期为五十年，自该表演发生后次年 1 月 1 日起算。"第三款规定："被许可人以本条第一款第（三）项至第（六）项规定的方式使用作品，还应当取得著作权人许可。"

2010 年《著作权法》第三十八条第一款则规定："表演者对其表演享有下列权

[1] 但是，2020 年《著作权法（修正案草案）》采用了和 2010 年《著作权法》相同的规定。2020 年《著作权法》则未采用 2010 年《著作权法》规定，其第三十八条规定的"表演者"，不再包括演出单位。这一修改具有合理性。

利：（一）表明表演者身份；（二）保护表演形象不受歪曲；（三）许可他人从现场直播和公开传送其现场表演，并获得报酬；（四）许可他人录音录像，并获得报酬；（五）许可他人复制、发行录有其表演的录音录像制品，并获得报酬；（六）许可他人通过信息网络向公众传播其表演，并获得报酬。"第二款规定："被许可人以前款第（三）项至第（六）项规定的方式使用作品，还应当取得著作权人许可，并支付报酬。"2010 年《著作权法》第三十九条第一款规定："本法第三十八条第一款第（一）项、第（二）项规定的权利的保护期不受限制。"第二款规定："本法第三十八条第一款第（三）项至第（六）项规定的权利的保护期为五十年，截止于该表演发生后第五十年的 12 月 31 日。"[1]

对于上述规定，可以得出以下结论。

其一，表演者享有和作者享有的著作人身权中的署名权与保护作品完整权类似的署名权与保护表演形象完整权，而且这两项权利同样不受保护期限的限制。2014 年《著作权法（送审稿）》第三十四条第一款第（一）（二）项，2010 年《著作权法》第三十八条第一款第（一）（二）项，第三十九条第一款，2020 年《著作权法（修正案草案）》第三十七条第一款第（一）、（二）项，第三十九条第一款以及 2020 年《著作权法》第三十九条第一款第（一）（二）项，第四十一条第一款有相应的规定。对此，笔者认为，表演者和表演活动产生的成果之间具有类似于作者和作品之间的人格关系，尤其体现为具有个性化的特色。我们所熟知的很多富有个性化特色的表演家的独特风格，就是这种关系的反映。由于表演者和表演活动这种特定的联系，表演者的身份应当得到确保，表演者也有权表明自己的表演者身份。从表演者权保护的司法实践来看，表演者身份权利的保护还包括禁止他人假冒表演者身份。如现实中有这样的案例，某人和某知名表演家相貌类似，于是模仿表演家的风格到公开的表演场所以该表演家的名义进行表演，相关公众对此并不知晓。在表演了很多场以后，真正的表演家才知道真相，然后主张权利。笔者认为这种冒名的行为可以认定为侵犯表演者署名权的行为。表演者署名的权利，也可以认为是对表演者人格权的保护。除了这一权利以外，保护表演形象不受歪曲同样重要，因为这同样涉及表演者人格的保护，涉及对表演活动成果原貌的维护。否则，表演者的表演形象得不到维护，将极大地影响或者损害表演者人格利益与表演方面的声誉，最终会损害表演者个人的声誉。基于对作者著作权中的人格权保护的同样的理由，表演者的上述人格权的保护期限不受限制，这一点也是较易理解的，故对此不复述。

其二，2014 年《著作权法（送审稿）》对于表演者财产权的规定，不再列举获得报酬的权利，这一规定是合理的。前述关于著作财产权的规定中，2014 年《著作

[1] 2020 年《著作权法》第三十九条关于表演者权的规定，除了在"许可权"中增加了"出租"行为外，其他规定与 2010 年《著作权法》相同。

权法（送审稿）》取消了获得报酬权的规定，这并不意味着著作权人失去了获得报酬权这一权利，而是因为获得报酬是行使著作财产权的必然的结果，不需要在著作财产权内容中专门作出规定。同样的理由，对于表演者财产权的规定，也无须专门列出获得报酬权的内容。这一内容的取消并不意味着表演者不再享有因为表演活动而获得报酬的权利。至于2020年《著作权法（修正案草案）》及2020年《著作权法》未采纳2014年《著作权法（送审稿）》上述规定，则值得研究。

其三，2014年《著作权法（送审稿）》对表演者财产权的规定，在具体内容上作了一定的改进。例如，关于现场表演权和录制权的规定，比较而言，2014年《著作权法（送审稿）》的规定更加周延、开放，能够更好地适应传播技术的发展对表演者财产权范围的调整。又如，针对表演者的信息网络传播权，2010年《著作权法》没有对表演活动的信息网络传播行为的内涵作出界定，2014年《著作权法（送审稿）》则根据《著作权法》关于信息网络传播行为的定义，对表演者表演活动的信息网络传播行为所对应的权利作了十分明确的界定。

其四，在条文规范结构方面，2014年《著作权法（送审稿）》也作了一定的优化，即将2010年《著作权法》对表演者权保护期限的内容，由单独的一个条文整合为前一个条文中独立的第二款。[1]

三、职务表演制度之构建

涉及职务表演的表演者权也是值得研究的内容。为此，先需要明确2014年《著作权法（送审稿）》、2020年《著作权法（修正案草案）》及2020年《著作权法》为何应规定职务表演相关权的内容。同时，考察在《著作权法》第三次修改过程中关于职务表演相关权规定的发展过程，也有利于了解涉及职务表演的表演者权制度。

关于职务表演相关权制度规定的合理性，笔者认为，这是基于我国演出市场的实际情况。我国是社会主义国家，在当今的文化体制下与西方国家不同，西方国家的表演者演出市场多是作为自由职业者，而我国很多表演者都是在单位从事职务性的表演。当然，随着我国文化体制改革，为了促进演出市场的繁荣，自由职业者的表演活动也日益增多。但无论如何，职务表演的情况非常普遍。由于职务表演涉及作为自然人的演员与所在单位的权利义务关系，我国《著作权法》中关于相关权中的表演者权制度应当对此作出专门的规定。2010年《著作权法》则对职务表演缺乏相应规定，因此应当根据形势发展的需要加以改进。无疑，新增职务表演相关权制

[1] 还值得注意的是，我国《著作权法》修改也需要注意与国际接轨。在第三次修改《著作权法》中表演者权制度的过程中，需要关注《视听表演北京条约》。陈化琴．论我国表演者权的立法和完善——以《视听表演北京条约》为视角［J］．哈尔滨师范大学社会科学学报，2012（6）：30－32.

度，有利于完善我国表演者权法律制度，促进我国表演市场的繁荣。

笔者认为，由于职务表演主要涉及演员和演出单位之间的权利义务关系，职务表演相关权制度重点应当是明确职务表演产生的表演者权的归属，以及演员和演出单位在职务表演中相应产生的权利和义务。职务表演制度的基本原则是，在充分调动演员演出积极性的基础之上，合理平衡和协调演员和演出单位之间的权利义务关系，同时有利于促进职务表演成果的传播与利用。2014 年《著作权法（送审稿）》、2020 年《著作权法（修正案草案）》及 2020 年《著作权法》关于职务表演者相关权的规定，基本上体现了这一原则，以下不妨从立法规定对比的角度进行研究。

2014 年《著作权法（送审稿）》第三十六条第一款规定："表演者在职期间为完成工作任务进行的表演为职务表演，其权利归属由当事人约定。"第二款规定："当事人没有约定或者约定不明的，职务表演的权利由表演者享有，但集体性职务表演的权利由演出单位享有，表演者享有署名权。"第三款规定："依本条第二款规定，职务表演的权利由表演者享有的，演出单位可以在其业务范围内免费使用该表演。"第四款规定："依本条第二款规定，职务表演的权利由演出单位享有的，单位应当根据表演的数量和质量对表演者予以奖励。"[1]

《著作权法（修改草案第二稿）》的相关规定如下：

第三十五条　表演者为完成工作任务进行的表演为职务表演，其权利归属由当事人约定。

当事人没有约定或者约定不明的，职务表演的权利由表演者享有，但集体性职务表演的权利由演出单位享有，表演者享有署名权。

依本条第一款和第二款规定，职务表演的权利由表演者享有的，演出单位可以在其业务范围内免费使用该表演。

《著作权法（修改草案第三稿）》的规定如下：

第三十五条　表演者在职期间为完成工作任务进行的表演为职务表演，其权利归属由当事人约定。

当事人没有约定或者约定不明的，职务表演的权利由表演者享有，但集体性职务表演的权利由演出单位享有，表演者享有署名权。

依本条第二款规定，职务表演的权利由表演者享有的，演出单位可以在其业务范围内免费使用该表演；依本条第二款规定，职务表演的权利由演出单位享有的，单位应当根据表演的数量和质量对表演者予以奖励。

2020 年《著作权法》的规定则如下：

---

[1] 2020 年《著作权法（修正案草案）》第三十八条则在内容上有所不同。具体规定是：演员为完成本演出单位的演出任务的表演为职务表演，演员享有表明身份的权利，其他权利的归属由当事人约定。当事人没有约定或者约定不明的，职务表演的权利由演出单位享有。职务表演的权利由演员享有的，演出单位可以在业务范围内免费使用该表演。

第四十条　演员为完成演出单位的演出任务进行的表演为职务表演，演员享有表明身份和保护表演形象不受歪曲的权利，其他权利归属由当事人约定。当事人没有约定或者约定不明的，职务表演的权利由演出单位享有。职务表演的权利由演员享有的，演出单位可以在其业务范围内免费使用该表演。

对照上述规定，可以看出有以下共同的特点。

一是明确了职务表演的概念。职务表演是表演者在职期间为完成单位工作任务所进行的表演。这一定义和2010年《著作权法》及2014年《著作权法（送审稿）》关于职务作品的定义有类似之处。其强调了表演者和演出单位之间的隶属关系，以及表演行为是为了完成单位的任务。笔者认为其中也隐含了表演行为是基于履行职务、基于工作职责而应当完成的行为。

二是明确了职务表演相关权归属的基本规则是意思自治优先，即当事人通过约定的形式明确相关权的归属。笔者认为这一制度与职务作品著作权制度的改革相类似，有利于在我国文化体制改革的背景下促进演出市场的繁荣，因为规定约定优先，表演者和其演出单位能够更好地根据市场的情况确定相关权的归属。

三是明确了在没有约定或者约定不明的情况下相关权的归属，不过，上述《著作权法》不同修改版本规定有所不同。如依据2014年《著作权法（送审稿）》的规定，此时表演者权归属于演员。这一规定具有合理性，其原因与前面讨论过的职务作品著作权归属在没有约定或者约定不明时归属于作者的合理性类似。比较而言，2020年《著作权法（修正案草案）》及2020年《著作权法》规定，此时表演者权归属于演出单位，这反映出立法过程中价值导向的变化。

四是明确了演员和演出单位相关的权利和义务，有利于贯彻著作权保护的利益平衡原则，充分调动演员和演出单位之间的积极性，对演员和演出单位利益进行充分保障的基础之上，促进职务表演活动的繁荣，并促进职务表演活动成果的传播与利用。

四、表演者与制片者的关系

关于表演者权的规定，需要进一步探讨的是表演者与制片者的关系。这里不妨也就2014年《著作权法（送审稿）》的相关规定和《著作权法》第三次修改不同版本的规定进行对比，然后进行相应的评价和分析。

2014年《著作权法（送审稿）》第三十七条规定："制片者聘用表演者制作视听作品，应当签订书面合同并支付报酬。视听作品中的表演者根据第三十四条第（五）项和第（六）项规定的财产权及利益分享由制片者和主要表演者约定。如无约定或者约定不明的，前述权利由制片者享有，但主要表演者享有署名权和分享收益的权利。"

《著作权法》第三次修改草案不同版本的相应规定则如下。

《著作权法（修改草案第一稿）》第三十三条规定："如当事人无相反书面约定，视听作品中的表演者权利由制片者享有，但表演者享有表明表演者身份的权利。制片者聘用表演者摄制视听作品，应当签订书面合同并支付报酬。表演者有权就制片者使用或授权他人使用该视听作品获得合理报酬，合同另有约定除外。"

《著作权法（修改草案第二稿）》第三十六条规定："制片者聘用表演者摄制视听作品，应当签订书面合同并支付报酬。视听作品中的表演者根据第三十三条第（五）项和第（六）项规定的权利由制片者享有，但主要表演者享有署名权。主要表演者有权就他人使用该视听作品获得合理报酬。"

《著作权法（修改草案第三稿）》的规定则与第二稿的规定含义相同。

对照2014年《著作权法（送审稿）》和《著作权法》第三次修改不同版本的相应规定，可以发现上述规定有以下共同特点。

其一，制片者聘用表演者制作视听作品，应当签订书面合同并支付报酬。制片者制作视听作品，无疑需要表演者的表演，特别是主要演员的表演。为此，在制片者和表演者之间需就相关的权利义务达成协议。这样一来，签订书面合同就具有必要性。由于制片者制作视听作品时表演者需要进行表演活动，因此这一协议中必须明确表演者获得报酬的标准和支付方式。[1] 当然，在具体的规定上，《著作权法（修改草案第一稿）》是将上述规定作为同一条款的第二款，而不是第一款。制片者聘请表演者参与制作视听作品，首先无疑需要通过协议的形式明确相关的权利和义务，因此2014年《著作权法（送审稿）》将其作为同一条第一款加以规定。

其二，关于相关权利义务没有约定时的处理。《著作权法（修改草案第一稿）》第三十三条直接规定在没有约定时，视听作品中的表演者权由制片者享有，表演者仅仅享有表明表演者身份的权利。尽管该条第三款同时规定表演者有权就制片者使用或者许可他人使用该视听作品获得报酬（合同另有约定的除外），但笔者认为修改草案第一稿的规定对表演者权的保护不够充分，尤其是对表演者财产权的保护方面。实际上，在对制片者和表演者关系的协调方面，在权利义务的配置上应当注意维护两者之间的利益平衡，以确保在制作视听作品的过程中充分调动表演者表演的积极性，同时有利于视听作品的制作。《著作权法（修改草案第二稿）》对第一稿的上述规定作了一定的改进，即明确了在视听作品中表演者许可他人复制、发行、出租其表演的录制品或者该录制品的复制件，以及许可他人以无线或者有线方式向公众提供其表演，使公众可以在其个人选定的时间和地点获得该表演的权利由制片者享有，但主要表演者享有表明表演者身份的权利。然而，该规定仍然没有体现意思自治优先的原则，可能不利于调整在表演实践中的具体情况。为此，2014年《著作

---

[1] 苏志甫．表演者对其参演的视听作品不享有独立表演者权［J］．中国版权，2015（6）：22－25.

权法（送审稿）》第三十七条第二款规定，视听作品表演者根据其第三十四条第（五）（六）项规定的财产权及相应的利益分享，由制片者和主要表演者加以协商确定。在没有约定或者约定不明时，该权利才法定地由制片者享有。但即使在这种情况下，表演者除了保留表演者身份（署名权）的权利外，仍然享有分享收益的权利。

笔者认为，2014 年《著作权法（送审稿）》的规定相对于修改草案的不同版本规定有较大的改进。主要包括两点，其一是更加尊重市场规律，尽量给予表演者和制片者就相关权利义务自行协商的机会，而不是一律强制性地规定相关的权利属于制片者。其二是即使是在相关权利由制片者享有时，主要表演者有权从视听作品的传播和利用取得收益分成。当然这里应注意的是，2014 年《著作权法（送审稿）》强调的是主要表演者，这是基于视听作品制作的实际情况，因为视听作品的制作可能需要有很多表演者参与，甚至包括很多群众演员。因此，强调主要表演者是有必要的。值得指出的是，2020 年《著作权法》没有采纳上述关于表演者与制片者关系的规定。这有待于继续研究和完善。

我国录音制作者权制度及其完善研究*

录音制作者权是我国相关权保护的重要内容，也是我国《著作权法》中的重要内容。以下对《著作权法》第三次修改不同版本关于录音制作者权的规定作出探讨。

这里有必要先对2014年《著作权法（送审稿）》、2020年《著作权法（修正案草案）》、2010年《著作权法》、《著作权法》第三次修改不同版本及2020年《著作权法》的相应规定进行对比，然后对相关规定进行评价。

2014年《著作权法（送审稿）》的规定如下：

第三十八条　本法所称的录音制品，是指任何对表演的声音和其他声音的录制品。

本法所称的录音制作者，是指录音制品的首次制作人。

第三十九条　录音制作者对其制作的录音制品享有下列权利：

（一）许可他人复制其录音制品；

（二）许可他人发行其录音制品；

（三）许可他人出租其录音制品；

（四）许可他人以无线或者有线方式向公众提供其录音制品，使公众可以在其个人选定的时间和地点获得该录音制品。

前款规定的权利的保护期为五十年，自录音制品首次制作完成后次年1月1日起算。

被许可人复制、发行、出租、通过信息网络向公众传播录音制品，还应当取得著作权人、表演者许可。

2010年《著作权法》规定如下：

第四十一条　录音录像制作者制作录音录像制品，应当同表演者订立合同，并支付报酬。

第四十二条　录音录像制作者对其制作的录音录像制品，享有许可他人复制、

---

* 本文初稿撰写时间为2019年9月1日。

发行、出租、通过信息网络向公众传播并获得报酬的权利；权利的保护期为五十年，截止于该制品首次制作完成后第五十年的12月31日。

被许可人复制、发行、通过信息网络向公众传播录音录像制品，还应当取得著作权人、表演者许可，并支付报酬。[1]

《著作权法（修改草案第一稿）》规定如下：

第三十五条　录音制作者对其制作的录音制品享有许可他人复制、发行、出租、在信息网络环境下通过无线或者有线的方式向公众提供录音制品使公众可以在其个人选定的时间和地点获得该录音制品的权利。

前款规定的权利的保护期为五十年，自录音制品首次制作完成后次年1月1日起算。

被许可人复制、发行、出租、通过信息网络向公众传播录音制品，还应当取得著作权人、表演者许可。

《著作权法（修改草案第二稿）》相关规定则如下：

第三十八条　录音制作者对其制作的录音制品享有下列权利：

（一）许可他人复制其录音制品；

（二）许可他人发行其录音制品；

（三）许可他人出租其录音制品；

（四）许可他人以无线或者有线方式向公众提供其录音制品，使公众可以在其个人选定的时间和地点获得该录音制品，以及通过技术设备向公众传播以前述方式提供的录音制品。

前款规定的权利的保护期为五十年，自录音制品首次制作完成后次年1月1日起算。

被许可人复制、发行、出租、通过信息网络向公众传播录音制品，还应当取得著作权人、表演者许可。

《著作权法修改草案（第三稿）》第三十九条承继了第二稿规定。

2020年《著作权法》则在其第四十四条第二款中针对2010年《著作权法》第四十二条第二款的规定补充了以下内容：

被许可人出租录音录像制品，还应当取得表演者许可，并支付报酬。同时，新增以下规定：

第四十五条　将录音制品用于有线或者无线公开传播，或者通过传送声音的技术设备向公众公开播送的，应当向录音制作者支付报酬。

---

[1] 与2010年《著作权法》相比，2020年《著作权法（修正案草案）》只是删除了第四十条第二款的规定，同时增加一条作为第四十三条：将录者制品用于无线或有线播放，或者通过传送声音的技术设备向公众传播的，应当向录音制作者支付报酬。这就是学界探讨的所谓录音制作者二次获酬权的问题。

对照上述不同版本的规定，笔者认为以下问题值得研究。

其一，相关权意义上的录制者权，2014 年《著作权法（送审稿）》承继了《著作权法》第三次修改草案第一稿和第二稿的规定，其内涵仅限于录音制作者权，而不再包括 2010 年《著作权法》规定的录像制作者权。关于这一问题，其实前面的有关讨论中也有所述及。在讨论录制者权的相关规定时，需要作出进一步的理解。笔者认为，2014 年《著作权法（送审稿）》之所以取消录像制作者权的规定，是基于以下三个方面的考虑。

（1）从著作权和相关权保护的国际公约来看，并没有明确规定录像制作者权。因此，我国《著作权法》对录像制作者权不予规定，并不违反我国参加的相关著作权和相关权保护的国际公约。

（2）录像活动如果符合《著作权法》中的独创性要求，则可以纳入视听作品所规定的视听作品的概念。随着信息网络技术的发展，创作视听作品的形式也多样化，以录像形式再现作品的形式也多样化，在视听作品的概念取消"摄制"这一条件下，基于相关录像活动而产生的作品，也可以纳入视听作品的范畴。因此，2014 年《著作权法（送审稿）》取消录像制作者权的规定，并非意味着录像制作者不再受著作权的保护，在修改其他相关规定以后甚至可以提高录像制品的保护水平。

（3）录像活动通常同时伴随着录音，通过对录音制作者权的保护，在一定程度上也能对录像制作者权进行保护。此外，录像活动也必然涉及复制行为，通过强化对复制权的保护，也能在一定程度上实现对录像制作者权的保护。

值得一提的是，2020 年《著作权法（修正案草案）》仍保留了录像制作者权的规定。2020 年《著作权法》亦然。

其二，关于录音制作者权的内容，2014 年《著作权法（送审稿）》、2020 年《著作权法（修正案草案）》及 2020 年《著作权法》增加了出租权的规定。同时，对复制、发行、出租及通过信息网络传播的权利分别作了列举。

从《著作权法》第三次修改不同版本及 2014 年《著作权法（送审稿）》关于录音制作者权的相应规定来看，在权利的规定方面存在一个重要的特点，即将录音制作者权内容以逐项的形式一一列举，而不再是和 2010 年《著作权法》的规定一样在立法文字表述方面仅以"顿号"形式列举。[1] 笔者认为，这看似一个不起眼的变化，在对录音制作者权保护方面却具有十分重要的意义，原因如下：

（1）通过单项列举的形式，凸显了录音制作者权不同权利内容的重要性。由于立法将录音制作者权的每一项权利的内容单独列出，这样就便于公众对该权利的内容有更明确的理解。

---

[1] 李晓慧．我国录音制作者权利体系的构成和完善——以《著作权法》第三次修改对录音制作者权利的规定为视角［J］．中国专利与商标，2019（1）：69－80．

（2）从立法体例来说，《著作权法》对著作权中的人身权和财产权的内容分别做了独立的列举，对同样是相关权的表演者权以及广播组织权的权利内容也做了独立的列举，唯独对录音制作者权的内容不是逐一单项列举，不仅使立法体例不够统一，而且从立法的实施效果来说，也不利于公众对录音制作者的权利保护的重视。

不过，2020 年《著作权法》第四十四条仍然沿袭了 2010 年《著作权法》的模式。有关问题值得再研究。

关于录音制作者权的规定，还值得注意的是 2010 年《著作权法》、《著作权法》第三次修改草案不同版本、2014 年《著作权法（送审稿）》以及 2020 年《著作权法（修正案草案）》及 2020 年《著作权法》均是从许可他人行使权利的角度进行规定的，不是像著作权法对于著作财产权和著作人身权的规定一样，直接明确录音制作者权的权利人享有复制、发行、出租、通过信息网络传播等形式使用其录音制制品的权利。[1] 笔者认为，这是基于以下两方面原因：

第一，与我国关于音像制品管理的管制政策有关。以录音制品为例，录音制品合法制作以后，录音制作者并不能当然地以直接复制、发行等方式使用其录音制品，而且取得一定的行政许可。然而，作为相关权中的一项独立的权能，录音制作者权所有人（通常是录音制作者）许可他人以复制、发行、出租、信息网络传播等方式使用其录音制品的权利不需要独立的行政许可，该权利是直接基于录音制作者权本身所包含的内容。

第二，作为一种同样具有专有性的相关权，许可权与禁止权是录音制作者权的核心内容，因为该权利的实现主要是控制他人未经许可擅自以复制、发行等方式利用其录音制品。因此，《著作权法》通过确保录音制作者权的权利人的许可权，即能够实现录音制作权的权利人对录音制作者权的充分保护。

关于录音制作者权的保护，第三次修改《著作权法》的过程中对是否应当赋予录音制作者因其录音制品的传播而享有二次获酬权，存在一定的争论。作为利益有关方，代表录音制作者的相关主体主张增加这一权利。最终在《著作权法》第三次修改草案不同版本、2014 年《著作权法（送审稿）》、2020 年《著作权法（修正案送审稿）》及 2020 年《著作权法》中都确认了这一权利的内容。以下不妨先对相关规定进行了解。

2014 年《著作权法（送审稿）》第四十条　以下列方式使用录音制品的，其录音制作者享有获得合理报酬的权利：

（一）以无线或者有线方式公开播放录音制品或者转播该录音制品的播放，以及通过技术设备向公众传播该录音制品的播放；

（二）通过技术设备向公众传播录音制品。

---

[1] 张今，冯艳．再议录音制作者广播权和表演权［J］．中国版权，2015（1）：27－29．

《著作权法（修改草案第一稿）》第三十六条　将录音制品用于无线或者有线播放，或者通过技术设备向公众传播，表演者和录音制品制作者共同享有获得合理报酬的权利。

《著作权法（修改草案第二稿）》第三十九条　以下列方式使用录音制品的，其表演者和录音制作者享有获得合理报酬的权利：

（一）以无线或者有线方式公开播放录音制品或者转播该录音制品的播放，以及通过技术设备向公众传播该录音制品的播放；

（二）通过技术设备向公众传播录音制品。

外国人、无国籍人其所属国或者经常居住地国承认中国表演者和录音制作者享有同等权利的，享有本条第一款规定的权利。

从前述规定可以看出，2014 年《著作权法（送审稿）》、2020 年《著作权法（修正案草案）》及 2020 年《著作权法》对于录音制作者二次获酬权的规定，取消了《著作权法（修改草案第二稿）》关于外国人和无国籍人对等保护的规定。笔者认为这一规定是合理的。此外，增加这一权利的内在原因在于，随着信息传播技术的发展，录音制作者的录音制品通过有线或者无线方式、通过各种技术设备向公众传播或者播放的形式越来越多，❶ 而且这种传播或者利用的方式通常具有商业性，如果传播者可以不付任何报酬地使用录音制作者的录音制品，这样就会在录音制作者和传播者之间形成利益的失衡。为了调动录音制作者制作录音制品的积极性，以及促进录音制品的传播，需要合理地平衡录音制作者和录音制品传播者利益关系。❷ 增加录音制作者因其录音制品被传播而获得的二次获酬权，即是基于这方面的考虑。当然，还应当指出，录音制品的传播和相关的利益分享不仅仅涉及录音制作者和传播者的利益关系，还涉及著作权人和表演者等相关主体的权利义务关系，这也需要在《著作权法》中作出明确规定。

---

❶ 杨波. 数字时代录音制作者权利的法律保护［J］. 社会科学辑刊，2013（6）：98－101.

❷ 佟雪娜. 新形势下赋予录音制作者广播权的必要性探讨［J］. 中国版权，2015（1）：34－36.

我国广播电视组织权制度及其完善研究*

广播电视组织权制度是我国相关权保护的重要内容，也是我国《著作权法》中的重要内容。以下对《著作权法》第三次修改2014年《著作权法（送审稿）》、2020年《著作权法（修正案草案）》及2020年《著作权法》关于广播电视组织权的规定作出探讨。

广播、电视组织（2010年《著作权法》中规定的广播电台、电视台）根据《著作权法》的规定享有相关权。为此，先需要对2014年《著作权法（送审稿）》及2020年《著作权法（修正案草案）》的规定、《著作权法》第三次修改草案不同版本和2010年《著作权法》的规定进行对比研究，然后对2020年《著作权法》相应规定进行评述。

2014年《著作权法（送审稿）》规定如下：

第四十二条　广播电台、电视台对其播放的广播电视节目享有下列权利：

（一）许可他人以无线或者有线方式转播其广播电视节目；

（二）许可他人录制其广播电视节目；

（三）许可他人复制其广播电视节目的录制品。

前款规定的权利的保护期为五十年，自广播电视节目首次播放后的次年1月1日起算。

被许可人以本条第一款规定的方式使用作品、表演和录音制品的，还应当取得著作权人、表演者和录音制作者的许可。

2010年《著作权法》相关规定如下：

第四十三条　广播电台、电视台播放他人未发表的作品，应当取得著作权人许可，并支付报酬。

广播电台、电视台播放他人已发表的作品，可以不经著作权人许可，但应当支付报酬。

第四十四条　广播电台、电视台播放已经出版的录音制品，可以不经著作权人

---

* 本文初稿撰写时间为2019年9月3日。

许可，但应当支付报酬。当事人另有约定的除外。具体办法由国务院规定。

第四十五条　广播电台、电视台有权禁止未经其许可的下列行为：

（一）将其播放的广播、电视转播；

（二）将其播放的广播、电视录制在音像载体上以及复制音像载体。

前款规定的权利的保护期为五十年，截止于该广播、电视首次播放后第五十年的12月31日。

第四十六条　电视台播放他人的电影作品和以类似摄制电影的方法创作的作品、录像制品，应当取得制片者或者录像制作者许可，并支付报酬；播放他人的录像制品，还应当取得著作权人许可，并支付报酬。[1]

《著作权（修改草案第一稿）》相关规定如下：

第三十七条　本法所称的广播电视节目，是指广播电台、电视台首次播放的载有内容的信号。

第三十八条　广播电台、电视台有权禁止以下行为：

（一）其他广播电台、电视台以无线或者有线方式转播其广播电视节目；

（二）录制其广播电视节目；

（三）复制其广播电视节目的录制品；

（四）在信息网络环境下通过无线或者有线的方式向公众转播其广播电视节目。

前款规定的权利的保护期为五十年，自广播电视节目首次播放后的次年1月1日起算。

《著作权法（修改草案第二稿）》相关规定则如下：

第四十条　本法所称的广播电视节目，是指广播电台、电视台首次播放的载有声音或者图像的信号。

第四十一条　广播电台、电视台对其播放的广播电视节目享有下列权利：

（一）许可他人以无线或者有线方式转播其广播电视节目；

（二）许可他人录制其广播电视节目；

（三）许可他人复制其广播电视节目的录制品。

前款规定的权利的保护期为五十年，自广播电视节目首次播放后的次年1月1日起算。

被许可人以本条第一款规定的方式使用作品、表演和录音制品的，还应当取得著作权人、表演者和录音制作者的许可。

《著作权法（修改草案第三稿）》的规定和第二稿的规定相同。

---

[1] 2020年《著作权法（修正案草案）》删除了2010年《著作权法》第四十四条的规定，并对其第四十五条规定的广播电台、电视台的权利内容作了修改。具体内容是："广播电台、电视台对其播放的载有节目的信号享有下列权利：（一）许可他人转播；（二）许可他人录制以及复制；（三）许可他人通过信息网络向公众传播。前款规定的权利的保护期为五十年，截止于该信号首次播放后第五十年的12月31日。"

仔细研究2014年《著作权法（送审稿）》、《著作权法》第三次修改不同版本以及2010年《著作权法》的不同规定，可以认为在第三次著作权法修改过程中立法者对于广播、电视组织权的规定有一个认识改变的过程。笔者认为，以下问题值得研究。

其一，2014年《著作权法（送审稿）》对2010年《著作权法》相关规定的修改，其中一个重要方面是为了和其他修改相协调。[1] 2014年《著作权法（送审稿）》取消了2010年《著作权法》关于录像制作者权的规定，也相应地取消了录像制品的概念，因此凡是现行著作权法中关于广播电视组织的权利涉及录像制品问题，均予以修订。例如，2014年《著作权法（送审稿）》取消了2010年《著作权法》第四十六条的规定。当然，这一条的取消，还有一个原因，即2014年《著作权法（送审稿）》取消了2010年《著作权法》第四十四条的规定，如果2010年《著作权法》第四十六条的规定仍然保留，则显得多余。另外，从著作权法的基本法理以及著作权保护的内容来说，广播电台、电视台播放他人享有著作权的视听作品，当然应当取得著作权人的许可。因此，2010年《著作权法》第四十六条的规定在2014年《著作权法（送审稿）》中保留已无多大价值。又如，2014年《著作权法（送审稿）》对2010年《著作权法》关于相关权保护期限的规定做了修改，保护期限均是从次年的1月1日起计算。为了和其前面的规定相协调，在关于广播、电视组织权的保护期方面，也应当作出相应的修改。否则，就会造成立法规定前后不一致现象。

其二，广播、电视组织权作为一种相关权，同样属于知识产权的范畴，尤其具有知识产权的专有性特点。[2] 这一权利在行使方面主要体现为自己行使、许可他人行使以及禁止他人未经其许可而擅自行使。[3] 与2010年《著作权法》及2014年《著作权法（送审稿）》关于录音制作权的规定类似，特别是考虑到广播、电视组织作为传播社会主义核心价值观的重要阵地，国家对广播、电视组织的成立和运行有专门的管控和规定，广播、电视组织制作、传播的广播电视节目有专门的管制性规定。从维护广播、电视组织的相关权的角度来说，与录音制作者权的规定类似，主要体现为许可权。当然，这里的许可权和广播电视组织行使的禁止权是一脉相承的两个方面。

值得进一步探讨的是，对于广播、电视组织权的内容的规定，是强调许可权还是强调禁止权为好？2010年《著作权法》从禁止权的角度加以规定，《著作权法》第三次修改草案不同版本、2014年《著作权法（送审稿）》及2020年《著作权法

---

[1] 刘银良．制度演进视角下我国广播权的范畴［J］．法学，2018（12）：3－20．

[2] 王迁．广播组织权的客体——兼析“以信号为基础的方法”［J］．法学研究，2017（1）：100－122．

[3] 王迁．论广播组织转播权的扩张——兼评《著作权法修订草案（送审稿）》第42条［J］．法商研究，2016（1）：177－182．

刘银良．信息网络传播权及其与广播权的界限［J］．法学研究，2017（6）：97－114．

（修正案草案）》则是从许可权的角度进行规定。笔者认为，后者的规定更为妥当。其原因可以归纳为以下两点，一是规定行使许可权本身就包含了未经许可禁止他人实施的内涵，因为许可权规定的本身意味着权利人享有专有性的权利，这一权利只有权利人才能行使，未经其许可他人不得行使，即权利人相应地享有禁止权。如果像2010年《著作权法》一样仅规定禁止权，尽管从法理上也能推理权利人享有许可权，但无论如何不如在法条规定明确无误地指出广播、电视组织享有许可的权利为好。二是考虑到和其他相关规定修改的协调。如前面探讨了关于录音制作者权的内容，分析了录音制作者权主要体现为一种许可权的原因。在前面有规定的前提下，同样是作为一种相关权，对广播、电视组织权利的规定也应体现为一种许可权，否则就会在同一法律中造成立法体例的不统一。

其三，在关于广播、电视组织权的具体内容方面，从对上述规定的对比可以看出，2014年《著作权法（送审稿）》具体列举的权利内容和2010年《著作权法》规定有所区别，尽管在本质上可以认为没有实质性的差别。笔者认为，修改的一个重要原因是，使广播电视组织的权利具体内容更加明晰。根据2010年《著作权法》第四十五条的规定，广播、电视组织权的主要内容包括转播、录制和复制，但在法条表述的形式方面，相对于2014年《著作权法（送审稿）》的规定不够明晰。

其四，2014年《著作权法（送审稿）》最终没有像修改草案第一稿和第二稿的规定一样，规定广播、电视组织的信息网络传播权。笔者认为，是基于以下原因：国际上对于是否需要增加这一权利有争议，正在制定中的相关国际条约草案对此也没有对最后定论。当然，随着信息网络的发展，特别是三网融合、媒介融合的环境之下，是否需要新增这一权利值得探讨。[1] 值得进一步研究的是，2020年《著作权法》第四十七条关于广播电视组织权的规定，吸收了前面讨论的不同修改版本规定的合理成分，相较于2010年《著作权法》第四十五规定，有以下改进：第一，将广播电台、电视台播放的广播电视转播，明确为“以有线或者无线方式转播”，以更好地适应技术发展需要；第二，明确了广播电视组织的信息网络传播权，以加强信息网络环境下对广播电视组织权的保护；第三，增加一款规定，而“广播电台、电视台行使前款规定的权利，不得影响、限制或者侵害他人行使著作权或者与著作权有关的权利”，以合理平衡相关主体之间的利益关系。此外，还需要指出，2020年《著作权法》关于广播电视组织权的规定，仍然沿袭了2010年《著作权法》“禁止权”的规范模式，是否需要完善，值得研究。

---

[1] 崔立红．三网融合背景下的广播组织权研究——以传媒经济为视角［J］．政法论丛，2019（5）：72－83.

我国著作权合理使用制度及其完善研究*

合理使用制度属于我国《著作权法》中对权利限制的规定范畴。对照2014年《著作权法（送审稿)》、2020年《著作权法（修正案草案)》、2020年《著作权法》对2010年《著作权法》规定的修改内容，以及《著作权法》第三次修改草案不同版本规定的进展，可以发现立法者对学理中所说的“合理使用”规定认识过程的变化。[1] 整体上，笔者对2014年《著作权法（送审稿)》和2020年《著作权法（修正案草案)》的修改部分赞同，部分不赞同，并认为2020年《著作权法》仍有部分规定值得进一步完善。

一、合理使用制度的合理性

为便于深刻理解对2010年《著作权法》关于合理使用规定的修改，这里有必要先对《著作权法》中规定的著作权限制加以理解，尤其是合理使用制度的“合理性”或者说“正当性”。

合理使用，其实是著作权法学理中的一个术语，并不是《著作权法》条文中的术语。我国著作权法学术界之所以将2010年《著作权法》第二十二条第一款的规定称为合理使用，可能与借鉴美国著作权法相应的称谓有关。在美国的著作权法中，相应的称谓为合理使用（fair use)。[2]

关于合理使用制度的合理性，笔者认为主要是基于以下原因。

其一，基于权利的相对性以及权利和义务一致性的基本法理。从法理的角度来说，任何权利都不是绝对的，而是具有一定的相对性，作为知识产权范畴的著作权也一样。著作权是文学、艺术和科学作品的作者或者其他著作权人对其作品享有的具有专有性的权利。这一权利当然也不是绝对的，也就是说，并不是在任何情况下

---

* 本文初稿撰写时间为2019年9月4日。

[1] 李明德，管育鹰，唐广良.《著作权法》专家建议稿说明［M]. 北京：法律出版社，2009：245-260.

[2] 在英国著作权法中，称为fair dealing。

他人使用享有著作权的作品都构成侵权。从权利和义务一致性的法理来说，一方面著作权法对作者或者其他著作权人规定了相当多的权利，以充分调动其从事创作和利用作品的积极性；另一方面作为赋予权利的对价，著作权人也应当履行相应的社会义务，这一社会义务体现了权利和义务一致性的原理。其实，权利和义务一致性的法理，其背后体现的是法律的公平和正义。正如马克思所说，没有无权利的义务，也没有无义务的权利。只有遵守权利和义务一致性原理，才能使权利最终真正地得以实现。《著作权法》对著作权限制规定就是著作权的相对性以及著作权人行使权利和履行相应义务一致性在法理上的体现。反过来说，如果著作权人可以充分地行使其权利，而不需要被赋予任何社会义务，这对社会公众来说是不公平的。

其二，基于著作权立法宗旨的规定。关于我国著作权立法宗旨，前面已经做了基本探讨。从前面的探讨可以认识到，《著作权法》是一部利益平衡之法，这种平衡尤其体现为著作权人和社会公众之间的利益平衡。关于这一问题，笔者以前所撰著的《知识产权法利益平衡理论》[1] 一书对此已有详细的分析。笔者主张，《著作权法》不仅是要保护作者或者其他著作权人以及相关权人的权利，还要充分维护社会公众的利益，以此实现著作权人利益和社会公共利益之间的平衡。只有这样，才能最终实现著作权立法宗旨。

其三，基于著作权制度的法经济学分析。[2] 合理使用制度的合理性可以从交易成本理论及其他的经济学理论加以理解。从一般的法经济学角度来说，法经济学追求资源的优化配置，以促进资源的有效利用为目的。资源的优化配置，在《著作权法》中就体现为相关权利和义务的设立，这种配置实际上是产权界定的表现形式。清晰的产权界定是产权保护的前提，而从法经济学的角度讲产权保护存在制度激励和效率的考虑。再从新制度经济学和我国学者已有研究成果角度来看，产权制度具有效率需要制度具有统一性（普遍性）、产权具有专有性（排他性）以及产权具有可交易性（转让性）等特点。从波斯纳等法律经济学主流学者观点来看，产权制度内涵了一种促进资源有效使用的激励。然而，这种对资源的有效使用内含了一种经济学原理，即成本收益的比较。产权制度实施保护的成本如果大于获得的收益，在经济学上就是不合理的。这也适合于产权制度中的某一项制度。仅以《著作权法》中的合理使用制度为例，他人对享有著作权作品的使用可以视为一种作品交易行为。在正常情况下，基于著作权的专有性，他人对享有著作权作品的使用需要经过许可，并支付报酬。这种作品的使用行为实际上是一种市场行为，需要经过著作权人和使用者加以协商谈判，明确许可关系，特别是付酬的标准和方式。《著作权法》对著作权许可使用合同及相关制度也做了明确的规定。但是，针对《著作权法》合理使

---

[1] 冯晓青．知识产权法利益平衡理论［M］．北京：中国政法大学出版社，2006.

[2] 冯晓青．著作权合理使用制度之正当性研究［J］．现代法学，2009（4）：29－41.

用制度规定的一些使用作品的情形，如个人性使用，按照通常的许可使用谈判并支付报酬，在经济上不具有合理性，在现实中也缺乏可行性。因为作品使用者和著作权人联系的成本可能很高，即使能够联系到作者或者其他著作权人，协商谈判的成本也可能很高，而且还存在协商谈判失败的可能。也就是说，在合理使用的情形下，作品使用者和著作权人之间就作品使用的交易成本过高，甚至完全存在无法交易的情形。根据科斯定理，当交易成本为零时，无论选择何种相关的法律制度，都是最有效率的，但是在实际生活中，一般并不存在交易成本为零的情形，所以就有了科斯第二定理，即当存在实在的交易成本时，制度的设计应当是尽量减少交易成本。就这里探讨的《著作权法》中的合理使用制度而言，为避免交易成本巨大或者交易无法完成，以致造成市场失败，就需要对通常的许可使用制度作出特别的规定，具体体现为，在这种情况下不需要著作权人的许可，也不需要支付报酬，而可以自由使用。这是克服这种市场交易失败的法律制度的回应。

当然，即使从法经济学分析了著作权法中合理使用的合理性，其在《著作权法》中的合理性仍需要回到法律评价标准上来。这尤其体现为这种行为是否对著作权人利益造成损害。笔者认为，这种损害即使存在，也可以忽略不计，因为它不会在实质上形成对著作权作品的市场替代品，在使用作品时标注了作品的来源、作者的信息和出版（发表）信息，对著作权的人身权和财产权无甚损害。这也是各国著作权法及保护著作权的国际公约都规定了著作权合理使用制度的重要原因。

二、合理使用的性质

关于著作权法中合理使用制度，就相关的理论问题而言，还需要探讨其究竟属于什么性质的行为。著作权法理论与实务界存在一定的争议，但大体上主张有权利限制说、使用者权利说以及侵权阻却说三种观点。[1] 笔者认为这三种观点并不矛盾，因为其分别是从不同的侧面和角度进行的论证和主张，是对同一问题从不同方面进行解读，这里不妨逐一进行分析。

关于权利限制说。著作权法中的合理使用制度显然属于权利限制的范畴。对此，我国《著作权法》第三次修改不同版本以及2014年《著作权法（送审稿）》专门设置了权利限制的章节，可以说是从法律的规定上对此加以明确。实际上，从著作权法保护的利益平衡理论来说，著作权法建构了权利保护和权利限制的平衡机制，两者缺一不可，而且著作权法是随着技术和经济社会的发展，对两者的内容进行不断

[1] 鄂昱州. 著作权合理使用制度法律性质探究［J］. 学习与探索，2015（5）：81-85.

调整，以保持两者的动态平衡。[1] 著作权法中的权利限制，体现为他人使用享有著作权的作品在一定程度上不受著作权人专有权的控制。这种限制可能体现为不需要经过著作权人的许可，但需付酬（法定许可）；既不需要经过著作权人的许可，也不需要付酬（合理使用）；也可能体现为著作权相关行政主管部门实施许可，作品使用者仍需付酬（强制许可）。

关于使用者权利说。笔者认为，严格地说是使用者对作品在特定情况下使用的自由。这种自由是相对于著作权人的著作权作为一种专有权利而言的。因为在通常情况下，他人使用著作权人的作品应当经过著作权人的许可并支付报酬。笔者不大主张在《著作权法》中明确为这是使用者的一种权利。如果这样，相对于著作权人的著作权而言，他人对这一权利的侵害也可以主张停止侵害、赔偿损失。故笔者认为，从使用者的角度来讲，其取得的是在《著作权法》中对作品的自由使用，并不能因为他人对该自由予以限制而可以主张停止侵权和赔偿损失的权利。换言之，在《著作权法》中，著作权人对其作品享有的著作权，与作品使用者在一定的情况下可以对该作品进行有条件的使用相比具有不同性质。

关于我国台湾地区学者所主张的侵权阻却说。笔者认为，这一观点也没有问题，因为其只不过是针对侵权诉讼与侵权行为的评价，认为在涉及合理使用的场合，作品使用人完全可以据此主张不构成著作权侵权。也就是说，《著作权法》中的相关规定对作品使用者而言，构成了侵权不成立的法定理由。

不过，尽管笔者认为关于《著作权法》中合理使用的性质，上述三种界定都不存在根本性矛盾，但相较之下“著作权限制”说更能直接揭示该行为的法律性质。

三、关于个人性合理使用制度及其完善

“个人性质的使用”，可以说是著作权合理使用制度中对著作权限制最严厉的一种，因此值得着重予以研究。这里需要就 2014 年《著作权法（送审稿）》、2010 年《著作权法》、《著作权法》第三次修改草案不同版本的相关规定进行比较研究。[2]

2014 年《著作权法（送审稿）》在“第四章　权利的限制”部分规定：

第四十三条　在下列情况下使用作品，可以不经著作权人许可，不向其支付报酬，但应当指明作者姓名或者名称、作品名称、作品出处，并且不得侵犯著作权人依照本法享有的其他权利：

（一）为个人学习、研究，复制他人已经发表的作品的片段；……

---

[1] 冯晓青，胡梦云．动态平衡中的著作权法：私人复制著作权制度研究［M］．北京：中国政法大学出版社，2008．

[2] 2020 年《著作权法（修正案草案）稿》及 2020 年《著作权法》对 2010 年《著作权法》的规定未作修改。

2010年《著作权法》规定如下：

第二十二条　在下列情况下使用作品，可以不经著作权人许可，不向其支付报酬，但应当指明作者姓名、作品名称，并且不得侵犯著作权人依照本法享有的其他权利：

（一）为个人学习、研究或者欣赏，使用他人已经发表的作品；……

《著作权法（修改草案第一稿）》相关规定如下：

第四十条　在下列情况下使用作品，可以不经著作权人许可，不向其支付报酬，但应当指明作者姓名、作品名称、作品出处，并且不得侵犯著作权人依照本法享有的其他权利：

（一）为个人学习、研究，复制一份他人已经发表的作品；……

《著作权法（修改草案第二稿）》相关规定如下：

第四十二条　在下列情况下使用作品，可以不经著作权人许可，不向其支付报酬，但应当指明作者姓名、作品名称、作品出处，并且不得侵犯著作权人依照本法享有的其他权利：

（一）为个人学习、研究，复制他人已经发表的文字作品的片段；……

《著作权法（修改草案第三稿）》相关规定如下：

第四十二条　在下列情况下使用作品，可以不经著作权人许可，不向其支付报酬，但应当指明作者姓名或者名称、作品名称、作品出处，并且不得侵犯著作权人依照本法享有的其他权利：

（一）为个人学习、研究，复制他人已经发表的作品的片段；……

首先，关于合理使用的条件，《著作权法》第三次修改不同版本以及2014年《著作权法（送审稿）》对2010年《著作权法》第二十二条第一款的规定有所发展，即除了应指明作者姓名或者名称，以及作品名称以外，还需要指明作品出处。笔者赞同这一修改，认为作品出处也是应当指出的。他人在合理使用著作权人的作品时，指明作品的出处也就是指明作品的来源。这不仅有利于阅读或者以其他方式使用该作品的人能够了解作品的来源，以便于进一步进行学习、研究或者其他形式的使用，而且对于著作权人而言有利于维护其作品信息的完整性。在现实生活中，很多作品使用者尽管其使用行为符合作品使用的条件，但并未标明作品出处。按照2014年《著作权法（送审稿）》的相关规定，这是不合法的。当然，有人可能会指出作品的出处不清楚，在这种情况下就无法标明作品的出处。这种情况固然存在，根据2014年《著作权法（送审稿）》的规定，在一般情况下如果能够找到作品的出处，在合理使用他人作品时就应当标明作品的出处。现实中还存在一种情况，即作品使用者经常标错作品的出处，根据2014年《著作权法（送审稿）》的规定，这显然也是不合法的。

其次，关于个人性使用性质的合理性，2014年《著作权法（送审稿）》和《著作权法》第三次修改不同版本均取消了基于“欣赏”目的的合理性。笔者对此表示赞同，原因如下：随着作品传播技术的发展，特别是信息网络技术的发展，个人及其家庭以欣赏的方式使用享有著作权的作品越来越便利，如在网络环境中通过下载和存储享有著作权的数字化音乐作品供自己欣赏。通常的情况下，某部作品被欣赏以后，该作品的使用人可能就不愿意花费金钱去购买该作品的使用权。如果免费欣赏享有著作权的作品成为一种普遍的行为，客观上就会形成一个巨大的免费作品市场，从而在相当大的程度上构成了对享有著作权作品的市场替代品，这就必然会对著作权人的市场利益造成现实或者潜在的损害。[1] 近几年来，我国相关部门对于网上自由免费使用作品行为的管控，就是对这一现象的回应。随着网络技术的发展，以欣赏的方式使用作品的行为会更加容易实现，出于个人免费欣赏的目的而使用作品就更容易造成对享有著作权作品市场的冲击。因此，在这次《著作权法》修改过程中，取消免费使用作为《著作权法》中合理使用，已形成共识。

最后，除个人性使用目的限于学习和研究以外，关于个人性使用的范围，前述不同版本的规定不尽相同，这里有必要进行研究。其中，2014 年《著作权法（送审稿)》第四十三条第一款第（一）项规定的范围是复制他人已经发表的作品的片段；《著作权法（修改草案第一稿)》规定的范围是复制一份他人已经发表的作品；《著作权法（修改草案第二稿)》第四十二条规定的范围是复制他人已经发表的文字作品的片段；《著作权法（修改草案第三稿)》第四十二条规定的范围是复制他人已经发表的作品的片段。2010 年《著作权法》第二十二条第一款第（一）项规定的范围则是使用他人已经发表的作品。

对照上述相关规定，应当认为 2010 年《著作权法》规定的个人性使用的合理性的范围最广，因为只要是他人已经发表的作品都可以使用，并不限于某种特定的作品，也不限于作品的片段。至于 2014 年《著作权法（送审稿)》的规定，以及第三次修改不同版本的规定，其规定使用作品的范围则各有千秋。不过，它们都有一个共同的特点，即将个人性质使用的行为限定为复制行为，其中第二稿还对作品的类型进行了限制，也就是仅限于文字作品。在复制的数量上，修改草案第一稿还规定仅限于复制一份。对于 2014 年《著作权法（送审稿)》以及《著作权法》第三次修改草案不同版本的上述规定，笔者均不予以赞同，并且认为这些不同版本的规定都会严重地限制个人性合理使用，不利于作品使用者合理地、便利地使用他人享有著作权的作品，也不利于合理平衡著作权人的利益和社会公众利益之间的关系，不利于实现《著作权法》的立法宗旨。

上述观点具体理由如下：个人性质的合理使用是《著作权法》中对著作权限制

---

[1] 冯晓青．网络环境下私人复制著作权问题研究［J］．法律科学（西北政法大学学报)，2012（3)：103－112.

"最严厉"的一种，也是确保社会公众能够便利地使用享有著作权的作品所必需的，因此个人性合理使用应当得到充分保障，何况这种使用的目的是基于学习和研究。也就是说，这种使用对于提高我国广大公众的文化水平，从而提高我国整个民族的文化素质，都具有不可替代的重要作用。我国广大公众，基于个人学习和研究的目的，其对于他人享有著作权的已发表作品可利用的行为，笔者认为绝不仅仅限于复制行为，还包括其他行为。例如，舞蹈学院的学生基于个人学习、研究的需要使用音乐、戏剧、舞蹈等已发表的艺术作品，除复制行为以外，可能需要通过表演等行为的方式体现。当然，这里的表演是未公开表演。外语学院的学生（以及其他任何社会公众）为提高自身的翻译水平，将他人已经发表的作品进行翻译（当然，不包括未经著作权人许可将其翻译的作品发表或出版），这些行为都应该纳入合理性的范畴。如果个人性质合理使用仅仅限于复制行为，就会使得很多社会公众不能基于个人学习、研究的目的合理地使用他人享有著作权的作品。因此，笔者主张个人性质使用方式，不应仅限于复制行为，而应包括其他形式使用作品的行为。

最后，对于使用作品的数量的规定不宜过于苛刻，2014 年《著作权法（送审稿）》以及《著作权法》第三次修改第二稿和第三稿均将其限于作品的片段。对此，笔者认为这一规定具有不合理性，也缺乏可操作性。因为在实际生活中，个人基于学习和研究的需要，完全可能需要复制作品的全部。例如，为撰写学位论文的需要复制一篇完整的论文，也包括从网络上下载一篇完整的论文。在现有技术条件下，要仅仅下载作品的一部分可能存在一定的困难。如果将个人性质行为限于复制作品的片段，这会使得复制一篇完整作品的行为被认为不符合合理使用的规定。实际上，尤其以论文为例，个人基于学习、研究的需要，复制完整的一篇论文的情况非常普遍。2014 年《著作权法（送审稿）》这样的规定，可能会导致"法不责众"的后果。另外，从"法律不理琐事"的法谚来说，对个人性质使用限制如此严格，实无必要。因此，根据对上述情况的分析，笔者建议 2014 年《著作权法（送审稿）》第四十三条第一款第（一）项关于个人性使用他人享有著作权的作品的范围，保留 2010 年《著作权法》的相应规定。[1] 当然，还必须指出，对于图书作品而言，即使基于个人学习、研究的目的而复制，此时不能复制作品的全部，而只能是片段。这种情况和复制一篇论文情况不一样，因为它会构成图书作品的市场替代品。

四、适当引用制度及其完善

适当引用他人作品，也是著作权合理使用制度中的重要内容。依据《著作权

[1] 如前所述，2020 年《著作权法（修正案草案）》及 2020 年《著作权法》已保留 2010 年《著作权法》的相应规定。

法》第三次修改2014年《著作权法(送审稿)》第四十三条第一款第(二)项规定，在下列情况下使用作品，可以不经著作权人许可，不向其支付报酬，但应当指明作者姓名或者名称、作品名称、作品出处，并且不得侵犯著作权人依照本法享有的其他权利：为介绍、评论某一作品或者说明某一问题，在作品中适当引用他人已经发表的作品，引用部分不得构成引用人作品的主要或者实质部分。

2010年《著作权法》第二十二条第一款第(二)项的相关规定则是，在下列情况下使用作品，可以不经著作权人许可，不向其支付报酬，但应当指明作者姓名、作品名称，并且不得侵犯著作权人依照本法享有的其他权利：为介绍、评论某一作品或者说明某一问题，在作品中适当引用他人已经发表的作品。[1]

另外，考察《著作权法》第三次修改草案不同版本，可以发现第一稿对2010年《著作权法》的规定没有作出修订，《著作权法(修改草案第二稿)》在2010年《著作权法》规定的基础上增加了"引用部分不得构成引用人作品的主要或者实质部分"这一限制性条件，第三稿的规定则和第二稿的规定相同。

关于2014年《著作权法(送审稿)》和2020年《著作权法(修正案草案)》对2010年《著作权法》的上述规定的修改，可以得出以下结论。

其一，2014年《著作权法(送审稿)》和2020年《著作权法(修正案草案)》的规定实际上是将2013年《著作权法实施条例》的相应规定整合到《著作权法》中。笔者一直主张，在基础法中的重要概念和内容，应当在基础法中规定而不应当在其下位法中规定。这是因为下位法的法律效力比基础法要低，对于相关法律中的重要概念和内容在基础法律中规定有利于相关规定的实施。以这里探讨的引用他人作品为例，它是现实生活中利用他人作品的非常广泛的形式，如何合理地界定适当引用，关系到使用者使用作品的合法性问题，因为引用不当会侵害他人的著作权。引用还与《著作权法中》的另外一个十分重要的问题即剽窃、抄袭相关，因为如果引用他人的作品不加注释，就会被认为是剽窃、抄袭行为，即使标注了注释，也可能会侵害他人作品复制权。

其二，引用不能构成引用人作品的实质部分或者主要部分，是因为构成引用人作品的实质部分或者主要部分会构成对被引用人作品的市场替代品，这必将损害著作权人的财产权益，挤占著作权人的作品市场。就其中的实质部分而言，并不要求数量上的多寡，只要证明其属于引用人作品的实质性部分即可。[2] 这里不妨以美国发生的一个典型案例为例，20世纪，一位作者就美国一个著名事件撰写了一部作

---

[1] 2020年《著作权法(修正案草案)》则将2010年《著作权法》中"不得侵犯著作权人依照本法享有的其他权利"改为"不得影响该作品的正常使用，也不得不合理地损害著作权人的合法权益"。2020年《著作权法》采纳了这一修改内容。

[2] 张杰. 亟须完善我国《著作权法》中的适当引用制度[J]. 中国编辑，2014(6)：59-62.
吴汉东. 论著作权作品的"适当引用"[J]. 法学评论，1996(3)：6.

品，且和美国一家出版商签订了出版合同。然而，就在著作出版前夕，另外一位作者将该书的核心内容予以摘取，并抢先发表。尽管另外一位作者引用的量只有区区数百字，但由于其是在先作者作品的实质性内容，在后作品的抢先发表必然会严重损害在先作品的市场价值。此案经过美国法院的审理，最终认定被告构成侵害原告著作权而不构成正当引用。

就其中的引用构成引用人作品的主要部分而言，无疑，这主要是从引用他人作品数量的情况进行规定的。当然，除数量的考虑以外，引用他人作品的表达内容也是一个重要的考虑。这里不妨以一个案例为对象进行探讨，两位作者（被告）共同主编了一本书出版，该书 27 万字，其中引用同一位作者（原告）的作品约 3 万字。被告作品第一次引用时标注了注释，该注释指出："本书引用原告作品均用楷体标示。"该注释还明确记载了原告作品的详细出版信息。此后该书多次引用原告的作品，并且均用楷体标示。原告发现后，认为被告的行为侵害了其著作权，遂向某法院提起侵害著作权之诉。被告则认为，其引用原告作品的行为是合理使用行为。针对该案的行为，笔者认为被告第一次引用时增加了相应的注释，而且在该注释中特别说明该书以后对原告同一作品的引用都加楷体，读者后面看到的楷体部分都会认为是来自原告，因此，一方面可以认定被告的行为不构成对原告作品的剽窃、抄袭行为，因为剽窃、抄袭行为是一种欺世盗名、故意隐瞒作品真实来源而侵害著作权的行为，而该案中被告已经标注了注释，读者可以清楚地知道楷体字部分来自原告而不是被告；另一方面被告多次引用同一作品且总量达到近 3 万字，其引用的他人作品的部分已经构成了对他人作品部分的复制，而这一行为并未得到著作权人的同意。该案尽管最后经笔者以律师的身份斡旋，以调解的方式妥善解决，但仍然能够给我们提供一些启发，即引用他人的作品要掌握适度的"量"；引用他人作品，并非只要加上注释就"万事大吉"，如果构成了引用人作品的实质部分或者主要部分，就会构成著作权侵权。

五、网络环境下著作权合理使用

网络环境下著作权的合理性，同样是值得深入研究的问题。对此，先需要研究一下 2014 年《著作权法（送审稿）》和《著作权法》第三次修改草案不同版本的规定对 2010 年《著作权法》相应规定的发展。[1]

2014 年《著作权法（送审稿）》第四十三条第一款规定：

……

[1] 2020 年《著作权法（修正案草案）》第二十二条及 2020 年《著作权法》第二十四条，对于网络环境下的合理使用未作修改。

（三）为报道新闻，在报纸、期刊、广播电台、电视台、网络等媒体中不可避免地再现或者引用已经发表的作品；

（四）报纸、期刊、广播电台、电视台、网络等媒体刊登或者播放其他报纸、期刊、广播电台、电视台、网络等媒体已经发表的关于政治、经济、宗教问题的时事性文章，但作者声明不得使用的除外；

（五）报纸、期刊、广播电台、电视台、网络等媒体刊登或者播放在公众集会上发表的讲话，但作者声明不得使用的除外；……

2010年《著作权法》第二十二条第一款规定：

……

（三）为报道时事新闻，在报纸、期刊、广播电台、电视台等媒体中不可避免地再现或者引用已经发表的作品；

（四）报纸、期刊、广播电台、电视台等媒体刊登或者播放其他报纸、期刊、广播电台、电视台等媒体已经发表的关于政治、经济、宗教问题的时事性文章，但作者声明不许刊登、播放的除外；

（五）报纸、期刊、广播电台、电视台等媒体刊登或者播放在公众集会上发表的讲话，但作者声明不许刊登、播放的除外；……

《著作权法（修改草案第一稿）》第四十条第一款规定：

……

（三）为报道时事新闻，在报纸、期刊、广播电台、电视台等媒体中不可避免地再现或者引用已经发表的作品；

（四）报纸、期刊、广播电台、电视台等媒体刊登或者播放其他报纸、期刊、广播电台、电视台等媒体已经发表的关于政治、经济、宗教问题的时事性文章，但作者声明不许刊登、播放的除外；

（五）报纸、期刊、广播电台、电视台等媒体刊登或者播放在公众集会上发表的讲话，但作者声明不许刊登、播放的除外；……

《著作权法（修改草案第二稿）》第四十二条第一款规定：

……

（三）为报道时事新闻，在报纸、期刊、广播电台、电视台、信息网络等媒体中不可避免地再现或者引用已经发表的作品；

（四）报纸、期刊、广播电台、电视台、信息网络等媒体刊登或者播放其他报纸、期刊、广播电台、电视台、信息网络等媒体已经发表的关于政治、经济、宗教问题的时事性文章，但作者声明不得使用的除外；

（五）报纸、期刊、广播电台、电视台、信息网络等媒体刊登或者播放在公众集会上发表的讲话，但作者声明不得使用的除外；……

《著作权法（修改草案第三稿）》规定的内容和《著作权法（修改草案第二

稿)》相同。

仔细研究上述不同版本的规定，可以发现以下区别。其一，《著作权法》第三次修改草案第二稿以及2014年《著作权法（送审稿)》的相应规定，均将传播的媒体扩大为信息网络。其二，针对作者禁止权的内容，修改草案第一稿和第二稿以及2014年《著作权法（送审稿)》均从不得刊登、播放改为不得使用。笔者对2014年《著作权法（送审稿)》上述修改基本赞同，具体分析如下。

第一，随着我国信息网络技术的发展，网络环境下的著作权保护与限制问题越来越突出。一方面，随着作品数字化的便利，作品可以在网络空间方便地存储、传播和利用。网络环境下，著作权人的著作财产权大为扩展，以数字化形式的复制为基础，作者或其他著作权人享有信息网络传播权，在网络环境下的著作权需要获得更加充分的保护。另一方面，著作权法作为一种利益平衡机制，在权利扩张与权利保护内容增加的同时，也应对被扩展的权利作出相应的限制。著作权法律制度实施几百年以来，实际上一直遵循这一利益平衡机制。如果权利扩张了却对被扩展的权利不给予相应的限制，就会造成著作权人和使用者利益之间的失衡。在信息网络环境下，著作权需要进一步得到保护，同时对作品在网络环境下的利用，也应当给予必要的限制。[1] 也就是说，在网络环境下以一定方式使用著作权人的作品，可以不经著作权人许可，也不必付酬。基于信息和资讯尽快传播的目的，如为报道时事新闻，刊登或者播放其他报纸、期刊、广播电台、电视台、信息网络等媒体上已经发表的关于政治、经济、宗教问题的时事性文章，不需要经过著作权人的许可，也不须付酬。否则，就可能影响新闻媒介及时传播作品的时效性。[2]

第二，著作权作为一种由作者或者其他著作权人享有的专有权利，具有较强的人格属性和财产属性。从著作权法的一般原理来说，法律应当尽量尊重著作权人的意志。以这里讨论的相关行为为例，如果著作权人认为以刊登播放或者其他使用作品的方式使用其作品的行为不妥，就可以相应地行使其禁止权。当然，在一般的情况下，作者或者其他著作权人不会轻易拒绝，因为其作品的传播一般来说有利于作品价值的发挥和影响力的扩大。不过，在特殊情况下作者或者其他著作权人也可能认为其作品以刊登、播放等方式使用会对自己造成不利，本着尽量尊重作者或者其他著作权人意愿的原则，应当允许其行使禁止权。

第三，读者可能注意到，无论是2010年《著作权法》，还是2014年《著作权法（送审稿)》、《著作权法》修改草案第二稿、第三稿，对于行使禁止权的主体均限定为作者，而没有包括作者以外的其他著作权人。笔者则认为在一般情况下著作

---

[1] 李建华，王国柱．网络环境下著作权默示许可与合理使用的制度比较与功能区分［J］．政治与法律，2013（11）：12－24.

[2] 不过应当指出，网络环境下的著作权合理使用问题，不限于上述规定。限于篇幅，在此不专门探讨。

权属于作者没有问题，但也不排除在一定的情况下著作权并不属于作者，而属于作者以外的其他著作权人。因此，仅仅规定作者的禁止权，可能存在与现实生活中享有著作权的主体不完全吻合的情况，故笔者建议将禁止权的主体限于作者的规定改为作者或者其他著作权人，或者改为著作权人。[1]

六、《著作权法》的人文关怀：体障者合理使用制度之完善

关于2014年《著作权法（送审稿）》和2010年《著作权法》对合理使用行为的列举中，建议增加盲人以外的其他体障者合理使用的规定。从我国1990年《著作权法》到2010年《著作权法》，针对体障人士规定的合理使用，均只针对盲人而言。[2] 笔者认为，这一范围过窄，有必要对盲人以外的其他体障者规定相应的合理使用条款。尤其是听力障碍者。对此，国际上相关知识产权国际公约也在讨论。我国作为世界上人口最多的国家，盲人以外的其他体障者人士也不少。为了公平合理地维护其使用享有著作权的作品的自由和便利，提高我国整个民族文化素质，有必要规定相应的合理使用行为的表现形式。当然，具体如何设置相关的条款，可以借鉴其他国家和地区的规定，并针对我国实际情况加以确定。值得指出的是，2020年《著作权法》第二十四条第一款并未规定听力障碍者合理使用制度。这有待于以后加以完善。

七、开放式合理使用制度的构建：兜底条款与概括性条款的引入

关于上述问题，值得探讨的问题有以下两方面。

其一，关于是否需要规定“兜底性”条款。关于2014年《著作权法（送审稿）》第四十三条第一款第（十三）项兜底性规定“其他情形”规定合理性问题，存在两种相反的观点。其中，一种观点认为，上述兜底性的规定应当予以肯定。具体而言，主要理由如下。

（1）现实生活中，符合合理使用条件的合理使用行为较多，法律不可能穷尽一切合理使用行为，而只能针对一些共同的、带有规律性的行为加以规范。

（2）增加这一规定便于司法裁判。因为现实生活中符合合理性条件的行为很

---

[1] 2020年《著作权法》第二十四条第一款第（四）项规定已将“作者”改为“著作权人”。但是，其第（五）项仍保留2010年《著作权法》规定，可能更多是基于对公众集会上发表讲话的作者的尊重。

[2] 2020年《著作权法（修正案草案）》第二十二条第一款第（十二）项对2010年《著作权法》相应规定作了修改即将“将已经发表的作品改成盲文出版”改为“以阅读障碍者能够感知的独特方式向其提供已经发表的作品”。2020年《著作权法》第二十四条第一款（十三）项保留了上述修改的内容。笔者认为，这一修改扩大了盲人合理使用的范围，有利于盲人充分利用受著作权保护的作品。

多，如仅限于某些行为，就可能存在不良的后果。增加这一规定，有利于法官根据现实生活中出现的实际情况，灵活机动地确定相关行为是否符合《著作权法》规定的合理使用条件。尤其是合理使用作为著作权限制制度，与著作权保护的扩展具有此消彼长的关系，增加这一规定有利于《著作权法》更好地适应现实生活中不断变化的形势需要。

（3）我国《著作权法》对著作财产权的规定已经采取了开放式的规定，即包括了兜底性质的财产权利。由于著作权的权限与著作权的保护是一种对立统一的关系，在著作权中专门增加了著作财产权的其他内容的情形，如果在合理使用列举中不规定兜底性的规定，则会较为明显地造成权利和权利限制不对等的现象，客观上可能会造成对社会公众利益保护的不对等。

另一种观点认为，在对著作权合理使用行为的规定中，不应当规定“其他情形”这一兜底性质的规定，具体原因在于著作权属于知识产权的范畴，而知识产权具有法定性的特点。如果设置上述兜底性的规定，就会使得在著作权司法实践中对合理使用行为的确定上变得不具有确定性，有可能造成滥用自由裁量权的风险。因此，这对于公平合理地维护社会公众利益是不利的。

应当说，上述相反的观点各有其道理。基于著作权保护和限制本身是一种利益平衡的机制，笔者认为，在《著作权法》中对合理使用制度设立兜底性条款是有必要的。如果不设立这一项，客观上就会使合理使用制度成为一种非常封闭的规定。因为现实生活是纷繁复杂的，随着社会的发展，特别是信息网络技术的发展，社会公众使用享有著作权的作品的形式多样化，为了避免挂一漏万，在列举相关合理使用行为的基础之上，确实有必要增加一个兜底性的规定。无论是从对等原则考虑，还是从利益平衡的角度考虑，在2014年《著作权法（送审稿）》、2020年《著作权法（修正案草案）》、2020年《著作权法》对著作权内容已经规定了兜底性条款的前提下，如果不对合理使用制度这一著作权限制基本形式规定兜底性的条款，就可能使现实生活中一些具备合理性条件和属性的行为，不能被包含在合理使用行为中。2020年《著作权法》第二十四条第一款第（十三）项规定了“法律、行政法规规定的其他情形”，明确引入了开放式合理使用制度。笔者认为，这一修改具有合理性。并且，相较于2014年《著作权法（送审稿）》的规定更加合理，因为“其他情形”也必须具有法定性，以免因宽泛地适用合理使用制度而损害著作权人的合法权益。

其二，关于概括式条款的引入。还值得注意的是，2014年《著作权法（送审稿）》第四十三条第二款还规定：“前款规定的方式使用作品，不得影响作品的正常使用，也不得不合理地损害著作权人的合法利益。”笔者认为，这一规定的合理性体现于对著作权进行合理使用也是有度的，这一规定直接来自我国现行《著作权法实施条例》等相关规定。当然，该条例的规定也来自《伯尔尼公约》和《与贸易有关的知识产权协定》。笔者认为，规定上述原则性的条款，反映了对著作权限制的限制，深刻地体现和反映了《著作权法》背后的利益平衡机制，这一原则性的规定具有十分重要的意义，其对于在著作权司法保护实践中，防止轻易地将构成著作权侵权的行为纳入合理性使用的范畴，具有十分重要的指引和限制性作用。当然，这一原则在著作权司法保护实践中如何适用，值得进行认真的研究。基于著作权的财产属性，在适用该原则上尤其需要注意判断相关使用行为是否构成对于享有著作权作品的市场替代品，是否会对著作权人享有著作权作品的现实或者潜在的市场价值产生损害。❶

❶ 如前所述，2020 年《著作权法（修正案草案）》第二十二条及 2020 年《著作权法》第二十四条已将 2014 年《著作权法（送审稿）》上述规定整合至第一款规定。

我国计算机程序著作权限制制度及其完善研究*

计算机程序著作权限制制度，是《著作权法》第三次修改过程中所讨论的内容之一，值得进行深入研究。首先，有必要了解在第三次《著作权法》修改中如何对待《计算机软件保护条例》；然后，针对2014年《著作权法（送审稿）》以及《著作权法》第三次修改草案不同版本中对计算机程序的合理使用问题进行研究。

关于第一个问题，我国2010年《著作权法》对于计算机软件的规定体现于以下两方面：其一是将计算机软件直接作为受保护的著作权客体之一；其二是由国务院另行规定计算机软件的著作权保护办法。根据《著作权法》的规定，国务院颁行了《计算机软件保护条例》，该条例根据《著作权法》规定的原则，对于计算机软件著作权的客体、主体、权利内容、期限、权利保护等做了一系列的规定。随着形势的发展，该条例也作了相应的修订。但仔细研究该条例可以发现，其很多内容只是对《著作权法》规定原则在计算机软件中的适用作了简单的变通，而真正对计算机软件与其他一般作品不同的著作权保护特殊问题的规定并不多。[1] 因此，在这次修改《著作权法》的过程中，是否有必要完整保留该条例，著作权法学界进行了热烈的讨论。其中尤其以《著作权法》第三次修改专家建议稿中的一个版本即由我国著名知识产权学者、中国知识产权法学研究会常务副会长、中国社会科学院知识产权中心李明德教授领衔的专家建议稿中，明确建议废除《计算机软件保护条例》，而代之以在修改后的《著作权法》中作出相关的规定。笔者在研究我国《著作权法》第三次修改过程中，对于计算机软件著作权问题也给予了关注，在受原国务院法制办的委托提交的关于我国《著作权法》第三次修改的专家建议中也提出了相关的建议。笔者对李明德教授提出的主张表示赞同。实际上，《著作权法》第三次修改草案不同版本以及2014年《著作权法（送审稿）》均采纳了该观点。当然，也不排除其他相关学者也提出了同样的观点。

---

* 本文初稿撰写时间为2019年9月11日。

[1] 郑净方. 计算机软件最终用户的合理使用制度探析——兼评《计算机软件保护条例》第17条［J］. 福建论坛（社科教育版），2010（2）：22－23.

笔者认为，在第三次修改《著作权法》中，废除《计算机软件保护条例》，代之以在著作权法修改草案中增加关于计算机软件保护与限制的相关规定具有必要性，主要理由如下。

（1）从这次修法的指导思想来说，需要利用修法的大好时机，对著作权保护的相关制度进行全面的清理和整合，其中对相关的行政法规进行清理和整合就是一个重要方面，对《计算机软件保护条例》的清理与整合是一个重要的考虑。

（2）现行《计算机软件保护条例》对于与其他作品相同的共性规定较多，而对于与其他作品不同的特殊性规定较少。例如，关于计算机软件著作权的限制就是如此。

关于第二个问题，需要对2014年《著作权法（送审稿）》以及《著作权法》第三次修改草案不同版本的相关规定进行比较分析。

2014年《著作权法（送审稿）》相关规定如下：

第四十四条　计算机程序的合法授权使用者可以从事下列行为：

（一）根据使用的需要把该程序装入计算机等具有信息处理能力的装置内；

（二）为了防止计算机程序损坏而制作备份复制件；这些备份复制件不得通过任何方式提供给他人使用，并在本人丧失合法授权时，负责将备份复制件销毁；

（三）为了把该程序用于实际的计算机应用环境或者实现其功能而进行必要的改动；未经该程序的著作权人许可，不得向任何第三方提供修改后的程序以及专门用作修改程序的装置或者部件。

第四十五条　为了学习和研究计算机程序内含的设计思想和原理，计算机程序的合法授权使用者通过安装、显示、传输或者存储等方式使用计算机程序的，可以不经计算机程序著作权人许可，不向其支付报酬。

第四十六条　计算机程序的合法授权使用者在通过正常途径无法获取必要的兼容性信息时，可以不经该程序著作权人许可，复制和翻译该程序中与兼容性信息有关的部分内容。

适用前款规定获取的信息，不得超出计算机程序兼容的目的使用，不得提供给他人，不得用于开发、生产或者销售实质性相似的计算机程序，不得用于任何侵犯著作权的行为。

现行著作权法则缺乏对于计算机程序合法授权使用中的相关合理使用制度的规定。

《著作权法（修改草案第一稿）》相关规定如下：

第四十一条　计算机程序的合法授权使用者可以从事以下行为：

（一）根据使用的需要把该程序装入计算机等具有信息处理能力的装置内；

（二）为了防止计算机程序损坏而制作备份复制件。这些备份复制件不得通过任何方式提供给他人使用，并在本人丧失合法授权时，负责将备份复制件销毁；

（三）为了把该程序用于实际的计算机应用环境或者改进其功能、性能而进行必要的修改；未经该程序的著作权人许可，不得向任何第三方提供修改后的程序。

第四十二条　为了学习和研究计算机程序内含的设计思想和原理，通过安装、显示、传输或者存储等方式使用计算机程序的，可以不经计算机程序著作权人许可，不向其支付报酬。

第四十三条　计算机程序的合法授权使用者在通过正常途径无法获取必要的兼容性信息时，可以不经该程序著作权人许可，复制和翻译该程序中与兼容性信息有关的部分内容。

适用前款规定获取的信息，不得超出计算机程序兼容的目的使用，不得提供给他人，不得用于开发、生产或销售实质性相似的计算机程序，不得用于任何侵犯著作权的行为。

《著作权法（修改草案第二稿）》相关规定则如下：

第四十三条　计算机程序的合法授权使用者可以从事以下行为：

（一）根据使用的需要把该程序装入计算机等具有信息处理能力的装置内；

（二）为了防止计算机程序损坏而制作备份复制件。这些备份复制件不得通过任何方式提供给他人使用，并在本人丧失合法授权时，负责将备份复制件销毁；

（三）为了把该程序用于实际的计算机应用环境或者改进其功能、性能而进行必要的修改；未经该程序的著作权人许可，不得向任何第三方提供修改后的程序。

第四十四条　为了学习和研究计算机程序内含的设计思想和原理，通过安装、显示、传输或者存储等方式使用计算机程序的，可以不经计算机程序著作权人许可，不向其支付报酬。

第四十五条　计算机程序的合法授权使用者在通过正常途径无法获取必要的兼容性信息时，可以不经该程序著作权人许可，复制和翻译该程序中与兼容性信息有关的部分内容。

适用前款规定获取的信息，不得超出计算机程序兼容的目的使用，不得提供给他人，不得用于开发、生产或者销售实质性相似的计算机程序，不得用于任何侵犯著作权的行为。

对比2014年《著作权法（送审稿）》、《著作权法》第三次修改草案不同版本对计算机程序授权使用的合理性相关规定，可以得出以下结论。

第一，无论是送审稿还是《著作权法》第三次修改草案不同版本，均将保护客体限定为计算机程序，而不是计算机软件。对此，有必要对这一修改的原因加以理解。根据2010年《著作权法》《著作权法实施条例》和《计算机软件保护条例》等的规定，计算机软件包括计算机程序和文档。根据《著作权法》的规定，文档无论是包括文字资料还是图形等，均可以纳入某种著作权保护的客体范畴，无须另外作出专门的规定。因此，针对计算机软件著作权保护的特殊性，对于计算机程序加以明确规定即可。

第二，对比2014年《著作权法（送审稿）》以及《著作权法》第三次修改草案不同版本的规定，2014年《著作权法（送审稿）》对计算机程序著作权限制的规定更为明确，尤其体现为对使用者使用的范围进一步施加了限制性的条件。这一点是著作权限制的限制（反限制）的原理在计算机软件著作权限制制度中的明确体现。

第三，计算机程序著作权的限制，适用的主体限于计算机程序的合法使用者，而不包括第三人。这一规定有利于对计算机程序著作权进行保护。

第四，计算机程序著作权的限制，针对使用者的自由而言，十分强调使用的个人性目的，尤其是体现于基于个人合法操作使用计算机的需要。这样就能够较好地协调计算机程序著作权人和社会公众使用该计算机程序的利益关系，防止因为计算机程序使用者使用该计算机程序而对其著作权造成损害。

第五，计算机程序著作权的保护不应影响到公众正常利用他人的计算机程序进行学习、研究。例如，2014年《著作权法（送审稿）》第四十五条规定的为了学习计算机程序的设计思路与原理而对该计算机程序著作权进行的限制，就是一个体现。

总的来说，2014年《著作权法（送审稿）》对《著作权法》中的一类特殊客体即计算机程序著作权保护的限制，从一个侧面深刻地体现了《著作权法》中平衡和协调著作权人的利益与社会公众利益的立法宗旨。值得指出的是，2020年《著作权法（修正案草案）》及2020年《著作权法》均未采纳2014年《著作权法（送审稿）》的规定。计算机程序著作权限制制度，只能留待以后进一步完善。

《著作权法》中法定许可制度及其完善研究*

法定许可是各国著作权法和著作权国际公约规定的著作权限制的重要形式，也是我国著作权限制制度中的重要内容。《著作权法》第三次修改过程中，对这一制度的内容做了适当的改进与发展。本文拟对法定许可制度的合理性与正当性进行探讨，并针对《著作权法》关于法定许可制度的变革作出评价。

一、法定许可制度的正当性

法定许可作为著作权限制的重要形式，具有充分的合理性和正当性。❶ 所谓法定许可，是指在一定的条件下使用享有著作权的作品，可以不经著作权人的许可，但应当向其支付报酬。法定许可与前述合理使用相比，其相同之处在于都不需要经过著作权人的许可，不同之处则在于前者仍然需要向著作权人支付报酬，后者则无需向著作权人支付报酬。作为对著作权进行限制的一种形式，前面关于合理使用制度的合理性，有些方面也适合于法定许可，尤其是在通过权利限制，实现著作权人和作品使用者之间的利益平衡方面。然而，法定许可的适用范围和目的毕竟和合理使用不同。笔者认为，法定许可制度的合理性具体体现为以下两方面。

一是符合《著作权法》立法宗旨之促进作品传播与利用的需要。如前所述，促进作品的传播与利用是《著作权法》的重要立法宗旨。2010 年《著作权法》、2014 年《著作权法（送审稿）》、2020 年《著作权法（修正案草案）》及 2020 年《著作权法》在体现著作权立法宗旨的第一条只是强调了促进作品的传播，而没有规定作品的利用，笔者建议在第一条中增加作品的利用。著作权制度之所以需要强调作品的传播与利用，是因为只有有效地促进作品的传播和利用，才能真正实现享有著作权的作品的经济价值和社会价值。不仅如此，作者或著作权人也只有通过其作品的

---

* 本文初稿撰写时间为 2019 年 9 月 12 日。

❶ 付继存. 著作权法定许可的立法论证原则［J］. 学术交流，2017（9）：157－164.
熊琦. 著作权法定许可制度溯源与移植反思［J］. 法学，2015（5）：72－81.
熊琦. 著作权法定许可的正当性解构与制度替代［J］. 知识产权，2011（6）：38－43.

广泛传播和利用，才能更好地实现其人格利益。法定许可制度就是促进作品传播和利用的一种重要的形式，因为在该制度之下不需要经过著作权人的许可即可使用。[1]根据《著作权法》通常的授权许可模式，他人使用享有著作权的作品，需要经过著作权人的许可、签订许可使用合同，并就许可使用的报酬标准和支付方式进行协商。如果著作权人不同意使用其作品或者使用许可的付酬标准没有达成一致意见，该作品的使用就会受到限制，甚至“流产”。由此可见，法定许可在一定的条件下，能够更好地促进作品的传播和利用。

二是符合法律经济学上的交易成本原理，避免市场失败。根据法律经济学原理，他人使用享有著作权作品的行为，实际上是著作权人和作品使用者的一种市场交易行为，这种交易行为存在成本。根据科斯定律之第二定律，在具有实在交易成本的前提之下，一种富有效率的法律制度设计，应当使交易成本尽量降低。由于在涉及法定许可的一些情况下，作品使用者和著作权人交易的成本可能巨大，尤其是沟通和协商的成本。而且，基于信息不对称或者其他原因，很可能造成著作权人和作品的使用者无法达成许可使用协议的情况，在法律经济学看来就存在市场失败的风险。一旦出现这种风险，从知识产权制度的效率观来看，显然是缺乏效率的。以经济学的观点进行评判，效率是效益的基础，一旦缺乏效率也难以实现著作权制度所追求的效益目标。因此，针对特殊情况下他人使用享有著作权的作品的行为，基于减少交易成本的考虑，在著作权相关制度设计方面，应当改变通常情况下授权许可使用原则。也就是说，在特定情况下，为了提高使用作品的效率，减少交易成本，避免市场失败，《著作权法》有必要规定不需要获得著作权人的许可，可以使用其作品。由此可见，《著作权法》中的法定许可制度从法律经济学的视野看，也具有合理性。

当然，需要指出的是，《著作权法》授予作品的著作权毕竟是一种具有专有性、独占性的权利，当著作权人的专有权利在一定环境下被法定限制的情况下，著作权人因作品被他人使用而获得报酬的权利不能同样被限制。不仅如此，由于在法定许可的情况下使用作品的目的与合理使用情况不同，即法定许可并不是针对非商业性目的，在他人通过法定许可可以获得收益的情况下，著作权人因其作品被他人使用而获得必要的报酬也是合理的。

另外，还应当指出，法定许可需要对被使用作品的相关信息予以明确，同时不得损害著作权人享有的其他权利。

---

[1] 蔡元臻．新媒体时代著作权法定许可制度的完善——以“今日头条”事件为切入点［J］．法律科学（西北政法大学学报），2015（4）：43－51.

二、义务教育法定许可制度及其完善

为实施国家义务教育的法定许可制度，应当说是颇具中国特色的《著作权法》中的法定许可制度，因而值得认真研究。为此，不妨先对2014年《著作权法（送审稿）》、2020年《著作权法（修正案草案）》、2010年《著作权法》和《著作权法》第三次修改草案不同版本的相应规定进行梳理，然后加以评价并提出建议。

2014年《著作权法（送审稿）》相应规定如下：

第四十七条　为实施国家义务教育编写教科书，依照本法第五十条规定的条件，可以不经著作权人许可，在教科书中汇编已经发表的短小文字作品、音乐作品，或者单幅的美术作品、摄影作品、图形作品。

第五十条　根据本法第四十七条、第四十八条和第四十九条的规定，不经著作权人许可使用其已发表的作品，必须符合下列条件：

（一）在首次使用前向相应的著作权集体管理组织申请备案；

（二）在使用作品时指明作者姓名或者名称、作品名称和作品出处，但由于技术原因无法指明的除外；

（三）在使用作品后一个月内按照国务院著作权行政管理部门制定的付酬标准直接向权利人或者通过著作权集体管理组织向权利人支付使用费，同时提供使用作品的作品名称、作者姓名或者名称和作品出处等相关信息。前述付酬标准适用于自本法施行之日起的使用行为。

著作权集体管理组织应当及时公告前款规定的备案信息，并建立作品使用情况查询系统供权利人免费查询作品使用情况和使用费支付情况。

著作权集体管理组织应当在合理时间内及时向权利人转付本条第一款所述的使用费。

2010年《著作权法》相应规定如下：

第二十三条　为实施九年制义务教育和国家教育规划而编写出版教科书，除作者事先声明不许使用的外，可以不经著作权人许可，在教科书中汇编已经发表的作品片段或者短小的文字作品、音乐作品或者单幅的美术作品、摄影作品，但应当按照规定支付报酬，指明作者姓名、作品名称，并且不得侵犯著作权人依照本法享有的其他权利。

前款规定适用于对出版者、表演者、录音录像制作者、广播电台、电视台的权利的限制。[1]

---

[1] 2020年《著作权法（修正案草案）》第二十三条相应规定中，删除了“九年制义务教育”中的“九年制”，以及“除作者事先声明不许使用的外”。同时，对于可以被法定许可的作品增加了“图形作品”。

《著作权法（修改草案第一稿）》相关规定如下：

第四十四条　为实施九年制义务教育和国家教育规划而编写教科书，可以依照本法第四十八条规定的条件，不经著作权人许可，在教科书中汇编已经发表的作品片段或者短小的文字作品、音乐作品或者单幅的美术作品、摄影作品、图形作品。

《著作权法（修改草案第二稿）》相关规定如下：

第四十六条　为实施九年制义务教育和国家教育规划而编写教科书，可以依照本法第四十八条规定的条件，不经著作权人许可，在教科书中汇编已经发表的作品片段或者短小的文字作品、音乐作品或者单幅的美术作品、摄影作品、图形作品。

《著作权法（修改草案第三稿）》的相应规定对第二稿的规定略有变化。如在法定许可的目的方面，取消了为国家教育规划而编写教科书的法定许可。

从前面 2014 年《著作权法（送审稿）》、2020 年《著作权法（修正案草案）》的相关规定可以看出，和 2010 年《著作权法》的规定相比，其对法定许可制度中涉及国家义务教育的规定有以下变化。

一是法定许可适用的目的有所调整，2014 年《著作权法（送审稿）》取消了 2010 年《著作权法》中规定的为“国家教育规划”编写教科书的目的，仅限于保留为国家义务教育而编写教科书。首先，这里需要理解的是为何需要规定为国家义务教育编写教科书的法定许可。显然，根据国家义务教育法的规定，发展我国义务教育是提高我国整个民族文化素质、促进我国文化教育发展的重要基础和保障。为国家义务教育的需要编写教科书，很可能需要利用他人已经发表的享有著作权的作品，特别是需要适当地整合和吸收部分优秀作品。但由于著作权人对其作品享有专有权利，正常的情况下使用其作品需要征得其许可并支付报酬。因此，为了落实国家义务教育编写教科书，通过对部分作品给予法定许可的形式，就可以实现这一目的。其次，2014 年《著作权法（送审稿）》之所以取消为国家教育规划而编写教科书的法定许可，是考虑到法定许可的范围如果过大，可能对著作权人对其作品享有的专有的权利限制过多。为落实国家教育规划而编写教科书，典型的如教育部主导的“十一五”“十二五”普通高等学校国家级规划教材的编写，目前这类教材总量并不少，如果对相当一部分作品都可以采取法定许可的形式，这将对著作权享有的专有性权利构成较大的冲击。当然，有人可能指出《著作权法》赋予的这一法定许可的权利不一定会被利用，因此在实践中对著作权人享有的这一专有性权利的冲击不一定很大。这一观点有一定道理，以笔者为例，在 2008 年笔者撰写的“十一五”国家级规划教材《企业知识产权战略（第三版）》和 2015 年撰写的“十二五”国家级规划教材《企业知识产权战略（第四版）》[1] 为例，本可以根据 2010 年《著作权

[1] 冯晓青．企业知识产权战略［M］．3 版．北京：知识产权出版社，2008．
冯晓青．技术创新与企业知识产权战略［M］．4 版．北京：知识产权出版社，2015．

法》的规定以法定许可的形式使用他人的作品，但考虑到法定许可需要支付报酬以及本书所撰写的形式（该书署名形式为著，而不是编著，更不是编），笔者没有根据法定许可的权利使用他人的作品。不过，也应看到，只要法律规定了法定许可的权利，在实践中就可能被他人使用。因此，并不能以到目前为止该权利没有被很多人所用而主张不会对著作权人相应的专有性的权利构成冲击。这就不难理解，2020年《著作权法（修正案草案）》及2020年《著作权法》保留了基于国家教育规划目的方面的法定许可制度。

二是对法定许可适用的作品范围作了调整，其中部分范围增加、部分范围缩小。具体而言，增加的部分体现为将图形作品纳入法定许可的范围，减少的部分体现为取消“已经发表的作品的片段”。对这一修改，笔者表示部分赞同、部分不赞同，理由如下。

（1）基于国家义务教育目的而编写教科书，很可能一样要用到他人的图形作品。就中小学教科书而言，为履行国家义务教育而编写这类教科书，图形作品有其独到的优势与特点，其能够直观地展示相关的内涵，适合于这类教材所针对的中小学生。基于此，增加这类作品的法定许可是有必要的。这也是2020年《著作权法》保留这一修改内容的重要原因。

（2）2010年《著作权法》规定已经发表的作品的片段，以及短小的文字作品、单幅的美术作品以及摄影作品，都可以纳入基于国家义务教育而编写教科书的法定许可。这固然使享有著作权的作品的法定许可的范围扩大，因为作品的片段都可以进行法定许可，这就意味着任何作品都可以纳入基于国家义务教育的法定许可的范围。但是，基于国家义务教育而编写教科书，应当注意吸收已发表作品的精华供中小学学生学习各类知识时使用，如果取消2010年《著作权法》规定的已经发表作品的片断的法定许可，就不能够保证这类教材的编写吸收已经发表作品中的精华，从而不利于让中小学生享受到集合了最佳的知识整合的教科书。因此，笔者认为，2010年《著作权法》中关于实施国家义务教育而编写教科书的法定许可，应当保留可以使用作品的片段。进言之，笔者关于著作权法的一个基础性的观点是，对于公众使用应享有著作权的作品而言，基于特定的重要目的与需要，该给的权利与自由应当给足，以充分地实现著作权立法宗旨，更好地平衡和协调著作权人的个人利益与社会公共利益之间的关系。保留上述基于国家义务教育需要而编写教科书中使用作品片段的法定许可制度，就是一个重要体现。由此也不难理解，2020年《著作权法》第二十五条保留了2010年《著作权法》的上述规定。[1]

---

[1] 与2010年《著作权法》第二十三条规定相比，有所变化的是：其一，将2010年《著作权法》第二十三条第一款中“支付报酬”明确为“向著作权人支付报酬”，将“作者姓名”修改为“作者姓名或者名称”；其二，对2010年《著作权法》第二十三条第二款中相关权的表述有所变化。此外，增加了可以法定许可的“图形作品”类型。

三、报刊社转载摘编法定许可及一稿多投相关问题

（一）报刊社转载摘编法定许可

关于报刊社转载、刊登作品的法定许可问题，需要先行了解2014年《著作权法（送审稿）》、2010年《著作权法》和《著作权法》第三次修改草案不同版本的相应规定。

2014年《著作权法（送审稿）》的规定如下：

第四十八条　文字作品在报刊上刊登后，其他报刊依照本法第五十条规定的条件，可以不经作者许可进行转载或者作为文摘、资料刊登。

报刊社对其刊登的作品根据作者的授权享有专有出版权，并在其出版的报刊显著位置作出不得转载或者刊登的声明的，其他报刊不得进行转载或者刊登。

2010年《著作权法》规定如下：

第三十三条　著作权人向报社、期刊社投稿的，自稿件发出之日起十五日内未收到报社通知决定刊登的，或者自稿件发出之日起三十日内未收到期刊社通知决定刊登的，可以将同一作品向其他报社、期刊社投稿。双方另有约定的除外。

作品刊登后，除著作权人声明不得转载、摘编的外，其他报刊可以转载或者作为文摘、资料刊登，但应当按照规定向著作权人支付报酬。[1]

《著作权法（修改草案第一稿）》规定如下：

第四十五条　中国自然人、法人和其他组织的文字作品在报刊上刊登后，其他报刊可以依照本法第四十八条规定的条件，不经作者许可进行转载或者作为文摘、资料刊登。

报刊对其刊登的作品根据作者的授权享有专有出版权，并在其出版的报刊显著位置作出声明的，其他报刊不得进行转载或刊登。

《著作权法（修改草案第二稿）》则规定如下：

第四十七条　文字作品在报刊上刊登后，其他报刊可以依照本法第四十八条规定的条件，不经作者许可进行转载或者作为文摘、资料刊登。

报刊社对其刊登的作品根据作者的授权享有专有出版权，并在其出版的报刊显著位置作出不得转载或者刊登的声明的，其他报刊不得进行转载或者刊登。

《著作权法（修改草案第三稿）》保留了第二稿相应的规定。

对比2014年《著作权法（送审稿）》、2010年《著作权法》和《著作权法》修改草案不同版本的上述规定，笔者认为下列问题值得研究。

第一，2014年《著作权法（送审稿）》取消了2010年《著作权法》关于作者

[1] 2020年《著作权法（修正案草案）》及2020年《著作权法》保留了2010年《著作权法》的规定。

向期刊和报社投稿的相关期限。这里涉及对一稿多投问题的相关理解，对此将在后面进行详细探讨。

第二，2014 年《著作权法（送审稿）》采纳了 2010 年《著作权法》及第三次修改草案不同版本中报刊社对文字作品的转载，以及作为文摘、资料刊登的法定许可。但是，和 2010 年《著作权法》相应规定相比，2014 年《著作权法（送审稿）》有以下两个不同之处：一是条文表述的方式有所变化，即先是正面规定其他报刊社法定许可的权利，再对该法定许可规定限制性条件，从而突出了法定许可的性质。二是对于限定法定许可的形式做了更加明确的规定，即"报刊社对其刊登的作品根据作者的授权享有专有出版权，并在其出版的报刊显著位置作出不得转载或者刊登的声明的，其他报刊不得进行转载或者刊登"。对此，笔者认为，需要先对报刊社转载、刊登他人享有著作权的作品的法定许可的合理性加以了解。

在现实中，人们可以看到，经常有报纸、期刊（简称报刊社）转载或作为文摘、资料刊登他人的作品，很多作者也收到过来自报刊社转载或作为文摘、资料刊登其作品而获得的报酬。这种形式就是《著作权法》规定的法定许可的一种。这类法定许可之所以有必要，是基于《著作权法》促进优秀作品传播和利用的立法目的。从著作权法的基本原理来说，越是优秀的作品，越应得到更加充分广泛的传播和利用，因为这样才能使更多的社会公众获得与使用优秀的作品。基于此，著作权法在制度设计方面应当建立促进优秀作品传播与利用的法律机制。其中，报刊社转载或者作为文摘、资料刊登其他报刊社已经发表作品，就是一个重要的形式和制度构建。相反，如果这种情况不给予法定许可，就意味着其他报刊社转载或者作为文摘、资料转载他人报刊已经发表了的作品，需要征得作者或者其他著作权人的许可，并支付报酬。由于在实践中报刊社转载或者作为文摘、资料刊登其他报刊已经发表作品具有一定的时效要求，在适用通常的许可授权模式中，姑且不说可能存在许可谈判失败的风险，即使能够获得许可，也可能使作品的转载或者作为文摘、资料刊登因不够及时而使公众失去兴趣，或者使作品这种进一步的利用失去价值。由此可见，保留报刊社转载或者作为文摘、资料刊登其他报刊社已经发表了作品的法定许可具有合理性。

至于 2014 年《著作权法（送审稿）》对上述法定许可的文字表述有所变化，笔者认为其合理性体现如下：通过从正面表述法定许可的权利，使条文对法定许可的规定更加清晰，也与 2014 年《著作权法（送审稿）》对 2010 年《著作权法》结构的修改（"权利的限制"）更吻合。对 2010 年《著作权法》规定的对该法定许可的限制的修改，明显是为了增加法律适用的可操作性。

此外，无论是 2014 年《著作权法（送审稿）》还是 2010 年《著作权法》以及《著作权法》第三次修改草案不同版本，均将获得许可的著作权的主体限定为作者。笔者对此有不同观点。因为著作权的主体除了作者以外，还包括作者以外的其他著作权人。如果著作权中的财产权由作者以外的其他著作权人享有，此时行使法定许可限制权的人就是作者以外的其他著作权人，而不是作者。因此，笔者建议将上述规定中的“作者”改为“作者或者其他著作权人”。

（二）一稿多投问题

前述2014年《著作权法（送审稿）》取消《著作权法》第三十三条关于作者向报刊社投稿日期的限制性的规定，就涉及所谓“一稿多投”的法律问题。对此，笔者拟结合2010年《著作权法》的相关规定、国内外关于报纸期刊接受作者投稿期限的相关做法，以及著作权法的基本原理加以探讨。

2010年《著作权法》第三十三条第一款规定：“著作权人向报社、期刊社投稿的，自稿件发出之日起十五日内未收到报社通知决定刊登的，或者自稿件发出之日起三十日内未收到期刊社通知决定刊登的，可以将同一作品向其他报社、期刊社投稿。双方另有约定的除外。”

一般认为，上述规定是《著作权法》限制或者禁止作者在法定期限内一稿多投的规定。从报纸或者期刊的角度来说，可以认为赋予了报纸、期刊禁止作者在法定期限内的一稿多投的权利。2010年《著作权法》第三十三条第一款规定的前半部分是非常明确的，即针对报纸与期刊法定的禁止一稿多投的期限分别是15日与30日，均从稿件发出之日起计算。在理论与实务中存在争议的是该条后半句的规定，即如何理解“双方另有约定的除外”？对这一问题，从报社和期刊社的角度来说，一般会理解为其向社会公布的所谓“征稿启事”就是双方约定的表现。举例而言，某个杂志对外公布的征稿启事中载明：“凡向本刊投稿者，自稿件发出之日起三个月内，如没有收到本刊的通知，可另行投稿。”该通知的内涵是作者投稿之日起三个月内不得再向其他刊物投稿，如三个月没有收到本刊的通知，才能够向其他刊物投稿。这里的所谓通知，不一定表明是采纳的通知，也可能是不采纳的通知。从《合同法》与《著作权法》的法律规定的立法宗旨等方面考虑，关键是要理解这里的征稿启事是否能够认定为双方另有约定。对这一问题，报社或者期刊社一般会认为这就是双方另有约定的体现和“证据”。

对这一问题，笔者认为需要具体情况具体分析。在过去，作者投稿通过在网络上注册并通过信息网络投稿不够普遍，通过邮寄纸质版的形式直接投稿居多，故作者很可能没有看到所谓征稿启事，而只是知晓报社或者期刊社的地址而直接投稿。应当说，这种情况十分普遍。仅以笔者为例，在过去发表的上百篇核心期刊论文中，也多数是通过邮寄纸质版投稿的。对于投稿的相当一部分刊物来说，笔者并不是在查阅到投稿征稿启事以后才完成投稿的。也就是说，像笔者这种情况，在没有看到征稿启事的情况下完成投稿，并不存在所谓双方另有约定的情况。如果将征稿启事绝对地解释为双方另有约定，至少在相当多的情况下并不符合实际情况。进言之，笔者认为在作者没有看到征稿启事的情况下完成投稿的行为，存在双方另有约定的情况通常应该是这样：报社或者期刊社收到作者的投稿文章后，明确告知该作品在何时能投到其他刊物，或者该社在收到该文章以后何时之前作者不得将该作品向其他报刊社投稿。如果报刊社在收到作者的投稿文章以后，并没有类似的要求，则不能认为是双方就作品发表的时间进行了约定，而应遵行 2010 年《著作权法》关于法定时间的规定。

需要进一步探讨的是，2014 年《著作权法（送审稿）》不再保留 2010 年《著作权法》的上述规定，[1] 这是否意味着 2014 年《著作权法（送审稿）》取消了报社、期刊社禁止著作权人在法定期限内的一稿多投权？[2] 关于这一问题，以及一稿多投的一般性问题，笔者有以下观点。

其一，2014 年《著作权法（送审稿）》取消《著作权法》的上述规定，当然意味着不再授予报社、期刊社禁止一定期限内的一稿多投的法定权利。笔者对这一修改表示赞同，主要理由在于作者向报刊社投稿，实际上是利用其作品的一种市场行为。报刊社收到作者投稿以后，涉及其作品的发表问题应当由作者与报刊社自主决定。如果强制性地规定作者不能一稿多投的法定期限，就可能实质性地损害作者的利益，特别是优秀的作品不能及时发表。

其二，关于一稿多投是否合法的问题，过去我国知识产权理论与实务界对此已有所探讨。其实来自学界的观点更多的是持肯定态度，来自报刊社的观点更多的是持否定态度。笔者认为，之所以存在两种相反的态度，是因为两种态度反映了不同的利益关系。析言之，从作者的角度来说，允许一稿多投能够使其个人利益最大化，特别是极有利于保证其作品被某个报刊社及时采纳。反过来说，如果不允许一稿多投，而是在第一个被投的报刊社在一定期限内作出拒绝采纳（退稿）的通知以后，作者才能够向第二个报刊社投稿，基于同样的逻辑与要求，作者投稿的刊物经过多轮投稿也不一定能够发表，或者即使能够发表其作品发表的时效性与现实价值可能会被大打折扣。这显然不利于作品的及时发表和有效维护著作权人的利益。可以不夸张地说，现实生活中的禁止一稿多投的出版观念，已经严重地限制甚至损害了作者或者其他著作权人及时发表作品的权利。在禁止一稿多投的理念下，很多作者的作品最终结果是“石沉大海”（没有得到发表）。相反，如果允许一稿多投，“东方不亮西方亮”，可以大大增加作者发表作品的机会。这也是笔者注意到的，国外尤其是美国等国家允许作者一稿多投的原因。例如，作者撰写一篇英文关于立法最新进展的法律文章，可以通过网络同时投稿上百个刊物，只要该文章质量尚可，很可能会被其中一个刊物采纳。相反，如果不允许一稿多投，这种涉及立法最新进展的

[1] 2020 年《著作权法（修正案草案）》及 2020 年《著作权法》则维持了 2010 年《著作权法》规定。但是，研究一稿多投问题，仍然是有价值的。

[2] 焦和平．转载报刊的法定许可权与首发报刊的专有使用权之冲突及解决——兼评《著作权法（修订草案送审稿）》．第 48 条［J］．现代法学，2017（6）：181－194．

论文，就可能因为时效的原因而最终被报废。

当然，另一方面，从报刊社的角度来讲，则是另外一番景象。报刊社可能会主张如果允许同时一稿多投，那么报刊社在花费了一定的时间精力，尤其是在聘请审稿专家审稿需要支付费用的情况下，其辛辛苦苦采纳的稿件却被其他在先的报刊采纳而不能够在本刊发表，会严重地浪费本报刊社的时间、精力和费用。从报刊社利益最大化的角度来讲，显然应当禁止一稿多投。对此，笔者认为，站在报刊社的立场不无道理。然而，如果禁止一稿多投，从维护作者或者其他著作权人的利益来说，如前所述，可能会严重地阻碍作者或者其他著作权人及时发表其作品。《著作权法》作为一种平衡著作权人、作品传播者与社会公众利益的法律，显然不能绝对地只考虑一方当事人的合法利益，不考虑另一方当事人的合法利益，特别是不能因为维护一方当事人的利益而损害甚至严重损害另外一方当事人的合法利益。笔者认为，从著作权法的利益平衡原理来说，只是单纯考虑报刊社的利益，绝对禁止一稿多投的行为是缺乏合理性的。真正需要禁止的是**一稿多用**。如一篇文章被某报刊社采纳并刊发后，作者在一定时间内又向其他报刊社投稿或者接受其他报刊社的采用通知，致使该文章被其他报刊再次刊发，客观上形成了一稿多用的结果。

值得注意的是，2019 年 7 月 1 日发布的行业标准《学术出版规范——期刊学术不端行为界定》，明确将一稿多投行为列为学术不端行为。这一规定是否合理、是否符合《著作权法》的规定、是否会损害作者或者其他著作权人合法权益、是否会在著作权人与作品传播者（期刊社）之间造成严重的利益失衡，值得深思与探讨。顺便指出，该行业标准还有其他很多的规定，可能涉及是否严重限制了著作权人享有的合法权益，也值得深思与探讨。还可以注意到，该行业标准的制定似乎没有知识产权领域的专家学者参与，其是否很好地协调和平衡了著作权人利益与期刊社的利益以及社会公众的利益、是否有利于最大限度地促进作品的创作与传播，同样值得深思与探讨。

四、录音制品制作法定许可制度及其完善

制作录音制品的法定许可，也是 2010 年《著作权法》所规定的法定许可制度的重要内容之一。对此，需要在了解相关规定的基础之上进行研究。

2010 年《著作权法》第四十条第三款规定："录音制作者使用他人已经合法录制为录音制品的音乐作品制作录音制品，可以不经著作权人许可，但应当按照规定支付报酬；著作权人声明不许使用的不得使用。"

《著作权法（修改草案第一稿）》第四十六条规定："录音制品首次出版三个月后，其他录音制作者可以依照本法第四十八条规定的条件，不经著作权人许可，使用其音乐作品制作录音制品。"《著作权法（修改草案第二稿）》及《著作权法（修

改草案第三稿)》对此未予以规定。

对照以上两个版本的规定，可以看出，《著作权法（修改草案第一稿)》和2010年《著作权法》的规定相比有以下区别。一是限制了其他录音制作者可以使用音乐作品制作录音制品的时间，必须是在录音制品首次出版三个月以后。2010年《著作权法》的规定则没有这三个月的限制。也就是说，录音制作者如果想要使用他人已经合法录制为录音制品的音乐作品去制作录音制品，只需要他人已经将这一作品合法录制为录音制品即可。笔者认为，修改草案第一稿之所以限定三个月以后其他录音制作者才能够使用，主要是考虑到给最初的录音制作者以三个月的垄断市场的期限，因为在这三个月之内，其他录音制作者无权使用著作权人同样的音乐作品制作录音制品。通常，音乐制品的录音制品最初发行的几个月内，其市场价值最大，也就是所谓先占市场的效应。值得指出的是，修改草案第一稿向社会公布以后，引起了极大的争议，特别是遭到相关利益集团的反对。二是取消了著作权人的禁止权，也就是不再保留“著作权人声明不许使用的，不得使用”。由于争议过大，在修改草案第二稿中就取消了这一条的规定。❶

关于2010年《著作权法》、修改草案上述规定，以及制作录音制品的法定许可问题，笔者有如下观点。

其一，使用他人已经合法录制为录音制品的音乐作品制作录音制品，赋予法定许可的权利，具有必要性。原因在于根据《著作权法》的规定，著作权人对其作品享有以录制方式行使的复制权。对于音乐作品而言，通过录制的方式复制与传播，是这类作品利用和传播的主要形式。录音制作者录制音乐作品的结果是形成录音制品。根据前述对录音制作者权的讨论，录音制作者对其制作的录音制品享有相关的权利，统称为录音制作者权。在市场上，录音制品具有竞争性。尤其是针对同一音乐作品的录音制品，如果是由不同的录音制作者录制，尽管不同录音制品的价格和质量不相同，毕竟是基于同一音乐作品的录制，会形成市场替代品。就《著作权法》是否允许录音制品法定许可而言，关键是需要协调最初从音乐作品著作权人获得许可从而进行合法录制的录音制品制作者与在后的针对同一音乐作品再次制作录音制品的其他录音制作者之间的利益关系。如果不允许录音制品的法定许可，这就意味着最先先从某一音乐作品著作权人那里获得许可并制作录音制品的录音制作者，可以无限制地垄断该音乐作品的录音制品市场。这种垄断，可能会造成以下两方面的问题：一是使欣赏音乐作品的消费者失去了选择不同风格、价位的针对同一音乐作品的录音制品的机会，这显然不利于消费者文化欣赏和消费的多样性。尤其是在当代，音乐作品的表演多样化，不同的消费者对同一音乐作品的表演有不同的需求和偏好。如果不允许录音制品的法定许可，就难以实现现实生活中消费者多样化的

❶ 宋慧献．音乐作品再录制法定许可的存废与变革［J］．出版发行研究，2018（12）：77－80.

需求。二是可能导致音乐作品的录音制品市场出现垄断的后果。这里所说的垄断不是著作权法意义上通常的著作权或者相关权的独占性或者垄断性，而是在我国反垄断法意义上的非法垄断。如果不允许录音制品的法定许可，将必然造成对同一音乐作品的录音制品的单一性，使消费者缺乏可以选择市场替代品的机会。这种事实上的垄断可能导致法律上的非法垄断存在。如果构成反垄断法意义上规制的非法垄断，作为垄断者的录音制品制作者可能给予录音制品过高的价格，这显然不利于消费者利益的保护和公共利益的维护。也正是因为不赋予录音制品法定许可存在上述的风险与弊端，给予录音制品法定许可是其他国家和地区的相关立法例中都加以规定的。例如，美国著作权法中类似规定就是如此。

其二，如何完善我国录音制品法定许可制度？笔者认为尽管在这次《著作权法》修改过程中，对于录音制品法定许可制度的规定存在较大的争议，却不能因为存在争议就对这一制度予以废除或者予以回避。正确的态度应当是总结我国录音制品法定许可制度这些年实施的经验及存在的问题。对于下一步我国录音制品法定许可制度的完善，笔者主张如下：（1）录音制品法定许可制度应当予以保留。基于前述理由，保留录音制品法定许可制度具有合理性。也正因如此，2020 年《著作权法》第四十二条第二款保留了 2010 年《著作权法》规定的录音制品法定许可制度。当然，在条文设计上有所变化，即将 2010 年《著作权法》第四十条第二款整合到 2020 年《著作权法》第十六条中。（2）具体的立法条文的构建，笔者赞同《著作权法（修改草案第一稿）》取消著作权人的禁止权的规定。理由是如果不取消这一规定，就会使录音制品法定许可制度在很大程度上落空。因为首次根据音乐作品著作权人授权制作录音制品的录音制品制作者，完全可以根据《著作权法》授予的著作权人禁止权的规定，要求在相关合同中明确禁止他人进行录制。当然，最终通过的 2020 年《著作权法》维持了 2010 年《著作权法》规定。是否仍需要修改，值得进一步研究。

孤儿作品的著作权制度之构建*

孤儿作品的著作权问题是这次《著作权法》修改中新增的一个规定，这一规定的合理性值得探讨。

2014 年《著作权法（送审稿）》的相关规定如下：

第五十一条　著作权保护期未届满的已发表作品，使用者尽力查找其权利人无果，符合下列条件之一的，可以在向国务院著作权行政管理部门指定的机构申请并提存使用费后以数字化形式使用：

（一）著作权人身份不明的；

（二）著作权人身份确定但无法联系的。

前款具体实施办法，由国务院著作权行政管理部门另行规定。

上述规定，有利于促进孤儿作品的使用，并保护其著作权。❶ 笔者认为，建立孤儿作品著作权使用制度，其合理性与价值体现于以下方面。

其一，有利于促进作品的使用，符合《著作权法》促进作品广泛传播与使用的立法宗旨。❷ 根据著作权法的基本原理，在一般情况下他人使用享有著作权的作品，应当征得著作权人的许可并支付报酬。许可使用权也是著作权人享有的十分重要的权利。许可使用权本质上来自著作权是一种独占性的、专有性的权利，在很多情况下著作权人通过行使其许可使用权来实现其作品的价值。许可使用权和著作权中消极权能方面即禁止权是相对的。然而，在有些情况下他人获得著作权人的许可使用其作品会遇到障碍，孤儿作品就是这种情况。由于著作权人身份不明，或者即使著作权人身份明确，但作品使用者无法与其取得联系，在这种情况下使用者取得著作权人的许可自然会存在困难。为了促进这类作品的传播与使用，就需要对这类作品著作权人的许可使用权作出必要的限制。2014 年《著作权法（送审稿）》上述规定就是对著作权人的许可使用权限制的一种体现。它使得作品在未获得著作权人许可

---

* 本文初稿撰写时间为 2019 年 9 月 17 日。

❶ 赖晴宇. 我国孤儿作品的著作权法律保护现状、问题及对策［J］. 创业与科技论坛，2019（19）：38－39. 吉利. 区块链技术驱动下孤儿作品登记制度的重构［J］. 社会科学论坛，2019（6）：234－240.

❷ 崔国斌. 著作权法原理与案例［M］. 北京：北京大学出版社，2014：642－645.

的情况下，也能在一定的条件下予以使用。

其二，从法律经济学的角度评判，2014 年《著作权法（送审稿）》引进孤儿作品使用制度，可以避免市场交易失败，提高作品使用效率。根据法律经济学原理，存在交易成本的前提下，制度的设计应当达到使资源尽量得到有效配置与有效使用的目的。当作品使用者愿意使用孤儿作品但由于无从获悉著作权人的身份，或者即使能够获得但因为各方面原因而无法与其取得联系，这种情况下获得许可的成本可能会巨大，甚至许可变得根本不可能，也即存在所谓市场交易失败的情况。为避免市场交易失败的情况，使著作权人的作品不因其身份不明，或者即使明确但不能被使用者获悉而不能被使用，制度设计应当规定在满足一定条件下不经著作权人许可即可使用该作品。

其三，增加作品利用的机会并使著作权人获得必要的利益。著作权作为一种受法律保护的独占性的权利，权利人可以通过行使其许可权等权能而获得必要的经济收益。因此，即使是在他人因客观原因而无法与著作权人取得联系时，法律赋予他人可以在特定的范围内使用作品，但不能剥夺著作权人因该作品被使用而获得报酬的权利。正是基于这一原因，2014 年《著作权法（送审稿）》明确了他人应向国务院著作权行政部门指定的机构申请并提存使用费。这一规定能够确保在孤儿作品被法定许可时著作权人因其作品被使用而获得报酬的权利得到保障。

当然，对上述作品著作权人享有的许可权利的限制，不应当过大。换言之，在这种情况下作品使用者的权限应有所限制。根据 2014 年《著作权法（送审稿）》的规定，这种使用的方式限于数字化形式的使用。之所以规定只限于数字化形式的使用，是为了避免未给予这种作品使用权的限制而在非数字化环境下对著作权人的任何损害。

根据 2014 年《著作权法（送审稿）》第五十二条第二款的规定，具体实施办法，由国务院著作权行政管理部门予以规定。根据笔者的理解，至少应该明确以下内容：（1）适用的对象限于著作权保护期尚未届满的已发表作品。这一点应当容易理解，因为著作权保护期届满的作品不存在许可使用的问题。这类作品进入公共领域，任何人都可以自由使用。同时，这类作品必须是已经发表的作品。如果该作品尚未发表，就作品使用者而言即使该作品著作权人的信息不明，其也不能以利用孤儿作品为由而使用，因为未发表作品受到《著作权法》更严格的保护。（2）如何界定作者身份不明。这一点应该在相应的实施办法中予以明确。（3）如何界定作品使用者无法与著作权人取得联系。（4）关于具体的收费方式和标准，也需要在办法中作出具体的规定。

值得指出的是，2020 年《著作权法》并未采纳 2014 年《著作权法（送审稿）》的上述规定。未来是否需要在《著作权法》中引进孤儿作品著作权制度，需要进一步研究。

著作权许可使用合同制度及其完善研究*

著作权是一种具有独占性的专有权利，而著作权人基于各方面条件的限制，很难由其亲自行使权利，在很多的情况下需要通过许可实施等方式实现其作品的价值。为此2010年《著作权法》规定了著作权许可使用等促进作品使用的制度，2014年《著作权法（送审稿）》则对相关规定进行了改进。[1] 本文对2014年《著作权法（送审稿）》关于著作权许可使用制度的规定进行研究。

一、著作权许可使用合同内容的完善

2014年《著作权法（送审稿）》的相关规定如下：

第五十二条　著作权人可以通过许可、转让、设立质权或者法律允许的其他形式行使著作权中的财产权。

第五十三条　使用他人作品，应当同著作权人订立许可使用合同，本法规定可以不经许可的除外。

许可使用合同包括下列主要内容：

（一）作品的名称；

（二）许可使用的权利种类和使用方式；

（三）许可使用的是专有使用权或者非专有使用权；

（四）许可使用的地域范围、期限；

（五）付酬标准和办法；

（六）违约责任；

（七）双方认为需要约定的其他内容。

使用作品的付酬标准由当事人约定，当事人没有约定或者约定不明的，按照市

---

* 本文初稿撰写时间为2019年9月18日。

[1] 2020年《著作权法（修正案草案）》及2020年《著作权法》没有采纳2014年《著作权法（送审稿）》相关规定，但对2014年《著作权法（送审稿）》相关规定进行探讨仍具有必要性。

场价格或者国务院著作权行政管理部门会同有关部门制定的付酬标准支付报酬。

第五十四条 许可使用的权利是专有使用权的，许可使用合同应当采取书面形式。

合同中未明确约定许可使用的权利是专有使用权的，视为许可使用的权利为非专有使用权。

合同中约定许可使用的方式是专有使用权，但对专有使用权的内容没有约定或者约定不明的，视为被许可人有权排除包括著作权人在内的任何人以同样的方式使用作品。

报刊社与著作权人签订专有出版权合同，但对专有出版权的期限没有约定或者约定不明的，专有出版权的期限推定为一年。

2010年《著作权法》相关规定如下：

第二十四条 使用他人作品应当同著作权人订立许可使用合同，本法规定可以不经许可的除外。

许可使用合同包括下列主要内容：

（一）许可使用的权利种类；

（二）许可使用的权利是专有使用权或者非专有使用权；

（三）许可使用的地域范围、期间；

（四）付酬标准和办法；

（五）违约责任；

（六）双方认为需要约定的其他内容。

《著作权法（修改草案第一稿）》相关规定如下：

第五十条 使用他人作品应当同著作权人订立许可使用合同，本法规定可以不经许可的除外。

许可使用合同包括下列主要内容：

（一）作品名称；

（二）许可使用的权利种类和使用方式；

（三）许可使用的权利是专有使用权或者非专有使用权；

（四）许可使用的地域范围、期间；

（五）付酬标准和办法；

（六）违约责任；

（七）双方认为需要约定的其他内容。

使用作品的付酬标准可以由当事人约定，当事人没有约定或者约定不明的，按照市场价格或者国务院著作权行政管理部门会同有关部门制定的付酬标准支付报酬。

《著作权法（修改草案第二稿）》的相关规定如下：

第五十条 使用他人作品，应当同著作权人订立许可使用合同，本法规定可以不经许可的除外。

许可使用合同包括下列主要内容：

（一）作品的名称；

（二）许可使用的权利种类和使用方式；

（三）许可使用的是专有使用权或者非专有使用权；

（四）许可使用的地域范围、期限；

（五）付酬标准和办法；

（六）违约责任；

（七）双方认为需要约定的其他内容。

使用作品的付酬标准由当事人约定，当事人没有约定或者约定不明的，按照市场价格或者国务院著作权行政管理部门会同有关部门制定的付酬标准支付报酬。

第五十一条　许可使用的方式为专有使用权的，许可使用合同应当采取书面形式。合同中未明确约定许可使用的权利是专有使用权的，视为许可使用的权利为非专有使用权。

合同中约定许可使用的方式是专有使用权，但对专有使用权的内容没有约定或者约定不明的，视为被许可人有权排除包括著作权人在内的任何人以同样的方式使用作品。

报刊社与著作权人签订专有出版权合同，但对专有出版权的期限没有约定或者约定不明的，专有出版权的期限推定为一年。

仔细对比和研究2014年《著作权法（送审稿）》、2010年《著作权法》以及修改草案不同版本的相应规定，笔者认为可以得出以下结论。

第一，2014年《著作权法（送审稿）》对2010年《著作权法》中关于作品使用形式的规定做了改进，体现了著作权立法促进作品传播和利用的立法宗旨。2010年《著作权法》在第二十六条规定可以通过著作权质押的方式利用其著作权，[1] 该规定也是在2010年修订时所新增加的。2014年《著作权法（送审稿）》第五十二条则将著作权可以利用的方式进行了拓展，规定著作权人可以通过许可、转让、设立质权或者法律允许的其他形式利用其著作权中的财产权。尽管2010年《著作权法》对于许可、转让、设立质权这些利用享有著作权的作品的形式都已经做了明确的规定，但毕竟这些形式只是所有利用著作权作品的形式的一部分，而不能是全部。2014年《著作权法（送审稿）》的上述规定包含了法律允许的其他利用其著作权中的财产权的形式，这就一方面使其他形式利用著作权中的财产权具有了合法的基础，

[1] 2020年《著作权法（修正案草案）》第二十六条对2010年《著作权法》同条规定做了局部修改，即将出质登记部门改为“国家著作权主管部门”。2020年《著作权法》第二十八条则将2010年《著作权法》第二十六条修改为：“以著作权中的财产权出质的，由出质人和质权人依法办理出质登记。”

另一方面也体现了《著作权法》鼓励和倡导通过法律允许的各种形式利用其著作权的意旨。在当前我国大力发展第三产业、促进文化大发展大繁荣的新形势和背景下，通过各种法律允许的手段，促进著作权作品的利用，无疑具有十分重要的现实意义。因此，笔者认为2014年《著作权法（送审稿）》的上述规定具有合理性。

第二，对于著作权许可使用合同，2014年《著作权法（送审稿）》对2010年《著作权法》的相关规定，做了优化，具体体现如下。

（1）关于合同条款的内容，2014年《著作权法（送审稿）》吸收了修改草案第一稿和第二稿规定的内容，在2010年《著作权法》列举的内容基础之上，增加了“作品名称”这一内容。同时，在许可使用的权利种类后增加了“使用方式”。对上述修改，笔者表示赞同，同时建议作出进一步的修改。

很显然，作品名称是著作权许可使用合同涉及作品的基础信息之一。如果合同对作品的名称没有明确的约定，或者约定不明，就可能使许可使用的权利涉及的客体不明，从而可能在著作权使用过程中产生纠纷。因此，著作权许可使用合同对于作品名称予以明确列举是十分必要的。同时，作品的使用方式无疑也是著作权许可使用的核心内容之一。例如，就权利种类而言，同样是复制权和发行权，著作权人是否允许以数字化的形式使用，所包含的使用内容就可能有很大区别。为避免今后可能产生的纠纷，在许可使用合同中也有必要明确作品使用的方式。

除了上述规定以外，笔者建议在著作权许可使用合同的必备条款中增加一个内容，即在作品名称前增加著作权人的姓名或者名称。尽管在著作权许可使用合同中著作权人作为其中的许可方，一般应该是作为合同的当事人一方在合同中体现，但也不排除其他特殊情况，如著作权人委托他人签订的合同。为了避免以后可能产生任何纠纷，著作权许可使用合同显然应当首先明确著作权人的姓名或者名称。

（2）关于许可使用合同中支付报酬的规定。2014年《著作权法（送审稿）》吸收了修改草案第一稿和第二稿的相关规定，并整合了2010年《著作权法》和《著作权法实施条例》的相关规定，明确了双方意思自治优先的原则，同时明确在当事人双方没有约定或者约定不明时，按照市场价格或者国务院著作权行政部门会同有关部门制定的付酬标准支付。笔者认为这一规定也具有合理性。因为该规定体现了著作权作品使用的自治原则和市场原则，能够根据实际情况灵活确定许可使用的报酬，而不是一刀切式地根据国务院著作权行政部门会同有关部门制定的付酬标准确定。总的来说，通过完善著作权许可使用合同制度，有利于规范著作权许可合同行为，避免相关纠纷。❶

---

❶ 孙海龙，姚建军．雨后复斜阳——长篇小说《缓期执行》著作权许可使用合同纠纷案始末［J］．中国审判，2009（4）：36－39．

二、著作权许可使用合同涉及的专有许可权问题

根据2014年《著作权法（送审稿）》的规定，签订著作权许可使用合同时，如果需要明确为专有使用权，则应当采取书面的形式。对此，笔者表示赞同。一般来说，著作权许可使用合同可以分为书面合同与非书面合同（如口头协议）。书面合同相对于非书面合同而言，其优势是对合同双方当事人权利义务的规定非常明确，特别是在发生许可合同纠纷之时能够提供非常明确的依据。由于合同的书面形式较之于非书面形式具有这一独到的优势和特点，针对涉及双方当事人重大利害关系的确立专有使用权的著作权许可使用合同，也应当采取书面的形式。否则，一旦发生纠纷，就不利于及时解决。考虑到由于专有使用权还可能涉及第三方使用者的利益，著作权许可使用合同一旦涉及专有使用权，对此不仅需要有书面的规定，而且需要对此相关问题予以明确。

根据2014年《著作权法（送审稿）》第五十四条第二款的规定，如果著作权许可使用合同并没有明确被许可人取得的是专有使用权还是非专有使用权，使用者仅仅取得非专有使用权，这一规定其实在2010年《著作权法》中也有体现。笔者认为，其合理性与价值体现于以下两方面。

第一，为处理相关著作权许可使用合同纠纷提供了明确的裁判标准。根据前面的相关观点，《著作权法》从司法实务的角度来说是著作权司法裁判法。也就是说，通过具体规定明确各种法律关系的制度，在出现相关著作权纠纷时，能够提供明确的指引和标准，能够更好、更高效地定分止争，从而及时解决著作权纠纷。可以设想一下，在没有明确约定被许可人取得的是专有使用权还是非专有使用权的著作权许可使用合同中，如果发生纠纷，当事人对合同的性质主张将存在分歧，如著作权人主张被许可人仅取得非专有使用权，而被许可人则主张其根据著作权许可使用合同取得的是专有使用权，如果对这种情况的处理有明确的法律规则，法院即可以直接根据这一规则明确被许可人取得的限于非专有使用权。相反，如果没有这一法律规则，就可能造成司法裁判标准的不统一。由此可见，《著作权法》对这一问题作出规定具有必要性。

第二，2014年《著作权法（送审稿）》以及2010年《著作权法》规定的合理性在于在与其他权利不发生冲突的情况下，《著作权法》应当尽量维护著作权人的利益。由于专有使用权的授予意味着包括著作权人在内的其他任何人都不得根据合同约定的方式使用著作权人享有著作权的作品，专有使用权的授予无疑对于著作权人和使用者来讲都具有重大利害关系。在著作权许可使用合同没有明确被许可人使用的是专有使用权的情况下，《著作权法》明确规定此时被许可人仅取得非专有使用权，这样就能更加充分地维护著作权人享有的合法权益。从前面的相关探讨也可

以发现，著作权立法的基本出发点是，尽量照顾和维护著作权人享有的合法权益。例如，在委托作品创作中，如果委托创作合同没有约定作品著作权的归属，法律则规定著作权归属于受托人（作者）。

根据2014年《著作权法（送审稿）》第五十四条第三款的规定，如果著作权许可使用合同约定被许可人取得的是专有使用权，但对专有使用权的内容没有作出约定或者约定不明的，视为被许可人有权排除包括著作权人在内的任何人以同样的方式使用该作品。笔者对该规定也同样表示赞同，理由如下：其一，该规定体现了法律对被许可人合法权益的保障，符合《著作权法》协调和平衡著作权人和作品使用者利益关系的利益平衡原理。在著作权许可使用合同实践中，合同双方当事人有可能对专有使用权的内容没有约定或者约定不明。在这种情况下如果不能排除包括著作权人在内的任何人以同样的方式使用被许可人获得专有使用权的作品，就会在实质上使得被许可人支付了较高代价而获得的专有使用权不能得到保障，从而也不利于维护被许可人应当享有的合法权益。其二，和2014年《著作权法（送审稿）》第五十四条第二款的规定一样，2014年《著作权法（送审稿）》第五十四条第三款的规定同样对于解决著作权许可使用合同纠纷提供了明确的司法裁判标准，有利于及时解决相关著作权许可使用合同纠纷案件，保证裁判标准的统一。

此外，根据2014年《著作权法（送审稿）》第五十四条第四款的规定，报刊社与著作权人签订专有出版权合同，该合同如果对专有出版权的期限没有约定或者约定不明的，推定专有出版权的期限为一年。笔者认为，这一规定也是为了明确相关专有出版权的期限。这一期限的长短无疑涉及著作权人和报刊社的相关利益，因为过长显然不利于维护著作权人享有的合法权益，过短则会对报刊社最大限度地实现其出版作品的利益造成一定影响，因此需要确定一个合理的期限。一年的期限，是基于目前报刊社的实践、报刊社出版作品专有出版权取得的效应等多方面考虑的结果。例如，我国法学领域权威专业刊物《法学研究》就对专有出版权的时间有相应的要求。

图书出版者专有出版权制度及其完善研究*

图书出版者享有的专有出版权，是我国《著作权法》规定的重要内容之一，值得深入研究。2014 年《著作权法（送审稿）》整合了我国 2010 年《著作权法》《著作权法实施条例》的相关规定，对上述问题统一做了规定。其相关规定如下：

第五十五条　图书出版合同中约定图书出版者享有专有出版权但没有明确其具体内容的，视为图书出版者享有在合同有效期内和在合同约定的地域范围内以同种文字的原版、修订版出版图书的专有权利。

第五十六条　图书出版者重印、再版作品的，应当通知著作权人，并支付报酬。

图书脱销后，图书出版者拒绝重印、再版的，著作权人有权终止合同。著作权人寄给图书出版者的两份订单在 6 个月内未得到履行，视为图书脱销。

《著作权法（修改草案第一稿）》相关规定则如下：

第五十三条　图书出版者重印、再版作品的，应当通知著作权人，并支付报酬。

图书脱销后，图书出版者拒绝重印、再版的，著作权人有权终止合同。著作权人寄给图书出版者的两份订单在 6 个月内未得到履行，视为图书脱销。

《著作权法（修改草案第二稿）》的规定和第一稿的规定相同。

上述修改草案第一稿和第二稿的规定，实际上是将 2010 年《著作权法》第三十二条第三款，以及《著作权法实施条例》的相关规定进行了整合。[1] 关于 2014 年《著作权法（送审稿）》以及修改草案不同版本的规定，笔者认为可以得出以下结论。

第一，在《著作权法》修订过程中，对 2010 年《著作权法》《著作权法实施条例》等相关规定进行统一的整合，特别是将《著作权法实施条例》规定的、应当由《著作权法》规定的重要内容提升到在《著作权法》中进行规定具有必要性。从上述 2014 年《著作权法（送审稿）》、修改草案不同版本关于图书出版者的专有出版

---

* 本文初稿撰写时间为 2019 年 9 月 19 日。

[1] 2020 年《著作权法（修正案草案）》除了删除 2010 年《著作权法》第三十五条规定外，其他规定与其完全相同。2020 年《著作权法》也维持了 2010 年《著作权法》第二十五条规定。

权，以及图书出版者与著作权人的权利义务关系的规定来看，明显的是将《著作权法实施条例》的相关规定整合到修订以后的版本中。由于《著作权法》的立法层次比《著作权法实施条例》要高，将《著作权法实施条例》的相关规定整合到《著作权法》中，提高了立法效力的层次，更有利于相关制度的实施。

第二，《著作权法》之所以规定图书出版者根据合同约定对其出版的图书享有专有出版权，是基于节省出版资源的考虑，同时也有利于鼓励图书出版者出版精品，促进更多优秀作品的传播和利用。可以设想一下，图书出版者如果对其出版的图书不享有一定期限的专有出版权，这就意味着对著作权人享有著作权的同一图书，在同一时间内可以由不同的图书出版者出版发行，这样势必在市场上“撞车”，使不同图书出版者出版同一图书的利益相互受到影响。当然，对于不再享有著作权的图书而言，不同图书出版者出版同一图书是可行的。值得注意的是，在我国1990年9月7日颁布的《著作权法》的规定中，图书出版者取得的专有出版权是法定的，无须通过合同约定。2010年《著作权法》则对图书出版者取得的专有出版权由法定改为合同约定。[1] 从法律性质来讲，图书出版者根据出版合同享有的图书专有出版权来自著作权人许可出版发行其图书的许可权，其在本质上应当从属于著作权人的著作财产权。[2] 图书出版者根据出版合同约定才能取得专有出版权，同时也意味着如果出版合同没有约定图书出版者享有专有出版权，图书出版者对其出版的某一图书即不享有专有出版权，不能禁止其他图书出版者在同一时间出版同一作品。当然，从实际情况来看，图书出版者一般会要求作者或者其他著作权人给予专有出版权的许可。关于图书出版合同的格式合同中通常包括了图书出版者享有专有出版权以及相应期限的约定。笔者在近三十年来出版的关于知识产权方面专著和主编的著作与教材中，所有这些图书的出版合同中都要求笔者作为作者授予图书出版者以专有出版权，相信其他出版过图书的作者也有相同的经历。站在图书出版者的角度来看，作者授予图书出版者对其出版的图书享有一定期限的专有出版权，是保证图书出版者投入相当多的时间和财力，获取所出版图书的独占性市场利益所必需的。

第三，鉴于上述图书出版者享有的专有出版权对于出版市场利益实现的重要性，在著作权人和图书出版者签订的著作权人授予图书出版者享有专有出版权的图书出版合同中，如果对该专有出版权的内容没有作出约定或者约定不明时，应当推定为图书出版者在图书出版合同约定的时间，以同一种文字的原版以及修订版在同一地域范围内享有专有出版权。笔者认为2014年《著作权法（送审稿）》这一推定性的规定，旨在明确强化对图书出版者根据出版合同享有的专有出版权的保障。同时，

---

[1] 王兵，王金英．对我国著作权法关于专有出版权规定的几点思考［J］．清华法学，2005（2）：190－194．

[2] 吕凌锐．专有出版权性质和范围辨析［J］．中国出版，2019（13）：21－24．
李芬莲．专有出版权的属性界定及修法建议［J］．中国出版，2010（18）：40－42．

从发生纠纷时便于解决图书出版合同纠纷的角度来看，作出这一规定旨在为解决相关纠纷提供明确的法律依据，有利于统一司法裁判标准、及时解决纠纷。

第四，关于图书出版者重印、再版作品时，图书出版者与著作权人相关的权利义务关系，2014 年《著作权法（送审稿）》明确强调了此时图书出版者应当通知著作权人并支付报酬。笔者认为，作出这一规定的合理性在于以下两点。一是充分保障著作权人利益的需要。图书出版者重印、再版作品，仍然是基于图书的市场利益实现的需要，其更多的是从图书出版者自身利益的角度考虑，但其出版的图书重印、再版，也涉及著作权人享有的重大利益。因此，著作权人享有知情权。二是为了促进优秀作品传播的需要。图书出版者重印、再版作品，显然有利于促进作品更广泛地传播。特别是通过再版，可以进一步完善已有作品，使作品质量更高。在这种情况下，尤其需要著作权人的配合，通过作品的修订与完善，使作品更加能够满足社会的需要。从这两方面看，图书出版者在重印、再版作品时，有必要通知著作权人。至于图书出版者因为重印、再版著作权人享有著作权的图书应当向著作权人支付报酬，这是著作权人因行使其著作权而应当获得必要的财产利益的体现和保障。从公平原则来说，图书出版者因为重印、再版著作权人享有著作权的作品而获得了新的财产利益，著作权人有权从中获得合理报酬。

著作权转让合同制度及其完善研究*

著作权转让合同制度，与前面讨论的著作权许可使用制度一样，也是《著作权法》中促进作品利用的重要制度，值得研究。

2014 年《著作权法（送审稿）》相关规定如下：

第五十七条　转让著作权中的财产权利，应当订立书面合同。

权利转让合同包括下列主要内容：

（一）作品的名称；

（二）转让的权利种类、地域范围；

（三）转让金；

（四）支付转让金的日期和方式；

（五）违约责任；

（六）双方认为需要约定的其他内容。

第五十八条　许可使用合同和转让合同中著作权人未明确许可或者转让的权利，未经著作权人同意，被许可人或者受让人不得行使。

未经著作权人同意，被许可人不得许可第三人行使同一权利。

2010 年《著作权法》的相关规定如下：

第二十五条　转让本法第十条第一款第（五）项至第（十七）项规定的权利，应当订立书面合同。

权利转让合同包括下列主要内容：

（一）作品的名称；

（二）转让的权利种类、地域范围；

（三）转让价金；

（四）交付转让价金的日期和方式；

（五）违约责任；

（六）双方认为需要约定的其他内容。

---

* 本文初稿撰写时间为 2019 年 9 月 21 日。

第二十七条　许可使用合同和转让合同中著作权人未明确许可、转让的权利，未经著作权人同意，另一方当事人不得行使。

《著作权法（修改草案第一稿）》相关规定如下：

第五十五条　转让著作权中的财产权利，应当订立书面合同。

权利转让合同包括下列主要内容：

（一）作品的名称；

（二）转让的权利种类、地域范围；

（三）转让金；

（四）交付转让金的日期和方式；

（五）违约责任；

（六）双方认为需要约定的其他内容。

第五十六条　许可使用合同和转让合同中著作权人未明确许可、转让的权利，未经著作权人同意，被许可人不得行使。

未经著作权人同意，被许可人不得许可第三人行使同一权利。

《著作权法（修改草案第二稿）》相关规定如下：

第五十四条　转让著作权中的财产权利，应当订立书面合同。

权利转让合同包括下列主要内容：

（一）作品的名称；

（二）转让的权利种类、地域范围；

（三）转让金；

（四）交付转让金的日期和方式；

（五）违约责任；

（六）双方认为需要约定的其他内容。

第五十五条　许可使用合同和转让合同中著作权人未明确许可或者转让的权利，未经著作权人同意，被许可人或者受让人不得行使。

未经著作权人同意，被许可人不得许可第三人行使同一权利。

对于上述规定进行仔细对比和研究，下列问题值得研究。[1]

其一，著作权转让因为涉及权利归属的变更，需要通过签订书面合同的形式加以实现。毫无疑问，著作权的转让涉及著作权人的重大利害关系，因为通过合同转让以后著作权人丧失其著作权，不再成为著作权人。为此，法律需要对于这类转让合同的主要条款作出明确列举。从2010年《著作权法》《著作权法》第三次修改草案不同版本、2020年《著作权法（修正案草案）》及2020年《著作权法》的相关

---

[1] 2020年《著作权法（修正案草案）》第二十五条及2020年《著作权法》第二十七条则保留了2010年《著作权法》的规定。

规定都可以看出，法律对著作权转让合同的主要条款有明确的要求。这些明确的要求涉及作品的信息、权利转让的类型与范围、转让金等基本内容的要求，以及违约责任和合同需要约定的其他事项。从上述规定的对比，还可以看出，2014 年《著作权法（送审稿）》第五十七条吸收了第三次修改草案第一稿和第二稿的规定，对 2010 年《著作权法》关于著作权转让合同条款的列举将“转让价金”改为“转让金”。之所以作出这些修改，是为了使表述更为精确。

其二，2014 年《著作权法（送审稿）》对于 2010 年《著作权法》关于著作权许可使用合同和著作权转让合同中未明确许可或者转让权利的规定做了部分变更，即将“未经著作权人同意，另一方当事人不得行使”改为“未经著作权人同意，被许可人或者受让人不得行使”。笔者认为，这一修改使条文规定的内容更加明晰，因为它明确指出是被许可人或者受让人不得行使。在著作权许可使用合同或著作权转让合同中，除了著作权人以外涉及的其他当事人，可能不完全限于被许可人或者受让人，因此这一规定也便于在发生著作权许可使用合同或者著作权转让合同纠纷之时，更加明确著作权人与被许可人或者受让人之间的权利义务关系，因而有利于定分止争，及时解决相关纠纷。从这一修改也可以看出，法律条文的设计和表述应当特别注意严谨性，尽量避免歧义，或者表述不够精确的情况。

值得注意的是，《著作权法》第三次修改草案第一稿第五十六条第一款的规定明显存在错误，因为该款前面表述的涉及著作权许可使用和著作权转让两种情况，而后面仅仅针对未经著作权人同意被许可人不得行使，遗漏了未经著作权人同意受让人不得行使这一种情况，因而该款的规定不够周延。修改草案第二稿已经发现了这一问题，因而对此进行了纠正。

其三，2014 年《著作权法（送审稿）》第五十八条增加了未经著作权人许可，被许可人不得许可他人行使同一权利的内容，有利于在著作权许可使用中，防止因被许可人授权他人使用其作品而造成作品控制权丧失。2014 年《著作权法（送审稿）》增加的这一规定在修改草案第一稿和第二稿中也有体现，因此可以认为它是对修改草案第一稿和第二稿相关规定的吸收。在现实中，被许可人基于更好地使用作品的需要，可能需要进一步授权第三方使用其已经获得许可的他人享有著作权的作品。在这种情况下，被许可人却不能够单方面授权第三方使用，因为许可使用权是著作权人享有的一种独占性的权利，该权利并不因为被许可人从著作权人那里获得许可而当然地存在。基于此，2014 年《著作权法（送审稿）》规定，未经著作权人许可，被许可人不得许可他人行使同一权利。也就是说，被许可人如需要许可他人进一步使用著作权人享有著作权的作品，应当从著作权人那里获得许可。在著作权许可使用合同纠纷案件中，确实存在被许可人在未经著作权人同意的情况下擅自许可第三方使用其获得许可的作品，这种情况应当被认定为侵害著作权人享有的著作权。著作权许可使用合同中明确被许可人可以再许可第三方使用著作权人（许可人）享有著作权的作品，一般见于独占许可使用合同。

其四，还应当指出，关于著作权转让合同，所转让的只是著作权中的财产权，而不包括著作权中的人身权。因此，严格地说，著作权人转让其著作权以后，其并未绝对丧失对作品享有的著作权，因为著作权中的人身权还保留在自己的手中。[1]

[1] 著作权转让合同还涉及登记等问题。包红光．著作权转让登记对抗主义辩护及其改进——兼评《著作权法修订草案（送审稿）》第59条［J］．科技与法律，2019（3）：27－33，65.

吉利，顾晨昊．论著作权转让的变动模式——评《著作权法（修订草案送审稿）》第五十九条［J］．中国出版，2018（9）：25－28.

黄玉烨，罗施福．论我国著作权转让登记公示制度的构建——从著作权的“一女多嫁”谈起［J］．法律科学，2005（5）：64－69.

著作权集体管理制度及其完善研究*

著作权集体管理是2010年《著作权法》、2014年《著作权法（送审稿）》、2020年《著作权法（修正案草案）》、2020年《著作权法》规定的重要内容之一。以下对相关制度及其改进进行探讨。

2014年《著作权法（送审稿）》的部分规定如下：

第六十一条　著作权集体管理组织是根据著作权人和相关权人的授权或者法律规定，以集体管理的方式行使权利人难以行使和难以控制的著作权或者相关权的非营利性社会组织。

著作权集体管理组织管理权利时，可以以自己的名义为著作权人和相关权人主张权利，并可以作为当事人进行著作权或者相关权的诉讼、仲裁和调解活动。

第六十二条　著作权集体管理组织应当根据管理的权利提供使用费标准，该标准在国务院著作权行政管理部门指定的媒体上公告实施，有异议的，由国务院著作权行政管理部门组织专门委员会裁定，裁定为最终结果，裁定期间使用费标准不停止执行。

前款所述专门委员会由法官、著作权集体管理组织的监管部门公务员、律师等组成。

关于著作权集体管理，2010年《著作权法》的规定则如下：

第八条　著作权人和与著作权有关的权利人可以授权著作权集体管理组织行使著作权或者与著作权有关的权利。著作权集体管理组织被授权后，可以以自己的名义为著作权人和与著作权有关的权利人主张权利，并可以作为当事人进行涉及著作权或者与著作权有关的权利的诉讼、仲裁活动。

著作权集体管理组织是非营利性组织，其设立方式、权利义务、著作权许可使用费的收取和分配，以及对其监督和管理等由国务院另行规定。[1]

---

* 本文初稿撰写时间为2019年9月22日。

[1] 2020年《著作权法（修正案草案）》第八条第一款则明确了著作权集体管理组织非营利法人的性质，并增补了关于收费、转付等方面的第二款规定。2020年《著作权法》第八条则基本上沿袭了上述规定，有所改进之处则体现为：一是明确了“著作权集体管理组织”应“依法设立”；二是将“调解”活动纳入活动范围。

根据《著作权法》第八条第二款的规定，国务院制定了专门的《著作权集体管理条例》，该条例对于著作权集体管理涉及不同组织和主体相关权利义务做了详细的规定。

《著作权法（修改草案第一稿）》相关规定如下：

第五十九条　著作权集体管理组织是根据著作权人和相关权人的授权或者法律规定，以集体管理的方式行使著作权或者相关权的非营利性组织。

著作权集体管理组织管理权利时，可以以自己的名义为著作权人和相关权人主张权利，并可以作为当事人进行著作权或者相关权的诉讼、仲裁活动。

国务院著作权行政管理部门负责著作权集体管理组织的审批和监督管理。

第六十条　著作权集体管理组织取得权利人授权并能在全国范围代表权利人利益的，可以向国务院著作权行政管理部门申请代表全体权利人行使著作权或者相关权，权利人书面声明不得集体管理的除外。

第六十一条　著作权集体管理组织的授权使用收费标准由国务院著作权行政管理部门公告实施，有异议的，由国务院著作权行政管理部门组织专门委员会裁定，裁定为最终结果，裁定期间收费标准不停止执行。

《著作权法（修改草案第二稿）》相关规定则如下：

第五十八条　著作权集体管理组织是根据著作权人和相关权人的授权或者法律规定，以集体管理的方式行使权利人难以行使和难以控制的著作权或者相关权的非营利性社会组织。

著作权集体管理组织管理权利时，可以以自己的名义为著作权人和相关权人主张权利，并可以作为当事人进行著作权或者相关权的诉讼、仲裁活动。

对照2014年《著作权法（送审稿）》、2020年《著作权法（修正案草案）》、2010年《著作权法》、《著作权法》第三次修改草案不同版本及2020年《著作权法》的相关规定，笔者认为以下问题值得研究。

一、著作权集体管理的重要性及其性质与定位

著作权集体管理是著作权人或者相关权人（为论述方便，以下仅指著作权人，集体管理的权利也仅指著作权）行使其权利的重要方式。[1] 在通常的情况下，著作权人完全可以通过自己行使其权利，但是基于自身条件的限制，著作权人也经常不能行使自己的权利，而需要通过许可他人行使的方式使用其作品。前面对于著作权许可使用制度的探讨，已有所述及，在这里则是基于著作权集体管理的角度讨论著作权许可使用问题。从广义上讲，著作权集体管理也是著作权人许可他人使用其作

[1] 熊琦．著作权集体管理制度本土价值重塑［J］．法制与社会发展，2016（3）：96－108．

品的一种方式。然而，著作权集体管理制度下的许可使用与通常的著作权许可使用明显不同。[1] 具体而言，体现在以下三个方面：首先是许可使用的情形不同。著作权集体管理中的许可使用，限于著作权人难以行使其权利或者难以控制其著作权的情形。对此，2014 年《著作权法（送审稿）》第六十一条第一款有明确规定。通常情形下的著作权许可使用，则并不存在这一限制。其次，著作权集体管理中的许可使用，是集中由著作权集体管理组织获得著作权人的授权。不仅如此，著作权集体管理组织还可以通过法定的授权取得侵权诉讼、仲裁和调解活动中当事人主体资格，直接代表著作权人的利益维护其合法权益[2]，对此 2014 年《著作权法（送审稿）》第六十二条第二款也有明确规定。而在著作权许可使用合同纠纷中，除了独占许可使用合同中独占被许可人可以直接获得侵权诉讼的原告当事人主体资格外，其他类型的著作权许可使用合同被许可人并非当然地获得诉讼主体资格。最后，在著作权许可使用费的收费机制方面也有重要区别。对此，2014 年《著作权法（送审稿）》第六十二条也做了明确的规定。

关于著作权集体管理组织的性质和定位，2014 年《著作权法（送审稿）》和著作权第三次修改不同版本都将著作权集体管理组织的性质定义为非营利性组织，以区别于具有营利性的社会组织。2020 年《著作权法（修正案草案）》及 2020 年《著作权法》则明确其为非营利法人。同时，关于著作权集体管理组织在我国应当是具有独占性的，还是可以具有竞争性的，在学界和实务界存在一定争议。[3] 按照后面还要述及的 2014 年《著作权法（送审稿）》第六十五条的规定，两个以上著作权集体管理组织就同一使用方式向同一使用者收取费用时，应当共同制定统一的使用费标准，并且由其中一个著作权集体管理组织收取使用费。收取的使用费应在相应的著作权集体管理组织中进行合理的分配。这一规定表明，就同一方式向同一使用者收取使用费，可能存在不同的著作权集体管理组织。从该规定似乎可以推断我国法律允许存在一定范围的具有竞争性的著作权集体管理组织。为此，先需要从理论上对著作权集体管理组织的定位进行思考。

具有垄断性或者独占性的著作权集体管理组织意味着，就同一类型作品，尤其是对同一方式针对同一使用者收取费用，不允许存在两个或者两个以上著作权集体管理组织。这种形式的著作权集体管理组织有其相对的优势。例如，可以针对某类作品制定统一的著作权许可使用收费标准，且便于加强对著作权集体管理组织的管理监督。然而，针对同一类型作品由具有独占性的著作权集体管理组织收费，也可能基于垄断自然产生低效率的特点而在实践中存在一些弊端。这尤其体现于这种著

---

[1] 崔国斌. 著作权法原理与案例［M］. 北京：北京大学出版社，2014：545.

[2] 张祥志. 破解信任困局：我国著作权集体管理“信任机制”的法治关注［J］. 新闻与传播研究，2019（3）：51－74，127－128.

[3] 曾晶. 反垄断规制在著作权集体管理组织中的适用性探讨［J］. 管理世界，2016（3）：176－177.

作权集体管理组织缺乏同类作品著作权集体管理的竞争性。相对而言，就同一类型作品设置不同的著作权集体管理组织，从促进竞争的角度而言，有利于提高这些不同的著作权集体管理组织的管理效能。但另一方面，如果管理不善，也可能产生新的问题，如尽管著作权集体管理组织是非营利性的社会组织，这些不同的著作权集体管理组织可能为了争取更多的使用者与其签订合同，而采取不规范手段开展集体管理活动，最终可能会损害著作权人的利益。基于此，在法律允许设立具有竞争性的著作权集体管理组织的前提下，需要针对同一使用方式向同一使用者收取使用费制定统一的规则，以避免这些不同的著作权集体管理组织为了“抢生意”而开展恶性竞争。值得注意的是，《著作权法（修改草案第一稿)》和《著作权法（修改草案第二稿)》的相应规定与2014年《著作权法（送审稿)》第五十九条的规定有所不同。具体而言，《著作权法（修改草案第一稿)》第六十二条和《著作权法（修改草案第二稿)》第六十一条均对制定统一的标准存在例外情形，即当事人另有约定的除外。2014年《著作权法（送审稿)》第六十五条则取消了这一例外。笔者对这一修改表示赞同，主要是因为，允许当事人另有约定，就会造成针对同一使用方式对同一使用人收费造成标准的不统一的情况。

二、关于著作权集体管理使用费裁决的问题

2014年《著作权法（送审稿)》第六十二条第一款吸收了修改草案第一稿的相关规定，规定对于由国务院著作权行政管理部门确定的著作权集体管理组织的授权使用费的标准有异议的，可以向国务院著作权行政管理部门组织的专门委员会提出申请，由其进行终局性裁定。该条第二款则对上述专门委员会的组成人员的情况进行了规定。对于上述规定，笔者有如下修改建议：一是上述终局性规定宜进行修改。理由是我国参加的《与贸易有关的知识产权协定》明确指出，应使有关行政决定提供司法复审的机会。行政终局性决定不符合上述规定的精神。当然，就授权使用费的确定而言，这里还存在一个效率方面的考虑，因为如果允许对著作权集体管理组织的授权许可费裁定进行司法复审，就可能使著作权集体管理组织使用作品的效率降低。如何掌握上述平衡点，确实值得研究。二是对于上述专门委员会人员的构成，笔者建议增加专家学者这一类型。通过增加这一类型，有利于优化专门委员会人员结构，确定更加合理的著作权集体管理授权使用费标准。值得指出的是，2020年《草案二审稿》及2020年《著作权法》第八条第二款增加了著作权集体管理使用费裁决程序，没有采纳2014年《著作权法（送审稿)》行政终局裁决的规定，而是规定了司法复审程序。笔者认为，这一修改具有合理性。

三、著作权集体管理中的延伸管理制度

2014 年《著作权法（送审稿）》第六十三条规定：

著作权集体管理组织取得权利人授权并能在全国范围内代表权利人利益的，可以就自助点歌系统向公众传播已经发表的音乐或者视听作品以及其他方式使用作品，代表全体权利人行使著作权或者相关权，权利人书面声明不得集体管理的除外。

著作权集体管理组织在转付相关使用费时，应当平等对待所有权利人。

该规定明显是吸收了第三次修改草案第一稿和第二稿的规定。这里不妨先就这两稿的规定做一些基本的了解。

《著作权法（修改草案第一稿）》第六十条规定：

著作权集体管理组织取得权利人授权并能在全国范围代表权利人利益的，可以向国务院著作权行政管理部门申请代表全体权利人行使著作权或者相关权，权利人书面声明不得集体管理的除外。

《著作权法（修改草案第二稿）》第六十条规定：

著作权集体管理组织取得权利人授权并能在全国范围内代表权利人利益的，可以就下列使用方式代表全体权利人行使著作权或者相关权，权利人书面声明不得集体管理的除外：（一）广播电台、电视台播放已经发表的文字、音乐、美术或者摄影作品；（二）自助点歌经营者通过自助点歌系统向公众传播已经发表的音乐或者视听作品。

著作权集体管理组织在转付相关使用费时，应当平等对待所有权利人。

2014 年《著作权法（送审稿）》、《著作权法》第三次修改不同版本规定的上述内容，在理论上被称为著作权延伸管理制度，著作权集体管理的延伸管理制度在欧洲国家有所体现。在第三次《著作权法》修订过程中，我国是否应当引进著作权集体管理的延伸管理制度，存在较大争议。大体说来，存在以下两种相反的观点。其中，一种观点认为，延伸管理制度具有必要性，因为延伸管理的情形是著作权人更难实现其权利和控制其权利的内容，通过延伸管理可以更加便利地促进作品的使用，同时维护著作权人的合法权益。另一种观点则认为，由于延伸管理并没有取得著作权人的授权，这一制度如果适用不当，可能会损害著作权人对其作品享有的独占性权利。[1] 因此，即使建立延伸管理制度，也应当对于延伸管理作品的条件和范围给予严格控制，以免损害著作权人的合法权益。

关于著作权集体管理制度中的延伸管理，笔者认为延伸管理制度具有必要性，

---

[1] 李玉香．延伸性著作权集体管理研究——写在我国《著作权法》第三次修订之际［J］．法学杂志，2013（8）：11－19．

但基于对著作权人利益的保护，应当给予严格条件的限制。从理论上讲，著作权集体管理制度中的延伸管理使用作品的范围和使用条件，应充分考虑对著作权人专有权的保护与促进其作品的传播和利用之间的利益平衡。为此，需要就使用延伸管理的作品范围和条件进行充分考量。

比较上述规定，《著作权法》第三次修改第一稿建立的延伸管理制度中使用作品的范围和条件过于宽松，即著作权集体管理组织只要能取得权利人的授权并能在全国范围内代表权利人的利益，就可以向国务院著作权行政管理部门申请代表全体权利人行使著作权或者相关权。显然，这一规定会引起著作权人的极大担忧，因为就很多作品而言著作权人并不需要或者不希望著作权集体管理组织对其作品进行集体管理。如果著作权集体管理组织只要能在全国范围内代表权利人的利益取得部分权利人的授权就可以申请代表全体权利人行使著作权或者相关权，这样就可能在相当大的程度上动摇著作权作为一种专有性的权利受到保护的可能，因为许可使用权是著作权这一独占性的权利最重要的内容之一，著作权延伸管理意味着间接地限制甚至“剥夺”著作权人享有的对其作品的许可使用权。当然，修改草案第一稿还同时规定权利人书面声明不得进行集体管理的除外。不过应当指出，对于很多权利人而言不一定知悉其作品被实行延伸管理的情况。在这种情况下，如果权利人并不愿意对其作品实行著作权集体管理，就可能使其专有控制权在一定程度上被架空。因此，综合考虑修改草案第一稿关于著作权集体管理制度中的延伸管理，总体上不利于对于著作权的充分保护。这也可能是在修改草案第一稿公布以后，对著作权集体管理制度中的延伸管理具有巨大争议的原因。

读者可能注意到，修改草案第二稿和2014年《著作权法（送审稿）》尽管保留了著作权集体管理制度中的延伸管理制度，但对延伸管理制度作品的使用范围和条件做了严格限制，其中2014年《著作权法（送审稿）》的规定比修改草案第二稿的规定限制更严，即取消了广播电台、电视台播放已经发表的文字、音乐、美术或者摄影作品的延伸管理作品的范围。笔者认为，2014年《著作权法（送审稿）》的规定更加合理，有利于在适用著作权延伸管理的条件下促进著作权人的利益和作品使用者利益之间的平衡。

还必须指出，2020年《著作权法》没有采纳2014年《著作权法（送审稿）》规定的延伸管理制度。这在相当大程度上应是考虑到当前我国引入这一制度弊大于利。

四、著作权集体管理中费用支付与主管部门

2014年《著作权法（送审稿）》相关现定如下：

第六十三条第二款　著作权集体管理组织在转付相关使用费时，应当平等对待

所有权利人。

第六十四条　著作权和相关权权利人依据本法第十四条和第四十条享有的获酬权，应当通过相应的著作权集体管理组织行使。

第六十五条　两个以上著作权集体管理组织就同一使用方式向同一使用者收取使用费的，应当共同制定统一的使用费标准，并且协商确定由一个著作权集体管理组织统一收取使用费。收取的使用费应当在相应的著作权集体管理组织之间合理分配。

第六十六条　国务院著作权行政管理部门主管全国的著作权集体管理工作，负责著作权集体管理组织的设立、业务范围、变更、注销以及其他登记事项的审批和监督管理。

国务院其他主管部门在各自职责范围内对著作权集体管理组织进行监督管理。

第六十七条　著作权集体管理组织的设立方式、业务范围、权利义务、著作权许可使用费的收取和分配，对其监督和管理，授权使用收费标准异议裁定等事宜由国务院另行规定。

2010年《著作权法》的规定如下：

第八条第二款　著作权集体管理组织是非营利性组织，其设立方式、权利义务、著作权许可使用费的收取和分配，以及对其监督和管理等由国务院另行规定。

《著作权法（修改草案第一稿）》相关规定如下：

第六十条　著作权集体管理组织取得权利人授权并能在全国范围代表权利人利益的，可以向国务院著作权行政管理部门申请代表全体权利人行使著作权或者相关权，权利人书面声明不得集体管理的除外。

第六十二条　两个以上著作权集体管理组织就同一使用方式向同一使用者收取使用费的，应当事先协商确定由一个集体管理组织统一收取，但当事人另有约定的除外。

第六十三条　著作权集体管理组织的设立方式、权利义务、著作权许可使用费的收取和分配，对其监督和管理，授权使用收费标准异议裁定等事宜由国务院另行规定。

《著作权法（修改草案第二稿）》相关规定则如下：

第六十条第二款　著作权集体管理组织在转付相关使用费时，应当平等对待所有权利人。

第六十一条　两个以上著作权集体管理组织就同一使用方式向同一使用者收取使用费的，应当事先协商确定由一个著作权集体管理组织统一收取，但当事人另有约定的除外。

第六十二条　国务院著作权行政管理部门主管全国的著作权集体管理工作，负责著作权集体管理组织的设立、变更、注销以及其他登记事项的审批和监督管理。

国务院其他主管部门在各自职责范围内对著作权集体管理组织进行监督管理。

第六十三条　著作权集体管理组织的设立方式、权利义务、著作权许可使用费的收取和分配，对其监督和管理，授权使用收费标准异议裁定等事宜由国务院另行规定。

对照2014年《著作权法（送审稿）》、2010年《著作权法》以及《著作权法》第三次修改不同版本的上述规定，笔者认为有下面问题值得探讨。

第一，关于著作权集体管理制度中的延伸管理平等对待所有权利人获得著作权使用费用的问题。关于著作权集体管理中的延伸管理问题，前面已经做了初步探讨。如前所述，修改草案第一稿首先规定了著作权集体管理制度中的延伸管理制度，并且对实施延伸管理作品的范围和条件规定得较为宽松，以致该草案一经公布就引起了较大的争议，修改草案第二稿以及后来的第三稿为此对延伸管理制度进行了相应的限制。2014年《著作权法（送审稿）》在接纳延伸管理制度的同时，规定了相应的条件和范围。除此之外，其还吸收了《著作权法（修改草案第二稿）》第五十九条第二款的规定，即著作权集体管理组织在转付相关费用时，应当平等对待所有权利人。原因在于这是法律要求的公平、平等原则在著作权集体管理制度实施中的体现。从法理以及法律制度的精神来说，公平与平等是法律追求的重要价值取向，也是其实现调整社会关系、促进社会和谐的精髓所在。著作权集体管理制度实施的最重要内容之一就是如何合理收取与公平分配著作权使用费给相应的权利人。在著作权集体管理活动中，需要对他人基于享有著作权的作品和享有相关权的客体的利用加以收费，除了涉及相关条款所规定的收费标准、收费方式以外，其中一个十分重要的问题是如何公平、合理地分配给不同的权利人。尤其是针对同一客体的使用征收使用费而言，可能涉及不同权利人，如作者或者其他著作权人、表演者与录音制作者。尽管这些不同的权利主体获得的使用费的比例不一定相同，但作为一条法律原则，这些不同的权利主体在收取使用费方面应当被平等对待。这样就可避免在实践中相关权利主体获得使用费的权利被剥夺或者被其他形式不平等对待的情况发生，在分配使用费方面贯彻平等原则。

第二，2014年《著作权法（送审稿）》第六十六条还明确了著作权集体管理组织的主管部门及其相应的职责❶，即著作权集体管理由国务院著作权行政管理部门主管，并由其负责著作权集体管理组织的设立、业务范围、变更、注销以及其他登记事项的审批和监督管理。这一规定是直接沿袭了《著作权法（修改草案第二稿）》第六十二条的规定。笔者认为其有利于明确相应行政管理部门的职责，避免因为著作权集体管理涉及的相应作品归口管理部门不明而产生冲突。前几年在关于卡拉OK的著作权集体管理方面，制定相关的著作权集体管理收费标准之争就是一个

❶ 陈绍玲. 论政府在著作权集体管理中的作用［J］. 管理世界，2015（10）：178－179.

例子。

此外，根据2014年《著作权法（送审稿）》第六十七条规定，著作权集体管理组织的设立方式、业务范围、权利义务、著作权许可使用费的收取和分配，对其监督和管理，授权使用收费标准异议裁定等事宜由国务院另行规定。2020年《著作权法》第八条第四款则吸收了2010年《著作权法》和2014年《著作权法（送审稿）》的规定，并将2010年《著作权法》第八条第二款中的“著作权许可使用费”修改为“使用费”。此种规定为制定专门的著作权集体管理行政法规提供了立法依据。现实中，根据2010年《著作权法》规定而专门制定了《著作权集体管理条例》。笔者认为，在《著作权法》对著作权集体管理制度有相关规定的前提之下，仍然另行制定著作权集体管理条例的必要性在于，著作权集体管理涉及较为复杂的关于著作权集体管理组织的设立，基本构架、作品的许可使用及收费分配等问题，这些具有一定操作性的问题，不宜在《著作权法》这一基础性的法律上作出详细规定，而有必要通过在配套的下位法中作出更加明确的规定。

五、关于非会员权利保障规定之完善

由于在著作权集体管理制度中涉及使用者行使著作权人或者相关权人难以行使或者难以控制的权利，如果非会员权利人就同一权利和同一使用方式提出权利主张，则存在如何认定该主张的性质以及如何处理使用者和非会员权利人权利义务关系的问题。对此，《著作权法》第三次修改草案不同版本以及2014年《著作权法（送审稿）》都做了相应的规定。通过下面对这些规定进行研究，可以发现立法者对上述问题的规定有一个认识的过程。

2014年《著作权法（送审稿）》第七十四条规定：

使用者使用权利人难以行使和难以控制的权利，依照与著作权集体管理组织签订的合同向其支付会员的报酬后，非会员权利人就同一权利和同一使用方式提起诉讼的，使用者应当停止使用，并按照相应的著作权集体管理使用费标准赔偿损失。

下列情形不适用前款规定：

（一）使用者知道非会员权利人作出不得以集体管理方式行使其权利的声明，仍然使用其作品的；

（二）非会员权利人通知使用者不得使用其作品，使用者仍然使用的；

（三）使用者履行非会员诉讼裁决停止使用后，再次使用的。

《著作权法（修改草案第一稿）》第七十条规定：

使用者依照与著作权集体管理组织签订的合同或法律规定向著作权集体管理组织支付报酬的，对权利人就同一权利和同一使用方式提起诉讼，不承担赔偿责任，但应当停止使用，并按照相应的集体管理使用费标准支付报酬。

《著作权法（修改草案第二稿）》第七十条则规定：

使用者使用权利人难以行使和难以控制的权利，依照与著作权集体管理组织签订的合同向其支付报酬后，非会员权利人就同一权利和同一使用方式提起诉讼的，使用者应当停止使用，并按照相应的著作权集体管理使用费标准赔偿损失。

下列情形不适用前款规定：

（一）使用者知道非会员权利人作出不得以集体管理方式行使其权利的声明，仍然使用其作品的；

（二）非会员权利人通知使用者不得使用其作品，使用者仍然使用的；

（三）使用者履行非会员诉讼裁决停止使用后，再次使用的。

仔细研究上述规定，笔者有以下观点：

其一，建立和实施著作权集体管理制度，也是对著作权人或者相关权人权利保护的一种重要方式。[1] 前面对著作权集体管理制度的规定已经做了探讨，读者需要了解在“权利的保护”这一章，2014 年《著作权法（送审稿）》为何继续规定相关问题？笔者认为，原因在于著作权集体管理制度不仅仅涉及会员权利人与使用者就使用著作权集体管理合同之下的相关权利义务内容进行规范，而且完全可能涉及非会员权利人就同一权利同一使用方式行使权利的问题。在 2014 年《著作权法（送审稿）》“权利的保护”一章中，如果对这一情况不予以规范，就可能在司法实践中对同一问题的处理造成裁判标准不统一。同时，对这一情况如果不加以规定，也不利于对非会员权利人享有的著作权或者相关权的保护。基于上述考虑，笔者认为，2014 年《著作权法（送审稿）》在“权利的保护”这一章，专门就非会员权利人就同一权利同一使用方式主张权利与使用者权利义务关系的协调作出规定是十分必要的。

其二，2014 年《著作权法（送审稿）》吸收了修改草案第二稿的规定，而没有吸收第一稿的规定，实际上是更加合理地界定了在非会员权利人就同一权利同一方式主张权利时，如何认识该权利主张的性质？修改草案第一稿上述规定没有区分会员权利人和非会员权利人的问题，而是笼统地规定针对权利人的主张使用者不必承担赔偿责任，而只是需要根据著作权集体管理制度关于收取使用费的规定，支付使用费而已。也可以认为，第一稿的规定似乎强调了根据著作权集体管理制度行使著作权人或者相关权人的权利可以取得一种类似“侵权豁免”的法律效果。笔者认为这一定性是存在问题的，因为就法律属性而言著作权及相关权均是一种具有专有性的权利，这种具有专有性的权利不能因为其权利在著作权集体管理制度之下而改变性质或者受到削弱。比较而言，修改草案第二稿和 2014 年《著作权法（送审稿）》

[1] 李涛. 非会员作品著作权集体管理模式的选择与重构——以德国法为借鉴［J］. 法商研究，2015（3）：184－192.

上述规定则非常明确地指出，使用者不仅应当停止使用，而且应当根据著作权集体管理使用费的标准赔偿损失。尽管使用者所支出的费用的金额无论是将其定性为支付著作权集体管理使用费，还是将其作为一种赔偿费，两者是一样的，但毕竟两者的法律性质不一样，这一点应当是非常明确的，无须在此赘述。

其三，读者还应该特别注意到2014年《著作权法（送审稿）》第七十四条第二款所规定的三种情形的合理性——这三种情形中的前两种情形，均体现了对非会员权利人禁止使用者以著作权集体管理方式行使其著作权或者相关权的尊重，因为非会员权利人对禁止使用人以著作权集体管理方式使用其作品作出了声明，使用者在明知后仍然继续使用，以及非会员权利人向使用者发出了不得使用的通知以后仍然继续使用，这两种情况下的使用者的使用显然是构成了侵害著作权人的著作权，因此应当按照正常情况下著作权侵权行为对待，而不再适用2014年《著作权法（送审稿）》第七十四条第一款的规定。笔者认为该款的规定更加明确无误地确立了在著作权集体管理制度中非会员权利人对其作品享有的著作权的专有性不可削弱。至于2014年《著作权法（送审稿）》第七十四条第二款第（三）项规定的合理性也是应当容易理解的，因为既然非会员权利诉讼裁决了停止使用，使用者当然不得再次使用。换言之，在未经许可的前提下再次使用即构成对著作权人著作权的侵害。

当然，鉴于最终通过的2020年《著作权法》并未采纳2014年《著作权法（送审稿）》上述规定，以上探讨可视为对立法过程中重要问题的研究。

网络服务提供者著作权侵权责任研究*

网络环境下的著作权保护是信息网络时代著作权保护的重要内容。《著作权法》第三次修改在这一方面也做了重要规定，值得研究。以下将在对比2014年《著作权法（送审稿）》、2010年《著作权法》、《著作权法》第三次修改不同版本规定的基础之上加以探讨。❶

2014年《著作权法（送审稿）》第七章的标题是“权利的保护”，相关规定如下：

第七十二条　侵犯著作权或者相关权，违反本法规定的技术保护措施或者权利管理信息有关义务的，应当依法承担停止侵害、消除影响、赔礼道歉、赔偿损失等民事责任。

第七十三条　网络服务提供者为网络用户提供存储、搜索或者链接等单纯网络技术服务时，不承担与著作权或者相关权有关的审查义务。

他人利用网络服务实施侵犯著作权或者相关权行为的，权利人可以书面通知网络服务提供者，要求其采取删除、断开链接等必要措施。网络服务提供者接到通知后及时采取必要措施的，不承担赔偿责任；未及时采取必要措施的，对损害的扩大部分与该侵权人承担连带责任。

网络服务提供者知道或者应当知道他人利用其网络服务侵害著作权或者相关权，未及时采取必要措施的，与该侵权人承担连带责任。

网络服务提供者教唆或者帮助他人侵犯著作权或者相关权的，与该侵权人承担连带责任。

网络服务提供者通过网络向公众提供他人作品、表演或者录音制品，不适用本条第一款规定。

2010年《著作权法》第四十七条则规定了应当根据情况，承担停止侵害、消除

---

* 本文初稿撰写时间为2019年9月23日。

❶ 与2010年《著作权法》相比，2020年《著作权法（修正案草案）》及2020年《著作权法》则对网络服务提供者著作权侵权责任方面的规定没有实质性变化。

影响、赔礼道歉、赔偿损失等民事责任的侵权行为，其第五章相应的标题是“法律责任与执法措施”。2010 年《著作权法》是将侵害技术措施和保护权利管理电子信息置于侵害著作权行为的内容。2014 年《著作权法（送审稿）》则将侵害技术保护措施和权利管理信息作为一种独立的侵害行为予以规定，具体体现为其第六章。同时，在权利的保护这一部分，在其第七十二条规定违反该法规定的技术保护措施和权利管理信息的义务而应承担的与侵害著作权和相关权相同的法律责任。

《著作权法（修改草案第一稿）》相关规定如下：

第六十八条　侵犯著作权或者相关权，违反本法规定的技术保护措施或者权利管理信息义务的，应当承担停止侵害、消除影响、赔礼道歉、赔偿损失等民事责任。

第六十九条　网络服务提供者为网络用户提供存储、搜索或者链接等单纯网络技术服务时，不承担与著作权或相关权有关的信息审查义务。

网络用户利用网络服务实施侵犯著作权或者相关权行为的，被侵权人可以书面通知网络服务提供者，要求其采取删除、屏蔽、断开链接等必要措施。网络服务提供者接到通知后及时采取必要措施的，不承担赔偿责任；未及时采取必要措施的，与该网络用户承担连带责任。

网络服务提供者知道或者应当知道网络用户利用其网络服务侵害著作权，未采取必要措施的，与该网络用户承担连带责任。

《著作权法（修改草案第二稿）》相关规定如下：

第六十八条　侵犯著作权或者相关权，违反本法规定的技术保护措施或者权利管理信息有关义务的，应当承担停止侵害、消除影响、赔礼道歉、赔偿损失等民事责任。

第六十九条　网络服务提供者为网络用户提供存储、搜索或者链接等单纯网络技术服务时，不承担与著作权或者相关权有关的审查义务。

他人利用网络服务实施侵犯著作权或者相关权行为的，权利人可以书面通知网络服务提供者，要求其采取删除、屏蔽、断开链接等必要措施。网络服务提供者接到通知后及时采取必要措施的，不承担赔偿责任；未及时采取必要措施的，与该侵权人承担连带责任。

网络服务提供者知道或者应当知道他人利用其网络服务侵害著作权或者相关权，未及时采取必要措施的，与该侵权人承担连带责任。

网络服务提供者教唆或者帮助他人侵犯著作权或者相关权的，与该侵权人承担连带责任。网络服务提供者通过信息网络向公众提供他人作品、表演或者录音制品，不适用本条第一款规定。

对照 2014 年《著作权法（送审稿）》、2010 年《著作权法》、《著作权法》第三次修改草案不同版本的相关规定，笔者认为以下问题值得研究。

其一，网络服务提供者是否承担侵害著作权或者相关权的法律责任，应当根据网络服务提供者的性质加以确定。就为网络用户提供存储、搜索或者链接等单纯技术服务内容的网络服务提供者而言，之所以2014年《著作权法（送审稿）》第七十三条规定其不承担著作权或者相关权的信息审查义务，笔者认为是基于以下两个方面的考虑：（1）从实际情况看，信息网络环境中存在海量的作品和相关权保护的客体，单纯提供技术服务的网络服务提供商无力在技术上实现对相关著作权或相关权的审查义务，即使能够实现，也可能需要承担巨大的成本。（2）基于网络服务提供者、权利人和使用者利益平衡的考虑。上述情况下的网络服务提供者仅仅提供单纯的技术服务，在这种情况下如果仍然需要承担对相关著作权或者相关权的信息审查义务，就会使其承担过重的法律义务，而这一审查义务更多的应当是由提供内容的网络服务提供者承担。❶ 当然，为了在不同性质的网络服务提供商就著作权和相关权信息审查义务方面实现合理的平衡，其他相关情况下，提供单纯技术服务的网络服务提供商仍应当承担相应的义务，2014年《著作权法（送审稿）》第七十三条后面几款的规定就是体现。

值得指出的是，对于2014年《著作权法（送审稿）》第七十二条的规定，学术界和实务界仍存在一定的争议，如有的观点主张不应该给予提供技术服务的网络服务提供商在审查著作权或者相关权方面的信息审查的责任与义务。

其二，2014年《著作权法（送审稿）》引入了《信息网络传播权保护条例》和《民法典》施行前施行的《侵权责任法》❷ 第三十六条关于通知—反通知相关程序的规定，旨在为信息网络提供者提供适当的“安全港”，避免其动辄得究，促进网络产业的健康发展。《民法典》施行前施行的《侵权责任法》第三十六条第一款规定：“网络用户、网络服务提供者利用网络侵害他人民事权益的，应当承担侵权责任。”其第二款规定：“网络用户利用网络服务实施侵权行为的，被侵权人有权通知网络服务提供者采取删除、屏蔽、断开链接等必要措施。网络服务提供者接到通知后未及时采取必要措施的，对损害的扩大部分与该网络用户承担连带责任。”上述规定第一款实际上是确立了网络环境下承担侵害他人民事权益法律责任的基本原则，第二款则是确立了被侵权人通过通知的形式的法律救济程序和权利，以及网络服务提供者相应的义务。关于通知相关程序，还有反通知相关情况，我国《信息网络传播权保护条例》也做了明确的规定。基于确立安全港原则的重要性，《著作权法》第三次修改不同版本以及2014年《著作权法（送审稿）》吸收了《侵权责任法》和《信息网络传播权保护条例》有关规定。笔者认为，这些规定是必要的。

其三，2014年《著作权法（送审稿）》对《侵权责任法》第三十六条第三款的规定做了细化和发展。《侵权责任法》第三十六条第三款规定：“网络服务提供者知

❶ 崔国斌．论网络服务商版权内容过滤义务［J］．中国法学，2017（2）：215－237．

❷ 《侵权责任法》被《中华人民共和国民法典》（2020年5月28日颁布，2021年1月1日实施）废止。

道网络用户利用其网络服务侵害他人民事权益，未采取必要措施的，与该网络用户承担连带责任。”2014 年《著作权法（送审稿）》第七十三条第三款则将“应当知道”他人利用网络服务提供者的网络侵害著作权或者相关权而未采取必要措施的与侵权人一起承担连带责任。❶ 这一规定有利于更加充分地保护信息网络环境下著作权或者相关权。

其四，2014 年《著作权法（送审稿）》第七十三条第四款还规定了侵害著作权或者相关权的帮助侵权责任。这一规定借鉴于最高人民法院发布的关于网络环境下著作权保护的相关司法解释。为了更充分地保护网络环境下的著作权和相关权，笔者认为增加帮助侵权责任也是十分必要的。❷

至于 2014 年《著作权法（送审稿）》第七十三条最后一款规定的网络服务提供者通过网络向他人提供作品、表演、录影制品的，不适用该条第一款的规定，笔者认为这涉及提供内容的网络服务提供者相关侵权责任。对此后面将进一步进行探讨。❸

2020 年《著作权法》则没有采纳 2014 年《著作权法（送审稿）》上述规定。实际上，相关规定已体现于最高人民法院发布的司法解释中。特别值得一提的是，2020 年《著作权法》公布不久，在 2020 年 12 月 23 日最高人民法院公布了修正后的《关于审理侵害信息网络传播权民事纠纷案件适用法律若干问题的规定》，进一步完善了网络服务提供者著作权侵权责任制度。

---

❶ 陈惠珍．网络服务提供者著作权侵权责任辨析［J］．东方法学，2009（1）：137－143.

❷ 吴汉东．论网络服务提供者的著作权侵权责任［J］．中国法学，2011（2）：38－47.
崔国斌．网络服务商共同侵权制度之重塑［J］．法学研究，2013（4）：138－159.

❸ 还值得一提的是，网络服务提供者的著作权侵权，也可能涉及著作权犯罪的刑事责任问题。限于篇幅，在此不赘述。可参见欧阳本祺．论网络环境下著作权侵权的刑事归责——以网络服务提供者的刑事责任为中心［J］．法学家，2018（3）：154－168，195－196.

计算机程序复制件持有人著作权侵权责任限制研究*

计算机软件是我国《著作权法》明确保护的一种类型。根据《著作权法》规定，国务院还颁布了专门的《计算机软件保护条例》。由于《计算机软件保护条例》规定的很多内容是对《著作权法》相关规定的重复或者交叉，在《著作权法》第三次修改过程中，对于是否有必要继续保留《计算机软件保护条例》，也是探讨的问题之一。其中一种重要观点主张废除《计算机软件保护条例》，而代之以在修改以后的《著作权法》中对计算机软件著作权的相关重要问题作出明确规定。

由于计算机软件包括计算机程序和文档，而文档可以作为文字作品和图形作品而明确地受著作权的保护，《著作权法》第三次修改草案不同版本以及2014年《著作权法（送审稿）》只是对计算机软件中的计算机程序作出专门规定。❶ 笔者认为，这一做法有其合理性，因为计算机软件中的文档完全可以按照文字作品或者图形作品受到著作权保护。计算机程序的著作权保护涉及两个方面：一方面是对计算机程序著作权在专有权意义上的保护，特别是禁止非法复制、发行他人享有著作权的计算机程序；另一方面是对计算机程序著作权的限制❷，因为公众在一定的情况下对计算机程序的复制、使用也有合法的需求，特别是计算机程序复制件的持有人。计算机程序著作权的保护与权利限制在一定的程度上深刻地体现了《著作权法》中的利益平衡机制。❸

关于计算机程序著作权的限制，第三次修改《著作权法》过程中做了重要补充。❹ 2014年《著作权法（送审稿）》第四十四条、第四十五条和第四十六条对此

---

* 本文初稿撰写时间为2019年10月1日。

❶ 2020年《著作权法（修正案草案）》及2020年《著作权法》则恢复为2010年《著作权法》的规定，在其第三条列举的受著作权保护客体为“计算机软件”。

❷ 何红锋．试论计算机软件著作权的限制［J］．知识产权，1996（6）：20-21．

❸ 徐一文．寻找失去的平衡——论合理使用制度在计算机软件上的适用［J］．科技与法律，2006（1）：70-74．

❹ 刘汉霞．对计算机程序保护中“同一作品”原则的质疑——兼评《著作权法（修订草案送审稿）》第5条第15项［J］．知识产权，2016（5）：54-61．

做了相关规定，具体包括计算机程序的合法授权使用者可以从事的行为[1]；为了学习和研究计算机程序内含的设计思想和原理，计算机程序的合法授权使用者通过安装、显示、传输或者存储等方式使用计算机程序[2]；计算机程序的合法授权使用者在通过正常途径无法获取必要的兼容性信息时，可以不经该程序著作权人许可，复制和翻译该程序中与兼容性信息有关的部分内容。[3] 这里需要继续探讨的是，2014年《著作权法（送审稿）》关于计算机程序的复制件持有人复制侵权复制件没有过错的前提之下如何确定相关的法律责任。应当说，2014 年《著作权法（送审稿）》的相关规定有一个发展的过程。

2014 年《著作权法（送审稿）》第七十五条规定："计算机程序的复制件持有人不知道也不应当知道该程序是侵权复制件的，不承担赔偿责任；但是应当停止使用、销毁该侵权复制件。计算机程序复制件持有人需要继续使用该计算机程序的，应当取得该计算机程序著作权人的许可。"

《著作权法（修改草案第一稿）》第七十一条规定："计算机程序的复制件持有人不知道也没有合理理由知道该程序是侵权复制件的，不承担赔偿责任；但是应当停止使用、销毁该侵权复制件。如果停止使用并销毁该侵权复制件将给复制件使用人造成重大损失的，复制件使用人可以在向计算机程序著作权人支付合理费用后继续使用。"

《著作权法（修改草案第二稿）》第七十一条则规定："计算机程序的复制件持有人不知道也不应当知道该程序是侵权复制件的，不承担赔偿责任；但是应当停止使用、销毁该侵权复制件。如果停止使用并销毁该侵权复制件将给复制件使用人造成重大损失的，复制件使用人可以在向计算机程序著作权人支付合理费用后继续使用。"

《著作权法（修改草案第三稿）》第七十三条则对第二稿的规定做了相应的修改，其取消了停止使用、销毁该侵权复制品将给复制件使用人造成重大损失时，复制件使用人可以在向计算机程序著作权人支付合理费用后继续使用的规定，代之以正常情况下著作权许可使用制度，即"计算机程序复制件持有人需要继续使用该计算机程序的，应当取得该计算机程序著作权人的许可"。

对比 2014 年《著作权法（送审稿）》以及《著作权法》第三次修改草案不同版本的上述规定，笔者有以下观点。

其一，我国对包括计算机程序在内的知识产权的保护中，适用没有过错即不承担赔偿责任的原则。根据 2014 年《著作权法（送审稿）》上述规定，如果计算机程

---

[1] 《计算机软件保护条例》第四十四条。
[2] 《计算机软件保护条例》第四十五条。
[3] 《计算机软件保护条例》第四十六条。

序复制件持有人不知道也不应当知道其所复制的计算机程序是侵权的程序，即使该计算机程序持有人在涉案计算机程序著作权侵权诉讼中被提起诉讼，也不应当承担赔偿责任。这一点也符合我国民事赔偿责任之侵权归责原则。其实，在我国其他知识产权专门立法中也有体现，在此不予赘述。

这里要明确的是如何认定过错。2014 年《著作权法（送审稿）》第七十五条使用的立法语言是“不知道也不应当知道”。笔者理解，应当是既没有故意，也没有过失。当然，《著作权法（修改草案第二稿）》和《著作权法（修改草案第一稿）》所用的立法语言有所不同，其中《著作权法（修改草案第一稿）》所使用的立法语言是“不知道也没有合理理由知道”。《著作权法（修改草案第三稿）》沿用了《著作权法（修改草案第二稿）》的表述，这一表述最终被 2014 年《著作权法（送审稿）》第七十五条所采纳。笔者认为，2014 年《著作权法（送审稿）》的上述表述更加合理，因为“不应当知道”比起“没有合理理由知道”能够更深层次的体现行为人的非主观过错性。从这里的立法语言的表述比较来看，法律的制定和修改应尽量表述精确，以能够更周延地涵盖纷繁复杂的社会现实。

其二，计算机程序复制件持有人在没有过错的情况下不需要承担赔偿责任[1]，不等于其复制行为具有合法性，更不等于其可以继续使用该复制件。依 2014 年《著作权法（送审稿）》的上述规定，计算机程序复制件持有人即使没有过错，也仍须要承担停止使用销毁该复制件的法律责任。笔者认为，其原因在于计算机程序著作权作为一种绝对权、支配权，很多的情况下体现为一种对未经许可行为的禁止权。假设计算机程序复制件持有人在知道其复制件缺乏合法来源时在未征得著作权的许可的前提下继续使用，这就将转化为一种主观过错。从这个意义上讲，计算机程序复制件持有人也不能够继续使用，而应当销毁侵权复制件。只有这样，才能充分体现对计算机程序著作权人享有的专有权的保护。

其三，在现实生活中确实可能存在停止使用、销毁涉案侵权复制件会给计算机程序复制件使用人造成巨大损失的后果。也正是基于这种考虑，修改草案第一稿和第二稿均规定复制件使用人可以向著作权人支付使用费以后继续使用。2014 年《著作权法（送审稿）》则取消了这一规定，而代之以正常的著作权使用许可方式。笔者认为，这一修改是合理的。其实，这里存在一个立法的价值取向的考量：利益的天平是偏向于计算机程序著作权人，还是计算机程序侵权复制件的使用人。基于如上所述的计算机程序著作权的绝对权、支配权和独占性，在计算机程序复制件使用人缺乏合法基础继续使用其侵权复制件时，从计算机程序著作权上述法律属性考虑，继续使用前应取得著作权人的许可。

[1] 郑净方. 计算机软件最终用户的合理使用制度探析——兼评《计算机软件保护条例》第 17 条［J］. 福建论坛（社科教育版），2010（2）：22－23.

最后，需要指出，2020 年《著作权法》并未采纳 2014 年《著作权法（送审稿)》关于计算机程序复制件持有人著作权侵权责任限制制度。不过，结合修法过程，对相关问题进行探讨仍然具有积极意义。

著作权侵权行为及其规制完善研究*

著作权侵权[1]的表现形式及其相应的法律责任，是《著作权法》规定最为重要的内容之一。在《著作权法》第三次修改过程中，2014 年《著作权法（送审稿）》、2020 年《著作权法（修正案草案）》、修改草案不同版本及 2020 年《著作权法》对于著作权侵权行为的列举，有重要变化。因此，有必要在对比 2010 年《著作权法》相关规定的基础之上，进行深入的研究与思考。

2014 年《著作权法（送审稿）》的相关规定如下：

第七十七条　下列侵权行为，可以由著作权行政管理部门责令停止侵权行为，予以警告，没收违法所得，没收、销毁侵权制品和复制件，非法经营额五万元以上的，可处非法经营额一倍以上五倍以下的罚款，没有非法经营额、非法经营额难以计算或者非法经营额五万元以下的，可处二十五万元以下的罚款；情节严重的，著作权行政管理部门可以没收主要用于制作侵权制品和复制件的材料、工具、设备等；构成犯罪的，依法追究刑事责任：

（一）未经著作权人许可，复制、发行、出租、展览、表演、播放、通过网络向公众传播其作品的，本法另有规定的除外；

（二）未经表演者许可，播放、录制其表演，复制、发行、出租录有其表演的录音制品，或者通过网络向公众传播其表演的，本法另有规定的除外；

（三）未经录音制作者许可，复制、发行、出租、通过网络向公众传播其录音制品的，本法另有规定的除外；

（四）未经广播电台、电视台许可，转播、录制、复制其广播电视节目的，本法另有规定的除外；

（五）使用他人享有专有使用权的作品、表演、录音制品或者广播电视节目的；

（六）违反本法第五十条规定使用他人作品的；

---

* 本文初稿撰写时间为 2019 年 10 月 1 日。

[1] 广义上还包括相关权，即 2010 年《著作权法》中所指的“与著作权有关权益”。为便于阐述，除非特别指明，仅使用著作权侵权的表述。

（七）未经许可，使用权利人难以行使和难以控制的著作权或者相关权的，本法第七十四条第一款规定的情形除外；

（八）制作、出售假冒他人署名的作品的。

2010年《著作权法》相对应的规定则体现为以下规定：

第四十八条　有下列侵权行为的，应当根据情况，承担停止侵害、消除影响、赔礼道歉、赔偿损失等民事责任；同时损害公共利益的，可以由著作权行政管理部门责令停止侵权行为，没收违法所得，没收、销毁侵权复制品，并可处以罚款；情节严重的，著作权行政管理部门还可以没收主要用于制作侵权复制品的材料、工具、设备等；构成犯罪的，依法追究刑事责任：

（一）未经著作权人许可，复制、发行、表演、放映、广播、汇编、通过信息网络向公众传播其作品的，本法另有规定的除外；

（二）出版他人享有专有出版权的图书的；

（三）未经表演者许可，复制、发行录有其表演的录音录像制品，或者通过信息网络向公众传播其表演的，本法另有规定的除外；

（四）未经录音录像制作者许可，复制、发行、通过信息网络向公众传播其制作的录音录像制品的，本法另有规定的除外；

（五）未经许可，播放或者复制广播、电视的，本法另有规定的除外；

（六）未经著作权人或者与著作权有关的权利人许可，故意避开或者破坏权利人为其作品、录音录像制品等采取的保护著作权或者与著作权有关的权利的技术措施的，法律、行政法规另有规定的除外；

（七）未经著作权人或者与著作权有关的权利人许可，故意删除或者改变作品、录音录像制品等的权利管理电子信息的，法律、行政法规另有规定的除外；

（八）制作、出售假冒他人署名的作品的。[1]

《著作权法（修改草案第一稿）》的相关规定如下：

---

[1] 2020年《著作权法（修正案草案）》相应规定为第五十二条。与2010年《著作权法》第四十八条规定相比，其修改的内容有：其一，提高了行政处罚标准。其规定有损害公共利益的行为，除了承担民事责任外，由著作权主管部门责令停止侵权行为，予以警告，没收非法所得，没收、销毁侵权复制品，没收主要用于侵权复制品的材料、工具、设备等，非法经营额五万元以上的，可以并处非法经营额一倍以上五倍以下的罚款；没有非法经营额、非法经营额难以计算或者不足五万元的，可以并处二十五万元以下的罚款；构成犯罪的，依法追究刑事责任。其二，增加了侵害表演者出租权的规定。其三，增加了侵害广播电台、电视台信息网络传播权的规定（“未经许可，播放、复制或者通过信息网络向公众传播广播电台、电视台播放的载有节目的信号的，本法另有规定的除外”）。其四，扩大了侵害技术措施的行为类型，增加了“故意制造、进口或者向他人提供主要用于避开、破坏技术措施的装置或者部件的，或者故意为他人避开或者破坏技术措施提供技术服务的，法律、行政法规另有规定的除外”。其五，增加了侵害权利管理信息的规定。这一方面体现为将权利管理信息扩展到电子信息以外的信息，另一方面体现为扩大了侵害行为的类型，包括增补“版式设计、表演、广播电台和电视台播放的载有节目的信号上的权利管理信息未经许可被删除或者改变”的行为。2020年《著作权法》第五十三条规定基本上沿袭了前述第五十二条规定，只是个别用语、表达有所改进，如将“非法”改为“违法”，将“广播电台、电视台播放的载有节目的信号”改为“广播、电视”等。

第七十三条　下列侵权行为，同时破坏社会主义市场经济秩序的，可以由著作权行政管理部门责令停止侵权行为，没收违法所得，没收、销毁侵权复制品，并可处以罚款；情节严重的，著作权行政管理部门还可以没收主要用于制作侵权复制件的材料、工具、设备等；构成犯罪的，依法追究刑事责任：

（一）未经著作权人许可，复制、发行、出租、表演、放映、播放、通过信息网络向公众传播其作品的，本法另有规定的除外；

（二）违反本法第四十八条规定使用他人作品的；

（三）出版他人享有专有出版权的图书的；

（四）未经表演者许可，播放、录制其表演，复制、发行、出租录有其表演的录音制品，或者通过信息网络向公众传播其表演的，本法另有规定的除外；

（五）未经录音制作者许可，复制、发行、出租、通过信息网络向公众传播其制作的录音制品的，本法另有规定的除外；

（六）未经广播电台、电视台许可，转播、录制、复制、通过信息网络向公众传播其广播电视节目的，本法另有规定的除外；

（七）制作、出售假冒他人署名的作品的。

《著作权法（修改草案第二稿）》的相关规定如下：

第七十三条　下列侵权行为，同时破坏社会主义市场经济秩序的，可以由著作权行政管理部门责令停止侵权行为，予以警告，没收违法所得，没收、销毁侵权复制件，并可处以罚款；情节严重的，著作权行政管理部门可以没收主要用于制作侵权复制件的材料、工具、设备等；构成犯罪的，依法追究刑事责任：

（一）未经著作权人许可，复制、发行、出租、展览、表演、播放、通过信息网络向公众传播其作品的，本法另有规定的除外；

（二）未经表演者许可，播放、录制其表演，复制、发行、出租录有其表演的录音制品，或者通过信息网络向公众传播其表演的，本法另有规定的除外；

（三）未经录音制作者许可，复制、发行、出租、通过信息网络向公众传播其录音制品的，本法另有规定的除外；

（四）未经广播电台、电视台许可，转播、录制、复制其广播电视节目的，本法另有规定的除外；

（五）使用他人享有专有使用权的作品、表演、录音制品或者广播电视节目的；

（六）违反本法第四十八条规定使用他人作品的；

（七）未经许可，使用权利人难以行使和难以控制的著作权或者相关权的，本法第七十条第一款规定的情形除外；

（八）制作、出售假冒他人署名的作品的。

修改草案第三稿和第二稿的上述规定基本相同，只是增加了“非法经营额五万元以上的，可处非法经营额一倍以上五倍以下的罚款，没有非法经营额、非法经营额难以计算或者非法经营额五万元以下的，可处二十五万元以下的罚款”，进一步明细了著作权侵权行为行政处罚标准。

仔细研究 2014 年《著作权法（送审稿）》、2020 年《著作权法（修正案草案）》，以及《著作权法》第三次修改草案不同版本，笔者认为有下列问题值得深入思考。

其一，2010 年《著作权法》第四十七条规定了仅承担民事责任的著作权侵权行为。[1]《著作权法》第三次修改草案不同版本及 2014 年《著作权法（送审稿）》均取消了这一条规定，如何理解这一修改？

著作权侵权行为的特点可以概括为以下三点：①行为人未经著作权人许可，或者虽然经过了著作权人许可但超越了许可授权的范围。②行为人的行为缺乏法律依据，表现为不属于《著作权法》规定的不需要经过著作权人许可的情形，如《著作权法》规定的合理使用、法定许可等制度。如果行为人的行为在《著作权法》上有合法的依据，就不能视为侵犯著作权的行为。③行为人的行为对著作权人具有损害性。就侵害著作财产权而言，其损害性通常体现为对作品现实或者潜在市场的影响，最严重的可能是形成了对著作权人享有著作权的作品的市场替代品或者部分市场替代品。就侵害著作人身权而言，主要体现为对作者人格、身份与声誉的损害，因为作品是作者人格的体现。

对比 2014 年《著作权法（送审稿）》第七十七条的规定，2010 年《著作权法》第四十七条规定的部分著作权侵权行为已被整合至 2014 年《著作权法（送审稿）》该条规定的可以承担行政责任乃至刑事责任的侵权行为之中，如侵犯出租权的行为。但是，对于 2010 年《著作权法》第四十七条规定的其他侵害著作权的行为及相应的民事法律责任则不能找到直接的法律依据。2008 年《专利法》则有关于专利侵权的概述性的规定，当然也有具体列举的行为，而 2014 年《著作权法（送审稿）》只对可以承担行政责任乃至刑事责任的侵害著作权的行为做了具体的列举。为此，需要在取消 2010 年《著作权法》第四十七条的基础之上，针对著作权侵权行为的内涵及侵权的法律责任专门增加一个概括性的条款。如该条款可以这样规定：除本法另外规定的除外，未经著作权人许可，使用著作权人享有著作权的作品，应当承担停止侵权、赔偿损失、赔礼道歉等民事责任。这样一来，在司法实践中针对仅承担

[1] 具体体现为：“（一）未经著作权人许可，发表其作品的；（二）未经合作作者许可，将与他人合作创作的作品当作自己单独创作的作品发表的；（三）没有参加创作，为谋取个人名利，在他人作品上署名的；（四）歪曲、篡改他人作品的；（五）剽窃他人作品的；（六）未经著作权人许可，以展览、摄制电影和以类似摄制电影的方法使用作品，或者以改编、翻译、注释等方式使用作品的，本法另有规定的除外；（七）使用他人作品，应当支付报酬而未支付的；（八）未经电影作品和以类似摄制电影的方法创作的作品、计算机软件、录音录像制品的著作权人或者与著作权有关的权利人许可，出租其作品或者录音录像制品的，本法另有规定的除外；（九）未经出版者许可，使用其出版的图书、期刊的版式设计的；（十）未经表演者许可，从现场直播或者公开传送其现场表演，或者录制其表演的；（十一）其他侵犯著作权以及与著作权有关的权益的行为。”

民事责任的著作权侵权行为就有了基本的法律依据，否则在2014年《著作权法（送审稿）》取消2010年《著作权法》第四十七条规定的基础上，对仅承担民事责任的著作权侵权行为的规制，缺乏明确的法律条文。侵害著作权的行为，属于一般意义上的民事侵权的范畴，所以关于民事侵权四要件的构成仍适用于侵害著作权的行为。当然，这四要件在具体表现形式方面和一般有形财产的侵害有不同之处。[❶]

其二，如何看待侵害著作权承担行政责任的行为？我国《著作权法》从1991年6月1日实施，到后来做了两次修订，一直到现在进行第三次修订，对一部分侵害著作权的行为规定了行政法律责任，这是和很多国家和地区著作权法关于侵害著作权责任的规定不同之处，也可以说是具有中国特色的著作权制度的特点之一。这里需要分别从理论和实践的角度，对我国《著作权法》规定侵害著作权的行政法律责任的问题作出了解和认识。

首先应当认识到承担行政法律责任的侵害著作权的行为和仅承担民事法律责任的侵害著作权的行为，有不同的要求，这一点在2010年《著作权法》中体现为“同时损害公共利益”这一条件[❷]，在著作权法第三次修改不同版本规定中相应地体现为“同时破坏社会主义市场经济秩序”。但值得注意的是，在2014年《著作权法（送审稿）》第七十七条中则取消了这一条件，直接规定承担行政责任的侵害著作权行为的具体表现形式以及相关的行政法律责任。对此，笔者认为著作权法第三次修改草案第一、第二稿上述修改规定不大合适，2014年《著作权法（送审稿）》取消限制性条件也不大合适，具体理由分析如下。

就著作权侵权行为而言，破坏社会主义市场经济秩序不限于达到行政责任的侵权行为，也可以包括仅仅承担民事责任的著作权侵权行为。这尤其体现于在有的著作权侵权行为同时构成不正当竞争行为的情况下，这种行为必然会同时构成对社会主义市场经济秩序的破坏，因为不正当竞争行为就是违背诚信原则，破坏社会主义市场经济秩序的行为。如果将同时构成破坏社会主义市场经济秩序作为侵害著作权行为承担民事责任和行政责任的界限的条件，就可能使部分同时构成不正当竞争行为的著作权民事侵权行为，也会纳入承担行政责任的著作权侵权行为的范畴，这就有可能导致著作权侵权行为责任的扩大化。

同时，笔者也不赞同2014年《著作权法（送审稿）》取消2010年《著作权法》关于承担著作权侵权行政责任的条件“同时损害公共利益”，因为承担行政责任的侵害著作权行为必然涉及对公共利益的损害。特别是考虑到2014年《著作权法（送审稿）》第七十七条规定的著作权侵权行为情节严重的，还可以承担刑事责任，

❶ 2020年《著作权法（修正案草案）》第五十一条仍然保留了2010年《著作权法》第四十七条规定的仅承担民事责任的著作权侵权行为，只是对个别术语作了修改，并明确了音像制品出租标的包括原件或复制件。2020年《著作权法》第五十二条则基本沿袭了前述第五十一条规定。

❷ 陈绍玲．著作权侵权行政执法“公共利益”研究［J］．中国版权，2011（5）：46－49.

如果不对这一条件加以明确，在著作权保护实践中就不能很好地判定和区分相关行为是否应承担侵害著作权的行政责任，还是仅仅承担民事责任。基于上述理由，笔者主张恢复2010年《著作权法》的规定，对于承担行政责任的侵害著作权的行为，保留同时损害公共利益这一要件。2020年《著作权法》沿用2010年《著作权法》的规定，因而是合理的。

关于侵害著作权承担行政法律责任的合理性，也需要从理论和实践的角度进行深刻的理解。从理论上讲，损害公共利益的著作权侵权行为，由于这一行为不仅仅损害到被侵权人的利益，还涉及广大公众的利益、消费者利益，以及公共秩序的维护，这些都与公共利益直接相关。通过行政查处、处罚手段追究损害公共利益的著作权侵权行为人的行政法律责任，能够充分发挥行政执法的高效率的优势。从著作权保护的实践看，我国地域辽阔、人口众多，随着经济社会发展，人们的文化需求日益提高，围绕作品产生的利益关系更加复杂，著作权相关纠纷也日益增多。特别是随着信息网络技术的发展，一方面著作权人利用其作品的空间和机会大大提升；另一方面也使传统的著作权侵权行为蔓延到网络空间，使得网络环境下著作权侵权纠纷日益增多。面对日益增多的著作权纠纷案件，人民法院有限的审判力量可能感到捉襟见肘。通过行政手段及时处理著作权侵害行为，有利于适当分流人民法院审理著作权侵权纠纷案件的压力。

当然，应当指出，从我国知识产权保护的总体格局和发展趋向来说，应当逐步确立人民法院司法保护在知识产权保护中的主导地位，这一点在前述最高人民法院发布的《中国知识产权司法保护纲要》中有明确的规定。随着我国推进社会主义法治建设，以及人民法院知识产权审判力量的增强，包括著作权侵权纠纷案件在内的知识产权侵权案纠纷案件的行政处理将逐步减缓。不过，在当前相当长的时间内，包括著作权侵权纠纷在内的知识产权纠纷案件行政处理仍有其存在的合理空间。这一点不仅体现在已经完成的《著作权法》第三次修改中，也同样体现在已经完成的专利法第四次修改和商标法第三、四次修改，以及反不正当竞争法第一次和第二次修改之中。

同时，对如何确定承担行政责任的侵犯著作权行为的法律责任，也值得深入探讨。从最近几次我国相关知识产权专门立法修改的进程看，一个十分重要的特点是行政责任处罚的强度不断提升。

其三，如何理解可以承担行政责任乃至刑事责任的侵害著作权行为的表现形式？

（1）关于出租权的问题。2010年《著作权法》第四十八条，并没有对出租权进行规定，可以认为是侵害出租权的行为不应当承担行政责任及刑事责任。但是，2014年《著作权法（送审稿）》第七十七条对于几种出租行为做了规定，即未经著作权人许可，出租其作品的行为；未经表演者许可，出租录有其表演的录音制品的行为；未经录音制作者许可，出租其录音制品的行为。从这里可以看出，出租权不仅涉及著作权，也涉及相关权。需要进一步探讨的是，为何2014年《著作权法（送审稿）》作出上述规定？笔者认为这需要从2010年《著作权法》第四十八条规定与第四十七条规定的不同特点加以理解。其第四十八条规定的行为除了前面已经指出的具有“同时损害公共利益”的特点以外，会很明显地看出这些侵权行为具有商业目的，即侵权人的侵权行为的目的是获得商业上的利益，或者说是以营利为目的。基于这一特点，出租行为也是具有营利的目的❶，在我国2010年《著作权法》已经规定了出租权的情况之下，2014年《著作权法（送审稿）》第七十七条承接2010年《著作权法》第四十八条的规定，将侵害出租权纳入可以承担行政责任乃至刑事责任的侵犯著作权的行为就顺理成章了。需要进一步指出的是，2020年《著作权法（修正案草案）》第五十二条第（三）项对出租权的规定，仅限于表演者权的保护，即缩小了前述2014年《著作权法（送审稿）》规定的范围。2020年《著作权法》第五十二第（八）项则将出租权的保护主体限定为视听作品、计算机软件、录音录像制品的著作权人、表演者或者录音录像制作者，客体为相应作品或者录音录像制品的原件或者复制件。由此可见，其保护范围大于前述2020年《著作权法（修正案草案）》的规定。

（2）关于专有使用权的保护。专有使用权从性质上来说并不是著作权或者相关权人享有的权利，而是作为作品或者相关权客体的使用者，通过合同所取得的具有独占性使用的权利，专有使用权人可以在合同约定的范围之内排除包括著作权人或者相关权人在内的任何人使用相关的客体。专有使用权人通过专有使用权的行使，能够获得更大的市场利益；根据权利义务一致性的原理，其所支付的对价也更高，即需要承担更高的使用费。基于此，不仅专有使用权的取得需要通过书面的合同，而且专有使用权获得以后，法律应当给予更高水平的保护。从我国2010年《著作权法》的规定来看，其对于出版者享有的专有出版权做了明确的规定，对于一般意义上的专有使用权也做了特殊的规定，具体体现在《著作权法实施条例》中。❷ 2014年《著作权法（送审稿）》这次对专有使用权也做了特别的规定，其中包括对2010年《著作权法》和《著作权法实施条例》相关规定的吸收。通过对比2014年《著作权法（送审稿）》第七十七条的规定与2010年《著作权法》的规定可以发现，2014年《著作权法（送审稿）》对专有使用权的保护力度大大提高，具体体现为该条第（五）项的规定，“使用他人享有专有使用权的作品、表演、录音制品或者广播电视节目的”可以承担行政法律责任，情节严重构成犯罪的，可以追究刑事责任。笔者认为，2014年《著作权法（送审稿）》之所以作出上述规定，是基于专有

❶ 武继华．作品出租权法律制度研究［J］．兰州学刊，2009（1）：210－212．

❷ 焦和平．转载报刊的法定许可权与首发报刊的专有使用权之冲突及解决——兼评《著作权法（修订草案送审稿）》第48条［J］．现代法学，2017（6）：180－193．

使用权人为获得专有使用权付出了较高的经济上的代价，侵害专有使用权人的专有使用权必然会挤占其独占市场，也必然会损害其合法利益。这种行为同时也有可能会严重侵害著作权享有的合法权益，因为在相当多的情况下著作权人从专有使用权人手中所获得收益能取决于专有使用权人取得的市场收益。值得指出的是，2020 年《著作权法》第五十三条对专有使用权的保护，仍限于其第（二）项规定的专有出版权。

（3）关于侵害信息网络传播权的问题。信息网络传播权是我国在 2001 年第二次修改《著作权法》时新增加的一种权利。毫无疑问，随着信息网络技术的发展，这一权利的增设是我国《著作权法》现代化的需要。为了充分地保护信息网络传播权，调整在信息网络空间著作权人、传播者、使用者相关的权利义务关系，国务院根据《著作权法》的规定，在 2006 年还专门公布了《信息网络传播权保护条例》。该条例对信息网络传播权的内容、权利限制以及侵害信息网络传播权的行为等都做了全面的规定。近年来，我国涉及信息网络空间的著作权纠纷案件日益增多，如何进一步完善我国信息网络传播权保护制度，更好地协调和平衡信息网络空间权利人与传播者、使用者的权利义务关系，是《著作权法》第三次修改中也值得重视的重要问题之一。从 2010 年《著作权法》的规定来看，享有信息网络传播权的主体，除了著作权人以外，还包括表演者、录音录像制作者，但并不包括广播电台、电视台。近些年涉及广播电台、电视台的相关权纠纷中，也不乏通过信息网络传播所引起的纠纷。在笔者近些年参加的多起这类纠纷案件的专家论证（如央视网络频道作为权利人主张的一起纠纷案件）中，发现即使在学术界对这个问题也存在一定的争议。无论如何，根据 2010 年《著作权法》的规定，广播电台、电视台并没有明确被授予信息网络传播权。在第三次修改《著作权法》的过程中，对于是否应当赋予广播电台、电视台与信息网络传播权，也是被讨论的问题之一。值得注意的是，《著作权法（修改草案第一稿）》对广播电台、电视台的信息网络传播给予了充分肯定。特别是其在第七十三条第（六）项明确规定："未经广播电台、电视台许可，转播、录制、复制、通过信息网络向公众传播其广播电视节目的，可以构成承担行政责任乃至刑事责任的侵权行为。"

当然，《著作权法（修改草案第二稿）》以及 2014 年《著作权法（送审稿）》都取消了上述规定。其中非常重要的原因是《著作权法》关于著作权和相关权内容的规定中并没有明确授予广播电台、电视台以信息网络传播权。[1] 由于广播电台、

[1] 苌文玲．论著作权法中的"广播权"与"信息网络传播权"——以著作权法第三次修改为背景［J］．知识经济，2014（3）：21－22．

王迁．我国《著作权法》中"广播权"与"信息网络传播权"的重构［J］．重庆工学院学报（社会科学版），2008（9）：23－28．

李扬．扩大广播权规定破解信息网络传播权困境［N］．中国社会科学报，2011－08－09（11）．

电视台享有信息网络传播权缺乏明确的规定，自然就不能相应地规定存在侵害广播电台、电视台信息网络传播权的行为，此所谓成语所说的“皮之不存，毛将焉附”？不过，值得注意的是，目前国际上对广播电台、电视台信息网络传播权问题规范的最新进展，相关的国际公约制定中提出了一种网络广播权（Right of Net Broadcasting）的概念，只是还没有达成一致意见。当然，对这一问题保持关注和研究是必要的，特别是我国正在深入推进的三网融合，必然对作品及相关权客体的传播与利用的方式产生影响。❶ 值得注意的是，2020 年《著作权法（修正案草案）》第五十二条新增了第（五）项，规定广播电台、电视台对其播放的载有节目的信号享有信息网络传播权。2020 年《著作权法》第五十三第（五）项明确规定，未经认可，播放、复制或者通过信息网络向公众传统广播、电视的，除本法另有规定以外，应承担侵权法律责任。

（4）关于 2014 年《著作权法（送审稿）》第七十七条对部分权利保护取消的问题。从该条第（一）项的规定来看，不再规定未经著作权人许可，放映或汇编他人享有著作权的作品构成可以承担行政责任乃至刑事责任的著作权侵权行为。笔者认为原因很简单，这是因为 2014 年《著作权法（送审稿）》吸收了《著作权法》第三次修改草案不同版本中取消著作财产权包括放映权以及汇编权的规定。由于这一规定，在涉及侵害著作权的行为中，显然不宜再明确列举放映与汇编行为。❷ 不过正如前面所指出的，放映与汇编行为可以整合到 2010 年《著作权法》中规定的著作财产权的内容，尤其是复制权。应当注意的是，审送稿上述规定并不意味着对放映和汇编行为不再给予著作权保护。正如 2014 年《著作权法（送审稿）》将修改权整合至保护作品完整权的概念之中，也不意味着作者对其作品享有的修改权不再受到保护。值得注意的是，2020 年《著作权法（修正案草案）》及 2020 年《著作权法》没有采纳 2014 年《著作权法（送审稿）》上述规定，这与其第十条保留了放映权、汇编权有直接关系。

（5）关于通过著作权集体管理组织行使权利的保护问题。依 2014 年《著作权法（送审稿）》第七十七条第（六）项规定，违反其第五十条的规定使用作品的，可以承担侵害著作权的行政责任，乃至刑事责任。其第五十条第一款规定的内容是：“根据本法第四十七条、第四十八条和第四十九条的规定，不经著作权人许可使用其已发表的作品，必须符合下列条件：（一）在首次使用前向相应的著作权集体管理组织申请备案；（二）在使用作品时指明作者姓名或者名称、作品名称和作品出处，但由于技术原因无法指明的除外；（三）在使用作品后一个月内按照国务院著作权行政管理部门制定的付酬标准直接向权利人或者通过著作权集体管理组织向权

❶ 刘银良. 信息网络传播权及其与广播权的界限［J］. 法学研究，2017（6）：97-114.

❷ 王迁. 论我国《著作权法》中“汇编权”的重构［J］. 法学论坛，2008（6）：37-42.

利人支付使用费，同时提供使用作品的作品名称、作者姓名或者名称和作品出处等相关信息。前述付酬标准适用于自本法施行之日起的使用行为。”

笔者对2014年《著作权法（送审稿）》上述规定并不赞同，认为上述规定过大地扩大了承担行政责任乃至刑事责任的侵害著作权行为的范围，有造成著作权过度保护的风险，具体理由如下。

第一，通过著作权集体管理组织的形式使用享有著作权的作品（广义上还包括相关权的客体，为便于简述，这里以作品为例），和通常情况下经过许可使用享有著作权的作品没有本质的区别。从著作权保护的经济效率来说，通过著作权集体管理组织可以提高使用作品的效率，著作权集体管理组织实际上是作为权利人的著作权人与作品使用者的桥梁，通过这一桥梁的作用，著作权人难以实现或者难以控制的权利也能够得到实现。这种通过著作权集体管理组织使用作品的形式，并不限于2014年《著作权法（送审稿）》第七十七条规定的其他可以承担行政责任乃至刑事责任的使用作品的形式。如果将其都纳入可以承担行政责任乃至刑事责任的侵害著作权的行为，就可能存在法律责任尤其是刑事责任扩大化的问题。笔者认为这也不符合最高人民法院颁布的《中国知识产权司法保护纲要》确定的比例原则。

第二，随着著作权集体管理组织的发展壮大，纳入著作权集体管理的作品可能更多，违反上述第（六）项规定的情形也可能更多。如果将上述行为都视为可以承担行政责任乃至刑事责任的侵害著作权的行为，可能导致法律责任的泛化，特别是就刑事责任而言，本着刑法的谦抑性原则，应当严格控制。从以上理由也不难理解，为何2020年《著作权法（修正案草案）》及最终通过的2020年《著作权法》没有采纳2014年《著作权法（送审稿）》上述规定。

2014年《著作权法（送审稿）》第七十七条第（七）项规定的情形是：“未经许可，使用权利人难以行使或者难以控制的著作权，或者相关权，本法第七十四条第一款规定的情形之外。”该法第七十四条第一款的规定则如下：“使用者使用权利人难以行使和难以控制的权利，依照与著作权集体管理组织签订的合同向其支付会员的报酬后，非会员权利人就同一权利和同一使用方式提起诉讼的，使用者应当停止使用，并按照相应的著作权集体管理使用费标准赔偿损失。”

笔者认为，该项的规定问题更大，因而也不予以赞同，并建议予以删除，具体理由如下。和上述第（六）项的规定相比，尽管可以揣摩立法的意图仍然是针对著作权集体管理之下的行为，而试图对著作权集体管理之下的行使著作权的行为给予特别的保护，但是从该项的条文的表述来说，不能当然地推论其所规范的行为就是已纳入著作权集体管理下的行为。这里也存在着一个逻辑关系的问题，著作权集体管理下的使用作品的行为固然是著作权人难以行使或者难以控制的权利，但著作权人难以行使或者难以控制的权利也并非当然地都纳入了著作权集体管理之下。该项将仅具有著作权集体管理行为特征的行为都纳入可以承担行政责任乃至刑事责任的著作权侵权行为，显然是过大地扩大了法律责任的范围，因而笔者认为是不可取的。

笔者不赞同上述规定，还有一个重要理由，即基于司法实践的可操作性。因为该项规定，未经许可的权利人难以行使或者难以控制的权利，司法实践中如何甄别权利人不难以行使或者不难以控制的权利，可能就是一个难题。由于这一标准的主观性和难以操作性，可能会在司法实践中造成裁判标准的不统一。从这里也可以理解，为何2020年《著作权法（修正案草案）》及2020年《著作权法》没有采纳2014年《著作权法（送审稿）》上述规定。

著作权侵权损害赔偿制度及其完善研究*

著作权侵权损害赔偿❶是《著作权法》中的重要制度，这是因为著作权人的著作权被侵害后，被侵权人应当获得充分的赔偿才能够弥补其权利受到侵害而受到的损失，也才能够有效地制止侵权，实现《著作权法》的立法目的。鉴于著作权侵权损害赔偿制度的重要性，2014 年《著作权法（送审稿）》第七十六条、2020 年《草案一审稿》第五十三条及 2020 年《著作权法》第五十四条对著作权侵权损害赔偿制度做了明确的规定，并对 2010 年《著作权法》的相应规定做了重要改进与发展。以下将在对比相应规定的基础之上进行探讨。

2014 年《著作权法（送审稿）》第七十六条规定：

侵犯著作权或者相关权的，在计算损害赔偿数额时，权利人可以选择实际损失、侵权人的违法所得、权利交易费用的合理倍数或者一百万元以下数额请求赔偿。

对于两次以上故意侵犯著作权或者相关权的，人民法院可以根据前款计算的赔偿数额的二至三倍确定赔偿数额。

人民法院在确定赔偿数额时，应当包括权利人为制止侵权行为所支付的合理开支。

人民法院为确定赔偿数额，在权利人已经尽力举证，而与侵权行为相关的账簿、资料主要由侵权人掌握的情况下，可以责令侵权人提供与侵权行为相关的账簿、资料；侵权人不提供或者提供虚假的账簿、资料的，人民法院可以根据权利人的主张判定侵权赔偿数额。

2010 年《著作权法》第四十九条规定：

侵犯著作权或者与著作权有关的权利的，侵权人应当按照权利人的实际损失给予赔偿；实际损失难以计算的，可以按照侵权人的违法所得给予赔偿。赔偿数额还应当包括权利人为制止侵权行为所支付的合理开支。

权利人的实际损失或者侵权人的违法所得不能确定的，由人民法院根据侵权行

* 本文初稿撰写时间为 2019 年 10 月 2 日。

❶ 广义上还包括相关权侵权损害赔偿，为便于阐述，一般用著作权侵权损害赔偿的表述。

为的情节，判决给予五十万元以下的赔偿。[1]

《著作权法（修改草案第一稿）》第七十二条规定：

侵犯著作权或者相关权的，侵权人应当按照权利人的实际损失给予赔偿；实际损失难以计算的，可以按照侵权人的违法所得给予赔偿。权利人的实际损失或者侵权人的违法所得难以确定的，参照通常的权利交易费用的合理倍数确定。赔偿数额应当包括权利人为制止侵权行为所支付的合理开支。

权利人的实际损失、侵权人的违法所得和通常的权利交易费用均难以确定，并且经著作权或者相关权登记、专有许可合同或者转让合同登记的，由人民法院根据侵权行为的情节，判决给予一百万元以下的赔偿。

对于两次以上故意侵犯著作权或者相关权的，应当根据前两款赔偿数额的一至三倍确定赔偿数额。

《著作权法（修改草案第二稿）》第七十二条规定：

侵犯著作权或者相关权的，侵权人应当按照权利人的实际损失给予赔偿；实际损失难以计算的，可以按照侵权人的违法所得给予赔偿。权利人的实际损失或者侵权人的违法所得难以确定的，参照通常的权利交易费用的合理倍数确定。赔偿数额应当包括权利人为制止侵权行为所支付的合理开支。

权利人的实际损失、侵权人的违法所得和通常的权利交易费用均难以确定的，由人民法院根据侵权行为的情节，判决给予一百万元以下的赔偿。

对于两次以上故意侵犯著作权或者相关权的，应当根据前两款计算的赔偿数额的二至三倍确定赔偿数额。

《著作权法（修改草案第三稿）》第七十三条则在保留第二稿第七十二条上述规定的基础之上，借鉴2013年第三次修改商标法的规定，规定了对被侵权人有利的关于损害赔偿的举证责任及其法律后果。

仔细研究2014年《著作权法（送审稿）》、2020年《著作权法（修正案草案）》、2010年《著作权法》、《著作权法》第三次修改草案不同版本上述规定，笔者认为下面五个重要问题值得认真探讨。

其一，关于著作权侵权损害赔偿界定方式的顺序问题。著作权人的著作权被侵害后其主张赔偿的计算方式有著作权人因被侵权而造成的实际损失、侵权人的违法

[1] 2020年《著作权法（修正案草案）》第五十三条则对2010年《著作权法》上述规定作了以下修改：（1）增加了基于权利许可使用费的倍数给予赔偿的规定，即“权利人的实际损失或者侵权人的违法所得难以计算的，可以参照该权利许可使用费的倍数给予赔偿。”（2）增加了惩罚性赔偿制度，即“对故意侵犯著作权或者与著作权有关的权利，情节严重的，可以在根据上述方法确定数额的一倍以上五倍以下给予赔偿”。（3）大幅度提高了侵权行为的法定赔偿标准。即“权利人的实际损失、侵权人的违法所得、权利许可使用费难以计算的，由人民法院根据侵权行为的情节，判决给予五百万元以下的赔偿”。（4）增加了有利于原告的证据制度。具体内容与前述2014年《著作权法（送审稿）》第七十六条第四款的规定相同。2020年《著作权法》第五十四条吸收了上述规定的实质内容，特别是引进惩罚性赔偿制度，并大幅度提高了法定赔偿的标准。

所得、权利交易费用的合理倍数、法定赔偿以及惩罚性赔偿，对于著作权人主张的损害赔偿额的这些计算方式是否存在一定的顺序？

根据2010年《著作权法》第四十九条、《著作权法（修改草案第一稿）》和《著作权法（修改草案第二稿）》第七十二条，以及《著作权法（修改草案第三稿）》第七十三条的规定，著作权人主张其著作权被侵害而获得的损害赔偿额，应当遵循一定的顺序，即首先是按照权利人因被侵权而遭受的实际损失进行赔偿，在上述实际损失难以计算时则可按照侵权人的违法所得计算。在前述两种计算方式都难以确定损害赔偿额时，可以参照通常的权利交易费用的合理倍数计算。这一规定从逻辑上看似乎非常严密，因为其层层推进。不仅如此，从侵权损害赔偿的理论上说，似乎也更合理，因为著作权侵权损害赔偿属于我国广义的民事侵权损害赔偿的范畴，而民事侵权损害赔偿的基本原则是填平原则，即所谓损失多少、赔多少。权利人因被侵权受到的实际损失作为著作权侵权损害赔偿额，从侵权损害赔偿的法理上讲也是最合理的。然而，笔者还应当指出，即使从法理的层面讲，法律规定应当面向现实，特别是就相关的部门法而言，规定更应当强调可操作性，能够更好地解决具体问题。著作权是一种无形财产权，著作权人因其著作权被他人侵害而造成的损失的界定并非易事，严格按照上述规定确立的顺序，可能并不符合实际情况。基于此，在著作权侵权损害赔偿规则的设立方面，应当充分给予著作权人的选择权。也正因如此，2020年《著作权法》第五十四条第一款没有纳2020年《著作权法（修正案草案）》第五十三条第一款“按序位”赔偿的规定。笔者认为，这是合理的。

其二，关于2014年《著作权法（送审稿）》、2020年《著作权法（修正案草案）》及2020年《著作权法》对各种赔偿形式的规定及其内涵。权利人因被侵权而遭受的实际损失，无疑是我国所有知识产权侵权损害赔偿制度中最为重要的一种界定侵权损害赔偿的计算方式。如前所述，根据民事侵权损害的一般法理，其也是最合理的一种计算方式。然而，基于著作权是一种无形财产权，著作权人因其著作权被他人侵害而遭受的实际损失并不容易计算，被侵权人也很难提出足够的证据证明其因被侵权而受到的实际损失。当然，最高人民法院的相关司法解释对知识产权侵权损害也规定了相关的界定方式，如权利人因被侵权而失去的市场份额乘以相关产品（在著作权侵权意义上体现为作品）的利润。笔者认为，最高人民法院相关司法解释在司法实践中的适用中存在很大的局限性，因为被侵权人要提出其所失去的市场份额的证据非常困难。尤其是在很多情况下被侵权人的作品并没有得到充分的传播和利用，被侵权人无力开拓侵权人已经占领的侵权作品市场。从侵权人对被侵权造成的直接损失来说，不容易通过市场份额的侵蚀或者减少来计算实际损失。有人可能会指出，尽管没有这一直接损失，可能会存在间接损失，因为侵权人的侵权行为侵蚀了著作权人的潜在的市场，使著作权人的作品未来获得市场利益的机会丧失或者被减少。不过，就著作权侵权损害赔偿的界定而言，更多的是基于侵权人因其侵权行为对被侵权人作品市场造成的直接侵蚀，造成其获得的市场份额的直接减少。从著作权作为著作权人对其作品享有的一种专有权利的角度，可以理解为它是一种对市场进行独占性控制的权利。还必须看到，从作品的消费者的角度而言，市场上完全可以存在同类替代品，甚至更好的替代品，市场合法替代品的存在也会合法地挤占或者减少著作权人对其作品享有的市场机会。因此，在计算被侵权人因其著作权被他人侵害而遭受的实际损失时，应综合考虑很多因素，而不仅仅是侵权人侵害其著作权的事实。从理论上来说，主要是要判明著作权人因被侵权而遭受的实际损失，与侵权人的侵权存在直接的因果关系。换言之，如果著作权人遭受的实际损失并非因为侵权人的侵权而直接造成的，这一部分实际损失就不应当当然地由侵权人“买单”。

在美国，包括著作权侵权损害赔偿的知识产权侵权损害赔偿司法实践中，有一种认定侵权损害赔偿的思维逻辑值得借鉴，即假定没有侵权发生时著作权人应该获得的相应的市场利润。尽管只是一种假定，但它对于还原事实真相、合理确定著作权人因其著作权被他人侵害而造成的实际损失仍然有一定启发和参考借鉴意义。当然，在侵权实际发生的情况下，要计算假定没有发生侵权时著作权人应该获得的相关市场利润，本身也带来了更复杂的计算时考量的因素。这里只是提供一种思路而已，关键的还是从多个因素考虑被侵权人因被侵权所造成的实际损失。其中，在正常的情况下，被侵权人应当获得的必要的市场利润可以作为重要的或者关键性的考量因素。例如，在我国第一起涉及计算机软件著作权侵权损害赔偿案中，法院计算被侵权人因被侵权而造成的实际损失就是这样考虑的：作为计算机软件著作权人的原告平常每月有相对稳定的利润，在被告实施侵权以后其应当获得的市场利润突然大幅度下降。法院在排除这一利润下降的其他因素以后，着重分析了实施计算机软件著作权侵权的行为人对原告著作权侵权所造成的市场影响。在上述基础上综合认定被侵权人因被侵权而遭受的实际损失。

至于因侵权人实施侵权获得的非法利润作为被侵权人因被侵权人获得的实际损失，笔者认为其合理性至少体现在以下两方面：一是可以沿用民法原理中的禁止不当得利制度。侵权人通过实施著作侵权行为而获得了非法利益，这在法律上因为缺乏合法基础而不能得到法律保护。这一点是容易理解的。二是基于对侵权行为实施侵权行为的有力制裁的角度。可以设想一下在侵权损害赔偿制度设计方面，如果允许侵权人实施侵权行为能够获得非法利益，就不仅不能有效保护著作权人享有的著作权，反而会鼓励或者纵容侵权人实施侵权行为，因为侵权行为人可以从其侵权行为中获得非法利益。因此，即使不是以弥补著作权人因被侵权所造成的损失这一点考虑，从有效规制著作权侵权行为这一角度来说，也不允许侵权人因侵权行为获得的非法利益可以据为己有。

当然，在著作权侵权损害赔偿实践中，侵权人因侵权行为而获得的非法利益的界定，同样存在一定的困难，也需要认真研究。笔者认为，根据著作权侵权损害赔偿的基本法理和著作权侵权损害赔偿司法实践，在以侵权人的违法所得作为损害赔偿额时，应注意以下两点：(1) 侵权人违法所得应当是侵权人实施侵害著作权的行为所获得的非法利润，该违法所得与侵权人实施侵权行为有直接因果关系。在司法实践中，侵权人获得的利润可能包括合法获得的，也包括非法获得的利润，其中合法获得的部分，不能计算在违法所得之中。举例而言，在一个涉及剽窃、抄袭的著作权侵权案件中，侵权作品中剽窃、抄袭的部分只占全书十分之一，其他部分没有版权问题。在计算侵权人的违法所得时，就不能将侵权人涉案作品获得的利润都计算为侵权人的违法所得，否则对被告将是不公平的。(2) 对侵权人违法所得的计算，本身存在不同的计算方法。例如，是侵权人的营业利润还是销售利润？违法所得的不同计算指标会造成数额的差别，这一点需要明确。原则上说，可以根据侵权人实施侵权的主观过错、违法情节等情况加以界定。例如，以侵权为业的人，应当给予更严厉的制裁。

关于参照权利交易费用作为著作权人因被侵权而获得的实际损害赔偿额[1]，2014 年《著作权法（送审稿）》及 2020 年《著作权法（修正案草案）》、2020 年《著作权法》规定的这一方式也具有其合理性，上述最高人民法院的相关司法解释也有规定。笔者认为，其合理性体现于著作权作为一种专有性的权利，可以通过许可、转让等交易形式实现其著作权的经济社会价值。著作权侵权行为的发生，意味着作品对侵权人有其内在的需求，而这种需求本来是可以通过正常的著作权许可、转让等交易形式实现的。由于著作权侵权行为的存在，这种权利交易的形式，实际上会变得不存在。换言之，著作权正常获得这种权利交易的机会的失去，也可以视为著作权人所受到的损失，因此这种损失应当由侵权人予以补偿。但值得注意的是，2014 年《著作权法（送审稿）》和最高人民法院相关司法解释规定的都是权利交易费用的合理倍数，而不仅仅是权利交易费用。对此，笔者认为其合理性在于损害赔偿制度的价值和功能不仅仅是弥补被侵权人因被侵权所受到的实际损失，其更深层次的内涵是通过弥补这一损失而达到有效威慑和制裁侵权的目的。[2] 可以设想一下，如果侵权人只需要支付正常情况下应当支付的使用费，就很难以阻止侵权的发生。基于此，在按照交易费用作为基准的情况下，需再确定一个合理的倍数作为被侵权人应获得的损害赔偿额。当然，这里的倍数如何掌握，也需要根据个案分析，因为权利交易费用的计算基于交易的形式的不同和有区别。仅以著作权许可使用为例，

---

[1] 姜明坤. 浅议合理许可使用费方法在著作权侵权损害赔偿中的适用 [J]. 传播与版权，2017 (11)：187－190.

[2] 谢惠加. 著作权侵权损害赔偿制度实施效果分析——以北京法院判决书为考察对象 [J]. 中国出版，2014 (14)：37－43.

独占许可使用、独家许可使用和普通许可使用在使用费的收取方面就存在较大的区别，究竟以何者为准，则值得考虑。在司法实践中，还有一个现象值得警惕即有的被侵权人为了获得较高的损害赔偿额，故意通过“倒签合同”的形式提供侵权纠纷发生前的较高许可使用费的合同。这种情况严格来说是提供假证，不但不应该得到法院认可，反而应当根据相关法律和司法解释的规定承担相应的法律责任。

至于2014年《著作权法（送审稿）》第七十六条第一款规定的权利人可以选择一百万元以下数额请求赔偿，笔者认为这完全是基于2010年《著作权法》和《著作权法》第三次修改不同版本关于法定赔偿的规定而作出的变通性规定。例如，依2010年《著作权法》第四十九条规定，权利人的实际损失或者侵权人的违法所得不能确定的，由人民法院根据侵权行为的情节，判决给予五十万元以下的赔偿。《著作权法》第三次修改草案第一稿规定，《著作权法（修改草案第一稿）》第七十二条规定：“权利人的实际损失、侵权人的违法所得和通常的权利交易费用均难以确定，并且经著作权或者相关权登记、专有许可合同或者转让合同登记的，由人民法院根据侵权行为的情节，判决给予一百万元以下的赔偿”。《著作权法（修改草案第二稿）》第七十二条则规定：“权利人的实际损失、侵权人的违法所得和通常的权利交易费用均难以确定的，由人民法院根据侵权行为的情节，判决给予一百万元以下的赔偿。”对照上述不同版本的规定，可以看出修改草案第一稿限定了适用法定赔偿的条件，其中包括经著作权或者相关权登记等要求。笔者认为这一限定性条件是不合理的，因为著作权不经登记同样受到著作权保护。正是基于这一不足，修改草案第二稿取消了这一限制性条件，同时将2010年《著作权法》法定赔偿的标准提高到一百万元。

笔者认为，2014年《著作权法（送审稿）》上述关于法定赔偿的规定是不大合适的，仍然需要沿用2010年《著作权法》的规定，并将法定赔偿额的标准提高。原因是法定赔偿具有其适用的前提条件，也就是被侵权人因被侵权所遭受的实际损失、侵权人的违法所得，以及权利交易的费用不易确定时，才可适用法定赔偿。另外，我国商标法在2013年进行的第三次修改，大幅度提高了法定赔偿的标准，并且在2019年商标法进行第四次修改而进一步提高了法定赔偿的标准，以及专利法第四次修改对法定赔偿的标准也进行了大幅度提高的情况下，著作权侵权损害的法定赔偿固守一百万元不大合适。法定赔偿的目的是在著作权侵权损害赔偿的相关证据无法查证的前提下，为了保证被侵权人获得必要的赔偿而作出的特别规定。[1] 第三次《著作权法》修改关于法定赔偿的规定，需要参照专利法第四次修正案和现行商标法的相关规定，提高法定赔偿的数额。基于此，2020年《著作权法（修正案草

[1] 李颖怡，严义．法定赔偿限额的提高对阻却著作权侵权作用剖析——以混合策略纳什均衡理论为视角［J］．政法学刊，2016（5）：10－19.

案)》第五十三条第二款将法定赔偿的最高额提高到五百万元。2020年《著作权法》第五十四条第二款在吸收上述规定的同时，还规定了法定赔偿的“下限”，即不少于五百元。这样有利于为权利人提供最起码的保障。

其三，《著作权法》引进惩罚性赔偿制度的合理性与制度构建。2014年《著作权法（送审稿）》第七十六条第二款规定：“对于两次以上故意侵犯著作权或者相关权的，人民法院可以根据前款计算的赔偿数额的二至三倍确定赔偿数额。”该规定沿用了《著作权法（修改草案第一稿）》和《著作权法（修改草案第二稿）》的相关规定，在理论上被认为是建立了著作权侵权损害赔偿的惩罚性赔偿制度。2020年《著作权法（修正案草案）》及2020年《著作权法》则对该现定作了进一步修改。对此至少有以下两个方面问题需要探讨。

第一，著作权侵权损害赔偿中惩罚性赔偿制度的合理性。[1] 关于知识产权侵权损害赔偿制度中的惩罚性赔偿制度，笔者在前几年曾合作撰文[2]，对于民事侵权惩罚性赔偿制度在知识产权侵权损害赔偿制度中的适用表示赞同，至今仍然持相同的观点。一般认为，民事侵权惩罚性赔偿制度的适用，主要是通过加大损害赔偿的力度，达到更有力地制裁侵权、威慑侵权，更好地实现民事侵权赔偿责任的目的。就著作权侵权惩罚性赔偿制度而言，也是基于同样的目的。不过，应当指出由于民事侵权损害赔偿的基本法理和原则是填平原则，即所谓损失多少、赔多少，惩罚性赔偿制度明显是对这一基本原则的突破，因而其适用必须有严格的条件和限制。我们知道，在涉及知识产权侵权损害赔偿方面，行为人必须主观上存在过错，而过错包括故意和过失的两种类型。由于著作权侵权惩罚性赔偿制度旨在更有力地制止侵权，更好地维护被侵权人的合法权益，因而在主观过错方面必须要求存在故意的过错，不包括过失行为。这样就将著作权侵权行为中情节较轻、主观恶性不强的行为排除在著作权侵权惩罚性赔偿制度的适用之外。从2016年最高人民法院发布的《中国知识产权司法保护纲要》规定的比例原则来看，也要求在适用著作权侵权惩罚性赔偿责任时，要求行为人存在主观故意性，否则就会造成侵权行为实施的行为与其承担的法律责任不相适应的情况。

第二，对于2014年《著作权法（送审稿）》、2020年《著作权法（修正案草案）》及2020年《著作权法》具体规定的理解。2014年《著作权法（送审稿）》规定的行为人“两次以上故意侵害著作权或者相关权”，可以存在以下几种不同的解读：同一行为人一次侵害著作权，一次侵害相关权，均存在主观故意；行为人两次

[1] 袁杏桃. 从制度功能谈著作权侵权惩罚性赔偿金的归属［J］. 杭州师范大学学报（社会科学版），2018（4）：132－136.

王坤. 惩罚性赔偿在著作权侵权领域的引入［J］. 中国版权，2012（5）：29－31.

[2] 冯晓青，罗娇. 知识产权侵权惩罚性赔偿研究——人文精神、制度理性与规范设计［J］. 中国政法大学学报，2015（1）：24－46，159.

侵害的都是著作权；行为人两次侵害的都是相关权；行为人侵害的都是同一被侵害人的著作权或者相关权；行为人先后侵害了著作权或者相关权，不是同一被侵害人。2020 年《著作权法（修正案草案）》及 2020 年《著作权法》规定的适用惩罚性赔偿的条件则包括“故意”与“情节严重”两个因素。笔者认为该规定更为合理，因为既然是惩罚性赔偿，就应给予更严格的条件限制。除了主观上为“故意”外，还应满足“情节严重”这一条件。这样就可以区分情节不够严重的故意侵权，防止滥用惩罚性赔偿制度。

其四，权利人为制止侵权所支付的合理开支问题。在著作权侵权损害赔偿中，权利人为制止侵权所支付的合理开支也是值得研究的问题。对此，2014 年《著作权法（送审稿）》第七十六条第三款规定：“人民法院在确定赔偿数额时，应当包括权利人为制止侵权行为所支付的合理开支。”该款规定是对 2010 年《著作权法》第四十九条第二款规定的直接继承。2020 年《著作权法（修正案草案）》及 2020 年《著作权法》也维持了 2010 年《著作权法》的规定。这一规定的合理性主要体现在上述合理开支在没有发生侵权的情况下本不应该发生，因此其可以理解为是由于侵权行为的侵权行为所导致的被侵权人支付的额外的成本。这一额外成本理应由侵权人承担，否则被侵权人因被侵权获得的赔偿就需要从这一额外的成本中减扣一部分，从而不利于充分维护被侵权人的合法权益。当然，在司法实践中，如果合理计算权利人为制止侵权所支付的合理开支，值得进一步进行思考与分析。2014 年《著作权法（送审稿）》、2020 年《著作权法（修正案草案）》和 2020 年《著作权法》强调的必须是合理的开支，这意味着权利人为维护自己的权利所支付的非合理开支不能够计算在内。从司法实践的情况看，侵权所支付的合理开支通常包括调查侵权所支付的差旅费用、公证费用以及必要的律师费用等内容。其中对于律师费用的界定也有不同的标准，要按照不同的收费方式所支付的律师费用可能有较大的差别，特别是在律师以胜诉风险费用收取使用费的情况下，胜诉方一旦获得胜诉将付出较大的律师费。以北京知识产权法院近年审理的一起案件为例，当事人一方获得胜诉，但为此支付了 100 万元的律师费。法院判决书就将这 100 万律师费判决由败诉一方全部承担。涉及律师费承担这一判决是否合理，引起了较大争议。笔者基本观点是，胜诉一方收取较高的风险费用，不应当全部转嫁给败诉一方当事人，而应当根据公平合理的原则由败诉方适当承担胜诉方所支付的律师费用。

其五，著作权侵权损害赔偿相关举证责任分配。关于著作权侵权损害赔偿，2014 年《著作权法（送审稿）》第七十六条第四款、2020 年《著作权法（修正案草案）》第五十三条第四款规定：“人民法院为确定赔偿数额，在权利人已经尽力举证，而与侵权行为相关的账簿、资料主要由侵权人掌握的情况下，可以责令侵权人提供与侵权行为相关的账簿、资料；侵权人不提供或者提供虚假的账簿、资料的，人民法院可以根据权利人的主张判定侵权赔偿数额。”这一规定有利于维护被侵权人的合法权益。笔者认为，这也是借鉴我国《商标法》2013 年修改时新增制度的结果，而《商标法》2013 年的修改，又与借鉴欧美文书令制度有关。引进这一制度，有利于在著作权侵权诉讼中确定侵权损害赔偿额，并有利于被控侵权人在提供证据方面给予合作。基于此，2020 年《著作权法》第五十四条第四款除对个别用语和表述作出调整外，沿袭了前述规定。

技术措施和权利管理信息保护制度的完善*

技术措施和权利管理信息是2010年《著作权法》规定的重要内容，2014年《著作权法（送审稿）》第六章、2020年《著作权法（修正案草案）》第四十七至第四十九条及2020年《著作权法》第四十九条至第五十一条、第五十三条在技术措施和权利管理信息规定部分，对2010年《著作权法》的相关规定做了重要改进与发展。为此，需要对相关规定进行研究，同时对技术措施与权利管理信息在著作权保护中的地位作出探讨。

一、从《著作权法》规定看技术措施和权利管理信息属性与保护的必要性

2014年《著作权法（送审稿）》专设第六章，标题是技术保护措施和权利管理信息，其第六十八条第一款规定："本法所称的技术保护措施，是指权利人为防止、限制其作品、表演、录音制品或者广播电视节目被复制、浏览、欣赏、运行、改编或者通过网络传播而采取的有效技术、装置或者部件。"其第二款规定："本法所称的权利管理信息，是指说明作品及其作者、表演及其表演者、录音制品及其制作者的信息、广播电视节目及其广播电台电视台，作品、表演、录音制品以及广播电视节目权利人的信息和使用条件的信息，以及表示上述信息的数字或者代码。"

2010年《著作权法》第四十八条第（六）项和第（七）项分别规定了构成侵权的破坏技术措施和权利管理信息的行为。同时，根据《著作权法》的相关规定，国务院颁布了《信息网络传播权保护条例》，该条例对于技术措施和权利管理信息的基本定义、侵害技术措施和权利管理信息的行为以及相应的权利限制等做了更详细的规定。

《著作权法（修改草案第一稿）》第六章的标题是技术保护措施和权利管理信息，其第六十四条第一款规定："本法所称的技术保护措施，是指权利人为防止、

* 本文初稿撰写时间为2019年9月26日。

限制其作品、表演、录音制品或者计算机程序被复制、浏览、欣赏、运行或者通过信息网络传播而采取的有效技术、装置或者部件。”其第二款规定：“本法所称的权利管理信息，是指说明作品及其作者、表演及其表演者、录音制品及其制作者的信息，作品、表演、录音制品权利人的信息和使用条件的信息，以及表示上述信息的数字或者代码。”

《著作权法（修改草案第二稿）》第六十五条规定：“为保护著作权和相关权，权利人可以采用技术保护措施。未经许可，任何组织或者个人不得故意避开或者破坏技术保护措施，不得故意制造、进口或者向公众提供主要用于避开或者破坏技术保护措施的装置或部件，不得故意为他人避开或者破坏技术保护措施提供技术服务，但是法律、行政法规另有规定的除外。”

对照2014年《著作权法（送审稿）》、2020年《著作权法（修正案草案）》、2010年《著作权法》、《著作权法》修改草案不同版本上述规定，笔者再结合最后通过的2020年《著作权法》的相关规定加以研究。

第一，关于技术措施和权利管理信息在著作权法中的定性和定位。[1] 首先需要注意到的是，2010年《著作权法》使用的相关术语是“技术措施”，而修改草案不同版本以及2014年《著作权法（送审稿）》的相应表述是“技术保护措施”，之所以将“技术措施”修改为“技术保护措施”，是考虑到与我国加入的互联网条约即《世界知识产权组织版权条约》和《世界知识产权组织表演和录音制品条约》的相关表述一致。当然，也应注意到2020年《著作权法》仍然沿袭了2010年《著作权法》的用语。

第二，技术措施和权利管理信息保护的必要性。[2] 随着信息网络技术的迅猛发展，数字化形式的作品在信息网络空间广泛传播和利用。信息网络技术的发展为作品在信息网络空间获得进一步的著作权保护，提出了严峻的挑战。[3] 一方面，著作权人可以通过信息网络平台充分地利用其享有著作权作品，能够更广泛地实现其作品的价值，扩大作品的影响力。另一方面，网络传播的快捷性、全球性也使得受著作权保护的作品很难在网络中得到控制。著作权人为了有效地保护其在网络空间的著作权，往往需要通过采取“自力救济”的办法，保护其著作权不受他人侵害，技术措施和权利管理信息就是著作权人实施自力救济的重要体现和保障。通过有效地实施技术措施，著作权人能够防止或者禁止他人擅自接触、使用或者传播其作品。通过设置权利管理信息，警示他人擅自传播、利用著作权人享有著作权的作品，也有利于著作权人作品在信息网络空间中的保护。然而，“道高一尺、魔高一丈”。随

[1] 李晓阳．重塑技术措施的保护——从技术措施保护的分类谈起［J］．知识产权，2019（2）：69－80.

[2] 王迁．版权法保护技术措施的正当性［J］．法学研究，2011（4）：86－103.

[3] 严格地说，还包括相关权问题，如录音制品在信息网络空间的保护。为便于阐述，以下仅针对著作权的问题进行探讨。

着著作权人对其作品采取技术措施和权利管理信息的手段出现，破坏他人技术措施和权利管理信息的行为也不断地出现。这种行为使得著作权人采取技术措施和权利管理信息保护其著作权效力大打折扣，也使得其作品著作权在网络空间处于随时被侵权的风险之中。因此，对于技术措施和权利管理信息的保护，就具有必要性和紧迫性。这也是我国在2001年修改《著作权法》时，专门增加技术措施和权利管理信息保护的重要原因。

第三，技术措施和权利管理信息的法律属性。值得注意的是，2010年《著作权法》对技术措施和权利管理信息保护的规定，是在其第四十八条关于侵害著作权的行为中，《著作权法》第三次修改草案不同版本以及2014年《著作权法（送审稿）》则专门从侵害著作权人行为的列举中移出，对侵害技术保护措施和权利管理信息的行为，另外作出专门的规定。笔者认为其原因在于，技术措施和权利管理信息本身并不是受著作权保护的作品，不宜将破坏技术措施和权利管理信息的行为直接纳入侵害著作权的行为。实际上，之所以应当将破坏技术措施和权利管理信息的行为在《著作权法》中作出规定，是因为这种行为尽管本身不是侵害著作权，但它会使受著作权保护的作品处于随时被侵害的危害，因此有必要受到法律的规制。[1]

二、应当予以禁止的相关行为

2014年《著作权法（送审稿）》第六十九条规定："为保护著作权和相关权，权利人可以采用技术保护措施。未经许可，任何组织或者个人不得故意避开或者破坏技术保护措施，不得故意制造、进口或者向公众提供主要用于避开或者破坏技术保护措施的装置或者部件，不得故意为他人避开或者破坏技术保护措施提供技术或者服务，但是法律、行政法规另有规定的除外。"

2014年《著作权法（送审稿）》第七十条规定："未经权利人许可，不得进行下列行为：（一）故意删除或者改变权利管理信息，但由于技术上的原因无法避免删除或者改变的除外；（二）知道或者应当知道相关权利管理信息被未经许可删除或者改变，仍然向公众提供该作品、表演、录音制品或者广播电视节目。"

2010年《著作权法》第四十八条第（六）项规定："未经著作权人或者与著作权有关的权利人许可，故意避开或者破坏权利人为其作品、录音录像制品等采取的保护著作权或者与著作权有关的权利的技术措施的，法律、行政法规另有规定的除外。"其第（七）项规定："未经著作权人或者与著作权有关的权利人许可，故意删

[1] 2020年《著作权法（修正案草案）》及2020年《著作权法》也在很大程度上沿袭了2014年《著作权法（送审稿）》的规定。前者，参见第四十七条至第四十九条，第五十二条第（六）（七）项；后者，参见第四十九条至第五十一条，第五十三条第（七）项。

除或者改变作品、录音录像制品等的权利管理电子信息的，法律、行政法规另有规定的除外。”❶

《著作权法（修改草案第一稿）》第六十五条规定：“为保护著作权和相关权，权利人可以采用技术保护措施。任何组织或者个人不得故意避开或者破坏技术保护措施，不得故意制造、进口或者向公众提供主要用于避开或者破坏技术保护措施的装置或部件，不得故意为他人避开或者破坏技术保护措施提供技术服务，但是法律、行政法规另有规定的除外。”第六十六条规定：“未经权利人许可，不得进行下列行为：（一）故意删除或者改变权利管理信息，但由于技术上的原因无法避免删除或者改变的除外；（二）向公众提供知道或者应当知道未经权利人许可被删除或者改变权利管理信息的作品、表演、录音制品。”

《著作权法（修改草案第二稿）》第六十五条规定：“为保护著作权和相关权，权利人可以采用技术保护措施。未经许可，任何组织或者个人不得故意避开或者破坏技术保护措施，不得故意制造、进口或者向公众提供主要用于避开或者破坏技术保护措施的装置或部件，不得故意为他人避开或者破坏技术保护措施提供技术服务，但是法律、行政法规另有规定的除外。”第六十六条规定：“未经权利人许可，不得进行下列行为：（一）故意删除或者改变权利管理信息，但由于技术上的原因无法避免删除或者改变的除外；（二）知道或者应当知道相关权利管理信息被未经许可删除或者改变，仍然向公众提供该作品、表演、录音制品或者广播电视节目。”

《著作权法（修改草案第三稿）》的规定和上述第二稿的规定相同。

仔细研究上述规定，笔者有以下观点。

其一，著作权人和相关权人享有采取技术措施和权利管理信息的权利。从立法体例和结构来看，2014 年《著作权法（送审稿）》将 2010 年《著作权法》对于技术措施和权利管理信息的规定从侵害著作权、相关权的行为的规定中独立出来，升格为独立的一章，并对技术措施和权利管理信息做了更加详细的规定。如前所述，技术措施和权利管理信息本身并不是受著作权保护的作品，因此对于故意规避和破坏技术措施以及破坏权利管理信息的行为不宜直接作为侵害著作权的行为对待。通过单独规定为一章，既体现了技术措施和权利管理信息在《著作权法》中的独立地

❶ 2020 年《著作权法（修正案草案）》第四十七条和第四十九条分别规定了应当禁止的涉及避开或者破坏技术措施与权利管理信息的行为。其中，第四十七条第一款规定：“为保护著作权和与著作权有关的权利，权利人可以采取技术措施。”其第二款规定：“未经许可，任何组织或者个人不得故意避开或者破坏技术措施，不得以避开或者破坏技术措施为目的制造、进口或者向公众提供有关装置或者部件，不得故意为他人避开或者破坏技术措施提供技术服务。但是，法律、行政法规规定可以避开的除外。”其第四十九条则规定：“未经权利人许可，不得进行下列行为：（一）故意删除或者改变作品、版式设计、表演、录音录像制品或者广播电台、电视台播放的载有节目的信号上的权利管理信息，但由于技术上的原因无法避开的除外；（二）知道或者应当知道作品、版式设计、表演、录音录像制品或者广播电台、电视台播放的载有节目的信号上的权利管理信息未经许可被删除或改变，仍然向公众提供。”

位，也有利于在《著作权法》中建立全面而完整的技术措施和权利管理信息保护制度。2014 年《著作权法（送审稿）》明确地赋予了著作权人和相关权人对技术措施的权利。根据上面的分析，可以看出这一权利和通常的著作权人对其作品享有的专有权利不同。笔者认为，从法律的属性来看，实际上是《著作权法》赋予著作权人采取自力救济的方式维护其网络环境下著作权的安全的一种法律机制和手段。不过需要进一步看，2014 年《著作权法（送审稿）》赋予著作权和相关权人对相关作品和相关权客体采取技术措施和权利管理信息的权利，尽管不是保护著作权和相关权本身，但是因为禁止他人故意避免或者破坏技术保护措施，以及破坏权利管理信息而使得著作权人和相关权人的作品及相关权客体可以避免受到侵害，因此完全可以说，技术保护措施与权利管理信息在网络环境下，为著作权与相关权的保护提供了安全屏障。

其二，2014 年《著作权法（送审稿）》、2020 年《著作权法（修正案草案）》及 2020 年《著作权法》吸收了《著作权法》第三次修改草案不同版本中的相关规定，对 2010 年《著作权法》关于技术措施和权利管理信息的保护范围、保护内容、保护程度有了明显提高。[1] 具体而言，主要体现在以下两个方面。

（1）从保护的客体来说，2010 年《著作权法》限于作品以及录音录像制品，对于表演和广播电视节目没有规定。实际上，在信息网络环境下，表演和广播电视节目同样可以通过信息网络传播的形式传播后使用。如果对表演和广播电视节目不给予技术措施和权利管理信息的保护，就会在一定程度上使得相关权人通过自力救济的手段保护其在网络空间的安全落空。特别是考虑到 2010 年《著作权法》并没有对广播电视组织规定信息网络传播权的情况下，如果对其也不赋予技术措施和权利管理信息的权利，则更不利于在信息网络环境下保护广播电视组织权。基于此，2014 年《著作权法（送审稿）》吸收了第三次修改草案不同版本的做法，将技术保护措施和权利管理信息覆盖的范围进一步拓展到表演和广播电视节目。至于 2020 年《著作权法（修正案草案）》则在 2014 年《著作权法（送审稿）》基础上增加了“版式设计”，从而使权利管理信息保护的范围进一步扩大。从 2020 年《著作权法》的规定看，技术措施保护客体在 2010 年《著作权法》规定的作品、录音录像制品的基础之上，增加了“表演”。权利管理信息则在 2010 年《著作权法》规定的作品、录音录像制品基础上增加了版式设计和广播、电视。

（2）从保护的权利内容来看，2010 年《著作权法》对于技术措施的保护仅限于未经著作权人或者相关权人许可，故意规避或者破坏他人为其作品或者录音录像制品采取的技术措施。该规定没有考虑到在现实生活中还存在故意制造、进口或者向公众提供主要为规避或者破坏他人技术措施的行为，更没有考虑到现实生活中还

[1] 王迁．论禁止规避技术措施的范围［J］．法学家，2016（2）：133－145，179.

存在故意为他人规避或者破坏技术保护措施提供技术服务的行为。如果对后两种行为不予以规制（法律、行政法规另有规定的除外），著作权人、相关权人享有的技术措施权利，就会在一定程度上落空。基于此，2014 年《著作权法（送审稿）》、2020 年《著作权法（修正案草案）》、2020 年《著作权法》均做了补充规定。关于权利管理信息的保护，2010 年《著作权法》只是规定未经著作权人或者相关权人许可，故意改变或者删除他人为保护其权利（仅针对作品和录音录像制品）而采取的权利管理信息属于法律禁止的违法行为，而没有规定他人明知或者应知权利管理信息被擅自删除或者改变而仍然向社会公众提供该作品、表演、录音制品或者广播电视节目。因此，2010 年《著作权法》对权利管理信息的保护是不全面的。2020 年《著作权法（修正案草案）》第四十九条及 2020 年《著作权法》第五十一条则在吸收此前版本基础上，大大扩大了对权利管理信息的保护范围。

从上述分析可以看出，2014 年《著作权法（送审稿）》、2020 年《著作权法（修正案草案）》及 2020 年《著作权法》加强了对技术措施和权利管理信息的保护力度。可以预料，这必将有利加强对于信息网络环境下著作权和相关权的保护。

三、侵害技术措施和权利管理信息的法律责任

侵害技术措施和权利管理信息的法律责任，是《著作权法》第三次修改过程中重要内容之一。[1]

2014 年《著作权法（送审稿）》的相关规定如下：

第七十八条　下列违法行为，可以由著作权行政管理部门予以警告，没收违法所得，没收主要用于避开、破坏技术保护措施的装置或者部件；情节严重的，没收相关的材料、工具和设备，非法经营额五万元以上的，可处非法经营额一倍以上五倍以下的罚款，没有非法经营额、非法经营额难以计算或者非法经营额五万元以下的，可处二十五万元以下的罚款；构成犯罪的，依法追究刑事责任：

（一）未经许可，故意避开或者破坏权利人采取的技术保护措施的，法律、行政法规另有规定的除外；

（二）未经许可，故意制造、进口或者向他人提供主要用于避开、破坏技术保护措施的装置或者部件，或者故意为他人避开或者破坏技术保护措施提供技术或者服务的；

（三）未经许可，故意删除或者改变权利管理信息的，本法另有规定的除外；

（四）未经许可，知道或者应当知道权利管理信息被删除或者改变，仍然复制、

---

[1] 湛茜．因特网条约权利管理信息条款研究——兼论我国《著作权法》第三次修改［J］．暨南学报（哲学社会科学版），2015（2）：67－83，163－164．

发行、出租、表演、播放、通过网络向公众传播相关作品、表演、录音制品或者广播电视节目的。

如前所述，2020年《著作权法（修正案草案）》第五十二条第（六）项和第（七）项分别规定了可以承担行政责任乃至刑事责任的侵害技术措施或权利管理信息的行为。

对上述规定的研究，可以得出以下结论：

其一，技术措施和权利管理信息在《著作权法》中给予严格的保护，是基于通过此种保护能够更好地保护受著作权保护的作品（还包括相关权客体，为阐述简便，仅以作品为考察对象）不受他人侵害。但如前所述，技术措施和权利管理信息本身不是受著作权保护的作品❶，这也是2014年《著作权法（送审稿）》以及《著作权法》第三次修改草案不同版本将技术措施和权利管理信息从侵害著作权的行为中移出而单独进行规定的重要原因。还必须看到，尽管两者本身不是受著作权保护的客体，但技术措施和权利管理信息的严格保护与对作品的有效的著作权保护具有直接的关系，也就是通过对技术措施和权利管理信息的有效维护，使作品尤其是在网络空间避免受到侵害。

其二，对侵害技术措施和权利管理信息的行为追究行政责任，乃至刑事责任，有利于充分地保护技术措施和权利管理信息。❷ 如前所述，我国《著作权法》规定的侵害著作权的法律责任，有民事责任、行政责任和刑事责任三种类型。对于侵害技术措施和权利管理信息的行为追究行政责任，根据上述规定体现为警告、没收非法所得，没收相关的故意规避或者破解技术保护措施的装置或者部件，实施侵害行为相关的材料、工具和设备，并根据情节的不同进行罚款。笔者认为，之所以作出上述规定，很重要的一个考虑是从源头上制止这种侵害行为。另外，如前所述，通过行政手段制止侵害行为相比于司法诉讼手段存在某种优势，尤其体现在能够起到立竿见影的效果。这一行政手段的实施，也能够体现法律制裁手段的效率优势。当然，根据我国行政诉讼法相关法律的规定，为保证依法行政，相关法律对行政相对人也给予救济的权利。在当前依法行政的大背景下，通过行政手段对侵害技术措施和权利管理信息等行为进行处罚，也应当严格依照法律的规定，根据侵害的事实正确地适用法律。根据2014年《著作权法（送审稿）》上述条款的规定，侵害技术保护措施和权利管理信息的行为具有特定的表现形式，相关行政管理部门只能对符合这些表现形式的行为给予行政处罚。当然，应当指出，和2010年《著作权法》关于技术措施和权利管理电子信息保护的规定相比，2014年《著作权法（送审稿）》、

❶ 李晓阳．重塑技术措施的保护——从技术措施保护的分类谈起［J］．知识产权，2019（2）：69－80．王迁．论禁止规避技术措施的范围［J］．法学家，2016（6）：133－145，179．

❷ 杨彩霞．规避著作权技术措施行为刑法规制的比较与思考［J］．政治与法律，2012（12）：52－61．王燕玲．论规避技术保护措施之刑事制裁［J］．知识产权，2013（5）：70－74，93．

2020年《著作权法（修正案草案）》及2020年《著作权法》扩大了技术措施和权利管理信息的保护范围，对比在前面关于技术保护措施和权利管理信息的研究中已经指出，在此不再赘述。

四、技术措施和权利管理信息保护的限制

2014年《著作权法（送审稿）》、2020年《著作权法（修正案草案）》及2020年《著作权法》对技术措施和权利管理信息做了较多的规范，总的来说是提高了这方面的保护水平。然而，《著作权法》是一种利益平衡机制。《著作权法》一方面需要对技术措施和权利管理信息进行充分的保护；另一方面基于维护社会公共利益的需要，也应对其进行相应的限制。

2014年《著作权法（送审稿）》的相关规定如下：

第七十一条　下列情形可以避开技术保护措施，但不得向他人提供避开技术保护措施的技术、装置或者部件，不得侵犯权利人依法享有的其他权利：

（一）为学校课堂教学或者科学研究，向少数教学、科研人员提供已经发表的作品、表演、录音制品或者广播电视节目，而该作品、表演、录音制品或者广播电视节目无法通过正常途径获取；

（二）不以营利为目的，以盲人能够感知的独特方式向盲人提供已经发表的作品，而该作品无法通过正常途径获取；

（三）国家机关依照行政、司法程序执行公务；

（四）具有安全测试资质的机构对计算机及其系统或者网络的安全性能进行测试；

（五）进行加密研究或者计算机程序反向工程研究。❶

2010年《著作权法》对这方面没有规定，但是，在《信息网络传播权保护条例》第十二条有相关规定。

《著作权法（修改草案第一稿）》的相关规定如下：

第六十七条　下列情形可以避开技术保护措施，但不得向他人提供避开技术保护措施的技术、装置或者部件，不得侵犯权利人依法享有的其他权利：

（一）为学校课堂教学或者科学研究，向少数教学、科研人员提供已经发表的作品、表演、录音制品，而该作品、表演、录音制品无法通过正常途径获取；

（二）不以营利为目的，以盲人能够感知的独特方式向盲人提供已经发表的文

---

❶ 2020年《著作权法（修正案草案）》则在第四十八条中对2014年《著作权法（送审稿）》的上述规定作了适当修改。例如，增加了“版式设计”方面权利管理信息的限制；对计算机及其系统或者网络的安全性能进行测试的机构，不再要求限于具有安全测试资质的机构。2020年《著作权法》第五十条则对上述第四十八条规定作了修改，如针对学校课堂教学或者科学研究，限于“作品”。

字作品，而该作品无法通过正常途径获取；

（三）国家机关依照行政、司法程序执行公务；

（四）对计算机及其系统或者网络的安全性能进行测试。

《著作权法（修改草案第二稿）》的相关规定如下：

第六十七条　下列情形可以避开技术保护措施，但不得向他人提供避开技术保护措施的技术、装置或者部件，不得侵犯权利人依法享有的其他权利：

（一）为学校课堂教学或者科学研究，向少数教学、科研人员提供已经发表的作品、表演、录音制品或者广播电视节目，而该作品、表演、录音制品或者广播电视节目无法通过正常途径获取；

（二）不以营利为目的，以盲人能够感知的独特方式向盲人提供已经发表的文字作品，而该作品无法通过正常途径获取；

（三）国家机关依照行政、司法程序执行公务；

（四）对计算机及其系统或者网络的安全性能进行测试。

对照上述规定，笔者认为以下问题值得探讨。

其一，在信息网络环境下技术措施是一把双刃剑，一方面它有利于著作权客体和相关权客体（为阐述简便，以下仅针对著作权客体）在信息网络环境中有效地传播和利用，特别是对享有著作权作品的保护起了“防护墙”的作用；另一方面由于受技术措施保护的作品对著作权人以外的人也同样具有合法的需求，包括根据《著作权法》第二十二条第一款规定的合理使用，如果对技术措施不给予一定的限制，他人对受技术措施保护的享有著作权的作品就不能够依照正常情况进行合理使用。为此，2014 年《著作权法（送审稿）》、2020 年《著作权法（修正案草案）》及 2020 年《著作权法》在规定加强对技术措施的保护的同时，也规定了对技术措施的限制性规定。[1] 这种保护与限制尽管不是针对作品本身，但由于其在网络环境下既保障了作品的安全，同时也促进了作品的使用，因此它仍然符合著作权法中利益平衡原理。

其二，与《信息网络传播权保护条例》、第三次修改草案第一稿的规定相比，2014 年《著作权法（送审稿）》、2020 年《著作权法（修正案草案）》及 2020 年《著作权法》对技术措施限制性的规定也相应地扩大。笔者认为，具体体现在以下几方面：（1）2014 年《著作权法（送审稿）》对于课堂教学或者科学研究方面的合理使用，适用合理使用的对象从已经发表的作品、表演、录音制品扩大到作品、表演、录音制品、广播电视节目。2020 年《著作权法（修正案草案）》则还增加了“版式设计”，并将广播电视节目改为“广播电台、电视台播放的载有节目的信号”。2014 年《著作权法（送审稿）》之所以增加广播电视节目，与第三次《著作权法》

[1] 杨述兴．技术措施与著作权法中的权利限制制度［J］．知识产权，2014（2）：14－17．

修改过程中将广播电视节目纳入技术措施的保护对象有直接关系。换言之，2014 年《著作权法（送审稿）》一方面增加了对广播电视节目技术措施的规定，另一方面也对广播电视节目技术措施进行相应限制。从这里也可以看出，《著作权法》的发展是一种动态平衡机制，体现为权利保护的扩张与相应的权利限制具有同步性。实际上，从著作权法律制度的历史发展来看，也深刻地体现了这一规律，即一方面著作权具有扩张的特点。另一方面随着著作权的扩张，对其相应的限制也不断增加。从这里也可以看出，著作权法律制度的发展史也就是动态平衡史。进言之，随着经济社会和技术的迅猛发展，著作权总的趋势是不断扩张，而为了维持《著作权法》中的利益平衡机制，不断被扩散的著作权也不断受到新的限制。❶（2）关于计算机及其系统或者网络的安全性能进行测试的问题，2014 年《著作权法（送审稿）》针对修改草案第一稿和第二稿的相关规定做了进一步的限定，即适用的主体限于具有安全测试资质的机构。换言之，对不具有安全测试资质机构不能实施技术措施的限制。这样一来，就将适用这项规定的对象做了严格的限定。在著作权法理论上，这被称为权利限制的限制，也称为反限制。但值得注意的是，2020 年《著作权法（修正案草案）》及 2020 年《著作权法》则取消了安全测试资质的限制。这体现了在更大范围内对相关技术措施的限制。（3）2014 年《著作权法（送审稿）》、2020 年《著作权法（修正案草案）》及 2020 年《著作权法》增加了加密研究或者计算机软件反向工程研究方面对技术措施的限制性规定。笔者认为，增加这一规定，既是对国外相关立法的借鉴，也更是促进相关研究的保障。因此，这一规定是合理的，也是必要的。

---

❶ 王迁．技术措施保护与合理使用的冲突及法律对策［J］．法学，2017（11）：9－25.

著作权侵权行政处理制度及其完善研究*

侵害著作权及其行政法律责任是《著作权法》第三次修改规定的重要内容。侵害著作权的行政法律责任是由著作权行政管理部门运用行政职权对侵害行为进行查处。2014 年《著作权法（送审稿）》第七十九条和第八十条对著作权行政管理部门的相关行政职权及相关行政程序的衔接问题做了规定。

2014 年《著作权法（送审稿）》的具体规定如下：

第七十九条　著作权行政管理部门对涉嫌侵权和违法行为进行查处时，可以询问有关当事人，调查与涉嫌侵权和违法行为有关的情况；对当事人涉嫌侵权和违法行为的场所和物品实施现场检查；查阅、复制与涉嫌侵权和违法行为有关的合同、发票、账簿以及其他有关资料；对于涉嫌侵权和违法行为的场所和物品，可以查封或者扣押。

著作权行政管理部门依法行使前款规定的职权时，当事人应当予以协助、配合，无正当理由拒绝、阻挠或者拖延提供前款材料的，可以由著作权行政管理部门予以警告；情节严重的，没收相关的材料、工具和设备；构成犯罪的，依法追究刑事责任。

第八十条　当事人对行政处罚不服的，可以自收到行政处罚决定书之日起六十日内向有关行政机关申请行政复议，或者自收到行政处罚决定书之日起三个月内向人民法院提起诉讼，期满不申请行政复议或者提起诉讼，又不履行的，著作权行政管理部门可以申请人民法院执行。

2020 年《著作权法（修正案草案）》第五十四条则在 2014 年《著作权法（送审稿）》上述规定的基础上做了规定。其规定的内容与 2014 年《著作权法（送审稿）》第七十九条规定的内容基本相同，只是将“著作权行政管理部门”改为“著作权主管部门”同时，2020 年《著作权法（修正案草案）》删除了 2010 年《著作权法》第五十六条，也没有采纳 2014 年《著作权法（送审稿）》第八十条的规定。2020 年《著作权法》第五十五条沿袭了上述第五十四条规定。

---

* 本文初稿撰写时间为 2019 年 10 月 6 日。

对于上述规定，可以得出以下结论。

第一，对于著作权侵权的行政责任，需要由法律赋予著作权行政管理部门的行政查处职权。[1] 该行政查处职权是追究著作权侵权行政责任，及时制止侵权和维护著作权人合法权益的重要保障。当然，行政查处权的适用也有一个适当性的问题。[2] 从我国《著作权法》几次修订的情况来看，著作权行政管理机关的行政职权有扩大的趋向。从2014年《著作权法（送审稿）》和2020年《著作权法（修正案草案）》、2020年《著作权法》的规定来看，包括了检查、查阅、复制、扣押相关场所、物品、资料等。笔者认为，行政职权覆盖的范围主要是出于有效地查明侵权事实并有效地制止侵权。例如，对涉嫌侵权和违法行为的场所和物品进行检查，有利于著作权行政管理部门及时发现侵权，并固定相关侵权证据，采取相应的行政处罚措施；通过查阅、复制与涉嫌侵权和违法行为相关的合同、票据及其他资料，有利于著作权行政管理部门及时了解侵权的具体情况、侵权产品数量等情况，以便于据此作出相应的行政处罚决定。如果相关工具、材料和设备对于实施著作权行为具有关键作用（如实施盗版行为的相关工具、材料与设备），还可以采取查封或者扣押的方式以制止侵权的进一步蔓延。

第二，针对著作权行政管理部门对侵害著作权的行为进行行政处罚的行为，2014年《著作权法（送审稿）》、2020年《著作权法（修正案草案）》、2020年《著作权法》之所以规定当事人有协助、配合的义务，不得拒绝、阻挠，是为了保障着著权行政管理部门采取的行政处罚措施得以落实。因为在行使行政查处前时，如果行政相对人采取不合作的态度，尤其是通过采取隐匿、转移相关文件资料、材料设备等方式时，法律规定的可以采取的行政处罚措施也将无从实施。为了督促当事人协助、配合的义务得以实施，2014年《著作权法（送审稿）》第七十九条第二款规定了较为严厉的行政处罚措施，包括警告、没收相关材料或者设备以及情节严重的追究刑事责任。这一规定有利于确保著作权行政管理部门对于侵害著作权行为采取的行政处罚措施加以落实。值得注意的是，这次修改也是在一定的程度上借鉴了其他相关知识产权专门法律对行政执法权的规定，如阻挠或者拖延提供相关的材料或者设备需要具备无正当理由的条件，这样就考虑了在实践中可能出现的特殊情况。不过，2020年《著作权法（修正案草案）》及2020年《著作权法》未采纳2014年《著作权法（送审稿）》第七十九条第二款中“当事人应当予以协助、配合，不得拒绝、阻挠”后面的规定。

第三，为充分保证行政相对人的合法权益，2014年《著作权法（送审稿）》第

---

[1] 王志强. 侵犯著作权人承担行政责任问题分析［J］. 知识产权，2015（11）：25－26.
蒋志培. 著作权的行政责任和刑事责任［J］. 法律适用，1998（6）：12－13.

[2] 熊琦，朱若含. 论著作权法中的“行政介入”条款［J］. 山东大学学报（哲学社会科学版），2020（1）：113－122.

八十条专门规定了对受处罚的行政相对人的法律救济程序。[1] 笔者认为，该定也是规范依法行政使然。这一规定也表明，著作权行政管理部门对侵害著作权的进行行政处罚时，应当严格依照著作权法相关法律的规定，在全面查侵权清事实的基础上再作出相关行政处罚决定。不过，也应指出，2020 年《著作权法（修正案草案）》、2020 年《著作权法》基于我国行政处罚法、行政诉讼法已有相关规定而删除了 2010 年《著作权法》第五十六条规定，故亦未采纳 2014 年《著作权法（送审稿）》第八十条规定。

---

[1] 蒋志培．关于著作权法律责任中行政处罚权与审判权权限的划分——兼议我国著作权法法律责任一章的修改［J］．电子知识产权，2011（10）：106－111.

著作权滥用承担行政责任条款的评价与建议*

2020 年《著作权法（修正案草案）》第四条增加“不得滥用权利影响作品的正常传播”。除此之外，还在第五十条为这种原则性规定“武装”了执法工具，即专门作出如下规定：

滥用著作权或者与著作权有关的权利，扰乱传播秩序的，由著作权主管部门责令改正，予以警告，没收违法所得，非法经营额五万元以上的，可以并处非法经营额一倍以上五倍以下的罚款；没有非法经营额、非法经营额难以计算或者不足五万元的，可以并处二十五万元以下的罚款。

无论此次修改初衷如何，这一著作权滥用条款的引入具有不当性。因此，在该草案公布之际笔者即强烈建议删除该规定。具体理由如下。

第一，该条规定违背《著作权法》的立法目的与政策精神。

著作权是民事权利，这是我国改革开放以来的法律实践形成的共识，也是《伯尔尼公约》等与著作权有关的国际公约的基本立场。在我国，民事法律都无一例外地确认这一共识。《著作权法》是一部确认、调整与保护著作权这一民事权利的基础性法律，保护以作者为核心的著作权是该法的根本宗旨、原则和内容。著作权法规范应当围绕充分、有效保护著作权而进行配置。

不可否认，平衡私人利益与公共利益是一个著作权立法、执法与司法的核心原则与立场。需要进一步讨论的是私人利益与公共利益的优先次序问题。德国法强调私权保护的优先性，根据欧盟著作权指令与欧洲理事会和欧洲议会的共识，“任何对著作权及其相邻权的调整必须以保护著作权为目标……如果著作权人要想继续他们的创造性与艺术性工作，他们就应该为其作品得到使用而获得相应的报酬”。❶美国法则强调公益目标的优先地位，这可以从其宪法的“知识产权条款”加以理解，也体现在其著作权法报告中。❷这种分歧的关键是著作权法规范的构成不同。德国采

---

* 本文初稿撰写时间为 2019 年 10 月 5 日。

❶ 宋锡祥，夏玮. 论德国著作权法的最新修正［J］. 政治与法律，2004（5）：6.

❷ See Register of Copyright, Report of the Register of Copyrights on the General Revision of the U. S. Copyright Law (1961).

取部门法、成文法的立法模式，《著作权法》就是以宣示、确认与保护著作权为目的的。美国版权法包括与著作权有关的整个规范体系，宪法是其重要内容。著作权是实现公共利益的功利主义的制度设计。美国版权制度所包含的公共利益优先在成文法国家也是认可的，只是应当超出著作权法范围，置于宪法框架。

我国《著作权法》的立法目的条款包括著作权法所要调整的利益主体、对象以及基本权利、基本目标等内容，其首要特点也是“二元目标”。我国对《著作权法》的定位也是部门法、成文法、民事权利的特别法，应当强调权利属性与私人利益优先。该法第一条也先表述“保护文学、艺术和科学作品作者的著作权，以及与著作权有关的权益”。这与在整个法律体系上强调公共利益优先并不矛盾。

当前，我国知识产权保护政策是实施严保护政策，为激励创新、为创新发展提供良好的制度环境，需要加强知识产权保护。《著作权法》修改的必要性首先就在于：加强知识产权保护是推动科技创新和文化繁荣发展的重要举措。党中央、国务院始终高度重视知识产权保护。习近平总书记指出，“要加大知识产权保护力度，提高侵权代价和违法成本，震慑违法侵权行为”。叠床架屋地规定上述著作权滥用承担严重的行政责任，与上述宗旨和背景格格不入，完全背离了《著作权法》所要解决的根本性问题，容易异化为严格保护的对立面，成为滋生侵权的保护伞与悬在著作权人头上的“达摩克利斯之剑”。

第二，该条规定违背权利限制的法定原则。

著作权限制是实现著作权人利益和社会公众利益平衡的重要制度设计。著作权限制制度的宗旨是为作品的作者、出版者和其他的传播者与使用者在提供竞争性利益与非竞争性利益的基础之上实现利益的分享和公平分配。但是，从国际公约与各国规定的著作权限制制度来看，著作权限制必须是具体、明确与例外性的。《与贸易有关的知识产权协定》就将权利限制限定在一定特例中。

对权利限制作出要求就是因为《著作权法》的基本立场是保护权利，著作权作为财产权应当获得保护是原则，除非必要不得作出限制。这种限制的必要性体现在三个方面：一是通常出于公共利益、市场失灵、基本权利保障等价值需求。在宪法框架内，这些价值优先于著作权，允许作出限制。二是限制所造成的损害应当是最低限度。如果作出开放性限制，允许不加权衡地损害著作权人的合法权益，就会在整体上破坏著作权的稳定性。三是限制的程度与范围也应当是必需的，不得扩大到非必要性方面。程度与范围的具体化是必要性检验的对象，是明确限制作为特例以及满足不损害作品的正常利用与著作权人的合法权益两个条件的必然要求。原则与例外的关系决定了对价值冲突进行权衡并作出例外规定是立法政策事项，必须通过法律明确。否则，限制就会成为随意损害著作权人权益的挡箭牌，背离《著作权法》的基本宗旨。

反观前述著作权滥用承担行政责任条款，关于何为“扰乱传播秩序”、何为

“滥用”的规定并不清晰，很容易成为妨碍正常权利行使的“口袋”。例如，《著作权法》赋予著作权人财产权的目的就是允许其在市场上进行交易来获得收益，允许其对未经许可的利用行为寻求救济。著作权的价值与普通商品不同，通常无法通过社会必要劳动时间来界定。著作权交易价格受到需求、市场环境与文化宣传等因素的影响，波动幅度更大。由于定价机制不同，差异化价格容易成为阻碍交易、扰乱传播的借口，因而容易成为权利滥用的规制对象。由于缺乏有效的定价机制，加之发现隐蔽侵权、网络环境下的侵权难度较大，请求赔偿的数额也有被诉权利滥用的可能性。同时，对视频、图片、音乐、网络文学与游戏等拥有合法权利的经营者在批量维权中都有被诉滥用权利的风险。

在未来的司法实践中如何界定著作权这一专有权利的合法行使与构成“扰乱传播秩序”的权利滥用很难界分，这无疑会加大司法实践中适用法律的难度，导致裁判标准不统一。由于缺乏有效的、可操作的规范以及对法律规范认识的偏差，赋予执法者在性质认定与罚款数额上的毫无实质限制的裁量权，会大大增加行政执法机关寻租的风险、滥用该条打压著作权人、相关权人正当行使权利的风险，也会大大增强被告滥用此条抗辩侵权、逃脱侵权责任风险。

第三，该条规定违背权利滥用的基本法理。

在目前的知识产权司法实践中，权利滥用并非伪命题，也非对越权行为、非法行为的另一种称谓，实际上是指一种违背诚实信用原则的行为。背信行为取得权利，虽然只具有权利形式，但并非仅是对违法行为的修辞化表达。知识产权司法实践确立的权利滥用要件通常是非法取得权利，并以此损害他人的正当权益。在歌力思案中，最高人民法院就认为：诚实信用原则是一切市场活动参与者所应遵循的基本准则。任何违背法律目的和精神，以损害他人正当权益为目的，恶意取得并行使权利、扰乱市场正当竞争秩序的行为均属于权利滥用，其相关权利主张不应得到法律的保护和支持。在民事程序中适用权利滥用条款的本意是为了防范启动行政程序的资源浪费，提高诉讼效率。

但是，著作权并不存在确权的行政程序。只要是通过实际的创作行为产生的作品，就具有存在的实质正当性，就值得予以保护。只要是通过抄袭、剽窃等非法方式得来的“作品”，就不具有保护的正当性。两者的界限清晰明确，且都只在民事程序中予以审查。对于以侵权“作品”或不享有权利的作品来恶意起诉的行为，可以直接诉诸恶意诉讼的规制。

同时，在《著作权法》上强行规定上述条款，贯彻诚实信用原则这一道德原则，对恶意诉讼予以规制，在理论上似乎无可厚非。但是，在实践中容易出现将传播者利益视为公共利益的代表，以传播者利益为中心，取代对创作者的激励，从而出现背离权利滥用初衷的效果。在文化领域，我国一直以来的观念就是传播者是服务文化传播、促进作品利用与使用者利益的关键，具有道义上的优势。传播者的利益诉求更容易获得支持。在我国，如果不对使用者进行区分，就容易陷入一个误区，即将所有使用者的利益等同于公共利益，为使用者的上传下载等侵权行为提供了“公益”幌子。[1]因此，上述规定，很容易使其成为传播者利用《著作权法》肆意侵犯著作权人的合法依据。如此一来，著作权人获得作品收益的机制就会形同虚设。

如前面所讨论的，规定著作权滥用不得损害公共利益的条款具有必要性。但是，也不应当将滥用的法律后果等同于该法规定的侵犯著作权的法律责任，而充其量在个案中不受保护而已。新增规定将其纳入与著作权侵权法律责任同等的地步，极不合理。而且，行政处罚的裁量空间太大。

第四，该条规定违背《著作权法》的体系设置。

2010 年《著作权法》规定的合理使用与法定许可已经表明了鼓励传播的意旨。增加本条，就无异于增加一种新型的权利限制制度。这种限制制度改变了《著作权法》上已经形成的攻守模式。合理使用与法定许可形成的权利限制模式是著作权人行使权利的自由与符合法定条件的使用者的合法抗辩与责任豁免并存，且互相不妨碍地实现。权利滥用条款将权利行使的正当性作为一项义务强加给著作权人，并规定了相应的行政责任，形成了一种权利行使的不确定负担。这种模式会损害著作权人维护权利的积极性与预期，妨碍权利自身包含的自由实现本质。

《著作权法》实现传播利益的主要制度设计是实现产权的初始界定清晰，越清晰的产权越有利于交易成本的降低。为了实现这种产权界定，相配套的制度设计应当围绕产权明晰展开，如著作权交易的登记制度、技术存证制度、权利管理信息与技术措施、数字技术的保护、促进权利人与使用者合作的治理机制等。为了传播秩序的维护而动摇《著作权法》鼓励创作的基石，无疑是因噎废食。

第五，该条规定违背垄断执法的权力配置。

即使需要规制著作权领域的反垄断，前述规定也是画蛇添足之举。《反垄断法》第五十五条对知识产权滥用行为做了规定。包括著作权在内的知识产权滥用，应当置于反垄断法中进行规制，不属于《著作权法》的调整范围。而且，反垄断审查具有较强的经济政策与竞争政策属性，随着经济发展而变化。专业性事项应当由专业部门进行决策。在《著作权法》这部法律中，不应强化著作权主管部门对权利滥用的行政处罚权。否则，反垄断执法机构与著作权主管部门的著作权滥用执法权限就会存在重叠，而且县级以上地方主管著作权的部门也具有执法权限，增加了履行职责的协调难度。这种权限配置不利于统一、有效的著作权市场的建立，也不利于文化创新与发展。

总体而言，上述规定严重破坏了著作权法制度构架的基本定位和风格，使得著作权法以维护作者的著作权为核心的基本价值取向荡然无存，违背了权利滥用在知

---

[1] 郑成思. 信息、知识产权与中国知识产权战略若干问题［J］. 法律适用，2004（7）：11－15.

识产权法上存在的基本法理，打破了反垄断权力的立法配置，也存在执法依据裁量空间过大的弊端，极不可取。建议贯彻《关于强化知识产权保护的意见》“加强知识产权保护”与《中共中央关于全面深化改革若干重大问题的决定》提出的“使市场在资源配置中起决定性作用，着力解决市场体系不完善、政府干预过多和监管不到位问题”的政策，删除著作权滥用条款。[1]

[1] 2020 年 8 月 8 日，全国人大常委会对著作权法修改草案［2020 年《著作权法修正案（草案二次审议稿）》］再次进行了审议。本次审议的最重要的成果之一就是删除了上述规定。2020 年《著作权法》也没有采纳 2020 年《著作权法（修正案草案）》的上述规定。由此可见，立法机关也已认识到该规定的不适当性。

著作权侵权归责原则与责任限制研究*

2014年《著作权法（送审稿）》、2020年《著作权法（修正案草案）》、2020年《著作权法》，对于相关行为承担著作权或者相关权侵权责任引入了过错推定的原则，以利于充分地维护著作权或者相关权。

2014年《著作权法（送审稿）》规定如下：

第八十一条　著作权和相关权的使用者在下列情形下，应当承担民事或者行政法律责任：

（一）复制件的出版者、制作者不能证明其出版、制作有合法授权的；

（二）网络用户不能证明其通过网络向公众传播的作品有合法授权的；

（三）出租者不能证明其出租视听作品、计算机程序或者录音制品的原件或者复制件有合法授权的；

（四）发行者不能证明其发行的复制件有合法来源的。

对于上述规定，笔者认为有下列问题值得研究和探讨。

其一，如何认识著作权、相关权（为便于阐述，以下仅以著作权为例）侵权行为的侵权归责原则。

从一般法理和著作权侵权属于民事侵权的逻辑来看，由于民事侵权行为有承担过错责任与无过错责任两种类型，而在《民法典》对承担无过错责任的类型中并没有侵犯包括著作权侵权在内的知识产权侵权行为，因此一般认为，包括著作权侵权在内的知识产权侵权行为实行过错责任原则。❶ 过错责任原则体现了法律对于相关违法行为的主观过错的否定性评价。在过错责任中，过错推定则是实行过错责任的一种特殊形式，但它并不被认为是一种独立的侵权归责原则。过错推定意味着针对特定行为，如果行为人不能够提供相关证据证明，就推定其存在过错，而应当承担相关法律责任。过错推定实际上是将举证责任由权利人转移到侵权嫌疑人。进言之，侵权嫌疑人需要摆脱侵权责任，必须提供相关证据加以证明，否则将承担对其不利的法律后果。在著作权侵权归责中引入过错推定制度的合理性在于：有些使用著作

* 本文初稿撰写时间为2019年10月8日。

❶ 丁鹏．著作权侵权归责原则初探［J］．内蒙古大学学报（人文社会科学版），2004（1）：87－90.

权人享有著作权的作品的场合，侵权人对其使用作品的合法性最清楚，如其不能就其使用作品的合法性提供证据加以证明，就很可能存在侵权的嫌疑。这一制度存在的另外一个优点是“倒逼”侵权行为人就相关的事实进行查明，以便为公平合理地解决纠纷提供证据。

针对第一个问题，可以对比一下2014年《著作权法（送审稿）》和2010年《著作权法》规定的差别。2010年《著作权法》第五十三条规定：“复制品的出版者、制作者不能证明其出版、制作有合法授权的，复制品的发行者或者电影作品或者以类似摄制电影的方法创作的作品、计算机软件、录音录像制品的复制品的出租者不能证明其发行、出租的复制品有合法来源的，应当承担法律责任。”❶ 由此可以看出，2014年《著作权法（送审稿）》对相关行为的类型做了扩大，也就是包括了网络用户不能证明其通过网络向公众传播的作品有合法授权这一行为。主要理由在于随着信息网络的发展，在网络空间用户通过网络向公众传播的作品的情况非常普遍。❷ 为了保护者著作权人在网络空间享有的作品的著作权，防止网民未经许可将其享有著作权的作品通过网络向公众传播，需要明确禁止未经许可的擅自传播行为。在涉及网络环境下著作权侵权纠纷案件中，如果网络用户通过网络向公众传播的作品不能证明其取得了合法授权，就当然地应当推定该行为具有不合法性。网络用户通过网络相关向公众传播作品的行为如果要避免承担侵权责任，就应当就其向公众传播作品的行为的合法性提供相关的证据。这一规定对于规制网络环境下信息网络传播行为的保护具有重要意义。在司法实践中，认定网络用户是否承担著作权侵权责任，其通过网络向公众传播的行为是否取得合法授权也是十分重要的、最重要的考量因素。上述规定还可以结合我国《侵权责任法》第三十六条，以及《民法典》第一千一百九十四条至第一千一百九十七条规定进行研究。此外，需要指出的是，2020年《著作权法》第五十九条并没有采纳2014年《著作权法（送审稿）》上述规定，而是基本沿袭了2010年《著作权法》第五十三条规定。同时，增加了一款，作为第二款。

其二，关于行为方式和法律责任的问题。针对第二个问题，也可以对比一下2014年《著作权法（送审稿）》与2010年《著作权法》的相关规定。2010年《著作权法》第五十三条只是明确相关行为应承担法律责任，2014年《著作权法（送审稿）》则明确规定了应当承担的民事法律责任或者行政法律责任。笔者认为，2014年《著作权法（送审稿）》的规定更具有合理性，主要理由是2014年《著作权法（送审稿）》第八十一条规定的四种行为中至少有三种涉及以商业为目的，而这种行为很可能涉及同时侵害公共利益，因此除了通常的承担民事法律责任以外，还很可能承担行政法律责任。

---

❶ 2020年《著作权法（修正案草案）》第五十六条除了个别术语修改外，保留了2010年《著作权法》第五十三条规定。

❷ 吴汉东．论网络服务提供者的著作权侵权责任［J］．中国法学，2011（2）：38－47.

著作权海关保护制度研究*

包括著作权在内的知识产权的海关保护，是我国知识产权保护的重要内容之一。海关保护属于行政保护的范畴，对此2014年《著作权法（送审稿）》第八十六条做了明确规定，其具体内容是："著作权人或者相关权人对进口或者出口涉嫌侵害其著作权或者相关权的物品，可以申请查处，具体办法由国务院另行规定。"

对于包括著作权在内的知识产权的海关保护，以下问题值得研究和思考。

其一，知识产权海关保护的必要性。无疑，知识产权海关保护涉及一个国家或者地区贸易的问题，具体来说，包括进口与出口环节商品涉嫌存在侵害知识产权的问题，需要在海关予以解决，以防止侵害知识产权商品进口或者出口，挤占其相关商品市场，从而损害知识产权人的合法权益。

所谓知识产权的海关保护，实际上是指国家海关机关根据知识产权人的申请或者依职权查处涉嫌侵害知识产权商品的进口或者出口行为，以防止侵权产品通过海关途径进口或者出口，损害权利人的相关商品市场。知识产权海关保护也称为边境保护，属于用行政手段和措施保护知识产权的重要形式。但其与普通的知识产权行政处理具有不同的方面：海关保护中，查处的行政机关是海关，而不是其他相关行政部门；商品流通涉及商品进口或者出口市场。近年来，我国通过知识产权海关保护，有力地维护知识产权人的合法权益，海关已成为了知识产权相关的国际贸易的专业的守护神。从国外来看，在国际贸易中通过知识产权的海关保护，避免了侵权产品对本国市场的冲击，有力地保护了消费者利益和权利人的合法权益，因而海关保护也成为国际贸易中知识产权保护的重要形式。

其二，知识产权海关保护的内容——进口与出口双管齐下。值得注意的是，在知识产权海关保护中，我国具有独到的特点，即不仅对进口商品给予知识产权海关保护，而且在出口上面也给予知识产权海关保护。比较而言，包括美国在内的其他国家或地区的知识产权海关保护"只管进口而不管出口"[1]。这里不妨明确一下进口

---

* 本文初稿撰写时间为2019年10月16日。

[1] 孙益武. 论知识产权的国际协调与海关保护［J］. 上海海关学院学报，2011（3）：64-70.

商品知识产权保护的重要意义，然后再分析我国为何在出口方面也给予知识产权海关保护。

进口商品的知识产权海关保护其意义是毫无疑问的，因为如果不在海关环节对涉嫌侵权产品予以处置，就会使涉嫌侵权产品流入国内市场，从而不仅损害权利人的合法权益，同时也会损害消费者的利益。涉嫌侵权商品在国内市场的流通，如果这些产品质量低劣，还会损害权利人的商业信誉和商品声誉，从而对权利人造成更大的损害。正因于此，建立了知识产权相关制度的国家和地区都在进口商品的进口环节给予海关保护。

就出口商品而言，之所以其他国家和地区都规定不考虑是否存在侵害知识产权的行为，更多的是基于本国和地区的利益的考虑，因为涉嫌侵害知识产权的商品出口到其他国家和地区，并没有损害本国知识产权人的利益，也没有在实质上侵蚀本国的市场。当然，即使本国的海关对出口商品是否存在侵害其他人的知识产权问题不予以审查，出口商品所有人出口到其他国国家地区，就其他国家和地区的海关而言，就属于进口商品，而进口商品是否涉嫌侵害知识产权，海关是一定要进行查处的。从事出口商品的贸易商对此也应当明知。就我国而言，笔者认为之所以规定出口商品是否存在侵害知识产权问题，海关也要对此进行处置，从更深层次的意义上讲，是为了避免出口商到其他国家和地区的海关受到查处，因为商品一旦出口到其他国家或地区，其他国家和地区通过对进口环节知识产权的海关保护可能对进行扣押与行政处罚，这样可能增加出口商的更多的成本。因此，我国对出口商品的知识产权海关保护，可以认为是为我国海关为自身产品的出口提供更好的安全保护，防止其他国家和地区的海关查处或造成其他更大的被动。

其三，知识产权海关保护的立法体例。从知识产权立法保护体系来说，主要是《与贸易有关的知识产权协定》对海关知识产权这一边境执法问题的实体和程序问题做了规定。同时，根据相关法律的规定，国务院专门颁布了《知识产权海关保护条例》，该条例对海关保护的程序、权利义务都做了详细的规定，是我国知识产权海关保护的主要法律依据。2014 年《著作权法（送审稿）》将著作权海关保护也纳入其中，有利于在海关保护方面《著作权法》与相关行政法规的衔接。不过应当指出，2020 年《著作权法》并未采纳上述规定。这可能是考虑到，我国已有专门的上述条例，有关著作权的海关保护直接适用该条例保护即可。

著作权纠纷解决的非诉讼机制及其完善研究*

著作权侵纷解决的方式是现行作权法规定的内容之一，也是著作权理论与实践的一个重要问题。

2014年《著作权法（送审稿）》、2020年《著作权法（修正案草案）》、2020年《著作权法》对解决著作权（还包括相关权，为便于阐述，除非需要特别明确，以下仅提及著作权）纠纷的仲裁和调解的方式做了明确的规定。其中，2014年《著作权法（送审稿）》的规定对2010年《著作权法》第五十五条关于仲裁和调解方式解决著作权纠纷做了一定的修改。具体内容如下：

第八十四条　著作权和相关权纠纷的当事人可以按照《中华人民共和国仲裁法》向仲裁机构申请仲裁，也可以申请调解。

第八十五条　著作权行政管理部门可以设立著作权纠纷调解委员会，负责著作权和相关权纠纷的调解。调解协议的司法确认，适用《中华人民共和国民事诉讼法》有关确认调解协议的规定。

著作权调解委员会的组成、调解程序以及其他事项，由国务院著作权行政管理机关另行规定。

2020年《著作权法（修正案草案）》第五十七条及2020年《著作权法》第六十条则维持了2010年《著作权法》的规定。

仲裁是解决著作权纠纷的一种重要的方式，与通常的诉讼解决著作权纠纷的方式相比，具有其独到的优势和特点。所谓著作权仲裁，是指仲裁申请人根据被申请人达成的解决著作权纠纷的书面仲裁协议，或者著作权合同中的仲裁条款，向仲裁机关申请仲裁，由仲裁机关（如仲裁委员会、仲裁中心）组成仲裁庭，并由仲裁庭独立就案件的是非曲直作出仲裁裁决的行为和过程。在我国1990年9月7日颁布的中华人民共和国第一部《著作权法》中就明确规定著作权侵权纠纷可以仲裁、著作权合同纠纷也可以仲裁。2010年《著作权法》第五十五条则规定："著作权纠纷可以调解，也可以根据当事人达成的书面协议或者著作权合同中的仲裁条款，向仲裁

* 本文初稿撰写时间为2019年10月15日。

机构申请仲裁。"[1] 与2010年《著作权法》的规定相比，2014年《著作权法（送审稿）》上述的规定明确扩展到相关权的仲裁，这样就将《著作权法》中可以仲裁的纠纷扩大到相关权的纠纷，有利于更好地通过仲裁的方式及时有效地解决相关权纠纷。

通过仲裁的方式解决著作权纠纷，与诉讼的方式相比，笔者认为至少存在以下三个方面的优势和特点。

一是"一锤定音"，能够达到减少解决纠纷的时间、及时定分止争、维护社会关系的稳定的效果。仲裁裁决实行一次裁决即生效的制度，与我国诉讼法实行的二审终审制相比，能够大大节省解决纠纷的时间。当然，在通过仲裁方式解决纠纷案件的实践中，还取决于仲裁庭在受理案件后，及时、高效地处理仲裁纠纷，如果仲裁案件久拖不决也同样会影响到解决纠纷的效率。

二是实行专家裁断案件，总体上能够保证案件解决的高质量。根据我国《仲裁法》的规定，仲裁员的遴选需要具备较高的专业水平。从实际情况来看，很多仲裁员是来自法律院校的具有高级职称和实务经验的法学专业教师，或是来自大型企业的法律顾问，或者是来自律师事务所的资深律师，或者来自人民法院从事专业审判的退休法官等，他们不仅具备很深的法学理论素养，也具备相当多的法律实务经验，在很大程度上保证了案件的公正合理的解决。

三是仲裁程序对仲裁员要求的严格，保证了仲裁案件的公正性。当然，这是就整体的情况而言的。在实践中，也存在仲裁机构相关人员或者仲裁员违法的个别案例，不过实践中出现的个别负面案例并不足以否定总体上仲裁裁决的公正性。

笔者担任多家仲裁委员会仲裁员多年，对通过仲裁方式解决知识产权以及其他相关案件的优势和特点深有感受。如笔者在北京仲裁委员会担任仲裁员期间处理了多起相关案件，案件的解决都是严格按照仲裁程序规定的时间和要求进行的，及时、有效地解决了相关纠纷。笔者还曾担任深圳仲裁委员会仲裁员多年，并在中欧仲裁中心担任仲裁员，目前还是南京、长沙和淄博仲裁委员会仲裁员。不过需要指出，从笔者了解的数据看，在通过仲裁解决的所有法律纠纷案件中，包括著作权和其他知识产权在内的知识产权纠纷案件的仲裁数量比例较低。造成这现象的原因可能在于人们在总体上通过仲裁方式解决著作权和其他的相关知识产权纠纷缺乏足够的了解，而由于缺乏了解，对以这种方式解决纠纷的公正性不能够确信。为此，需要对著作权和其他相关知识产权的仲裁知识进行相关的宣传和普及，使人们明确认识通过诉讼解决著作权和其他知识产权纠纷一样，通过仲裁解决纠纷有其独到的特点和优势。

著作权纠纷的解决方式除了前述仲裁和诉讼的方式以外，促成当事人调解的程

---

[1] 杨振洪. 论著作权民事纠纷的仲裁［J］. 湖南师范大学社会科学学报，1994（2）：5.

序和制度也是很重要的一个方面。对此，2014 年《著作权法（送审稿）》第八十四条和第八十五条也做了明确规定。2020 年《著作权法（修正案草案）》及 2020 年《著作权法》也确认了这一制度。结合上述规定以及关于调解解决纠纷的原理，以下问题值得探讨。

其一，关于以调解方式解决著作权纠纷的优势与特点。所谓调解，是指当事人双方之间发生的纠纷交由调解机构、人员负责处理，当事人在某种共识的基础之上达成调解协议，最终使得纠纷化解。与诉讼的方式相比，以调解方式解决著作权纠纷具有其独到的特点与优势：

（1）诉讼是通过国家强制力做后盾，法院判决并执行带有国家强制性特点，因而在相当多的情况下通过诉讼解决纠纷可能会造成当事人关系的破裂，特别是在存在合作关系的前提下，可能造成合作关系的终止。这也是为何在很多情况下当事人不愿意“打官司”的原因之一。比较而言，通过调解方式解决著作权纠纷，双方当事人是在调解机构调解员的调解之上，互相让步，自愿作出决定，因此双方对调解协议的执行都具有自愿性而不是强制性。在双方存在合作关系的前提之下，通过调解方式解决纠纷在很相当大的程度上，不会妨碍以后的进一步合作。

（2）通过调解方式解决著作权纠纷也便于执行。在当代民事诉讼实践中，执行难是困扰多年的一个难题。通过调解方式解决著作权纠纷，由于双方具有自愿性，因此比较而言容易得到执行。[1] 当然，也应指出，在实践中不排除在双方达成调解协议以后一方或双方反悔不予执行的情形。这种情况仍然需要通过法律的强制力，以诉讼做后盾加以解决。

（3）从知识产权制度的效率角度来说，通过调解方式解决著作权纠纷还具有效率上的优势，能够及时定纷止争，维护社会关系的稳定与和谐。比较而言，诉讼存在不同的审级，耗费的时间和精力可能较多。这里不得不提出一个很重要的问题，即知识产权制度在制定与实施除了追求公平正义价值以外，还具有效率价值目标与创新价值目标。就其中的效率价值目标而言，它可以从不同的层面加以解读和理解。例如，从法律作为社会管理的手段的角度而言，是知识产权法律制度实际实现的效果与该制度设计旨在实现的效果的比值。从法律经济学的成本效益观的角度看，它是知识产权的某种制度取得的效益与付出的社会成本的对比。就调解方式解决著作权纠纷而言，当事人及相关调解机构为此付出的成本可能较小，而通过有效解决纠纷促进社会和谐稳定方面能够取得较高的效益，因而可以认为通过调解解决著作权纠纷是有效率的。

其二，通过调解方式解决著作权纠纷，化干戈为玉帛，符合著作权纠纷相当一部分是“文化人”之间产生的纠纷不愿通过到法庭撕破脸皮的心理特点，也符合我

[1] 朱妙春. 化干戈为玉帛——一起著作权纠纷案调解纪实［J］. 中国发明与专利，2009（1）：67－69.

国传统文化“和为贵”的特征。这些纠纷可以形象地说是“斯文阵地上”发生的是非曲直，作为文化人很多并不愿意闹到法庭加以解决。当然，之所以出现大量著作权纠纷诉讼，尤其是著作权侵权纠纷诉讼，除了存在相当多的商业维权现象以外，当事人没有通过调解，或者一方不愿调解方式解决纠纷也是重要原因。

在笔者 2018 年处理的一起著作权侵权纠纷案件中，就很有体会。在这一案件中，笔者的当事人即被告涉嫌侵犯原告的著作权，经过笔者从专业角度进行评估，法院判决侵权赔偿的风险较大，于是建议被告和原告协商解决，争取原告撤诉。后经笔者和双方当事人的沟通，最终得以通过调解方式结案。如果最终通过诉讼方式结案，一旦判决被告侵害原告著作权成立，被告承担金额有限的赔偿金并不是其最关注的，其更关注的可能在声誉方面造成较大的损失。

其三，以调解方式解决著作权纠纷，也有条件限制。以调解方式解决著作权权纠纷与通过仲裁或者诉讼方式本质上一样，都是为了及时有效地解决纠纷，维护社会关系的和谐与稳定。但两者仍具有不同的特点，其中调解尤其注重及时有效地解决双方的纠纷，而仲裁与诉讼法更侧重于维护当事人合法权益。然而，以调解方式解决著作权纠纷以及著作权纠纷的调解协议也必须在公平、合法的原则下进行。调解并不是和稀泥，这一点很重要。就维护法律正义和法律的教育功能而言，通过调解解决著作权纠纷应当能够使纠纷当事人从中吸取教训，更加注意遵守法律，注意防范法律风险。

创新型国家建设进程中我国专利制度的完善*

一、创新型国家建设中我国专利制度完善的战略定位

众所周知，专利制度和著作权制度一样，都是我国知识产权制度最为重要的内容。不过，两种法律制度的功能和定位各有其特点。以专利法的制定和实施为核心的专利制度的构建与完善，与一个国家的技术创新能力、产业竞争力以及整个国家创新能力的提高，具有更为密切的联系。尽管著作权制度同样具有促进创新尤其是文化创新的目标与功能，但在促进技术创新和提高一个国家和地区产业竞争力方面，专利法承载着更加重要的历史使命。和其他知识产权制度一样，专利制度也是商品经济和科学技术发展的产物。由于专利制度所保护的客体发明、实用新型本身属于发明创造的范畴，专利制度的变革与科学技术的发展、创新能力的提升具有更加密切的联系。当然，专利制度的功能和定位，不仅限于技术本身的问题，其与产业的发展、经济转型升级和经济发展方式的改变，也同样具有十分密切的联系，并且是促进经济发展转型、经济发展方式改变、推动经济社会发展的重要引擎。从后面对专利制度的理论分析可以看出，为何在专利制度理论中，有一种所谓产业政策说。

当前我国正在深入实施创新驱动发展战略，并正在朝创新型国家建设目标迈进。专利制度作为知识产权制度的重要范畴和内容，在驱动创新、促进我国技术创新能力和整个国家竞争能力的提高方面具有独特的不可替代的作用。我国《专利法》第一条的规定即表明专利法的重要目的就是要通过保护和鼓励发明创造，提高我国创新能力，促进经济社会发展和科学技术进步。基于专利制度的功能和定位，就我国当代专利制度的发展而言，必须立足于我国建设创新型国家的宏伟目标，以及实施创新驱动发展战略的战略定位。专利制度作为“天才之火添上利益的柴薪”（林肯语），这一制度的构建和完善必须以利益关系的调整为基础，在充分和有效保护专利权人的合法权益基础之上，实现专利权人利益和社会公众利益的平衡，最终促进

---

* 本文初稿撰写时间为 2019 年 10 月 23 日。

我国创新能力的提升和经济社会发展。我国创新驱动发展战略的实施以及创新型国家建设，无疑为我国专利制度的进一步完善提供了广阔的舞台。

我国《专利法》第四次修改已经完成。《专利法》第四次修改自启动以来，历时多年，在原国务院法制办公开的《专利法修订草案（送审稿）》的基础上做了多次修改。终于在 2020 年 10 月 17 日，第四次修改的《专利法》（以下简称 2020 年《专利法》）得已通过。当初这次修法的基本背景是，国家知识产权局经过广泛的调研发现，在我国《专利法》的实施中存在周期长、举证难、赔偿低等诸多问题。[1]在专利侵权方面，则存在反复侵权、群体侵权等很多方面的问题。总的来说，在专利保护中对权利人保护力度不够，以致挫伤了专利权人从事创新的积极性。基于这一专利保护实践的情况，可以说第四次修改《专利法》的出发点直接针对提高我国的专利保护水平。这也是为何《专利法》第四次修改早期版本修改内容并不多，而且侧重于提高专利保护水平方面。但还必须看到，一个国家和地区专利制度的构建与完善，需要充分发挥专利制度的功能，不完全限于提高专利保护水平这一个方面（尽管提高专利保护水平是专利制度完善最重要的内容之一），还必须从专利制度促进国家经济社会发展、提高创新能力的总体层面加以考虑。特别是近年来我国正在深入实施创新驱动发展战略，并努力朝建设创新型国家目标迈进。以《专利法》为核心的专利制度，不仅仅是为保护而保护，因为提高专利保护水平、严格保护专利权人的合法权益最终是要通过保护作为激励机制，促进国家创新能力的提升，促进经济社会的发展与社会的进步。值得注意的是，《专利法》第四次修改后的版本较之前的版本内容有了重大完善，其内容已不完全限于加强专利保护水平方面，而是包括从专利制度的整体上如何激励创新，如何促进创新成果的运用，以及更好地调整围绕发明创造而产生的利益关系，使专利法真正成为所谓“创新之法”“产业之法”（该概念参见著名知识产权学者吴汉东教授相关的表述）。

基于上述观点，笔者认为我国这次以《专利法》第四次修改为核心的专利制度的完善，深刻地立足于我国实施创新驱动发展战略与建设创新型国家的国家战略定位，而远远不限于只是提高专利保护水平而已。当然，无论如何，专利保护仍然是我国专利整个制度的灵魂和核心，因此提高专利保护水平仍然是《专利法》修改的重中之重，只是在探讨专利制度的修改与完善方面，不能完全囿于简单地提高专利保护水平而已。

二、把握专利立法宗旨，推进国家创新能力提升

立法宗旨是一部法律基本精神的体现，通过立法宗旨可以了解一部法律的基本

[1] 冯晓青．中国知识产权审判实务与案例评析［M］．北京：人民法院出版社，2017：49 – 50.

价值取向和追求，我国《专利法》也不例外。2008 年《专利法》第一条规定了其立法宗旨是："保护专利权人的合法权益，鼓励发明创造，推动发明创造的应用，提高创新能力，推动科学技术进步和经济社会发展。"这一立法宗旨，最根本的仍然是提升国家创新能力。

我国专利法的立法目的可以分解为以下几个方面，从这些方面可以深刻理解我国专利法实现国家创新能力提升的意旨和追求。

（一）保护专利权人的合法权益

与著作权法、商标法等知识产权专门法律一样，专利法以保护专利权人的合法权益为基本前提和基础。离开了对专利权人合法权益的有效保护，专利法的立法宗旨将无法实现。从我国专利法的具体规定来看，主要是通过规定专利权的主体、客体、内容以及对侵犯专利权行为的制裁等方面体现对专利权的保护。如前所述，第四次修改《专利法》的重要动因，就是基于在现实中对专利权的保护不力，挫伤了专利权人从事发明创造的积极性。因此，提高专利保护水平、充分保护专利权人的合法权益，是这次修改《专利法》的重要目的。从《专利法》第四次修改有关内容可以看出，强化行政执法、加大损害赔偿力度、完善侵权损害赔偿举证责任制度以及诉前临时措施都体现了对专利权保护力度的加强。从最高人民法院 2016 年发布的《中国知识产权司法保护纲要》规定的实施严格的知识产权保护制度的意旨来看，提高对包括专利权在内的知识产权的保护水平，是我国知识产权制度的重要走向和特色。

从《专利法》关于加强专利权保护的立法宗旨出发，在法律的修改与实施中应注意避免两个极端的走向，一是保护不足，二是保护过度。

保护不足可以体现为立法规定的保护水平不高，也可以体现为在立法的执行中不到位，没有充分地保护专利权人的合法权益。从当前我国专利制度的走向和变革来说，在国际知识产权制度的大环境之下国内知识产权制度已经全面实现了与国际接轨，因此在立法层面包括专利制度在内的知识产权制度已经具有较高的保护水平，并不存在立法保护水平不够的问题。我国专利保护水平不足的，主要体现在专利实施不到位。对于对专利侵权的制裁，损害赔偿额过低，一直是这些年来饱受诟病的一个问题。如果专利权损害赔偿额过低，就不能达到有效地威慑和制止侵权人的侵权行为的立法目的。我国专利法实施中专利侵权赔偿额过低的现状，也是《专利法》第四次修改的重要动因之一。

我国专利法实施中总体上来说保护过度的现象并不明显。但是，这一现象并非不存在，特别是国外跨国公司在我国利用其占优势的专利权，在我国市场滥用其专利权，甚至构成非法垄断，严重损害了公共利益和专利权人的合法权益，也违背了公平竞争原则。专利权滥用和垄断行为，会造成专利保护过度的现象。[1] 过去我国对专利权滥用的行为不大关注，在立法层面也存在很多空白。不过，前些年颁布实施的《反垄断法》第五十五条对此有所规定。随着专利权在市场经济中竞争地位的增强，国外跨国公司通过滥用其占优势的专利权控制我国市场的现象不能不予以警惕。近几年曝光的与专利权相关的国外跨国公司在我国市场滥用其专利权受到处罚的案件就是一个体现，滥用专利权现象也体现在标准必要专利许可中。规制滥用专利权的行为属于对专利权正当行使进行规范的范畴。[2] 从我国2008年《专利法》的规定看，仅仅是在涉及滥用专利权的强制许可部分规定了对专利权的限制。这次修改《专利法》，有必要在总则部分规定禁止滥用专利权、损害公共利益的行为。从我国专利法的实施情况看，作为专利权的国内权利主体，也存在滥用专利权的现象。这次修改《专利法》，应当在充分有效保护专利权的合法权益的基础之上，防止专利权的滥用，做到专利保护和权利限制的适当平衡。2020年《专利法》第二十条的规定，即体现了对滥用专利权行为的规制。

（二）鼓励发明创造

鼓励发明创造是我国《专利法》第一条明确规定的立法宗旨之一。明确这一宗旨对于理解我国专利制度的立法目的具有十分重要的意义和作用。[3] 鼓励发明创造的立法宗旨，也是专利制度的激励理论在专利立法中的重要体现和反映。专利法构建的鼓励发明创造的激励机制，笔者认为是通过以下方面所实现的。

（1）专利法通过赋予专利权人对发明创造拥有的专有权利，保证专利权人能够利用专利权控制市场，从而取得独占性的利益。正如国外学者所指出的，专利法"改变了革新回报的结构"。众所周知，专利权是一种独占性的权利，未经权利人许可，也没有法律特别规定时，他人不得实施其专利。这种独占性使专利权人能够利用其专利权收回投资并取得必要的利润。当然，必须指出，专利法赋予专利权人的专利权只是一种静态的权利，专利权人能否实际从其权利利用中获取足够的市场回报还取决于专利权的有效运用。当前，我国大力加强专利权的运用，目的就是使专利权产生更好的经济社会价值，盘活专利这一无形资产，使其保值增值。

（2）专利制度本身也是一种促进发明领域的公平竞争机制。在当代，市场竞争日益激烈，拥有先进的专利就能够在激烈市场竞争中占据竞争优势。[4] 拥有专利权所获得的市场控制力，意味着对自己的对手竞争的压力。这种压力会导致竞争者"你追我赶"，在相关技术和产业领域获得更高技术与市场含量的专利。正如日本学

[1] 宁立志．专利诉权滥用的防范［J］．知识产权，2017（10）：22－34.
黄勇，刘东屏．专利滥用反垄断诉讼中强制性反诉的适用［J］．人民司法，2013（13）：86－90.

[2] 尹新天．专利权的保护［M］．北京：知识产权出版社，2005：535－603.

[3] 葛秀，邵展翅．专利制度、产权激励和技术创新绩效［J］．未来与发展，2013（6）：31－37.

[4] 陶显芳．专利法规范市场竞争的法宝［J］．中国发明与专利，2007（3）：75.

者田村善之所指出的，专利法中存在一种倒逼竞争的机制，竞争的压力会使竞争者开发出更高质量的专利，从而能够在更高的程度上鼓励发明创造，促进技术竞争。事实上，在当代技术竞争中，“专利竞赛”已经成为一道亮丽的风景线，尤其是在相关的高技术领域，专利竞争尤其激烈。专利制度鼓励发明创造的内在机制也表现得淋漓尽致。由于拥有专利权能够获得市场竞争的优势，在当代激烈的技术竞争和产业竞争中，很多企业竞相开发众多的专利，以此在市场竞争中占据优势地位。这也是当今为何国内外很多大公司拥有数以万件专利的重要原因。以华为占据优势的5G专利技术为例，这一技术领域的竞争日益激烈，国内外相关领域的很多大公司都竞相开发基础专利取得先机。

（3）专利法对专利有效保护的机制，特别是专利侵权的制裁机制，为有效地维护专利权人的合法权益提供了重要保障，从而对于发明创造也具有激励作用。专利立法从本质特征来说，是一种权利保障机制，法律保护、技术公开、国际交流也是专利制度的本质特征。专利法从权利的确认、权利归属、权利保护等方面构建了专利制度的保护机制，专利法为专利权人提供的保护机制为专利权人从事发明创造提供了安全感，最终有利于调动发明创造者从事发明创造的积极性。

关于专利法鼓励发明创造的立法宗旨和功能，值得指出的是，有一种相反的观点认为专利制度和专利法并不存在鼓励发明创造的功能。如中国人民大学法学院李琛教授即主张将专利制度的基本定位于分配伦理。将专利制度定位于一种分配伦理固然有其合理性，但笔者认为这并不是否定专利法存在的鼓励发明创造意旨的正当理由。笔者还注意到，反对专利法存在鼓励发明创造功能的学者还有一个重要的理由，发明创造是基于人对发明的一种天然的爱好与兴趣，与专利制度的存在没有任何关系。最典型的例子是在专利制度产生以前的很长时间内人类已经出现了重要的发明，像我国四大发明也是在专利制度之前存在的。对于这一观点，笔者同样不予赞同。在专利制度产生以前，国内外固然同样具有重要的发明创造出现，但这并不是否认以专利法为核心的专利制度具有鼓励发明创造的功能和作用的理由。近几百年以来的世界上重要的发明都是在专利制度的实施下取得的，专利法对于鼓励发明创造的功能和作用是不能否认的。

其实，关于专利法鼓励发明创造的功能和作用，美国诺贝尔奖获得者诺斯曾有很高的评价。他在考察英国工业革命取得成就后指出，技术领域一种以确认所有权属为核心的产权制度，是促进技术发明的重要原因。在当代，专利法鼓励发明创造的功能和作用，也在相关的政策和制度中得到了充分体现，如我国官方涉及的专利制度在内的知识产权制度的政策文件和制度中，十分强调利用知识产权制度激励知识创造和技术创新的工作功能和作用。可以预料，随着我国创新型国家建设的深入推进，我国专利法鼓励发明创造的立法意旨将更加重要。

（三）推动发明创造的应用，提高创新能力

如前所述，根据著名知识产权学者吴汉东教授的观点，包括专利制度在内的知识产权制度被称为“创新之法”“产业之法”。以专利法为核心的专利制度从其诞生之日起就与商品经济尤其是市场经济的发展具有千丝万缕的联系，专利制度本身被认为是科学技术和商品经济发展的产物。在商品经济尤其是市场经济环境中，专利法所保护的发明创造实际上是一种无形的知识产品，尤其是针对发明专利和实用新型专利而言，本质上是一种无形的技术型商品。这种技术型商品和有形商品在本质上一样，具有价值和使用价值。从法律属性来说，专利权是一种无形财产权。从企业的角度来讲，也是企业的一种十分重要的无形资产和无形财富，这种无形资产和无形财富要充分发挥实现其价值，笔者认为至少需要具备以下几个条件。

一是法律明确赋予其独占性的权利，权利的独占性是专利法所保护的专利权的本质特性之一。[1] 权利的独占性在专利法上也体现为专利权人对其发明创造所拥有的专有性的权利。前面已经对依法保护专利权这一立法宗旨做了清楚的探讨，其实这也是市场经济条件下促进发明创造应用的重要保障。

二是明确赋予其可转让性。从法律经济学的观点来看，一种有效率的财产权制度的构建，要保障该财产被最能够充分利用的人所使用，可转让性即能够保障专利权这一无形财产通过转让的形式获得最佳效应的使用。

三是具有实现发明创造价值的市场。当代的经济社会环境下，以专利法为核心的专利制度发挥其推动经济社会发展的功能和作用，需要立足于市场经济环境之下。只有在市场经济环境中才能够充分地凸显专利权这一无形财产的价值，专利权这一无形财产也只能在市场经营中充分地实现这一价值。当然，仍从法律经济学的观点看，财产的稀缺性与有用性也是值得给予法律保护的基本条件。从专利权作为一种无形财产的角度来讲，其本身并不具备稀缺性，专利法赋予的专利权实际上是一种人为的稀缺、拟制的稀缺。无论如何，专利价值充分发挥，离不开市场经济土壤。在当前我国不断建立和完善社会主义市场经济体制的大好环境下，以专利法为核心的专利制度的发展也将具备宽广的舞台。

推动发明创造的应用，就是使受到专利法保护的发明创造实现其经济和社会价值的关键所在。如果发明创造不能够得到充分的应用，“养在深闺人未识”，即便该发明具有十分重要的经济和社会价值，也无法发挥其相应的作用。当前我国包括专利在内的知识产权的制度运行中，最大的短板和软肋之一就是知识产权的转化、运用不够理想。这些年我国专利申请和授权量急剧飙升，但专利实施率并不理想，受专利保护的发明创造的应用情况不乐观。当然，造成这一状况的原因很多，如有些受专利保护的发明创造的本身技术上不够成熟，尚没有经过小试、中试、孵化的过

[1] 除此之外，所保护客体的公开性也是专利法所要求的。

程；专利发明创造在实现产品化以后市场上不够成熟，难以得到消费者的普遍接受，从而使企业以专利产品市场化为核心的技术创新难以实现。此外，缺乏专利经营理念，可能也是一个重要原因。对很多中小企业而言，缺乏配套的资金，也是造成专利实施不利的原因。当前在专利制度运行方面，提高专利实施率无疑是一个重要的需要突破的瓶颈。党的十八届三中全会针对知识产权问题提出要加强知识产权的运用和保护，我国2008 年6 月5 日发布的《国家知识产权战略纲要》中，促进知识产权运用也是最终的目的。

我国经济社会发展中对专利权应用的需求，无疑为我国专利立法制度构建上提出了新的要求，其实这一点从我国 2008 年《专利法》第一条对 2000 年《专利法》的修改即可以看出这一点。后者的表述是“有利于发明创造的推广应用”，2008 年《专利法》第一条的表述则是“推动发明创造的应用”。从两者的规定可以明显看出，2008 年《专利法》更加强调发明创造的应用在专利立法中的重要地位和作用，因为其更加旗帜鲜明地指出，将推动发明创造的应用作为立法目的之一，而不仅仅是有利于发明创造的推广应用。

从前面的探讨，我们可以认识到发明创造的应用在以专利法为核心的专利制度中具有极其重要的地位和作用。发明创造的应用，是将取得专利权的发明创造运用于社会生活中，特别是制造、销售专利产品，使用专利方法，以及将取得专利权的发明创造通过各种形式使其转化为物质财富。现实生活中的专利许可、转让、投资入股、质押融资、专利证券化、专利信托等，都是取得专利权的发明创造的应用方式，这些应用方式以专利的资本化为核心。不过，从一般意义上取得专利权的发明创造的应用来说，专利技术的产品化、市场化、商业化乃至产业化，是取得专利权的发明创造应用最基本的形式和最重要的基础。所谓专利技术的产品化，是指制造、生产专利产品的行为，如根据发明或者实用新型专利说明书公开的技术方案制造专利产品。专利技术的产品化是其市场化的前提。所谓专利产品的市场化是指专利产品投入市场流通并实现其市场价值的行为。专利产品的市场化的实现最终以该产品是否获得消费者的认可为前提。专利产品获得消费者的青睐，就能够提高专利权人的市场份额和市场竞争力。通常就发明或者实用新型专利产品而言，其在技术上的先进性能够使其具有独特的市场竞争力。除此之外，有一点人们可能关注不够，即拥有专利权的产品，还能取得一定的信誉价值，能够在消费者心目中形成一定的技术先进和质量保证的印象。专利产品这种类似于品牌形象的作用，其实也值得关注，尽管其相对于专利产品技术先进性本身而言处于次要地位。专利产品的商业化与市场化是两个相互关联的概念。商业化意味着将专利产品投入市场，从中收回成本和获取利润。市场化则是更高层次的一个概念，那些拥有广阔市场的重要专利，能够很好地促进产业转型升级和经济发展方式的改变。从近现代以来各国经济社会发展的变迁来看，那些划时代的专利往往形成一个巨大的产业，如当今人们日益关注的

5G 专利技术，可以预料未来必将形成一个巨大的相关产业，而该产业的形成与发展，背后都是以专利保护作为基础和核心的。

专利法将推进发明创造的应用作为重要的立法目的，笔者认为能够更好地在立法价值导向上鼓励取得专利权的发明创造广泛应用和推广，促使发明创造取得更好的经济效益和社会效益，实现专利发明创造的经济价值和社会价值，有利于造福于社会和人类。

发明创造的应用也是促进经济增长十分重要的方面。随着技术进步和社会的发展，人们发现技术在经济增长中的贡献率越来越大。在 20 世纪 20 年代左右，美籍奥地利经济学家熊彼特即提出了技术创新理论，将创新作为经济增长的内生变量，而不是外生变量。技术创新理论和实践与专利制度的产生和发展变革具有千丝万缕的关系。取得专利权的发明创造的应用，无疑是将创新成果投入经济社会发展中，能够提高经济效益和社会效益。专利法尽管将保护专利权的合法权益作为其首要的目的，但它绝不是仅限于提供专利保护的一种法律制度，最终需要通过相关的制度设计，有力地促进发明创造的推广应用。仅从对专利权人自身而言，取得专利权的发明创造的应用也具有极其重要的价值，因为它也是专利权人从专利权中经济效益的基本手段。

正因为推动发明创造的应用在专利法中具有十分重要的地位和作用，包括我国在内的各国和地区专利法中都建立了相应的推动发明创造应用的具体制度。以我国 2008 年《专利法》为例，其一方面通过在第十一条中规定了专利权人对其专利权享有的独占实施权，以更好地通过对专利权的独占，鼓励发明创造，并确保专利权人通过这一独占实施权获取相应的市场利益；另一方面也规定了转让、许可等方式利用其专利权。除此之外，专利法还规定了对专利权的限制制度。如后面所要讨论的，专利权的限制从另外一个角度来说赋予公众在一定的条件和范围内使用享有专利权的发明创造，从而促进专利技术的扩散和传播。至于专利法规定的强制许可制度，很大程度上也有促进发明创造应用的立法意图。还如，我国具有自身特色的专利指定许可制度（此前《专利法》修改前版本中，亦被称为计划许可制度），更直接地推广应用具有重要价值的发明专利。当然，2008 年《专利法》在促进发明创造应用的具体规定方面仍然具有一些不足，这也是《专利法》第四次修改专门就促进发明创造的应用增加了一章的重要原因。

（四）促进科学技术进步与经济社会发展

促进科技进步与经济社会发展也是专利法的重要目的。应当说，这也是专利法的最终目的。

一方面，从专利法促进科学技术进步的目的来说。在我国，专利保护的客体包括发明、实用新型和外观设计专利。其中，发明和新型专利保护的是一种新的技术方案，我国专利法对于两者的授权条件都做了明确的规定。具体而言，发明专利和实用新型专利都需要具备新颖性、创造性和实用性条件。其中发明专利比实用新型的创造性条件要求更高，即需要具备突出的实质性特点和显著的进步，而实用新型只需要具备实质性特点和进步即可。无论是发明还是实用新型专利，对于现有技术而言，都必须是一种新的技术方案。因此，对发明和实用新型专利来说，都意味着在技术上的进步和创新。根据世界知识产权组织的统计，世界上公开的创新型技术成果，95%以上是通过专利的形式公开的。这说明发明和实用新型专利是技术创新成果的代名词，发明和实用新型专利的获得意味着技术的进步和发展。就我国专利法中的外观设计专利而言，尽管其保护的不是一种技术方案，但其也涉及设计创新，同样是一种创新性成果，在市场经济中具有相应的经济价值和社会价值。

当然，笔者认为需要进一步看到的是，专利法促进科学技术进步的目的，不仅体现为其所保护的发明创造是一种创新性成果，而且体现为法是一种激励创新的机制、权利保护的机制和利益平衡的机制，这些机制的构建与运行不仅能够使受专利保护的创新性成果不断地涌现，而且有利于创新性成果的推广和运用，使企业等市场经济主体能够实现技术创新的目的，从而能够在实质上推进我国科学技术的进步。就其中的激励创新的机制而言，通过专利法之“以公开换保护”的法律机制，专利权人能够凭借其获得的专有权独占市场，从而收回成本并获得必要的利益，也使得专利法能够在很大程度上激励发明创造者从事创新，也能够激励在创新领域的投资。就专利法的保护机制而言，专利法对专利权这一专有权的保护形成了一种在技术领域的公平竞争机制，能够倒逼竞争者你追我赶、形成技术竞争的格局，最终的结果是新的发明创造层出不穷，技术创新水平不断提高。再就专利法的利益平衡机制而言，专利法在专利权保护与权利限制、专利权保护的专有领域与公共领域以及私人权利与公共利益之间建构了特有的利益平衡机制。这种平衡最根本的是协调专利权人和社会公共利益之间的关系，能够使受专利保护的无形资源各得其所，有利于促进发明创造的推广运用。所有这一切使得专利法能够在很大程度上促进科学技术的进步。

另外，还有一点需要指出，专利法所特有的以公开换取保护的法律机制，相对于商业秘密保护的方式而言，能够在很大程度上避免重复研究和社会资源的浪费，从而也有利于利用有限的资源进行研究开发，提高技术水平，促进科学技术的进步。

从专利法促进经济社会发展的目的来说，这一目的可以从两个层面加以理解。

第一个是促进经济社会发展作为专利法重要目的的正当性。笔者认为这一点可以从抽象层面加以理解：专利法作为法律的范畴，在性质上属于上层建筑的范畴，而上层建筑必须适应经济关系的需要。根据马克思的观点，法律只是记载经济关系的要求而已。作为上层建筑的专利法，也应当以经济社会发展为重要目的。当然，专利法促进经济社会发展的目的，还可以从以下方面理解：专利法作为社会本位之法，不仅限于保护专利权人的合法权益，其具有重要的社会功能和作用，需要在鼓励和保护发明创造者的基础之上，实现更高程度的社会价值，这一更高层的社会价值就是经济社会发展。笔者认为，经济社会发展的目的实际上体现了专利法维护国家利益、公共利益的功能，对此在印度等国家的专利法中即有所反映。我国专利法将促进经济社会发展作为专利法的重要目的也体现了在当代经济社会发展中以专利法为核心的专利制度的重要地位和作用。

第二个层面是专利法在构建和实际运行中促进经济社会发展的效果。这一点也可以反证专利法促进经济社会发展的作用与立法宗旨。笔者认为，专利法促进经济社会发展的效果具体可以体现为以下几方面：保护创新成果和激励创新，以及促进创新成果的商业化，促进整个国家和产业的技术创新能力的提高，包括国际竞争能力的提高；专利法通过促进技术创新能力的提高，为广大消费者分享技术进步带来的利益和便利，提供了极大的空间和环境，近代以来人们充分享受的技术进步带来的各种利益无不是在专利制度的保护之下完成的；专利法通过保护创新性成果也促进了产业的转型和升级，从而能够促进社会的发展和进步。

由此可见，促进科学技术进步和经济社会发展，不仅是专利法的重要目的，而且通过专利法的实践运作能够证明其在这方面的重要功能和作用。

国家治理体系和治理能力现代化视野下我国专利制度的构建与完善*

党的十九届四中全会作出了《中共中央关于坚持和完善中国特色社会主义制度推进国家治理体系和治理能力现代化若干重大问题的决定》(以下简称《决定》)。《决定》为我国建设中国特色社会主义制度，加快建设社会主义现代化强国提供了重要指引。就包括专利权在内的知识产权制度而言，知识产权治理体系和治理能力现代化也是我国国家治理体系和治理能力现代化的重要内容之一。以下将以我国专利制度为例，探讨在国家治理体系和治理能力的现代化视野下如何构建和完善我国专利制度。

如前所述，国家治理体系的本质是国家制度，国家制度涉及经济、政治、文化等诸多方面。在我国国家制度的中，人民代表大会是根本政治制度。法治化是国家制度构建与运行的重要特征，国家治理需要在法治轨道上运行。无论是政府治理，还是社会治理都离不开依法治理。

专利制度作为国家制度中的一环，其本身是一种保护发明创造专利权的法律制度和管理科学技术成果的制度，在实现国家治理体系和治理能力现代化方面，发挥着其独特的不可替代的重要作用。

专利制度要发挥在推进国家治理体系和治理能力现代化方面的重要作用，我国需要着力于建立和逐步完善我国以《专利法》为核心的专利制度。我国《专利法》从无到有，经历了一个创立和逐步完善的过程。在 1984 年《专利法》制定之初，在当时特定历史条件下，对于我国是否要制定专利法存在激烈的争论，其中一种理由主张专利制度是资本主义的产物，在我国引进专利制度会造成技术封锁，不利于技术的有效推广和运用。最终，主张建立专利制度的观点占了主流，认为专利制度并非仅仅是资本主义的“专利”，作为商品经济和科学技术发展的产物，在作为社会主义国家的我国同样存在极大的必要性，因为商品经济条件下发明创造作为一种无形的技术产品同样具有价值和使用价值，需要通过确立产权的形式在市场上流通。

---

* 本文初稿撰写时间为 2019 年 10 月 28 日。

同时，只有确立发明创造的专有性权利、赋予发明创造以专利权，才能充分地调动发明创造者从事发明创造的积极性。

实践证明，我国专利制度从1984年建立、1985年4月1日实施到现在经过几十年运行，在鼓励发明创造、提高我国创新能力、促进经济社会发展方面发挥了不可替代的重要作用。这种作用不仅体现在专利申请数量和授权数量的急剧提高，更体现于形成了创新文化和氛围，调动了广大发明创造者从事发明创造的积极性和主动性，并有力地推进了发明创造的推广和运用，提高了我国的创新能力和产业竞争力。同时，在当前知识产权保护国际化趋势日益加强以及经济全球化的背景下，我国专利制度的建立也是形成良好的法律环境、吸引外资、推动国际经济秩序贸易关系发展的需要。随着我国面临的国内外经济秩序环境的变化，1985年实施的《专利法》后来经过多次修改，这些修改体现了我国专利制度现代化的需要。

当前新形势下，尤其是从推进国家治理体系和治理能力现代化的角度来看，笔者认为我国专利制度的进一步发展应坚持以下指导思想。

（1）进一步加强对专利权的保护，在更大的程度上激励创新。[1] 我国以《专利法》为核心的专利制度本质是以公开换保护的一种法律制度和管理科学技术的制度。专利权保护是专利法应有之意，而且是其核心内容。当前我国在知识产权保护的基本政策考量，是实施严格的知识产权保护。通过加强专利权的保护，有利于在更大程度上鼓励创新，以及对创新的投资与创新成果的商业化。在我国，专利权的保护方式主要是行政保护和司法保护。随着我国社会主义法治建设的日益深入，应逐步确立专利权的司法保护地位，同时应当妥善处理好行政保护和司法保护的关系。《专利法》第四次修改也应当以加强专利权的保护作为基本内容之一。从《专利法》第四次修改草案及最终通过的2020年《专利法》的相关规定来看，应该说加强专利权的保护，在修法上得到充分体现，这是值得肯定的。

（2）强化对专利权的有效运用。在专利制度中，专利保护尽管是核心内容，但并不是最终目的，而是手段。进言之，在充分、有效保护专利权的基础之上，如何促进专利权的有效运营，提高专利的经济和社会价值，进而提高企业技术创新能力和国家产业竞争能力，是专利法更深层次的目的和价值追求。专利权有效运用，通常是将专利权投身于社会生产，使之产生经济效益和社会效益。当然，基于促进竞争的场合，专利权的有效运用也体现为战略性运用，以提高竞争优势为目的，而不以获取直接经济和社会效益为宗旨。只有加强专利权的有效运用，将专利权由静态的权利转化为动态的资产，才能更好地实现《专利法》的立法宗旨。

之所以需要在专利制度中强化专利的运用，是因为专利权只有被有效运用，才

---

[1] 王淑君．专利商业化激励机制研究［J］．知识产权，2016（9）：21－27．
陈朝晖，谢薇．专利商业化激励：理论、模式与政策分析［J］．科研管理，2012（12）：110－116．

能够发挥其在提高创新能力，促进经济社会发展方面的重要作用。专利权的运用，包括专利权人自行实施其专利以及通过许可、转让等方式利用其专利权。我国专利法主要是针对专利权的保护进行了规范，包括专利权的主体、客体、专利权的归属、专利申请审查的程序、专利权的保护及相应的侵权法律责任等，对于如何促进专利权的运用规范则不够。笔者在前几年应国家知识产权局条法司的邀请，以专家组组长的身份主持起草了一部《〈中华人民共和国专利保护与促进法〉（专家建议稿）》及立法说明，对于专利制度中如何有效地促进专利权的转化和运用深有感触。目前，专门再颁布一部促进专利转化、运用的专门法律的时机尚不成熟，但在以《专利法》为核心的专利制度中应有效地促进专利权的运用，这一点应当是已达成共识的。《专利法修改草案（征求意见稿）》专门增加了促进专利权运用的一章，笔者认为这体现了立法者对《专利法》如何促进专利权的运用有了更为深刻的认识，无疑具有重要的意义。❶

（3）专利制度进一步与国际接轨，同时在与国际接轨过程中必须立足于本土化。如前所述，与国际接轨是我国知识产权制度的重要特点。当今国际知识产权制度具有变革的重要趋向，包括我国《专利法》在内的知识产权法律制度也需要与时俱进，因应国际知识产权制度变革的趋势，对于现行知识产权制度作出必要的调整。但必须同时指出，国际化以本土化为前提，不考虑本土化的知识产权国际保护和与国际接轨，会脱离我国的现实国情，不利于最大限度地利用我国知识产权制度促进创新能力的提升以及经济社会的发展。以植物新品种国际公约的加入为例，2019 年年底，笔者参加中国知识产权法律事务论坛暨中国律协知识产权专业委员会 2019 年年会，与一位在植物品种权保护领域颇有研究和关注的资深律师交流中就发现，在我国相当多的物种缺乏研究和保护的情况下，如果不考虑我国的现实国情而贸然加入保护水平较高的国际公约，就可能使我国承担保护公约其他成员国的较高的义务，而我国从该国际公约保护获得的利益较少。因此，可以认为，对待知识产权制度的国际化问题，不能盲目地以与国际接轨作为目标，而必须同时考虑我国的现实国情。❷ 就《专利法》第四次修改与专利国际公约接轨相关问题而言，笔者认为，加入《工业品外观设计国际注册海牙协定》（以下简称《海牙协定》）对于我国外观设计在国外的专利申请和保护具有十分重要的意义。由于我国 2008 年《专利法》对外观设计专利的保护期限只有 10 年，而不是该公约规定的 15 年，因此为了与该国际公约接轨，需要将外观设计专利权的保护倾向延长为 15 年。毋庸指出，通过修改《专利法》，使《专利法》规定的要求与国际公约相符合，从而能够尽快加入相关的国际公约，这也是近些年来我国专利制度国际化的重要趋势和做法。

---

❶ 2020 年《专利法》增加了第六章“专利实施的特别许可”，引进了开放许可制度，值得关注。

❷ 郑成思. 关于知识产权保护“与国际接轨”的问题［J］. 科技与出版，1997（4）：3.

（4）适应现代技术变革的趋势，对当代技术出现的与专利保护相关的问题及时进行回应，并提出解决的具体制度设计。专利法保护的客体是发明创造，随着技术的发展，在专利权的客体、专利权的保护及专利侵权的表现等方面都具有一些新的特点，《专利法》应通过及时修法的形式予以回应。例如，随着信息网络的发展，电子商务发展如火如荼，前景无限。然而，技术的发展是一把双刃剑，它一方面为权利人更好地实现其权利提供了更加广阔的舞台，另一方面也使得侵权拓展到网络平台。如何在电商平台中有效地保护专利权，有效地制止专利侵权行为，就值得探讨。《专利法》第四次修改早期的征求意见稿版本比较直观地借鉴了著作权法中的通知和反通知程序，实际上是存在很大问题的。其中一个重要的原因是，涉及发明、实用新型专利侵权的判定难以判断，必须根据专利侵权认定的特点加以规定。[1]

（5）注意借鉴我国专利保护实践中的经验、司法政策精神和司法解释，将成熟的司法经验经系统整合，体现在《专利法》的修改中。近些年来，随着我国知识产权法治建设的加强，人民法院审结了大量涉及专利权保护的权属、侵权和合同纠纷案件，积累了较为丰富的司法审判经验，这些成熟的司法经验完全可以通过一定的形式体现在《专利法》的修改中。同时，涉及专利权保护的相关司法政策精神和司法解释，也可以在以后的《专利法》修改中予以适当体现。

值得注意的是，在我国近些年来的知识产权专门立法中，尽管知识产权专门立法不断地修改、完善，但仍然没有摆脱整体上“粗线条”的特色，条文的规定较为简单，条文数量也较少，和其他国家特别是发达国家相关知识产权专门立法相比有很大的差距。当然，笔者并不主张仿照西方国家知识产权立法的模式，只是指出条文不宜过于简单。当前我国知识产权立法研究和立法水平较之过去有了很大的提高，已具备将条文数量和规定内容更丰富的条件。因此，完全可以利用修法的机会整合相关的规范，使得作为保护专利权的基础性法律更加完美。

---

[1] 2019 年 1 月 4 日中国人大网公布的《中华人民共和国专利法（修正案草案）》（以下简称“2019 年《专利法（修正案草案）》”）第七十一条已作了新的规定，后面将继续予以探讨。

我国《专利法》第四次修改的必要性思考*

我国《专利法》从1984年制定到2020年10月17日第四次修改完成，其间先后经历了1992年、2000年和2008年三次修改，其中前两次修改在很大程度上与国际形势有关，如1992年的修改在相当大的程度上是基于中美知识产权谈判达成的《中美知识产权保护谅解备忘录》，2000年的修改则直接与当时我国加入世界贸易组织需要达到《与贸易有关的知识产权协定》的最低要求有关。至于2008年的修改情况完全不同，因为当时我国包括《专利法》在内的知识产权制度已经全面实现了与国际接轨。严格地说，该次修改更多的是基于自身发展需要的内在需求。2008年《专利法》修改以后，我国经济社会发展面临更多的创新驱动和经济发展方式改变，知识产权作为一种保护创新的法律机制，需要在新的环境下加强保护。然而，从知识产权保护的情况看，仍存在相当多的问题。如何进一步提高专利保护水平、完善专利制度，就成为2008年《专利法》面临的新课题。为此，国家知识产权局逐渐启动了《专利法》第四次修改。

国家知识产权局在2012年公布的《关于〈专利法修改草案（征求意见稿）〉的说明》有以下表述："国务院下发《关于进一步做好打击侵犯知识产权和制售假冒伪劣商品工作的意见》，指出打击侵权和假冒伪劣是一项长期、复杂、艰巨的任务，要建立健全长效机制，研究修订相关法律法规和规章，加大惩处力度，为依法有效打击侵权和假冒伪劣行为提供有力法制保障。为了落实前述要求，国家知识产权局从2011年11月开始启动了修改《中华人民共和国专利法》（以下简称《专利法》）的准备工作。经各方努力，《专利法》的修改列入了国务院2012年立法工作计划。"

可以说，我国《专利法》第四次修改的启动，直接源于提高知识产权保护水平的需要。《专利法》修改说明也明确指出，当前专利保护存在周期长、举证难、赔偿低等问题。所以国家知识产权局在2012年公布的《中华人民共和国专利法修改草案（征求意见稿）》（以下简称"2012年《专利法修改草案（征求意见稿）》"）的相关条文中，主要是涉及专利行政执法和专利司法保护的加强。例如，在该草案的

---

* 本文初稿撰写时间为2019年10月29日。

第四十六条增加了一款作为第二款："宣告专利权无效或者维持专利权的决定作出后，国务院专利行政部门应当及时予以登记和公告，该决定自公告之日起生效。"在第六十条增加一款作为第三款："对涉嫌扰乱市场秩序的专利侵权行为，管理专利工作的部门有权依法查处；在全国有重大影响的，由国务院专利行政部门组织查处。管理专利工作的部门认定侵权行为成立且扰乱市场秩序的，责令停止侵权行为，没收违法所得，并可没收、销毁侵权产品或者用于实施侵权行为的专用设备，并处违法所得四倍以下的罚款，没有违法所得或者违法所得难以计算的，可以处二十万元以下的罚款。"从2012年公布的《专利法修改草案（征求意见稿）》的规定来看，立法者并不准备作出重大修改。然而，随着形势的变化，我国专利保护承载着更加重要的历史使命。《专利法》需要通过更加全面的修改，全面提高专利立法保护水平。为此，在2014年后国家知识产权局在2012年修改草案征求意见稿的基础上，做了更加全面的修订，2015年发布了修订以后的《中华人民共和国专利法修改草案（征求意见稿）》（以下简称"2015年《专利法修改草案（征求意见稿）》"）。国家知识产权局还专门做了以下立法修改说明。

随着我国经济社会的快速发展，加强知识产权保护、提高自主创新能力，成为加快转变经济发展方式、实施创新驱动发展战略的内在要求。党的十八大明确提出"实施知识产权战略，加强知识产权保护"；十八届三中全会强调要"加强知识产权运用和保护，健全技术创新激励机制"；十八届四中全会提出"全面推进依法治国"、"完善激励创新的产权制度、知识产权保护制度和促进科技成果转化的体制机制"。新的形势下，专利工作面临更新更高的任务和要求。

近年来，我国在专利保护方面开展了扎实有效的工作，取得了举世公认的成绩和进步。但是，随着科技发展和市场竞争加剧，专利保护领域的新问题、新矛盾不断出现。在开展"打击侵犯知识产权和制售假冒伪劣商品"专项行动过程中发现，我国目前专利侵权现象较为普遍，特别是群体侵权、重复侵权还较为严重，再加上专利权无形性和侵权行为隐蔽性的特点，导致专利维权举证难、周期长、成本高、赔偿低、效果差，使我国一些创新型企业处境艰难。这些企业既难以从创新中获利，也难以在竞争中获得优势地位。专利保护不力问题严重挫伤了我国企业的创新积极性，甚至导致部分企业丧失了对专利保护的信心。

对于上述立法说明，笔者认为，专利法作为激励创新和促进技术与社会进步的重要法律制度，在我国新的历史条件下需要发挥其更加重要的作用。为此，需要进一步加强专利权的保护。特别是针对专利保护实践中存在的一系列问题，需要通过完善各项专利制度，实质性地提高我国专利保护水平，以更好地激励创新，促进经济社会发展。

应当看到，我国《专利法》经过前几次修改，在激励发明创造、提高创新能力、促进经济社会发展的方面发挥了重要作用。但随着形势的发展，《专利法》存在的问题也逐渐暴露出来。针对《专利法》实施中存在的突出问题，国务院将我国《专利法》的修改纳入了2012年立法工作计划。在此前的2011年11月，国家知识产权局也启动了《专利法》修订的相关准备工作。国家知识产权局为使这次修订更加务实，具有针对性，对我国《专利法》实施中存在的问题进行了广泛的调研和考察，在2012年8月形成了《专利法修改草案（征求意见稿）》。该征求意见稿公布以后，陆续收到了来自社会各方面的意见和建议。[1] 国家知识产权局还在2012年11月，专门针对最高人民法院等二十五个相关部门征求了书面的意见。在上述基础之上，国家知识产权局又形成了《专利法》修订草案的送审稿，该送审稿在2013年1月上报国务院。

此送审稿对《专利法》的修改的内容仍局限于部分条款。为使《专利法》修改的条文进一步成熟，国家知识产权局又对送审稿广泛征求了意见，并就《专利法》的修改进行了更多的调查研究。党的十八届三中全会提出要加强知识产权的运用和保护，党的十八届四中全会对包括知识产权制度在内的法律制度的完善也提出了更高的要求。在新形势下，如何修改《专利法》使其更好地适应我国创新型国家建设，变得更加紧迫和重要。专利法是激励创新的法律机制和保障机制。通过修改《专利法》，能够使其更好地适应于创新驱动发展战略与经济社会发展。于是，在2014年上半年，全国人大常委会开展了专利法的执法检查工作。根据国家知识产权局公布的相关信息，这次执法检查工作总结了我国《专利法》实施存在以下突出的问题。

其一是专利质量有待提高，总体上还处于较低的水平。当前我国专利申请和授权的数量日益飙升，达到每年数百万件。我国专利的类型，除了包括创造性程度较高的发明专利以外，还包括创造性程度相对而言较低的实用新型专利以及不属于技术方案范畴的外观设计专利，我国专利申请和授权数量的飙升，并不意味着专利质量的同步提升。[2] 如何提高我国专利申请和授权质量，更好地适应我国经济和社会的发展，是这次修改《专利法》中必须高度重视的问题。专利质量不仅涉及其技术含量高低，而且还涉及专利总体的声誉问题。专利质量和产品质量有某种类似之处，提高我国专利质量，必将大大提高专利整体的声誉。

其二是专利在实践中的保护程度的问题，尤其体现为专利侵权行为仍然屡禁不止，影响了专利权人从事发明创造的积极性，与创新主体的预期和期待有比较大的距离。专利侵权行为的发生固然存在多种原因，但立法及实际的保护水平也是其中

---

[1] 本人也应国原国务院法制办的邀请提供了相关修法意见。

[2] 朱桂龙、王萧萧. 专利质量影响因素分析——基于专利引文结构新视角［J］. 中国科技论坛，2019(9)：67-75.

重要的原因之一。[1] 例如，长期以来我国专利侵权损害赔偿额过低，以致造成所谓“赢了官司输了钱”，被广为诟病。这一状况的存在当然不利于有力制止侵权行为和有效保护权利人的合法权益。

其三是专利运用能力不足，需要大力加强。如前所述，推动发明创造的应用，提高创新能力是我国《专利法》的重要立法宗旨。专利的价值最终也体现于充分运用，只有运用才能够使专利的价值在市场中充分实现。[2] 目前我国专利的运用情况并不佳，体现为很多专利没有转化、利用，尚处于一种静态的权利状况。造成我国专利运用情况不佳的原因同样很多，但无论如何专利立法本身对专利运用的情况也会具有重要影响。如果专利法只注重专利确权和保护，忽视开发专利无形资产的价值，也没有对专利运用提供充分的法律机制，就会从制度层面影响专利运用的效率。对此，也可以从法律经济学的角度加以理解。法律制度的安排，需要通过对权利义务的配置，为有效率地利用专利这一无形资产提供制度供给。用美国著名法律经济学家波斯拉的观点来说，如果效率不够，就应该对法律制度进行改革使其更具有效率。我国专利法的构建，也就不能够仅限于专利确权和保护，而应当高度重视专利权的运用，使其更好地发挥在市场经济中的作用，充分地凸显专利这无形资产在市场中的价值。

其四是专利的公共和社会服务能力不够。专利制度是以垄断换取公开的法律制度，专利技术本身也是一种公开的技术资源，具有信息共享性特征。在我国，专利相关行政部门不仅承担着调处专利纠纷的职责，而且还承担相应的提供与专利有关的公共和社会服务的职能，2008 年《专利法》在这方面则缺乏相应规定。这一现实情况与我国创新型国家建设中创新主体的日益增长的需求不相称。例如，专利文献信息的公共服务就是如此。笔者在 2010 年主持第一个国家社科基金重大项目，其主题名称是“国家知识产权文献及信息资料库建设研究”。通过相关的调查，笔者发现我国专利文献信息的公共服务，大有提升的空间。

当然，笔者认为除了全国人大常委会执法检查发现的这些问题以外，还存在其他一些较为突出的问题，如市场经济主体的专利意识，尤其是专利战略意识不强，以及《专利法》中的相关制度的协调，也存在一定的问题。上述问题的存在，需要通过再一次修改《专利法》加以解决。

---

[1] 董新凯．《专利法修订草案》（送审稿）第六十条之评价——兼谈专利权保护的强化问题［J］．学术论坛，2016（12）：97－102．

[2] 冯晓青．技术创新与企业知识产权战略［M］．北京：知识产权出版社，2015．
冯晓青．企业知识产权运营及其法律规制研究［J］．南京社会科学，2013（6）：86－92．

我国专利权客体制度及其完善研究*

专利保护的客体是《专利法》的重要内容。[1]所谓专利保护的客体，就是《专利法》保护的对象，即发明创造。《专利法》调整的是围绕发明创造产生的社会关系。然而，对于《专利法》上的发明创造，不同国家和地区以及国际公约有不同的规定。从国际上看，国际公约如《保护工业产权巴黎公约》（以下简称《巴黎公约》）所指的专利仅仅是指发明专利。很多国家和地区专利法中所指的专利，也仅仅是指发明专利。在我国等少数国家和地区，《专利法》保护的发明创造包括发明、实用新型和外观设计。例如，我国2008年《专利法》第二条规定："本法所称的发明创造是指发明、实用新型和外观设计。发明，是指对产品、方法或者其改进所提出的新的技术方案。实用新型，是指对产品的形状、构造或者其结合所提出的适于实用的新的技术方案。外观设计，是指对产品的形状、图案或者其结合以及色彩与形状、图案的结合所作出的富有美感并适于工业应用的新设计。"此前的1984年《专利法》、1992年《专利法》和2000年《专利法》尽管对发明、实用新型和外观设计的定义没有作出明确规定[2]，专利保护的发明创造包括发明、实用新型和外观设计，这一点一直没有改变，关于发明、实用新型和外观设计的定义也没有改变。

当然，也应当指出，在这些年修改《专利法》的过程以及理论研究中，对是否应对我国专利法保护的发明创造的内容作出重新界定及立法调整，存在不同观点。例如，外观设计是否有必要在《专利法》中作为专利的形式保护？或者，在保留的前提下，是否有必要引入局部外观设计专利制度？又如，实用新型的创造性明显比发明专利低，是否有必要赋予实用新型专利？对于上述两个问题，笔者有以下观点。

就外观设计专利而言，目前保留在《专利法》中仍具有必要性。外观设计固然不涉及技术方案，但其涉及设计创新的问题，将外观设计赋予专利权的保护，赋予外观设计专利，有利于通过《专利法》的形式激励设计创新。在鼓励创新、保护创

---

* 本文初稿撰写时间为2019年11月3日。

[1] 杨海瑶. 专利权客体范围的制度创新［J］. 社会科学辑刊，2011（5）：90－92.

[2] 在《专利法实施细则》中则有相应规定。

新，促进创新成果的运用方面，外观设计创新纳入专利权的保护范围有其合理性和正当性。当然，外观设计是否仅限于整体外观设计的保护，还是可以拓展到局部外观设计的保护，是值得探讨的问题。这里不妨结合 2015 年《专利法修改草案（征求意见稿）》[1] 以及 2020 年 7 月 3 日第十三届全国人大常委会第二十次会议《中华人民共和国专利法修正案（草案二次审议稿）》（以下简称 2020 年《专利法修正案（草案二次审议稿）》）增加局部外观设计保护的规定进一步予以探讨。

国家知识产权局公布的关于上述修改建议稿对第二条修改的说明如下："随着经济社会发展，产品外观设计在提升产品竞争力方面的作用日益凸显。我国企业的设计能力不断提高，童车等领域的设计已具有国际水平。随着产品设计更趋精细化，局部设计创新逐渐成为产品外观设计的重要表现方式，许多国家对产品的局部外观设计给予保护。但我国 2008 年《专利法》只对产品整体外观设计给予保护，局部外观设计创新很容易被人通过简单拼凑、替换等方式加以模仿，难以得到有效保护，不利于激励我国设计创新产业的健康发展。因此，为满足创新主体对局部外观设计保护的需求，顺应国际外观设计制度的发展趋势，建议将对产品局部作出的外观设计纳入专利法保护范围。"

2020 年《专利法修正案（草案二次审议稿）》第二条第四款则明确规定："外观设计，是指对产品的整体或者局部的形状、图案或者其结合，以及色彩与形状、图案的结合所作出的富有美感并适用于工业应用的新设计。"

对此，笔者认为，局部外观设计纳入我国专利法的保护范围具有必要性。随着社会的发展，人们对于产品的美观享受的需求日益提高，产品设计领域的竞争也日益激烈。在过去，我国整体上对产品的外观设计不够重视，在一定程度上影响了产品整个价值的提升。随着我国物质生产水平的提高，人们日益注重精神方面的享受与满足。外观设计专利尽管不涉及技术上的进步与创新，其在设计领域也具有创新性，在给人们带来美的享受时也提升了商品的附加值。尤其是在当代，国外企业也越来越重视通过外观设计保护其自身产品和提高市场竞争力，我国《专利法》通过完善外观设计专利制度具有十分重要的意义。正如国家知识产权局上述立法说明所指出的，局部外观设计保护是国际上外观设计保护的一种重要趋势。[2] 由于我国专利法长期对局部外观设计不予以保护，而仅限于保护整体的外观设计，这就在客观上为他人通过偷梁换柱、乔装打扮等方式替换、模仿他人外观设计局部创新成果提供了条件，从而不利于我国设计创新产业的发展。这一点也与当代外观设计创新发

---

[1] 2015 年 12 月 2 日，原国务院法制办公布了国家知识产权局报请国务院审议的《中华人民共和国专利法修订草案（送审稿）》，并征求社会各界意见。为便于阐述和说明，以下将该送审稿简称为"2015 年《专利法修订草案（送审稿）》"。由于该送审稿内容与 2015 年《专利法修改草案（征求意见稿）》变化不大，后面将主要以该征求意见稿的规定及后续修改版本为基础加以研究。

[2] 曹新明．我国增加局部外观设计专利保护研究［J］．知识产权，2018（4）：3－10.

展趋势有关，即当前产品设计越来越注重精细化，局部外观设计因而成为当代外观设计创新的重要方式。在上述情况下，如果我国《专利法》仍然对局部外观设计不予以保护，显然对于保护我国设计创新，通过《专利法》激励设计创新的发展是不利的。基于上述考虑，笔者赞同这次修改《专利法》增加局部外观设计的保护。2020 年《专利法》第二条第四款引入了局部外观设计制度，这必将有利于促进我国外观设计专利保护水平的提升以及外观设计创新。

关于第二个问题，即是否有必要将实用新型从《专利法》保护的客体中排除，对此笔者持否定态度。当初我国《专利法》将实用新型和发明专利一样纳入专利权的保护客体，与我国人口众多、整体技术创新水平和发达国家有较大的距离有很大的关系。尤其是在当代，党和国家提倡大众创业、万众创新。通过将实用新型纳入专利权的保护范围，可以在很大程度上调动广大人民群众从事发明创造的积极性和主动性，有利于提高我国整体的创新能力。这也是第四次修改《专利法》为何仍将实用新型和发明一起作为技术方案，受到《专利法》的保护的原因。

专利行政管理部门在我国专利法中的地位*

在我国，专利行政管理部门在专利法中具有十分重要的地位，不仅是因为国务院专利行政部门负责专利授权确权事宜，而且是因为地方各级专利行政管理部门还承担了相当多的专利行政管理事务，并根据专利法的授权行使行政调处权。为充分发挥我国专利行政管理部门在专利法中的作用，2015 年《专利法修改草案（征求意见稿）》第三条对于专利行政管理部门的职责和地位也做了明确的规定。在此不妨将 2008 年《专利法》第三条和该征求意见稿同一条规定的进行对比。从修改的内容可以看出，该征求意见稿对现行《专利法》规定的专利行政管理部门的职责有了更明确的规定，也使得专利行政管理部门能够在专利管理事务方面发挥更加重要的作用。❶

2008 年《专利法》第三条的规定内容如下：

国务院专利行政部门负责管理全国的专利工作；统一受理和审查专利申请，依法授予专利权。

省、自治区、直辖市人民政府管理专利工作的部门负责本行政区域内的专利管理工作。

2015 年《专利法修改草案（征求意见稿）》第三条的内容则规定如下：

国务院专利行政部门主管全国的专利工作，统一受理和审查专利申请，依法授予专利权，负责涉及专利的市场监督管理工作，查处有重大影响的专利侵权和假冒专利行为，负责建设专利信息公共服务体系，促进专利信息传播与利用，依法授予专利代理师资格、审批专利代理机构。

县级以上地方人民政府专利行政部门负责本行政区域内的专利工作，开展专利行政执法，查处专利侵权和假冒专利行为，提供专利公共服务。

对于征求意见稿的上述规定，国家知识产权局在公开的立法说明中有详细的解

* 本文初稿撰写时间为 2019 年 11 月 4 日。

❶ 2019 年《专利法（修正案草案）》及 2020 年《专利法修正案（草案二次审议稿）》则恢复为 2008 年《专利法》规定。不过，基于立法研究目的，对 2015 年《专利法修改草案（征求意见稿）》相关规定进行探讨仍然具有意义。

读。以下将以该立法说明为基础，进行进一步的分析与研究。

2015 年《专利法修改草案（征求意见稿）》“立法说明”对于国务院专利行政部门的职责的规定，有以下说明：

为落实党的十八大、十八届三中和四中全会及中央经济工作会议精神，推进依法治国、依法行政，参照相关立法规定及“三定”规定中有关表述，建议在规定国务院专利行政部门主管全国专利工作的基础上，明确以下职责：

（1）负责涉及专利的市场监督管理。

随着我国专利运用水平逐步提升，专利市场日益活跃，专利运用方式日趋多元化，企业对规范专利市场、严格保护专利权的呼声日益强烈。国务院专利行政部门承担规范专利行业秩序，拟订规范专利技术交易的政策措施，会同有关部门指导和规范专利无形资产评估等专利市场监督管理等重要职责，有必要在专利法中予以明确。

对此，笔者认为，专利权是一种独占权，是专利权人利用其专有权利控制市场份额的专营权。随着我国社会主义市场经济体制的不断建立和完善，专利权在推动市场交易，促进市场繁荣，特别是作为企业开展市场竞争的有力武器方面，发挥着越来越重要的作用。市场经济的发展也使得专利运用的形式越来越多，专利市场交易日益活跃，专利权的无形资产价值日益凸显。在这种新的形势下，需要加强规范专利的行业秩序，制定和完善涉及专利无形资产评估、交易等专利市场监管的相关规范和职责。通过加强对专利的市场监管，有利于构建公平竞争的市场竞争秩序，提高专利权的运用水平。在这方面，国务院专利行政部门作为国家专利行政管理部门，在专利市场监管方面赋予明确的职责，有利于提高我国专利监管水平。

（2）查处有重大影响的专利侵权和假冒专利行为。

国务院专利行政部门主管全国的专利工作，承担指导地方知识产权行政执法的重要职能，但自身不是执法主体，缺乏行政执法的实践和经验，不利于更好地指导各地方知识产权局开展工作；专利侵权纠纷有群体侵权、跨地区侵权等多种复杂形式，由某个地方知识产权局处理跨省区市的纠纷案件，存在一定难度。同时，一些有重大影响的专利侵权案件，地方知识产权局处理起来往往力不从心，宜由国务院专利行政部门牵头查处。因此，建议在专利法中明确国务院专利行政部门对有重大影响的专利案件的行政执法职能。

对于上述规定和立法说明，笔者认为，制止专利侵权和假冒专利的行为是我国专利法保护专利权、维护社会经济正常秩序的重要方面。如下面将要探讨的，尽管我国专利法对于地方各级专利行政部门进行专利行政执法规定了相应的职权，但在专利实践中存在跨地区的专利侵权纠纷案件，以及在全国具有影响的专利侵权和假冒专利纠纷案件，对这类案件地方专利行政管理部门难以及时、有效地加以处理。国务院专利行政部门承担对在全国有重大影响的专利侵权和假冒专利的纠纷案件的职权，不仅有利于积累处理专利纠纷案件的经验，为指导地方专利行政执法工作提供实践范例，而且有利于更加有效地及时处理专利侵权和假冒专利纠纷，维护社会经济秩序的稳定和当事人的合法权益。

（3）负责建设专利信息公共服务体系、促进专利信息传播与利用。

专利制度的两大基本功能，一是专利权的授予及保护，二是专利信息的公开和利用。2014 年全国人大常委会执法检查报告建议“加强专利管理和公共服务体系建设，提高专利信息公共服务能力和知识产权综合服务能力”。为落实依法行政的要求和全国人大常委会执法检查报告的建议，建设服务型政府，有必要在专利法中明确国务院专利行政部门在专利信息公共服务体系建设和推动专利信息传播利用方面的职责。

对于以上修订和立法说明，笔者认为，专利信息公共服务体系的构建本身是建设服务型政府、促进我国信息公共服务方面的重要方面。从专利制度的本身来说，专利制度是以独占换取公开的法律制度和管理科学技术的制度。信息的公开和国际交流，是专利制度的重要特征。专利信息的传播和利用，不仅对于从事发明创造有重要的启发和借鉴价值，而且对于实现专利权的经济和社会价值、促进我国知识产权文献及信息资源的开发与利用、进一步提高我国创新能力具有十分重要的作用。国务院专利行政部门的特殊地位与职能，决定了其在促进我国专利信息传播与利用方面具有独特的职责和使命。通过赋予国务院行政部门负责专利信息公共服务体系的职责与职能，能够通过行政手段大力提高我国专利信息公共服务水平，从而为我国实现创新驱动发展战略、建设创新型国家提供强大的专利信息资源保障和平台。

（4）依法授予专利代理师资格、审批专利代理机构。

专利代理制度是专利制度的重要组成部分，但有关专利代理机构和专利代理师的两项行政许可仅在《专利代理条例》中规定，法律层级较低，不利于专利代理行业的健康发展。为此，建议在专利法中明确国务院专利行政部门对于专利代理师和专利代理机构的行政审批职责。同时，为加强行业自律，强化专利代理行业的社会认知，并与《专利代理条例》修改相互协调，建议采用“专利代理师”的称谓。

对于征求意见稿的上述规定和国家知识产权局的立法说明，笔者认为，我国的专利代理机构和专利代理人制度是我国专利中介服务核心部分。专利代理机构作为一种专业性服务机构，其健康发展对于完善我国专利制度，促进我国专利申请、审查质量的提升，具有十分重要的意义和作用。我国 2008 年《专利法》对专利代理制度和专利代理机构的职责和要求作了明确的规定。不仅如此，我国还专门颁布了《专利代理条例》，该条例经过多次修改。不过，对于专利代理机构和专利代理人的行政许可没有在作为上位法的《专利法》作出明确规定，而只是在作为下位法的《专利代理条例》中有明确的规定。为了促进我国专利代理机构的健康发展，有必要在《专利法》中对于专利代理机构和专利代理人的行政审批制度作出明确规定。

此外，我国从1984年《专利法》到2008年《专利法》对具有专利代理人的资质、从事专利代理活动的专业人员称为专利代理人。由于《专利代理条例》已经将专利代理人称为专利代理师，这次修改《专利法》需要和专利代理师的称谓保持一致，将专利代理人的称谓改为专利代理师，从而提升专利代理人的社会认知，使我国从事专利代理业务的人员具有更强的荣誉感和责任感。

2015年《专利法修改草案（征求意见稿）》第三条还对地方专利行政部门的职责做了明确的规定。国家知识产权局对该征求意见稿关于地方专利行政部门职责的地方说明如下。[1]

2008年《专利法》将地方知识产权局笼统表述为"管理专利工作的部门"，造成各地方局法律地位和机构性质方面存在较大差异，已影响到专利行政执法工作的效果，与地方专利管理工作的实际要求严重不符。商标法和著作权法在地方政府部门方面都采取了"行政管理部门"的表述。为此，建议专利法中采用"地方人民政府专利行政部门"的表述，明确地方知识产权局的法律定位。

2008年《专利法》仅提及"省、自治区、直辖市人民政府管理专利工作的部门"。实践中一些县级人民政府已设立专利管理部门（知识产权局），开展了大量工作。同时，仅由省、设区的市两级知识产权局开展专利行政执法，远远不能满足实际需要。县级知识产权部门处在管理第一线，贴近市场主体，由其开展专利执法，有利于及时发现和查处专利违法行为。因此，建议在专利法中明确"县级以上地方人民政府专利行政部门"。

目前地方知识产权局职责至少包括三项：一是以专利行政执法和专利代理行业监管为主要内容的执法职能；二是以地方专利政策制定、专利工作发展规划编制和专利工作体系建设为主要内容的专利行政管理职能；三是以重大经济科技活动专利评议、专利知识宣传普及、专利信息平台建设、促进专利运用实施为内容的专利公共服务职能。建议在专利法中将"专利管理工作"改为"专利工作"，并明确规定其"开展专利行政执法，查处专利侵权和假冒专利行为，提供专利公共服务"的职责。

对上述立法修改说明，笔者认为，其一，征求意见稿将管理专利工作的部门改为专利行政部门具有必要性。管理专利工作的部门从词义本身来看，没有突出现实中专利行政部门的职责和定位，因为其强调管理专利工作的性质。实际上，我国地方各级专利行政部门承担了大量的地方专利行政管理工作以及相关的与专利有关的公共服务工作。将管理专利工作的部门改为专利行政部门，还可以与其他知识产权专门法律的相应行政机关的表述相一致。

其二，在县一级设立专利行政管理部门需要暂缓。随着我国创新型国家建设的

---

[1] 参见国家知识产权局公布的该征求意见稿立法说明。

发展、创新驱动发展战略以及国家知识产权战略的深入实施，我国地方专利行政工作也具有不可替代的作用。特别是在县一级，过去专利行政工作的重要性没有充分凸显。随着专利工作的延伸和专利工作重要性的加强，省市两级专利行政执法等相关专利行政工作已经不能完全适应形势发展的需要。县一级专利行政部门的设立，能够贴近市场和管理第一线，而且对于推动基层单位的专利工作，包括专利公共服务具有独特作用。但是，当前是否需要在县一级设立，仍然值得认真研究。2020 年《专利法》最终没有采纳在县一级设立专利行政管理部门的规定，也是基于多种因素考虑的结果。

其三，随着我国专利战略的推行，我国各级专利行政部门承担的职责范围也大大扩大，不再限于专利管理工作，还包括除专利行政执法、查处专利侵权和假冒专利行为以外的专利公共服务。专利行政管理职责和范围的拓展，与我国当前建立服务型政府的大趋势有直接关系。因此，征求意见稿扩大地方专利行政部门开展专利工作的职责也具有合理性。

《专利法》中引入诚实信用原则条款研究*

诚实信用原则是我国《民法典》施行前施行的《民法通则》第四条规定的“帝王条款”，在《民法典》第七条中也作了明确规定其重要性可想而知。我国《商标法》在2013年修改时在第七条等相关条款规定了诚实信用原则。诚实信用原则也是我国知识产权制度实施的重要原则，但在2008年《专利法》中没有明确的规定。除此之外，维护公共利益、对专利权的行使给予必要限制也是我国专利制度的重要内容。我国2008年《专利法》的相关具体条款对于专利权的限制以及维护公共利益有相关的规定，但缺乏相关的统领性的条款。2015年《专利法修改草案（征求意见稿）》第十四条专门增加了一条，明确规定：“行使专利权应当遵循诚实信用原则，不得损害公共利益，不得不正当地排除、限制竞争，不得阻碍技术进步。”

为此，国家知识产权局针对上述征求意见稿第十四条的规定做了如下立法说明：

专利权是法律赋予的一种独占权，但专利权的行使并非不受任何限制。专利权的行使应当遵循诚实信用原则，在法律允许的范围内、以法律允许的方式进行。滥用专利权损害公共利益、妨碍技术进步的行为应当受到专利法及其他法律法规的规制。2008年《专利法》已经包含了对专利权行使进行限制的制度，例如强制许可、不视为侵权的规定等，但缺乏一项统领上述规定的基本原则，导致人民法院审理某些案件及行政机关制定相关下位规范时缺乏足够的法律依据。著作权法、商标法等相关知识产权法律及世贸组织与贸易有关的知识产权协定均规定了权利行使的基本原则。因此，有必要在专利法中增加原则性条款，体现规制专利权滥用、平衡专利权人利益与社会公共利益的基本立场。草案借鉴其他法律的规定，建议在总则中增加规定：行使专利权应当遵循诚实信用原则，不得损害公共利益，不得不正当地排除、限制竞争，不得阻碍技术进步。

2019年《专利法（修正案草案）》第二十条则规定：“申请专利和行使专利权应当遵循诚实信用原则。不得滥用专利权损害公共利益和他人合法权益或者排除、限制竞争。”

---

* 本文初稿撰写时间为2019年11月7日。

2020 年《专利法修正案（草案二次审议稿）》则对上述规定作了一定的修正。其第十九条第一款规定："申请专利和行使专利权应当遵循诚实信用原则。不得滥用专利权损害公共利益或者他人合法权益"。第二款规定："滥用专利权，排除或者限制竞争，构成垄断行为的，依照《中华人民共和国反垄断法》处理。"2020 年《专利法》第二十条沿袭了前述规定

对于上述规定，笔者有如下观点。

其一，诚实信用原则是取得和行使专利权的重要原则，应当在《专利法》中作出相应的规定。征求意见稿将诚实信用原则引入《专利法》作出原则性的规定，是立法的一个进步。[1] 不过，应当指出，其仅仅针对专利权行使规定了诚实信用原则，而没有就取得专利权规定应当遵循诚实信用原则。比较而言，我国《商标法》在 2013 年修改时，引进了诚实信用原则，规定商标申请注册和使用应当遵守这一原则。在我国专利申请和授权实践中，专利申请人违背诚实信用原则的情况并非个例。例如，有的专利申请人将明知是现有技术或者现有设计的内容申请专利，而且在取得专利权以后广泛地指控他人侵权，就属于违背诚实信用原则的情况。从《专利法》和《商标法》对同一原则的相应规定的情况来看，由于《商标法》对诚实信用原则规定时明确了商标申请注册也要遵守这个原则，同样涉及确权问题时，《专利法》也有必要针对专利申请和取得专利权规定遵循诚实信用原则。笔者认为，正是基于上述考虑，在 2019 年《专利法（修正案草案）》、2020 年《专利法修正案（草案二次审议稿）》及 2020 年《专利法》中已将原来的仅限于行使专利权遵循这一原则扩大为包括了"申请专利"。作出这一修改必将有利于规制在专利申请中违背诚实信用的行为。

其二，专利权作为知识产权的范畴，具有排他性、独占性、专有性，但是这一权利不是绝对的，该权利的取得和行使均受到一定的限制。该权利的保护和限制是一种对立统一的关系，也是构建专利法利益平衡机制的基础。对专利权的限制在我国《专利法》中有相应的规定，如专利侵权例外、强制许可、指定许可等，但 2008 年《专利法》未对滥用专利权规制问题作出明确的规定。从专利法的基本原理来说，专利权有其权利边界。超越权利边界的范围，就可能构成专利权的滥用，损害他人合法权益乃至公共利益。根据我国《反垄断法》第五十五条的规定，知识产权人正常行使权利的行为不构成非法垄断的行为，但权利人如果行使权利构成了不正当地排除、限制竞争行为，则应受到反垄断法的规制。专利权滥用行为主要体现在专利权的不正当行使行为方面。2008 年《专利法》规定了滥用专利权的强制许可，但缺乏对滥用专利权规则的一般原则性的条款。因此，2019 年《专利法（修正案草

[1] 徐棣枫，孟睿. 规制专利申请行为：专利法第四次修改草案中的诚实信用原则［J］. 知识产权，2019（11）：69－78.

案)》、2020 年《专利法修正案（草案二次审议稿）》及 2020 年《专利法》作出相应规定具有必要性。比较而言，后者的规定更为合理，在规制滥用专利权行为方面，实现了与我国《反垄断法》的衔接。

在现实中，专利权滥用的行为尽管并非普遍，但也并非个案。而且，这种行为造成的后果较为严重，因为其涉及公共利益的维护。如何在立法和实践中有效地规制专利权的滥用，以实现专利权的有效保护和权利限制的利益平衡，真正实现专利立法宗旨，是值得进一步研究的重要课题。

我国职务发明专利制度的构建及完善研究*

一、职务发明专利权归属制度及其完善

职务发明专利制度是我国专利制度的十分重要的内容。职务发明专利制度之所以重要，是因为它涉及发明创造者和单位之间的利益关系，以及如何通过制度设计，更好地调动职务发明创造者从事发明创造的积极性和更好地促进职务发明创造的实施。基于此，探讨职务发明专利制度及其完善，具有十分重要的意义。❶ 本文以我国2008年《专利法》、2015年《专利法修改草案（征求意见稿）》及2019年《专利法（修正案草案）》以及2020年《专利法修正案（草案二次审议稿）》的规定为基础，探讨如何完善我国职务发明专利制度。

2008年《专利法》第六条规定：

执行本单位的任务或者主要是利用本单位的物质技术条件所完成的发明创造为职务发明创造。职务发明创造申请专利的权利属于该单位；申请被批准后，该单位为专利权人。

非职务发明创造，申请专利的权利属于发明人或者设计人；申请被批准后，该发明人或者设计人为专利权人。

利用本单位的物质技术条件所完成的发明创造，单位与发明人或者设计人订有合同，对申请专利的权利和专利权的归属作出约定的，从其约定。

2015年《专利法修改草案（征求意见稿）》第六条的规定则如下：

执行本单位任务所完成的发明创造为职务发明创造。

职务发明创造申请专利的权利属于该单位；申请被批准后，该单位为专利权人。

非职务发明创造，申请专利的权利属于发明人或者设计人；申请被批准后，该

---

* 本文初稿撰写时间为2019年11月8日。

❶ 俞文华. 职务发明专利、比较优势和封锁动态——基于国家知识产权战略实施的视角［J］. 科学学研究，2010（4）：515－522.

发明人或者设计人为专利权人。

利用本单位的物质技术条件所完成的发明创造，单位与发明人或者设计人订有合同，对申请专利的权利和专利权的归属作出约定的，从其约定；没有约定的，申请专利的权利属于发明人或者设计人。

国家知识产权局关于2015年《专利法修改草案（征求意见稿）》第六条有以下说明：

本条的修改主要有两方面：一是重新划分了职务发明创造的范围，仅规定“执行本单位任务所完成的发明创造”为职务发明创造，不再规定“主要利用本单位物质技术条件所完成的发明创造”为职务发明创造；二是明确了“利用单位物质技术条件所完成的发明创造”的权属划分，规定双方对其权利归属有约定的，从其约定；没有约定的，申请专利的权利属于发明人或者设计人。[1]

本修改建议主要基于以下考虑：一是体现“人是科技创新的最关键因素”，充分利用产权制度激发发明人的创新积极性。对于利用单位物质技术条件完成的发明创造，在权利归属方面给予单位和发明人之间更大的自主空间，在没有约定的情况下，规定申请专利的权利属于发明人或者设计人；二是克服现行第六条第一款与第三款规定之间可能产生的矛盾，消除实践中对第三款规定的“利用”是否包含“主要利用”情形存在的不同理解；三是促使单位完善内部知识产权管理制度，事先约定好利用单位物质技术条件完成发明创造的权利归属，预防纠纷的发生；四是落实2014年12月国务院发布的《关于国家重大科研基础设施和大型科研仪器向社会开放的意见》要求，加快推进国家重大科研基础设施和大型科研仪器向社会开放，进一步提高科技资源利用效率，为发明人充分利用科研单位物质技术条件进行研发活动营造更完善的法律环境。

2019年《专利法（修正案草案）》第六条将2008年《专利法》第六条第一款修改为：

执行本单位的任务或者主要是利用本单位的物质技术条件所完成的发明创造为职务发明创造。职务发明创造申请专利的权利属于该单位，申请被批准后，该单位为专利权人。该单位对职务发明创造申请专利的权利和专利权可以依法处置，实行产权激励，采取股权、期权、分红等方式，使发明人或者设计人合理分享创新收益，促进相关发明创造的实施和运用。

2020年《专利法修正案（草案二次审议稿）》第六条则将2008年《专利法》第六条一款修改为：

执行本单位的任务或者主要是利用本单位的物质技术条件所完成的发明创造为

---

[1] 叶建平，刘宇. 职务发明创造的专利权利之研究——对专利法第六条的质疑［J］. 北京科技大学学报（社会科学版），2003（2）：27－31.

职务发明创造。职务发明创造申请专利的权利属于该单位，申请被批准后，该单位为专利权人。该单位可以依法处置其职务发明创造申请专利的权利和专利权，促进相关发明创造的实施和运用。❶

对于我国职务发明专利制度以及国家知识产权局关于以上立法说明，笔者认为以下问题值得研究。

第一，职务发明专利制度构建的基本原则是既要调动职务发明创造者从事职务发明创造的积极性❷，又要充分维护单位的利益，同时有效地促进职务发明创造的利用，在职务发明创造者与单位利益之间实现有效的平衡。❸ 在当代发明创造的环境中，很多发明创造者都是在履行本单位的工作职责和任务过程中完成的，具有职务发明创造的性质。职务发明创造和非职务发明创造的重要区别在于，前者是为了完成本单位的工作任务所进行的。职务发明创造的这一特点决定了在构建职务发明创造专利制度时，必须兼顾单位的利益。同时，基于专利制度的立法宗旨，还应当促进职务发明创造的推广和运用。

第二，2015 年《专利法修改草案（征求意见稿）》将职务发明创造的范围缩小，即不再包含主要是利用本单位的物质技术条件所完成的发明创造。这是考虑到主要是利用本单位物质技术条件所完成的发明创造与职务行为并没有必然的联系。2008 年《专利法》将这一类型纳入职务发明创造之列，而且规定申请专利权和获得专利的权利由单位享有，这就不利于在实践中根据发明创造的环境和市场的情况灵活地确定专利权的归属。

第三，2015 年《专利法修改草案（征求意见稿）》第六条第三款对 2008 年《专利法》第六条第三款的相应规定做了进一步的发展，也就是明确了在没有约定的情况下申请专利和获得专利的权利属于发明创造者个人。笔者认为这一规定体现了包括《专利法》在内的整个知识产权制度尽量地照顾创造者和优先保护创造者的立法意志。创作、发明等创造活动是获得知识产权保护的前提，在知识产权保护的价值取向上应当尽量地优先保护创造者的利益。类似规定在前述我国《著作权法》及其修改方面都有重要的体现。随着我国科研体制的改革以及市场经济的发展，引入约定优先原则对于职务发明创造更好地适应市场的需要，具有十分重要的意义和价值。

如前所述，职务发明制度是我国《专利法》中重要的内容之一。❹ 2019 年《专

---

❶ 2020 年《专利法》第六条沿袭了前述规定。

❷ 何敏．新“人本理念”与职务发明专利制度的完善［J］．法学，2012（9）：65－74.
杨晨，董莹．企业职务发明专利创新者的利益激励机制研究［J］．科技管理研究，2006（11）：142－144.

❸ 张小玲．职务发明专利归属模式比较研究［J］．研究与发展管理，2007（6）：22－128.

❹ 崔国斌．专利法原理与案例［M］．北京：北京大学出版社，2012：525－536.

利法（修正案草案）》修改对职务发明专利申请权属没有作出根本性的变化，而只是赋予职务发明创造者在不改变专利权属的前提下处置相关专利发明创造的自由。换言之，该送审稿征求意见稿的这一规定因没有针对职务发明创造申请专利的权利的归属引入一定条件下的意识自治原则，对于职务发明制度而言并没有实质性的变化。笔者则主张对我国现行职务发明创造制度做一定的改革，在坚持法定优先的前提下适当引入意思自治原则。也就是说，职务发明创造申请专利的权利由单位享有，该申请获得专利以后，由单位享有职务发明创造的专利权。但是，如果职务发明创造者和其所在单位就专利申请的权属另有约定的，从其约定。同时，建议取消2008年《专利法》第六条第三款关于利用本单位的物质技术条件所完成的发明创造申请专利的权利由双方约定的规定。这一主张，笔者认为其合理性与意义在于以下两点。

其一，2008年《专利法》第六条第一款关于职务发明创造申请专利权的归属和第三款的规定存在一定的矛盾和冲突[1]：因为第一款规定主要是利用本单位的物质技术条件所完成的发明创造属于职务发明创造的一种类型，根据第一款的规定这一种类型的发明创造的申请专利的权利属于单位而不是个人；第三款则规定利用本单位的物质基于条件所完成的发明创造，其申请专利的权利由双方约定。从逻辑上说，第三款所指的利用应当也包括第一款所指的主要利用。按照逻辑上的这一解释，第三款的规定和第一款显然具有矛盾和冲突，因为按照第一款规定的发明创造申请权利的归属是法定的属于单位而不是个人，而按照第三款的规定，包括主要是利用本单位的物质技术条件所完成的发明创造申请专利的权利，可以通过约定来实现。当然，在征求意见稿取消主要是利用本单位的物质技术条件所完成的发明创造属于职务发明创造的一种类型以后，该矛盾就不再存在。

其二，2008年《专利法》第六条第一款将职务发明创造申请专利的权利绝对地、法定地属于单位，未考虑随着我国科研体制的改革以及发明创造更好地适应市场需要的现实，不利于充分调动职务发明创造者从事职务发明的积极性和创造性，也不利于发明创造者和其所在单位通力合作，更好地实施该职务发明创造。联想到《国防法》的相关规定，也可能存在同样的问题。尽管从《国防法》的角度来讲，国防专利具有特殊性，特别是其存载着特殊的公共利益即国防安全。为了有效地促进技术创新，促进国防科技成果的运用，对于国家投资用于国防的相关研究开发成果，申请专利的权利是否全部属于国防单位还是可以作出另外的规定，这也是一个值得深入探讨的问题。

进言之，笔者主张不仅仅是利用本单位的物质技术条件所完成的发明创造其专利申请和获得专利权的权利约定优先，而且对为完成本单位的任务所完成的发明创

[1] 如前所述，国家知识产权局针对2015年《专利法修改草案（征求意见稿）》的立法说明已经发现了这一点。

造这一职务发明创造本身而言，在权属法定优先的前提之下，依然可以进一步规定当事人如另有约定，则从其约定。这一修法建议的优势在于能够更好地根据发明创造的实际情况和市场需求，确定职务发明创造的权属关系。当前我国职务发明专利制度的瓶颈就在于绝对地实行权属法定，没有留下意思自治的任何空间。值得注意的是，在此后的2019年《专利法（修正案草案)》、2020年《专利法修正案（草案二次审议稿)》及2020年《专利法》中没有进行实质性的突破。对此需要引起高度的关注，并加强研究。

就一般意义上的职务发明创造而言，如前所述，相关的专利制度必须既要有利于调动职务发明创造者的积极性，也要维护单位的利益，促进职务发明成果的推广和运用。如果在任何情况下，都不允许职务发明创造者和单位约定申请专利的权利以及未来的专利权的归属，在实践中就可能使得相当一部分职务发明创造难以根据市场的需要有效运用。最近几年，四川省曾经就职务发明创造专利权的归属提出所谓“混合所有制”的改革尝试。该试点在西南交通大学等有关高等院校和企业进行了探讨，得出的结论是，如果允许在一定的条件和环境之下职务发明创造申请专利的权利可以由职务发明创造者和单位进行约定，就能够极大地激发职务发明创造者的创新活力，并有效地推动职务发明创造成果的推广和运用。当然，由于2008年《专利法》规定职务发明创造申请专利的权利是法定的，这种尝试称其量只能目前只能作为一种研究提出，而不能作为一种试点被推广，否则有可能存在合法性的问题，除非国家立法机关专门作出决定即职务发明制度在该试点地区暂停实施。要做到这一点，无疑存在一定的困难。

二、职务发明专利奖酬制度及其完善

职务发明创造者的奖励与报酬制度也是我国《专利法》关于职务发明制度的重要内容。奖励报酬制度旨在调动发明创造者从事职务发明创造的积极性，有效地推广应用职务发明创造成果，以及有效地平衡职务发明创造中发明人或者设计人与所在单位的权利义务关系。对于职务发明创造的奖励和报酬制度，《专利法》第四次修改征求意见稿对2008年《专利法》的相应规定都做了进一步的改革与完善。

2008年《专利法》第十六条规定：

被授予专利权的单位应当对职务发明创造的发明人或者设计人给予奖励；发明创造专利实施后，根据其推广应用的范围和取得的经济效益，对发明人或者设计人给予合理的报酬。

2015年《专利法修改草案（征求意见稿)》第十六条则规定：

职务发明创造被授予专利权后，单位应当对其发明人或者设计人给予奖励；发明创造专利实施后，单位应当根据其推广应用的范围和取得的经济效益，对发明人或者设计人给予合理的报酬。

单位与发明人或者设计人根据本法第六条第四款的规定，约定发明创造申请专利的权利属于单位的，单位应当根据前款规定对发明人或者设计人给予奖励和报酬。

国家知识产权局针对上述修改，做了以下立法说明：

根据2008年《专利法》第十六条的规定，给予发明人或者设计人奖励和报酬的主体是“被授予专利权的单位”。实践中，部分单位在申请专利之前将职务发明创造转让给其他单位，由其申请专利。在这种情况下，“被授予专利权的单位”不再是发明人或者设计人所在单位，而是受让单位。要求已经支付转让费的单位给予发明人或者设计人奖励和报酬，不具有合理性。为此，草案对该条进行了修改，规定给予发明人或设计人奖励报酬的主体是被授予专利权的发明人或设计人所在单位。

此外，根据草案第六条第四款规定，对于“利用本单位物质技术条件所完成的发明创造”不再定义为职务发明或者非职务发明。如果根据双方的约定，该发明创造申请专利的权利属于单位，发明人或设计人也应当有权获得相应的奖励和报酬。但这种情况下，发明人或者设计人并不能直接依据有关职务发明创造的规定获得奖励和报酬。为保障发明人或设计人的合法权益，草案建议在第十六条增加一款，规定在约定发明创造申请专利的权利属于单位的情况下，该单位应当依据第十六条第一款的规定给予发明人或者设计人奖励和报酬。

2019年《专利法（修正案草案）》在2008年《专利法》第六条第一款已有规定基础上增加以下规定：“该单位对职务发明创造申请专利的权利和专利权可以依法处置，实行产权激励，采取股权、期权、分红等方式，使发明人或者设计人合理分享创新收益，促进相关发明创造的实施和运用。”2008年《专利法》第六条第二款和第三款则保持不变。

2020年《专利法修正案（草案二次审议稿）》则在保留2008年《专利法》第十六条规定的基础上，增加一款作为修改后第十五条的第二款：“国家鼓励被授予专利权的单位实行产权激励，采取股权、期权、分红等方式，使发明人或者设计人合理分享创新收益。”该款规定最终被纳入2020年《专利法》第十五条。

对于上述立法修改，笔者认为以下问题值得探讨。

其一，职务发明创造制度中赋予发明和设计人获得奖励以及报酬的权利具有十分重要的意义。根据2008年《专利法》、2015年《专利法修改草案（征求意见稿）》及2020年《专利法》关于职务发明创造申请专利的权属的规定，发明人或设计人不享有申请专利的权利。由于发明和设计人对职务发明创造的完成作出了实质性的贡献，职务发明创造制度的设计应当充分考虑发明和设计人的利益，以充分调动发明人或者设计人从事发明创造的积极性与主动性，并且在职务发明创造整个推广的过程中进一步发挥其作用。过去我国《专利法》中没有规定职务发明人或者设计人的报酬问题，而只是规定为获得奖励的权利。职务发明创造的实施能够取得经济收益，规定职务发明创造的发明或者设计人有权从中分享收益，不仅体现了职务发明创造中的发明人或设计人对职务发明创造成果的贡献，而且有利于激励其积极参与职务发明创造的推广和运用。

其二，征求意见稿之所以规定支付职务发明创造的发明人和设计人员以奖励以及职务发明创造推广应用取得的成果的报酬的主体为被授予专利权的发明人或者设计人所在单位，是考虑到在现实中职务方面有可能在申请专利之前就被转让给其他单位。这一情况尽管不是很普遍，但依 2008 年《专利法》规定由受让单位支付这一笔报酬就具有不合理性。

其三，2015 年《专利法修改草案（征求意见稿）》已不再将主要是利用本单位的物质技术条件所完成的发明创造纳入职务发明创造的范畴。在这种情况下，如果单位和个人约定申请专利的权利属于单位而不是个人，则同样存在对发明或者设计人权益的保障问题。2015 年《专利法修改草案（征求意见稿）》第十六条第一款给予发明人或者设计人的奖励与报酬的规定是合理的。不过，2019 年《专利法（修正案草案）》、2020 年《专利法修正案（草案二次审议稿）》及最终通过的 2020 年《专利法》取消了 2015 年《专利法修改草案（征求意见稿）》的上述规定，因而不用再考虑这一问题。

我国专利代理制度的完善*

专利代理制度是我国专利法规定的重要内容。我国2008年《专利法》第十九条和《专利法》第四次修改征求意见稿相同条款即有规定。以下将在对比相应规定的基础之上，结合国家知识产权局公布的立法说明进行研究。

2008年《专利法》第十九条规定：

在中国没有经常居所或者营业所的外国人、外国企业或者外国其他组织在中国申请专利和办理其他专利事务的，应当委托依法设立的专利代理机构办理。

中国单位或者个人在国内申请专利和办理其他专利事务的，可以委托依法设立的专利代理机构办理。

专利代理机构应当遵守法律、行政法规，按照被代理人的委托办理专利申请或者其他专利事务；对被代理人发明创造的内容，除专利申请已经公布或者公告的以外，负有保密责任。专利代理机构的具体管理办法由国务院规定。

2015年《专利法修改草案（征求意见稿）》第十九条则规定：

在中国没有经常居所或者营业所的外国人、外国企业或者外国其他组织在中国申请专利和办理其他专利事务的，应当按照规定委托依法设立的专利代理机构办理。

中国单位或者个人在国内申请专利和办理其他专利事务的，可以委托依法设立的专利代理机构办理。

专利代理师和专利代理机构应当遵守法律、行政法规，按照被代理人的委托办理专利申请或者其他专利事务；对被代理人发明创造的内容，除专利申请已经公布或者公告的以外，负有保密责任。专利代理师和专利代理机构的具体管理办法由国务院规定。

国家知识产权局针对征求意见稿上述规定，有如下立法说明：

1. 关于委托专利代理机构的规定：

2008年《专利法》规定在中国没有经常居所或者营业场所的外国申请人应当委托中国的专利代理机构办理专利事务。实践中，申请人尤其是中小企业，在提交专

* 本文初稿撰写时间为2019年11月10日。

利申请之前可能未能及时选择好合适的代理机构并办理好相应的委托手续，不能更早获得申请日，进而影响其取得专利权。同时，对于缴纳专利费用以及提交在先申请文件副本等纯程序性事务，必须委托专利代理机构的要求会给申请人带来一定的负担。

近年来，2005 年生效的《专利法条约》、世界知识产权组织成员国正在讨论的《外观设计法条约》以及美国和欧洲等的专利制度中，在专利申请的程序设置方面明显体现出对申请人更宽松友好的趋势。为更好地维护申请人的利益，在互惠原则的基础上为我国企业向外申请创造更为有利的制度环境，同时顺应国际规则的发展趋势，建议《专利法》中只原则规定外国申请人应当"按照规定"委托中国专利代理机构，并在《专利法实施细则》进一步明确委托的具体要求、例外情形以及需要满足的条件。

2. 关于专利代理师的规定：

2008 年《专利法》仅就专利代理机构的义务和责任作出了规定，但缺乏有关专利代理师义务和责任的规定。建议本条第三款中规定专利代理师也必须"遵守法律、行政法规，按照被代理人的委托办理专利申请或者其他专利事务；对被代理人发明创造的内容，除专利申请已经公布或者公告的以外，负有保密责任。"另外，为与草案第三条和《专利代理条例》修改一致，统一采用"专利代理师"的称谓。

对于 2015 年《专利法修改草案（征求意见稿）》上述规定及国家知识产权局的相应立法说明，笔者有如下观点。

其一，专利代理师和专利代理机构相关法律制度是我国专利法应当规定的重要内容。[1] 2015 年《专利法修改草案（征求意见稿）》对上述制度做了相应的改进和完善。专利保护的发明创造，特别是发明和实用新型专利作为一种具有新颖性、创造性和实用性的新的技术方案，依据我国《专利法》的规定需要通过申请、审批的程序才能获得受保法律保护的专有权利即专利权。以《专利法》为核心的专利制度，既是一种法律制度，也是一种管理科学技术的制度。专利申请审批不但涉及技术本身的问题，而且涉及专利法律问题。就发明创造者或者其所在单位而言，其对专利申请以及其他相关专利事务不一定具有专长。"专业的事情由专业人士完成"，专利代理师就是专门为发明创造者申请专利以及办理其他相关专利事务提供相关的技术和法律帮助的专业人士。专利代理师通过在专利代理机构执业，能够为专利申请、审批等相关专利事务提供实质性的帮助，有利于专利申请人及时获得专利权以及利用专利权实现其相应的经济社会目的。

其二，在我国没有经常居所或者营业所的外国人、外国企业和外国其他组织在我国申请专利或者办理其他专利事务，我国从 1984 年《专利法》到 2008 年《专利

[1] 来小鹏. 规范我国专利代理服务的法律思考［J］. 法学杂志，2017（7）：60－66.

法》都明确规定必须委托我国专利代理组织代理。这一规定有其合理性。但是，随着国际上对专利申请人要求的从宽，为了更好地维护专利申请人的利益，我国也需要适时考虑互惠原则，考虑不需要委托我国专利代理机构代理的特殊情况。因此，征求意见稿将2008年《专利法》“应当委托依法设立的专利代理机构办理”改为“应当按照规定委托依法设立的专利代理机构办理”。这样一来，就可以针对特殊的情况，作出另外的规定，而不是按照2008年《专利法》的规定在任何情况下都必须委托设立的专利代理机构办理。

其三，专利代理师是在专利代理机构从事专利代理相关事务的专业人员，其素质的高低以及是否履行相应的职责和义务，对于圆满完成专利代理业务，助力专利制度的有效实施具有十分重要的作用。然而，我国2008年《专利法》第十九条只是对于专利代理机构相关的职责和义务做了要求和规定，而对专利代理师缺乏明确的指引。2015年《专利法修改草案（征求意见稿）》则将专利代理机构的职责和义务相应地拓展到专利代理师。这无疑有利于提高我国专利代理师的品行素养和专业素质，规范专利代理师的专利代理行为，提高我国整体的专利代理水平，从而有利于我国专利法的有效实施。[1]

[1] 值得指出的是，2019年1月全国人大网公布的2019年《专利法（修正案草案）》则取消了2015年《专利法修改草案（征求意见稿）》的修订，改为恢复2008年《专利法》第十九条规定。2020年《专利法修正案（草案二次审议稿）》及2020年《专利法》也同样维持了2008年《专利法》的规定。

我国国际专利申请制度及其完善研究*

国际专利申请制度也是我国《专利法》应当规范的重要内容。这是因为，包括专利权在内的知识产权制度在19世纪末即进入了国际化阶段。在当代随着各国之间交流的扩大，以及贸易的自由化和全球化，包括专利权在内的知识产权国际化问题更加深入拓展，具有全球化倾向。国际专利申请制度的重要方面是我国完成的发明或者实用新型向外国申请专利的相关问题。对此，我国2008年《专利法》第二十条、2015年《专利法修改草案（征求意见稿）》同一条款、2019年《专利法（修正案草案）》第二十一条以及2020年《专利法修正案（草案二次审议稿）》第二十条都做了相应的规定。以下不妨结合上述规定以及国家知识产权局对立法进展的立法说明进行进一步的研究。

2008年《专利法》第二十条规定：

任何单位或者个人将在中国完成的发明或者实用新型向外国申请专利的，应当事先报经国务院专利行政部门进行保密审查。保密审查的程序、期限等按照国务院的规定执行。

中国单位或者个人可以根据中华人民共和国参加的有关国际条约提出专利国际申请。申请人提出专利国际申请的，应当遵守前款规定。

国务院专利行政部门依照中华人民共和国参加的有关国际条约、本法和国务院有关规定处理专利国际申请。

对违反本条第一款规定向外国申请专利的发明或者实用新型，在中国申请专利的，不授予专利权。

2015年《专利法修改草案（征求意见稿）》第二十条则规定❶：

任何单位或者个人将在中国完成的发明或者实用新型向外国申请专利的，应当事先报经国务院专利行政部门进行保密审查。保密审查的程序、期限等按照国务院

---

* 本文初稿撰写时间为2019年11月11日。

❶ 2019年《专利法（修正案草案）》、2020年《专利法修正案（草案二次审议稿）》及2020年《专利法》则维持了2008年《专利法》的规定。

的规定执行。

中国单位或者个人可以根据中华人民共和国参加的有关国际条约提出国际申请并获得相关保护。申请人提出国际申请的，应当遵守前款规定。

国务院专利行政部门依照中华人民共和国参加的有关国际条约、本法和国务院有关规定处理国际申请。

对违反本条第一款规定向外国申请专利的发明或者实用新型，在中国申请专利的，不授予专利权。

对于上述征求意见稿对2008年《专利法》第二十条规定的修改，国家知识产权局有如下立法说明：[1]

2008年《专利法》就中国单位或者个人根据中华人民共和国参加的有关国际条约提出专利国际申请作出了原则性规定。其中“专利国际申请”通常会被理解为专指“通过《专利合作条约》（PCT）途径提交的国际申请”。近年来，随着企业“走出去”战略的实施，我国企业在境外获得外观设计保护的需求明显增加。为方便我国企业在境外获得外观设计保护，我国已着手准备加入《工业品外观设计国际注册海牙协定》（以下简称“海牙协定”）。为给我国加入海牙协定等知识产权国际条约留出空间，建议将此条中的“专利国际申请”改为更为上位的表述“国际申请”。

海牙协定与《专利合作条约》都是便利申请人在多个国家提交申请的程序性条约，均不直接授予权利，但两者之间存在一定差别。在海牙体系中，对于有审查制度的缔约方，仍由其审查局负责审查，而审查局经过审查认为外观设计国际注册没有驳回情形的，应承认其与本国授权的外观设计具有同等效力，给予相应保护。为准确表述起见，建议在本条中明确：申请人不仅可以根据我国参加的国际条约提出国际申请，还可以获得相应保护。

对于以上规定以及国家知识产权局的立法说明，笔者有如下观点与建议。

其一，国际专利申请制度是专利制度国际化的重要体现。在当代知识产权制度国际化日益加强，与知识产权有关的国际贸易日益频繁的形势下，进一步完善我国国际专利申请制度有利于我国企业走出去，通过国际专利保护，开拓国际市场并提高国际竞争力。在我国专利法实施的早期，我国外向型企业比例较低，企业在其他国家申请专利的积极性不是很高，以致我国国际专利申请和授权的数量整体上较低。我国企业的产品出口到其他国家，由于缺乏有力的专利权的保护，容易在激烈的国际市场竞争中处于劣势，因为发达国家的企业对于专利权的国际保护非常娴熟。随着我国企业实力的不断壮大以及走出去战略的深入推进，我国企业的国际化程度越来越高，企业在国外获得专利的需求和必要性也越来越强。特别是在我国加入世界贸易组织以后，出现了国内市场国际化和国际市场全球化的趋向，专利的国际申请

[1] 国家知识产权局2015年公布的关于《中华人民共和国专利法修改草案（征求意见稿）》的说明。

以及企业在其他国家获得专利权的保护愈发重要。目前我国向华为、中兴等大型跨国企业在国外布局了大量的、密集的专利，其他大中型企业到国外申请专利的积极性也越来越高。这一现实也为我国专利法对于相关国外专利申请制度应当不断优化和完善，提出了新的要求。

其二，无论是2008年《专利法》第二十条第一款还是其第四次修改不同版本都规定，任何单位和个人将在中国完成的发明或者实用新型向外国申请专利，应当先经过国务院专利行政部门的保密审查。笔者认为，这一规定的合理性体现于防止对我国国防安全和经济社会发展具有重大意义的发明或者新型流失到国外。保密审查意味着不符合到国外进行专利申请的发明或者实用新型不应当获得批准。其实，类似规定在其他国家和地区专利法中都有体现。这一点也从一个侧面深刻地反映了专利法维护国家利益和公共利益的立法宗旨。

其三，随着我国加入新的知识产权国际公约，如我国正准备加入的《海牙协定》，我国知识产权国际保护范围将逐渐扩大。为此，2008年《专利法》第二十条第二款规定的“中国单位或者个人可以根据中华人民共和国参加的有关国际条约提出专利国际申请。申请人提出专利国际申请的，应当遵守前款规定”。在范围上可能不能涵盖相关的知识产权。这样一来，随着我国加入该国际公约，2008年《专利法》第二十条第二款的规定将出现明显的滞后性。因此2015年《专利法修改草案（征求意见稿）》同一条款将“专利国际申请”中的“专利”两字删掉。这看似一个很细微的修改，却能够随着我国企业走出去，较方便地在其他国家获得外观设计的保护。此外，按照《海牙协定》的规定，如果某缔约方存在审查制度，那么经过该审查局审查认为外观设计国际注册不存在驳回的理由，则应当承认其与本国授权的外观设计具有同样的效力。基于《海牙协定》的这一特点，2015年《专利法修改草案（征求意见稿）》第二十条第二款除了上述修改以外，还增加了“并获得相关保护”的规定。

由于我国在参加新的与专利有关的国际知识产权国际公约（如上述《海牙协定》）以后，国际保护内容被扩大，因此2008年《专利法》第二十条第三款的规定国际专利申请的内容在2015年《专利法修改草案（征求意见稿）》中也进一步扩大，即征求意见稿同条款将“专利国际申请”中的“专利”两字删除。

其四，需要深刻认识我国在外观设计方面进行国际申请的重要性与必要性。如上所述，我国正准备加入《海牙协定》。该协定与《专利合作条约》有类似之处。例如，都是为了方便申请人在不同的国家或地区递交申请的一个程序性的条约，而不是直接授予相关的权利。当前，随着我国企业走出去战略的推行，以及外观设计对于产品价值附加值提高作用的加强，我国越来越有必要通过加入外观设计国际条约以方便我国企业在其他国家或地区获得外观设计的保护。过去，我国很多企业对于外观设计专利保护不够重视，以致很多产品尽管质量上乘，却卖不出好价钱。尽管外观设计专利不像发明或实用新型专利一样涉及新的技术方案，其在设计方面的创新对提高产品的附加值，更好地满足消费者对美好生活的追求和精神享受方面具有不可替代的重要作用。外观设计精美的产品，既有利于促销，也有利于实现产品的经济价值和社会价值。

也正是因为外观设计对于产品市场价值实现以及满足人们精神需求的重要作用，世界各国一般在知识产权保护中均将外观设计纳入保护的范畴。当然，外观设计的保护方式则有所区别，如有的国家颁布了专门的外观设计法，有的国家是将其和版权放在一起作为专门的法律保护对象，在我国等部分国家则是将其与发明、实用新型一起作为专利权的保护客体。近年来随着我国专利制度的发展，外观设计专利申请和授权数量也不断增长。不论是采取何种立法模式保护外观设计，在实践中保护外观设计的功能和作用，具有殊途同归的效果。

随着知识产权国际保护的深入发展以及国际贸易的开展，外观设计国际保护的重要性也日益凸显。为了方便在其他国家或者地区申请外观设计的保护，《海牙协定》应运而生。随着我国加入世界贸易组织以及我国企业国际化程度的不断加强，充分利用外观设计的国际保护开拓国际市场、提高国际竞争力，具有很强的现实性和必要性。在这种背景之下，我国如何充分利用外观设计的国际保护制度，提高我国企业的国际竞争力就变得十分重要。2008 年《专利法》第二十条第二款和第三款的规定，则难以与我国将要加入的上述外观设计国际协定衔接。也正是如此，2015 年《专利法修改草案（征求意见稿）》同条款做了上述修改。此外，为加入该协定，在外观设计专利保护期限上也需要作出修改。

专利行政部门专利信息公共服务职能研究*

受我国《专利法》保护的发明与实用新型专利，从法律的角度来讲，是权利人对其发明创造享有的独占性的权利；从知识产权文献与信息的角度来说，则是一种技术相关信息。专利信息，也是一种具有重要经济和社会价值的信息资源，在专利制度的构建和运行中，其作用不可忽视和替代。因此，我国《专利法》对专利信息的相关问题也有规定。以下将在对比我国2008年《专利法》与2015年《专利法修改草案（征求意见稿）》第二十一条相关规定的基础上，结合国家知识产权局的立法说明进行进一步的探讨。

2008年《专利法》第二十一条规定：

国务院专利行政部门及其专利复审委员会应当按照客观、公正、准确、及时的要求，依法处理有关专利的申请和请求。

国务院专利行政部门应当完整、准确、及时发布专利信息，定期出版专利公报。

在专利申请公布或者公告前，国务院专利行政部门的工作人员及有关人员对其内容负有保密责任。

2015年《专利法修改草案（征求意见稿）》第二十一条则规定：

国务院专利行政部门及其专利复审委员会应当按照客观、公正、准确、及时的要求，依法处理有关专利的申请和请求。

在专利申请公布或者公告前，国务院专利行政部门的工作人员及有关人员对其内容负有保密责任。

国务院专利行政部门应当完整、准确、及时发布专利信息，定期出版专利公报，提供专利信息基础数据。

对此，国家知识产权局的相关立法说明如下[1]：

近年来，国务院专利行政部门陆续建设开通了多个服务系统，提供专利信息的在线检索查询。但社会各方对专利信息公共服务需求仍在不断提高，特别是希望提

* 本文初稿撰写时间为2019年11月14日。

[1] 国家知识产权局2015年公布的关于《中华人民共和国专利法修改草案（征求意见稿）》的说明。

供专利信息基础数据的批量下载。2014年全国人大常委会执法检查报告指出了"专利基础信息资源开放不充分，高质量的专利基础信息平台建设滞后"等问题，建议"推进专利基础信息资源的开放和利用"。为更好落实2008年《专利法》规定的国务院专利行政部门完整、准确、及时发布专利信息的职责，推进政务公开，提供高质量的专利信息公共服务，建议增加国务院专利行政部门"提供专利信息基础数据"的职责。

2019年《专利法（修正案草案）》第二十一条则规定：

国务院专利行政部门及其专利复审委员会应当按照客观、公正、准确、及时的要求，依法处理有关专利的申请和请求。

国务院专利行政部门应当加强专利信息公共服务体系建设，定期出版专利公报，完整、准确、及时发布专利信息，提供专利信息基础数据，促进专利信息传播与利用。

在专利申请公布或者公告前，国务院专利行政部门的工作人员及有关人员对其内容负有保密责任。

2020年《专利法修正案（草案二次审议稿）》第二十一条保留了2008年《专利法》同条第三款的规定，同时将第一款和第二款修改为：

国务院专利行政部门应当按照客观、公正、准确、及时的要求，依法处理有关专利的申请和请求。

国务院专利行政部门应当加强专利信息公共服务体系建设，完整、准确、及时发布专利信息，提供专利信息基础数据，定期出版专利公报，促进专利信息传播与利用。[1]

对于上述规定，笔者认为以下问题值得探讨。

其一，如何理解有效地开发和利用专利信息资源是当前我国信息社会环境下，提高我国信息资源能力，更好地服务于建设创新型国家与经济社会发展所必需的。

专利背后承载的是技术信息，其不仅是公开的技术信息，而且代表了先进技术的方向。专利技术的信息公开和交流，对于从事发明创造和创新活动具有极大的启发和借鉴意义。因此，很多国家和地区在专利制度的构建与完善中，十分重视有效开发和利用专利文献与信息资源。

近些年来，随着信息化的发展，我国相关部门也日益重视有效开发包括专利在内的知识产权信息，以及提供有效的知识产权信息的公共服务。例如，2011年11月，国家知识产权局、国家发展改革委等十部委联合发布的《国家知识产权事业发展"十二五"规划》将知识产权信息公共服务工程列为促进我国知识产权事业发展

[1] 2020年《专利法》第二十一条除了将上述第三款"专利信息基础数据"改为"专利基础数据"外，其他规定相同。

的十项重大工程之一。该规划在“重大工程”之五（知识产权信息公共服务工程）部分指出，要“建立健全多种类型、多层次的知识产权信息库和知识产权公共服务平台，及时公开基础性知识产权信息。大力推进知识产权信息公共服务工程重大项目建设，创新知识产权公共服务平台运行机制和服务模式，鼓励开展知识产权信息公共服务，提高为科技创新提供知识产权专业服务的能力。”2015 年 12 月国务院发布的《国务院关于新形势下加快知识产权强国建设的若干意见》则指出要“加强知识产权信息开放利用”“加快建设互联互通的知识产权信息公共服务平台”“完善知识产权信息公共服务网络”。该意见第（十九）项明确指出了实现知识产权信息开放利用的各项任务，包括信息披露与公开、信息服务平台与网络建设、信息资源的开放共享。❶

如前所述，专利信息资源的开发和利用也是专利制度的重要内容之一。对照 2015 年《专利法修改草案（征求意见稿）》和 2008 年《专利法》第二十一条的规定，可以发现修改的主要内容是增加了国务院专利行政部门提供专利信息基础数据的职责。

其二，规定国务院专利行政部门提供专利信息基础数据的职责具有十分重要的意义和作用。笔者认为，其主要体现在以下几个方面。

（1）专利信息基础数据对于市场经济主体从事技术创新工作，具有十分重要的意义。❷ 专利信息本身是具有公开性的信息，但由于专利信息规模巨大，一般的市场经济主体很难全面掌握，必须通过专利数据库的形式获得。专利数据库的构建与完善以及实时动态更新，则必须有大量的专利信息基础数据为前提。如果专利信息基础数据不完整或者滞后，对于从事技术创新工作的主体而言，无论是专利的检索还是查新或者是在此基础上的进一步的情报分析都可能产生偏差甚至严重问题。2014 年全国人大常委会的执法检查报告，也发现了我国专利信息资源开放不充分的问题。由于专利信息基础数据掌握在国务院专利行政部门手中，如何有效开发和利用专利信息基础数据必须充分发挥国务院专利行政部门的作用。征求意见稿规定国务院专利行政部门具有提供专利信息基础数据的职责，无疑有利于促使我国专利信息基础数据的开发和利用，提升我国专利信息化水平和专利信息资源的利用效能。

（2）有利于国务院专利行政部门主导和推动国家专利信息基础数据的开发和利用。专利信息的价值最终体现于其被有效地开发和利用，并使之应用于指导企业事业单位的技术创新工作和技术信息的交流等方面。从全国人大常委会执法检查报告

---

❶ 相关观点，参见：冯晓青，杨利华，付继存. 国家知识产权文献及信息资料库建设与运行研究［M］. 北京：中国政法大学出版社，2019.

❷ 林宇. 浅谈专利信息数据挖掘在企业制定技术创新决策中的应用［J］. 福建电脑，2013（2）：18－119，102.

所提出的问题来看，除了专利信息资源开发不够以外，还存在专利基础信息平台建设滞后的问题。笔者在前几年主持国家社科基金重大项目“国家知识产权文献及信息资料库建设研究”，通过大量的实证调查分析也有同感，即当前专利基础信息平台无论是从国家层面还是地方层面，不仅数量少，而且存在信息的滞后和检索分析不够人性化的问题。甚至还出现了一种非常奇怪的现象，也就是很多企事业单位从事技术创新工作需要全面检索和查询国内的专利信息资源，由于国内的专利基础信息数据库不能满足需要，不得不花高价钱从国外相关专利数据库中获取国内的专利技术信息的情况。毫无疑问，我国高质量的专利基础信息平台的建设，必须依赖于大量的、完整的专利信息基础数据，而这些动态的专利信息基础数据都掌握在国务院专利行政部门手中。征求意见稿专门增加的上述规定，为我国构建和完善专利基础信息平台提供了专利信息基础数据的根本保障。可以认为，专利信息基础数据和专利基础信息平台建设是一种源和流的关系，没有前者或者前者供应不充分，必然会影响到后者。

（3）有利于由国务院专利行政部门主导，大规模推动我国专利信息数据库的开发，推动我国专利信息的公共服务的发展。应当说，专利信息公共服务也是我国政府的公共服务职能和范围之一。[1] 基于政府职能的分工需要，专利信息公共服务主要是由国务院专利行政部门主导。如前所述，近年来随着信息化社会的到来，以及各个国家和地区对专利战略的认识的加强，专利信息公共服务的作用也愈显重要。近年来我国相关部门以及相关知识产权规划，都强调了专利信息公共服务的重要性。国家知识产权局近年以来，在推动我国专利信息化公共服务方面也发挥了重要作用，并取得了显著成效。尤其体现为国家知识产权局组建的专利信息公共检索系统以及指导地方设立的专利信息数据库和各种专业信息平台。[2] 但目前所建的这些平台与专利信息化的要求还存在较大的差距。特别是随着创新型国家建设的开展，我国专利信息资源的开发和利用愈显重要，目前我国专利信息资源公共服务在政府主导和提供社会化服务方面仍然还有很多路要走。近年国家知识产权相关部门也就专利信息资源的公共服务进行了专题研究（笔者被邀请参加相关的学术会议并提出咨询建议），并将制定相关的政策，指引我国专利信息资源的开发和利用。这些政策制定和资源的开发利用，显然都是以专利信息基础数据的充分的开放和便利的使用为前提的。因此，无论从哪个方面看，确立国务院专利行政部门提供专利信息基础数据

[1] 对比2020年《专利法》、2020年《专利法修正案（草案二次审议稿）》、2019年《专利法（修正案草案）》和2015年《专利法修改草案（征求意见稿）》可以发现，前三者专门增加了“国务院专利行政部门应当加强专利信息公共服务体系建设”。笔者认为，这为推动我国专利信息公共服务体系建设提供了专利法上的依据，必将有利于我国专利信息公共服务的开展。这一职责的赋予，也是促进专利实施和运用的措施。例如，立法机关针对2019年《专利法（修正案草案）》的说明中即指出加强专利转化服务，是促进专利实施和运用的措施之一。

[2] 罗晓宁，鄢春根．综合专利信息平台的建设［J］．情报探索，2013（6）：76－78，135．

的职责是十分必要的。

还应当指出，如前所述，2020 年《专利法》第二十一条第二款使用的术语是“专利基础数据”，而不是“专利信息基础数据”。笔者认为，这一修改更强调基础数据立足于专利本身，而不是专利信息。

我国专利权客体排除制度的完善*

专利法和其他知识产权法一样，是一种保护专利权人的私权，以及对该权利进行限制，以确立私权和公共利益平衡的法律制度。在专利法中，除了对专利权人的私人权利进行保护，还存在广泛的公共利益和国家利益需要得到维护。基于此，各国和地区专利法除了对属于专利权保护对象进行明确规定以外，还同时规定了不属于专利权保护的对象。以下将在考察我国2008年《专利法》和《专利法》第四次修改相关版本规定的基础上，结合国家知识产权局的立法说明进行研究。

2008年《专利法》第二十五条规定第一款规定：

对下列各项，不授予专利权：（一）科学发现；（二）智力活动的规则和方法；（三）疾病的诊断和治疗方法；（四）动物和植物品种；（五）用原子核变换方法获得的物质；（六）对平面印刷品的图案、色彩或者二者的结合作出的主要起标识作用的设计。

第二款规定：

对前款第（四）项所列产品的生产方法，可以依照本法规定授予专利权。

2015年《专利法修改草案（征求意见稿）》第二十五条则将上述规定中的第（三）项“疾病的诊断和治疗方法”修改为“疾病的诊断和治疗方法，但涉及养殖动物的除外”，其他内容未变。

国家知识产权局针对上述修改作出了如下的说明：

根据2008年《专利法》的规定，人和动物的疾病诊断和治疗方法属于不授予专利权的主题。30年来，随着我国水产养殖业和畜禽饲养业的快速发展，这两个领域的科技创新水平不断提高。2014年和2015年中央1号文件都提出要大力开展畜禽规模化养殖和水产健康养殖。产业界对于水产、畜禽等养殖动物的疾病诊断和治疗方法给予专利保护的呼声日益增强。实践中，美国、澳大利亚、日本、韩国、加拿大、新西兰等国家将动物疾病诊断和治疗方法全部或者部分纳入专利保护范围，欧洲则是在审查中采取了逐步宽松的态度。为激励动物养殖产业的创新和发展，顺

* 本文初稿撰写时间为2019年11月12日。

应国际专利制度发展趋势，建议对涉及养殖动物疾病的诊断和治疗方法给予专利保护。

2019年《专利法（修正案草案）》第二十六条则将2008年《专利法》第二十五条第一款第（五）项“用原子核变换方法获得的物质”，改为“原子核变换方法以及用原子核变换方法获得的物质”。2020年《专利法修正案（草案二次审议稿）》及2020年《专利法》维持了2019年版本的规定。

对于上述规定及国家知识产权局的立法说明，笔者认为以下问题值得思考与研究。

其一，赋予专利权明确的保护客体范围，以及明确的排除客体的范围，具有十分重要的意义。专利权作为知识产权的范畴，也具有法定性的特点。《专利法》中的法定性意味着专利权保护的客体、权利的内容都由法律直接作出明确的规定。在立法中明确排除受保护的范围则不受专利权的保护，2008年《专利法》及2015年《专利法修改草案（征求意见稿）》第二十五条的规定就是如此。立法中的排除客体实际上可以具体分为以下几种类型：（1）不属于专利法意义上的发明创造的范畴，如科学发现、智力活动的规则和方法。这些对象如果给予专利权的保护，则不利于促进科学技术的进步和社会的发展。（2）出于人道主义考虑，不能赋予专利权的对象，如疾病的诊断和治疗方法。人类的疾病的诊断和治疗方法，如果能够授予专利，就不利于及时、有效地治疗疾病，从而不利于维护人们的健康。（3）从实用性等方面考虑，如动植物品种。但是，动植物品种的生产方法不存在这方面的问题，所以一般国家和地区专利法都允许可以获得专利，我国专利法也不例外。（4）从国防安全的考虑，如用原子核变换方法获得的物质。（5）对于相关功能和作用既不体现于技术进步，也不体现于设计创新对象的排除。例如，我国2008年第三次修改《专利法》时新增加的对平面印刷品的色彩、图案或者二者的结合作出的主要起标识作用的设计。

其二，2015年《专利法修改草案（征求意见稿）》之所以将涉及养殖动植物的疾病的诊断和治疗方法可以获得专利权，是基于通过对其保护可以有效地激励动植物养殖技术及其产业的发展。众所周知，水产、畜禽等养殖动物产业对于我国农业发展以及提高人民的物质消费水平具有十分重要的作用。为此，需要通过有效的方法激励在这方面的创新和投入，其中对于水产、畜禽等养殖动物疾病的诊断和治疗的方法的改进和进步就是这方面的十分重要的创新，如果不给予专利形式的保护，就不利于在这方面治疗水平的提高。从国际上看，正如国家知识产权局的立法说明指出的那样，国外相当多的国家也越来越重视在这方面赋予专利权的保护。我国作为一个农业大国以及世界上人口最多的国家，水产、畜禽等养殖动物产业的发展具有重要的意义。相信通过赋予这方面的专利权，能够有效地激励在这方面的创新和投资，从而有效地促进这方面产业的发展。但是，值得进一步指出的是，2015年

《专利法修订草案（送审稿）》、2019 年《专利法（修正案草案）》、2020 年《专利法修正案（草案二次审议稿）》及 2020 年《专利法》删除了 2015 年《专利法修改草案（征求意见稿）》的上述规定。笔者认为，这并非是授予涉及养殖动物的疾病的诊断和治疗方法不具有合理性，而是因为目前我国授予这类客体以专利条件还不够成熟。不过，这一问题可以先行进行研究，待条件成熟时，可以通过进一步修改《专利法》而予以接纳。

其三，2015 年《专利法修订草案（送审稿）》、2019 年《专利法（修正案草案）》、2020 年《专利法修正案（草案二次审议稿）》及 2020 年《专利法》新增"原子核变换方法"不能获得专利权，涉及国防安全问题。所谓原子核变换方法，是指使一个或几个原子核经分裂或者聚合，形成一个或几个新原子核的过程，如完成核聚变反应的磁镜阱法、封闭阱法以及实现核裂变的各种方法。我国 2008 年《专利法》规定用原子核变换方法获得的物质不能获得专利权。[1] 不过，为实现核变换方法的各种设备、仪器及其部件都可以被授予专利权。增加"原子核变换方法"不能获得专利权，这进一步是基于维护国防安全所作出的规定。不过，为实现原子核变换而增加粒子能量的粒子加速方法，因其不属于原子核变换方法，也可以被授予专利权。[2]

---

[1] 叶红学．浅析关于"用原子核变换方法获得的物质"的思考及修改建议［J］．中国发明与专利，2018（7）：66－70.

[2] 冯晓青，刘友华．专利法［M］．北京：法律出版社，2010：84.

我国专利申请优先权制度及其完善研究*

专利申请优先权制度是我国专利制度的重要内容之一。我国《专利法》及《专利法》第四次修改征求意见稿对于优先权制度也做了一定程度的修改，主要体现于新增外观设计的本国优先权制度，并对提交申请文件副本的时间予以放宽，这些修改对于完善我国专利申请优先权制度具有重要的意义。

一、外观设计专利申请本国优先权制度的确立及其重要意义

我国 2008 年《专利法》第二十九条规定了发明或者实用新型的本国优先权制度，即申请人自发明或者实用新型在我国申请发明或者实用新型专利申请之日起十二个月内，又就相同主题向我国申请发明或者实用新型专利，可以享有优先权。本国优先权制度的设立，有利于发明或者实用新型专利申请人在已有专利申请基础之上，进行进一步的创新和完善，从而有利于通过专利申请授权的程序性设计激励创新、促进技术的进步和发展。[1] 原因在于，发明或者实用新型专利申请人第一次在我国提出专利申请以后，还可以就相同的主题进行进一步的完善，只要及时在法定的期限内在我国再一次提出专利申请，其申请的申请日人仍以第一次申请的申请日为准。这样一来，就能够使得第二次申请的发明或者实用新型专利申请的新颖性得到保障，并且可以排除任何第三方在这一期间内就相同主题在我国获得发明或者实用新型专利。进言之，这一制度和规定尽管是属于程序性的规定，但在实体效果上能够激励发明或者实用新型专利申请人在已有专利申请基础之上，对相同主题的发明或者实用新型进行更好的改进和完善，从而在实质上有利于技术的进步。

很明显，2008 年《专利法》第二十九条没有规定外观设计专利申请的本国优先权制度，2015 年《专利法修改草案（征求意见稿）》、2019 年《专利法（修正案草案）》及 2020 年《专利法修正案（草案二次审议稿）》则补充规定了外观设计专利

---

* 本文初稿撰写时间为 2019 年 11 月 15 日。

[1] 温旭．本国优先权在专利申请中的应用［J］．中外法学，1997（5）：56－58.

申请的这一制度。笔者认为，这一制度具有十分重要的意义[1]，具体体现如下。

其一，有利于解决外国申请人通过外国优先权在我国获得专利申请与我国的国内外观设计专利申请的对等性问题。根据前述2008年《专利法》第二十九条的规定，自外观设计在外国第一次提出专利申请以后，六个月内在中国就相同的主题申请外观设计专利，可以享有外国优先权。根据这一规定，外观设计专利申请人可以通过外国优先权在中国申请相似的外观设计专利申请进行合案申请。但由于外观设计专利申请缺乏国内优先权的保障，某一外观设计专利申请人在我国首次提出专利申请以后，不能够就相同的主题在我国提出类似的外观设计专利申请进行合案处理，这无疑会造成国内申请和国外申请的地位的不对等。为了解决这一问题，需要确立外观设计本国优先权制度。

其二，建立外观设计本国优先权制度，有利于在我国建立局部外观设计专利制度的情况下，顺利地实现产品整体外观设计和局部设计的转换性问题。如前所述，我国建立了外观设计的外国优先权制度，《专利法》第四次修改草案及2020年《专利法》也规定了局部外观设计专利制度。局部外观设计专利制度将从2021年6月1日起实施，届时外观设计专利申请人可以通过国外优先权制度的保障，顺利实现产品整体外观设计和局部外观设计的转换。这样一来，就可以解决同样是外观设计专利申请，国内申请人和国外申请人的申请地位不对等性问题。这种不对等是国内申请人在外观设计专利申请方面和国外申请人相比处于不利的地位。这种不利地位，不利于在外观设计专利保护制度方面激励国内申请人更好地促进设计创新，通过提高我国外观设计创新的水平，促进我国外观设计整体水平的提高。

基于此，笔者赞同这次修改《专利法》增加外观设计专利申请的本国优先权。[2]

二、专利申请优先权提交申请文件副本时限制度的完善

如前所述，优先权制度是我国《专利法》规定的关于专利申请授权的重要制度之一，对优先权制度改革的探讨有利于认识该制度对于推进我国专利申请授权的重要意义与作用。为此，需要结合2008年《专利法》和《专利法》第四次修改征求意见稿的相应规定，以及国家知识产权局的相关立法说明，深入认识优先权制度的相关理论和立法完善问题。

2008年《专利法》第三十条规定：

---

[1] 李文琳. 对我国设立外观设计本国优先权制度的探讨［J］. 中国发明与专利，2013（11）：18－21.

[2] 2019年《专利法（修正案草案）》第三十条第二款规定："申请人自发明或者实用新型在中国第一次提出专利申请之日起十二个月内，或者自外观设计在中国第一次提出专利申请之日起六个月内，又向国务院专利行政部门就相同主题提出专利申请的，可以享有优先权。"2020年《专利法》第二十九条第二款采纳了该规定。

申请人要求优先权的，应当在申请的时候提出书面声明，并且在三个月内提交第一次提出的专利申请文件的副本；未提出书面声明或者逾期未提交专利申请文件副本的，视为未要求优先权。

2015年《专利法修改草案（征求意见稿）》第三十条则规定：

申请人要求优先权的，应当按照规定提出书面声明，并且提供第一次提出的专利申请文件的副本；未按照规定提出书面声明或者提供专利申请文件副本的，视为未要求优先权。

对此，国家知识产权局针对上述修改，做了如下立法说明：

2008年《专利法》对申请人提出优先权要求的时间，以及提交在先申请文件副本的期限和方式作出了较为严格的规定。实践中，申请人由于未满足上述要求而导致实体权利丧失的情况时有发生，需要给予补救机会。近年来，《专利法条约》、《专利合作条约实施细则》以及美国、德国等国家的专利制度中，都在期限要求上对申请人更为宽松，包括给予申请人改正和增加优先权要求的机会，以及在规定期限内可以请求恢复优先权。

为维护申请人利益，顺应国际规则发展趋势，建议适当放宽办理优先权手续的程序性要求，在专利法中明确规定申请人要求优先权应当履行的主要手续以及相关法律后果，并通过修改《专利法实施细则》允许申请人在规定期限内改正、增加和恢复优先权，放宽提交在先申请文件副本的期限和形式要求。

2019年《专利法（修正案草案）》第三十条则规定：

申请人要求优先权的，应当在申请的时候提出书面声明，并且在第一次提出发明、实用新型专利申请之日起十六个月内或者在提出外观设计专利申请之日起三个月内，提交第一次提出的专利申请文件的副本；未提出书面声明或者逾期未提交专利申请文件副本的，视为未要求优先权。[1]

对于《专利法》第四次修改征求意见稿及2020年《专利法修正案（草案二次审议稿）》上述修改以及国家知识产权局上述立法说明，笔者有如下观点。

其一，优先权制度不仅是为了便利专利申请人申请国内或者国外专利申请而设立的一种专利申请授权程序性的制度，而且其隐含了以下两个重要的制度宗旨。

一是最大限度地方便专利申请人申请并获得专利权，从而最大限度地维护专利申请人的合法权益。如前所述，优先权的存在意味着专利申请人在第一次提出专利申请后，其在此后一定期间内就相同主题再次提出专利申请，第二次申请的申请日以第一次申请日为准（该申请日在立法及理论上被称为优先权日）。优先权制度的存在使得同一申请人第二次申请专利的申请日提前到第一次申请的申请日，这样就

[1] 2020年《专利法修正案（草案二次审议稿）》及2020年《专利法》第三十条则对该条规定作了修改，但实质内容相同。

能够使得享有优先权的专利申请人在优先权期间取得独占性申请同一主题专利申请的权利，避免在优先权期间被他人“捷足先登”，从而丧失专利法规定的新颖性而不能获得专利。可以设想一下，如果没有优先权制度的保障，那么某专利申请人在就相同的主题再一次申请专利时很可能有其他人就相同主题已经申请专利，此时某专利申请人因为其在后的申请失去新颖性而不能获得专利权。这显然不能最大限度地保障某专利申请人基于相同主题的专利申请获得更多的专利权，从而不利于最大限度地维护其合法权益。由此可见，优先权制度是为了更充分地保护专利申请人的利益，因为根据优先权制度，第二次申请的申请日被提前到第一次申请的申请日，这就使得他人与专利申请人在优先权期间获得相同主题的发明创造不能获得专利，从而使得第一次申请专利的专利申请人获得在不限于本国范围内的更大范围的保护。

二是优先权制度尽管本身是专利法设立的一种关于专利申请授权的程序性的法律制度，却在某种程度上隐含了对专利法立法宗旨的一种重要的保障和促进，即鼓励在已有发明创造基础上进一步改进，提升创新能力，促进技术的进步和发展。在优先权制度之下，第一次提出专利申请的人申请专利并取得申请日以后，可以就相同主题进行进一步的改进，这一改进当然意味着相关发明创造的进一步发展和进步。在优先权制度之下，专利申请人即有动机和动力就相同主题进行这一改进，因为通过这一改进能够再次获得专利。相反，如果没有优先权制度的保障，专利申请人在进一步就相同主题的发明创造进行改进时，很可能有因为第三者申请同一主题的专利申请，而使其专利申请丧失新颖性而不能获得专利权。由此可见，优先权制度也是为了便于专利申请以后在原有发明创造的基础之上进行进一步的完善，以促进技术的进步，因为优先权制度中的后续专利申请必须和在先的专利申请属于相同的主题。

其二，优先权制度是保障专利申请人在国内或者国外申请专利“利益最大化”的一种制度设计。优先权制度包括外国优先权和本国优先权制度，其中，本国优先权制度是在我国《专利法》制定和修改过程中逐渐增加的最大限度地便利专利申请人申请国内专利并获得专利的一种制度。根据国外优先权制度的规定，某个专利申请人在外国第一次申请专利以后的一定期限内，又在中国就相同主题提出专利申请，按照该外国与中国签订的协议、共同参加的国际条约或者按照互惠原则即，按照相互承认优先权的原则，可以享有优先权。由于发明、实用新型与外观设计专利申请具有不同的性质，优先权的期限有所不同。根据《巴黎公约》、2008 年《专利法》及 2020 年《专利法》的规定，发明、实用新型专利申请的外国优先权的期限是 12 个月，外观设计专利申请的外国优先权的期限是 6 个月。

三、关于我国专利申请优先权制度改革的理论思考

如前所述，优先权制度是我国专利申请与审批制度重要内容之一，以下在前述探讨基础上进一步思考改进我国专利申请优先权制度的重要意义。

从近年来我国专利申请实践的情况看，由于我国2008年《专利法》对于申请专利的优先权期限以及第一次提交专利申请文件的期限和方式规定较为严格，导致很多专利申请人不能满足这一严格的条件而失去实体的获得专利的权利。这对专利申请人不利，与前面所主张的专利法尽最大可能保护专利申请人合法权益的立法意旨也不相吻合。易言之，如果专利申请人仅仅基于优先权期限和提交第一次专利申请文件的期限和方式相应的手续没有满足而失去获得专利权的机会，这无疑对鼓励发明创造者申请获得专利是不利的，从根本上也不利于鼓励创新。因此，通过改革我国优先权制度，如借鉴国外的规定，允许专利申请人补正和在规定期限内要求恢复优先权等制度，这样就能够最大限度地通过优先权制度的设立和实施，充分保障专利申请人及时获得专利的权利。

2019年《专利法（修正案草案）》第三十一条、2020年《专利法修正案（草案二次审议稿）》第三十条以及2020年《专利法》的规定，还有一个重要原因是与国际专利规则的发展趋势相吻合。从近些年来国际上相关国家如美国、德国以及相关国际公约如《专利法条约》以及《专利合作条约实施细则》等的规定来看，正如国家知识产权局相关立法说明所指出的，对于优先权制度规定的宽限期，以及提交第一次专利申请文本的期限和方式有从宽的趋势。具体体现为给予专利申请人申请补正的机会、允许申请人增加优先权的要求，以及在规定的期限内恢复优先权的机会等。因此，在《专利法》中规定优先权的期限、提交第一次申请文本的期限和方式以及不履行相关法律规定的法律后果，同时可以在配套的《专利法实施细则》中对优先权的制度进行细化和明确，如适当借鉴国际公约以及国外相关规定，规定专利申请人可以通过适当申请改正和要求优先权的方式，以及在规定的期限内申请恢复优先权等。这样一来，就可以更加方便地使专利申请人通过优先权制度获得专利，使发明创造专利获得更加宽广的保护。

笔者认为，从《专利法》关于专利申请优先权修改的规定还可以得出以下结论。

一是我国专利制度的改革和立法的完善应当深深扎根于我国《专利法》实施的现实情况、现实国情，特别是针对实践中出现的重要问题和瓶颈。从法理学的角度来讲，包括《专利法》在内的法律作为调整社会关系的武器，必须面对现实，解决现实问题，通过设置合理的权利和义务有效地调整相关社会关系，从而使其更好地适应经济社会的发展。近年来，我国专利制度通过有效的实施，在鼓励发明创造、

推进发明创造的运用，提高我国创新能力方面成效卓著。但在以《专利法》为核心的专利制度的实施和运行中也暴露出了不少问题，这些问题既包括专利申请、审批程序性问题，也包括实体性问题。这次《专利法》的修改应当在全面调查研究和总结的基础之上，针对我国《专利法》实施中存在的各种问题，特别是重要的瓶颈，分析原因，提出相应的对策加以改进。如上所述，优先权制度对于我国专利申请人便利申请，获得更加宽广的保护意义十分重要。同时，该制度在实践运行中也存在一些问题，特别是优先权期限和能否恢复优先权等问题。优先权制度规定较为严格，使得实践中很多专利申请人不能通过该制度获得整体的保护。可以认为，2019 年《专利法（修正案草案)》第三十条、第三十一条，以及 2020 年《专利法》规定的改革就是对优先权制度在实践中存在的问题加以解决的体现。

二是我国专利制度的完善应适时保持对国际先进经验和国际专利制度发展趋势的关注，在符合我国国情和现实需要的基础之上，适当地借鉴国际先进经验。专利制度作为一项国际通行的法律制度和管理科学技术的制度，其制定和运行无论在哪一个国家和地区都具有一些共同的规律可循。相关的国际立法经验和国际公约的最新发展趋向，当然值得我国专利法制定或修改时加以关注和借鉴。

专利复审机关依职权主动审查研究*

专利申请复审制度是专利法中为了保证专利申请质量、提高专利申请审批效率而设立的程序性制度。这一制度尽管属于程序性制度，但由于其与获得专利的质量水平、专利法鼓励创新的目的直接挂钩，因此该制度也是专利申请审批制度中十分重要的制度。在修改《专利法》的过程中，2015 年《专利法修改草案（征求意见稿）》及 2015 年《专利法修订草案（送审稿）》第四十一条也作出了相应的优化。[1]结合该相应的规定以及国家知识产权局的有关立法说明，可以进一步认识到优化专利申请复审程序的重要意义。

2008 年《专利法》第四十一条规定：

国务院专利行政部门设立专利复审委员会。专利申请人对国务院专利行政部门驳回申请的决定不服的，可以自收到通知之日起三个月内，向专利复审委员会请求复审。专利复审委员会复审后，作出决定，并通知专利申请人。

专利申请人对专利复审委员会的复审决定不服的，可以自收到通知之日起三个月内向人民法院起诉。

2015 年《专利法修改草案（征求意见稿）》第四十一条规定：

国务院专利行政部门设立专利复审委员会。专利申请人对国务院专利行政部门驳回申请的决定不服的，可以自收到通知之日起三个月内，向专利复审委员会请求复审。

专利复审委员会对复审请求进行审查，必要时可以对专利申请是否符合本法有关规定的其他情形进行审查，作出决定，并通知专利申请人。

专利申请人对专利复审委员会的复审决定不服的，可以自收到通知之日起三个月内向人民法院起诉。

对此，国家知识产权局针对上述征求意见稿规定做了如下立法说明[2]：

---

* 本文初稿撰写时间为 2019 年 11 月 16 日。

[1] 2019 年《专利法（修正案草案）》未作修改。2020 年《专利法修正案（草案二次审议稿）》第四十一条做了一定修改但实质内容并没有变化，2020 年《专利法》第四十一条规定也一样。

[2] 国家知识产权局 2015 年公布的《关于〈中华人民共和国专利法修改草案（征求意见稿）〉的说明》。

专利复审程序是由当事人启动的行政机关自我监督机制。专利法专门设立的专利复审委员会作为专利确权机关，在复审程序中依当事人请求对驳回专利申请的决定进行审查时，还有可能发现驳回决定中未指出的明显实质性缺陷等。为了保证专利授权质量，提高审查效率，避免因程序反复而不合理地延长审批周期，建议在专利法中规定，专利复审委员会除了对当事人在复审请求中提出的理由和证据进行审查外，必要时，可以对专利申请是否符合专利法有关规定的其他情形进行审查，并在专利法实施细则中明确适用的具体情形。

对照2008年《专利法》、《专利法》第四次修改征求意见稿以及国家知识产权局上述立法说明，笔者有如下观点。

专利申请程序的优化是提高我国专利申请质量、提高专利申请审批效率的重要保障。根据我国《专利法》和专利国际公约的规定，专利权的获得实行申请授权制度。在当前，随着我国技术创新能力的提升以及发明创造者知识产权保护意识的加强，我国专利申请有急剧增长的态势。对于专利申请急剧增长的现实情况，笔者在前面的相关探讨中已经指出，其具有值得令人欣慰的一方面，也应当注意其中出现的一些问题。在专利申请案件积压、专利申请周期延长，以及一些不正常专利申请出现的情况下，更应当注意提升专利申请的质量、提升专利申请审批的效率。因此，如何通过专利申请制度的优化，提高我国专利申请的质量，加快专利申请的审批具有十分重要的意义。

作为专利申请制度的一环，也是其中一个十分重要的方面，专利申请复审制度是各国和地区专利法律制度中必不可少的专利确权制度。笔者认为，专利申请复审制度至少具有以下两个方面的作用：一是纠正专利确权机关于专利申请决定的各种失误。在专利申请、审批过程中，专利审查机关专利审查员基于各种原因难免对于专利申请作出错误的决定，无论是从有错必究的我国社会主义法治原则来讲，还是鼓励创新、实现专利法的立法宗旨的角度来说，应当给予补救的机会。二是如前所述的专利法应当最大限度地维护专利申请人、发明创造者的合法权益。实施专利申请复审制度，既是对专利确权机关错误决定纠正的保障，也更是维护专利申请人的合法权益、使其不致因为错误的决定而失去获得权利机会的保障。

同时，专利申请驳回决定中可能存在没有发现的具有明显实质性缺陷的情况。如果这一情况在专利申请复审过程中被复审机关所发现，在通常情况下只能根据申请人提出复审的理由和证据进行审查，复审机关不能据此作出可能对专利申请人不利的决定，就不利于提高专利申请质量。正是基于此，2015年《专利法修改草案（征求意见稿）》第四十一条明确规定，专利复审委员会对复审请求进行审查，必要时对于其是否符合专利法的其他规定进行审查。当然，值得注意的是，2019年《专利法（修正案草案）》删除了上述规定。这可能是基于扩大复审机关主动依职权的审查权限，涉及一些更复杂的可操作性问题，也需要针对《专利法实施细则》和《专利审查指南》等的修改。对这一问题的认识本身也需要研究。[1]

[1] 孙毅，李晓娜，张鑫，等. 复审程序中依职权审查的理解与范围［J］. 专利代理，2017（4）：64－70.

张新锋，孙燕. 专利无效宣告程序中的“依职权审查”［J］. 电子知识产权，2017（8）：56－63.

我国专利权保护期限制度及其完善研究*

赋予专利权一定的保护期限是各国和地区专利法以及专利国际公约所明确规定的重要内容之一，我国2008年《专利法》、2015年《专利法修改草案（征求意见稿）》及《专利法修订草案（送审稿）》、2020年《专利法修正案（草案二次审议稿）》、2020年《专利法》都对专利权的期限都做了明确规定。

2008年《专利法》第四十二条规定：

发明专利权的期限为二十年，实用新型专利权和外观设计专利权的期限为十年，均自申请日起算。

2015年《专利法修改草案（征求意见稿）》第四十二条则规定：

发明专利权的期限为二十年，实用新型专利权的期限为十年，外观设计专利权的期限为十五年，均自申请日起算。

国家知识产权局针对上述征求意见稿第四十二条的规定作出了如下立法说明[1]：

近年来，设计创新在提高自主创新能力、促进产业结构优化、转变经济发展方式方面的作用越来越凸显。当前，我国外观设计申请量大幅提升，已居世界首位，加强外观设计保护的呼声日益强烈。但相比许多国家（包括发展中国家），我国2008年《专利法》对外观设计专利权10年的保护期限仍然偏短。同时，随着企业"走出去"战略的实施，我国企业在境外获得外观设计保护的需求明显增加。例如2008年至2012年，欧共体商标与外观设计局每年受理的来自我国的外观设计数量均超过千项。为使我国企业在境外简便、快速、经济地获得外观设计保护，便于开拓国际市场，提高国际竞争力，我国有必要加入便利创新主体同时在多个国家获得外观设计保护的海牙协定，而海牙协定（1999年文本）要求缔约方至少给予外观设计15年的保护期限。为加强我国外观设计专利权保护，适应我国未来加入海牙协定的需要，建议将外观设计专利权的保护期限延长到15年。

2019年《专利法（修正案草案）》第四十三条则规定：

---

* 本文初稿撰写时间为2019年11月20日。

[1] 国家知识产权局2015年公布的《关于〈中华人民共和国专利法修改草案（征求意见稿）〉的说明》。

发明专利权的期限为二十年，实用新型专利权的期限为十年，外观设计专利权的期限为十五年，均自申请日起计算。

为补偿创新药品上市审评审批时间，对在中国境内与境外同步申请上市的创新药品发明专利，国务院可以决定延长专利权期限，延长期限不超过五年，创新药上市后总有效专利权期限不超过十四年。

2020 年《专利法修正案（草案二次审议稿）》第四十二条第一款维持了 2019 年《专利法（修正案草案）》上述规定，并新增第二款：

自发明专利申请日起满四年，且自实质审查之日起满三年授予发明专利权的，专利权人可以就发明专利在授权过程中的不合理延迟请求补偿专利有效期，但由申请人引起的不合理延迟除外。

同时，其第三款在吸收 2019 年《专利法（修正案草案）》上述第二款基本内容时，也做了细微的修改。具体内容如下：

为补偿创新药品上市审评审批时间，对在中国获得上市许可的新药发明专利，国务院专利行政部门可以应专利权人的请求给予期限补偿。补偿期限不超过五年，创新药上市后总有效专利权期限不超过十四年。[1]

针对 2008 年《专利法》和《专利法》第四次修改草案征求意见稿、2020 年《专利法修正案（草案二次审议稿）》、2020 年《专利法》以及国家知识产权局的上述立法说明，有如下问题值得研究与思考。

其一，专利法规定专利权具有一定保护期限的合理性与正当性。如前所述，各国、地区以及专利国际公约都对专利权规定了一定保护期限。从专利制度的立法沿革和发展来看，专利保护期限有延长的趋向。专利保护期限的延长，意味着对专利权人保护的加强，同时也意味着社会公众承担不侵害专利权人的义务期限延长。笔者认为，专利权具有一定期限的合理性与正当性，可以从以下方面加以理解。

一是法理学上的公平正义观。专利权所保护的发明创造是发明创造者从事创造性活动的结晶。发明创造之所以可以通过专利保护的形式获得专有权的保护，是因为发明创造者投入了创造性的劳动并产生了创新性的成果。从知识产权的哲学层面讲，可以从知识产权的劳动理论、激励理论、平衡理论等加以理解。这里还可以从法理学上的公平正义观出发加以认识：由于发明创造者投入发明创造的时间和投资终归是有限的，如果给予获得专利的发明权的以永久性的保护，而不是一定期限的保护，就意味着以有限的劳动获取永久性的利益和保护，这对社会公正来说是不公平的。基于此，应当对于授予专利权的发明权给予合理的保护期限，而不是永久性的。

---

[1] 2020 年《专利法》第四十二条第二款及第三款则对上述 2020 年《专利法修正案（草案二次审议稿）》第四十二条规定作了适当修改，实质内容相同，但条文具体用语有所区别。

二是从专利法的立法宗旨来看。专利法赋予发明创造者或其所在单位以专利权，将保护专利权作为一种手段，以激励并促进创新成果的推广和运用，最终促进创新能力的提升和经济社会的发展。取得专利权的发明创造，对社会公众来说也具有合法的利益。如果专利权永久受到保护，而不只是具有一定的保护期限，社会公众分享和利用发明创造就可能受到限制，不利于推广发明创造成果。基于此，也应当赋予专利权一定的保护期限，而不是永久性的保护。其实这一点在二百年以前的美国宪法第一条第八款第（八）项中就有明确规定："赋予国会制定保护作者和发明者以一定期限的专有权的法律，旨在促进科学和有用技术的进步。"这一条款尽管被人称为具有实用主义色彩，但也体现了对于包括专利权在内的知识产权有期限保护的合理性。

三是从专利法的利益平衡原理看。专利权具有一定保护期限的合理性，可以从利益平衡的角度加以理解。❶ 专利法与其他知识产权法一样，是一种典型的利益平衡机制。这种平衡主要涉及专利权人和社会公众之间的利益、私权保护与权利限制、专有权利和公共领域的平衡。专利权首先是一种私权，权利人根据专利法的规定享有受法律充分保护的专有权。这种专有权也必须有一定的保护期限，并且这一法律规定的保护期限能够使专利权人获得充分的利益，否则就难以充分调动专利权人从事发明创造的积极性。这种保护期限的设置要避免过短或过长两个极端，专利权的保护期限背后所反映的是专利权所实现的利益与社会公众利益之间的平衡。

四是从专利制度的经济学方面考量。❷ 从经济学的角度讲，专利法保护的发明创造是一种知识产品，这种知识产品某种意义上具有公共产品的属性。在经济学方面，也可以理解专利保护存在社会成本和社会利益的问题。由于专利权是一种由专利权人对发明创造享有专有权的权利，未经专利权人许可他人不得为生产经营目的制造、许诺销售、销售专利产品或者使用专利方法，以及制造、许诺销售、销售使用专利方法直接获得的产品，对于竞争者和社会公众而言，是一种限制竞争的权利。同时，专利权的获得与保护也存在各种成本，如专利申请审批与专利的诉讼。当然，专利保护也会产生各种社会利益，特别是促进技术领域的公平竞争，提高创新能力，以及通过专利制度所特有的以垄断换取公开的机制促进技术信息的交流和传播所产生的技术外溢的效应。从经济制度的理性来讲，当社会成本和社会利益相等时就是专利值得保护的理想的期限。如果专利权的保护期限过长，以致社会成本逐渐甚至远远大于专利权保护所获得的社会利益，就应当终止对专利权的保护。故从经济学的层面讲，存在一个比较理想的专利权的保护期限，而不是给予永久性的保护。

---

❶ 冯晓青. 专利法利益平衡机制之探讨［J］. 郑州大学学报（哲学社会科学版），2005（3）：58－62.

❷ 周英男，王雪冬. 中国发明专利最优保护期的经济学分析［J］. 科学学研究，2006（3）：417－420. 王桂强. 对"专利最优保护期"生命周期模型的思考［J］. 科学学与科学技术管理，2004（5）：51－54.

五是从专利权保护的社会属性加以理解。专利权保护，深深打上了社会性的烙印，因为不仅发明创造的获得离不开对现有知识和技术的学习，而且发明创造完成并获得专利以后，社会对其也有合法的需求。从人类知识保护的角度来说，获得专有权的知识产权，包括专利权，最终是增进人类知识宝库的一个节点。人类知识宝库的储藏量越大，就越能为后续的创新和技术的进步提供养料。人类社会的技术进步和发展，就是建立在知识宝库不断丰富的基础之上。如果不对专利权赋予一定的保护期限，而是永久性地受到保护，相关的技术知识都停留在专有领域内，而不能成为他人可以自由使用的公共财富，这就无法丰富以技术信息表现的人类知识宝库，社会公众使用相关技术成果的成本越来越高，这将使专利法最终成为阻碍技术进步和创新的制度。基于此，也可以理解为何专利法应对专利权设定一定的保护期限。

其二，《专利法》第四次修改草案征求意见稿规定外观设计专利保护期限为15年的合理性。根据我国2008年《专利法》的规定，实用新型和外观设计专利权的保护期限为10年，均从申请日期计算。2015年《专利法修改草案（征求意见稿）》及送审稿、2020年《专利法修正案（草案二次审议稿）》及2020年《专利法》的规定，均意味着外观设计专利保护期限延长了5年。参照国家知识产权局的相关立法说明，结合外观设计专利保护的意义以及我国外观设计专利保护实践，笔者认为这一修改的合理性如下。

一是我国参加《海牙协定》的现实需要。《海牙协定》涉及外观设计的保护，尽管其只是一个程序性的公约，但它非常有利于在国外申请外观设计专利保护。近年来，随着我国加入世界贸易组织，我国面临的国际环境有了更多变化，出现了国内市场国际化和国际市场全球化的趋向，我国的企业也越来越需要走出去，开拓国际市场，提高国际竞争能力。正如兵法所云："兵马未到，粮草先行。"通过在国外及时申请外观设计专利，有利于我国企业通过外观设计专利保护提高产品的市场竞争力。由于《海牙协定》规定的外观设计专利权的保护期限是15年，而不是10年，我国未来在加入该国际公约时必须在专利权的保护期以上提高到15年。因此，可以认为，这次《专利法》第四次修改草案征求意见稿和最终通过的2020年《专利法》提高外观设计专利保护期限，也是为了与外观设计保护国际公约接轨的需要。换言之，提高外观设计专利保护期限，就为我国加入该国际公约创造了条件。

二是提高外观设计专利权保护水平的需要。外观设计专利保护不涉及技术方案和技术改进的内容，但涉及设计创新的内容。随着我国经济社会的发展，人民的物质文化生活水平日益提高，对于产品的外包装的精美和产品的精神文化的追求日益强化，设计创新因而在产品的附加值提升以及产品的促销方面的作用日益加强。为了鼓励和保护设计创新，一般国家和地区都建立了外观设计保护制度。尽管很多国家不像我国一样通过专利法对设计创新给予专利权保护，但"殊途同归"，最终都是为了促进设计创新，促进设计相关产业的发展。延长外观设计专利权的保护期限，无疑是提高外观设计专利保护水平的重要方式。当然，基于专利法之利益平衡机制考虑，加强对外观设计专利的保护，不等于保护期越长越好，而是应当做到既有力地促进和保护设计创新，也要有利于维护社会公众的利益，促进设计产业的发展。

其三，规定延长专利权期限的合理性。如前所述，2019 年、2020 年《专利法修正案（草案二次审议稿）》及 2020 年《专利法》确立了创新药上市专利期限延长制度。[1] 应当说，近年来随着创新药品申请上市与评审，人们对于创新药上市专利期限延长制度给予了极大关注[2]，特别是来自医药利益相关方强烈建议实施这一制度。这一制度之所以引起广泛关注，甚至引起极大争议，是因为创新药品专利保护既涉及创新药专利权人的利益，也涉及广大公众的生命健康以及竞争者的利益。如果专利权的保护期过长，就会在事实上造成专利授权保护扩张，可能严重影响仿制药品的开发和推向市场；但如果专利权的保护期较短，由于新药开发的投资巨大，周期较长，难以激励医药方面的创新和投资，最终也不利于创新医药的开发和上市。因此，在创新医药专利权保护期限的设置方面，应当充分顾及这两方面的利益的平衡。2019 年《专利法（修正案草案）》、2020 年《专利法修正案（草案二次审议稿）》及 2020 年《专利法》的规定，可以说就是兼顾创新药品专利权的利益和社会公众利益之间的结果。该规定授权国务院决定延长专利权的具体期限，同时限制延长期限不得超过 5 年，且创新药上市后总有效专利权期限不超过 14 年。

---

[1] 梁志文. 药品专利保护期补偿制度的中国路径——《专利法修改草案（2019）》完善［J］. 法治现代化研究，2019（4）：127 – 139.

[2] 何华. 我国药品专利期限补偿制度的构建——以“健康中国”战略实施为背景的分析［J］. 法商研究，2019（6）：177 – 188.

马秋娟，杨倩，王璟，等. 各国药品专利期限补偿制度的比较研究［J］. 中国新药杂志，2018（24）：2855 – 2860.

专利开放许可制度研究*

《专利法》第四次修改过程中，专门增加了：“促进专利权实施与运用”一章。在最终通过的2020年《专利法》中，则将现行法第六章标题“专利实施的强制许可”改为“专利实施的特别许可。”这体现了我国专利法在基本定位方面已经有了一定的变化，即由纯粹强调对专利权这一所有权上的保护到促进专利权的运用，发挥专利的价值，特别是在实现技术创新方面的价值。新增的专利开放许可制度就是促进专利权运营的一个十分重要的立法措施。根据2020年《专利法》第四十八条，国务院专利行政部门、地方人民政府管理专利工作的部门应当会同同级相关部门采取措施，加强专利公共服务，促进专利实施和运用。这一条明确了相关专利行政管理部门的公共服务职能以及促进专利权实施和运用的职责。这无疑为我国相关专利行政管理部门的政府职能转型，推进我国专利权的实施和运用提供了组织保障。以下将以《专利法》第四次修改过程中代表性版本为基础，探讨我国专利法引进开放许可制度问题。

2019年《专利法（修正案草案）》关于专利开放许可制度具体体现在以下规定中：

第五十条　专利权人以书面方式向国务院专利行政部门声明愿意许可任何单位或者个人实施其专利，并明确许可使用费支付方式、标准的，由国务院专利行政部门予以公告，实行开放许可。就实用新型、外观设计专利提出开放许可声明的，应当提供专利权评价报告。

专利权人撤回开放许可声明的，应当以书面方式提出，并由国务院专利行政部门予以公告。开放许可声明被公告撤回的，不影响在先给予的开放许可的效力。

第五十一条　任何单位或者个人有意愿实施开放许可的专利的，以书面方式通知专利权人，并依照公告的许可使用费支付方式、标准支付许可使用费后，即获得专利实施许可。

开放许可期间，专利权人不得就该专利给予独占或者排他许可。

---

* 本文初稿撰写时间为2019年11月21日。

第五十二条　当事人就实施开放许可发生纠纷的，可以请求国务院专利行政部门进行调解。

2020 年《专利法修正案（草案二次审议稿）》第五十条维持了 2019 年《专利法（修正案草案）》同条规定。其第五十一条第一款也维持了 2019 年《专利法（修正案草案）》同条款的规定，但对其第二款做了修改。具体规定如下：

开放许可期刊，专利权人也可以与被许可人就许可使用费进行协商后给予普通许可，但不得就该专利给予独占或者排他许可。

同时，其第五十二条 2019 年《专利法（修正案草案）》同条规定做了修改。具体规定如下：

当事人就实施开放许可发生纠纷的，由当事人协商解决；不愿协商或者协商不成的，可以请求国务院专利行政部门进行调解，也可以向人民法院起诉。❶

笔者认为，关于我国专利开放许可制度的引进以及上述条文的规定，以下问题值得研究和思考。

其一，我国为何需要引进专利开放许可制度？首先需要明确，这里所谓的专利开放许可制度，是指专利权人通过一定的程序和途径允许他人在支付一定使用费的前提下使用其专利权，使用者根据事先确定的使用费标准，在支付使用费以后即可使用专利权人的专利。专利开放许可和通常的专利许可使用制度不同之处在于，前者是通过一定的公开程序向任何人开放，任何愿意支付一定使用费标准的使用者都可以使用该专利，而后者则是专利权人和单个的被许可使用人就许可使用问题进行谈判而确立许可关系。当然，两者也具有相同之处，即无论是专利开放许可还是通常的使用许可制度，都是专利权人行使专利权的方式，都体现了专利权人对其享有独占权的专利的处分权。专利开放许可和著作权法中的法定许可制度也不同，因为其以专利权人的自愿许可为前提，而著作权法中的法定许可则不存在考虑著作权人自愿的问题，而是法律强制性的规定。

笔者认为，我国《专利法》这次修改引进开放许可制度，主要目的还是便于促进专利权的实施和运用。❷我国 2008 年《专利法》规定了一些促进专利实施和运用的制度，如专利权的转让、许可制度。此外，根据我国其他相关法律的规定，专利权人还可以通过质押融资、投资入股、信托、证券化、保险、拍卖等方式加以运用。然而，应当看到这些利用专利权的方式都有一定的局限性，在我国还没有充分地开展起来，特别是作为利用专利权的最重要的形式，即通过一定形式将专利投入生产经营实践中，也就是实施专利，这方面还存在较多的问题。当前，我国专利实施率

❶ 2020 年《专利法》第五十条至第五十二条，吸收了 2020 年《专利法修正案（草案二次审议稿）》上述规定的实质内容，但在诸多具体表述上有所差别。

❷ 陈琼娣．共享经济视角下的专利开放许可实践及制度价值［J］．中国科技论坛，2018（11）：86－93．

不高，一直是困扰专利有效转化运用的瓶颈。我国专利实施率不高，固然有多种原因，如专利技术本身不够成熟、专利中介市场不够活跃、相关信息不对称等，立法中对专利的推广和运用制度存在一定的瓶颈和局限性等。这次修改《专利法》引进专利开放许可制度，就能够在很大程度上便于具有市场推广价值的专利实施。❶

其二，如何有效实施专利开放许可制度？笔者认为，由于专利开发许可制度是基于专利权人自愿许可其专利的一种特殊许可制度，该制度的推广应当调动专利权人自愿许可的积极性。为此，需要向专利权人宣传专利开放许可制度的积极意义和相关法律程序。因为即使这一制度获得通过，如果专利权人对专利开放制度缺乏基本的法律知识，或者即使明确专利开放许可可法律规定，但对该制度的重要性和价值不予肯定，也不利于这一制度的有效实施。就使用专利的广大使用者而言，同样地需要了解通过专利开放许可制度可以便利地实施他人的专利。基于上述考虑，2020 年《专利法》实施后，应当对这一制度的重要性和法律程序进行广泛的宣传，也便于专利权人和使用专利权的广大使用者能够通过这一制度积极的促进专利权的使用。❷

笔者认为，影响专利开放制度实施成功率最大的问题之一在于专利许可使用费的确定标准。❸ 就专利权人而言，在其提出开放许可意愿后，需要同时提出合理的许可使用费的标准，否则会影响这一制度的充分利用。

---

❶ 2015 年《专利法修改草案（征求意见稿）》称之为当然许可，参见其第七十九条至第八十一条。国家知识产权局立法说明解释该制度的意义在于："当然许可制度的优点在于：一是声明当然许可相当于给专利打上一个开放使用的标签，在专利登记簿中与专利所包含的其他信息一同传播，有利于促进专利技术供需双方的对接，尤其是高校、科研院所专利的传播和运用；二是需求方以公平、合理、无歧视的许可费和便捷的方式获得专利许可，可以降低许可谈判难度，大幅降低专利许可交易成本，提高被许可人实施专利的意愿，有利于企业特别是中小企业充分挖掘使用专利；三是建立专利交易许可相关信息披露和传播机制，既为专利权人和公众搭建专利转化或推广应用平台，也可以有效降低专利交易中与专利状态相关的法律风险。当然许可与普通许可最大的不同在于，当然许可的承诺方不得拒绝任何被许可方的许可请求。草案建议我国适当借鉴国外做法，创设一套适合我国国情的当然许可制度。"

❷ 在专利开放许可制度实施中，专利行政管理部门也具有独特作用。参见：罗莉．专利行政部门在开放许可制度中应有的职能［J］．法学评论，2019（2）：61－71．

❸ 张扬欢．责任规则视角下的专利开放许可制度［J］．清华法学，2019（5）：186－208．

我国专利侵权法律责任制度完善研究*

2008 年《专利法》第六十条规定：

未经专利权人许可，实施其专利，即侵犯其专利权，引起纠纷的，由当事人协商解决；不愿协商或者协商不成的，专利权人或者利害关系人可以向人民法院起诉，也可以请求管理专利工作的部门处理。管理专利工作的部门处理时，认定侵权行为成立的，可以责令侵权人立即停止侵权行为，当事人不服的，可以自收到处理通知之日起十五日内依照《中华人民共和国行政诉讼法》向人民法院起诉；侵权人期满不起诉又不停止侵权行为的，管理专利工作的部门可以申请人民法院强制执行。进行处理的管理专利工作的部门应当事人的请求，可以就侵犯专利权的赔偿数额进行调解；调解不成的，当事人可以依照《中华人民共和国民事诉讼法》向人民法院起诉。

2015 年《专利法修改草案（征求意见稿）》第六十条则规定：

未经专利权人许可，实施其专利，即侵犯其专利权，引起纠纷的，由当事人协商解决；不愿协商或者协商不成的，专利权人或者利害关系人可以向人民法院起诉，也可以请求专利行政部门处理。专利行政部门处理时，认定侵权行为成立的，可以责令侵权人立即停止侵权行为，并可以没收、销毁侵权产品、专用于制造侵权产品或者使用侵权方法的零部件、工具、模具、设备等。当事人不服的，可以自收到处理通知之日起十五日内依照《中华人民共和国行政诉讼法》向人民法院起诉；侵权人期满不起诉又不停止侵权行为的，专利行政部门可以申请人民法院强制执行。进行处理的专利行政部门应当事人的请求，可以就侵犯专利权的赔偿数额进行调解；调解不成的，当事人可以依照《中华人民共和国民事诉讼法》向人民法院起诉。达成的调解协议经人民法院依法确认有效，一方当事人拒绝履行或者未全部履行的，对方当事人可以向人民法院申请强制执行。

对涉嫌群体侵权、重复侵权等扰乱市场秩序的故意侵犯专利权的行为❶，由专

* 本文初稿撰写时间为 2019 年 11 月 22 日。

❶ 岳利浩. 知识产权纠纷中重复侵权的构成条件［J］. 人民司法，2017（29）：91－94.

利行政部门依法查处；专利行政部门认定故意侵权行为成立且扰乱市场秩序的，可以责令侵权人立即停止侵权行为，没收、销毁侵权产品、专用于制造侵权产品或者使用侵权方法的零部件、工具、模具、设备等。非法经营额五万元以上的，可以处非法经营额一倍以上五倍以下的罚款；没有非法经营额或者非法经营额五万元以下的，可以处二十五万元以下的罚款。

对于因无效宣告请求而中止审理或者处理的专利侵权纠纷，宣告专利权无效或者维持专利权的决定公告后，人民法院和专利行政部门应当及时审理或者处理。

2019 年《专利法（修正案草案）》、2020 年《专利法修正案（草案二次审议稿）》则维持了 2008 年《专利法》第六十条的规定。结合 2019 年《专利法（修正案草案）》其他相关条文的规定，以下问题值得研究。

其一，2019 年《专利法（修正案草案）》将 2015 年《专利法修改草案（征求意见稿）》第六十条的相关规定在其他条文中有所体现。

其二，关于专利侵权的表现形式，2019 年《专利法（修正案草案）》对 2015 年《专利法修改草案（征求意见稿）》做了重要的发展，特别是涉及网络环境下的专利侵权及其法律责任的内容，这方面的规定及其缘由将在后面进一步探讨。

其三，需要指出的是 2008 年《专利法》第六十条前面部分的规定值得进一步修改、完善。该条规定，“未经专利权人许可，实施其专利，即侵犯其专利权。”[1] 笔者则认为，该条规定不够严谨，值得修改。原因在于，我国专利法对于他人实施专利权人的专利规定了一定的侵权例外，还规定了强制许可的条款。专利侵权例外与强制许可的规定，都不需要专利权人许可。因此，一概认定未经专利权人许可实施其权利就构成侵犯其专利权，存在一定的问题。建议将上述规定修改为“除本法另有规定以外，未经专利权人许可，实施其专利，即侵犯其专利权……”这样，在内容上就具有周延性。

其四，2019 年《专利法（修正案草案）》维持了 2008 年《专利法》第六十条的规定。该规定明确了我国对于专利侵权的处理，采取行政处理和司法保护两种途径。其中行政处理途径人们可能进入司法程序，2008 年《专利法》对两者的衔接做了明确的规定。同时，2008 年《专利法》还规定了管理专利工作的部门，可以应当事人的请求，就专利侵权赔偿数额进行调解。对于达成调解协议以后的执行问题，2015 年《专利法修改草案（征求意见稿）》作出了补充规定，但 2019 年《专利法（修正案草案）》未予采纳。笔者认为，这是因为我国《民事诉讼法》修改以后，对这方面有相应的规定，而由于专利侵权纠纷的调解也属于我国一般的民事侵权调解的范畴，因此在《专利法》中无须作出特别规定。

---

[1] 姚维红. “tort”和“infringement”的区别——从专利侵权行为的概念谈起［J］. 法制与经济，2017（3）：60－62.

假冒专利行为及其法律责任研究*

假冒专利行为，是专利法规定的一种严重破坏专利市场管理秩序的违法行为。基于该行为的可责性，各国专利法都规定了相应的法律责任。基于该行为的社会危害性，很多国家专利法不仅规定了承担一般的民事责任，还规定了刑事责任问题。我国专利法也不例外，对假冒专利的行为规定了民事责任、行政责任以及刑事责任。这里不妨先对我国 2008 年《专利法》以及 2015 年《专利法修改草案（征求意见稿）》、2019 年《专利法（修正案草案）》、2020 年《专利法修正案（草案二次审议稿）》及 2020 年《专利法》的相应规定加以了解。

2008 年《专利法》第六十三条规定：

假冒专利的，除依法承担民事责任外，由管理专利工作的部门责令改正并予公告，没收违法所得，可以并处违法所得四倍以下的罚款；没有违法所得的，可以处二十万元以下的罚款；构成犯罪的，依法追究刑事责任。

2015 年《专利法修订草案（征求意见稿）》第六十三条规定：

假冒专利的，除依法承担民事责任外，由专利行政部门责令改正并予公告。非法经营额五万元以上的，可以处非法经营额一倍以上五倍以下的罚款；没有非法经营额或者非法经营额五万元以下的，可以处二十五万元以下的罚款；构成犯罪的，依法追究刑事责任。❶

2019 年《专利法（修正案草案）》第六十八条则规定：

假冒专利的，除依法承担民事责任外，由负责专利执法的部门责令改正并予公告，没收违法所得，可以处违法所得五倍以下的罚款；没有违法所得或者违法所得在五万元以下的，可以处二十五万元以下的罚款；构成犯罪的，依法追究刑事责任。

2020 年《专利法修正案（草案二次审议稿）》及 2020 年《专利法》第六十八

---

* 本文初稿撰写时间为 2019 年 11 月 23 日。

❶ 国家知识产权局的相关立法说明如下："2012 年，根据《修改完善打击侵犯知识产权和制售假冒伪劣商品有关法律制度工作安排》要求，国务院法制办组织对相关法律法规中关于罚款数额的规定进行了清理，并形成统一修改方案。为加大对假冒专利行为的处罚力度，参照新修改的《商标法》相关表述，建议对本条作出相应修改。"

条维持了2019年《专利法（修正案草案）》同条规定。

通过仔细对比上述专利法的几个版本的规定，笔者认为如何理解假冒专利行为的问题值得研究。

根据我国2008年《专利法》的规定，假冒专利的行为包括假冒他人专利以及冒充专利的行为。其中假冒他人专利的行为是指在自己的产品上或者通过其他方式标记他人的专利信息，使其他人误以为获得了专利，从而企图借他人专利的信誉来推销自己的产品，或者获得其他不正当的优势。冒充专利的行为是指，将非专利产品或者非专利方法冒充为专利产品或者专利方法，使他人误以为自己的产品或者方法是专利产品或者专利方法。假冒他人专利和冒充专利的区别在于，前者是实实在在的针对某个对象（单位或者个人）的专利权，该行为也实实在在地侵害了他人的专利权；后者则不存在侵犯某一个具体的专利权，如将在自己的产品上笼统的加上专利字样（如打上“中国专利”字样），或在广告宣传中声称自己是专利产品，而其产品根本不是专利产品。可见，冒充专利行为，一般而言并不侵犯某个具体对象的专利权。对此，需要进一步明确以下三个问题：

①既然冒充专利的行为一般并不侵犯某个专利权人的专利权，为何要受到专利法的规制？②我国在2008年修改《专利法》时，为何将假冒他人专利行为与冒充专利的行为合并为假冒专利？③假冒专利行为为何要受到专利法规制并可以承担刑事责任？

关于第一个问题，笔者认为之所以将冒充专利的行为纳入专利法的规则，甚至承担非常严厉的法律责任（刑事责任），主要是因为这种行为欺骗了公众和消费者，具有不诚实性，同时也触犯了专利管理法规，破坏了专利管理秩序，构成了对公共利益的侵害和破坏。这种行为如果不受到法律的严厉制裁，就会严重地败坏专利市场信誉，坑害消费者和社会公众，与专利法的立法宗旨背道而驰。正是基于这一责任行为的法律上的可责性，一般国家专利法都将其规定为违反专利法的、需要承担法律责任的违法行为。

关于第二个问题，笔者认为，我国2008年《专利法》之所以将假冒他人专利和冒充专利的行为和合二为一，并称为假冒专利的行为，是基于这两种行为具有相同的特性，特别是社会危害性。例如，两种行为都具有欺骗性质，违背了诚实信用原则，破坏了专利管理秩序，损害了社会公共利益。

关于第三个问题，笔者认为，假冒专利行为需要受到专利法的规制，甚至承担刑事责任[1]，仍然是基于这种行为的社会危害性。值得注意的是，我国2008年《专

[1] 孙伟. 假冒专利罪的立法现状与完善［J］. 人民检察，2016（8）：26－28.

利法》关于承担刑事责任的专利违法行为，并不包括一般侵权意义上的专利侵权行为[1]，如仿制他人专利产品或者实施他人专利方法的直接侵权行为，即使金额巨大。在专利法理论与实务研究中，曾有观点指出，我国《专利法》应当对于仿制专利产品或者实施他人专利方法金额较大、主观故意明显的行为给予刑事制裁。但是，从世界上各国专利法的规定和实务来看，均没有对上述行为给予刑事制裁。笔者也不赞成给予一般意义上的专利侵权行为以刑事制裁。这是因为，专利侵权的判断具有很强的专业性和技术性，且在实践中基于专利在企业战略中的重要地位，专利侵权纠纷很多表现为创新型企业之间的法律纠纷。人们耳熟能详的美国苹果和韩国三星之间，我国华为和其他相关企业之间的专利纠纷就是如此。一般侵权意义上的专利侵权行为给予刑事制裁，不利于为创新提供足够的空间。

一般意义上的专利侵权不能纳入刑事制裁范围。对这一点，笔者认为还可以从以下两方面加以理解：①一般意义上的专利侵权纠纷不具备刑法意义上的社会危害性，不需要由刑法规制。如前所述，专利侵权纠纷具有高度的专业性、技术性和复杂性，而专利权的保护范围如技术类专利的专利权保护范围由专利权人申请专利时提出的权利要求书所确定，而权利要求需界定的专利权的保护范围具有一定的不确定性。很多专利侵权纠纷中，判断被告是否构成专利侵权并非易事，也难以认定被告是否具有刑法意义上的主观故意。并且在专利侵权纠纷中，如前所述，很多当事人都是创新型企业。如果将专利法上涉及专利的犯罪行为扩大到一般专利侵权纠纷，在客观上就不利于为当事人从事创新活动创造良好的环境与空间。事实上，从其他国家专利法的规定来看，也没有将一般意义上的专利侵权行为纳入刑法规则的范畴。从当前刑法轻刑化的趋势以及刑法的谦仰性原则来说，也不应当将专利领域的犯罪行为扩大到一般意义上的专利侵权行为。②一般意义上的专利侵权和假冒专利行为相比，其行为主观故意性和社会危害性远不如通过对实施专利侵权的侵权人承担民事责任即可以实现法律制裁的目的。

对比上述2015年《专利法修改草案（征求意见稿）》、2019年《专利法（修正案草案）》以及2020年《专利法修正案（草案二次审议稿）》对假冒专利行为惩处的规定，可以进一步发现，2019年及2020年版本较之2015年版本有如下变化：对假冒专利行为的行政处罚的标准，将非法经营额作为基数改为2008年《专利法》所规定的违法所得金额作为处罚的基数。这看似一个不起眼的变化，实际上，修改后更合理。笔者认为，其原因在于专利侵权人的违法所得和违法经营额相比很可能只是很小的一部分，对假冒专利行为的行政处罚如果按照违法经营额的五倍计算，对侵权人来说是一笔巨大的金额。如果按照违法所得的金额的五倍，这较之于违法

---

[1] 管荣齐．假冒专利行为和专利侵权行为的区分——周小波假冒专利罪案［J］．中国发明与专利，2019（9）：112－115．

经营额的五倍，会要最小得多。

可能有人会认为，既然假冒专利行为是一种违背诚信原则、对消费者和公众的欺骗行为，同时损害了社会公共利益，理应给予严厉的处罚。该主张固然不错，而且这也是为何我国专利法对于假冒专利行为规定严厉的行政处罚措施的重要缘由。但凡事都有一个度的问题，对于从事假冒专利行为的违法行为人而言，给予其违法所得的金额的五倍处罚或者在违法所得无从计算以及没有违法所得的情况下，给予25万元以下的处罚，已经是一个很严厉的处罚标准。如果以违法经营额而不是以违法所得的五倍计算，这无疑会大大加重从事假冒专利行为人的经济负担。笔者主张一种法律制裁措施，如果能够足以达到威慑和制裁侵权的目的，就不必在此基础之上再大大加码，否则也可能违背法律的公平精神。正是基于上述考虑，笔者认为2019年《专利法（修正案草案）》、2020年《专利法修正案（草案二次审议稿）》及2020年《专利法》没有采纳2015年《专利法修改草案（征求意见稿）》及送审稿的规定，而是针对2008年《专利法》关于假冒专利行为的行政处罚做了适当的调整。具体而言，是将违法所得金额的四倍改为违法所得金额的五倍。也就是说，在2008年《专利法》规定的行政处罚的标准基础之上，做了一定程度的提高。笔者认为，之所以适当提高对假冒专利行为的行政处罚标准，是为了适当提高对假冒专利这一严重的专利违法行为的打击力度，更好地维护专利市场管理秩序和社会公共利益。

当然，针对2019年《专利法（修正案草案）》、2020年《专利法修正案（草案二次审议稿）》及2020年《专利法》的规定，将违法所得作为处罚的基数，需要进一步明确违法所得的金额计算方法，因为在会计账簿中企业的利润所得有销售利润和营业利润之分，两者的金额大小是不一致的。从专利侵权纠纷案件的实践来看，在具体计算被告承担的侵权损害赔偿金额时，如果认定被告主观恶性较强，则按照违法所得金额较高的计算，以体现对主观恶性强的侵权行为的有力制裁。在专利侵权纠纷案件实践中，还值得注意的一个现象是，很多专利侵权纠纷的被告账簿不齐，无从计算违法所得的利润。甚至还有一些作坊型小企业存在所谓两本账，其中一本账是对付缴税，在账面上是亏损的（目的是为了偷税、逃税），另外一本账则反映了真实的收入情况。由此可见，针对假冒专利的实际案件处理中，需要根据所掌握的案件的具体事实和证据材料，科学合理地确定企业和个人因为从事假冒专利行为的违法所得。

我国专利行政管理部门行政执法权研究*

基于专利行政执法的目的，《专利法》专门规定了相关专利行政执法部门的行政执法权。从这些年来我国《专利法》的每一次修改的情况看，适当地提高行政执法权限，有利于专利行政执法机关采取更强有力的行政措施，保护专利权，及时制止专利侵权和其他专利违法行为。

在专利法《第四次》修改过程中，对专利行执法机关行政执法权的规定，也是修法的重要内容之一。以下部分在对比 2008 年《专利法》、2015 年及 2019 年《专利法（修正案草案)》、2020 年《专利法修正案（草案二次审议稿)》，以及 2020 年《专利法》相应规定的基础之上，对我国《专利法》规定的专利行政执法权进行探讨。

2008 年《专利法》第六十四条规定：

管理专利工作的部门根据已经取得的证据，对涉嫌假冒专利行为进行查处时，可以询问有关当事人，调查与涉嫌违法行为有关的情况；对当事人涉嫌违法行为的场所实施现场检查；查阅、复制与涉嫌违法行为有关的合同、发票、账簿以及其他有关资料；检查与涉嫌违法行为有关的产品，对有证据证明是假冒专利的产品，可以查封或者扣押。

管理专利工作的部门依法行使前款规定的职权时，当事人应当予以协助、配合，不得拒绝、阻挠。

2015 年《专利法修改草案（征求意见稿)》第六十四条规定：

专利行政部门根据已经取得的证据，对涉嫌侵犯专利权行为或者假冒专利行为进行查处时，可以询问有关当事人，调查与涉嫌违法行为有关的情况；对当事人涉嫌违法行为的场所实施现场检查；查阅、复制与涉嫌违法行为有关的合同、发票、账簿以及其他有关资料；检查与涉嫌违法行为有关的产品，对有证据证明是扰乱市场秩序的故意侵犯专利权的产品或者假冒专利的产品，可以查封或者扣押。

专利行政部门依法行使前款规定的职权时，当事人应当予以协助、配合，不得

* 本文初稿撰写时间为 2019 年 11 月 24 日。

拒绝、阻挠。当事人拒绝、阻挠专利行政部门行使职权的，由专利行政部门予以警告；构成违反治安管理行为的，由公安机关依法给予治安管理处罚；构成犯罪的，依法追究刑事责任。❶

2019年《专利法（修正案草案）》第六十九条则规定：

管理专利工作的部门、负责专利执法的部门根据已经取得的证据，对涉嫌侵犯专利权、假冒专利行为进行处理、查处时，可以询问有关当事人，调查与涉嫌违法行为有关的情况；对当事人涉嫌违法行为的场所实施现场检查；查阅、复制与涉嫌违法行为有关的合同、发票、账簿以及其他有关资料；检查与涉嫌违法行为有关的产品，对有证据证明是假冒专利的产品，可以查封或者扣押。

管理专利工作的部门、负责专利执法的部门依法行使前款规定的职权时，当事人应当予以协助、配合，不得拒绝、阻挠。

2020年《专利法修正案（草案二次审议稿）》第六十九条则保留了2008年《专利法》的实质内容，但存在以下两个变化：一是强化了行政职权，将“可以”改为“有权采取以下措施”；二是将行使职权的五种行为单列。2020年《专利法》第六十九条沿袭了上述规定。

对比上述的规定可以看出，立法者对于专利行政执法机关行政执法权应当包含的内容有一个发展的过程。❷ 具体而言，在2015年《专利法修改草案（征求意见稿）》的版本中，对专利行政执法权规定的内容最为全面，尤其是有以下两个重要变化：一是将专利行政执法部门可以查处的对象由有证据证明假冒专利的产品扩大到有证据证明扰乱市场秩序的故意侵犯专利权的产品的行为；二是对于专利行政执法部门在行使法定的行政执法权时，当事人不履行相关配合义务所应当承担的法律责任，包括行政法律责任乃至刑事法律责任。2019年《专利法（修正案草案）》、2020年《专利法修正案（草案二次审议稿）》及最终通过2020年《专利法》则对上述两个规定都没有采纳。笔者赞成对前述规定不予采纳的做法。

关于取消对假冒专利以外的涉嫌侵犯专利权行为的产品进行查封、扣押的规定❸，具体理由如下。

①查封、扣押对于被控侵权人行为人而言是一种非常严厉的措施。因为相关涉嫌专利违法的产品被查封、扣押以后，即不能正常地生产经营使用，可能会对被控侵权人造成较为严重的经济损失。因此对这一种强制性措施的使用应当慎重。②假

❶ 国家知识产权局的相关立法说明如下：“与有形财产不同，专利权的客体具有无形性，专利侵权行为具有极强的隐蔽性，与专利侵权相关的账簿、资料、模具、生产设备等证据通常由侵权人掌握，专利权人仅凭自身力量往往难以取得相关证据，专利侵权案件大多面临‘举证难’问题。为解决此问题，建议借鉴《商标法》相关规定，明确规定专利行政部门对专利侵权案件的调查取证手段。”

❷ 李玉香．完善专利行政执法权之再思考［J］．知识产权，2013（4）：69－72

肖尤丹．我国专利行政执法发展路径的制度思考［J］．中国科学院院刊，2014（6）：659－669.

❸ 万里鹏．论我国专利行政执法权的边界［J］．湖湘论坛，2016（4）：114－118.

冒专利以外的侵犯专利权的行为，即使在专利侵权行政案件中，可能存在一些扰乱市场秩序的故意侵犯专利权的行为，但由于专利侵权纠纷案件的高度的技术性和复杂性，一旦专利行政执法机关不能准确判断是否构成专利侵权行为而提前采取了查封、扣押措施，就可能因为专利行政诉讼的提起而最终在专利行政机关败诉时，面临对查封、扣押产生的经济损失如何予以补偿的难题。在当前我国强调依法行政的大背景下，专利行政执法机关采取行政执法手段查处涉嫌侵犯专利权的行为更应当严格。否则可能导致大量专利行政诉讼，影响社会关系的稳定。❶

关于取消2015年《专利法修改草案（征求意见稿）》对当事人不予配合的法律责任的规定，笔者认为主要原因是，这一规定可以直接根据我国治安管理处罚法规定适用，在此不必再次列出。这也是立法简约化原则的体现。2015年《专利法修改草案（征求意见稿）》的规定，可能更强调公权介入对制裁假冒专利等行为的力度，实际上是不必要的。

另外，相对于2008年《专利法》的规定，2019年《专利法（修正案草案）》及2020年《专利法修正案（草案二次审议稿）》有下面两个变化：一是在行使行政执法权的主体方面，由原来的管理专利工作的部门扩大到管理专利工作的部门以及负责专利执法的部门。笔者认为这一修改也是基于现实中我国专利行政执法的情况，因而最终被2020年《专利法》第六十九条所吸收。二是专利行政执法主体所查处的专利违法行为，由2008年《专利法》规定的假冒专利行为扩大到假冒专利行为以外的一般意义上的专利侵权行为，即2019年《专利法（修正案草案）》所指出的涉嫌侵犯专利权的行为。但是，2020年《专利法修正案（草案二次审议稿）》第六十九条没有采纳2019年《专利法（修正案草案）》这一修改，而是沿袭2008年《专利法》限于“涉嫌假冒专利行为”的规定。笔者认为，这一修订也具有重要意义，因为将专利行政执法所覆盖的违法行为范围大大扩大，固然有利于通过专利行政执法加强对我国专利权的保护，但也应有所限制，特别是考虑到专利侵权界定的难度，不宜将一般专利侵权行为纳入。❷

---

❶ 周晓彬．专利行政执法与司法程序的衔接［J］．人民司法，2010（15）：44－49.

❷ 还应指出，相较于2008年《专利法》，2019年《专利法（修正案草案）》、2020年《专利法修正案（草案二次审议稿）》及2020年《专利法》第七十条均规定了国务院专利行政部门及地方人民政府管理专利工作的部门查处专利侵权纠纷案件的权限与分工，有利于完善我国专利行政执法制度。

我国专利侵权损害赔偿制度完善研究*

专利权是专利权人对其专利权享有的独占性的权利，对侵害其专利权的行为，专利权人有权提起侵权诉讼，要求侵权人承担停止侵害、赔偿损失等民事法律责任。损害赔偿无疑是广为适用的最重要的民事侵权法律责任之一。然而，如前所述，专利权作为知识产权的范畴，是一种无形财产权。这一权利的特点是其本身价值难以被评估，发生侵权以后，专利权人因侵权受到的实际损失也同样难以被评估。不过从理论上来说，专利权人因其权利被侵权受到的实际损失应当有一个客观的损害金额，立法规定、司法实践中的做法以及理论研究旨在还原这一客观事实。当然，在专利侵权纠纷案件中，界定专利权人因其专利权被侵害而受到的实际损失是十分困难的。同时，从专利立法的价值取向来说，关于专利侵权人应承担的损害赔偿金额，不仅是如何科学计算的问题，而且需要实现一定的立法价值目标。从一般意义上的民事侵权赔偿法理来说，其至少应当实现以下两个立法目标：其一是对受侵害的被侵权人给予足够的、合理的经济上的补偿，以弥补因侵权行为对其造成的经济损失；其二是通过规定侵权人承担侵权损害赔偿责任，达到有力地制止侵权、威慑侵权以及预防潜在的侵权的目的。另外，从心理学的角度而论，损害赔偿对被侵权人而言存在抚慰被侵权人因被侵权而造成的不良影响以及树立对法治的尊重、对法律的信仰的正能量效果，对侵权人而言则具有使其敬畏法律从而不致重犯的效果。从这里也可以部分理解下面将要进一步阐述的为何这次修改《专利法》增加了惩罚性赔偿制度。

鉴于损害赔偿制度在专利立法中的极端重要性，各国、地区专利法都毫无例外地都规定了专利侵权的损害赔偿制度，我国专利法自然也不例外。以下将在考察我国 2008 年《专利法》、2015 年《专利法修改草案（征求意见稿）》、2019 年《专利法（修正案草案）》、2020 年《专利法修正案（草案二次审议稿）》及 2020 年《专利法》规定的基础之上，进一步探讨我国专利立法中关于专利侵权损害赔偿制度的构建及其完善。

* 本文初稿撰写时间为 2019 年 11 月 25 日。

2008 年《专利法》第六十五条规定：

侵犯专利权的赔偿数额按照权利人因被侵权所受到的实际损失确定；实际损失难以确定的，可以按照侵权人因侵权所获得的利益确定。权利人的损失或者侵权人获得的利益难以确定的，参照该专利许可使用费的倍数合理确定。赔偿数额还应当包括权利人为制止侵权行为所支付的合理开支。

权利人的损失、侵权人获得的利益和专利许可使用费均难以确定的，人民法院可以根据专利权的类型、侵权行为的性质和情节等因素，确定给予一万元以上一百万元以下的赔偿。

2015 年《专利法修改草案（征求意见稿）》第六十五条对 2008 年《专利法》同条补充一款，作为第三款：

对于故意侵犯专利权的行为，人民法院可以根据侵权行为的情节、规模、损害后果等因素，将根据前两款所确定的赔偿数额提高至二到三倍。

2019 年《专利法（修正案草案）》第七十二条规定：

侵犯专利权的赔偿数额按照权利人因被侵权所受到的实际损失确定；实际损失难以确定的，可以按照侵权人因侵权所获得的利益确定。权利人的损失或者侵权人获得的利益难以确定的，参照该专利许可使用费的倍数合理确定。对故意侵犯专利权，情节严重的，可以在按照上述方法确定数额的一倍以上五倍以下确定赔偿数额。

权利人的损失、侵权人获得的利益和专利许可使用费均难以确定的，人民法院可以根据专利权的类型、侵权行为的性质和情节等因素，确定给予十万元以上五百万元以下的赔偿。

赔偿数额还应当包括权利人为制止侵权行为所支付的合理开支。

人民法院为确定赔偿数额，在权利人已经尽力举证，而与侵权行为相关的账簿、资料主要由侵权人掌握的情况下，可以责令侵权人提供与侵权行为相关的账簿、资料；侵权人不提供或者提供虚假的账簿、资料的，人民法院可以参考权利人的主张和提供的证据判定赔偿数额。

2020 年《专利法修正案（草案二次审议稿）》第七十一条则对 2019《专利法修正案草案（征求意见稿）》第七十二条做了进一步修改。其中第一款修改为：

侵犯专利权的赔偿数额按照权利人因被侵权所受到的实际损失确定或者侵权人因侵权所获得的利益确定；权利人的损失或者侵权人获得的利益难以确定的，参照该专利许可使用费的倍数合理确定。对故意侵犯专利权，情节严重的，可以在按照上述方法确定数额的一倍以上五倍以下确定赔偿数额。

其第二款则除了取消法定赔偿的下限外，其他内容相同。具体规定如下；

权利人的损失、侵权人获得的利益和专利许可使用费均难以确定的，人民法院可以根据专利权的类型、侵权行为的性质和情节等因素，确定给予五百万元以下的赔偿。

其第三款和第四款则与2019《专利法修改草案（征求意见稿）》相应规定一致。❶

仔细研究上述不同版本的规定，笔者认为以下问题值得深入研究。

其一，专利法对专利侵权损害赔偿额的界定是否规定了一定的顺序。❷ 在专利侵权司法实践中，是否需要严格按照上述的顺序进行？

在专利侵权损害赔偿研究中，一种观点认为我国2008年《专利法》对专利侵权损害赔偿额界定的标准，实际上是规定了一定的顺序。在专利侵权司法实践中，应当严格按照这一顺序确定。笔者对这一观点另有看法。《专利法》的上述规定只是为专利侵权案件的当事人和法院提供了确定侵权赔偿额的法定标准。当然，从专利侵权赔偿本意而言，以侵权人因被侵权所造成的实际损失作为侵权损害赔偿额的标准是最为合理的。这也是我国2008年《专利法》的规定以及两个版本的征求意见稿将其作为侵权损害赔偿首选标准的缘由。但也应看到，在实践中，实际损失的界定异常困难，特别是当事人很难提出充分的证据。这也是专利法中规定的其他多种可以选择与考虑的侵权损害赔偿鉴定方式的理由和原因。

其二，《专利法》修改草案及最终通过2020年《专利法》为何规定惩罚性赔偿制度？

关于知识产权侵权损害赔偿制度中的惩罚性赔偿制度，前面已经有所探讨。侵权惩罚性赔偿制度是在民事侵权损害赔偿制度中适用的一种特殊的赔偿制度，在国内外均有立法和司法实践。❸ 仅以我国知识产权立法而论，2013年我国《商标法》在第三次修改时新增了商标侵权损害惩罚性赔偿制度，这也是我国知识产权立法领域首次引进惩罚性赔偿制度。该法实施以后，在我国商标司法实践中已经有多起案件适用了该制度，取得了较好的法律效果和社会效果。这次在修改《专利法》和《著作权法》过程中，人们对于这两部法律修改时是否引进侵权损害惩罚性赔偿制度进行了热烈的讨论，主流观点认为应当引进这一制度。不仅如此，在当前我国加强知识产权保护的政策背景下，来自国家政策层面，对于引进知识产权惩罚性赔偿制度给予高度肯定，特别是在党的十九届四中全会公报中，明确提出要实行知识产权侵权惩罚性赔偿制度。由此可见，在我国相关知识产权专门立法进一步改革中引进知识产权侵权损害赔惩罚性赔偿制度，已是大势所趋，并形成共识。读者对我国《专利法》第四次修改征求意见稿上述规定的研读也可以很清楚地看出2015年《专

---

❶ 2020年《专利法》第七十一条与2020年《专利法修正案（草案二次审议稿）》同条第一款、第三款和第四款的内容相同，第二款则恢复了法定赔偿的下限，具体标准由此前“十万元以上”降为“三万元以上”。

❷ 尹新天．中国专利法详解［M］．北京：知识产权出版社，2011：732.

❸ 阮开欣．美国专利侵权惩罚性赔偿的经验和借鉴——兼评美国最高法院Halo案判决［J］．法律适用（司法案例），2017（10）：100－110.

利法修改草案（征求意见稿）》及2019年《专利法（修正案草案）》都引进了侵权损害的惩罚性赔偿制度。这为后来的版本，特别是正式通过的2020年《专利法》引入该制度奠定了基础。以下不妨介绍一下相关机关对于2015年版本的立法说明。

针对2015年《专利法修改草案（征求意见稿）》第六十五条新增惩罚性赔偿制度，在对关于《中华人民共和国专利法修订草案（征求意见稿）》的说明中做了如下解释：

惩罚性赔偿，是加害人给付受害人超过其实际损害数额的一种金钱赔偿，具有惩罚、补偿等功能。当前，专利侵权赔偿实行"填平原则"，即权利人获得的赔偿是用来弥补其实际损失的，不能超过其实际损失。但是，由于专利权的客体是无形的，专利权保护比有形财产的保护成本更高、难度更大，仅仅适用"填平原则"并不足以弥补专利权人的损失和维权成本，"赢了官司输了钱"的现象较为普遍。为解决此问题，建议在本条中增加人民法院可以根据侵权行为的情节、规模、损害后果等因素对故意侵犯专利权的行为将赔偿数额提高至二到三倍的相关规定。

对于上述立法说明以及我国《专利法》修改引进惩罚性赔偿制度，笔者表示赞同。特别是考虑到当前知识产权侵权诉讼中，知识产权人在打赢官司以后获得的赔偿整体上较低的现实情况，以及现实中知识产权侵权现象屡禁不止的严峻形势，在专利侵权损害赔偿制度中引进专利侵权惩罚性赔偿制度具有合理性。[1] 特别是考虑到我国《商标法》已经引进这这一制度，在我国进一步修改《专利法》和《著作权法》中，也应当同时引进这一制度。[2] 不过，对于这一制度的引进和适用，笔者认为还有以下问题值得深入思考和探讨：①包括专利侵权惩罚性赔偿制度在内的所有知识产权侵权惩罚性损害赔偿制度，不宜作为我国知识产权侵权损害赔偿制度中的最普遍的形式，以避免惩罚性赔偿制度在知识产权侵权损害赔偿界定领域的泛化和滥用，以致不公平地损害侵权人的合法权益。②惩罚性赔偿制度的适用，应当严格掌握其适应条件和范围。关于专利侵权惩罚性赔偿的适用条件，应限于主观上存在故意且情节严重的专利侵权行为。③需要进一步加强知识产权侵权惩罚性赔偿制度如何适用以及该制度与法定赔偿的关系的研究。如下面所述，这次修改《专利法》对法定赔偿的标准也大幅度提高。在适用专利侵权惩罚性赔偿制度时，如果个案中相关实际损失、非法所得以及专利许可费用等证据难以获得，如何适应惩罚性赔偿制度确实是值得研究的重要问题。

其三，《专利法》修改草案及最终通过的2020年《专利法》为何大幅度提高法定赔偿标准？

研究2015征求意见稿和2019年《专利法（修正案草案）》、2020年《专利法修

---

[1] 李晓秋．专利侵权惩罚性赔偿制度：引入抑或摒弃［J］．法商研究，2013（4）：136－144．

[2] 唐珺．我国专利侵权惩罚性赔偿的制度构建［J］．政治与法律，2014（9）：82－88．

正案（草案二次审议稿）》及2020年《专利法》与2008年《专利法》相关规定，可以看出这次《专利法》修改大大提高了法定赔偿的标准。笔者认为其原因在于，加大知识产权的保护力度。正如2019年年初全国人大法制工作委员会关于《专利法》修正案草案征求意见的说明中指出，草案在总体思路上把握的内容之一是加强对专利权人合法权益的保护，加大对专利侵权行为的惩治力度，加大对侵犯专利权的赔偿力度。笔者对提高法定许可赔偿标准的做法表示赞同。提高法定赔偿标准，必然能够大大加强对专利权的保护，有效地震慑侵权和潜在侵权行为，彻底改变过去赢得官司输了钱的窘境。但是，对设立最低限度标准的版本表示不同意见。换言之，笔者并不主张在专利侵权法定赔偿制度构建中规定侵权赔偿的下限，而认为只需要规定赔偿的上限即可。2020年《专利法修正案（草案二次审议稿）》取消法定赔偿的下限就值得肯定。笔者主张的理由如下：从过去我国对专利侵权损害赔偿制度的适用来看，绝大部分案件都适用了法定赔偿。这一状况在未来短时间内可能难以改变，在很大程度上是由于在专利侵权案件中，当事人很难提出充分足够的令法院信服的证据。在专利侵权纠纷案件中，我国实行新型和外观设计专利侵权案中占比最高，这些专利很大一部分并没有在实际的得到运用，并且其创新程度不一。如果未来我国法院在确定专利侵权案件被告赔偿责任绝大部分案件仍然适用法定赔偿，那么就意味着，作为被侵权人的专利权人或者利害关系人都可以获得至少3万元以上的赔偿。这对相当一部分案件的被告而言可能是不合理的。特别是考虑到电子商务平台等新业态环境之下大量存在的商业维权、批量维权现象，这一情况可能会积极促使更多的商业维权和披量维权情况。[1] 基于此，笔者并不赞同在专利侵权法定赔偿制度中的设立下限。

---

[1] 崔国斌．专利法原理与案例［M］．北京：北京大学出版社，2012：887－890.

我国实用新型和外观设计专利侵权案件专利权评价报告制度之完善研究*

我国实用新型专利侵权案件处理中，从2000年《专利法》修改开始要求实用新型专利权人在提请专利行政管理部门处理或者向人民法院提起诉讼时，提交由国务院专利行政部门对相关实用新型进行检索、分析和评价后作出的专利权评价报告作为审理和处理侵权纠纷的证据。❶ 2008年《专利法》第三次修改时，则对外观设计专利侵权纠纷案件的处理增加了与实用新型专利侵权处理同样的要求。在《专利法》第四次修改过程中，2015年《专利法修改草案（征求意见稿）》第六十一条第二款规定："专利侵权纠纷涉及实用新型专利或者外观设计专利的，除须立即审理、处理的情形外，人民法院或者专利行政部门应当要求专利权人或者利害关系人出具由国务院专利行政部门对相关实用新型或者外观设计进行检索、分析和评价后作出的专利权评价报告，作为审理、处理专利侵权纠纷的证据。"❷ 2015年《专利法修订草案（送审稿）》第六十四条第二款则增加了"双方当事人均可以主动出具上述专利权评价报告"的规定。到2019年《专利法（修正案草案）》第六十六条第二款则规定："专利侵权纠纷涉及实用新型专利或者外观设计专利的，人民法院或者管理专利工作的部门可以要求专利权人或者利害关系人出具由国务院专利行政部门对相关实用新型或者外观设计进行检索、分析和评价后作出的专利权评价报告，作为审理、处理专利侵权纠纷的证据。双方当事人也可以主动出具专利权评价报告。"

---

* 本文初稿撰写时间为2019年11月26日。

❶ 2000年《专利法》第五十七条第二款规定："专利侵权纠纷涉及新产品制造方法的发明专利的，制造同样产品的单位或者个人应当提供其产品制造方法不同于专利方法的证明；涉及实用新型专利的，人民法院或者管理专利工作的部门可以要求专利权人出具由国务院专利行政部门作出的检索报告。"

❷ 国家知识产权局对该条立法说明如下："为提高实用新型和外观设计专利授权质量、增加权利稳定性，专利法第三次修改时对专利权评价报告制度进行了完善。实践中，由于专利权评价报告不是专利侵权诉讼和行政处理案件的立案条件，也不是必须提交的证据，当事人没有提交并不会引起对其不利的法律后果，专利权评价报告在侵权纠纷中没有发挥其应有的作用。鉴于实用新型和外观设计专利权的授予没有经过实质审查，具有不稳定性，其权利行使应当附加一定的义务。为此，建议规定除因案件特殊情况须尽快审理或者处理的情形外，例如涉及短期展览会、展销会展品，专利权评价报告应当作为侵权纠纷审理和处理过程中必须提交的证据，当事人无正当理由不提交的，需承担不利后果。"

2020年《专利法修正案（草案二次审议稿）》第六十六条第二款则在2008年《专利法》上述规定基础上，增加了“专利权人、利害关系人或者被控侵权人也可以主动出具专利权评价报告”的规定。

通过对我国关于实用新型和外观设计专利侵权案件中要求提供专利权评价报告的立法过程可以看出，外观设计专利侵权案件中的要求是在实用新型专利侵权中要求提供专利权评价报告以后进行立法修改而适用的。在本次修改《专利法》之前，对于专利权评价报告出具的资质要求限于国务院专利行政部门。2019年《专利法（修正案草案）》则扩大了提交专利权评价报告的主体范围也就是双方当事人也可以根据要求主动出具专利权评价报告。

对于立法进展中的上述规定，笔者认为以下问题值得探讨。

其一，实用新型和外观设计专利权评价报告制度的必要性和合理性。

实用新型和外观设计专利权评价报告制度的必要性和合理性，体现于这两类专利在授权确权过程中没有进行实质审查。❶ 根据我国2008年《专利法》的规定，实行新型和外观设计专利申请经初步审查，没有发现驳回理由的，即授予专利权。而我国专利法对于实用新型专利授权规定了新颖性、创造性和实用性条件。由于实用新型和外观设计专利申请并不需要经过实质审查即可以授予专利权，这就难以保障在实用新型专利和外观设计专利侵权纠纷案件中实用新型专利或者外观设计专利符合专利授权条件。在实用新型专利或者外观设计专利侵权诉讼中，一旦被告被确认为侵权，无疑需要承担停止侵权和赔偿损失的法律责任。为了公平合理地维护被控侵权人的合法权益以及保证社会公众的利益，《专利法》在2000年修改时就率先增加了对于实用新型专利侵权案件，要求专利权人提交由国务院专利行政部门作出对实用新型专利权进行检索、分析、评价以后的专利权评价报告。《专利法》的这一制度，有利于在实用新型专利侵权纠纷案件中保障不具有新颖性的实用新型专利不得向被控侵权人主张权利。至于后来在2008年《专利法》第三次修改时增加了对外观设计专利侵权纠纷案件中要求专利权人提交专利权评价报告的规定，也是基于同样的理由。笔者对《专利法》的这一规定的表示赞同。当前我国专利申请，特别是实用新型和外观设计专利申请和授权数量急剧增加，在专利申请程序中贸然增加实质审查程序可能会使有限的专利申请审查力量捉襟见肘，因此不便于在专利申请程序中对专利法所要求的专利实质性条件进行审查。这样就保证了实用新型和外观设计专利申请授权的效率。同时，真正进入侵权诉讼中的实用新型和外观设计专利的数量毕竟只是少数。对于专利侵权诉讼中主张权利的实用新型和外观设计专利权人要求提供专利权评价报告，并不会增加很多额外的负担。正是基于此，这次《专

❶ 吴用平. 关于专利权评价报告制度的新思考——以实用新型专利为视角［J］. 中国律师，2012（12）：61-63.

利法》修改草案保留了2008年《专利法》规定。

其二，2019年《专利法（修正案草案）》及2020年《专利法修正案（草案二次审议稿）》扩大提交专利权评价报告主体的合理性。

值得注意的是，上述两个版本修改草案及2020年《专利法》还将专利权评价报告的主体扩大到双方当事人本身。笔者认为，其合理性体现如下：提交专利权评价报告的目的在于，查明指控他人侵犯专利权情况，保障他人侵犯专利权而承担侵权法律责任的涉案专利权符合法律的规定。但在实践中，基于国务院专利行政部门基于检索、分析和评价而作出的专利权评价报告受制于各方面的条件限制，有必要允许专利侵权纠纷案件双方当事人根据自己掌握的情况提交专利权评价报告，以便于更全面地查实涉案专利权是否具有新颖性等情况。

网络环境下专利权保护研究*

近年来，随着信息网络技术的迅猛发展，人们的工作和生活方式发生了深刻的变化。信息网络技术的发展与知识产权保护息息相关。可以认为，在知识产权保护方面，信息网络技术的发展是一把双刃剑。一方面，信息网络技术的发展，不仅扩大了知识产权保护的客体，而且为知识产权人大大拓展了利用其知识产权的机会和市场。知识产权人能够在更大的范围和程度上实现其知识产权的经济与社会价值。另一方面，信息网络技术的发展，也为知识产权侵权提供了更大的空间和舞台，而且在信息网络环境下实施知识产权侵权行为，具有高度的隐蔽性、迅捷性以及难以控制性。基于上述情况，随着信息网络技术的发展，网络环境下的知识产权保护已成为当前知识产权理论和实践中的重大课题。

人们一般认为，在网络环境下的知识产权保护中，著作权的保护具有广泛性和代表性。从知识产权立法而言，我国在涉及网络环境下的知识产权保护方面，著作权立法也走在前面。如前面所探讨的，我国在 2001 年《著作权法》修改时即增加了信息网络传播权，规定了技术措施和权利管理电子信息的保护，并且在 2006 年根据《著作权法》规定，国务院专门公布了《信息网络传播权保护条例》。最高人民法院还先后制定或修订了涉及网络环境下的著作权保护的司法解释。比较而言，在网络环境下专利权保护方面，不仅人们对这一领域的知识产权保护问题关注不够，而且现行专利立法对这一问题也不够重视。然而，随着电子商务的开展，电商平台环境下的知识产权保护越来越多地涉及专利权的纠纷。因为我国立法方面对专利网络环境下的专利权保护的规定严重缺乏，在网络环境下专利权的保护方面就存在一种直观的认识，即参照著作权法的规定（如通知—反通知程序、安全港原则等）。不过，基于专利权保护的技术性，特别是涉及发明和实用新型专利，针对网络环境下涉嫌侵犯专利权的行为的认定并非易事。抛弃简单的参照、照搬网络环境下著作权保护的规定，根据网络环境下专利权保护的特点制定网络环境下专利权保护的规则，特别是在认定专利侵权以及追究侵权人的法律责任方面，作出相应的规定，就

---

* 本文初稿撰写时间为 2019 年 11 月 27 日。

显得十分必要而迫切。

应当肯定，在这次《专利法》修改过程中，对于如何规定网络环境下的专利权保护，立法者给予了高度重视。我国知识产权理论和实务界对于网络环境下如何建立专利权保护制度的研究也逐渐开始重视。2015 年《专利法修改草案（征求意见稿）》第七十一条对此即作了专门的规定。2019 年《专利法（修正案草案）》第七十一条则在 2015 年规定的基础上做了重要改革。[1] 这里先不妨对比一下 2015 年《专利法修改草案（征求意见稿）》和 2019 年《专利法（修正案草案）》，从而可以看出我国专利立法在涉及网络环境下专利权保护方面的进展：

2015 年《专利法修改草案（征求意见稿）》第七十一条则规定：

网络服务提供者知道或者应当知道网络用户利用其提供的网络服务侵犯专利权，未及时采取删除、屏蔽、断开侵权产品链接等必要措施予以制止的，应当与该网络用户承担连带责任。

专利权人或者利害关系人有证据证明网络用户利用网络服务侵犯其专利权的，可以通知网络服务提供者采取前款所述必要措施予以制止。网络服务提供者接到合格有效的通知后未及时采取必要措施的，对损害的扩大部分与该网络用户承担连带责任。

专利行政部门认定网络用户利用网络服务侵犯专利权的，应当通知网络服务提供者采取必要措施予以制止，网络服务提供者未及时采取必要措施的，对损害的扩大部分与该网络用户承担连带责任。[2]

2019 年《专利法（修正案草案）》第七十一条规定：

专利权人或者利害关系人可以依据人民法院生效的判决书、裁定书、调解书，或者管理专利工作的部门作出的责令停止侵权的决定，通知网络服务提供者采取删除、屏蔽、断开侵权产品链接等必要措施。网络服务提供者接到通知后未及时采取必要措施的，对损害的扩大部分与侵权网络用户承担连带责任。

负责专利执法的部门对假冒专利作出责令改正的决定后，可以通知网络服务提供者采取删除、屏蔽、断开假冒专利产品链接等必要措施。网络服务提供者接到通

[1] 2020 年《专利法修正案（草案二次审议稿）》及 2020 年《专利法》则没有采纳上述规定，而是恢复 2008 年《专利法》的规定。

[2] 对此，国家知识产权局提交的立法说明如下：随着互联网技术的高速发展、电子商务规模的不断扩大，网络环境下侵犯专利权的行为也越来越多，对专利权人合法权益以及市场秩序造成极大冲击和影响。实践中，一些大型电商平台每年收到大量的专利侵权纠纷投诉，但网络服务提供者的法律责任和义务尚不够明确，司法实践中只能适用《侵权责任法》的原则性规定。由于专利侵权判断的专业性和复杂性，网络服务提供者无法准确把握其应尽义务，不能有效保护专利权。为此，建议遵循《侵权责任法》规定的“通知－删除”基本规则，在专利法中明确网络服务提供者的法律责任，要求网络服务提供者承担更多与其能力相匹配的法律义务。同时，为发挥行政执法优势，建立快速、便捷的网络专利纠纷解决机制，加强电子商务领域专利保护，营造良好的竞争秩序，草案建议就网络服务提供者执行专利行政部门决定、制止专利侵权行为的义务作出明确规定。

知后应当及时采取必要措施。

通过对比2015年《专利法修改草案（征求意见稿）》、2019年《专利法（修正案草案）》的上述规定更加合理，而2015年的规定更大程度上是直接借鉴了2021年1月1日《民法典》施行前的《侵权责任法》第三十六条和我国《著作权法》关于网络环境下著作权保护的基本精神。2015年《专利法修正案草案》的上述规定之所以不可取，笔者认为最主要的原因在于网络环境下的专利权侵权的认定较之于著作权侵权认定更加困难。[1] 在网络环境下的专利侵权是否成立没有彻底解决的前提之下，如果网络服务提供者接到专利权人或者利害关系人要求采取必要措施的通知，网络服务提供者即采取必要措施，就可能在最终专利侵权不成立的情况下损害相关当事人的合法权益。[2] 同时，专利行政部门认定网络用户利用网络侵犯专利权人的专利权而通知网络服务提供的采取的措施时，如果这一认定失误（最终网络用户的行为并不构成侵犯专利权），则同样会造成对相关当事人合法权益的损害。正是基于上述考虑，2019年《专利法（修正案草案）》已改为仅仅针对生效的人民法院判决书、裁定书、调解书以及管理专利工作部门作出的侵权处理的决定。不过，需要指出的是，2020年《专利法修正案（草案二次审议稿）》及2020年《专利法》没有采纳2019年《专利法（修正案草案）》上述规定，专利权人或者利害关系人仍然可以采取同样的措施。

---

[1] 李明德．“通知删除”制度在专利侵权领域的适用——威海嘉易烤生活家电有限公司诉永康市金仕德工贸有限公司、浙江天猫网络有限公司侵害发明专利权纠纷案［J］．中国发明与专利，2018（7）：106－108.

[2] 姚志伟，沈一萍，陈文煊．超越避风港：网络交易平台专利侵权处理机制重构［J］．学术探索，2017（11）：83－90.

我国《商标法》第四次修改和完善研究*

近年来，随着经济社会的发展，我国知识产权相关法律也在不断健全和完善。其中《商标法》在2013年经历了第三次修订，在2019年又经历了第四次修订。以下对我国《商标法》2019年修订的内容进行探讨。

一、规制不以使用为目的的恶意申请商标注册行为

商标使用的问题是商标法中最重要的问题之一。商标保护重要基点是促进商标的规范使用、合法使用，在确保商标显著性的基础之上，提升企业的商标信誉，最终服务于企业品牌战略。因此，我国《商标法》在维护商标注册制度的前提之下，应当合理地规范商标使用的问题，在商标注册程序设计中兼顾商标使用的情况。《商标法》的使用问题，应从多个方面进行规制。鉴于商标注册的重要目的是鼓励和促进商标的规范性使用，在商标注册条件的设置方面就要规定不以使用为目的的商标注册申请的行为，给予适当的限制，特别是恶意申请注册商标的行为不应当给予支持。

《商标法》第四次修改时，对商标使用问题规范，即新增加不以使用为目的的恶意申请注册的，驳回申请。❶ 其第四条第一款规定："自然人、法人或者其他组织在生产经营活动中，对其商品或者服务需要取得商标专用权的，应当向商标局申请商标注册。不以使用为目的的恶意商标注册申请，应当予以驳回。"

这一规定有深刻的实践背景。❷ 近年来，我国商标注册申请和核准数量激增，每年达到数百万件，高居世界多国之首。商标注册申请和核准数量激增，固然有其

---

* 本文初稿撰写时间为2019年11月28日。

❶ 孔祥俊. 论非使用性恶意商标注册的法律规制——事实与价值的二元构造分析［J］. 比较法研究，2020（1）.

张彦宾. 浅议"善意申请"转"恶意申请"的审查原则——基于"撤销连续三年不使用"成立时审查新申请商标的心得［J］. 中华商标，2019（5）：24－25.

❷ 雷鑫，胡炯. 商标恶意申请的规制与对策［J］. 中南林业科技大学学报（社会科学版）. 2013（3）：117－120.

合理和值得肯定之处，如它说明我国商标意识日益增强、我国企业日益重视利用商标战略开展企业经营经营和市场竞争。然而，也应当看到数量飙升的商标注册申请和注册的背后存在很多问题。其中一个重要的问题是不以使用为目的的恶意申请注册。不以使用为目的的商标恶意申请注册已经造成了十分严重的问题，如造成商标囤积闲置，助长不公平竞争和不诚信的行为，败坏社会风气。正是基于这一现实情况，《商标法》在第四次修改时对不以使用为目的的恶意商标申请注册行为，规定不予以注册。

无疑，上述规定有利于有效遏制商标恶意申请注册行为，维护商标申请注册正常的秩序。实际上，随着商标和品牌在我国经济社会生活中地位的日益增强，在商标法律制度中凸显鼓励和促进商标使用的意旨日益重要。我国《商标法》自 2013 年修改以来，就越来越重视商标使用价值取向。例如，商标注册适当考虑在先原则；在先使用的有一定影响的未注册的商标，可以阻止他人以不正当手段抢注；未注册驰名商标可以获得法律的保护，主要体现为在商标注册中禁止他人恶意抢注以及在商标侵权诉讼中禁止他人使用；针对注册商标专用权，在先使用权人可以提出侵权例外抗辩；在商标侵权诉讼中，如果被告提出原告没有使用其注册商标，被告在一定条件下可以获得赔偿的豁免；注册商标连续三年不使用可以被撤销；注册商标所有人不规范使用其注册商标，该注册商标可能被撤销；在商标侵权诉讼中被告的行为是否是商标意义上的使用，是认定侵权是否成立的关键。由此可见，在商标法中商标的使用是非常关键的问题。我国商标法虽然采取的是商标注册制度，调整的法律规范却大多数关于商标使用的问题。

值得指出的是，针对不以使用为目的的商标申请注册行为，《商标法》还规定了进一步的处罚措施，其第六十八条第四款规定："对恶意申请商标注册的，根据情节给予警告、罚款等行政处罚；对恶意提起商标诉讼的，由人民法院依法给予处罚。"作出这一规定，必将有力地遏制不以使用为目的的恶意申请注册商标的行为。为了规范我国商标申请注册行为，打击不以使用为目的的恶意商标申请注册行为，国家市场监督管理总局以第 19 号令形式发布了《规范商标申请注册行为的若干规定》。该规定有利于加强对不以使用为目的的恶意申请商标注册行为的规制。

二、规范商标代理行为

商标代理行为和专利代理行为一样，都属于知识产权代理的范畴，旨在为相关知识产权申请获得提供专业帮助。商标代理对于帮助企业及时获得商标注册，实现商标法的宗旨具有十分积极的作用。近些年来随着我国商标事业的发展，商标代理中介机构和代理人员也在大幅度增加。总体上我国商标代理机构和代理人员专业素质不断提高，是我国知识产权服务行业的重要生力军。然而，也应该看到，商标代理也存在各种各样的问题，有些问题还很严重，这尤其体现为商标代理机构和商标代理人违背诚实信用原则，从事违法代理行为，损害了相关当事人的合法权益，破坏了商标申请注册正常秩序，因而需要通过修改立法的形式加以严格规制，以促进我国商标代理行业的健康发展。

2019 年现行《商标法》将 2013 年《商标法》第十九条第三款修改为："商标代理机构知道或者应当知道委托人申请注册的商标属于本法第四条、第十五条和第三十二条规定情形的，不得接受其委托。"

根据上述规定，商标代理机构知道或者应当知道委托人存在恶意申请商标注册的行为时，就不能够受委托人的委托进行代理。否则，将承担相应的法律责任。根据《商标法》第十五条规定，未经授权，代理人或者代表人以自己的名义将被代理人或者被代表人的商标进行注册，被代理人或者被代表人提出异议的，不予注册并禁止使用。就同一种商品或者类似商品申请注册的商标与他人在先使用的未注册商标相同或者近似，申请人与该他人具有前款规定以外的合同、业务往来关系或者其他关系而明知该他人商标存在，该他人提出异议的，不予注册。如果商标代理机构知道或者应当知道委托人申请注册的商标属于这种违法行为则不能接受委托并进行代理，否则应承当相应的法律责任。又根据《商标法》第三十二条规定，申请商标注册不得损害他人现有的在先权利，也不得以不正当手段抢先注册他人已经使用并有一定影响的商标。如果商标代理机构知道或者应当知道委托人存在损害他人在先权利或者以不正当手段抢先注册他人已经使用并有一定影响的商标时，同样不得接受委托并进行代理，否则也要承担相应的法律责任。

同时，《商标法》第六十八条还规定了商标代理机构违法应承担的行政责任。从上述规定可以看出 2019 年现行《商标法》对商标代理机构行为的规范可谓重拳出击。商标法对代理机构代理行为的规范不仅体现在代理商标申请注册行为中，而且体现在商标代理机构在获得商标注册以后恶意提起诉讼的行为。从这里也可以看出，现行《商标法》对于恶意申请商标注册行为的规制具有体系化特点，其不仅体现于商标申请注册阶段，而且体现于在获得注册以后行使商标权的阶段。不仅于此，规制的对象不仅限于商标注册申请人，而且包括商标代理机构。

三、商标异议制度的完善

商标申请异议制度，是商标申请注册程序中的一种十分重要的制度。该制度旨在避免和纠正商标注册申请注册程序中的不符合商标法规定的情况出现，保证根据法定程序授予的注册商标专用权符合法律的规定。1982 年《商标法》就规定了商标注册申请异议制度。随着我国商标申请注册数量的增加，近些年来，商标异议案件也逐渐增多。社会的发展，使商标在我国经济社会生活中的地位日益提升，特别是企业作为竞争武器日益正式商标申请注册问题。商标异议也逐渐出现一定的“异化现象”。这尤其体现为在商标异议案件中的恶意异议的现象。[1] 恶意异议严重违背了商标申请注册异议制度的立法宗旨，也违背了诚实信用原则。基于此，在我国第三次修改《商标法》时，对于申请提出异议的主体进行了严格的限制。基于相对理由提出异议申请时，仅限于在先权利人和利害关系人有资格提出异议。这样就将异议人的范围大大缩小，有利于从立法上规则恶意异议现象的发生。

第四次修改《商标法》时，情况则相反，即增加了提出异议的主体和情形。笔者认为，这次修改《商标法》之所以增加提出异议的理由和情形，是基于在立法上全面规制恶意提出申请注册的现象，因为基于2008年《专利法》第四条、第十九条第四款规定也可以提出异议。这样一来，就将规制恶意申请商标注册行为程序前移，有利于形成在申请注册到授权以后立体式的规制体系，净化商标申请注册秩序。

四、注册商标无效制度的完善

注册商标无效制度是我国2013年第三次修改《商标法》时增加的内容。[2] 该制度对于保证根据法定程序授予的注册商标专用权符合法律的规定，维护社会公众和消费者的利益，实现商标法的立法宗旨具有十分重要的意义。[3] 因为根据《商标法》的规定，商标申请注册必须符合一定条件才能被核准。在商标授权确权中，如果某一并不符合商标注册条件的商标注册申请被核准注册，就同样需要通过法定程序将该注册商标宣告无效。

基于上述现行《商标法》对于商标异议制度的完善同样的理由，现行《商标法》将2013年《商标法》第四十四条第一款修改为：“已经注册的商标，违反本法第四条、第十条、第十一条、第十二条、第十九条第四款规定的，或者是以欺骗手段或者其他不正当手段取得注册的，由商标局宣告该注册商标无效；其他单位或者个人可以请求商标评审委员会宣告该注册商标无效。”笔者认为，这一制度的改革必将有利于进一步规制不以使用为目的的商标恶意申请注册行为。

五、商标侵权损害赔偿制度的完善

如前所述，侵权损害赔偿制度是我国民事侵权损害赔偿制度的重要内容。商标

---

[1] 戎华．依法亮剑　通过异议程序遏制商标恶意注册行为——评析“利君方圆”商标异议案［J］．中华商标，2018（8）：65－67．

[2] 国外也有类似制度。参见：杜颖．欧盟第12442166号三道杠商标无效案述评［J］．中华商标，2019（7）：72－76．

[3] 陈月．恶意抢注“非遗”标志的司法认定——评秦慧星诉商标评审委员会、第三人固始县张老埠乡人主村手工挂面专业合作社商标无效宣告请求行政纠纷案［J］．中华商标，2019（5）：50－54．

侵权属于民事侵权的范畴，因此我国《商标法》对商标侵权也规定了侵权损害赔偿制度。商标侵权损害赔偿制度在加强商标权的保护，实现商标立法宗旨方面，至少具有以下两个重要作用。其一是充分有效地弥补商标权人因商标侵权而造成的实际损失。侵害商标专用权的行为必然会给商标权人带来一定的损害，这种损害既可以包括现实的直接的经济损失，也可能包括潜在的市场机会的丧失。从法律的公平合理原则来说，这一损失应当由商标侵权人承担。《商标法》通过规定承担商标侵权损害赔偿，可以弥补这一损失，体现了对商标权人权的合法权益的保护。其二是制裁和预防功能。《商标法》规定商标侵权人应当对其侵权行为承担侵权损害赔偿，也体现了法律的威慑与制裁功能及效果。因为侵权人在承担侵权损害赔偿责任以后，会认识到或进一步认识到其承担其实施侵权行为需要付出一定甚至沉重的代价，所谓“吃一堑、长一智”。当然，在实行填平原则的一般民事侵权赔偿制度之下，能否充分地实现这一目的，则取决于不同的侵权类型以及能否还原实际损害的客观现实。就商标侵权而言，基于商标权的无形财产权特征，不仅商标权本身价值难以被评估，而且商标权被侵害以后商标权人因被侵权受到的实际损失的评估也存在困难。同时，商标权等知识产权被侵权以后，其对被侵权人所带来的市场份额的损害、市场竞争力的下降等也可能很明显。因此，在传统民事侵权采取填平原则的基础之上，提高商标侵权损害赔偿标准，针对主观恶性严重的商标侵权行为采取惩罚性赔偿制度就变得具有现实必要性。

2019 年《商标法》第四次修改过程中的一个重要特点就是提高了商标侵权损害赔偿标准，并且强化了惩罚性赔偿制度。可以认为，提高侵权损害赔偿标准是第四次修改《商标法》的重要内容。对比现行《商标法》和 2013 年《商标法》的规定，可以看出，现行《商标法》的修改主要体现于以下方面。

一是提高了商标侵权惩罚性损害赔偿额的标准，由原来的将 2013 年《商标法》第六十三条第一款“一倍以上三倍以下”提高为“一倍以上五倍以下”。这无疑大大强化了商标侵权惩罚性赔偿的惩处力度，也无异于对于主观恶性较强的故意侵害商标专用权的行为“重拳出击”，必将有利于规制这类商标侵权行为，维护正常的商标秩序。

二是提高了法定赔偿标准，即将 2013 年《商标法》第六十三条第三款中的“三百万元以下”修改为“五百万元以下”。我国《商标法》在 2013 年修改之前已经采取了商标侵权的法定赔偿标准，但赔偿标准较低。在商标侵权诉讼中，由于当事人难以提供侵权损失金额、商标侵权人因实施侵权所获得的非法利益以及商标许可合同的许可费用等确定损害赔偿额的事实和证据，绝大多数商标侵权案件法院按照法定赔偿确定侵权人承担的损失赔偿额。最终的结果当然是商标侵权损害赔偿的标准较低。通过提高商标侵权损害赔偿的法定赔偿标准，必将有利于加大对商标专用权的保护力度，充分维护商标权人的合法权益，有力地制止商标侵权行为。

进言之，上述修改无疑体现了我国加强知识产权保护，实行严格的知识产权保护政策。但是，也应该在实践中严格地掌握，因为并不是在认定侵权的前提之下，判决赔偿标准越高越好。在商标侵权诉讼案件中，应当严格根据知识产权司法保护确定的比例原则，根据个案的情况公平合理地确定赔偿的标准。对于赔偿标准中幅度高的那一部分，尤其应当考虑侵权人的主观恶性成分。另外，对法官的自由裁量权应严格掌握，防止任意、随意适用，❶ 因为赔偿标准的大幅度提升，也意味着法官的自由裁量权的空间和幅度大为增加。特别是针对商标侵权的惩罚性赔偿制度而言，因为涉及赔偿额度很高，更需要严格按照商标法规定的条件。❷

此外，在商标侵权人的行政法律责任和民事侵权责任方面，还需要进行衔接和协调。修改后的规定是行政处罚的程度和民事赔偿的幅度都很大。如果既要保障被侵权人获得足够的赔偿的机会，又要通过行政处罚及时的维护商标权人的权利，需要就侵权人承担两种不同性质的法律责任的形式进行衔接、协调。其实这个问题在其他的知识产权纠纷发生也存在，因为在我国对知识产权的保护是采取行政处理和司法保护方式解决知识产权侵权纠纷。

---

❶ 毛牧然．赵凯论商标侵权法定赔偿滥用的司法对策［J］．东北大学学报（社会科学版），2016（4）：412－417.

陈志兴．也谈商标侵权法定赔偿的限额［J］．电子知识产权，2013（11）：90－91.

❷ 程娅，孔文豪．惩罚性赔偿适用条件的反思与重塑——从商标侵权司法判赔实践谈起［J］．中华商标，2019（9）：60－64.

我国《反不正当竞争法》第二次修改与完善研究*

反不正当竞争法，严格来讲，不完全属于知识产权法的范畴。但是，由于其规制的行为一部分属于侵害知识产权但又没有或者不便于由知识产权专门法律进行规范的行为，且知识产权专门法律和反不正当竞争法具有共同的促进公平竞争的目标，反不正当竞争法被认为具有对知识产权的附加和补充的保护的功能和作用。因此，反不正当竞争法涉及的相关修改也在知识产权研究范围之中。以下将对2019年我国《反不正当竞争法》所作出的重要修改加以探讨。

一、关于商业秘密的保护范围

2019年4月23日，我国反不正当竞争法与商标法在同一天进行了再一次修改。这次《反不正当竞争法》的修改，主要涉及商业秘密的保护的加强。商业秘密在我国此前通过实施的《民法总则》中明确规定为知识产权中的一种重要的客体。本次对商业秘密保护制度的修改，主要体现为对商业秘密的范围做了扩大，对商业秘密侵权的表现形式作了补充和扩充，并大大提高了对侵害商业秘密行为的赔偿标准。

本次《反不正当竞争法》的修订对商业秘密的概念作了重要的修订，将商业秘密的范围由原来的技术信息和经营信息扩大为技术信息、经营信息和其他商业信息。也就是说，除了以前规定的技术信息、经营信息以外，还存在其他的商业信息。其他的商业信息既不是技术信息，也不是经营信息，但是具有商业价值，而且同样符合商业秘密的保护的构成要件，这样就扩大了商业秘密的保护范围，如涉及与企业经营有关的公关、管理信息。无疑，这次修改有利于加强对商业秘密的保护。

笔者认为，《反不正当竞争法》这次修改扩大商业秘密的保护范围，也是总结我国商业秘密保护司法实践经验的结果。❶ 近些年来，随着商业秘密在我国经济社

---

* 本文初稿撰写时间为2019年10月30日。

❶ 李德成．如何确定商业秘密保护范围［J］．法人，2018（12）：67－69．

张今．商业秘密的范围和构成条件及其应用［J］．法律适用，2000（4）：28－31．

会生活中重要性的日益提升，商业秘密保护纠纷案件也越来越多。[1] 在商业秘密司法实践中，就商业秘密保护标的而言，除了未予公开的技术信息和经营信息以外，确实还存在具有秘密性质的其他具有商业价值的商业信息。在商业秘密诉讼实践中，人民法院为了保护这些具有商业价值的保密信息，不得不通过扩大解释商业秘密保护范围的方式予以保护。《反不正当竞争法》这次增加商业秘密保护范围无疑为商业秘密诉讼中人民法院保护其他具有商业价值的商业信息提供了明确的法律依据，有利于统一司法裁判标准，也有利于提高我国对商业秘密保护的水平。

二、关于侵害商业秘密的行为

这次《反不正当竞争法》修改的第二方面内容是关于侵害商业秘密行为的表现形式。现行《反不正当竞争法》第九条规定："经营者不得实施下列侵犯商业秘密的行为：（一）以盗窃、贿赂、欺诈、胁迫、电子侵入或者其他不正当手段获取权利人的商业秘密；（二）披露、使用或者允许他人使用以前项手段获取的权利人的商业秘密；（三）违反保密义务或者违反权利人有关保守商业秘密的要求，披露、使用或者允许他人使用其所掌握的商业秘密；（四）教唆、引诱、帮助他人违反保密义务或者违反权利人有关保守商业秘密的要求，获取、披露、使用或者允许他人使用权利人的商业秘密。经营者以外的其他自然人、法人和非法人组织实施前款所列违法行为的，视为侵犯商业秘密。第三人明知或者应知商业秘密权利人的员工、前员工或者其他单位、个人实施本条第一款所列违法行为，仍获取、披露、使用或者允许他人使用该商业秘密的，视为侵犯商业秘密。"

从上述规定可以看出，《反不正当竞争法》第九条的第（一）项增加了以电子侵入的方式这种不正当手段获取权利人的商业秘密。显然，这一规定适应了当前信息网络环境之下侵害商业秘密的行为越来越多地表现为在电子环境下秘密窃取这一现实情况。这种窃取的侵权形式更加隐秘，但是其扩散的危险更大。当前，信息网络越来越发达，对这种侵害商业秘密的行为提出了加强法律保护的要求。这很大程度上是因为信息网络环境下商业秘密可以通过信息网络形式传输及存储。如果对信息网络环境下商业秘密保护缺乏法律规定，就不利于有效规制技术发展环境之下产生的信息被侵害的行为。从近年来我国商业秘密侵权诉讼实践来看，利用信息网络手段，采取电子入侵的方式非法窃取和披露使用他人的商业秘密的案件并非少见。这种形式的侵犯商业秘密行为具有更强的隐蔽性，而对被侵害的商业秘密所有人的损害也可能更大。因此，在新的信息网络时代，亟须通过立法规则加强对信息网络环境下商业秘密的保护，这也是我国商业秘密保护现代化的重要标志。可以预见，

[1] 邓社民. 商业秘密概念初探［J］. 知识产权，2002（2）：29－33.

以后电子侵入的方式侵害商业秘密的行为法律规制将变得有法可依，而且能够有力地去规制这种侵害商业秘密的行为。

在上述针对商业秘密侵害行为修改中，还值得注意以下两点。

一是现行《反不正当竞争法》第九条将2017年《反不正当竞争法》同条第（三）项“违反约定或者违反权利人有关保守商业秘密的要求，披露、使用或者允许他人使用其所掌握的商业秘密”改为“违反保密义务或者违反权利人有关保守商业秘密的要求，披露、使用或者允许他人使用其所掌握的商业秘密”，其修改之处在于将“违法约定”改为“违反保密义务”。笔者认为，这一修改具有重要意义，其将商业秘密侵害行为人的范围适当地予以扩大，因为违反保密义务的人不仅包含了违反约定的人[1]，还包括了尽管没有约定但根据法律或者单位的规章制度的规定应当保守其所掌握的商业秘密的人。2019年《反不正当竞争法》的上述规定，显然能够在更大范围内规制违反诚信原则、非法披露、使用或者允许他人使用其所掌握的商业秘密的行为，从而在更大程度和范围内有效地保护商业秘密所有人对其商业秘密的使用控制权。

二是增加了帮助侵权和引诱侵权的侵权类型，为商业秘密的保护提供了一个立体式的保护网络，从而在实质上能够提高我国对商业秘密的保护水平。根据近年来我国商业秘密保护案件的情况来看，现实中除了典型的非法窃取、非法披露或非法使用商业秘密等典型的侵犯商业秘密的行为以外，还存在“教唆、引诱、帮助他人违反保密义务或者违反权利人有关保守商业秘密的要求，获取、披露、使用或者允许他人使用权利人的商业秘密”的行为。这种行为根据侵权法法理和我国侵权责任法的规定，仍然可以按照帮助侵权或者引诱侵权的形式承担共同侵权责任。我国侵权法理和侵权责任法并没有英美法系国家所谓直接侵权、间接侵权的表述，但在商业秘密司法实践中并非对这种行为不予以规制。无论如何，通过在立法中明确规定这类行为属于侵犯商业秘密的行为，就能为商业秘密司法实践中人民法院处理类似商业秘密侵权案件提供明确的法律依据和裁判标准。

三、侵害商业秘密损害赔偿制度

商业秘密作为一种无形财产权，其受到侵害以后，商业秘密侵害行为人应当承担停止侵害、赔偿损失的民事法律责任。并且，商业秘密侵害行为对商业秘密所有人的损害往往是巨大的，因为一旦商业秘密被泄露，该商业秘密在客观上就不能再由商业秘密所有人所拥有。加之该侵害行为通常涉及社会公共利益，破坏市场经济

[1] 例如，违反商业秘密保密合同或者含有商业秘密保密条款的其他合同中的保密义务。

秩序，这使得侵害行为人不仅应承担侵权民事责任，还须要承担侵权行政法律责任。❶ 在情节严重、具有社会危害性时，还须要承担刑事责任。❷ 在此，主要就2019年《反不正当竞争法》关于侵害商业秘密侵权损害赔偿制度的完善加以探讨。

从民事侵权的一般法理而言，侵权损害赔偿制度具有补偿性，旨在弥补因侵权人的侵权而导致被侵权人的实际损失。损害赔偿制度无疑也是各国和地区充分有效地保护知识产权人合法权益的重要法律手段和制度。就商业秘密保护而言，由于商业秘密侵权人的行为必然给商业秘密所有人造成一定的市场份额的减少或者其他损失，从法律的公平合理原则而言，这一部分损失应当由侵权人承担。商业秘密侵权损害赔偿制度不仅具有弥补被侵权人受到的实际损失的功能和作用，而且还有预防、阻止商业秘密侵权的功能。这在一定程度上反映了法理学上所指的法律的教育、预测和评价功能，因为商业秘密侵害行为人在实施侵权行为以后，需要承担严厉的损害赔偿法律责任，这必然使其在实施侵害行为前有所顾忌。当然，在商业秘密侵权诉讼实践中，之所以存在很多侵害人铤而走险的现象，是因为相当一部分侵权行为仍存在侥幸心理，在面对巨大利益诱惑的环境之下丧失了自我，也有相当一部分侵权行为人缺乏法制观念和法律知识。❸ 无论如何，通过在反不正当竞争法中规定商业秘密侵权行为应当承担的侵权损害赔偿法律责任，有利于打击商业秘密侵权行为，维护商业秘密所有人的合法权益。

现行《反不正当竞争法》将2017年《反不正当竞争法》第十七条修改为："经营者违反本法规定，给他人造成损害的，应当依法承担民事责任。经营者的合法权益受到不正当竞争行为损害的，可以向人民法院提起诉讼。因不正当竞争行为受到损害的经营者的赔偿数额，按照其因被侵权所受到的实际损失确定；实际损失难以计算的，按照侵权人因侵权所获得的利益确定。经营者恶意实施侵犯商业秘密行为，情节严重的，可以在按照上述方法确定数额的一倍以上五倍以下确定赔偿数额。赔偿数额还应当包括经营者为制止侵权行为所支付的合理开支。经营者违反本法第六条、第九条规定，权利人因被侵权所受到的实际损失、侵权人因侵权所获得的利益难以确定的，由人民法院根据侵权行为的情节判决给予权利人五百万元以下的赔偿。"

对比上述规定和2017年《反不正当竞争法》的相应规定，可以发现，2008年

---

❶ 现行《反不正当竞争法》将2017年《反不正当竞争法》第二十一条修改为："经营者以及其他自然人、法人和非法人组织违反本法第九条规定侵犯商业秘密的，由监督检查部门责令停止违法行为，没收违法所得，处十万元以上一百万元以下的罚款；情节严重的，处五十万元以上五百万元以下的罚款。"与2017年法相比，显然大幅度提高了行政处罚标准。

❷ 2020年12月26日全国人大常委会第二十四次会议通过的《刑法修正案（十一）》，提高了商业秘密犯罪等知识产权犯罪的刑罚标准，其中最高刑期提高到十年以下。

❸ 孙海龙，姚建军．商业秘密侵权赔偿数额的认定——以裁判文书赔偿数额为研究视角［J］．知识产权，2009（4）：38－42．

《专利法》有以下两个重要改革。

一是借鉴《商标法》的规定，引进了惩罚性赔偿制度。❶ 不仅如此，在首次引进时，将惩罚性赔偿标准提高到很高的水平，即可以是按照一定方法计算的一至五倍。笔者认为《反不正当竞争法》这次修改引进惩罚性赔偿制度，旨在大大加强对商业秘密的保护。基于商业秘密侵害行为对商业秘密所有人的严重损害性，但侵害行为人具有恶意且情节严重时，可以适用惩罚性赔偿。不过，笔者应当指出，在适用惩罚性赔偿时，应当严格注意法律规定的“恶意”与“情节严重”两个缺一不可的条件，而不能滥用或者泛化。在商业秘密司法实践中还需要注意惩罚性赔偿制度和法定赔偿制度的衔接。这是因为与其他知识产权侵权诉讼案件一样，在商业秘密侵权诉讼案件中当事人一般很难提出相关证据证明商业秘密所有人受到的实际经济损失或者侵权人因侵权所获得的非法利益。由于下面要讨论的法定赔偿的标准本身具有较大的空间，特别是给法官留下了很大的自由裁量权，如何在商业秘密损害赔偿具体计算标准难以确认时适用惩罚性赔偿，是值得研究的重要问题。

二是将法定赔偿的金额由原先的给予权利人三百万元以下提高到给予权利人五百万元以下。从现行《反不正当竞争法》的上述规定看，显然是大大提高了法定赔偿标准。笔者认为这一改革具有积极意义，有利于充分有效地维护商业秘密所有人的合法权益，加大对商业秘密的保护力度，有效遏制商业秘密侵权。但也应当看到，法定赔偿幅度的急剧扩大，也使得法官在审理商业秘密侵权纠纷案件中的自由裁量权急剧扩大。在涉及需要适用法定赔偿的场合，法官如何确定法定赔偿具体的金额，确实是考验法官智慧和经验的一个重要问题，需要根据个案的具体情况合理确定。

四、侵害商业秘密案件举证责任问题

举证责任以及证据问题，也是商业秘密侵权非常重要的问题，值得高度关注和研究。❷ 从笔者以律师身份代理的商业秘密侵权纠纷案件，以及以专家身份参与的大量的商业秘密重大、疑难或复杂案件的情况看，实践中商业秘密侵权纠纷案件处理存在的问题主要有：商业秘密侵权纠纷涉及权属问题时，法院往往忽视后者，其实在这种情况下应该优先解决权属纠纷；法院在原被告的举证责任方面，对举证责任的分配失衡，尤其体现于对原告举证的责任要求过低，而对被告的举证责任施之过强。例如，关于非公知性的认定，有的法院竟直接根据原告的主张成立，而不根

---

❶ 胡良荣．论商业秘密侵权惩罚性赔偿的适用［J］．知识产权，2015（11）：62－67.

❷ 黎淑兰．商业秘密侵权案件审理的难点问题及对策思考——以上海法院审判实践为视角［J］．东方法学，2012（6）：141－148.

魏玮．知识产权侵权诉讼中证明责任的分配——兼论商业秘密侵权诉讼中证明责任的分配规则［J］．西南民族大学学报（人文社科版），2008（9）：211－215.

据个案中的事实和证据予以认定。

在商业秘密侵权纠纷案件举证责任方面[1]，以前的一种观点主张举证责任倒置，加大被告的举证责任。这种观点存在很大的问题。2007 年最高人民法院关于审理不正当竞争纠纷案件问题的司法解释则明确规定了原告的举证责任，即原告应对其主张的标的符合商业秘密法定的构成要件进行举证。《反不正当竞争法》2019 年修订第三十二条对原被告的举证责任做了进一步规定，其中第一款规定："在侵犯商业秘密的民事审判程序中，商业秘密权利人提供初步证据，证明其已经对所主张的商业秘密采取保密措施，且合理表明商业秘密被侵犯，涉嫌侵权人应当证明权利人所主张的商业秘密不属于本法规定的商业秘密。"第二款规定："商业秘密权利人提供初步证据合理表明商业秘密被侵犯，且提供以下证据之一的，涉嫌侵权人应当证明其不存在侵犯商业秘密的行为：（一）有证据表明涉嫌侵权人有渠道或者机会获取商业秘密，且其使用的信息与该商业秘密实质上相同；（二）有证据表明商业秘密已经被涉嫌侵权人披露、使用或者有被披露、使用的风险；（三）有其他证据表明商业秘密被涉嫌侵权人侵犯。"

笔者认为，这应当是对原被告的举证责任做了合理的分配。原告对其主张的标的采取了合理的保密措施以及被告的标的与其商业秘密相同或者实质相同，则被告应承担举证责任，证明原告主张的标的不符合商业秘密的条件。

在商业秘密侵权诉讼中，原告的举证责任主要体现为：第一，其是涉案标的所有人。当然，这一点在被告没有提出反驳的情况下，原告无须单独就这一点加以证明，因为原告需对其主张的标的采取了合理的保密措施进行举证，这可以默示推定为其对所主张的标的享有所有权。[2]第二，原告主张的商业秘密符合法定构成要件。根据《反不正当竞争法》第九条第四款规定，应当具备非公知性、商业价值性和保密性。其中在保密性方面，主要体现为原告举证证明其采取了合理的保密措施。第三，被告侵害了其商业秘密，即应当"合理表明商业秘密被侵犯"。笔者认为，主要是证明被告被控侵权的产品或方法与原告主张受保护的商业秘密具有同一性，且被告有机会接触到原告的商业秘密。就被告而言，在商业秘密权利人提供初步证据证明其已经对所主张的商业秘密采取保密措施，且合理表明商业秘密被侵犯时，应当提供证据证明原告主张的商业秘密不符合反不正当竞争法的规定，也就是不属于反不正当竞争法规定的商业秘密。实际上，《反不正当竞争法》第三十二条第一款

---

[1] 于海燕．商业秘密侵权诉讼举证问题探析［J］．法律适用，2007（8）：71－74.
武静．商业秘密侵权纠纷案件的举证责任［J］．人民司法，2007（5）：81－83.

[2] 必须指出的是，在有的商业秘密侵权纠纷中被告提出了权属争议。在这种情况下，法院应该对权属争议进行认真的审查。从理论上讲，只有权属明确原告举证商业秘密受保护才具有法律意义。如本书《商业秘密诉讼中侵害商业秘密行为的认定研究》一文探讨的青岛某铁道技术有限公司诉北京某铁道技术有限公司商业秘密侵权纠纷案就具有典型性。在该案中被告对涉案标的提出了权属争议。

规定，涉及在认定涉案标的是否成立方面的举证责任分配。这也是解决下一个问题即被控侵权行为人是否构成侵害商业秘密的前提。在上述举证基础上，如果原告能够提供《反不正当竞争法》第三十二条第二款规定初步证据合理表明商业秘密被侵犯，则被告应当进一步举证证明其当不存在侵犯商业秘密的行为。根据商业秘密司法实践经验，这些证据和事实可以是以下之一种或者数种：①被告是通过其他合法途径所获得的，例如通过合法许可、转让或者反向工程；②被告没有接触原告商业秘密的可能；③原告主张的诉讼时效届满；④原告主张的商业秘密与被告存在权属争议等。

下篇

我国知识产权司法保护及其完善研究

我国知识产权司法保护原则研究*

推进加强知识产权保护，优化知识产权行政执法环境，促进知识产权行政执法与知识产权司法保护的有机衔接和协调，实施严格的知识产权司法保护，是当今我国知识产权保护的基本定位。从最近几年国家知识产权局发布的《中国知识产权保护状况》相关数据看，我国知识产权行政机关通过行政处理途径解决知识产权纠纷案件，发挥了重要的作用。同时，也应当看到，在我国由知识产权行政处理与司法保护构建的知识产权保护体系中，知识产权司法保护处于主导地位。所谓知识产权司法保护，是指人民法院通过审理知识产权民事、行政、刑事案件，切实维护知识产权人和相关当事人的合法权益，及时有效地解决知识产权纠纷，定分止争，维护社会关系的稳定，服务于国家经济社会发展和社会进步。由于司法是社会正义的最后一道防线，知识产权司法保护对于维护社会公正，倡导诚信社会和和谐社会，树立社会主义核心价值观，有效地维护各方当事人合法权益，具有极端重要的意义和作用。公正司法是知识产权司法保护关键的理念和价值目标。同时，为了有效、及时地维护当事人合法权益，提高司法审判效率也是知识产权司法保护所追求的价值目标。

为了加强我国知识产权司法保护，提高审判效率，更好地使我国知识产权司法保护服务于国家经济社会发展，2016 年，最高人民法院发布了《中国知识产权司法保护纲要（2016—2020）》，对我国知识产权司法保护的基本原则、重要目标以及重点措施都做了详细的规定，是当前我国知识产权司法保护最为重要的纲领性文件之一，也是指导我国各级人民法院知识产权审判活动，进行知识产权司法体制改革，服务于国家经济社会发展和创新型国家建设的重要的司法政策性文件。因此，研究和探讨当代中国的知识产权司法保护，不能不对之给予高度关注和重视。在此，先就该纲要所确定的知识产权司法保护基本原则进行探讨。

根据该纲要的规定，知识产权司法保护的基本原则有以下八点。

一是坚持服务大局。纲要指出："服务大局是人民法院审判工作的根本使命，

---

* 本文初稿撰写时间为 2019 年 6 月 10 日。

是知识产权审判的重要职责。必须切实增强大局意识，增强历史责任感和使命感，紧紧围绕党和国家发展大局，积极适应国际形势新变化，找准知识产权审判工作着力点。”

从宏观上看，我国知识产权司法保护是我国社会主义法治体系的重要内容，因此必须服从于我国经济社会发展的需要。[1] 这是一个根本的政策导向和价值导向。当前，我国正在深入实施国家知识产权战略、创新驱动发展战略，正在朝创新型国家迈进。我国知识产权司法保护在实现国家战略目标方面，具有不可替代的十分独特的作用，尤其体现在激励创新、保护创新成果以及促进创新成果的传播与利用方面。

二是坚持改革创新。纲要指出：“改革创新是知识产权审判持续健康发展的动力源泉，是实现审判体系和审判能力现代化的必由之路。对于影响和制约知识产权审判发展的关键领域和薄弱环节，必须以创新的理念和方法破解难题、补齐短板，不断完善审判体制机制，加快推进知识产权司法体系和司法能力向现代化迈进。”

创新是社会发展的重要的动力，也是中华民族伟大复兴的必由之路。随着我国经济社会的发展，知识产权司法保护也出现了各种新的问题。在新时代，需要以改革创新的理念和方法，就知识产权司法审判体制、法官队伍建设、知识产权司法保护政策的完善等进行改革创新，与时俱进。近几年来，我国知识产权司法保护审判体制、知识产权法官队伍建设等方面进行了相关的改革，就是体现。笔者认为，我国知识产权司法保护方面的改革创新[2]，除了立足于我国国情以及知识产权纠纷案件的特点外，也要具有国际视野，关注国际知识产权保护的新形势和国际知识产权制度的重要变革与发展。因为当代的知识产权保护，是国内保护体系和国际保护体系双重体系，我国国内知识产权司法保护是在知识产权国际保护环境之下所进行的。

三是司法主导。纲要指出：“发挥知识产权司法保护的主导作用是司法的本质属性和知识产权保护规律的内在要求，是全面推进依法治国的重要体现。必须强化司法主导理念，充分发挥司法保护的体制机制性优势，妥善处理司法保护和行政保护之间的关系，强化对行政执法行为的程序审查和执法标准的实体审查，在依法支持行政执法行为的同时，加强监督，严格规范”。

如前所述，我国知识产权保护体系主要由知识产权行政处理与司法保护构成。所谓知识产权司法主导体现为，在上述知识产权保护体系中，知识产权司法保护处于主导地位。所谓司法最终解决，在知识产权保护方面即体现为司法保护处于主导地位。为此，需要妥善处理好知识产权行政执法和知识产权司法保护的关系，两者

---

[1] 最高人民法院关于当前经济形势下知识产权审判服务大局若干问题的意见［J］．司法业务文选，2009（23）：36－44．

[2] 宋晓明．全面深化改革创新　实现知识产权司法保护新飞跃［N］．人民法院报，2017－11－22（7）．

之间进行有效的衔接和协调。同时，还需要加强对知识产权行政执法行政处理的监督和指导，防止在知识产权行政执法过程中侵害行政相对人的合法权益。

四是平等保护。纲要指出："要平等保护不同所有制经济主体和不同国别当事人之间知识产权的合法权益。必须坚持权利平等、机会平等和规则平等，无论是公有制经济，还是非公有制经济，无论是本国当事人，还是外国当事人，都要切实保障当事人在知识产权诉讼中享有平等的程序权利和实体权利。"

平等保护的理念和原则是"法律面前人人平等"的法律原则在知识产权司法保护中的重要体现。平等保护，意味着当事人，无论中国人和外国人，无论企业单位或者个人，也无论年龄、性别、职业等，都给予平等的保护。其中，对外国人的保护，通常是按照我国与外国所共同参加的国际条约或者按照对等原则处理，具体体现为国民待遇原则、对等原则等。平等保护要求在知识产权司法保护实践中，防止故意偏袒于一方。

五是严格保护。纲要指出："严格保护知识产权是实施创新驱动发展战略的必然要求，是我国当前和今后一个时期知识产权司法保护的基本方向。必须以充分实现知识产权价值为导向，以有利于激励创新为出发点，严格执行法律，切实提高知识产权司法保护的针对性和有效性。"

知识产权司法保护中的严格保护原则体现了执法必严的我国社会主义法治原则以及公正司法的社会主义法治原则的要求。[1] 严格保护体现为，在知识产权司法保护中必须严格按照国家知识产权专门法律法规和其他相关法律法规的规定，在公平地对待当事人的基础之上，严格执行法律。根据该纲要的解释，严格保护是实施创新驱动发展战略的必然要求，是我国当前和今后一个时期的知识产权司法保护的基本方向。

六是坚持分类施策。纲要指出："正确把握技术成果类、经营标记类等不同类型知识产权的保护需求和特点，妥善界定不正当竞争和垄断行为的判断标准，不断加强对关键环节、特殊领域以及特定问题的研究和解决。根据知识产权的不同类型和领域分类施策，使保护方式、手段、标准与知识产权特质、需求相适应。"

这一原则要求对于不同类型和性质的知识产权，需要根据自身的特点采取合理的保护方式。知识产权可以大致分为创造性成果的权利和标志性成果的权利，其中前者尤其以技术类成果的权利为特色。在知识产权司法保护实践中，需要根据技术类成果和经营标记类成果的不同的保护需求、方式和特点，确定合适的知识产权保护范围、保护程度，包括侵权损害赔偿中的赔偿额的确定。不正当竞争行为及垄断行为，是市场经济中出现的惯常的破坏社会经济秩序的违法行为，在我国是纳入人

---

[1] 王国柱. 知识产权"严格保护"司法政策的法理解析——边界、强度、手段、效果的四维视角［J］. 华东师范大学学报（哲学社会科学版），2020（1）：107－116，198.

民法院知识产权审判庭进行审理。司法实践中需要判断这些行为的标准。此外，分类施策原则还要求，立足于不同类型和性质的知识产权，在知识产权的保护方式、手段和标准方面与特定知识产权的保护需求相适应。还需要关注关键环节、特定领域、特定问题以及特定阶段的知识产权保护。

七是坚持比例协调原则。❶ 纲要指出："统筹兼顾保护权利和激励创新，坚持知识产权保护范围和强度与其创新和贡献程度相协调，侵权人的侵权代价与其主观恶性和行为危害性相适应，知识产权保护与发展规律、国情实际和发展需求相匹配，依法合理平衡权利人利益、他人合法权益和社会公共利益、国家利益，实现保护知识产权与促进技术创新、推动产业发展和谐统一。"

这一原则要求妥善处理保护知识产权和激励创新的关系，坚持知识产权的保护程度和范围与其对社会贡献的程度挂钩。知识产权司法保护中，加强知识产权保护是基本的考量。由于知识产权制度是一种激励创新的制度，知识产权司法保护应当充分地体现对创新的激励。但是，不同的知识产权其创新程度和对社会贡献的程度不一样，在个案中对知识产权进行保护时，应当加以考虑。

从知识产权法哲学的理论来说，价值增加理论是知识产权法哲学理论的一种重要观点。知识财产之所以应当被赋予专有权利的保护，是因为其对社会增加了价值。这种价值可以体现在多方面。例如，专利技术促进了技术进步和创新，人们能够充分地分享专利技术进步所带来的便利；优秀作品创作和传播促进了思想的交流，繁荣了科学文化；商标通过识别商品来源的功能，节省了消费者的搜寻成本等。但是，不同类型和性质的知识产权具有的创新程度不一样，在知识产权保护的范围和强度方面，也就不能"铁板一块"，而应当考虑知识产权的创新程度和它对社会的贡献程度。换言之，知识产权的创新程度高、对社会贡献大，对其保护的范围和强度应相应地增强，反之亦然。例如，独创性极高的作品、创造性程度极高的发明，以及声誉极高的驰名商标，就应获得较强的知识产权保护。实际上，我国相关法律和司法解释已有规定，在知识产权司法保护实践中应予以体现。

坚持比例协调原则，要求"侵权人的侵权代价与其主观恶性和行为危害性相适应"。在知识产权民事侵权案中，这体现于侵权赔偿应考虑行为人主观过错，在行政处罚案中，行政责任的承担尤其应当考虑到行为人的主观故意；在知识产权刑事案件中，应做到罪刑相适应。

坚持这一原则，要求"知识产权保护与发展规律、国情实际和发展需求相匹配"。这一要求体现了我国知识产权司法保护应当遵循知识产权保护的规律，符合知识产权保护制度的宗旨。同时，如前所述，我国知识产权保护应当立足于中国国

---

❶ 杨异，毕壮壮．比例原则在知识产权领域的运用［J］．哈尔滨师范大学社会科学学报，2019（5）：45－48．蔡伟．比例原则在知识产权侵权案件中的运用［J］．人民法院报，2015－06－18．

情，实现本土化与国际化的高度融合。当前，我国知识产权保护的国情是，整体的科学技术和文化发展水平与发达国家还存在一定的差距，虽然创造的活力旺盛，但知识产权密集型产业发展很不成熟。知识产权司法保护，还要有发展的眼光和前瞻性的眼光，充分考虑当前我国经济社会发展的需求。笔者认为，在当今我国实施国家知识产权战略和创新驱动发展战略的大背景下，知识产权制度作为一种创新激励机制，应当在知识产权保护中充分体现。

坚持比例协调原则，还要高举利益平衡的旗帜，"依法合理平衡权利人利益、他人合法权益和社会公共利益、国家利益"。利益平衡是知识产权制度的一个根本性的原则，它既是知识产权制度中的一种重要的方法论，也是我国知识产权立法和司法的重要原则。对此，笔者早些年即进行过系统的研究[1]，深感利益平衡在知识产权制度中重要地位和作用。坚持比例协调原则，无疑需要重视这一原则的司法适用。

坚持比例协调原则，最后还要重视"实现保护知识产权与促进技术创新、推进产业发展和谐统一"。笔者认为，知识产权制度与技术创新之间具有十分密切的联系，知识产权制度的有效实施应当具有技术创新导向，实施技术创新与知识产权保护之间的有效均衡与协调。知识产权保护，最终还必须有利于产业发展。从产业政策的角度来讲，知识产权制度也是调整和保护产业的政策。知识产权司法保护应当有利于产业的发展、产业转型升级和经济发展方式改变。

八是坚持开放发展。纲要指出："提高我国知识产权司法保护的国际影响力是建成中国特色、世界水平的知识产权强国的必然要求。必须坚持国际视野和世界眼光，既立足现实和国情，又尊重国际规则和主流做法，大胆吸收和借鉴知识产权司法保护的国际经验，认真总结和积极宣传知识产权司法保护的中国经验，不断增强我国在知识产权国际治理规则中的引领力。"笔者认为，坚持开放发展原则有下面四个要点。

（1）我国知识产权司法保护应当具有高瞻远瞩的国际性目标，即不断提升其在国际上的影响力和渗透力。过去，我国知识产权制度主要是借鉴西方发达国家的知识产权制度，知识产权司法保护体系的建立与发展具有渐进性。法官、律师和学者往往是大量通过研究西方的知识产权案例，来加强对知识产权实务的学习和研究，国内自身的知识产权典型案例很少。笔者三十年之前开始步入知识产权这一领域时，人们对知识产权还感到十分陌生，全国一年的知识产权诉讼案件不过几百件。到现在，知识产权制度经过几十年的发展，可谓不可同日而语。现今一年的知识产权诉讼案件达到几十万件，其中不乏很多典型、疑难、复杂、前沿的案件，很多案件不仅在国内，甚至在世界上都具有非常强的典型性。在新时代，我国的知识产权司法

[1] 冯晓青. 知识产权法利益平衡理论［M］. 北京：中国政法大学出版社，2006.

保护应当定位于立足国内、放眼世界，不断提高我国知识产权司法保护在国际上的影响力和渗透力。可以预见，我国很多知识产权典型案例将成为其他国家和地区知识产权案例研究重要的素材。如早几年关于华为标准必要专利许可费纠纷案件的判决，在发达国家都产生了很好的反响，乃至在相关领域可以建立相关的司法裁判标准，为其他国家所借鉴。

（2）开放发展意味着我国的知识产权司法保护是在当代国内与国际保护双重保护体系下所实施的，既要立足于本土化和现实中国的国情，开创具有中国特色的知识产权司法保护理念、体系和经验，另一方面也必须以开放和包容的态度，以中国负责任大国的态度，遵循知识产权保护国际规则，尤其是我国签订和加入的一系列的知识产权保护国际公约，在不断与国际接轨、关注国际知识产权保护发展的最新变革和发展的前提下推进我国知识产权司法保护的不断完善。这就要求我国的知识产权司法保护必须具有世界性的眼光和国际性的视野，既要不断地与国际接轨，又要以开放包容的态度，借鉴和吸收其他先进国家知识产权司法保护方面的经验和做法。

（3）随着我国知识产权司法保护体系的完善、知识产权保护水平的不断提高，我国知识产权司法保护将具有更加重要的历史使命和重要地位，我国知识产权司法保护需要在全球治理体系中不断发出中国的声音，增强在知识产权全球治理体系中的话语权、影响力与引领力，从过去的被动学习、吸收到未来的主动适应和引领。这样，我国也需要不断加强中国知识产权司法保护在国际上的宣传，增进在国际范围内的了解与交流。笔者认为可以采取多种方式和措施予以推进。例如，半官方、学术界或者实务界完全可以编撰中国知识产权典型案例研究系列的多种外文本，在国外出版发行。大量的中国知识产权司法保护制度研究、政策研究、案例研究相关成果完全可以同步在国外发表。官方则可以通过加强知识产权司法保护的多方面的国际交流等形式扩大影响。

（4）我国知识产权司法保护本身必须具有开放发展的眼光。当代知识产权国际保护制度也在不断的变革和发展之中，我国知识产权司法保护政策与制度需要与时俱进，以服务于社会主义现代化强国建设为总体目标，通过司法保护政策和制度与立法制度和政策的有效衔接，切实提高我国知识产权司法保护水平和在国际上的影响力、引领力。

我国知识产权司法保护的目标构建研究（一）*

最高人民法院发布的《中国知识产权司法保护纲要（2016—2020）》第四部分规定了人民法院知识产权司法保护的主要目标。

一、建立协调开放的知识产权司法保护政策体系

纲要确立的目标之一是："建立协调开放的知识产权司法保护政策体系。建立统领法律适用标准、裁判思路以及裁判价值导向，协调开放的司法政策体系。"

笔者认为，为适应我国知识产权司法保护规律和加强知识产权司法保护的需要，我国需要构建和完善科学合理的知识产权司法政策体系。[1] 知识产权司法政策尽管不是知识产权法律，但它对指导人民法院科学、合理地审理各类知识产权案件，保障人民法院法官正确理解和适用知识产权法律制度的精神，在知识产权司法保护中有效地贯彻实施我国知识产权法律制度，具有十分重要的地位和作用。知识产权司法政策也是我国知识产权司法保护的纲领性文件，体现了我国知识产权司法保护的价值取向和政策指引，也反映了人民法院在知识产权司法保护中针对知识产权法律制度的理解和适用。可以说，知识产权司法政策和知识产权法律制度都是我国各级人民法院审理知识产权纠纷案件应当高度重视的。当然，知识产权司法政策应当以知识产权法律制度为依据，不能偏离知识产权法律制度的精神和规范。

由于知识产权司法政策具有很强的针对性、导向性和指引性，笔者认为，我国知识产权司法政策的科学构建与完善，需要注重以下四个问题。

第一，确定科学合理的知识产权司法保护的裁判价值导向，为人民法院法官在具体的知识产权个案中正确理解我国知识产权法律制度提供富有操作性意义的指导和启示。这样，在知识产权司法保护政策的制定和完善中，就必须正确理解知识产权司法保护的裁判价值导向。笔者理解，裁判价值导向具有丰富的内容，例如，知识产权法律制度中所追求的公平、正义、效率、创新价值如何在个案中得到很好的体现，如何服务于国家

---

* 本文初稿撰写时间为2019年6月11日。

[1] 孔祥俊．商标与不正当竞争法原理与和判例［M］．北京：法律出版社，2009：862－873.

经济社会发展大局，如何服务于国家知识产权战略和正在推动的知识产权强国战略，以及在个案中如果公平合理地维护当事人的合法权益，都是值得考虑的内容。

第二，统一法律适用标准。这一问题是当前我国知识产权司法保护中的一个比较棘手的问题。现实生活中人们所诟病的“同案不同判”就是一个真实的写照。后面还将探讨，为了统一技术类知识产权案件的裁判标准，最高人民法院首次在世界上第一次在最高司法裁判机关建立了这一类案件二审统一裁判的审判组织体制。在我国知识产权司法政策的构建与完善中，如何确保统一法律适用标准，值得大力加强研究。

第三，统一裁判思路。尽管知识产权案件非常之多，各类知识产权案件都有一些个性化的特点，但在同一类型的知识产权案件中，也具有一些共同的规律和特点。在裁判思路方面，同一类型的案件显然具有一些共同的规律。为此，我国可以通过加强指导性案例建设等方式加以推进。

第四，知识产权司法政策是一个协调开放的体系。一方面，我国不同类型的知识产权政策之间应当保持协调，防止不同类型知识产权司法政策之间存在冲突与矛盾。另一方面，知识产权司法政策在不同的国家也就有一些共同的规律，我国对包括发达国家在内的知识产权司法政策可以合理借鉴和参考，当然，必须立足于本土化的我国知识产权司法保护的中国国情。

二、建立明确统一的知识产权裁判标准规则体系

纲要确立的目标之二是：“建立明确统一的知识产权裁判标准规则体系。建立在权利范围认定、侵权行为认定、损害赔偿认定、证据效力采信等方面明确统一的规则体系。”

不以规矩，不成方圆。知识产权裁判的标准规则体系具有丰富的内容。从知识产权案件的类型来讲，可以涉及权属纠纷案件、合同纠纷案件和侵权纠纷案件裁判标准规则体系的构建。尤其是妥善解决知识产权侵权纠纷案件是我国知识产权司法保护的最重要的内容。由于知识产权的无形性[1]、客体的非物质性，在知识产权司法保护中如何确定权利的有效保护的边界、如何认定被告的行为是否侵权，以及在认定侵权的基础上如何确定科学合理的赔偿标准，是长期困扰知识产权司法实践中的问题。不仅在知识产权司法保护中存在很多实体方面裁判标准的不统一，在审判程序中也存在很多值得关注的问题。例如，知识产权诉讼中的证据规则、证据效力的采信、诉讼主体以及诉讼管辖等也是值得研究的重要问题。[2] 在知识产权司法政

---

[1] 郑成思．知识产权论［M］．北京：法律出版社，1998：39－60．

[2] 2020年11月9日，最高人民法院公布《关于知识产权民事诉讼证据的若干规定》（自2020年11月18日起施行），就是统一知识产权裁判标准规则体系的重要举措和体现。

策的构建与完善方面，可以对这些实体和程序问题提供统一的政策性指引，通过制定知识产权司法政策的形式加以体现。[1] 而且，在某些方面的知识产权政策逐步完善的情况下，可以进一步提升为司法解释，甚至吸收到知识产权专门立法中。

三、建立均衡发展的知识产权法院体系

纲要确立的目标之三为："建立均衡发展的知识产权法院体系。建立区域布局、横向关系、纵向关系、'三合一'机制均衡发展的知识产权法院体系。"

笔者认为，这一既定目标体现了我国知识产权司法组织体系的完善。我国的国情决定了我国知识产权司法组织体系具有自身的特色，和西方发达国家及其他国家有所不同。这一基本国情是我国地域辽阔、人口众多，知识产权纠纷案件数量尤其是近些年来飙升。知识产权纠纷案件具有和其他民商事案件不同的一些特色，如其技术性较强、专业性较强，疑难复杂新型案件多，尤其是随着技术的发展各种新型复杂的知识产权纠纷案件层出不穷。我国知识产权司法组织体系构建必须适合我国知识产权具体纠纷的情况。在过去，由于我国知识产权纠纷案件极少，人民法院没有专门的知识产权审判庭。随着我国知识产权法律制度的建构和完善，特别是知识产权纠纷案件的不断增加，逐渐在中级人民法院、高级人民法院乃至最高人民法院设立了专门审理知识产权案件的知识产权审判庭。知识产权专门审判庭的设立，大大提高了我国知识产权司法审判的专业化队伍建设水平，有利于提高我国知识产权审判效率和公正地维护当事人的合法权益。

随着我国经济社会的发展，特别是经济社会发展的转型、创新型国家建设宏伟目标的提出与实施，我国知识产权司法组织体系也必须进行改革，与时俱进。我国知识产权司法组织体系，无疑是我国整个司法改革组织体系重要的组成部分和内容，因此，应当在整个司法体制改革，尤其是司法组织体系改革的框架之下进行。

笔者认为，我国知识产权司法组织体系的构建与完善，应当符合以下原则：

其一，有利于知识产权公正司法。如前所述，公正司法是社会正义的最后底线。在知识产权司法组织体系的构建中，应当充分考虑如何做到公正司法。

其二，提高审判效率。效率是知识产权法的一个重要的价值取向。特别是近年以来我国知识产权纠纷案件数量急剧飙升，而人民法院在知识产权方面的审判力量有限，因此，尤其要强调在公正司法的基础之上，提高审判效率。法彦云，迟到的正义非正义。如果没有必要的知识产权审判效率，就会导致案件的拖延。

其三，有利于公平合理地维护当事人的合法权益。人民法院司法保护的本质就

---

[1] 例如，2020 年 4 月，最高人民法院发布《关于全面加强知识产权司法保护的意见》（法发〔2020〕11 号）；同年，又发布《关于加强著作权和与著作权有关的权利保护的意见》（法发〔2020〕42 号）。

是定分止争，及时有效地处理各种知识产权纠纷，公平合理地维护当事人的合法权益，有效地维护社会关系的稳定，为构建和谐社会服务。因此，知识产权司法组织体系的构建与完善，应当为当事人着想。

其四，与上一个原则相关，即应当便利当事人通过知识产权诉讼的形式解决纠纷。如前所述，我国地域辽阔，在知识产权案件的管辖方面就应当在遵循相关诉讼法规定的级别管辖、地域管辖等的前提之下，考虑知识产权诉讼案件的特点，设置合理的知识产权管辖的原则、模式和运作机制。纲要上述目标强调，要建立区域布局、横向关系、纵向关系等均衡发展的知识产权法院体系，就体现了上述认识。这在一定程度上，也体现了我国知识产权司法保护中的司法为民的基本理念和价值导向。

四、建立布局合理的知识产权案件管辖制度体系

纲要确立的目标之四为："建立布局合理的知识产权案件管辖制度体系。建立地域管辖、级别管辖、专属管辖以及跨区域集中管辖的案件管辖制度体系。"

知识产权案件管辖制度的构建，旨在明确知识产权案件在不同层级、不同地区法院的分工，使各类知识产权案件本着提高效率的原则有序进行。目前，我国知识产权纠纷案件级别管辖方面，一般由中级人民法院受理知识产权纠纷案件，高级人民法院作为二审法院；部分基层人民法院也可以审理知识产权纠纷案件。[1] 最高人民法院知识产权庭审理高级人民法院二审的知识产权再审案件。在知识产权纠纷案件地域管辖方面，因侵犯知识产权提起的诉讼，由侵权行为地或者被告住所地人民法院管辖。[2]

---

[1] 《最高人民法院关于审理著作权民事纠纷案件适用法律若干问题的解释》2020 年修正，自 2021 年 1 月 1 日起施行第二条规定："著作权民事纠纷案件，由中级以上人民法院管辖。各高级人民法院根据本辖区的实际情况，可以报请最高人民法院批准，由若干基层人民法院管辖第一审著作权民事纠纷案件。"

[2] 最高人民法院相关司法解释对地域管辖的具体适用作了明确的规定，以便于增加司法实践中的可操作性。例如，《最高人民法院关于审理专利纠纷案件适用法律问题的若干规定》（2020 年修正，自 2021 年 1 月 1 日起施行）第二条规定："因侵犯专利权行为提起的诉讼，由侵权行为地或者被告住所地人民法院管辖。侵权行为地包括：被诉侵犯发明、实用新型专利权的产品的制造、使用、许诺销售、销售、进口等行为的实施地；专利方法使用行为的实施地，依照该专利方法直接获得的产品的使用、许诺销售、销售、进口等行为的实施地；外观设计专利产品的制造、许诺销售、销售、进口等行为的实施地；假冒他人专利的行为实施地。上述侵权行为的侵权结果发生地。"其第三条规定："被告仅对侵权产品制造者提起诉讼，未起诉销售者，侵权产品制造地与销售地不一致的，制造地人民法院有管辖权；以制造者与销售者为共同被告起诉的，销售地人民法院有管辖权。销售者是制造者分支机构，原告在销售地起诉侵权产品制造者制造、销售行为的，销售地人民法院有管辖权。"《最高人民法院关于审理商标民事纠纷案件适用法律若干问题的解释》（2020 年修正，自 2021 年 1 月 1 日起施行）第六条规定："因侵犯注册商标专用权行为提起的民事诉讼，由商标法第十三条、第五十七条所规定侵权行为的实施地、侵权商品的储藏地或者查封扣押地、被告住所地人民法院管辖。前款规定的侵权商品的储藏地，是指大量或者经常性储存、隐匿侵权商品所在地；查封扣押地，是指海关等行政机关依法查封、扣押侵权商品所在地。"其第七条规定："对涉及不同侵权行为实施地的多个被告提起的共同诉讼，原告可以选择其中一个被告的侵权行为实施地人民法院管辖；仅对其中某一被告提起的诉讼，该被告侵权行为实施地的人民法院有管辖权。"

同时，随着我国知识产权审判组织的改革，在北京、上海和广州分别设立了知识产权法院[1]，而且又在一些省会城市设立了知识产权法庭。知识产权法院和知识产权法庭都有相应的知识产权纠纷案件的管辖范围。[2]

近年，最高人民法院又成立了知识产权法庭，专门负责技术类知识产权纠纷案件的二审。《最高人民法院关于知识产权法庭若干问题的规定》（自 2019 年 1 月 1 日起施行）对该法庭案件管辖权限和范围也作了明确规定。

未来我国知识产权司法管辖制度的改革，还有很多问题值得探讨。例如，目前只设立了北京、上海和广州三家知识产权法院以及海南自由贸易港知识产权法院，今后是否要设立更多的知识产权法院？是否将现行的一些知识产权法庭升格为独立的知识产权法院？再如，我国知识产权司法保护中的一个重要问题是逐渐推进三审合一，但现实中真正做到知识产权案件三审合一情况很少，如何推进高效的知识产权案件的三审合一，也值得在总结一些法院试点的基础之上，加以认真的研究。

---

[1] 2020 年 12 月 26 日，十三届全国人大常委会第二十四次会议表决通过了关于设立海南自由贸易港知识产权法院的决定。与前面述及的三家知识产权法院不同，该知识产权法院还负责审理知识产权刑事案件。

[2] 《最高人民法院关于北京、上海、广州知识产权法院案件管辖的规定》（自 2014 年 11 月 3 日起施行）对这三家知识产权法院案件管辖的范围作了明确的规定。例如，其第一条规定："知识产权法院管辖所在市辖区内的下列第一审案件：（一）专利、植物新品种、集成电路布图设计、技术秘密、计算机软件民事和行政案件；（二）对国务院部门或者县级以上地方人民政府所作的涉及著作权、商标、不正当竞争等行政行为提起诉讼的行政案件；（三）涉及驰名商标认定的民事案件。"其第五条规定："下列第一审行政案件由北京知识产权法院管辖：（一）不服国务院部门作出的有关专利、商标、植物新品种、集成电路布图设计等知识产权的授权确权裁定或者决定的；（二）不服国务院部门作出的有关专利、植物新品种、集成电路布图设计的强制许可决定以及强制许可使用费或者报酬的裁决的；（三）不服国务院部门作出的涉及知识产权授权确权的其他行政行为的。"其第六条规定："当事人对知识产权法院所在市的基层人民法院作出的第一审著作权、商标、技术合同、不正当竞争等知识产权民事和行政判决、裁定提起的上诉案件，由知识产权法院审理。"其第七条规定："当事人对知识产权法院作出的第一审判决、裁定提起的上诉案件和依法申请上一级法院复议的案件，由知识产权法院所在地的高级人民法院知识产权审判庭审理。"

我国知识产权司法保护的目标构建研究（二）*

最高人民法院发布的《中国知识产权司法保护纲要（2016—2020）》确定的目标，有利于确定我国知识产权司法保护的基本方向和定位。因此，其在我国知识产权司法保护政策中具有重要地位。

一、完善知识产权案件证据规则体系

纲要确立的目标之五为："建立符合知识产权案件特点的证据规则体系。建立当事人提供证据与法院依职权调查取证及保全证据，证据披露与排除证据妨碍等统筹协调的证据规则体系。"

笔者认为，证据规则及证据规则体系是我国司法保护体系中最为重要的规则体系之一。司法活动是通过人民法院审理各类案件，定分止争，有效地解决当事人的各种纠纷案件，维护其合法权益，维护社会的稳定，服务于经济社会发展和和谐社会的构建，当事人各方提供的证据是解决各类纠纷案件的基本的事实依据。人民法院解决各类纠纷案件是建立对基本事实的认定基础之上，我国社会主义法治的基本原则也是"以事实为根据，以法律为准绳"。也有人戏称，打官司就是拼证据。这其实隐含着很深的道理，因为人民法院确定案件的事实，必须根据当事人提供的证据以及法院依职权调取证据作为认定事实的基本依据。由此可见，证据的收集、整理、认定在人民法院认定案件事实方面具有极端重要的作用。对此，我国《民事诉讼法》、《刑事诉讼法》等都对于证据的采集、认定、效力等问题[1]，作了系统而详细的规定。

知识产权司法保护作为我国司法保护的重要内容和组成部分，也同样如此。而且，从知识产权案件具有的专业性、复杂性，知识产权保护客体的无形性、知识产权侵权与合法边界的难以确定性来看，知识产权各类纠纷案件中证据的采集、认定

---

* 本文初稿撰写时间为2019年6月12日。

[1] 扈晓芹．侵犯知识产权刑事案件若干证据规则评析［J］．知识产权，2014（6）：35－39.

更加复杂，难度更大。在知识产权司法实践中，审理周期长、证据采集难、赔偿数额低，是长期困扰人民法院知识产权司法保护的重要问题。❶ 知识产权司法保护中，从证据收集与认定的这些困难看，应更加注重构建合理的证据规则和证据规则体系。然而，且不说证据规则体系，我国知识产权司法保护在静态的证据规则建设方面，都存在不少空白点。❷ 缺乏系统、完整的证据规则，就很难以指导人民法院法官在审理各类知识产权案件中很好地去甄别证据，并根据获取的证据进行事实认定，进而正确地适用法律。

根据笔者代理和参与大量的知识产权重大、疑难、复杂案件以及对大量既判知识产权案件研究的经验和体会，我国在知识产权司法保护中，仅就根据证据确定案件的事实这一点而言，存在以下问题值得关注和改进，尤其是在知识产权诉讼证据规则制度上的完善方面。例如，证据规则缺失是我国知识产权专门法律以及相关司法解释存在的一个重要问题。由于缺乏相应知识产权诉讼证据规则或者证据规则不够健全，在很多知识产权诉讼案件中法官自由裁量权极大，甚至严重影响到当事人举证的权利。近来我国对反不正当竞争法进行了再一次的修订，其中一个很重要的规定就是确立了商业秘密侵权纠纷案件中举证责任的分配，这可以视为我国在知识产权诉讼证据规则方面的一个进步。今后我国需要进一步对专利纠纷案件、著作权纠纷案件、商标纠纷案件等知识产权纠纷案件证据规则的构建进行完善。❸

关于知识产权诉讼证据规则的建立，笔者早在1996年出版的一本专著《知识产权诉讼研究》即进行过初步的探讨，后来又多次参加关于知识产权诉讼证据构建方面的研讨。例如，由前浙江省高级人民法院知识产权庭副庭长应向健先生等搭建的“三知论坛”就曾将知识产权诉讼证据规则的建立作为系列的重要主题进行专门的探讨。现在确实是建立具有中国知识产权司法保护特色的知识产权诉讼证据规则的时期。

结合最高人民法院发布的中国知识产权司法保护纲要的上述规定，笔者对构建我国知识产权诉讼证据规则有以下浅见。

（1）知识产权诉讼证据规则必须适合于相应类型的知识产权纠纷案件的特点。不同类型的知识产权纠纷案件，在证据的收集、采纳、认定等方面具有不同的特点，应当针对不同类型的知识产权制度构建相应的知识产权诉讼证据规则。❹ 当然，毕竟知识产权诉讼证据规则具有共同的规律，也需要提提炼一些共同的原则和规则，

❶ 张苏沛．知识产权证据规则研究——由几则专利纠纷案引发的思索［C］//中华全国专利代理人协会．2013年中华全国专利代理人协会年会暨第四届知识产权论坛论文汇编第四部分，2013：309－315．

❷ 徐春建，刘思彬，张学军．知识产权损害赔偿的证据规则［J］．人民司法，2012（17）：8－42．

❸ 如前所述，2020年11月9日，最高人民法院发布了《关于知识产权民事诉讼证据的若干规定》，在较大程度上完善了我国知识产权诉讼证据规则。

❹ 须建楚．民事诉讼证据规则在知识产权审判中的适用［J］．知识产权．2004（3）：42－45．

用于指导所有知识产权类型的诉讼证据适用。

（2）知识产权诉讼证据规则，应当便于当事人积极地采集证据。在当代，尽管人民法院依职权收集证据是知识产权诉讼证据的重要来源，但在知识产权诉讼案件飙升、人民法院法官面临的审判压力越来越大的情况之下，这类型的证据收集会受到极大限制。因此，在我国知识产权司法保护实践中，绝大多数证据都是当事人主动提交的。这样一来，我国知识产权诉讼证据规则的构建，就应便于当事人积极地收集和提供证据。

（3）证据规则的构建必须以证据规则的体系化建设为目标。证据规则本身也是一个内在的体系，不能顾此失彼，如证据调取、证据保全、证据披露、排除证据妨碍，举证责任合理分配相关的规定应当具有内在一体性。

（4）应当高度重视系统规定当事人提供伪证、假证应承担的法律后果，以有力打击和遏制现实中存在的知识产权诉讼中提供伪证、假证的行为。在知识产权诉讼案件中，一方当事人提供假证，作伪证的情况并不少见。例如，在笔者参与处理的一起假冒商标案件中，"受害人"为了指控本方被告构成假冒商标行为，竟然向司法机关提供了一个关键的伪证，即其在中国大陆没有任何经销商。事实上，被告是从"受害人"的经销商那里合法购买的设备。由于这一假证被相关司法机关所采纳，当事人蒙受二年多的不白之冤，直至最后被中级人民法院二审宣告无罪。该案被选为某年最高人民法院公布的50个重点知识产权案件之一。

二、建立科学合理的知识产权损害赔偿制度体系

纲要确立的目标之六是："建立科学合理的知识产权损害赔偿制度体系。建立权利人被侵权所遭受的损失、侵权人获得的利益、许可费用、法定赔偿以及维权成本与知识产权价值相适应的损害赔偿制度体系。"

（一）司法保护政策解读

知识产权侵权损害赔偿制度是我国知识产权司法保护制度最重要的内容之一。这是因为，损害赔偿是知识产权民事侵权行为人承担的最重要的法律责任之一。损害赔偿是实施知识产权侵权的行为人所应当承担的必要的代价，因为知识产权侵权人实施的侵权行为给被侵权人造成了损害。这一损害应当由侵权人"买单"，既是公平的，也是合理的。这样人们也就不难理解，在我国现行《民法典》及其施行前的《民法通则》及知识产权各专门法律和涉及知识产权侵权和纠纷解决的司法解释与政策中都涉及了知识产权侵权损害赔偿问题。在世界各国的知识产权法律制度中，损害赔偿毫无例外地是知识产权侵权人应承担的最重要的民事法律责任之一。

从知识产权司法保护的政策导向看，最重要的是确立知识产权侵权损害赔偿的基本理念、基本原则、赔偿方式。由于知识产权是一项民事权利，是一种私权，对

此我国《民法典》施行前的《民法通则》第五章第三节以专节的形式进行了规定，《民法典》施行前的《民法总则》以及现行《民法典》第一百二十三条第一款也确认了知识产权是一种民事权利。民事侵权损害赔偿的基本理念和原则则是填平原则、补偿性原则，即损失多少、赔多少。或者说，知识产权被侵权人在知识产权侵权纠纷案件中所获得的损害赔偿金额，应当相当于侵权人在侵权案件中因其侵权给被侵权人造成的实际损失。从知识产权侵权的法理来讲，这一点也是非常合理，也非常容易理解的。

然而，知识产权侵权对被侵权人造成损害的认定远远比人们想象的要复杂和困难。由于知识产权是一种无形财产权，知识产权保护的客体具有非物质性，知识产权侵权人对被侵权人所造成的实际损失，往往难以精确界定和科学计算。何况在很多知识产权侵权纠纷案件中，原告的知识产权根本没有被权利人自己所利用，同样在很多知识产权侵权纠纷案件中被告实施知识产权侵权的市场范围与原告实施知识产权的市场没有交集。当然，没有交集不等于没有损害，因为知识产权是一种对市场份额进行控制的专有的权利，市场没有交集也可能损害知识产权人未来的市场份额和市场开拓的机会。简单地说，知识产权侵权纠纷案件中要确定知识产权人受损害的实际情况，并据此确定精确的损害赔偿额是非常困难的。不过，从理论上来说，在任何一个知识产权侵权纠纷案件中，总有一个最理想的确定知识产权被侵权损害的金额，只是因为各种条件的限制，尤其是原告证据的收集困难而难以进行精确的界定。

从知识产权司法保护制度和政策的角度来看，知识产权损害赔偿的确定不能完全陈囿于知识产权作为一种私权而在知识产权侵权赔偿界定中固守填平原则和补偿性原则。换言之，惩罚性赔偿制度对于特定的知识产权纠纷案件也应当适用。惩罚性赔偿似乎和民事侵权的填平原则与补偿性原则格格不入，但鉴于有些知识产权侵权纠纷案件中侵权人主观恶性程度大，情节严重，特别是故意侵权性质的反复侵权，如果完全遵照补偿性原则就可能不利于有力地遏制侵权现象，从而不利于及时有效地维护被侵权人的合法权益。因此，从我国《商标法》第三次修改开始，知识产权侵权损害的惩罚性赔偿制度开始建立。2019 年 4 月 23 日，《商标法》和《反不正当竞争法》的再次修订也涉及这方面的问题。2020 年完成修正的《著作权法》和《专利法》也引进了侵权损害的惩罚性赔偿制度。当然，我国也有知识产权学者认为，所谓的知识产权侵权损害的惩罚性赔偿制度，并没有惩罚性目的。对此，笔者认为，如果从知识产权司法保护政策确定的比例原则角度来看该观点也不无道理，因为主观恶性强、情节恶劣的知识产权侵权行为给被侵权人造成的损害更大，而且还可能涉及损害公共利益，破坏社会经济秩序，给予更高的赔偿可以更好地实现知识产权法律规制侵权的目的。

然而，在知识产权侵权损害赔偿的基本理念方面，笔者并不赞成无原则地提高损害赔偿标准，不赞同在知识产权侵权纠纷中在法院认定被告构成侵权的前提之下，一定要让侵权人“倾家荡产”，因为知识产权侵权赔偿额度的确定，有一个公平、合理、适度的范围。[1] 在知识产权侵权诉讼案件中，原被告的诉讼地位是平等的，不仅原告的合法权益应当得到足够的保护，被告的合法权益也不能被侵犯，这是我国社会主义法治关于公平、正义、平等的基本原则的要求。

笔者认为，知识产权侵权损害赔偿制度体系的构建，应注重以下几点：其一，损害赔偿应以补偿为基本的考量。尽管知识产权侵权往往涉及侵害公共利益，但毕竟知识产权侵权损害赔偿属于民事赔偿的基本范畴，这样一来就必须以填平性和补偿性为基本的考量和原则。刻意追求过高的损害赔偿额是不现实的，也是不合理的。其二，知识产权侵权损害赔偿应重视知识产权本身的无形性和知识产权保护客体的非物质性，损害赔偿的界定应当考虑知识产权的市场价值以及知识产权作为无形财产权本身的价值。对此下面还将进行分析。其三，确定合理的知识产权侵权赔偿的界定方式，以及这些不同方式之间的关系。对此下面也将进行具体的分析。其四，从立法制度层面，就知识产权侵权损害赔偿制度的设计，还应考虑我国对知识产权侵权的行政处理，尤其是协调知识产权侵权民事赔偿与行政处罚两者之间的关系。其五，知识产权侵权损害赔偿还应考虑侵权人实施侵权行为的主观过错。从一般的知识产权侵权法律的角度讲，行为人没有主观过错就不应承担损害赔偿责任。对惩罚性赔偿而言，更应强调行为人的主观恶性。对此，无论是《与贸易有关的知识产权协定》还是我国《著作权法》《专利法》《商标法》等，都有相应的规定。

（二）知识产权侵权损害赔偿额的界定

1. 知识产权人因被侵权而造成的损失

关于知识产权侵权损害赔偿的具体界定方式，首当其冲的是将知识产权人因被侵权而造成的损失作为知识产权侵权损害赔偿金额。从知识产权侵权损害赔偿法理的层面来讲，这一赔偿方式也是最为合理的，因为侵权赔偿的基本法理就是损失多少、赔多少。然而，在具体的知识产权侵权损害赔偿界定中，实际损失的计算异常困难。其中的主要原因是，在很多知识产权侵权纠纷案件中，作为被侵权人的原告很难提出其因被侵权所造成的实际损失的证据，而人民法院法官也很难在原告没有提供足够证据的前提之下根据知识产权专门法律和司法解释规定的实际损失标准确定赔偿额。这也是在知识产权侵权纠纷案件中，为何绝大部分损害赔偿都是按照法定赔偿，而不是按照因侵权造成的实际损失计算的重要原因之一。

最高人民法院在涉及知识产权侵权的损害赔偿司法解释中，规定了计算知识产权侵权造成的实际损失的方法，基本思路是立足于侵权人实施侵权行为导致被侵权市场份额的减少。例如，《最高人民法院关于审理专利纠纷案件适用法律问题的若

---

[1] 曹新明．我国知识产权侵权损害赔偿计算标准新设计［J］．现代法学，2019（1）：110－124．

干规定》（2020 年修正，2021 年 1 月 1 日起施行，以下简称《审理专利案件适用法律规定》）第十四条规定，权利人因被侵权所受到的损失可以根据专利权人的专利产品因侵权所造成销售量减少的总数乘以每件专利产品的合理利润所得之积计算。权利人销售量减少的总数难以确定的，侵权产品在市场上销售的总数乘以每件专利产品的合理利润所得之积可以视为权利人因被侵权所受到的损失。从计算实际损失的角度看，主要还是要考虑专利产品因侵权所造成销售总量的减少。但在知识产权侵权纠纷案件中，被侵权人知识产权产品侵权数量的减少确实不容易确定。所以司法解释进一步规定，可以按照侵权产品在市场上销售的总数乘以每件专利产品的合理的利润，以此作为被侵权人的实际损失。笔者认为，这一做法实际上就是将下面简要探讨的以侵权人的侵权利润作为赔偿额。

上述计算方法看似简单、容易操作，但其有基本的前提，即侵权人与被侵权人存在市场交集的情况。如果侵权人实施侵权行为的市场范围，并没有覆盖被侵权人行使知识产权的市场范围，就很难说被侵权人因为侵权人实施侵权行为而导致了实际损失。甚至在一些情况下，被侵权人不仅没有因为侵权人实施侵权行为导致市场份额的减少，在侵权人实施侵权行为以后，其市场份额反而扩大了。笔者认为，被侵权人市场范围的扩大或缩小由多种因素所造成，侵权人实施侵权行为只是被侵权人市场范围缩小的原因之一。被侵权的市场范围还受到其经营战略、价格、国家政策、市场动态以及市场竞争对手合法替代品等多种因素的影响。此外，还有一种情况需要指出，在很多知识产权侵权纠纷案件中原告的知识产权并没有行使，如很多专利、注册商标根本没有得到利用。当然，如前所述，原告此前没有行使知识产权，并不等于被告实施侵权行为就不对其市场份额的控制产生损害，更不等于就不构成知识产权侵权，因为知识产权本身就是一种对市场控制的专有权利和独占权利，尽管知识产权人可能一时没有利用知识产权，但并不排除其未来可能会利用。至少可以认为，被告的侵权行为可能会导致原告潜在市场的侵蚀，使原告拓展市场经营范围受到限制。

关于被侵权人因侵权所造成的实际损失，这里可以探讨一下国外的一种重要的观点，也就是“假定没有发生侵权的情况下会怎么样”。笔者认为，这一推算方法有其合理之处。基于这一理念，我们可以将被侵权人因侵权所造成的损失概括成两个方面：一是直接的、实际的损失，如在侵权人和被侵权人产品市场有直接交集的地方，侵权人实施侵权行为直接导致了被侵权人产品市场份额的减少，减少的这部分就是侵权所造成的直接的损失。二是间接的、可得利益的丧失。也就是说，假如不发生侵权的情况，被侵权人即获得这部分的利益。由于侵权行为发生，这一部分利益就必然丧失。考虑第二个方面的损失，必须强调可得利益的丧失是直接由侵权行为的侵权行为所造成的，如果与侵权行为没有直接的因果关系就不应当考虑。在知识产权侵权纠纷案件中，原告可得利益的丧失有些可能不是基于侵权行为造成的，这一部分就不应计算在因侵权所导致的实际损失范围之中。

2. 知识产权侵权人因侵权所获得的非法利润的界定

在知识产权侵权损害赔偿案件中，侵权人因侵权所获得的非法利润，也可以作为被侵权人所获得赔偿的依据。对此，我国知识产权专门法律和相关司法解释也作了明确的规定。例如，《审理专利案件适用法律规定》（2020 年修正）第十四条还规定：侵权人因侵权所获得的利益可以根据该侵权产品在市场上销售的总数乘以每件侵权产品的合理利润所得之积计算。侵权人因侵权所获得的利益一般按照侵权人的营业利润计算，对于完全以侵权为业的侵权人，可以按照销售利润计算。《最高人民法院关于审理侵犯专利权纠纷案件应用法律若干问题的解释》（法释〔2009〕21 号，自 2010 年 1 月 1 日起施行）第十六条规定："确定侵权人因侵权所获得的利益，应当限于侵权人因侵犯专利权行为所获得的利益；因其他权利所产生的利益，应当合理扣除。侵犯发明、实用新型专利权的产品系另一产品的零部件的，人民法院应当根据该零部件本身的价值及其在实现成品利润中的作用等因素合理确定赔偿数额。侵犯外观设计专利权的产品为包装物的，人民法院应当按照包装物本身的价值及其在实现被包装产品利润中的作用等因素合理确定赔偿数额。"

关于侵权利润及上述司法解释的规定，笔者认为，其一，以侵权人的侵权利润作为被侵权人所应获得的损害赔偿金额，有其合理性与现实性。主要理由如下：如上所述，在很多知识产权侵权纠纷案件中，当事人很难提出实际损失的证据和事实。由于知识产权侵权行为的可责性，显然不能使知识产权侵权人因侵权还能够获得利润。如果侵权人在知识产权侵权纠纷解决以后还能够获得一些利润，法律对侵权人追究侵权法律责任，尤其是侵权赔偿责任的威慑性和公正性就难以体现。在现实生活中，之所以有些知识产权侵权屡禁不止，与侵权人从侵权行为获得了巨额的经济利益有很大的关系。

其二，不能一概地、绝对地将侵权人生产、销售侵权产品所获得的所有利润都作为侵权赔偿额，侵权赔偿额应当限于侵权人因侵权行为所获得的非法利润。换而言之，如果不是基于侵权行为而产生的利润，就不能纳入侵权赔偿。在有的知识产权纠纷案件中，将被告产品所获得的所有利润都作为侵权赔偿额，这很可能造成对被告的不公平。尤其是在外观设计专利侵权纠纷案件中，侵犯外观设计专利本身只是对侵权利润的获取产生一定的积极影响，作出一定"贡献"。对此最高人民法院的上述司法解释做了特别的规定。

其三，从财务会计的角度来讲，侵权人实施侵权行为所产生利润的计算有多种方式，如是营业利润还是销售利润。对此，应根据侵权人的主观状况加以选择适用。

其四，还应得注意到司法实践中，有的知识产权侵权人有两套账簿，其中假的一套账簿账面上没有利润，真实账簿上才客观地记载了利润的情况。因此，也应注意甄别和查明。

3. 以合理的许可费用为基础界定知识产权侵权损害赔偿额

在以合理的许可费用为基础界定知识产权侵权损害赔偿额时，并不是按照许可费支付赔偿额，而是许可费的若干倍数。否则，知识产权侵权和非侵权就没有界限，侵权赔偿对于侵权人的威慑和制裁效果也就难以实现。对此，我国知识产权专门法律和相关司法解释也作了专门规定。例如，《审理专利案件适用法律规定》（2020 年修正）第十五条规定："权利人的损失或者侵权人获得的利益难以确定，有专利许可使用费可以参照的，人民法院可以根据专利权的类别、侵权行为的性质和情节、专利许可的性质、范围、时间等因素，参照该专利许可使用费的倍数合理确定赔偿数额；没有专利许可使用费可以参照或者专利许可使用费明显不合理的，人民法院可以根据专利权的类别、侵权行为的性质和情节等因素，依照专利法第六十五条第二款的规定确定赔偿数额。"

按照知识产权许可费的合理倍数确定侵权损害赔偿额，在被侵权人曾经与第三方签订过知识产权许可实施协议情况下可以参酌。但是，在知识产权侵权诉讼中，这种界定方式也有很多局限性。其一，在很多知识产权侵权纠纷案件中，被侵权人根本没有进行过任何许可，所以无从参照。其二，即使被侵权人曾经有过许可，也不能机械地照搬。因为此前的许可实施中，许可的性质和条件、许可的对象、许可的权利和范围都有可能不一样。仅以许可性质而言，有的是独占许可，有的是独家许可，有的是普通许可，有的是交叉许可。简单地、机械地参照原来的许可协议去确定赔偿额，可能不符合个案的情况。其二，在知识产权侵权纠纷案件中，有可能存在当事人造假的情况。如权利人与第三人倒签合同，并且合同中确定了很高的许可使用费。此时，权利人要求法院按照此使用费标准确定赔偿额就显然是不合理的。

由于参照许可使用费标准存在以上局限性，在我国知识产权侵权纠纷案件中，参照许可费的合理倍数确定赔偿并不是很多。当然，国外（如德国）仍然比较重视这一方法来确定知识产权侵权损害赔偿。对此，笔者认为，将来随着我国知识产权许可贸易的活跃以及知识产权许可市场的不断成熟，参考这一方式确定知识产权侵权损害赔偿额会逐渐体现出在一定范围内和条件下的优越性。[1]

4. 知识产权侵权损害赔偿的法定赔偿

法定赔偿也是我国知识产权侵权损害赔偿的重要的方式。近年来，我国知识产权专门法律的修改在损害赔偿制度完善方面，法定赔偿就是一个重要的内容。对此，我国知识产权专门法律和相关司法解释也作了专门的规定。例如，2008 年《专利法》第六十五条规定："侵犯专利权的赔偿数额按照权利人因被侵权所受到的实际损失确定；实际损失难以确定的，可以按照侵权人因侵权所获得的利益确定。权利

[1] 李军. 知识产权侵权合理许可费赔偿的哲学基础［J］. 学术探索，2018（8）：89－93.

人的损失或者侵权人获得的利益难以确定的，参照该专利许可使用费的倍数合理确定。赔偿数额还应当包括权利人为制止侵权行为所支付的合理开支。权利人的损失、侵权人获得的利益和专利许可使用费均难以确定的，人民法院可以根据专利权的类型、侵权行为的性质和情节等因素，确定给予一万元以上一百万元以下的赔偿。"❶《著作权法》第四十九条规定："侵犯著作权或者与著作权有关的权利的，侵权人应当按照权利人的实际损失给予赔偿；实际损失难以计算的，可以按照侵权人的违法所得给予赔偿。赔偿数额还应当包括权利人为制止侵权行为所支付的合理开支。"权利人的实际损失或者侵权人的违法所得不能确定的，由人民法院根据侵权行为的情节，判决给予五十万元以下的赔偿。"❷

笔者认为，从理论上讲，法定赔偿的合理性在于，基于知识产权作为一种无形财产权和知识产权保护客体的非物质性的特点，在知识产权司法实践中，无论是侵权人因侵权所造成的对被侵权人的实际损失，还是侵权人因侵权所获得的非法利润，都难以提出充分、有效的证据加以确定。法律通过规定侵权人所赔偿的法定范围，能够使处理知识产权侵权纠纷案件中的法官有一个统一的裁判标准❸，并且能够综合考虑案件的各种因素，最终决定一个大致合理的标准。

正是因为知识产权侵权纠纷案件中，被侵权人因为被侵权所造成的实际损失或者侵权人因侵权所获得的非法利润很难以界定，知识产权侵权纠纷案件大量适用法定赔偿。有调查统计，适用法定赔偿的知识产权侵权纠纷案件占了百分之九十以上。由于在过去我国知识产权专门法律对法定赔偿规定的标准较低，如著作权侵权纠纷案件法定赔偿最高只有 50 万元，如果适用法定赔偿，那么对于有些造成被侵权人严重经济损失的著作权侵权纠纷案件，被侵权人所获得的经济赔偿就会远远低于其实际损失，而被侵权人在赔偿后仍能获得足够多的利润，法定赔偿适用的比例如此之高，应当说是不正常的。关于知识产权侵权损害赔偿中的法定赔偿，为何法官热衷于适用这种方式，除了前面讨论的当事人难以提供有效的证据从而很难确定准确的损害赔偿等原因外，笔者认为还有一个重要的原因，即这一方式比较"保险"，也就是直接根据法律规定范围加以确定，无论是原告或者被告双方当事人都很难以挑剔。

但无论如何，笔者认为法定赔偿比例适用过高可能会存在很大的问题，并不值得倡导。尤其是我国知识产权专门法律经过多次的修改，在知识产权侵权损害赔偿方面的一个重要的趋势是不断提高法定赔偿的范围。例如，2013 年修改《商标法》时将法定赔偿数额由 50 万元增加到 300 万元。2019 年修改时，再提高到 500 万元以

---

❶ 如前所述，2020 年《专利法》第七十一条对现行法规定作了重要修改。

❷ 如前所述，《著作权法》（2020 年修正）第五十四条对现行法规定也作出了重要修改。

❸ 李永明. 知识产权侵权损害法定赔偿研究［J］. 中国法学，2002（5）：3.

下。《著作权法》（2020 年修正）及 2020 年《专利法》也提高到 500 万元以下标准。这几次修改，一方面可以说大大增加了赔偿的力度，另一方面，也大大增加了法官在适用法定赔偿时的自由裁量权，如果不对法定赔偿的适用条件、方式等作出限定和详细的规范，就会存在滥用自由裁量权的风险。近年来，尽管我国对知识产权侵权损害赔偿的研究很多，但真正从操作层面解决具体的问题，还需要大力加强。如何妥善处理法官的自由裁量与适用法定赔偿的关系，尤其是防止法官滥用自由裁量权，需要引起关注和加强研究。

5. 知识产权侵权损害的惩罚性赔偿

知识产权侵权损害赔偿，最后一种界定方式是惩罚性赔偿。鉴于这一问题的重要性，本书其他相关专题也有所涉及。笔者认为，无论对惩罚性赔偿的性质如何认识，都应注意这种方式有严格条件的限制❶，尤其不能大面积适用。根据我国已经规定并实施了惩罚性赔偿制度的《商标法》的规定，它只限于主观故意程度高的恶意及情节严重的特定范围的商标侵权行为。从我国《商标法》2013 年修改以后至今，据统计适用惩罚性赔偿的案例并不多。当然，笔者并不是否认惩罚性赔偿制度在知识产权侵权损害赔偿制度中的重要地位和作用。例如，取证难、周期长、赔偿低是这些年来我国知识产权侵权纠纷诉讼案件重要特点。通过适当提高损害赔偿金额来加强知识产权司法保护，现已形成共识。2020 年已经完成修改的《著作权法》和《专利法》也均增加了惩罚性赔偿制度。2019 年 4 月修订完成的《商标法》和《反不正当竞争法》，其中修订的一个重要特点是提高知识产权侵权损害赔偿额的界定标准。2019 年 10 月底召开的党的十九届四中全会，在报告中也专门论及要建立知识产权侵权损害惩罚性赔偿制度。2021 年 1 月 1 日施行的《民法典》第一千一百八十五条也明确规定了情节严重的故意侵害他人知识产权的惩罚性赔偿制度。不过，无论如何，知识产权侵权损害惩罚性赔偿需要严格控制其适用的范围。而且在理念上也应当注意，不能认为在确定知识产权侵权的前提之下，赔偿额度越高越好。笔者认为，侵权赔偿额应该与侵权的主观故意程度、侵权的性质、后果，尤其是侵权人给被侵权人所造成的损害或对其潜在市场的影响挂钩，被侵权人所获得的损害赔偿还应与知识产权的创新程度和对社会的贡献程度相联系，即在知识产权侵权损害赔偿中，亦应适用前述比例原则。

6. 关于被侵权人因处理侵权案件而支出的合理费用的问题

关于知识产权侵权损害赔偿金额，还有一些重要问题值得探讨，如关于被侵权人因处理侵权案件而支出的合理费用的问题。从知识产权侵权诉讼案件的实际情况看，绝大多数案件中一方或者双方当事人可能都聘请了律师。这是由于知识产权纠

❶ 曹新明．知识产权侵权惩罚性赔偿责任探析——兼论我国知识产权领域三部法律的修订［J］．知识产权，2013（4）：3－9，2.

纷案件专业性强、复杂程度高、取证难。这样一来，被侵权人因处理侵权案件所支出的合理费用，至少可以分为以下两部分：第一部分是律师费以外的案件调查、差旅、公证等合理支出。其中这一部分相对来说比较好掌握，只要这些开支是基于处理案件所必要的，而且是在通常的合理的范围之内。例如，以飞机作为交通工具，通常只能是经济舱的费用，而不是公务舱或头等舱的费用，因为后者的费用会大大超过前者，不是必须要选择的。另外，也要注意具体的票据的真实性、合法性、有效性，应当将与处理案件无关的费用排除。第二部分是律师费用。这部分费用就很值得探讨。由于不同时期、不同地区的律师收费标准、收费方式可能都不一样，究竟以何种律师收费的方式和标准作为支出的合理费用，值得研究。根据多数知识产权律师办案的经验和做法，通常知识产权律师收费有以下三种模式：一是“旱涝保收型”，也就是不考虑案件最后的结果是胜诉还是败诉，或者部分胜诉部分败诉，或者中途案件中止、撤诉等特殊情况，合同签订之后收取一个基本的费用。二是“半风险”，即签订代理合同以后，律师收取基本的费用，再加上案件胜诉以后的“风险收益”，其中前者收费标准较低，后者收费标准较高。三是“全风险”，即代理协议约定，当事人事先不支付任何费用，但如果案件胜诉，则应当支出一笔较高的费用。

关于律师费的第一种方式，在实践中几乎没有多大的争议，因为当事人为了处理好案件而必须支出这笔费用。现在的问题是在于第二和第三种收费的方式，尤其是第三种收费方式，如何确定合理的律师费作为合理的支出，并纳入损害赔偿金额的范围。根据笔者所了解的情况，在知识产权侵权纠纷案件中法院一般不会轻易地将胜诉一方当事人支付给律师的半风险费用或者全风险费用作为合理的支出额，纳入损害赔偿金额，但也有极少部分案件开了这方面的口子。例如，在近年北京知识产权法院审理的一起案件中，法院就将胜诉一方所支出的100万元风险代理费作为合理的费支出纳入损害赔偿金范围，而要求败诉方承担。将胜诉一方当事人支付给律师的风险费用作为被侵权人处理侵权案件所作出的合理费用，并要求败诉方承担，这一做法是否公平、合理，值得思考。笔者原则上不赞同全部由败诉方承担，而主张应本着公平合理的原则，确定适当的金额。

我国知识产权司法保护的目标构建研究（三）*

《中国知识产权司法保护纲要（2016—2020）》确立的诸多目标，为以知识产权审判为中心的我国知识产权司法保护改革指明了方向，也为加强我国知识产权审判，提高知识产权司法效率和能力提供了明确指引。

一、建设高素质的知识产权法官队伍

纲要确立的目标之七的是："建设高素质的知识产权法官队伍。建设公正司法、司法为民，能够优质高效审理知识产权民事、行政和刑事案件，具有国际视野的知识产权法官队伍。"

对此，笔者认为，知识产权法官队伍是我国高层次知识产权人才体系的重要组成部分，在公正司法、公平合理地维护当事人的合法权益，及时高效地解决各类知识产权纠纷案件，实现我国知识产权法治，促进社会和谐，服务于经济社会发展方面具有十分重要的作用。❷ 从我国知识产权法官队伍建设的发展历程来看，我国知识产权法官队伍规模由小到大、专业水平不断提高、审判经验不断丰富，综合素质不断提高，特别是逐渐具备了解决重大、疑难、复杂、前沿性知识产权纠纷案件的能力与水平。总的来说，在我国法官队伍建设中，知识产权法官队伍总体素质较高，甚至可以认为是我国法官队伍中素质最高的类型之一。如前所述，知识产权纠纷案件具有专业性强、技术性强、疑难程度高、审理难度大等特点，对审理知识产权纠纷案件的法官来说，具有较大的挑战性。正因为如此，知识产权法官队伍的要求较高。根据上述纲要的要求和笔者的观点，成为一名优秀的知识产权法官应具备以下条件。

其一，思想政治过硬，认真对待每个案件，公正司法。如前所述，司法是社会

---

* 本文初稿撰写时间为2019年6月14日。

❷ 本刊编辑部．建设高素质的知识产权法官队伍《知识产权法院法官选任工作指导意见（试行）》．亮点解读［J］．中国审判．2014（12）：20－21．

正义的最后底线。一个缺乏司法公正的社会，就不能公平合理地维护当事人的合法权益，也不可能构建和谐社会和诚信社会。在知识产权纠纷案件中，法官的公正司法要求对各方当事人不偏不倚，不偏袒一方当事人，不受案外因素的制约。对知识产权法官公正司法质朴的解读是，要有良知，要公平地对待各方当事人，要严格遵守法律，要有强烈的正义感、责任感和社会使命感，要有对法律的敬畏感。对于法官而言，遵守法律，敬畏法律，正确适用法律，其重要性是不言而喻的。习近平总书记曾指出，要让人民群众在每一个司法案件中感受到公平和正义。这既是对我国司法保护中人民法院法官公正司法的要求，也表达了人民法院司法保护中追求司法公正的美好愿景。习近平总书记的上述讲话，应当牢记在我国每一位法官的心中。一个缺乏公平正义感的法官，即使其具有很高的专业素质，也绝不是一个好法官。无论如何强调公平正义感的重要性，对于法官队伍的建设都不过分。笔者希望我国知识产权法官心目中具有强烈的公平正义感，也只有这样才会在每一个个案中公平地对待每一位当事人。

其二，要有司法为民、便利当事人解决纠纷的理念。从知识产权司法保护的一般原理来说，知识产权司法保护本质上就是为了定分止争，公平、合理、及时、有效地解决各类知识产权纠纷。近几年来，我国知识产权司法改革的重要方面是建立以审判为中心的知识产权审判体制，而在知识产权司法保护中当事人作为诉讼的主体，考虑便利当事人解决纠纷显然是十分重要的。法官也是在解决当事人纠纷中体现其存在的重要的价值的。因此，在解决知识产权诉讼案件中，法官在遵守我国各类法律的前提之下，如何便利当事人有效地解决纠纷，是应当给予高度重视的。司法为民、便利当事人解决纠纷的理念，也体现了我国知识产权司法保护最终服务于人民、服务于国家经济社会发展的根本目的。过去的很多相关案件中，法官是否在每一个案件中都做到了这一点，值得思考。

其三，优质、高效审理各类知识产权案件。知识产权纠纷案件的专业性、技术性强，决定了知识产权法官队伍应当具有较高的专业素质。这就必须在工作中不断提高自己的专业理论和实践水平，不断地积累审判经验，能够驾驭各类疑难、复杂知识产权纠纷案件，包括不断呈现的各类新型案件，否则就难以高质量地审理知识产权案件。

其四，要有高度的责任心和认真、仔细、严谨的风格与作风。如前所述，近年来，我国知识产权诉讼案件数量飙升，这给我国知识产权法官队伍大大增加了审判的压力。然而，案件数量的飙升，绝不是可以草率解决纠纷的理由。一个优秀的知识产权法官，必须有高度的责任心。笔者通过研究大量的知识产权各类纠纷案件，发现有不少判决书质量不敢恭维，尤其是在“本院认为”部分，缺乏足够的法律适用的分析以及法理分析，不足以应令当事人信服。有些判决书甚至基本上没有法律适用或法理分析，无从理解所得出判决的结论是如何得来的。造成这种现象的原因可能很多，如有的法官专业素质不高。不过，笔者认为可能更多地还需要从责任心方面找原因。希望我国的知识产权法官队伍不断加强专业修养，不断提高裁判文书撰写水平。

其五，要有国际视野。当代的知识产权保护制度是国内保护和国际保护的双重保护体系，国际知识产权保护变革与发展对我国知识产权制度具有重要的影响。因此，我国知识产权法官队伍应当具有国际视野，关心国际知识产权制度变革和发展的最新动态。

二、建立知识产权国际司法交流合作长效机制

纲要确立的目标之八是："建立知识产权国际司法交流合作长效机制。积极推动我国'一带一路'和'走出去'战略、'中国制造 2025'战略的实施，创造公平公正、竞争有序的国际环境。"

对此，笔者认为，国际之间的司法交流，在知识产权司法保护领域同样重要，具体体现于至少以下几个方面。

其一，这是我国知识产权司法保护吸收国际经验，尤其是其他国家和地区知识产权司法审判经验、知识产权司法体制组织建设、制度建设等方面的经验所需要的。知识产权司法保护尽管在不同国家或者地区，在发达国家和发展中国家具有不同的特色，但由于知识产权保护是一种国际化的保护制度，并且随着国际知识产权制度的变革和发展，知识产权国际化程度越来越高，乃至具有全球化的趋向。在这种背景之下，各国的知识产权立法制度、司法制度趋于融合，因而相互之间可以学习与借鉴之处越来越多。特别是随着像互联网、云计算、大数据、人工智能等新兴技术的发展，知识产权制度面临技术发展的巨大挑战，这尤其体现了不断出现新型知识产权客体和侵权行为表现形式，从而也相应地出现了很多新型疑难复杂的技术型知识产权案件，需要各国知识产权司法界共同探讨，以应对技术发展对知识产权保护的挑战。

其二，加强知识产权司法国际交流，是有效推动和实施我国相关国际政策与战略，服务于我国经济社会发展的重要手段。正如上述纲要所指出的，是积极推动我国"一带一路""走出去"战略以及"中国制造 2025"战略所必需的。当前我国已经是最大贸易国，随着世界贸易组织体制的运行，中国和世界各国和地区的经济贸易紧密地联系在一起。在这种经济全球化新的国际环境之下，知识产权国际保护也会出现很多新的问题。我国知识产权司法保护应当以前瞻性、国际性的眼光予以定位。

其三，在我国日益成为知识产权大国并向知识产权强国迈进的大好形势以及推动构建人类命运共同体的新形势下，我国知识产权司法保护承载了更加重要的历史

使命。这一历史使命不限于加强国内的知识产权司法保护，还包括推动构建公平公正、竞争有序的国际环境，提升我国作为一个负责任的大国形象。在过去，我国知识产权司法体制不够健全，知识产权审判经验不足，知识产权司法保护侧重于国内保护。当今，随着我国知识产权审判水平不断提高、审判体制不断健全，越来越需要在国际知识产权司法保护体制中拥有一席之地，并不断提高自身的话语权和影响力。尤其是在推进人类命运共体的构建中，需要不断输出我国知识产权司法保护的公平公正的理念、经验和做法，推动构建公平公正和竞争有序的国际环境。笔者认为，当前国际知识产权保护仍然存在着以发达国家为主导的知识霸权倾向，像双重标准、长臂管辖就值得警惕。澳大利亚一位知识产权学者撰写的《知识财产法哲学》一书中曾经指出，发达国家为主导的知识产权独占主义，是一种危险的现象。根据他的观点，应当创建以权利义务平衡为基准的工具主义的知识产权国际保护哲学理念。对此，笔者深表赞同。为了实现知识产权司法保护领域的全球正义，在推进知识产权司法国际交流领域，我国知识产权司法保护无疑可以大有作为。由此可见，我国知识产权司法保护在政策构建和制度实施中也应当具有国际视野。也只有这样，我国知识产权司法保护在推动构建人类命运共同体、推进构建公平合理与竞争有序的国际环境方面才能作出自己独到的贡献。

如何构建我国知识产权司法国际交流机制？笔者对此有以下观点：一是我国知识产权司法保护应当具有国际眼光、国际视野。理念和观念是行为的先导，没有前瞻性的眼光和开阔的思想，就很难有具有前瞻性和战略性的行为，在知识产权司法交流领域也一样。二是应建立知识产权司法国际交流的长效合作机制。我国最高人民法院在这方面可以通过制定相关政策和措施予以推动和落实。三是通过切实的交流与合作行为，推动相关的知识产权方面的司法国际交流与合作，最终推动知识产权司法保护方面的全球正义，为推动知识产权全球治理的平等性、公正性作出积极的贡献。例如，知识产权方面的司法国际交流会议、互访、政策性文件发布、指导案例和经典案例交流等形式。

推进我国知识产权司法保护的重点措施研究（一）*

知识产权司法保护是我国知识产权保护的主导形式，因而在我国知识产权保护体系中具有举足轻重的地位。推进知识产权司法保护改革，提高我国知识产权司法保护水平，提高知识产权司法保护效率和能力，需要采取各方面的重点措施加以保障。最高人民法院《中国知识产权司法保护纲要（2016—2020）》对此规定了一系列重点措施，值得深入研究。

一、公正高效审理各类知识产权案件

纲要规定的重点措施之一是："公正高效审理各类知识产权案件。积极改进民行交叉案件的审判机制，避免循环诉讼，加快纠纷的实质性解决。推进案件繁简分流，根据不同审级和案件类型性质，实现案件审理程序和裁判文书的繁简有度，做到简案快审、繁案精审。适当扩大简易程序的适用范围，对于事实清楚、权利义务明确、争议不大的简单的知识产权案件，可以简化审理程序。充分发挥审判委员会总结审判经验和加强审判指导的职能作用，提高审判质量和效率。"

对此，笔者认为公正而高效地审理各类知识产权案件，是我国知识产权司法保护最为重要的内容与最重要的措施，这一点又包括以下两方面。

其一是确保知识产权各类纠纷案件审理的公正性。从法理的角度来讲，法律是具有国家强制性的、调整人们行为的规范，其追求公平、正义、秩序等各方面的价值，这必然对法律制度的实施提出公正的要求。离开了公正，包括知识产权案件在内的所有案件，司法审判就会偏离其目标与原则，就会造成对当事人的不公，从而影响社会和谐与稳定，也不可能很好地发挥法制建设对经济建设的保障作用。因此，

---

* 本文初稿撰写时间为2019年6月23日。

在知识产权司法保护中，公正司法的重要性无论怎么强调也不过分。[1] 公正司法的理念应当牢固地确立在每一位法官的心目中。

从我国知识产权司法保护的实际情况看，笔者认为影响我国公正司法的原因主要有：①法官缺乏强烈的公正司法的理念与观念，素养不高。②法官受到一方和双方当事人的影响，特别是牵涉到利益关系，在极端的情况下形成与一方的利益共同体。如前些年所曝光的驰名商标司法认定案件中，律师和当事人共同造假，并将法官“拉下水”，导致根本不具备驰名商标法定条件的商标在个案中被认定为驰名商标。再如，法官接受当事人的贿赂或者其他好处，导致枉法裁判，以致造成对另外一方当事人严重不公，严重亵渎法律的公正性和权威性。③法官尽管与当事人没有勾兑而形成利益关系，但缺乏认真负责、司法为民的精神，对于案件涉及的事实、证据和适用法律问题没有经过认真的研究而草率判决，结果造成认定事实错误或者认定事实不清、适用法律不当的后果。④法官的专业业务素质不高，对于案件的主要法律关系、焦点问题和法律适用问题没有清楚的了解，以致造成案件定性错误和适用法律不当。⑤法官处理敏感、复杂、利害关系重大等案件，受到其他部门的不当干扰，作出损害另外一方当事人的不公正的判决。这一问题在以前较为突出。近几年来，我国司法部门和相关部门采取了有力的措施予以遏制，尤其是禁止相关机关和领导非法干预个案，并建立了干预个案的追究机制，值得高度肯定，在知识产权司法实践中关键是如何进一步落实到位。⑥其他存在的影响公正司法的情形。概括地说，影响我国知识产权司法保护中的公正司法，既有法官的思想政治、专业素养的原因，也有外部利诱惑的原因，还包括社会环境治理的原因。

笔者认为，确保我国知识产权案件审判中的公正司法，应在以下几个方面着力：加强知识产权法官队伍的思想政治教育，提高其公平正义感；改革和完善相关的制度，杜绝案外因素的影响，杜绝关系案、人情案；有力惩处知识产权法官队伍中各种违背职业规范、损害当事人合法权益的各种违法违纪行为，不断提高知识产权法官队伍的政治素质和专业素质。

其二是确保审理知识产权纠纷案件的高效性。其实，这也是效率原则在知识产权司法保护中的具体体现和要求。正如著名知识产权法专家吴汉东教授也曾多次提出的，知识产权法律制度具有正义、效率和创新的价值取向。其中知识产权法律制度的效率价值取向和正义价值取向一样，如同飞翔中的鸟的两翼，缺一不可。知识产权案件的审理和其他各类案件一样，具有时效性的要求。从司法公正的角度讲，既要保证实体公正，也要保证程序公正，最理想的状况是实现实体公正和程序公正的有效统一，离开程序公正的实体公正不可能做到最佳地维护当事人的合法权益，

[1] 孔祥俊. 审判践行司法公正［J］. 人民司法，2013（15）：4－12.
戴建志. 公正司法中的知识产权司法保护政策［J］. 人民司法，2013（15）：16－19.

做到公正司法。如果案件久拖不决，就会严重地损害当事人的合法权益，也会影响社会和谐和稳定。因此，知识产权司法保护中，追求高效率也是十分重要的。当然，在实践中要做到这一点很不容易。例如，我国有些知识产权民行交叉案件，由于我国知识产权审判机关并不具有最终确权方面的审判权，知识产权授权确权与民事侵权纠纷可能形成交叉，在客观上导致有些案件诉讼时间漫长，甚至导致循环诉讼的情况一再发生。在极端的案件中，有的循环诉讼案件达到了十年。在笔者接受的一个发明专利侵权与确权纠纷咨询案件中，专利权先后被 14 个申请人请求宣告专利权无效，其不得不应付 8 个诉讼，后面还有 6 个案件在排队。由于官司缠身，尽管这个发明专利非常具有市场，专利权人也很无奈，只能疲惫地应付这些纠纷案件。可见，在我国知识产权司法保护中，如何提高知识产权审理案件的效率，值得认真研究。纲要上述规定的避免循环诉讼、改进民刑交叉案件的审理、推进案件繁简分流、根据案件情况简化案件审理程序等，都是有力的措施，在实施中需要不断地总结经验。

二、建立有效机制确保法律正确实施

纲要规定的重点措施之二是：“认真总结专利、商标授权确权行政纠纷案件、商标民事纠纷案件和诉前行为保全中的法律适用问题，适时制定相关司法解释，统一裁判标准和尺度。推进植物新品种司法解释修订工作，加强植物新品种权的司法保护。积极开展对涉及标准必要专利、新商业模式、著作权集体管理、信息网络环境下的知识产权保护等前沿法律适用问题的调研。加强对中医药、民间文学艺术以及涉及非物质文化遗产的知识产权保护，及时制定司法政策，明确裁判原则和要求。加强对自由贸易区建设中涉平行进口、转运过境、定牌加工等知识产权纠纷问题的研究，妥善予以解决。积极参与专利法、著作权法、反不正当竞争法等法律的修订工作，力争将司法解释、司法政策中的相关规则上升为法律，推动解决知识产权司法保护和行政保护‘双轨制’实际运行中存在的问题。”

对此，笔者认为，知识产权法律的正确实施，除了加强知识产权专门法律的制定、修改与完善外，司法政策和司法解释的及时制定与修改、完善也是一个十分重要的方面。从知识产权司法政策的角度来说，它当然是我国司法政策体系的重要组成部分，同时也是指导我国各级人民法院正确理解法律、审理知识产权案件所必需的。知识产权司法政策相对于知识产权法律具有一定的灵活性，但其在适用法律方面的独特作用是不可替代的。我国知识产权司法保护政策强调公正司法、严格保护、激励创新、利益均衡、分类施策和比例原则等。近些年来，为了加强我国知识产权司法保护，最高人民法院制定了相关司法政策。知识产权司法政策还有一个重要特点是，具有明显的与时俱进特点，需要根据经济社会发展的具体情况适时制定。例如，在2008年6月5日国务院颁发《国家知识产权战略纲要》后，最高人民法院在2009年9月3日即发布《关于贯彻实施国家知识产权战略若干问题的意见》。我国创新驱动发展战略提出和实施后，最高人民法院也相应地制定了相关司法政策。

在我国知识产权司法保护体系中，与知识产权司法政策直接相关的是知识产权司法解释。知识产权司法解释显然不同于知识产权司法政策，它是在知识产权司法政策指导和指引下就人民法院适用法律问题所作出的具体的、具有一定可操作性的规定，是对于知识产权司法政策的细化和具体化，也是一定时期知识产权司法政策的体现。近年来，为了有效实施我国知识产权法律制度，指导人民法院正确适用法律，最高人民法院先后制定了一系列涉及知识产权法律适用方面的司法解释。这些司法解释虽然不是法律和行政法规，但对于法官审理知识产权案件而言，实质上起到了法律的规范作用。特别是早些年我国知识产权专门法律规定较为简略，而知识产权司法实践中呈现了形形色色的新问题、新情况，需要通过司法解释的形式加以解决。知识产权司法解释的作用，还体现于统一裁判标准和尺度。这一点其实也非常重要，否则难以避免“同案不同判”现象。

如何完善我国知识产权司法解释制定和相关的制度完善工作？笔者认为，知识产权司法解释应当建立在广泛的实证调研和大量的案件研究基础之上。知识产权司法解释无非是提炼出相关知识产权法律规定的法律适用问题，解决知识产权审判实践中的标准不统一、认识有分歧等方面问题，这些问题既可以涉及程序问题，也可以涉及实体问题。尤其是随着技术发展和社会变革，一些新出现的问题需要通过司法解释的形式予以规制，以弥补法律漏洞，正确适用法律。例如，上述纲要提到的“涉及标准必要专利、新商业模式、著作权集体管理、信息网络环境下的知识产权保护等前沿法律适用问题的调研”，在调研基础上可以使制定出的司法解释更有针对性。知识产权司法解释还需要适时通过法律的修订而整合进法律规定之中，使之成为法律的一部分，从而为推动知识产权立法完善服务。这一点，似乎没有引起足够的重视。笔者认为，成熟的司法解释规定无疑可以利用修法的机会适当吸收到立法之中。在知识产权立法修订时，确实也应注意适当吸收相关知识产权司法解释的规定。此外，关于知识产权司法解释的制定与完善，还必须指出一点，即其不能与现行有效的法律相违背。

三、全面推进知识产权民事、行政和刑事审判“三合一”

纲要规定的重点措施之三是：“遵循知识产权司法规律，构建符合实际情况的‘三级联动、三审合一、三位一体’的集中型立体审判模式，重点解决知识产权刑事案件侦查、批捕、公诉、审判等各个环节的协调配合问题。高级人民法院要建立辖区内人民法院与检察机关、公安机关以及知识产权行政执法机关的沟通联络机制，协调公安、检察机关做好刑事案件的侦查和移送起诉工作。高、中级人民法院成立相应的协调组织，负责指导监督辖区内的‘三合一’工作。根据工作需要适当调配审判力量，加大培训力度，努力造就一支能够驾驭三大诉讼的复合型法官队伍。知识产权法院要根据全国人民代表大会常务委员会作出的相关决定适时开展‘三合一’审判。”

对此，笔者认为，三审合一是我国知识产权审判体制改革的重要方向和重点措施。[1] 知识产权纠纷案件包括知识产权民事纠纷案件、行政纠纷案件和刑事案件。这三类案件适用不同的诉讼程序，在认定事实和适用法律方面都具有不同的特点。然而，这三类案件又具有相互的关联性。例如，相当一部分专利无效行政纠纷案件是由于专利侵权诉讼引发的，即专利侵权诉讼的被控侵权人为了摆脱侵权的被动局面，以攻为守，向专利复审委员会提起专利无效请求，一方对专利复审委会的无效决定不服的，则向北京知识产权法院提起行政确权诉讼。行政诉讼和侵权诉讼在不同的法院、遵循不同的诉讼程序，而我国司法审判机关对知识产权授权确权问题并没有最终的裁判权，在法院作出终审判决以后，最终还需要回到专利复审委员会，就确权问题根据法院的裁判重新作出决定。专利侵权诉讼与专利行政诉讼如何有效地衔接，一直是专利诉讼中的一个重要问题。又如，知识产权民事侵权案件和刑事案件的衔接与协调也非常重要，这尤其体现在商业秘密纠纷案件中。在司法实践中，商业秘密所有人为了有效地打击竞争对手，更“乐于”通过刑事手段维护其商业秘密。特别是在很多商业秘密纠纷案件中，作为商业秘密所有人的原告很难举证，而举证不能就可能承担败诉的结果。根据商业秘密民事侵权纠纷案件的统计，商业秘密所有人作为原告胜诉的比例不到20%。实践中胜诉比例如此之低，更加激发了商业秘密所有人寄希望于刑事手段打击竞争对手。针对商业秘密纠纷，首先通过启动刑事手段、适用刑事程序来处理存在巨大的风险和问题。刑事案件的一审法院通常是基层法院，而商业秘密民事侵权纠纷案件一审法院通常是中级人民法院。不仅仅是级别管辖的问题，更主要的是在缺乏三审合一的前提之下，基层法院对商业秘密刑事案件整体上可能缺乏审判经验，因为刑事法官对专业性、技术性非常强的知识产权纠纷案件，尤其是商业秘密纠纷案件可能不大擅长。不仅如此，在刑事侦查早期介入阶段，公安机关和检察机关也可能缺乏对商业秘密民事侵权认定的经验，而存在先入为主的思想，即当然地认为举报人即商业秘密所有人，主张的商业秘密具有法定的构成要件，在法律上成立。即使在这点上没有问题，也可能在认定犯罪嫌疑人是否构成商业秘密侵权方面存在问题。在笔者所研究的部分商业秘密纠纷案件中，就存在一个十分奇怪的现象：审理商业秘密刑事案件二审的法院民事法官在审理该案民事侵权部分时，发现被告的行为根本不构成商业秘密侵权，如原告主张的

[1] 叶若思，祝建军，叶艳．质的融合：深圳知识产权“三审合一”［J］．人民司法，2013（11）：44－48．

商业秘密根本不成立，或者因为缺乏秘密性，或者因为缺乏保密性或者缺乏商业价值。但是到此时，刑事案件的被告已被关押有一段时间。如果实行三审合一，这一问题一般就不会出现。

笔者对作为专家证人参与处理的一起涉嫌假冒商标犯罪的案件也深有感触。笔者接手时一审法院已经认定十四位被告构成假冒商标罪。笔者发现该案刑事判决对于所谓受害人主张的注册商标，连其注册的类别以及指定的商品都没有明确地指出。可见，刑事法官对如何认定构成假冒商标罪并不清楚。在一审重审时，虽然笔者苦口婆心地指出被告根本不构成假冒商标罪，但支持公诉的检察官还是多次打断笔者的发言。本案最终在二审法院审理后，全部改判被告无罪。笔者特别注意到其中的一个细节，即二审广州市中级人民法院组成的合议庭，除了刑事法官，还有专门的知识产权法官。也正是有知识产权审判经验的法官参与知识产权刑事案件的审理，才保证被告被洗清冤情，恢复自由。该案被最高人民法院纳入50个重点知识产权案件之一。

鉴于三审合一在知识产权审判中的重要地位和作用，在早一些年我国法院就进行了这方面的试点，并积累了一定的经验。[1] 相信随着我国知识产权审判体制的改革，三审合一的知识产权审判体制最终将被广泛的推广，从而能够更好地维护当事人的合法权益，加强知识产权法制建设。

[1] 何震，魏大海．改革探索积极创新——知识产权司法保护“三审合一”研讨会综述［J］．法律适用，2010（8）：96－97．

推进我国知识产权司法保护的重点措施研究（二）*

我国知识产权司法保护各种目标的实现，离不开一系列的重点措施加以保障，需要进一步结合最高人民法院发布的《中国知识产权司法保护纲要（2016—2020）》的规定加以探讨。

一、不断完善知识产权案件管辖制度

纲要规定的重点措施之四是："不断完善知识产权案件管辖制度。按照知识产权案件适当集中、布局合理、审判模式'三合一'的原则，统筹确定知识产权案件的地域管辖、级别管辖和专门管辖。在中级人民法院辖区内的一般知识产权民事、行政和刑事案件原则上指定一个基层人民法院跨区划集中管辖，案件数量多的地区可以适当增加指定基层人民法院管辖，案件数量少的地区可以由中级人民法院提级管辖。级别管辖主要按照案件类型划分，逐步实现技术类案件集中管辖。要明确案件管辖权移转的条件、范围和程序，重大、疑难复杂、社会关注度高的案件可由上级人民法院提级管辖。知识产权法院及法庭实行跨行政区划专门管辖专利等技术类民事、行政和刑事案件。"

根据上述规定，笔者认为，以下问题值得研究。

其一，明确知识产权案件管辖的原则。知识产权案件的管辖制度，涉及各级人民法院针对不同类型、不同地域的知识产权案件的分工与审理权限。建立科学、合理的知识产权案件管辖制度，有利于整合我国有限的知识产权审判力量，优化审判资源配置，建立相互衔接和有机联系的高效知识产权审判体制，也有利于实现司法便民原则。基于知识产权案件的专业性和复杂性特点，知识产权案件审理适当集中能够提高审判效率，更好地保障知识产权案件公正审理。基于我国人口众多、地域

* 本文初稿撰写时间为2019年6月24日。

辽阔以及随着经济社会发展知识产权案件也相应地大幅度增长的现实，我国知识产权案件在管辖上需要高度重视合理布局问题，以避免具有知识产权案件管辖权的法院不大均衡甚至严重失衡的情况出现，科学配置知识产权审判资源和法官队伍。再考虑到我国法院正在推进知识产权民事、行政和刑事案件审判模式三审合一制度的改革，也必须在知识产权案件的管辖方面作出调整与改革。例如，知识产权刑事案件过去一般由基层人民法院作为一审法院，相应的中级人民法院作为二审法院，而知识产权民事和行政案件则一般以中级人民法院作为一审法院、相应的高级人民法院作为二审法院，实行三审合一审判模式改革后，需要将知识产权一审刑事案件的管辖权提升到中级人民法院。[1] 显然，我国法院推进知识产权案件三审合一，需要与知识产权案件审判管辖制度改革同步进行。

其二，统筹安排和合理确定各类案件知识产权管辖的范围。知识产权案件管辖的类型包括地域管辖、级别管辖和专门管辖等。其中，地域管辖是根据知识产权案件发生的地域，按照一定的具体标准确定具有知识产权案件管辖权的人民法院。笔者认为，地域管辖制度应当遵循方便知识产权案件解决、符合知识产权司法保护要求等原则。基于知识产权的无形财产权属性、知识产权保护客体本身的非物质性和向任何地方流动的特点，在确定地域管辖标准时，应当考虑较为宽松的标准，如除侵权产品制造地外，销售地法院也可以作为有管辖权法院。对此，最高人民法院的相关司法解释也有相应规定，在前面已经作出初步探讨。值得进一步研究的是，在关于知识产权案件地域管辖方面，随着信息网络技术的发展，特别是电子商务的迅猛发展，如何确定科学、合理的管辖权，值得探讨。[2] 例如，通过网购以及跨境电子商务环境之下发生知识产权侵权纠纷如何确定有管辖权的法院，就值得研究。[3] 级别管辖则涉及人民法院在处理知识产权案件法院级别上的权限分工。根据最高人民法院相关司法解释和各级人民法院的知识产权案件司法实践，我国对知识产权民事案件和行政案件，一般以中级人民法院作为第一审有管辖权的人民法院，以相应地域的高级人民法院作为二审法院。笔者认为，之所以形成这一格局，与前面所讨论的知识产权案件专业性、复杂性较强有较大的关系。不过，随着我国各级人民法院知识产权案件审判水平的提高以及知识产权法官队伍建设的加强，越来越多基层人民法院也具有审理知识产权案件的能力和水平。因此，在知识产权案件级别管辖方面，需要与时俱进，根据经济社会的发展和我国知识产权司法改革的需要，及时进行适当的调整，适时增补具有知识产权案件管辖权的基层人民法院。纲要提出要

---

[1] 原本对知识产权一审民事和行政案件具有管辖权的基层人民法院则例外。

[2] 王艳芳．信息网络环境下相关知识产权案件管辖法院的确定［J］．知识产权，2017（7）：51－59.

[3] 寇颖娇，吴献雅．涉网络知识产权侵权案件的地域管辖问题研究——以《民诉法司法解释》第25条为中心［J］．法律适用，2018（5）：114－120.

“在中级人民法院辖区内的一般知识产权民事、行政和刑事案件原则上指定一个基层人民法院跨区划集中管辖，案件数量多的地区可以适当增加指定基层人民法院管辖，案件数量少的地区可以由中级人民法院提级管辖。”这其实也体现了我国知识产权案件在级别管辖上逐步重视下放具有知识产权案件审判能力的基层人民法院审理知识产权案件的管辖权。此外，根据纲要的上述规定，级别管辖主要按照案件类型划分，逐步实现技术类案件集中管辖。在我国近年来的知识产权审判体制尤其是审判组织体制改革中，级别管辖和专门管辖改革具有交叉性。例如，最近几年我国专门设立了北京、上海和广州三家知识产权法院，并在一些省会城市成立了知识产权法庭，特别考虑了知识产权案件的类型，尤其是技术类型的知识产权案件逐步实现了人民法院管辖权的集中，而在级别管辖上，确立了这些法院作为中级人民法院受理一审和二审知识产权案件的分工和权限。

其三，根据个案情况启动知识产权案件提级管辖，妥善处理重大、疑难复杂、社会关注度高的案件。近年来，我国各级人民法院审结了大量知识产权纠纷案件，在这些案件中不乏具有重大影响、法律关系复杂、疑难的案件。通过在制度上进行明确，有利于及时、妥善处理相关知识产权案件，更好地维护知识产权和其他相关当事人的合法权益，维护社会关系的稳定。

其四，技术类知识产权各类案件管辖的改革与发展。针对技术型知识产权民事、行政和刑事案件处理的高度专业性和复杂性，近年来，我国知识产权审判组织体制一直在进行改革，旨在统一司法裁判标准，作出更加公正的司法判决。纲要提出，知识产权法院及法庭实行跨行政区划专门管辖专利等技术类民事、行政和刑事案件。这一重点措施已经逐步得以实现。今后，需要不断总结司法实践经验，培养更多的能够胜任审理知识产权技术型案件的法官。

值得特别指出的是，近年，最高人民法院成立了知识产权法庭，专门负责审理来自全国各地一审技术类知识产权案件等案件。最高人民法院为此颁发了《关于知识产权法庭若干问题的规定》（自 2019 年 1 月 1 日起施行）。该规定的目的是，“进一步统一知识产权案件裁判标准，依法平等保护各类市场主体合法权益，加大知识产权司法保护力度，优化科技创新法治环境，加快实施创新驱动发展战略。”该规定第一条指出：“最高人民法院设立知识产权法庭，主要审理专利等专业技术性较强的知识产权上诉案件。知识产权法庭是最高人民法院派出的常设审判机构，设在北京市。知识产权法庭作出的判决、裁定、调解书和决定，是最高人民法院的判决、裁定、调解书和决定”。[1]

二、制定与完善知识产权诉讼证据规则

纲要规定的重点措施之五是：“适时制定知识产权诉讼证据规则。根据知识产权自身的无形性、时间性和地域性等特点，借鉴发达国家和地区经验，制定与之相适应的诉讼证据规则，引导当事人诚信诉讼。通过明确举证责任倒置等方式合理分配举证责任，完善诉前诉中证据保全制度，支持当事人积极寻找证据，主动提供证据。探索建立证据披露、证据妨碍排除等规则，明确不同诉讼程序中证据相互采信、司法鉴定效力和证明力等问题，发挥专家辅助人的作用，适当减轻当事人的举证负担，着力破解当事人举证难、司法认定难等问题。”对此，笔者认为，以下问题值得研究。

第一，知识产权诉讼证据规则无疑属于一般的诉讼证据规则范畴，需要遵循一般诉讼证据规则的一般法理和原则，受一般诉讼证据规则的指导与制约。但基于知识产权本身的特殊性，尤其是其客体的非物质性、知识产权本身的无形性、时间性、地域性等特点，知识产权诉讼证据规则有其自身的特殊性和独到之处。因此，知识产权诉讼证据规则应当充分考虑知识产权保护客体与有形财产的不同特点以及知识产权本身的特殊性。例如，知识产权人不可能通过像对有些财产的占有一样去实施对客体的控制，知识产权客体具有“共享”的特点，法律只能通过人为规制“稀缺”，即通过赋予专有权的形式，使知识产权人获得法律上的专有权利的保护。知识产权这一专有权利的保护具有“客体共享、权利专有”的特点。对此，吴汉东教授在有关论著中也已指出。知识产权保护客体本身具有非消耗性、非排他性、非竞争性等特点，这一特点也使得知识产权侵权行为具有和一般侵害形财产权不同的表现形式与特点。例如，有形财产权的侵害多表现为非法占有，而知识产权的侵害通常表现为剽窃、抄袭、非法复制、仿冒、假冒等。知识产权侵权和一般侵害财产权所造成的后果方面表现也不一样，如知识产权侵害，更多的可能表现为被侵权人未

---

[1] 《关于知识产权法庭若干问题的规定》第二条则规定了知识产权法庭审理案件的权限和范围：“（一）不服高级人民法院、知识产权法院、中级人民法院作出的发明专利、实用新型专利、植物新品种、集成电路布图设计、技术秘密、计算机软件、垄断第一审民事案件判决、裁定而提起上诉的案件；（二）不服北京知识产权法院对发明专利、实用新型专利、外观设计专利、植物新品种、集成电路布图设计授权确权作出的第一审行政案件判决、裁定而提起上诉的案件；（三）不服高级人民法院、知识产权法院、中级人民法院对发明专利、实用新型专利、外观设计专利、植物新品种、集成电路布图设计、技术秘密、计算机软件、垄断行政处罚等作出的第一审行政案件判决、裁定而提起上诉的案件；（四）全国范围内重大、复杂的本条第一、二、三项所称第一审民事和行政案件；（五）对本条第一、二、三项所称第一审案件已经发生法律效力的判决、裁定、调解书依法申请再审、抗诉、再审等适用审判监督程序的案件；（六）本条第一、二、三项所称第一审案件管辖权争议，罚款、拘留决定申请复议，报请延长审限等案件；（七）最高人民法院认为应当由知识产权法庭审理的其他案件。”

来可得利益的丧失。原因在于知识产权是对市场控制的一种专有权利，由于侵权人和被侵权人产品的雷同，侵权人的侵权行为可能会挤占被侵权人的知识产品市场，并且具有连续性，这样就可能使得被侵权人的产品潜在市场受到挤压，被侵权人的预期可得利益无法实现。

综上，知识产权保护客体的非物质性、知识产权本身的特殊性以及由此带来的知识产权侵权行为的特殊性，使得在知识产权诉讼证据规则构建方面具有自身的特色、规律和要求。因而我国知识产权诉讼证据规则的构建与完善需要充分地考虑这些特点。此外，两大法系在知识产权诉讼证据规则的构建方面具有很多经验，我国在这方面应当加以认真研究，对其适合我国国情的地方予以适当借鉴。

第二，我国知识产权诉讼证据规则构建和完善，应当引导当事人诚信举证、诚信诉讼。这一点的重要性体现为以下两方面：①诚信是社会和谐与进步的着力之处，也是建设社会主义法治国家根本保障和社会主义核心价值观的重要内容，在知识产权诉讼中诚信举证、诚信诉讼是践行社会主义核心价值观的具体表现。②当事人诚信举证、诚信诉讼是保障知识产权诉讼证据真实、合法所必需的。若当事人举证不实，特别是当事人做假证、伪证，就会严重损害另外一方当事人的合法权益，严重破坏社会主义法制。

在知识产权诉讼证据规则构建中倡导当事人诚信举证，防止和遏制作假证、伪证，值得认真研究。如前所述，笔者在参与处理的一起假冒商标刑事案件中，就深有体会。笔者通过对大量知识产权案件的研究，还发现了一个非常严重的问题，就是一些知识产权纠纷案件中，一方当事人做假证、伪证。笔者因而强烈呼吁，加强对当事人作假证、伪证行为的打击，在我国知识产权诉讼证据规则的构建中对此也应给予高度的重视，采取包括诉讼证据规则构建与完善方面的对策。

进言之，在知识产权司法实践中存在当事人故意做假证、伪证的问题，从作为权利人的原告方来讲（刑事案件作为受害人），很大程度上是为了恶意打击竞争对手。知识产权案件中一方当事人故意作假证、伪证，从被告的角度来讲，很可能是为了摆脱侵权的指控。如早些年一件涉及剽窃、抄袭著作权侵权纠纷案件就是如此。在该案中，被告为了以攻为守，竟然伪造了一本出版时间比原告还早的书。被告的逻辑很简单：涉案被控侵权的书与这本伪造书的内容表达式相同，而由于原告的书出版时间比伪造的书要晚，因此被告不可能对原告构成著作权侵权，被告甚至可以反过来控告原告侵害其著作权，因为原告书的表达有一半和被告伪造的书的表达相同。该案最后的结果是，被告故意造假的行为被对方当事人识破，最后仍被认定为构成侵犯原告的著作权。该案中，被告被采取了民事制裁措施。笔者认为，对于知识产权侵权诉讼案件中任何一方当事人故意作假证、伪证的行为，应当给予强烈的谴责和坚决的打击。我国知识产权诉讼证据规则的建构，对这类问题不能不给予高度的重视。

关于知识产权诉讼证据规则的构建，还需要探讨的问题是举证责任的合理分配。上述纲要提到了包括证责任倒置等合理分配举证责任的方式。对此，笔者认为，在知识产权诉讼中对于举证责任倒置的适用应当有法律依据。从目前我国知识产权专门法律的规定来看，规定举证责任倒置的情况较少，仅限于新产品的方法专利侵权诉讼中举证责任倒置的适用等情况。在过去一些商业秘密侵权纠纷案件中，有些法院将举证责任倒置适用于当事人举证责任分配，尤其是过于减轻商业秘密所有人的举证责任，而相应地加重被控侵权人的举证责任，笔者认为这是不合理的。举证责任的合理分配，应当考虑以下原则与因素：公平、合理地维护原被告各方当事人的合法权益；个案中查明案件事实的需要；原被告在客观上的举证能力等。

再有一个值得探讨的问题是我国知识产权诉讼据证据规则的体系化构建。笔者认为，知识产权诉讼证据规则不是孤立的，不同的证据规则之间应该构建和谐、内在统一的体系，而不能相互矛盾与冲突。在知识产权诉讼证据规则中，诉前证据规则和诉中证据规则应当予以很好地协调。最高人民法院颁发了关于知识产权行为保全的司法解释。[1] 笔者认为参照与借鉴国外的规定与司法实践，其中一些规定还需要进一步完善。

最后，还需要探讨的是关于专家辅助人的问题。这一问题，过去我国的相关程序法和司法解释没有引起足够的重视。随着近年来我国知识产权诉讼案件的飙升，以及随着技术的发展，知识产权案件的专业性、技术性越来越强，构建与完善我国知识产权专家辅助人制度非常有必要。近年来，笔者应邀担了一些知识产权诉讼案件的专家证人，深有体会。通过在案件中独立发表专家的观点与见解，有利于人民法院准确地查明事实和正确地适用法律。同时，对专家而言，这也是发挥其聪明才智和专业知识更好地服务于社会主义法治建设的一个新舞台。希望我国知识产权诉讼证据规则的构建，在专家辅助人制度方面也给予高度重视。

---

[1] 参见《最高人民法院关于审查知识产权纠纷行为保全案件适用法律若干问题的规定》，2019 年 1 月 1 日起施行。

推进我国知识产权司法保护的重点措施研究（三）*

在我国知识产权司法保护中，如何建立技术事实查明机制与实现知识产权价值为导向的侵权赔偿制度，值得深入研究。

一、不断完善技术事实查明机制

纲要规定的重点措施之六是："不断完善技术事实查明机制。明确技术调查官、技术咨询专家、技术鉴定人员等司法辅助人员参与技术事实调查的方式，充分运用技术调查的各种力量资源，构建有机协调的技术事实调查认定体系，提高技术事实查明的科学性、专业性和中立性，规范技术调查报告的撰写格式和采信机制。对于辅助法官形成心证并与裁判结果有重要关联性的技术调查意见，可以通过释明等方式向当事人适度公开。强化法官在查明技术事实中的主导作用，规范技术调查主体提供的各种技术审查意见的法律定位。"

对此，笔者认为，技术事实查明机制在知识产权司法保护中十分重要。[1] 主要原因在于，知识产权案件专业性强，案件复杂，尤其是专利、技术合同、技术秘密、集成电路布图设计、植物新品种等涉及技术类型的知识产权案件涉及较强的专业技术问题，而知识产权法官多为文科背景，对技术类型知识产权纠纷案件涉及的专业技术本身问题可能缺乏深入的认识。为此，需要通过引入技术调查官、技术咨询专家、技术鉴定人等司法辅助人参与查明技术事实，以帮助法官更好地理解涉及技术类型知识产权案件相关的技术问题在法律上的理解，如在涉及等同侵权的专利侵权案中，关于手段、功能、效果的认定就涉及技术性问题的理解。[2]

关于技术事实查明机制的构建与完善，结合最高人民法院上述纲要的规定，笔

---

* 本文初稿撰写时间为2019年6月25日。

[1] 陈存敬，仪军．知识产权审判中的技术事实查明机制研究［J］．知识产权，2018（1）：41－49.

[2] 尹新天．专利权的保护［M］．北京：知识产权出版社，2005：427－448.

者认为以下问题值得重视与研究。

第一，应当明确在知识产权诉讼中技术事实查明机制各类司法辅助人的法律地位和技术调查主体提供的各类技术审查意见的法律性质与定位。尽管技术类型知识产权案件法官的审理涉及复杂的技术问题而需要借助于技术调查官、技术咨询专家和技术鉴定人员等司法辅助人在技术查明和认定方面提供帮助，但审理案件的法官仍然在技术查明机制中处于主导地位，而不是相反。换言之，法官不应当完全依赖于司法辅助人对技术事实的查明和认定，而需要在不同性质的技术审查意见基础上从法律上进行独立的判断。技术审查文件，毕竟是仅仅从技术本身的角度所作出的认定，而不能从法律适用的层面作出结论。因此，在技术类型知识产权案件的审理中，法官人员应发挥自己的专业智识，以技术审查意见为基础进行独立的司法判断。

第二，我国应不断完善技术事实查明机制的相关制度，总结司法审判经验[1]，并构建完整的技术事实查明的制度体系。目前，最高人民法院已经颁布了涉及技术调查官的相关司法解释。但是，整体上我国还缺乏完整的技术事实查明的制度体系。仅以技术类型知识产权案件的司法鉴定制度而言，这方面制度就很不健全。笔者近年参与了多起涉及技术秘密侵权纠纷的重大疑难案件处理，深感我国现有的司法鉴定制度中对技术类型案件的司法鉴定程序和相关问题缺乏完整的规定。为此，建议尽快完善我国相关的司法鉴定制度，尤其是针对技术型案件的司法鉴定制度。

二、构建以充分实现知识产权价值为导向的侵权赔偿制度

纲要规定的重点措施之七是："构建以充分实现知识产权价值为导向的侵权赔偿制度。大力弘扬尊重知识，尊重人才的理念。坚持知识产权创造价值，权利人理应享有利益回报，侵害知识产权就是侵害他人人身权和财产权的价值导向。建立公平合理、比例协调的知识产权损害赔偿制度，以补偿性为主，以惩罚性为辅，让权利人利益得到赔偿，侵权人无利可图，败诉方承担维权成本。推动在著作权法、专利法和反不正当竞争法等法律中规定惩罚性赔偿制度，提高知识产权侵权的法定赔偿额。按照《中共中央国务院关于深化体制机制改革加快实施创新驱动发展战略的若干意见》《中共中央国务院关于完善产权保护制度依法保护产权的意见》等的决策要求，实现对知识产权实行严格保护的历史性转变。"

以充分实现知识产权价值为导向的知识产权侵权赔偿制度，无疑是知识产权司法保护中的一个重要理论和制度。对此，笔者认为以下问题值得探讨。

第一，人民法院在审理知识产权侵权纠纷案件涉及损害赔偿的计算时，应当牢

---

[1] 张玲玲. 我国知识产权诉讼中多元化技术事实查明机制的构建——以北京知识产权法院司法实践为切入点［J］. 知识产权，2016（2）：32－37，57.

固树立知识产权价值导向基本理念。[1] 毋庸置疑，知识产权侵权损害赔偿额的界定一直是我国知识产权审判中的一个老大难问题。虽然我国相关知识产权法律和司法解释对知识产权侵权损害赔偿的计算有明确的规定，但这些规定较为抽象，对于知识产权侵权行为对权利人市场竞争价值所产生的损害没有给予足够的关注，以致法官在个案中很难根据侵权人对被侵权人市场价值所产生的损害计算侵权损害赔偿额。

过去，人民法院在审理知识产权侵权纠纷案件中对于损害赔偿的界定存在一定问题，判赔额过低，以致“赢了官司、输了钱”。中南财经政法大学知识产权研究中心的专家们以四千份不同类型的知识产权侵权纠纷案件判决书作样本做过课题调查。调查统计分析的结果是，专利侵权纠纷案件的平均判赔额为 8 万元，商标侵权案件是 5 万元，而著作权侵权案件只有 1.5 万元。总体上，现在我国知识产权侵权诉讼案件判赔额已大幅度提高。特别是从官方的司法政策层面及近几年来我国知识产权专门法律的修改看，大幅度提高了知识产权侵权损害赔偿额度。2020 年修改的《著作权法》及《专利法》也参照了《商标法》的修改而大幅度提高了知识产权侵权损害赔偿额度。无论是知识产权理论研究、立法规定和政策导向，提高知识产权侵权损害赔偿额度是一种共识。对此，笔者认为，其中隐含了对知识产权市场价值的高度肯定。

如前所述，知识产权本质上作为一种无形财产权和市场经济的产物，也是一种市场控制权。侵权行为就是对这种市场控制权的挑战和对这种市场控制权所形成的市场份额的挤占、削减和削弱。知识产权的价值对于权利人从市场开拓、市场竞争的角度来讲，其实就在于利用知识产权这一独占性权利去占领市场并取得竞争优势。用经济学的语言来表达则是，知识产权的价值在于对未来获利能力的专有性控制。知识产权侵权行为正是对知识产权人这一未来获利能力的减损。从市场竞争的角度来讲，当下竞争，实质上是技术产品同质化的竞争。尽管当前社会分工的重要特点是专业化分工越来越细，但在主要技术领域和产品领域产品同质化现象越来越严重，如当前国内外不同品牌的手机。在产品同质化竞争中，过去更多可能采取的是价格战和差异化战略。20 世纪，美国哈佛大学商学院教授波特就对相关问题做了深入的研究，出版了《竞争战略》《竞争优势》和《国家竞争优势》三部竞争战略的专著。在当前知识产权保护日益严格时代，知识产权保护日益成为企业竞争战略手段。企业尤其是国外跨国公司日益重视通过知识产权这一专有权去打压竞争对手、合法地控制市场，并取得竞争优势。这也是为何知识产权成为一种战略手段，企业越来越重视知识产权战略来获取竞争优势。对此，笔者在这方面也做了一系列研究，出版了《企业知识产权战略》《技术创新与企业知识产权战略》《企业知识产权管理》

---

[1] 桂舒．知识产权侵权损害赔偿定损方法探讨——以知识产权的市场经济价值为视角［J］．东南司法评论，2014 年刊；张维．专家建议法院判赔与市场价值挂钩．法制日报．2013，11，8.

等涉及如何利用知识产权这一法定的专有权和独占性权利去赢得市场竞争优势的个人专著。

第二，知识产权是一种具有重要无形财产价值的法律上的专有性权利，知识产权侵权损害赔偿应当充分考虑知识产权作为一种市场专营权的独占性权利对权利人所创造的价值。与有形财产相比，知识产权的客体具有非物质性，知识产权也被认为是一种无形财产权。与有形财产权相比，这一无形财产权创造的价值可能更大。知识产权的价值隐含在有些财产中，在当代知识产权保护制度之下有形财产的高附加值，其实主要是由知识产权这一无形财产权所带来的，如专利技术、技术秘密、企业品牌。在知识经济时代和信息社会，知识产权为有形商品带来的高附加值越来越高。不仅如此，知识产权本身作为一种无形商品也可以进行市场流通。在商品同质化日益明显的市场竞争中，知识产权的价值尤其还体现在市场份额的争夺和对市场的控制，并且在此基础上获得竞争优势。也就是说，知识产权对于权利人来说，还具有巨大的市场竞争价值。这一价值与知识产权人获得知识产权所付出的成本并不具有必然的联系，而与该知识产权在市场上获得竞争能力具有内在的关系。因此，国外的知识产权专家，如著名的剑桥大学柯尼斯（Cornish）教授在相关教材中将知识产权定位于一种对市场份额控制的专有性权利。笔者认为，基于知识产权市场价值导向的知识产权侵权损害赔偿，必须全面认识知识产权创造的价值、知识产权的竞争价值，以及在知识产权侵权诉讼中侵权人对这一价值的不当占有、削减与损害。由于知识产权创造价值，知识产权侵权诉讼案件中侵权人非法占有了这一价值，而在没有发生侵权的前提之下，权利人本应获得利益的回报，因此侵权人理应对造成被侵权人知识产权价值损害予以赔偿。

第三，基于价值导向的知识产权侵权损害赔偿制度，应当充分考虑侵权人对被侵权人知识产品市场的侵夺。用国外知识产权专家的话来说，在没有发生知识产权侵权的情况下权利人本应获得的利益应当由被告“埋单”，这既是公平的，也是合理的。对此，笔者认为应注意以下三点。

（1）价值导向的知识产权侵权损害赔偿不能按照创造某一知识产权所付出的成本来计算。这是因为知识产权的市场价值与创造某一知识产权的成本没有正相关的关系。在很多的情况下，创造某一知识产权的成本很高，但其市场价值则并不高，而在另外一些情况下，创造某一知识产权的成本并不高而其市场价值却很高。当然，在有些案件中，如商业秘密侵权纠纷案件中，如果侵害人将商业秘密非法披露致使具有重要市场价值的该商业秘密化为乌有，即因为公开而进入公共领域，此时创造该商业秘密的价值，就可能作为损害赔偿的重要考量。

（2）价值导向的知识产权侵权损害赔偿制度，应充分考虑公平合理、比例原则，不应当是侵权人获得的任何利益，而应当是被侵权人因被侵权行为而获得必要的补偿。根据公平合理原则，侵权人因侵权所支付的赔偿额应当与其行为对被侵权人所造成的损害相匹配，而不能过高或者过低。根据比例原则的要求，被侵权人因被侵权所获得的赔偿应当与该知识产权的创新程度，尤其是该知识产权对社会增加的贡献和价值相适应。

（3）价值导向的知识产权侵权损害赔偿制度，还应当贯彻技术分摊原则，而不能轻易适应全部市场价值原则。根据技术分摊原则，被告人只对其侵权行为所造成的原告的损失负责，而不能将其对涉案标的所获得的所有利润都判归原告，因为当代很多产品具有组合性，很多不是单一的，被告侵权产品利润有一部分可能不是来自于因为侵权行为所导致的，为此就需要将合法的部分排除在外。其实这也是前述公平合理原则在知识产权侵权损害赔偿计算中的体现。在笔者研究的一个典型案例中就有体会。由某高级法院二审判决的一起外观设件专利侵权案件，法院将该产品所获得的所有利润计入原告的赔偿之下，而实际上该外观设计专利对于该专利侵权产品市场利润的实现只是占了很小一部分。最终该案在最高法人民法院再审中被改判，赔偿额大大降低。关于全部市场价值原则，该原则的适用应当有严格的条件，即侵权人获得的非法利益完全是基于侵权行为所带来的，或者说侵权人利用被侵权人的知识产权创造了完全的市场价值。比如在原被告市场有交集的地方，因被告侵权产品价格低导致原告被挤出市场。这种情况就可以适用完全市场价值原则。

第四，基于知识产权价值导向的知识产权侵权损害赔偿制度，并不排除在适当的情况下适用知识产权侵权惩罚性赔偿制度。前面提到，有学者认为所谓知识产权惩罚性赔偿制度并不具备惩罚性。事实上，知识产权侵权惩罚性赔偿制度这只是学理上的一个名称和表述而已，我国的法律和司法解释并没有这样的称谓。基于知识产权侵权的不同性质和严重程度，为了加大对知识产权保护的力度，有力遏制侵权行为，针对情节恶劣的，损害严重的知识产权侵权情况，必要时可以实施惩罚性赔偿制度。

第五，基于市场价值导向的知识产权侵权损害赔偿额的界定，应当重视运用经济学的方法结合个案中的事实加以确定。在这方面，正如我国知识产权法官整体上缺乏技术科班背景一样，也缺乏经济学的科班背景，但这并不妨碍法官通过学习和了解相关的经济学知识武装自己的头脑。笔者注意到最高人民法院在广东省高级人民法院设立了基于价值导向的知识产权侵权损害赔偿的审判研究基地。知识产权案件的专业性、技术性、复杂性，决定了知识产权法官应在不断的学习中提高自己的专业水平和审判能力。基于价值导向的知识产权侵权损害赔偿额的界定，需要掌握知识产权的价值、知识产权的竞争价值、知识产权经济分析、知识产权的价值评估、技术分摊法与全部市场价值法等相关的概念、知识和原理进行学习与研究。

推进我国知识产权司法保护的重点措施研究（四）*

在推进我国知识产权司法保护的重点措施中，知识产权诉讼特别程序法、知识产权审判专门机构、知识产权案件上诉机制、知识产权案例指导制度等均是十分重要的措施，值得深入研究。

一、加强知识产权诉讼特别程序法问题研究

纲要规定的重点措施之八是："开展知识产权诉讼特别程序法问题研究。为适应知识产权审判'三合一'需要，积极开展知识产权诉讼特别程序法专题调研，以适当方式适时推动制定符合知识产权审判特点的特别程序法。通过特别程序法确立知识产权民事、行政和刑事案件的地域管辖、级别管辖和专属管辖制度、知识产权诉讼证据规则和证据保全制度，进一步明确在专利和商标民事诉讼中人民法院对专利和注册商标效力进行审查的职能，明确技术调查官、专家辅助人、技术咨询专家等的诉讼权利义务与责任。"

对此，笔者认为，以下问题值得研究。

知识产权审判"三审合一"具有十分重要的意义。所谓知识产权审判三审合一是指，知识产权民事案件、行政案件和刑事案件由同一知识产权审判庭负责审理。尽管三审合一的试点和研究在我国已经进行了很多年，但到目前为止我国知识产权审判体制格局基本上还是知识产权民事案件、行政案件与刑事案件由不同法院不同审判庭予以审理。这种审判组织形式存在的主要问题是，很难做到不同类型的知识产权纠纷案件予以衔接和协调，尤其是知识产权民事案件和刑事案件的衔接与协调，民事案件与行政案件的衔接与协调也存在问题。

围绕我国知识产权审判三审合一的问题，笔者进一步认为，为推进我国知识产权审判三审合一，根据纲要上述规定，需要建立知识产权民事案件、行政案件和刑

* 本文初稿撰写时间为 2019 年 6 月 26 日。

事案件统一的知识产权级别管辖、地域管辖和指定管辖规定。目前，我国知识产权不同性质的案件在级别管辖上不尽相同。如前所述，尤其是知识产权刑事案件一般都是由基层人民法院作为第一审法院，中级人民法院作为第二审人民法院。知识产权民事案件，则一般是由中级人民法院作为一审法院。这样一来，就同一个知识产权侵权案件而言，如果侵权行为人的行为涉嫌构成犯罪，那么审理该刑事案件的法院是基层人民法院，而审理该民事案件的一审法院是中级人民法院。由于知识产权案件的专业性、技术性、复杂性和疑难性，审理该刑事案案件的法官对于是否构成知识产权侵权不一定能够进行全面的认定。从法理和逻辑上讲，构成知识产权犯罪行为必须首先构成知识产权民事侵权行为。因此，刑事法官在认定涉案行为是否构成知识产权犯罪行为时，必须审查该行为首先是否构成知识产权侵权行为，而这需要结合个案的事实和相关法律规定去认定。如果连知识产权侵权行为都够不上，就不可能构成知识产权犯罪行为。但是，在司法实践中，由于刑事案件是由基层人民法院作为一审法院，刑事法官难以对是否构成知识产权侵权行为进行充分的把握，结果可能出现一种怪现象：刑事案件上诉到二审中级人民法院时，该法院民事法官认为根本构不成知识产权侵权行为。由于知识产权民事案件和刑事案件地域管辖与级别管辖不一，以致造成判决相互矛盾的情况。解决这一问题及我国知识产权审判三审合一的关键之处就是推进知识产权刑事案件和民事案件统一由中级人民法院作为一审法院。

笔者主张上述观点的理由是，第一，从司法实践的情况看，笔者研究了大量的知识产权刑事案件判决，发现相当一部分判决书对于被告行为是否构成知识产权侵权没有进行全面认定，而是直接按照刑法的思路在没有明确被告是否构成知识产权侵权的前提之下，作出了构成犯罪的结论。例如，关于商业秘密犯罪案件，有的判决直接根据受害人的举报或主张，直接认定涉案犯罪对象法定构成要件成立，尤其是对于涉案标的是否具有非公知性，没有进行认真的查明。即使进行了这样的查明，对被告行为是否构成商业秘密侵权这一基本问题没有根据本案事实进行系统的查证。甚至还存在错误的认识和观念，如司法鉴定没有进行非公知性鉴定，而只进行了同一性鉴定，司法鉴定机构作出了具有部分同一性的结论后，就当然地认为涉案犯罪对象的法定构成要件成立。实际上，同一性并不能简单地等同于秘密性，因为它只是表明被告涉案标的与受害人主张的商业秘密所谓秘密点有部分相同之处，如果该秘密点是否成立还没有事先进行查明，就不能得出被告构成侵害原告商业秘密的结论。第二，可以避免和减少冤假错案的发生。在当前知识产权刑事案件一审由基层人民法院审理的情况下，由于在一些情况下刑事法官对知识产权侵权是否成立没有进行公正合理的认定，以致容易造成错案。特别是当刑事案件程序进行一段时间以后，人民检察院也批准了逮捕，犯罪嫌疑人已经被拘押相当一段时间，到基层人民法院进行一审时，基层人民法院即使认为犯罪事实证据和法律依据不足，而由于受到公安和检察机关错案追究的巨大压力，要作出不构成犯罪的无罪判决可能遇到巨大的困难。这也是有一部分知识产权刑事案件，为何基层人民法院在认定被告犯罪事实证据不足的情况下仍然作有罪判决的重要原因。如果将知识产权刑事案件和民事案件统一由同一中级人民法院管辖，笔者认为上述问题就可以解决。

二、推动健全知识产权审判专门机构

纲要规定的重点措施之九是："推动健全知识产权审判专门机构。积极贯彻落实《京津冀协同发展纲要》精神，最高人民法院负责统筹协调京津冀技术类案件跨区域管辖工作。探索由北京知识产权法院在天津市和河北省设立派出法庭，集中管辖京津冀技术类案件，并以此为基础推动其他知识产权法院在更大范围内跨区划集中管辖技术类案件。认真总结重庆、南京、苏州、武汉和成都知识产权专门审判机构设立以来的工作情况和经验，根据审判工作实际需要，依法适当增设知识产权法院，完善知识产权专门审判机构合理布局。"

笔者认为，知识产权审判组织体制的构建与完善，事关知识产权审判效率的提高、贯彻司法为民的知识产权司法保护原则以及更加科学合理的审理知识产权案件、统一司法裁判标准。自该纲要颁布以来，我国知识产权审判比较突出的问题是，技术类型知识产权纠纷案件由于专业性、技术性比较高，审理难度大，分散管辖更不利于统一裁判标准，更易造成同案不同判的情况发生。对此，最高人民法院最近几年来已经高度关注，该纲要在重点措施之十相应地做了进一步的规定。

三、建立与完善知识产权案件上诉机制

纲要规定的重点措施之十是："研究构建知识产权案件上诉机制。按照2008年《国家知识产权战略纲要》提出的'探索建立知识产权上诉法院'的要求，从国家长远发展战略的高度以及适应国际发展趋势的宽广视野，深入研究建立国家层面知识产权案件上诉机制，努力从体制上解决全国技术类案件由于二审管辖分散导致终审判决法律适用标准不统一，从而影响司法公信力的问题。"

笔者认为，上述措施是落实2008年《国家知识产权战略纲要》提出的"探索建立知识产权上诉法院"的要求。要从国家长远发展战略的高度以及适应国际发展趋势的宽广视野，深入研究建立国家层面知识产权案件上诉机制，努力从体制上解决全国技术类案件由于二审管辖分散导致终审判决法律适用标准不统一，从而影响司法公信力的问题。

近年最高人民法院成立了知识产权法庭，统一作为全国技术类型知识产权案件

的二审法院，就是对上述重点措施的一个重要的回应和解决。❶ 最高人民法院知识产权法庭是世界上第一个由最高司法裁判机关作为二审法院审理技术型知识产权案件的专门法庭。❷ 最高人民法院知识产权法庭的成立，使全国二审技术类知识产权案件集中管辖，显然有利于统一我国技术类知识产权案件的裁判标准，公平合理地维护当事人的合法权益。该法庭审理第一件知识产权纠纷案件以来，已有越来越多的技术类型知识产权案件作为二审。笔者认为，最高人民法院知识产权法庭的运作与完善，需要克服一些困难，解决如下一些重大的问题。

（1）知识产权法官队伍建设的问题。据笔者所知，知识产权法庭的队伍来自最高人民法院知识产权庭以及其他高级法院知识产权法官，目前人员存在法官数量不足的问题。如何尽快充实知识产权法庭的法官队伍，特别是善于审理技术类型知识产权案件的法官队伍，值得深入研究。

（2）如何解决可能存在的案件越来越多的问题。近些年来，我国知识产权纠纷案件总的趋势是飙升，技术类型知识产权案件的数量也在快速增长中。这也是摆在最高人民法院知识产权法庭面前值得关注的问题。

（3）如何构建与完善技术类知识产权案件诉讼证据规则，指导法官高效地审理技术类知识产权案件，值得深入探讨。

（4）最高人民法院知识产权法庭审理的二审知识产权案件发生法律效力以后，如果一方或双方当事人不服而提起再审，如何有效处理与最高人民法院知识产权庭审理再审案件的关系，也值得思考。

同时，根据最高人民法院上述纲要的规定，未来可能还会需要增设一些知识产权法院。目前正如人们所知悉的，我国已经有四家知识产权法院，另外在一些省会城市设立了知识产权法庭，如长沙、成都、武汉知识产权法庭。这些法庭未来是否会升格为知识产权法院？可能一种直觉认识主张，现在的知识产权法庭就是为未来的知识产权法院做铺垫的。然而，根据笔者的认识，知识产权法庭不应简单地、随意升格为知识产权法院，尤其是没有必要大面积在很短的时间内将这些知识产权法庭升格为知识产权法院。知识产权法庭的建设，需要总结知识产权审判经验，在条件成熟时实时根据知识产权案件审判的需要升格为知识产权法院。

此外，笔者对近些年来，尤其是近几年来我国知识产权纠纷诉讼案件数量飙升深表担忧。数量的飙升，固然一方面体现了知识产权维权意识的增强，但其中也存在很多负面的因素和影响，如恶意诉讼、过度的商业维权。笔者认为在知识产权纠纷案件的解决机制方面，需要根据信息网络技术的发展和社会发展的需要，深入探

---

❶ 罗东川．建立国家层面知识产权案件上诉审理机制　开辟新时代知识产权司法保护工作新境界——最高人民法院知识产权法庭的职责使命与实践创新［J］．知识产权，2019（7）：3－13.

❷ 李剑，廖继博．国家层面知识产权案件上诉审理机制：历史、现状与展望［J］．法律适用，2019（1）：71－75.

讨，包括司法诉讼在内的多元解决纠纷机制，这样才能有效地化解知识产权司法审判的压力，快捷地解决知识产权纠纷案件。因此，知识产权纠纷的多元解决机制也是一个十分重要的值得研究的课题。

四、建立与完善知识产权案例指导制度

纲要规定的重点措施之十一是："积极推行知识产权案例指导制度。最高人民法院发布的知识产权指导性案例、公报案例、最高人民法院知识产权审判庭发布的典型案例、'最高人民法院知识产权案例指导研究（北京）基地'发布的案例以及最高人民法院司法案例研究院发布的知识产权典型案例要形成科学合理的案例群，明确各自案例的遴选机制、效力层级、发布主体和发布方式。构建指导性案例和参考性案例并存的案例体系，实现各种案例严格规范生成和不断编纂更新替代的互动机制。建立覆盖全国的知识产权案例数据库，打造智能化案例信息管理和应用系统。"

纲要的上述规定，对我国构建知识产权案例指导工作具有重要的指导意义。

知识产权案例指导制度，旨在通过对同类型案件具有参照意义的指导案例的遴选，指导人民法院公平合理地审理知识产权案件，统一同一类型案件司法裁判标准。知识产权案例指导制度价值体现于对审理同类型案件的指导。[1]

值得注意的是，我国知识产权案例指导制度不同于英美法系普通法国家的遵循先例的判例制度。[2] 一个重要原因是我国是制定法国家，更多地倾向于大陆法系国家传统。如果将案例指导制度等同于英美的判例制度，就会动摇我国审判制度的根基。当然，在我国知识产权案例指导制度构建之中，英美普通法判例制度也有合理的借鉴之处。需要探讨的是，我国知识产权案例指导制度在整个知识产权司法保护制度中的地位和作用，以及如何构建适合于知识产权司法规律的我国知识产权案例制度体系。对此，参照纲要的上述规定，笔者有以下建议。

第一，找准指导性案例的正确定位。[3] 我国知识产权案例指导制度所确立的指导性案例，不应被赋予过高的效力，而主要应是在裁判法理上的适用和参照。其实，在很多同类型的知识产权案件中，个案中案件都有个性化的特色，而并非铁板一块。也正是个案中的个性化的特色，才使法官在个案中能充分体现其审判经验、专业知识与睿智。

---

[1] 许波. 我国知识产权案例指导制度研究——以司法案例运行机制为视角［D］. 中国社会科学院研究生院，2018.

[2] 陈华丽. 中国特色知识产权案例指导制度中的核心争议探讨［J］. 知识产权，2018（8）：15－23.

[3] 李瑛，许波. 论我国案例指导制度的构建与完善——以知识产权审判为视角［J］. 知识产权，2017（3）：60－68.

第二，明确不同来源、不同性质的指导性案例的效力和地位。❶ 最高人民法院发布的知识产权指导案例、公报案例，应当说是最具有权威性的最典型的指导性案例，其他来源发布的典型案例则应注意区分。

第三，就最高人民发布的知识产权指导案例来说，虽然知识产权指导案例在整个指导案例中比例较高，但仍然存在案件覆盖面不广且在某些方面过于集中的问题，为此需要改进知识产权指导案例的遴选和发布机制。其实最近几年来，我国每年有几十万件知识产权纠纷案件，如果能对大量的同类型的知识产权就案件进行分类整理、提炼具有指导意义的裁判法理，必将有利于推动我国知识产权案例指导工作。

第四，应当推进和加强知识产权案例库的建设，利用信息技术的手段，推动知识产权案例的检索、分析。通过构建知识产权案例库，可以为遴选指导性案例以及便利当事人查找案例提供极大方便。据笔者所知，这方面相关工作已经在推进，以后需要在总结经验的基础之上进一步完善。

❶ 杨静．知识产权案例指导制度的障碍与克服——北京知识产权法院庭审实质化实证研究［J］．法律适用，2016（10）：69－75．

推进我国知识产权司法保护的重点措施研究（五）*

在推进我国知识产权司法保护的重点措施中，知识产权多元化纠纷解决机制、知识产权司法公开、知识产权国际交流与合作、知识产权审判队伍建设等也是十分重要的措施，值得深入探讨。

一、建立知识产权多元化纠纷解决机制

纲要在重点措施之十二规定："要推动建立知识产权多元化纠纷解决机制。有效发挥仲裁和其他纠纷解决方式在知识产权纠纷解决中的积极作用，鼓励当事人通过非诉讼方式化解纠纷。加强与仲裁机构、行业协会、调解组织的沟通，推动知识产权民事纠纷解决第三方平台建设，畅通诉讼与仲裁、调解的对接机制，统一相关流程和法律文书。支持仲裁机构、调解组织在证据保全、财产保全、强制执行等方面依法履职，形成知识产权纠纷非诉讼解决便捷机制。"

对此，笔者认为，知识产权纠纷和其他各类纠纷一样，除了以诉讼的途径解决纠纷以外，当事人还可以通过非诉讼的其他一系列方式解决纠纷。这些多元化解决纠纷的方式各有其特色、优势❷，以下不妨逐一解读。

其一是当事人自行和解。发生知识产权纠纷以后，当事人自行和解可能是一种最简便并且容易执行的化解纠纷手段。当事人自行和解是私力救济的体现。由于这一手段以当事人双方自愿为前提，除了解决纠纷的成本低、效率高等优势以外，其还有一个重要的优势在于能够很快地得以执行。相比于诉讼解决手段，虽然具有国家强制力，但有可能使原来的合作关系破裂。不仅如此，有效执行也是一个可能存在的问题。当然，如上所述，当事人自行和解需要以当事人双方自愿为前提。所以

* 本文初稿撰写时间为 2019 年 6 月 27 日。

❷ 刘友华. 知识产权纠纷多元化解决机制研究：以纠纷类型化为中心［J］. 知识产权，2013（4）：10－15，40.

这种情况在实践中也有很多局限性，即使双方有和解的愿望，最终也不一定能够达成和解协议；即使能够达成和解协议，也可能存在一方或者双方不愿意履行的情况。不过，总的来说，在发生知识产权纠纷以后，能够采取这种简便的方法处理纠纷，还是十分有必要的。日常生活中所说的“和为贵”“先礼后兵”，不无道理。

其二是采取调解手段解决知识产权纠纷。[1] 调解是解决法律纠纷的重要手段，对此我国相关程序法律和司法解释有明确的规定。当事人双方通过调解组织、调解人斡旋，解决知识产权纠纷，也有很多优势和特色，能够较好地执行。这是因为，与诉讼这一以国家强制力作后盾相比，调解的气氛比较温和，当事人双方给予的期望值也比较高，在双方互相让步以后达成的共识也比较容易接受和执行。当然，这里说的调解，是诉讼外的调解，采取诉讼手段时也有调解的环节。这两者的性质、程序是不一样的，在此不予赘述。

其三是采取仲裁的手段解决知识产权纠纷。知识产权仲裁是我国仲裁案件的重要类型之一，与通过诉讼途径解决知识产权纠纷相比，其也具有独到的优势和特点，特别是仲裁实行专家裁断案件、“一锤定音”，在解决知识产权纠纷方面其具有高效性和权威性。据北京仲裁委员会每年公布的信息，尽管当事人一方或双方对仲裁裁决不服可以请求法院予以撤销，但每年真正撤销的案件极少，而且几乎都是基于管辖、程序瑕疵的问题，而不是对实体问题裁决的纠正。当前我国很多仲裁机构审理过知识产权纠纷案件。有些地区甚至还专门成立了知识产权仲裁院，通过仲裁的手段专门解决知识产权纠纷案件。不过需要指出，通过仲裁手段解决知识产权纠纷案件，还没有得到当事人普遍的了解和理解，可能有很多当事人还不知道可以通过这种形式尽快地解决知识产权纠纷。所以，在知识产权法律知识普及和宣传方面，通过仲裁途径解决知识产权纠纷也是其中的一个重要内容。当然，以仲裁方式解决知识产权纠纷案件也有其局限性和适用条件。例如，当事人需要有仲裁协议，或者在纠纷发生前后就纠纷的解决设有专门的仲裁条款，也就是说当事人不能单方面向仲裁机构提起仲裁。

其四是通过诉讼解决知识产权纠纷案件。这毫无疑问是解决知识产权纠纷案件最具强制性的手段。对此，前面已作多方面探讨，在此亦不予赘述。

当然，根据纲要的上述规定，解决知识产权纠纷的这些不同方式并不是孤立的。我国知识产权纠纷解决机制的建构，不仅应当注重构建多元化的纠纷解决机制，而且应当注意纠纷解决机制的协调和衔接。

---

[1] 张绳祖. 知识产权案件调解的三大原则［J］. 人民司法，2013（16）：10－13.

二、促进知识产权司法公开

纲要在重点措施之十三规定："要全面推进知识产权司法公开。极探索移动互联环境下司法公开的新途径，强化知识产权审判对中国裁判文书网、中国审判流程信息网、中国庭审公开网等平台的广泛应用，推进知识产权司法公开的信息化、数据化、精细化。加强科技法庭建设，运用视频、音频等技术公开庭审过程，大力推进庭审同步录音录像和庭审网络直播，创新庭审公开形式，拓展庭审公开的范围。引入数据分析机构、互联网新媒体等第三方专业机构分析研发司法数据，加强司法公开的成果应用，提升司法公开的智能化。做好《中国法院知识产权司法保护状况》《最高人民法院知识产权案件年度报告》以及'十大案件和五十个典型案例'等撰写发布工作。"对此，笔者认为，以下问题值得研究。

第一，我国知识产权司法公开具有十分重要的意义，具体体现在以下几个方面。

首先，知识产权司法公开是信息公开的重要形式[1]，而在信息社会中信息公开对于落实社会公众的信息知情权，宣传和普及知识产权法律意识和知识，增进社会的和谐具有重要意义。当前，随着我国法治政府目标的提出，政府信息公开日益重要。知识产权司法信息不等同于政府信息，但这类信息的公开对于公民了解知识产权案件及相关案件背后所涉及的知识产权司法政策等相关情况无疑具有重要作用。这样必然也有利于知识产权知识和法律意识的普及，因为活生生的知识产权司法个案，也就是活生生的知识产权普法故事和"知识产权法制节目"。不仅如此，对于知识产权司法保护研究而言，知识产权司法公开亦能够提供更多的便利。过去我们在研究知识产权相关问题时，就苦于很多知识产权司法相关资料和信息无从找到，而不得求助于其他办法加以解决。

其次，知识产权司法公开是加强社会对知识产权司法的监督，增进我国社会主义民主政治建设的必要手段。知识产权司法公开，针对具体的案件而言，无异于让社会公众知道而接受社会的监督，这样可以减少和避免法官裁判案件玩忽职守、草率裁判，因为知识产权司法案件的公开使公众有机会知道案件的情况和信息，从而能够对案件的是非曲直进行评判。

再次，知识产权司法公开也是履行国际知识产权义务的要求。我国已经加入世界贸易组织，而加入世界贸易组织必须同时加入《与贸易有关的知识产权协定》。该协定对知识产权信息的公开也做了相关的规定。因此，从这一方面讲，也需要采取足够的措施，促进我国知识产权司法公开。

最后，知识产权司法公开，有利于提高我国的知识产权纠纷案件审判水平。知

---

[1] 唐应茂. 司法公开及其决定因素：基于中国裁判文书网的数据分析［J］. 清华法学，2108（4）：35－47.

识产权司法公开意味着法官能够更方便地了解其他相关知识产权司法信息，从大量的同类知识产权案件中获取审判经验，因为在先的同类型知识产权案件能够给个案提供指引，尤其是在裁判法理方面获得启发。

第二，提高我国知识产权司法公开水平，需要充分利用移动互联网手段和信息传播与利用措施。当今是互联网+时代，互联网对人们生活的影响具有全方位性。就知识产权司法公开而言，可以通过设计和运行专业司法网站，如中国知识产权司法裁判网、中国庭审公开网、中国审判流程信息网等，促进知识产权司法信息的公开。在这方面也需要注意体现司法为民的原则，如在网站设计和运行方面，体现检索方便、便捷和人性化的原则。同时，在知识产权司法数据信息方面，应当有足够的信息，保持及时的更新。现有的知识产权司法相关网站则仍然存在很多问题，如某知识产权司法裁判网，在检索便利等方面笔者认为就有一些值得改进的问题。总的来说，通过移动互联网络促进知识产权司法信息的公开，大大有利于利信息技术手段推进知识产权司法的信息化、数据化和精细化。

第三，知识产权司法信息的公开，也应当重视对知识产权司法信息进行二次加工、整理和分析。人民法院知识产权判决书、裁定书等相关法律文书的公开，可以视为知识产权司法原始信息的首次公开。如上所述，这些公开的信息固然具有十分重要的意义和作用，但从信息资源开发和利用的角度来说，知识产权司法信息的二次加工同样甚至具有更加重要的意义。这是因为，知识产权司法信息的二次加工以后形成的知识产权司法信息的资料库、数据库、信息库等，能够为相关社会公众提供更多的知识产权相关文献与信息。从信息管理与图书情报学科的角度来说，知识产权司法信息的加工，可以形成增值信息，从而能够使公开的知识产权原始信息发挥更加重要的作用。笔者在2010年到2016年承担第一个国家社科基金重大项目“国家知识产权文献及信息资料库建设研究”的过程中，对知识产权相关司法信息的整理、分析及二次加工就很有体会。在相关研究基础知识，课题组构建了“中国知识产权文献与信息资料库”试验版资料库网站，旨在通过初步探索，为未来构建实体的中国知识产权文献与信息资料库提供思路和方法。笔者认为，在这方面，除了相关司法主管机关予以组织和实施以外，也可以引入和拓展民间途径。近年来，北大法宝、知产宝等在这方面就做了很多努力，值得肯定。

三、知识产权国际交流与合作

纲要在重点措施之十四部分规定：“继续加强国际交流与合作。依托‘中国法院知识产权司法保护国际交流（上海）基地’，建设具有国际水平的知识产权智库，积极开展具有国际影响力的知识产权研讨交流活动，宣传中国知识产权司法保护成就。进一步拓展国际交流合作空间，通过派员参加国际会议、出国培训、举办国际论坛、邀请外国法官和学者来华交流等方式，及时了解掌握国际知识产权保护动态，促进相互沟通与合作。通过各种对话平台，积极参与和引导国际知识产权治理规则创设和修订，推动构建更加公平公正开放透明的国际规则。”

对此，笔者认为，知识产权国际交流与合作是我国知识产权保护体系和制度建设中的重要组成部分，是提升我国知识产权保护在国际上的地位和影响，澄清某些国家和组织对中国知识产权司法保护等在内的误解，树立我国负责任大国的中国知识产权大国形象，推进人类命运共同体理念下的公平公正和透明的国际知识产权规则的构建，实现知识产权国际保护领域的全球正义所必需的。

众所周知，知识产权制度是一种国际化的制度。特别是在世界贸易组织体制之下，知识产权制度国际化有向全球化迈进的趋势。世界贸易体制下国内市场的国际化和国际市场的全球化，更加促成了知识产权保护制度的国际化的全球化趋向。在知识产权国际化和全球化背景下，我国知识产权保护制度一方面需要立足于中国国情，立足于本土化，另一方面要高度关注国际知识产权制度的变革与发展。为此，通过加强我国与其他国家和地区，加强知识产权国际交流与合作，具有十分重要的意义和作用。

无疑，知识产权司法保护是我国知识产权保护体系最重要的内容。知识产权司法保护领域的国际知识产权交流与合作，同样很重要，笔者认为这种重要性具体体现在以下三个方面。

其一，通过知识产权司法方面的国际交流与合作，增进其他国家和地区以及其他组织和个人对中国知识产权司法保护的了解，澄清国际上对中国知识产权司法保护的误解，克服不公平的偏见，确立中国知识产权司法保护的良好形象，增进相互之间的了解，意义重大。一段时间以来，有些国家和地区组织和个人对中国知识产权保护的成就充满了误解，甚至产生敌意。仅以笔者近些年参加的一些知识产权国际交流与合作的体会来说，国外对中国知识产权执行（enforcement）这一问题最为关注，有人甚至认为，中国知识产权侵权现象严重。笔者在和有关国外人士就知识产权话题的交流中，感到很大的程度上是对中国知识产权保护尤其是知识产权司法保护的情况缺乏了解，甚至误解。通过必要的解释、说明和交流，有关人士才认识到中国知识产权保护的情况比他们想象中的好得多。即使在现在，众所周知，中美贸易摩擦和谈判，美方指责中国侵害其知识产权，其中的原因，除了对中国这些年经济社会发展和科技进步取得的巨大成就保持警惕和担忧，甚至不排除存在敌意以外，这种不公平和毫无道理的指责某种程度上也是对中国知识产权保护取得了巨大成就，缺乏必要的了解和认知。因此，通过知识产权保护的国际交流与合作，正面弘扬我国知识产权保护取得的成就，有助于国际上减轻或消除对中国知识产权保护的误解甚至偏见。

其二，知识产权司法方面的国际交流与合作有利于我国知识产权司法机构和人员了解国外知识产权司法审判方面的经验和做法，以及国际知识产权保护制度的最新变革和发展动态，从其他国家和地区组织学习与了解相关知识产权司法保护政策、审判经验，从而通过必要的参考和借鉴，提高我国知识产权司法保护水平。知识产权制度是一种具有三四百年历史的国际化的制度，是西方的舶来品，我国相对来说制度发展较晚。其他国家和地区，尤其是西方国家，这些年来在知识产权司法保护等方面具有较多的经验，可以借鉴和学习。仅以专利授权确权机制而言，这一问题是长期困扰我国专利制度的一个老大难问题，司法实践中主要体现为专利侵权诉讼和专利无效两条不同性质的形式和程序没有很好地被衔接和整合，以致造成案件时间长，甚至造成循环诉讼现象。

其三，通过在知识产权司法方面的知识产权国际交流与合作，不仅可以及时了解国际知识产权变革与发展的最新动态与趋势，促进双方之间的了解，而且可以更好地发挥中国知识产权司法保护在国际知识产权制度变革与规则制定修改中的作用，提高中国知识产权司法保护的参与度，甚至未来的话语权，在人类命运共同体理念之下，构建具有全球正义的，公平公正的、合理的国际知识产权规则，反对和抵制知识产权霸权，反对和抵制不平等的国际知识产权保护秩序在当代的延续，从而构建追求终级人类平等与和谐发展的人类命运共同体。这是一种美好的愿景，但也是我们人类共同奋斗的目标。知识产权司法保护方面的国际交流与合作，尽管在这方面只能发挥一定的作用，但由于知识产权保护强调的是公平、正义、平等，知识产权国际保护制度也是追求构建符合全球正义标准的国际化制度，从这个意义上讲，加强知识产权司法保护的国际合作与交流，在这方面的作用也是无可替代的。

四、建设高素质知识产权审判队伍

纲要在重点措施之十五中规定："建设高素质知识产权审判队伍。加强思想政治建设，改进司法作风，确保司法廉洁。通过挂职、任职等多种方式，建立知识产权法院之间、知识产权专门审判机构之间、上下级法院之间形式多样的人员交流制度，逐步实现全国法院知识产权法官队伍建设一体化。着力培养一批顾全大局、精通法律、了解技术并具有国际视野的知识产权法官。推进人员分类管理，明确法官、法官助理、技术调查官、书记员的职责及管理要求。规范技术调查官的选任条件、任职类型、回避制度和培养机制。"

对此，笔者认为，知识产权法官队伍建设是我国知识产权司法保护人力资源保障，也是完善我国知识产权司法保护最为重要的内容之一。[1] 正如前所述，加强我国知识产权法官队伍的建设，也是上述纲要所要实现的重要目标之一。纲要对如何

---

[1] 宿迟．加强知识产权审判队伍建设服务科学发展大局［J］．人民司法，2009（5）：24－28．

加强我国知识产权法官队伍建设提出了几点具体的措施，笔者有以下理解与相关的建议。

第一，知识产权法官队伍建设是我国知识产权人才队伍建设的重要组成部分，总体上需要纳入我国知识产权人才战略和人才规划的范畴。知识产权人才战略是我国知识产权战略实施的重要内容之一，2008 年 6 月 5 日发布的《国家知识产权战略纲要》对此也有相关的规定。近些年来，从国家知识产权局到地方相关部门都发布了知识产权人才战略规划。在整体的知识产权人才战略、人才规划中，应当对知识产权法官队伍建设作适当考虑。不仅如此，笔者认为，最高人民法院等相关部门应当重视我国知识产权法官队伍的总体战略和规划，分阶段、有步骤地推进我国知识产权法官队伍的一体化，不断提高我国知识产权法官队伍的整体素质。

第二，我国知识产权法官队伍建设应以德为先，以思想政治过硬作为第一要务，以树立公正司法和司法为民的理念作为职业伦理基础和业务要求，以司法廉洁为基本行为规范，以扎实的专业基础和丰富的审判经验作为职业发展的根本。这些观点和内容看似抽象和“空洞”，实际上是我国知识产权法官队伍建设的精髓和根本性的要求。法官所从事的审判工作以定分止争为基本的、日常的工作内容，法官业务素质的提高是通过解决个案所体现的。

为做到上述几点，笔者认为，培养一名优秀知识产权法官，应重视以下几点。

（1）知识产权法官应关心时事。我国知识产权审判业务直接服务于国家经济社会的发展和创新驱动发展战略、国家知识产权战略的实施。除了法律的基本规定，一定时期的知识产权政策对于正确地适用法律，也具有重要作用。

（2）知识产权法官应将公正司法的观念牢记在心中。离开公正对待知识产权案件的当事人，就不能公平合理地解决好知识产权纠纷案件。现实生活中，知识产权法官审理案件时可能会受到外部各方面因素的干扰，此时尤其需要牢记公正司法、平等对待的观念和理念，不受外部因素的不当干扰。

（3）知识产权法官应当牢固树立司法为民的观念。司法为民，其实也是前述纲要所规定的原则。这一抽象原则在具体的个案审理中却不容易完全做到。从笔者对相关问题进行研究的情况看，落实这一原则还存在不少问题。诉讼程中涉及的一些细节看似问题很小，但有可能给当事人带来非常大的不便。例如，在一个知识产权案件中，法官本来通知了开庭时间，律师在克服诸多困难后才将时间预留下来，结果在决定开庭前一天法官又突然宣布取消，以致打乱了律师工作节奏。当然，也不排除特殊情况下需要临时取消。但如果没有这样的特殊情况，就可能在方便当事人出庭方面考虑不周。再如，有的知识产权法官在庭审时对一方当事人或者证人发言突然大加指责甚至威胁赶出法庭，而事实上这一发言并没有违背法庭纪律。显然，这也是不合适的。

（4）不断提高自身专业素质，是法官职业生涯安身立命之所在。如前所述，知识产权案件具有专业技术性强、疑难复杂程度高等特点。特别是随着高新技术的发展，出现了越来越多的新型知识产权纠纷案件。知识产权法官需要通过不断的学习、研究来提高自身的专业素质。但现实的情况是，由于知识产权案件越来越多，很多法官忙于办案，无力在工作之外进行系统的专业学习和研究。一些法官除了撰写判决书外，很少有相关论文发表。为此，笔者倡导"学者型法官"的职业发展。在这方面，我国一些优秀知识产权法官作出了表率。他们不但审理了大量知识产权纠纷案件，而且出版发表了很多相关学术成果，既提高了自身专业素质，也为我国知识产权学术研究水平的提高和知识产权学术交流作出了重要贡献。

关于我国知识产权司法保护存在的几个问题及其解决对策研究*

近年来，面对知识产权纠纷案件数量日益飙升的压力以及技术发展产生越来越多的疑难复杂的知识产权案件的挑战，各级人民法院知识产权法官审理了大量知识产权纠纷案件，并且积累了很多审判经验。此外，知识产权司法保护的社会环境不断改善，人们通过知识产权司法保护的诉讼意识也越来越强。

然而，在一方面看到我国近几年知识产权司法保护取得了巨大成就的同时，也应当看到我国知识产权司法保护存在的问题，这些问题既有政策和制度方面的问题，也有司法体制存在的问题，还有司法实践中暴露的甚至很严重的问题。在此，根据笔者的认识，略归纳一些主要问题及其成因，并提出相关的对策，希望对推动我国知识产权司法保护贡献绵薄之力。

一、关于知识产权相关政策、制度及加快知识产权审判体制改革问题

其一，关于我国知识产权司法相关政策和制度。其实，最高人民法院前述《中国知识产权司法保护纲要（2016—2020）》已经做了一系列的规定，到目前为止，还有很多相关政策和制度没有制定，如相关知识产权专业法律修改以后配套的司法解释，知识产权诉讼证据规则体系、知识产权诉讼特别程序等有待建立和完善。此外，上述纲要实施已满五年，最高人民法院是否需要制定下一阶段五年的知识产权司法保护纲要，也需要提前进行研究。

其二，关于我国知识产权审判体制改革，尤其是知识产权审判组织体系的改革。❶ 现实情况是，当前知识产权各类纠纷的数量增加迅速，人民法院有限的审判

---

* 本文初稿撰写时间为2019年7月6日。

❶ 孙海龙. 知识产权审判体制改革的理论思考与路径选择［J］. 法律适用，2010（9）：60－63.

刘强. 国家治理现代化视角下的知识产权司法审判体制改革［J］. 法学评论，2015（5）：140－147.

曹博. 美国联邦巡回上诉法院的演进及启示——兼谈我国知识产权审判体制改革的方向［J］. 法学杂志，2015（6）：121－131.

力量难以驾驭日益飙升的知识产权案件。知识产权案件积压会产生一系列严重的后果（后面还将进行专门讨论）。为了提高审判效率，更加公平合理地解决各类知识产权纠纷案件，在我国司法改革的大背景下知识产权审判体制，尤其是知识产权审判组织体系需要进一步改革和完善。笔者认为，目前需要关注两大问题，一是四家知识产权法院和一系列知识产权法庭运行的下一步走向。尤其是一系列知识产权法庭在运行几年以后，是否有必要升格为知识产权法院（不包括最高人民法院知识产权法庭）？知识产权审判体制的改革无疑涉及非常多的内容，如级别管辖、地域管辖、法官队伍建设等。很多内容需要进一步研究。二是目前三审合一的知识产权审判体制推进缓慢，且遇到了很大的障碍。在下一轮我国知识产权审判体制改革方面必须注意重点解决。笔者认为，需要对障碍的原因进行深入的研究。例如，前面笔者提出的知识产权刑事案件和民事案件统一由中级人民法院管辖作为三审合一的突破口，但据笔者了解，公安部门对这方面的改革积极性还有待提高。这一焦点问题如果得不到解决，三审合一的知识产权审判体制最终将不可能实现。当然，三审合一的解决还有很多其他重要问题。例如，不同类型的知识产权案件即民事案件、行政案件和刑事案件，在诉讼程序、诉讼证据规则、举证责任等方面都有不同的特点，这样就有必要构建统一的知识产权诉讼特别程序规则和证据规则体系，但到目前为止，这方面的学术研究成果和制度化的成果似乎不多。仅仅就研究方面而言，知识产权学者大多从事实体法研究，对程序法固然了解，但可能不是特别深入，诉讼法学者对知识产权实体法问题的研究可能也存在类似的问题。

二、知识产权诉讼案件飙升及其解决对策

前面肯定了近些年来我国知识产权司法保护取得的巨大成就，同时也指出知识产权司法保护实践中存在一些问题。对这些问题予以揭示、分析其成因并提出解决对策是有必要的。

笔者认为，近年来我国知识产权诉讼案件数量日益飙升，使人民法院在有限的审判力量下不堪重负，并造成大量案件积压、诉讼程序拖延，并在一定意义上影响社会关系的稳定和案件质量的提升，已经成为当前我国知识产权司法保护中较为突出的问题。知识产权诉讼案件的飙升，固然有其积极意义。例如，它反映了我国知识产权相关当事人权利意识的觉醒、维权意识的增强，也从一个侧面反映了我国经济关系的活跃，因为在某种程度上和某种意义上一个地区经济和科技发展越快可能更容易引起知识产权相关纠纷。我国西部相对来说知识产权诉讼案件较少、案件不够典型，则从另外一个方面反映了这一现实。但是，笔者认为，我们更加应该看到知识产权诉讼案件日益飙升本身存在的问题及产生的各种负面作用和后果。例如，知识产权诉讼案件飙升的背后，除了当事人知识产权维权意识增强的原因以外，还

存在很多不正常的原因，如当事人滥用诉权。这种现象虽然不能说普遍，但该行为的后果和负面影响是巨大的，而我国相关法律、司法解释等对于滥用诉权规定不够完善。在前面提到的笔者接受专家咨询的一起专利无效诉讼案件中，专利权人先后十多次被不同的申请人请求宣告专利权无效，以致一个很好的专利权不能得到很好的利用，而专利权人却被专利官司缠身。当然，这只是冰山一角的个案。但是，这些不同的个案加起来就是会形成数量巨大的知识产权纠纷案件。

笔者认为，知识产权诉讼案件数量飙升的另外一个不正常的原因，就是过度的知识产权商业维权，甚至构成权利滥用。在此，有必要探讨一下知识产权商业维权的定位和正当性问题，对此笔者有以下观点。

其一，知识产权商业维权本身无可厚非。当前我国知识产权司法实践中，很多是商业维权所导致的。商业维权的现实性在于，面对重复侵权、反复侵权和范围广泛的侵权，知识产权人往往难以自己亲自处理，而必要将可能涉及的批量案件委托一家律师事务所等处理，这样就可能导致商业维权现象的出现。正常情况的商业维权有利于节省当事人维权成本，提高处理案件的效率。因为商业维权通常涉及同一类型的案件，如某一驰名商标被不同的地区厂商广泛侵权，注册商标所有人通过委托一家律师事务所集中处理，有利于吃透案情并在不同地区之间维权进行协助，减少权利人的维权成本。不仅如此，知识产权商业维权会先有少部分胜诉判决出来，而这对于后期的商业维权巨大的胜诉可能性提供了重要保障，也为后期的商业维权提供了巨大的动力，因为同一类型的案件胜诉判决越多，后期的胜诉概率可能更大。这样就可能形成商业维权的所谓“良性循环”。

其二，对于知识产权商业维权，不能仅仅看到它的积极的一方面，也应看到知识产权司法实践中可能存在的问题，尤其是商业维权人滥用诉权现象必须引起高度重视。近年所曝光的“＊＊中国”滥用版权商业维权现象，就是一个典型的事件。其实这类存在严重问题的知识产权商业维权事件，也只是滥用诉权的商业维权的冰山一角，还有大量的案件没有曝光，或者没有引起高度的重视。笔者认为，下面几种情况值得高度警惕：商业维权人通过技术手段，将已经进入公共领域的作品标记为其享有著作权，在他人不明真相时起诉其侵犯著作权，在法院获得一个诉讼判决以后再铺天盖地的在全国范围内广泛地进行所谓商业维权；故意采取“放水养鱼”策略，以通过技术手段如网络，故意放任他人传播、利用网络上的其享有著作权的作品（没有署名等体现其享有著作权的相关信息或者标记），然后将那些习惯于“吃免费餐”众多的行为人告上法庭。笔者通过研究大量的知识产权侵权纠纷案件判决书发现，很多知识产权侵权案件当事人是同一主体，这其中就存在过度商业维权的现象。笔者所提出的过度商业维权，是指违背诚实信用原则和权利正当行使原则，以不合理的方式行使权利，从而使他人合法利益受到损害的行为。知识产权过度的商业维权应当给予否定性评价。

前面讨论了当前我国知识产权司法保护中的一个问题是近些年知识产权诉讼案件数量飙升。随着经济社会发展和技术革命，以及人们知识产权法律意识的增强，知识产权诉讼案件不断增加是一种必然的趋势。现在的问题是在短时间内增长过快、过猛，很多非正常因素导致了知识产权诉讼案件的飙升。特别是权利人滥用诉权以及具有非正当性的过度商业维权。为遏制知识产权诉讼案件飙升过快的问题，笔者提出以下解决对策。

第一，通过制定和完善相关法律、司法解释，对于滥用诉权的行为进行规制。如前所述，目前我国这方面的规定不够完善。滥用诉权的行为得不到有效遏制，就可能在客观上助长这类不正当行为，违背知识产权保护的宗旨。笔者注意到，2019年4月全国人大常委会通过的第四次修改《商标法》的决定，其中第四条对不以使用为目的的恶意申请注册行为，规定驳回申请、不予注册。在后面还有一条配套性的规定，即恶意提起诉讼的，应对造成的损害进行赔偿。不过，总体上我国知识产权实体法和程序法对知识产权人滥用诉权行为缺乏系统的规定，需要加紧研究。曾有一个案例，一位作者对凡是引用其作品的博硕士论文作者及其导师和学校，一律告上法庭，并且主张较高的索赔额，最后形成一系列案件。尽管最终被告没有被判侵权，但也浪费了不少司法资源，对于被告及其导师和所在学校构成了干扰。还有一起外观设计专利无效案件背后也反映了很严重的问题。在该案件中，专利权人在全国范围展开了大规模的“维权”，而其早已明知该专利是利用已进入公有领域的设计申请外观设计专利的，虽然该专利最终被宣告无效，却给众多的被控侵权人生产经营造成了困扰。

滥用知识产权诉权行为，一般来说都具有主观上的恶意，甚至主观恶意非常严重。笔者建议，对我国这些年来知识产权领域涉及滥用诉权行为的纠纷案件进行认真的研究、清理，以全面了解知识产权司法保护实践中滥用知识产权诉权的实际情况，并在此基础上制定和完善相关的规定。我国相关法律和司法解释可以对滥用知识产权诉权行为的条件、范围及相应的法律责任进行规定，以更好地指导知识产权司法实践。

不过也特别提醒，必须注意对正当的、正常的知识产权人合法行使诉权与滥用知识产权诉权进行原则性区分。例如，前者具有合法性、正当性，受法律充分、有效的保护，后者不具有正当性，不应受法律的保护；前者主观上无过错，后者主观上很多具有恶意。同时，也要注意防止被控侵权人“滥用”知识产权人滥用诉权的抗辩，否则将不利于有效地打击知识产权侵权行为，维护知识产权人的合法权益。

第二，研究规制知识产权过度商业维权的对策。如前所述，过度商业维权不具有正当性。在司法实践中，应当注意区分正当的商业维权和过度的商业维权之间的界限，以免限制和打击了正常的商业维权。同时，对正常的商业维权也应在损害赔偿的界定方面，根据个案的情况给予适当的限制，限制的标准以不能激励过度的商业维权为前提。在这方面，国外有一些经验可以借鉴。例如，美国针对专利流氓现象[❶]专门从政策层面进行了研究，得出的一个重要结论是在损害赔偿方面适当给予限制。当然，在实际操作中也特别注意，针对正常的知识产权维权在侵权损害赔偿方面不能打折扣，以免在知识产权司法保护实践中损害知识产权人的合法权益。

关于遏制过度知识产权商业维权的对策构建，需要明确什么是知识产权商业维权，以及正当的商业维权和过度商业维权的界限。对此，笔者认为所谓知识产权商业维权，是委托商业机构基于营利为目的代理知识产权人进行维权的行为，如实践中某一家律师事务所打包为某一跨国公司某知名品牌提供在中国或者中国某一地区范围的打假维权。商业维权在实践中通常具有批量性，而不仅仅是一两个案件。这也是前面所提及的为何商业维权导致知识产权诉讼案件数量的上升。过度商业维权与正当、正常的商业维权的界限在于，前者完全违背了知识产权立法和司法保护宗旨，也违背了诚实信用原则，以追求不适当的商业利益为目的而采取知识产权维权行为。司法实践中暴露的个别知识产权代理公司滥用代理权限批量维权，就存在这样的问题。可以认为，前述滥用知识产权诉权行为和过度知识产权商业维权行为也可能具有某种关联。

三、知识产权诉讼案件裁判文书中存在的问题及解决对策

我国知识产权司法保护，本质上是以审判为中心的。以审判为中心，这也是我国整个知识产权司法保护体制建构和完善的关键。以审判为中心，最终当然体现为各级人民法院所作出的纠纷案件的裁判文书，尤其是判决书。这里的裁判文书除了判决书以外，还包括裁定书、调解书等。为便于探讨，以下主要是以判决书为考察对象。

毫无疑问，判决书的质量，不仅仅是关于知识产权纠纷案件的判决书的质量，是提高我国司法保护水平，公平合理地维护当事人的合法权益，通过定分止争维护社会和谐稳定的最基本的要求。一份质量优秀的判决书，通过向当事人“讲事实、摆道理”的方式，公平合理地确立双方当事人的权利义务，不仅能够容易被执行，而且对当事人和社会公众来说，都是活生生的法制宣传。习近平总书记提出的努力让人民群众在每一个案件中都感受到公平和正义，笔者认为要做到这一点，需要以高质量的判决书作为前提和基础，否则难以做到以理服人。可以设想一下，一份低质量的判决书，要么是认定事实错误，或者认定事实不清，要么是适用法律错误，或者即使没有前面这些错误，但判决书在说理方面十分苍白，这样的情况下如何做

---

❶ 张健，梅强，李文元．中小企业与专利流氓专利策略选择的演化博弈研究［J］．科学学与科学技术管理，2015（5）：19－26．

到让当事人心服口服?

判决书质量对于提高我国知识产权司法保护水平、公平合理地维护当事人的合法权益的重要性，无论如何强调也不过分。在笔者看来，一份优质的判决书，应当具有以下特点：①事实查明、认定清楚而完整（司法保护实践中存在的主要问题将在后面讨论）；②适用法律正确；③说理充分；④论证和逻辑推理严密；⑤语言表达规范、严谨，流畅，没有歧义和模糊之处；⑥格式体例规范，⑦相关信息完整。

对照以上要求，笔者经过对近年来大量知识产权诉讼案件判决书的研究发现，我国知识产权诉讼案件判决书的质量总体上不错，尤其是最高人民法院、相当部分省份的高级人民法院以及知识产权法院和一些省市设立的知识产权法庭所作出的判决文书，但同时也存在很多问题。下面将对存在的问题进行分析，并提出解决对策。

存在的问题之一是事实查明和事实认定方面的问题。“以事实为根据”，这是我国社会主义法治最根本的原则之一。如果对案件的事实没有查清，或者对案件事实认定错误，就会导致适用法律的错误，从而作出对一方或双方当事人不公平的错误判决。当前，随着我国知识产权诉讼案件数量的急剧飙升，人民法院法官面临案件积压的巨大压力。这种情况下对人民法院法官在短暂时间内查明案件事实提出了巨大的挑战。

笔者通过大量研究知识产权案件判决书发现，这方面主要存在以下问题。

其一是对当事人双方提供的事实故意有所侧重，判决书对胜诉一方提供的事实进行详细的阐述和说明，而对败诉一方提供的事实和依据则没有进行充分的介绍和说明。这种做法故意隐瞒败诉方提供事实和依据，据此提高判决书认定胜诉方胜诉的说服力，对于败诉方显然是不公平的。相信很多知识产权专业律师或者其他领域的律师可能也发现，自己代理案件提出的很多事实证据主张在判决书中没有得到多少体现，甚至没有得到任何体现。[1] 如果不是亲自代理某个案件，而只是单纯去研究某个判决书，可能更难以发现法院判决书存在的这方面的巨大的问题。

其二是对案件的基本事实作了介绍，但是在“本院认为”的说理部分，没有进行回应，而该事实直接影响案件的结果。在笔者近年以律师身份代理的一起商业秘密纠纷案件中就存在这种情况。该案是商业秘密侵权纠纷，但被告提出了权属争议。法院判决书在前面事实认定部分，对被告提出的主张权属的协议书进行了较为详细的介绍，然而在本院说理部分没有对该协议书对权属关系的确定，以及与原告主张的侵犯商业秘密有何关系进行任何阐明，而是直接绕过了这一主张和事实依据、认定被告构成侵犯商业秘密。实际上，无论是从商业秘密保护的法理，还是商业秘密司法实践来看，如果存在权属争议，应先解决权属争议，因为如果原告主张商业秘密属于被告，那么即使涉案标的与原告主张的商业秘密相同，也不能够认定被告

[1] 这里不是指得到法院的认可，而是指在判决书中未提及。

侵权。

其三是判决书对质证过程没有记载，或者过于简单，使人无法从通过判决书对法院案件审理过程中对事实查明和认定过程予以了解。以知识产权侵权诉讼案件为例，其属于民事诉讼范畴，而我国民事诉讼法对民事诉讼的程序作了十分明确的规定。在知识产权侵权诉讼过程中，需要对涉及相关的案件事实证据进行质证，一方或双方当事人提交的证据才能作为定案的依据。知识产权案件判决书在这方面对质证过程没有记载或者过于简单，显然是存在问题的。

其四是认定事实不清或者认定事实错误。发生这些问题有多方面原因：一方或者双方当事人提供的证据有误，法官没有查实清楚；一方或双方当事人提供的关键证据不足，或提供相互冲突、矛盾的证据，法官没有查实清楚；一方或双方当事人提供假证或者伪证（这一问题，本书其他部分也有所涉），法官没有查明清楚等。

上述在知识产权纠纷案件判决中对事实认定和查明存在的问题，值得认真总结原因和找出解决的对策。例如，在一个涉及花盘外观设计专利无效的案件中，原告享有专利权的花盆隔水板非常明显地构成了区别性设计特征，法院却没有做任何阐述、说明的情况下简单地认定因为隔水板在花盆底下，消费者不容易看到。实际上，这是认定事实错误。因为，其一，原告已提出证据证明隔水板长度和宽度，有相当长的距离；其二，像花盘这类外观设计专利产品，必须是底朝天。消费者凭借普通的注意力，肉眼一眼就能够看到隔水板，而对比的在先外观设计专利缺乏这一设计特征。在类似的案件中，北京市第一中级人民法院一个外观设计专利案件中指出，对于具有特定朝向的外观设计专利产品，该特定朝向的设计特征相对于已有对比设计而言，在视觉效果上具有显著区别性特征。该案专利复审委员会及几级法院的法官没有从日常生活经验法则出发，错误地认定隔水板在花盆底下而不容易被消费者看到。由于认定事实错误，该案终审判决维持了专利复审委员会宣告专利无效的决定。再如，在一起商业秘密侵权纠纷案件中，被告在一审中明白无误地提出了破坏商业秘密的证据，在二审判决中却错误地认定被告在一审中没有提出破坏商业秘密的秘密性的证据，进而推断被告默认原告商业秘密性成立，最终认定被告侵害商业秘密成立。并且，在该案一审中尽管法院对涉及权属关系的事实证据进行了介绍，但并没有根据这一事实就权属关系以及与原告主张的侵权有何关系进行任何阐明。还如，在另外一起假冒商标犯罪案件中，举报人向公安和检察机关提交假证和伪证，致使五家企业十多名被告蒙受三年牢狱之灾。现实中，知识产权纠纷案件因为认定事实错误或者认定事实不清而导致冤假错案的，确实值得引起高度关注。这一问题如果不解决，将严重破坏我国法治。

存在的问题之二是：判决书“本院认为”部分说理不够，甚至没有说理，而是直接根据前面事实认定，依据某某法条的规定直接作出判决结论。

判决书说理不够充分，是当前我国知识产权案件判决书存在的普遍性的问题。

当然，也应当肯定，我国相当一部分知识产权案件判决书质量很高，尤其表现为说理充分、论证严密。这是应该给予高度肯定的。只是因为说理不够充分是一个普遍性的问题，所以必须给予高度重视。笔者认为，说理不够充分主要有下面原因：近些年来，知识产权诉讼案件飙升，而审判力量有限，法官面临大量案件积压的压力，不能在每一个个案中进行充分的说理；法官专业素质有待提高，对于疑难复杂案件难以进行充分的说理。当然，也不排除有少部分案件的法官责任心不够，对案件说理充分没有用心。除此之外，有可能还有其他原因。

很多判决书在“本院认为”部分说理不够充分，其中最严重的问题是有的判决书在事实认定与具体适用法律方面根本就没有进行说理。为此，需要进一步探讨知识产权诉讼案件判决书中如何提高说理水平，进而实质性提高判决书的质量。解决的根本对策是提高法官的思想政治素质和专业水平。其中，前者要求法官遵守法律，本着对当事人负责的态度认真对待每一个案件，认真撰写好每一个判决书。如果因为案件多，甚至案件积压，就对判决书撰写打折扣，就很难形成一份高质量的判决书。

在笔者参加的一个涉及注册商标无效行政诉讼案件专家论证中，中国社会科学院知识产权中心李明德教授即指出，在知识产权司法实践中法律所追求的公平正义，实际上是通过个案判决书所体现的。笔者对此也深有同感，并认为知识产权诉讼案件作为个案尽管解决的是当事人之间的是非曲直，实际上在个案的背后却彰显和体现了法律所追求的公平正义以及希望构建的社会秩序。如前所述，一份精彩的判决书就是一个活生生的普法宣传教育材料和一个活生生的普法故事。一个判决书，如果说理不清晰，甚至逻辑混乱，缺乏内在严密的推理和论证，就不可能做到让当事人胜败皆服。

这里不妨以笔者参加专家咨询的一起高级人民法院再审的另一起案件为例，加以探讨。在该商业秘密侵权纠纷案件中，再审申请人和该案一审、二审不同，其提出了被控专利技术拥有合法来源的抗辩。对此，法院审查了被控专利技术来源的合法性，确认了其来自某政府部门委托的一项课题研究成果，再审申请人也提供了相关的足够的证据。从商业秘密保护法理和司法实践的角度看，只要被控侵权人提出了合法来源抗辩，并被法院认定确实具有合法来源，即不需要考虑其他因素，而可以直接认定被控侵权人不构成侵犯商业秘密。这是因为商业秘密和其他知识产权不同，它具有权利的相对性，不排除涉案商业秘密所有人以外的其他人通过合法的途径获得同样的商业秘密。但是，在该商业秘密再审案件中，高级人民法院的裁定书中在确认了被控侵权人的专利技术具有合法来源的基础上，却指出再审申请人提供的证据不足以证明涉案商业秘密来自该课题成果。笔者认为，这样就张冠李戴、造成了逻辑混乱，因为在解决再审申请人是否构成侵害商业秘密这一点上，根本无须考虑涉案商业秘密是否来自于上述课题成果，而只需要进一步查明再审申请人提出的主张即其被指控侵权的专利技术具有合法来源，是否具有合法依据，如此足矣。关于该案，笔者经过仔细的研究，发现还有一个重大的说理方面论证错误以及相应的认定和结论错误，即再审裁定书中一方面确认了在一审中被控侵权人在法院委托的司法鉴定机构作出了司法鉴定结论以后对鉴定结论表示异议并提出了就涉案标的是否具有非公知性即秘密性的主张，以及被控侵权人在本案二审中继续提出了涉案标的是否具有非公知性的疑问和要求进一步进行司法鉴定的主张。也就是说，高级人民法院的裁定书明确了这样一个事实：该案一审和二审中，对涉案标的是否具有非公知性并没有进行查实和认定，否则高级人民法院的裁定就不会如此表述。但是，另一方面，高级人民法院的裁定书进一步论证并指出："但是，鉴于在再审程序中重新启动鉴定程序[1]，耗时较长、会造成诉讼的拖延，因此，本案一审法院和二审法院对再审申请人提出的重新进行司法鉴定的主张，不予支持是合理的。"任何一个商业秘密所有人主张他人侵害其商业秘密，该商业秘密必须符合法定的构成要件，尤其是具有非公知性或者说秘密性。如果不具备，他人的行为就不构成侵害其商业秘密。因此，在一个商业秘密侵权纠纷案件中，必须查明涉案标的是否具有非公知性。本着有错必究的社会主义法治原则，对于没有查明涉案标的是否具有非公知性的商业秘密侵权判决，应当给予纠正的机会。否则，一个典型错误判决对法治将会造成极大的损害和极大的破坏力。

前面笔者主张解决前述问题的根本在于提高法官的思想政治素质和专业业务水平。除此之外，笔者在此提出一个大胆的建议和设想，即逐渐对知识产权判决文书撰写要领和要求进行改革，允许法官在撰写判决时引用和评述与知识产权相关领域的专家学者的思想、观点、见解，包括专著、教材、论文和其他发表的相关成果，并且应当标注来源和出处，以表示对被引用、评述的专家学者成果著作权的尊重。笔者提出这一观点和对策建议，主要是基于以下考虑。

（1）我国相关法院知识产权案件判决书也有个案的先例，证明效果是良好的。尽管到目前为止，包括知识产权案件在内的案件判决书，在本院认为说理部分并没有引用专家学者观点见解之说，最高人民法院关于人民法院司法裁判文书的规定也没有系统阐述，但极个别法院极个别知识产权案件判决书已有先例，通过结合专家学者观点的论证，增加了"本院认为"部分说理的说服力，效果是良好的。

（2）相关专家学者对知识产权理论和实务问题的阐述，尤其是知识产权领域相关权威专家学者的思想、观点和见解，对于全面理解我国知识产权立法精神、政策导向和司法保护要领，具有很强的理论指导和启发借鉴意义。知识产权法理论是一

---

[1] 该案中，是针对涉案标的是否具有非公知性重新进行司法鉴定，因为此前的司法鉴定仅就同一性问题进行了鉴定，并没有就非公知性问题进行司法鉴定。参见北京市高级人民法院（2017）京民申4807号民事裁定书。

门理论和实践高度结合的法学学科。一方面其理论性非常强，一些重要理论问题至今还存在很大的争议；另一方面，其实践性也非常强，特别是随着信息网络和高新科技的发展，很多新的知识产权纠纷案件层出不穷。这样一来，法官也需要在业务能力培养中不断提高自身的理论水平。而提高自身理论水平的重要方面就是大量阅读、研究相关知识产权领域专家学者的观点和思想，从中汲取营养。不仅如此，法官在知识产权纠纷案件判决书的说理部分中，对相关专家学者的观点进行适当的介绍、评述或者引用，有利于对案件的事实从法律上解释清楚。特别是有些案件本身涉及很强的理论性问题，通过这种方式可以将问题论述得更清楚，使当事人和社会公众更加明确案件涉及的法律关系和当事人的权利与义务。

（3）知识产权相关领域专家学者的思想、观点和见解具有中立性和权威性，这有利于法院判决书所追求的公平正义。专家学者，包括知识产权领域的专家学者，是社会良知和社会公正的代言人。其独立的思想、观点和见解通过发表或出版的形式向社会公开，有利于促进和推动思想交流与社会进步。近年来，随着我国知识产权法制建设的发展，我国知识产权学术水平研究也大为提高，与40年以前相比可谓不可同日而语。无论是在知识产权法理论，还是在知识产权实务方面，我国知识产权领域专家和学者贡献了大量的智慧、思想、观点，特别是涌现了在一些相关领域非常著名和权威的知识产权专家学者，他们的学术观点和思想深刻地影响到我国知识产权立法制定修改、政策构建与司法保护，无疑是我国知识产权法制建设中十分宝贵的无形财富。

（4）主张我国知识产权诉讼案件判决书说理部分允许法官引用、评述专家学者的观点思想，并非对英美判例制度下判决文书的照搬，而是基于我国现实的考虑。从我国知识产权制度的发展和完善来看，我国知识产权法律制度存在本土化和国际化、现代化融合的过程。立足于中国现实，立足于本土国情，无疑是我国知识产权法律制度现代化变革的根本性要求。但是，立足国情不等于故步自封，国外相关的经验和做法可以适当参考和借鉴，只是不能机械移植和照搬。英美判决书中大量引用、评述专家学者的观点和见解，有其特定的历史渊源和传统。在我国知识产权诉讼案件判决书中，即使允许引用、评述专家学者的相关观点和见解，也没有必要大规模的进行。

基于上述考虑，在当前我国知识产权诉讼案件判决书总体上说理不够充分的情况下，允许法官在知识产权诉讼案件判决书中引用、评述专家学者的相关观点、思想和见解，无疑有利于提高判决书说理水平。

四、知识产权诉讼程序相关问题及规则完善

知识产权相关诉讼程序，无疑是确保知识产权诉讼纠纷案件审理正常进行的保

障，也是维护当事人合法权益的根本性保障。只有程序合法，才能最终实现实体公正。在我国，知识产权诉讼纠纷案件包括民事案件、行政案件和刑事案件。相应地，知识产权诉讼案件适用的程序有民事诉讼程序、行政诉讼程序和刑事诉讼程序。这里并不是就一般意义上诉讼程序存在的问题进行讨论，而是就知识产权诉讼中存在的问题及其解决对策进行研究。笔者认为，知识产权诉讼程序及相关规则存在主要存在以下问题。

（1）知识产权诉讼案件二审中没有按照民事诉讼法的规定进行开庭审理的偏多。就知识产权民事诉讼案件而言，其诉讼程序显然适用我国民事诉讼法的规定。对此，我国民事诉讼法规定了二审应当开庭和不需要开庭的具体情形。但是，在相当一部分知识产权民事纠纷案件中，按照民事诉讼法的规定应当给予开庭却没有开庭审理，而是实行书面审理。由于有相当一部分知识产权民事诉讼案件案情复杂，二审实行开庭审理符合民事诉讼法的规定，如果合议庭为了尽快结案，却不予开庭审理，就不利于查明案件事实并公正地作出二审判决。特别是在当前人民法院法官面临诉讼案件的巨大压力更有“动力”实行书面审，而不进行开庭审理。无论如何，案件增加的压力不是二审都不实行开庭审理的理由。

曾有一个知识产权纠纷案件，在二审程序中，主审法官组织了两次庭前“谈话”。两次谈话一审原告委派的代理人均当场被法官认定为资格不合法。该案二审上诉人提出了新的证据及事实理由。然而，在该案第二次谈话后不久当事人就收到了二审判决书。也就是说该案在没有开庭的情况下就作出了判决，而根据民事诉讼法的规定该案应当进行开庭审理，而不是书面审理。结果是，二审判决书仍然对于涉案的商业秘密是否具备法定的构成要件，特别是非公知性没有进行查明，而仍然作出被告构成侵害商业秘密的判决。

笔者认为，根据民事诉讼法的规定应当予以开庭审理的知识产权二审案件却没有进行开庭审理，会产生如下严重的法律后果：第一，直接违背法定程序，严重损害了当事人的程序性权利；第二，因为应当开庭审理而没有进行开庭审理，导致当事人无从在二审程序中充分地行使自己的诉讼权利，特别是通过庭审表明自己的主张、进行论辩；第三，不利于查清涉案的案件事实。上述案件就属于这种情况。由于我国知识产权民事纠纷案件二审不予开庭审理的情况较多，建议对这一类情况进行更详细的实证分析，特别是是否符合民事诉讼法的规定。因为应当予以开庭审理却不予开庭审理不仅直接违背了法律的规定，而且剥夺了当事人的诉权。

（2）知识产权诉讼证据规则体系尚待完善。就知识产权民事纠纷案件而言，相关的诉讼证据在我国民事诉讼法以及相关司法解释中都有具体的规定。但是，知识产权诉讼证据具有一些特殊之处，需要对此进行专门的研究，并通过司法解释等形式进行详细的规定。然而，迄今为止，我国这方面的规定较为欠缺。这里仅以司法鉴定程序为例。对此，国家司法部制定了相关通则。但该通则规定较为简单，而且不是专门针对知识产权司法鉴定。基于知识产权纠纷案件的技术性、专业性和复杂性，有必要专门针对知识产权纠纷案件的司法鉴定作出专门的规定。以商业秘密纠纷案件的司法鉴定为例，鉴定机构接受法院和相关当事人的委托鉴定以后，是否可以就涉案标的非公知性问题，通过自己主动查询检索加以解决。如果不统一作出规定，知识产权相关司法鉴定机构实践中的做法就可能不统一。进一步讨论而言，如果司法鉴定机构主动进行查询和检索，存在漏检的情况，是否需要承担相应的法律责任？这些都因为没有具体的操作性的规定而在司法实践中造成了困扰。

针对上述我国知识产权司法保护中存在诉讼证据规则缺失的情况，笔者认为，需要对我国大量的知识产权司法案件从证据采集、证据认定的角度，进行全面的清理和认真的研究。限于篇幅，以下主要从司法鉴定完善角度加以研究。

如前所述，我国关于知识产权司法鉴定缺乏系统的规则，一般意义上的司法鉴定规则难以解决知识产权司法鉴定程序中出现的各种问题，何况当前我国一般意义上的司法鉴定规则本身也存在需要完善之处。仅就知识产权司法鉴定制度完善而言，笔者认为，以下问题值得关注和思考：在相当一部分案件中，当事人一方或者双方分别申请司法鉴定，如何认定这些不同的司法鉴定的效力？从我国知识产权司法实践的情况看，有的法院对当事人单方面经申请鉴定而由司法鉴定机构作出的司法鉴定意见一律不予采信，理由是作出司法鉴定意见的司法鉴定机构只获得了一方当事人的委托，而没有获得另外一方当事人的委托，因此缺乏公正性。对此，笔者有不同的观点。笔者认为，不能够仅仅因司法鉴定机构出具的鉴定意见只是应一方当事人的委托所作出，就当然地否认该司法鉴定意见的效力。其实，当事人一方或者双方分别委托的司法鉴定机构所作出的司法鉴定意见，也是我国民事诉讼法规定的案件证据类型之一。人民法院对当事人一方或者双方分别委托的司法鉴定机构提出司法鉴定意见，应当在诉讼程序中进行审查，特别是针对双方当事人分别委托司法鉴定机构作出的结论相左的司法鉴定意见，应当进行仔细的审查、判定。在笔者代理的一起知识产权诉讼案件中，就存在类似的情况。在该案件中，由于一审法院所委托的司法鉴定机构对于涉案的标的是否具有商业秘密的法定构成要件并没有进行查明和认定，被告在二审程序中向法院提起了重新申请司法鉴定的请求，但二审法院断然拒绝。在二审程序中，被告也就是案件的上诉人一方面提出了破坏涉案标的非公知性的事实和证据，另一方面，委托了独立的知识产权司法鉴定机构就涉案标的是否具备商业秘密的非公知性进行鉴定。上诉人在二审程序中提交了该司法鉴定意见。司法鉴定意见明确认定涉案标的不具备非公知性。二审法院在未经开庭的前提之下很快作出的判决书中认定上诉人委托的司法鉴定机构所作出的鉴定意见，因为鉴定行为未经对方当事人同意而不予采信。二审判决书对此没有进行任何的说理。在该案二审中，法院对于一审被告，也就是上诉人提交的破坏涉案标的秘密性的证据和事实，并没有进行查实和认定，对被告申请重新进行鉴定的请求也不予认可，是在无奈的情况下才单方面委托独立的司法鉴定机构进行鉴定。

针对当前我国知识产权司法鉴定缺乏系统规定，导致在知识产权司法实践中涉及司法鉴定结论时做法不一的问题，有必要专门针对知识产权司法鉴定程序加以完善。例如，涉及当事人单方面委托司法鉴定机构进行鉴定的效力问题、重复鉴定问题、鉴定机构在进行鉴定过程中采集证据问题等。此外，关于知识产权诉讼证据规则体系的完善，笔者建议，在诉讼证据一般原理指导下研究知识产权诉讼证据的特殊性和规律；在总结我国知识产权司法保护经验的基础之上针对知识产权诉讼证据认定存在的问题，进行有针对性的研究；在知识产权诉讼证据规则体系研究力量方面，注意吸收诉讼法理论与实务专家参与；在我国知识产权诉讼证据规则体系构建方面，需要紧密结合我国知识产权司法改革方向，特别是知识产权诉讼中亟待克服的瓶颈，如在三审合一背景下知识产权诉讼特别程序法的问题，以及在涉及知识产权民事案件与行政案件的衔接、知识产权行政案件与刑事案件衔接证有关证据认定与查明问题等，都需要进行专门的深入研究。

当前我国知识产权司法保护面临的挑战及对策思考*

我国知识产权司法保护是我国知识产权保护体系最重要的内容。在知识产权的保护方面，尽管我国实行“两条途径、协调处理”的方式，即实行行政处理和司法保护相结合，知识产权司法保护在我国知识产权保护体系中仍然占据主导地位。近年来，随着我国知识产权法制的不断健全，我国知识产权司法保护也取得了巨大的成就。这体现为我国知识产权司法审判组织体系不断健全，知识产权法官队伍不断壮大，知识产权审判水平不断提高，知识产权司法政策和制度也不断完善。近年来，我国各级人民法院审理了大量各种类型的知识产权民事、行政和刑事案件，公平合理地维护了当事人的合法权益，通过定纷止争，为社会和谐稳定也作出了巨大贡献。总的来说，我国知识产权司法保护取得的成绩是巨大的。另一方面，我们也必须看到，随着经济社会和现代技术的迅猛发展，我国知识产权司法保护也面临巨大的变革和严峻的挑战。以下笔者就面临的一些主要挑战进行归纳，并试图提出解决的对策。

其一，知识产权诉讼案件的急剧飙升与人民法院知识产权有限的审判力量的矛盾。关于知识产权诉讼案件的急剧飙升这一研究主题，前文主要是从“问题”的角度进行探讨，由于是其制约当前我国知识产权司法保护的一个重要因素，这里再从“挑战”的角度继续加以探讨。从我国知识产权诉讼案件的发展情况看，总的趋势是案件数量不断增长。不仅如此，近年来，尤其是近几年来，知识产权各类诉讼案件飙升。知识产权诉讼案件数量增长，这不仅是国内的一个趋势，也是国际知识产权保护的一个趋势。原因是多方面的。例如，社会交往与经济技术合作的活跃及知识产权在当代经济社会中地位的不断提高，以及人们知识产权法律保护意识的不断提高。但现在的问题主要是，近年来尤其是近几年来我国知识产权诉讼案件增长过快，这其中有一些不正常的因素。前面笔者探讨过的过度商业维权、权利人滥用诉权，就是重要的原因。值得注意的是，在知识产权司法保护实践中，对这类不正常

---

* 本文初稿撰写时间为 2019 年 7 月 10 日。

的现象还没有有效的规制措施，在相关的知识产权司法保护政策和制度规制方面也较为缺乏。很多不正常的因素导致知识产权诉讼案件飙升，这一问题必须引起高度的重视并研究采取相应的对策加以解决。

笔者认为，知识产权诉讼案件的飙升，还有一点值得注意的是知识产权授权确权诉讼案件（在我国目前是纳入行政诉讼）急剧增长及其背后的成因。与我国近几年的知识产权诉讼案件数量飙升相对应的是，我国近几年来知识产权授权确权数量（包括专利申请、授权以及商标申请与核准注册）急剧提升，每年的数量分别达到数百万件。针对这一问题，我们既可以看到近些年来我国创新政策和创新战略的实施取得了重要成效，创新能力不断提升，但同样地也应当看到存在很多问题。限于研究主题，在此不予赘述。我国专利法、商标法规定了相应的行政授权确权程序问题，即相关行政授权确权争议可以经过司法复审，由司法最终解决。知识产权授权确权行政争议的增多，必然导致相应诉讼案件的增加。这也就是大家可能注意到的最近几年来北京知识产权法院关于专利、商标授权确权案件不断增长并造成积压的重要原因。当然，知识产权授权确权诉讼案件只是我国整个知识产权诉讼案件的一少部分，其他类型的知识产权诉讼案件增长过快，也同样值得引起高度注意。

与当前我国知识产权诉讼案件飙升的现实相对照，在一定时间内我国从最高人民法院到地方各级人民法院知识产权法官数量非常有限。尽管为了适应审判改革以及诉讼案件增长的需要，我国组建了三家知识产权法院，并先后设立了十多个知识产权法庭，最高人民法院还专门设立了审理技术类型案件知识产权法庭，其他相关法院审判庭也充实了知识产权法官的力量，但相对于知识产权诉讼案件的飙升，很难实现案件的及时审结。笔者作为最高人民法院知识产权司法保护研究中心首届及第二届研究员，以及最高人民法院知识产权案件指导工作（北京）研究基地专家咨询委会委员，经常有机会通过参加知识产权审判实务相关的学术会议或者其他学术交流活动，了解到当前我国知识产权司法保护的相关信息。其中感受之一是知识产权法官承办的案件数量巨大，忙于办案，但仍然赶不上案件增长的速度。当前我国知识产权诉讼案件飙升的现实与人民法院知识产权法官有限的审判力量的这一矛盾，如何解决值得探讨。

其二，信息网络和新兴技术对现行知识产权制度变革的新要求与现行立法和司法制度的滞后性。近年来，信息网络和新兴技术发展对知识产权制度提出了巨大的挑战。这些挑战体现在以下几个方面：一是出现了新型知识产权保护客体，如人工智能生成物的知识产权保护问题，如何从知识产权制度的角度对这些新型客体进行定位？至于体育赛事直播和网络游戏直播引发的著作权侵权和不正当竞争问题，至今也存在争议。二是传播和利用知识产品的方式大大扩展，对于这些利用知识产品的方式如何定性，尤其是是否构成侵害知识产权的行为，在实践中可能存在争议。例如，全国首例关于云环境下网络服务提供者著作权侵权纠纷案，二审作出了和一审完全不同的认定；还如，在聚合盗链引发的著作权侵权及不正当竞争纠纷案件中，对于涉案行为的性质也有很大的分歧。三是在相关知识产权侵权诉讼案件中证据的认定存在相当大的难度。技术的发展对知识产权保护而言具有双刃剑的性质。一方面，技术发展有利于知识产权的价值实现，有利于知识产品的传播和利用，因而对于实现知识产权制度的效率目标有正向积极作用。但另一方面，技术也有可能被用于知识产权侵权的用途，这使得在知识产权侵权诉讼中证据认定难度更大。

技术的发展要求提高知识产权保护水平，而知识产权立法具有相对稳定性。这就难免造成知识产权立法相对的滞后性。❶ 例如，我国《著作权法》第三次修改从2012年开始，迄今已经满八年，虽经过了几个版本的草案，但至今还没有通过。我国《专利法》第四次修改的情况也类似。在修订的这些年，技术发展和社会经济发展也出现了很多新的情况，无从在相应立法中予以体现。在知识产权保护方面，技术发展对法律制度的挑战，不限于知识产权立法，也包括对相关司法制度的挑战。近年来，我国知识产权相关司法政策和制度可以说是与时俱进，但是与迅猛发展的技术相比同样也存在一定的滞后性。笔者认为，这也是影响我国知识产权司法保护的一个重要的因素。例如，我国相关的知识产权方面的司法解释和诉讼证据制度体系缺乏对信息网络技术发展挑战提出的很多新的问题的回应，如区块链相关证据认定、信息网络环境下作者身份的确定，甚至对信息网络传播行为的内涵界定以及在司法实践中如何认识服务器标准以及其他相关的认定信息传播行为的标准，似乎都缺乏统一的指导意见。

其三，司法改革政策性的前瞻性指引与实践中落实的滞后性。❷ 近年来，我国在推进知识产权司法保护方面，采取了很多的举措，尤其是在知识产权审判体制的改革、知识产权组织体制的完善方面。❸ 如前所探讨的，在2016年最高人民法院专门发布了《中国知识产权司法保护纲要（2016—2020）》。2009年，中共中央办公厅和国务院办公厅还联合发布了《关于强化知识产权保护的意见》，其中很多措施也涉及强化知识产权司法保护。然而，据笔者所了解的情况，一些重要的措施推进并非十分顺利，尤其是具有重大意义的三审合一的知识产权审判体制的改革，在实践中推进遇到了较大的阻碍和困难。三审合一的知识产权审判体制如果不能够尽快到位，可能会在较大的程度上影响我国知识产权审判效率，特别是知识产权各类不同性质案件的衔接，如知识产权民事纠纷案件与刑事案件的衔接。在现行非三审合一

---

❶ 张竞丹．网络知识产权案件的管辖权规则完善［J］．中州学刊，2017（12）：67－70.

王艳芳．信息网络环境下相关知识产权案件管辖法院的确定［J］．知识产权，2017（7）：51－59.

❷ 宋晓明．新形势下我国的知识产权司法政策［J］．知识产权，2015（5）：3－9.

孔祥俊．当前我国知识产权司法保护几个问题的探讨——关于知识产权司法政策及其走向的再思考［J］．知识产权，2015（1）：3－15.

❸ 陶凯元．知识产权审判应坚持正确的司法政策［J］．紫光阁，2016（11）：41－42.

沈翰芳．全球化的知识产权司法改革与中国道路［J］．商业文化，2014（20）：182－183.

体制的前提下，由于两者衔接不到位，已经出现了很多问题。当然，构建三审合一的知识产权新型审判体制，首先还需要在相关立法和司法制度方面进行改革和完善。例如，需要制定和颁布知识产权诉讼特别程序规范，相应地在知识产权诉讼证据规则体系构建方面也需要进行改进。

除了这些问题以外，还有其他一些方面的挑战。例如，我国知识产权法官队伍整体素质提高的问题，以及司法为民、公正司法的问题。针对以上问题，笔者提出以下对策建议。

第一，针对知识产权数量诉讼案件飙升，需要对这些案件的情况进行分类整理和调查研究，针对商业过度维权和权利人滥用诉权的现象，采取有力的规制措施。例如，对于过度商业维权现象，在知识产权侵权损害赔偿方面应当给予适当限制。如前所述，美国针对专利流氓现象，就在相关司法政策方面采取了对策，值得我国借鉴。针对权利人滥用诉权的现象，需要通过完善相关制度和司法解释，对滥用诉权的认定以及滥用诉权行使的法律后果进行规制。另外，针对知识产权授权确权诉讼案件的飙升，可能还需要从源头上采取措施。例如，对于近几年来我国专利和商标行政授权确权数量的飙升，也需要研究其中产生的原因及其应对策略。

第二，针对技术挑战对知识产权立法和司法制度完善的要求，应当加快我国知识产权专门法律的修改和完善进程。据笔者所知，当前我国知识产权专门法律如著作权法和专利法之所以修改进程缓慢，一个重要原因是对相关的规定不同部门出于部门利益和其他因素的考虑始终存在分歧。这种分歧是必然的，立法者则需要站在国家和人民的立场，审时度势，及时通过修改的法律。相应地，我国知识产权相关司法政策、司法解释也需要因应技术变革，适应技术发展的需要。

第三，针对司法改革措施在实践中的滞后性，需要大刀阔斧地推进三审合一制度的改革。同时，需要在相关司法制度层面进行对应性的改革。特别是上述《关于强化知识产权保护的意见》提出了很多实质性的改革措施和制度，也需要在实践中予以落实。

从数据看我国知识产权诉讼案件存在的两个问题及其成因与解决对策建议*

一、知识产权诉讼案件二审改判率低现象及其成因

众所周知，在我国，人民法院的审判体制是二审终审制。也就是在一审判决文书作出以后，当事人一方或者双方不服的，可以向上一级有管辖权的人民法院提起上诉，由上一级人民法院即二审法院作出二审判决。二审判决一经作出即发生法律效力，当事人应当履行判决的内容。尽管在我国的审判体制中，还规定了再审与抗诉程序，但再审案件和抗诉案件更少，通过再审或者抗诉程序改判的案件更是少之又少。❶ 知识产权案件作为我国诉讼案件的类型之一，当然也应适用我国诉讼法规定的相关程序。限于研究主题，本部分仅对知识产权诉讼案件二审改判率低的现象进行思考，分析其原因。

笔者通过对近年来我国知识产权大量各类诉讼案件，包括民事案件、行政案件和刑事案件一、二审判决书的研究，以及参加与知识产权审判有关的各类学术会议和其他学术活动，发现我国知识产权诉讼案件总体上二审改判率较低，虽然来自不同渠道和不同调研样本显示的统计数据不完全一致，但大致可以得出结论——二审改判率不高于20%，甚至不高于10%。笔者并不是主张二审改判率高才好，而是期望二审作为对一审诉讼案件判决的一次纠正事实认定或者适用法律方面错误的机会，应回到二审程序立法宗旨上来，即本着以事实为根据、以法律为准绳的法治原则，该维持的维持，该改判的改判。❷ 然而，在知识产权诉讼案件的二审程序中，有很

---

* 本文初稿撰写时间为2019年7月21日。

❶ 相关问题还将在后面进一步探讨。

❷ 席月民. 民商事案件二审改判的标准及其规则之治 [J]. 中国政法大学学报，2018 (3)：110 - 124，208.

杨杰辉. 二审法院自行改判研究 [J]. 法治研究，2013 (7)：79 - 86.

刘伟，张丹. 二审改判权行使的限度——以二审改判存在的问题为视角 [J]. 山东审判，2010 (5)：54 - 58.

王建红，曹书瑜. 民事二审维持原判与改判若干问题探讨 [J]. 法律适用，2007 (7)：68 - 70.

多原因制约着合议庭、承办法官、审判庭负责人乃自法院主管领导对二审案件改判的态度。笔者认为，其中有些理念和态度并不是本着以事实为根据、以法律为准绳的基本法治原则该维持的维持，该改判的改判。如果这样，就很可能会偏离二审程序的制度宗旨，从而最终使当事人无法通过二审程序获得公平公正的法律救济。因此，这绝对不是一个小问题，应当引起高度的关注和重视。

笔者认为，在当前我国知识产权诉讼案件二审程序中绝大部分案件维持原判，或者说只有很少一部分案件被改判或者发回重审（发回重审的更少），除了正常的根据本案的相关事实和适用的法律应当维持原判的情况以外，还有一些不正常的因素影响了对二审案件的改判。

其一，近年来，我国人民法院法官面临知识产权诉讼案件飙升的压力，案件审理不堪重负，而二审案件一旦决定改判，则需要在判决文书的撰写方面进行深度说理，就该案涉及的相关事实认定和法律适用的问题，进行全面的查实与论证，这就需要耗费较多的时间和精力。二审作出维持原判的判决，在判决书的撰写方面，则相对来说简单一些。很多判决书只是重复了一审判决事实认定和本院认为的相关的观点和理由（在涉及专利、商标授权确权行政案件中则还包括对专利复审委员会或者商标评审委员会相关行政决定的介绍），在“本院认为”部分只是做简单的分析，最后直接作出维持原判、驳回上诉的判决。

其二，知识产权诉讼案件二审改判，合议庭法官面临错案追究的压力，致使可能有少部分法官存在一种尽量维持能不改就不改的心理和态度，这样既可以减轻如上所述撰写审判文书的压力，又可以避免因为改判而成错案的风险，因而在某种意义上是一种“四平八稳”的做法。但是，根据以事实为根据、以法律为准绳的社会主义法治根本原则，这种心理状况驱使的少部分法官在二审程序中不愿改判知识产权二审案件，结果是非常糟糕的，因为其无法做到该维持的维持、该改判的改判，最终的后果可能是一审的错误判决没有在二审法定程序中得到纠正，有错必究的社会主义法治原则也无从实现。有些一审判决明显在事实认定或者适用法律严重错误的案件，却在二审法定程序中没有得到纠正，而期望后续的再审直至再审程序以后的抗诉程序予以纠正，则更是难上加难。现实生活中，有些知识产权诉讼案件之所以有部分当事人不惜穷尽所有诉讼程序，虽然其中的原因很复杂，有很多不同的情况，但也确实不排除很多是因为当事人认为一审判决错误，而在二审中没有得到纠正。

其三，还有一种极不正常的情况，也应当指出并希望采取措施加以解决。这种不正常的情况就是在一审程序中，合议庭法官在作出判决之前，主动咨询或者“请教”对应的二审法院法官的意见和建议，在有些情况下二审法院法官的意见和建议很可能和一审法院的法官相反，而为了避免一审判决在二审程序被改判，一审法院法官不得不事先接受二审法院法官的观点和主张。在这种情况下，未来的二审程序就形同虚设，因为就该案一审涉及事实认定和适用法律问题二审法院法官“预先”作出了研究，并有了基本的结论。这种不正常的现象可能并非个案，其严重后果是一审法院合议庭根据法律的规定应当独立进行审判无法得到落实，也使二审法院提前“介入”了一审案件的处理，违背了诉讼法规定的二审程序的制度初衷。

二、知识产权民事、行政抗诉案件数量极低现象及其成因

其实，不仅是知识产权诉讼二审案件改判率低，笔者通过对近些年来我国知识产权民事、行政抗诉案件的研究，发现知识产权民事、行政抗诉案件的数量极低，甚至达到不可想象的地步。实践中的这一情况，与我国相关的程序法律、“两高”涉及抗诉案件司法解释规定形成了鲜明对照。例如，《最高人民检察院关于民事审判监督程序抗诉工作暂行规定》第一条规定：“为了保证人民检察院依法对民事审判活动实行法律监督，做好民事审判监督程序抗诉工作，根据民事诉讼法、人民检察院组织法的有关规定，制定本规定。”其第二条规定了人民检察院受理民事审判监督程序抗诉案件的来源：当事人申诉；公民、法人和其他组织检举、申诉的；国家权力机关、上级人民检察院交办或其他组织转办；人民检察院自行发现。最高人民法检察院还发布了《人民检察院民事行政抗诉案件办案规则》[1]，该规则第二条规定：“人民检察院依法独立行使检察权，通过办理民事、行政抗诉案件，对人民法院的民事审判活动和行政诉讼活动进行法律监督，维护国家利益和社会公共利益，维护司法公正和司法权威，保障国家法律的统一正确实施。”其第三条则规定了人民检察院办理民事、行政抗诉案件的原则：遵循公开、公正、合法的原则。

笔者认为，仅仅从程序法的角度来说，设立民事、行政抗诉程序，是我国法律为了保障法律的正确实施，公平合理地维护当事人的合法权益，践行以事实为根据、以法律为准绳的社会主义法治原则，以及有错必纠的社会主义法治原则所必需的。民事、行政抗诉程序在我国相关诉程序法中都有明确规定。知识产权民事、行政案件，无疑也是我国民事、行政案件的重要内容之一。知识产权民事、行政案件的抗诉程序同样重要，这一点无须多说。

然而，近年来，我国各级检察机关从最高人民检察院到地方各级人民检察院关于知识产权民事、行政案件抗诉案件少之又少。仅以最高人民检察院向最高人民法院提起抗诉的知识产权、民事行政案件为例，据笔者掌握的公开资料和信息，数量屈指可数，其中经过最高人民法院审判委会讨论决定的大概只有七件。笔者没有了解到通过各种渠道向最高人民检察院提起抗诉的知识产权民事、行政案件的数量，但这些年来，根据提起抗诉的案件数量来进行研究，申请抗诉案件最终被最高人民

[1] 2001 年 9 月 30 日，最高人民检察院第九届检察委员会第九十七次会议讨论通过。

检察院提起抗诉的比例估计也不高，甚至很低。❶

饶有趣味的是，笔者还对于关于知识产权案件抗诉的学术研究的情况进行了初步考察，发现这方面的研究也非常少。例如，检索中国知网，以“抗诉”及“知识产权”（以及知识产权中的某一部分内容，如著作权、专利权、商标权）作为篇名或主题词或关键词，检索结果都是令人遗憾的“零”。这说明至少通过发表期刊论文的形式，研究知识产权领域抗诉案件的成果几乎是空白（因为检索的局限性，不排除在期刊或者报纸论文、学位论文、会议论文等中对这一问题有所研究）。笔者认为，学术研究对这方面关注不够不等于这一问题研究就不重要。❷ 在此，笔者也不是寄望于进行深入的理论研究，而是针对我国当前知识产权民事、行政抗诉案件过少的不正常现象加以揭示、分析原因，并探讨解决对策。

根据笔者的认识和观点，当前我国知识产权民事、行政抗诉案件如此之低的原因在于：

第一，我国各级检察机关于知识产权民事、行政抗诉案件的专业队伍力量不够。如前所述，知识产权案件具高度的专业性、技术性和复杂性。特别是，随着信息网络和高新技术的发展，出现了大量的新型、复杂、疑难、前沿知识产权案件。知识产权专业法官对知识产权案件的审理都感到有一定的挑战性，需要在工作中不断加强学习和研究，不断提高自己的审判业务水平。人民检察院处理知识产权民事、行政抗诉案件的检察官，如果对于知识产权民事、行政案件处理缺乏相应的实务经验，就很难就申请抗诉的案件根据相关规定，自信地、果断地作出提起抗诉的决定。知识产权民事、行政抗诉案件少，使人民检察院处理知识产权民事、行政案件的检察官更没有机会处理知识产权民事行政案件。最终的结果是，知识产权民事、行政抗诉案件数量很难增长。

第二，抗诉失败的风险及其他方面的原因。由于知识产权民事、行政抗诉案件数量相对少，并不存在人民法院知识产权法官审理知识产权案件面临的案件飙升的巨大压力。人民检察院作出抗诉决定、提起抗诉，需要在事实认定、适用法律方面更加严格地掌握。但即使如此，抗诉最终也不一定得到法院的支持。也就是说，提起抗诉也有一定的风险。这一情况可能会影响到检察机关抗诉的积极性。当然，也不排除相关机关从维护社会关系稳定角度的更高层次的考虑。不过，笔者认为，基于抗诉程序和相关的法律制度的立法宗旨，特别是本作司法为民精神，本着以事实为根据、以法律为准绳，以及有错必究的社会主义法治原则，我国的抗诉程序和相关法律制度的有效实施不能打折扣。知识产权民事和行政案件抗诉也一样。

---

❶ 戴红翠. 民事抗诉案件改判率低的调查剖析［J］. 检察实践，2005（5）：80－81.

❷ 庄伟，张蕾蕾. 抗诉改判案件的成因分析与对策建议基于近五年抗诉案件的实证分析［J］. 中国检察官，2012（24）：34－37.

三、相关对策建议

针对上述知识产权诉讼案件二审改判率低的问题，笔者认为，应对症下药。具体解决对策如下。

其一，思想、理念与态度的改变与优化。二审法院对待二审案件应当本着司法为民、以事实为根据、以法律为准绳和有错必纠的社会主义法治原则，该改的改、该维持的维持，绝不能因为案件增长的压力、改判更耗费时间和精力而存有能不改就不改、尽量不改的态度和心理。当然，改判毕竟是对一审的判决的否认，因而二审法院在事实认定和适用法律方面应当严格，以免造成二审改判随意并导致改判率过高的现象。为此，二审法院应本着对法律的高度敬畏感和公平正义感，认真对待手中的每一个案件，严格根据个案涉及的事实和适用的法律确定是维持原判还是改判。

其二，进一步完善我国的错案追究制度。二审改判一审案件，不等于一审案件法院就当然地承办了一起错案。只要没有出现违反法定程序以及法官在案件处理中不存在违法犯罪行为，如徇私舞弊、枉法裁判、受贿等，而是凭借其职业操守和专业认识使然，就不能以一审案件被改判而追究相关责任。美国最高法院一位大法官曾指出，我不能保证我审理的每一个案件都没有错误，但我可以保证我参与审理的每一个案件都是凭借职业良知和发挥专业智识所然。

其三，杜绝在一审过程中二审“提前介入”的不正常现象。这种情况会严重损害国家法律设立的二审制度的初衷。当然，这里也要注意区分正常的审判业务交流和上述不正常现象。

针对我国知识产权民事、行政抗诉案件过少的问题，笔者认为需要从以下两个方面加以改进。

第一，检察机关在理念和观念上，应充分认识到抗诉程序和抗诉制度，对于充分维护当事人的合法权益，践行社会主义法治具有极端重要的作用。抗诉是我国法律规定的检察机关法定的职责。办理好抗诉案件，对于加强对人民法院审判权的监督，认真履行人民检察院法定的监督权，维护我国社会主义法治的尊严，具有极大的作用。如果大量的抗诉申请案件几乎都没有机会获得抗诉案件正式立案的机会，那么抗诉程序就等于是形同虚设，就会极大影响抗诉制度的功能发挥。人们可以设想一下：一个冤假错案投诉无门，对当事人会产生多么严重的破坏性后果。更严重的是，一个冤假错案对社会主义法治的破坏也会产生多么严重的后果。因此，强化抗诉程序的适用，是改变现行抗诉案件过少、更好地维护当事人合法权益和践行社会主义法治原则所必需的。

第二，检察机关在专业力量配置和队伍建设上，应当重视对于包括知识产权民事、行政纠纷案件在内的民事、行政抗诉案件处理检察官队伍的建设和专业能力的培养。"专业的事情由专业人员处理"，通过充实我国民事、行政抗诉案件处理检察官队伍，相信能够更好地推进我国包括知识产权民事、行政案件在内的民事、行政抗诉案件的公平、公正地处理。

专家意见在知识产权诉讼证据中的地位*

专家意见，是我国当前很多诉讼案件中较为常见的作为诉讼证据的一种形式，其在诉讼案件中证据地位如何，值得研究。限于研究主题，本文仅对知识产权诉讼中如何认识专家意见在诉讼证据中的地位进行探讨。

这里所谓的专家意见，并不是指技术调查官等司法辅助人在审理知识产权案件中所提出的证据事实认定方面的观点，而是指在知识产权诉讼案件中一方当事人或者双方当事人分别独立委托知识产权相关专家对案件的法律适用等重要问题所发表的独立的个人见解❶与结论。专家意见在知识产权诉讼中处于什么样的地位，过去很少有专门的研究。在知识产权司法实践中存在一种现象，即对知识产权案件的专家意见采取完全不在乎的态度。且不讨论这一态度是否对专家的成果和智力劳动不够尊重的问题，这里需要讨论的是如何从诉讼法关于证据的效力、证据认定方面加以认识。

对此，笔者认为知识产权案件中的专家意见，应当视为本案的一个证据，即专家证据。

关于专家意见在知识产权诉讼证据中的地位和应采取的态度❷，笔者认为首先要避免前述极端的认识与态度：对专家意见毫不在乎，甚至根本不予认可。近年来，笔者通过对知识产权司法实践中诉讼证据的研究发现，有少部分法官对专家意见确实存在一种完全否认、排斥的态度。这可能更多的是心理上的一种抵触，因为他们可能认为专家意见是根据一方当事人的委托所作出的，由于是基于委托方的委托所

---

* 本文初稿撰写时间为2019年7月7日。

❶ 在实践中，可能更多的是由专家组共同出具的专业性意见，而不仅仅是某个专家的意见。

❷ 曹慧敏．知识产权审判技术咨询专家意见的性质探究［J］．人民司法，2014（7）：52－56．（该文指出："专家意见必然会对法官产生一定影响，甚至成为其断案依据，但作为司法实践探索的产物，咨询专家意见如何定性，当事人是否可对其质证等相关问题均无明确法律规定，而上述问题归根结底是对专家意见如何定性。"不过，该文探讨的专家咨询意见，主要是针对法官委托的，而不是一方或双方当事人委托的。）相关文献，还可参见：李生龙．反垄断诉讼中专家意见的性质——以专家辅助人制度改革为主线［J］．人民司法，2015，（13）：99－103．；樊永富．专家意见证据地位的确立与理解适用［J］．江苏警官学院学报，2003（3）：113－118．

作出，其所主张的观点一般来说和委托方主张的观点是一致的，并进而根据这一逻辑认定专家意见可能缺乏公正性。

笔者对这一观点和主张不予赞同。专家意见固然是根据一方当事人的委托所作出的，而且在大多数情况下专家意见所主张的观点与结论和委托人所主张的是一致的❶，但并不意味着其主张和结论就缺乏公正性。主要理由是：作出专家意见的专家们在接受某一个案件专家咨询之前，会要求受委托的当事人提供本案的基本事实和证据，以及到目前为止的相关法律文书，以便在此基础上对本案的是非曲直、主要的法律关系、焦点问题从专业的角度作出基本的判断。如果认为委托方该主张和诉求在法律上站得住脚，一般来说他才会接受委托。反过来说，如果看到相关材料以后，认为委托方的主张基本上没有道理，就不会接受这一案件的专家论证。笔者参加了大量知识产权重大、疑难、复杂案件专家论证，也有同样感受和体会，即我们在接受当事人委托进行论证前，通常需要对案情的基本事实、证据和相关法律适用问题进行把握和了解，也会对一方当事人主张的观点是否合理进行初步的评判。换言之，在介入案件之时，对案件的基本观点和立场已经有预判。何况专家意见在撰写时具有中立性和权威性，和律师的代理词的风格定位完全不一样。专家意见旨在正确地认定事实和适用法律，特别是从法理上将问题讲清楚，而恰恰这是专家的长处和优势。一个具有很高理论和实践水平的专家意见书，甚至不亚于一份高质量的判决书。所以，对于专家意见，无论是当事人、法院的法官，还是社会公众，不能当然地认定其由于是一方当事人委托，或者双方当事人分别委托的，就否认其作出的公正性。

当然，应当指出，鉴于知识产权诉讼案件的专业性、复杂性，有很多知识产权纠纷案件在定性上存在相当大的模糊性，如在知识产权授权确权纠纷案件中，专利创造性的判断、商标近似与商品类似就不容易把握，很容易造成分歧；在知识产权侵权诉讼案件中，对于专利法中专利侵权等同的判断、商标法中近似商标的判断、著作权法中是否构成实质性相似侵权，都存在一定的难度。在有些专家论证的知识产权案件中，专家接手时已经经过了多层法律程序，如专家论证的知识产权再审案件、抗诉案件，此前不同法院或者相关的知识产权授权确权机构同一案件的认识存在相反的观点。对于大量这样的类型的案件，一方或者双方当事人分别委托专家撰写专家意见，就案件的是非曲直、焦点问题、涉及的主要法律关系和定性问题等进行分析和论证，非常有利于法官查明案件事实，正确适用法律。

还应看到，参与专家论证的专家总体上专业水平较高。不仅如此，很多知识产权方面的专家同时在知识产权实务中也具有丰富的经验和对知识产权诉讼实务的很

---

❶ 当然，也不排除在有些情况和有些案件中专家意见会将专家的不同观点体现出来，这些不同的意见都将会被法院所参考。不过这种情况相对来说不多。

高的研究水平。例如，很多专家本身就是兼职律师或者仲裁员，同时也参与了大量知识产权审判实务相关的学术研究、专题探讨，甚至担任了知识产权审判研究相关的社会职务。这样，专家意见总体上具有较高的理论水平和实务洞察能力。综上所述，笔者认为，法官对专家意见采取完全排斥、无所谓、满不在乎的态度是不应该的。

另一方面，也必须指出，对专家意见采取迷信的态度也是不妥的。这是因为，专家意见在诉讼证据地位上毕竟只是作为一个证据的类型，也就是专家证据。该证据能否应采信或者采信的程度有多大，最终还是要取决于法官的独立判断，而不能盲从，特别是迷信专家意见。

至于在有的知识产权纠纷案件判决中，法官将专家意见的法律地位视为一方代理词。例如，在北京知识产权法院审理的一起专利权属纠纷案件中，法官直接将原告委托专家所作出的专家意见视为原告聘请的代理人的代理词。笔者认为，根据诉讼法的规定，代理词的法律地位和专家意见作为专家证据的地位是不一样的，对此不应当混淆。如果将专家意见视为委托方代理人代理词，就会影响专家意见的中立性、权威性。当然，笔者也不否认专家意见和代理词也具有某种相同的作用，即对委托的当事人主张有补强证据的作用。不过，这一相同的作用并不能证明两者在知识产权诉讼证据地位上就具有相同的法律性质。

商业秘密诉讼中侵害商业秘密行为的认定研究*

在商业秘密司法实践中，广泛采纳商业秘密侵权理论中的“接触加实质性相似”的标准。❶ 这一标准和著作权侵权诉讼中被告是否剽窃了原告的作品有异曲同工之妙。在著作权侵权诉讼中被告的作品即使和原告雷同，但如果能够证明其是独立创作的，就不构成著作权侵权，而且被诉侵权的作品同样受到著作权的保护。这就是人们通常说的著作权保护的独占性不如专利权。在商业秘密侵权诉讼中，也并非两者构成实质性相似或者相同，被告就一定构成侵犯商业秘密的行为。这是因为在商业秘密侵权诉讼中原告主张被告的信息与其相同或者实质相似前提是首先必须解决其归纳的秘密点是否具备非公知性，或者说秘密性。换言之，在商业秘密侵权诉讼中，原告仅提供被告被指控侵权的信息与其主张受保护的商业秘密相同或者实质性相同证据，法院不能当然地认定该商业秘密成立以及被告构成了侵犯商业秘密，而需要解决商业秘密的法定构成是否具备这样一个前提条件。在相当多的情况下，法院会就涉案商业秘密是否成立组织司法鉴定。特别是，就“同一性”的问题进行鉴定❷，也就是说被告的信息是否与原告主张的商业秘密的“秘密点”相同或者实质相同。如果相同，就认为具有同一性；如果不相同，就认为不具有同一性。然而，同一性也不当然地等于秘密性，将同一性当然地等同于秘密性，就可能造成错案。

关于认定商业秘密是否成立的问题，需要着重讨论一下司法鉴定中关于同一性和秘密性，也就是非公知性的关系的问题。从符合商业秘密法定的构成要件来说，认定同一性的前提是原告主张的商业秘密具有非公知性。❸ 换句话说，如果对非公知性问题不进行鉴定，或者通过其他的证据加以证明，而是直接以司法鉴定机构作出的具有同一性的结论，当然地认定原告主张的商业秘密成立，这个结论就是错误

---

* 本文初稿撰写时间为2019年7月16日。

❶ 2020年8月24日，最高人民法院通过了《关于审理侵犯商业秘密民事案件适用法律若干问题的规定》，自2020年9月12日起施行。该司法解释对于商业秘密的构成及认定、侵害商业秘密的法律责任等问题都作了详细规定。另外，2020年12月23日最高人民法院公布的《关于审理不正当竞争民事案件应用法律若干问题的解释（2010年修正）》也涉及上述问题。

❷ 陶新琴．商业秘密侵权案件中鉴定结论的采信［J］人民司法，2009（24）：60－64.

❸ 孔祥俊．商业秘密司法保护实务［M］．北京：中国法制出版社，2012：122－136.

的。但很遗憾，在司法实践中确实有的法院直接根据司法鉴定机构所出具的同一性的鉴定视为具有秘密性，而该司法鉴定根本没有就是否具有非公知性问题进行鉴定。无疑，一个商业秘密侵权纠纷案件，如果原告主张的标的是否具有非公知性，或者说秘密性的问题没有得到解决，而司法鉴定机构只是将被告的信息与原告主张的商业秘密的所谓秘密点进行对比，发现全部或者部分具有同一性，法院将这一同一性当然地认定为秘密性，不再就原告主张的商业秘密是否成立进行举证进行查证，这就会违背我国反不正当竞争法关于商业秘密法定构成要件中的秘密性的规定，也违背《最高人民法院关于审理不正当竞争民事案件应用法律若干问题的解释》第十四条对于原告举证责任的规定，很容易酿成错案。

在商业秘密侵权诉讼中，如何公平合理地保障原告和被告举证以及其他各种诉权，确实十分重要。尤其是在有的商业秘密侵权案件中，法院错误地将司法鉴定机构并没有对非公知性问题进行鉴定的前提之下作出的具有部分或者全部同一性的结论视为涉案标的非公知性法定构成要件成立，此时尤其需要保障被告举证的权利。其实，2019 年我国《反不正当竞争法》第二次修订专门针对商业秘密侵权诉讼的原被告举证责任的分配做了规定，当原告提供了涉案标的符合商业秘密要件的初步的证明后，被告应提供证据说明其不符合秘密的要件。[1] 笔者认为，这虽然规定的是被告举证的义务，但从另外一个角度来说，被告享有举证证明原告主张的商业秘密不符合法定要件的权利。从程序法的角对讲，被告的这一诉权必须得到保障。

在商业秘密侵权诉讼中，有的法院并没有很好地保障被告针对原告主张的涉案标的不具备法定的构成要件，尤其是非公知性，令人遗憾。这里有必要讨论一个典型案例：北京某铁道技术有限公司与青岛某铁道技术有限公司侵害商业秘密纠纷案。[2] 在该案中，一审法院为了查明被告拥有的专利是否侵害原告的商业秘密，委托了某知识产权司法鉴定机构就是否具备同一性的问题进行鉴定。司法鉴定机构根据法院转交原告的材料就原告主张涉案标的中的五个秘密点是否被被告的专利所覆盖，最终司法鉴定意见是有两个相同。[3] 由于原告没有对非公知性提出证据，司法鉴定机构也没有在确认秘密性前提之下进行同一性的鉴定，被告要求对涉案标的是否具备非公知性进行司法鉴定[4]，以查实原告主张的商业秘密是否具备法定的构成要件。[5] 但是，一审法院未予批准。在涉案标的究竟是否具备非公知性问题没有得到查证属实或者通过司法鉴定加以确认之前，一审法院却判决被告侵害商业秘密

---

[1] 孔祥俊. 商标与不正当竞争法原理与和判例［M］. 北京：法律出版社，2009：833－854.

[2] 北京市海淀区人民法院 2014 海民初字第 7239 号民事判决书、北京知识产权法院（2017）京 73 民终 110 号民事判决书。

[3] 后来基于其中一个来自于公知常识，最终认定只有一个具有同一性。

[4] 晏凌煜，尹腊梅. 浅析商业秘密之秘密性的司法鉴定［J］. 中国司法鉴定，2015（1）：8－12.

[5] 汪建斌. 从一件司法鉴定案例引发的对商业秘密三要件的理解［J］. 电子知识产权，2011（12）：92－94.

成立。

无疑，商业秘密诉讼中如同应当高度重视对商业秘密所有人合法权益的保障一样，也应保障被告的诉权、举证的权利，法院也应当在确认原告主张的商业秘密符合法定的构成要件（尤其是非公知性，下同）的前提之下才能判决被告构成侵害商业秘密。但在本案一审中，由于司法鉴定机构并没有对原告主张的标的是否具有非公知性进行鉴定，鉴定意见只是说原告主张的五个秘密点中有两个在被告专利中有体现。法院并没有根据其他的事实或者证据认定原告主张的商业秘密符合法定的构成要件。在这种情况下，法院自然不能认定和判决被告构成侵害商业秘密。同时，由于涉案标的是否具有非公知性不得而知，被告请求一审法院以及在败诉后再次请求二审法院就涉案标的是否具有非公知性进行司法鉴定，该主张自然具有事实和法律依据。然而，一、二审法院均没有接受被告的主张。其结果自然是，一个案件中商业秘密是否符合法定的构成要件，尤其是否具有非知性没有进行查明，依然判决侵害商业秘密成立，必然导致认定事实不清。

研究该案判决，还存在以下几个值得令人深思的问题。第一，在商业秘密侵权诉讼中，被告提出了权属争议，如何处理？该案一审判决在认定事实部分，对于事关原被告权属之间关系的合作协议，摘取了比较重要的几段进行了介绍和说明。然而，在“本院认为”部分，却很奇怪到地对这一非常重要的事实没有进任何回应，没有对于合作协议这一确立原被告双方权属关系的重要的事实证据进行任何说明，尤其是否会影响原被告将涉案标的权属具有影响，从而使人难免产生认定事实不清的困惑。第二，一个商业秘密侵权纠纷判决书，没有对商业秘密的定义、法定要件，商业秘密相关司法解释作任何介绍和陈述，尤其是没有就原告主张的商业秘密是否全部达到了法定构成要件，特别是非公知性要件进行专门的查实和认定，就认定构成侵害商业秘密，这是否合适？第三，司法鉴定机构仅作了同一性鉴定，能否直接以同一性等同于秘密性？如前所讨论的，显然不能。第四，法院在原告未能提供任何损害证据的情况下，能否直接参照专利法规定按最高额判赔？

在该案中，由于一审法院并没有对原告主张的商业秘密是否具备非公知性进行查实和认定，且被告在一审中提出重新对涉案标的是否具备非公知性进行司法鉴定主张没有被批准，被告当然对一审判决认定其构成侵害商业秘密不服而向北京知识产权法院提起上诉。上诉的主要理由有：第一，被告在一审中提出了权属争议，并提供相关的事实和证据，虽然一审判决在事实认定部分对事关权属问题的合作协议做了简单的介绍，但在判决主文中没有进行任何的回应、介绍分析，属于典型的认定事实不清。实际上，根据合作协议，原告主张所谓的商业秘密也归属于被告。第二，本来原告对其主张的所谓商业秘密，并没有进行举证具有非公知性，而法院委托的司法鉴定机构只进行了同一性的鉴定，而没有进行非公知性的坚定，法院错把同一性等同于秘密性，属于认定事实错误或者认定事实不清。第三，一审判决在原告对侵权损害没有提出任何证据的前提之下，直接根据反不正当竞争法的规定，参照专利法的最高法定赔偿最高标准额进行赔偿，明显不公。被告还提出了其他上诉理由，在此不予赘述。

由于在该案一审中，法院没有就涉案标的的非公知性问题进行查实与认定，所委托的司法鉴定机构作出的鉴定也仅仅是就被告的专利与原告主张的商业秘密的五个秘密点是否具有同一性问题，甚至在判决书中，对于什么是商业秘密，商业秘密的全部法定构成要件，以及双方的举证责任都没有陈述或说明，被告在本案二审中提出了就非公知性重新进行司法鉴定的申请，而且再次提出了破坏非公知性的证据与事实。但是，二审法院对于被告提出的就涉案标的的非公知性问题重新进行司法鉴定申请没有批准。二审没有进行开庭审理，而只是在判决前做了几次庭前谈话，且几次谈话主审法官当庭确认并指出被上诉人的代理人公民代理资格不合法。对于被告提出的破坏非公知性的证据和事实，在二审程序中没有进行专门的回应、查实。由于二审判决前，被上诉人的代理人的主体资格不合法，该代理人的所有的主张是否有效，值得怀疑。无论是否对相关的证据进行了质证，根据《民事诉讼法》的规定，该案二审没有经过开庭审理，而开庭前的几次谈话中被上诉人的代理人的资格被认定为不合法。实际上，可以认为是对一审被告即二审的上诉人提出的破坏非公知性的证据和事实没有进行质证和认定。在二审法院没有就涉案标的否具备非公知性进行查实，且二审上诉人对涉案标的是否具备非公知性重新进行司法鉴定的申请没有得到批准的万般无奈之下，上诉人被迫单独地另外自行委托独立的知识产权司法鉴定机构就涉案标的是否具备非公知性重新进行司法鉴定。该司法鉴定意见是该涉案标的不具备非公知性。但二审法院以该司法鉴定仅仅是单方面委托的而认为不应采纳。

研究以上案例可知，对于商业秘密诉讼中如何认定被告是否侵犯商业秘密，首先应确认涉案商业秘密是否符合法定的构成要件。同时，在涉及权属纠纷时，应优先解决该纠纷。在借助于司法鉴定进行比对时，应防止简单地将同一性视为秘密性的做法。